Josef Nyáry • Die Psychonauten

Josef Nyáry

DIE PSYCHONAUTEN

Roman

Ullstein

Die Deutsche Bibliothek - CIP-Einheitsaufnahme

Nyáry, Josef:
Die Psychonauten : Roman / Josef Nyáry. - Berlin : Ullstein, 1999
ISBN 3-550-08280-0

Satz: R. Benens & Co., Berlin
Druck und Verarbeitung: Grafischer Großbetrieb Pößneck
Printed in Germany 1999
ISBN 3 550 08280 0

Gedruckt auf alterungsbeständigem Papier
mit chlorfrei gebleichtem Zellstoff

Für Eva, Alexandra
und Markus

Noli foras ire, in te ipsum redi;
in interiore homine habitat veritas.
Augustinus

1

Obwohl sie bereits seit drei Minuten gefesselt auf dem Bett lag, wollte Karen Thogersen das Gefühl der Bedrohung noch immer nicht akzeptieren. Sie war eine intelligente, selbstbewußte und erfolgreiche Frau mit guten Nerven. »Avocado!« memorierte sie immer wieder. Das Codewort kam ihr allerdings längst schwachsinnig vor.

»Avocado!« Sie schloß die geschminkten Lider, atmete tief ein und hielt die Luft an. Eine Sekunde später öffnete sie die Augen. Wieder nichts!

Ein Windstoß bauschte die schweren Brokatvorhänge vor den breiten Fenstern der Fürstensuite. Das Rauschen des nächtlichen Meeres, das unter dem *Hotel de Paris* gegen die Felsen des Plateaus schlug, wurde von den Klängen der Barcarole aus Jacques Offenbachs »Rheinnixen« übertönt.

Die Frau zerrte noch einmal an den Seidentüchern, mit denen ihre Handgelenke an den vergoldeten Bettpfosten befestigt waren. Erst als sie gemerkt hatte, daß ihr nicht ein verruchtes Amüsement winkte, sondern die Gewalt eines fremden Willens drohte, hatte sie zu kämpfen begonnen. Wie hatte er es nur angestellt, daß sie ihm auf den Leim gegangen war, wo sie sich doch sonst mit der größten Vorsicht durch diese gefährliche Welt bewegte?

Der hochgewachsene junge Mann, der immer noch so tat, als sei er König Alfonso XIII. von Spanien, musterte sein Opfer aus wasserblauen Augen mit dem starren Blick eines Raubvogels.

»Avocado. Avocado!« Als sie seine Finger auf ihrem Fußgelenk spürte, versuchte sie rasch, das Bein anzuziehen, aber sie war nicht schnell genug. Routiniert schlang ihr Bezwinger ein Stück Schnur um den Knöchel und band ihn am Bettpfosten fest.

Eine Welle der Furcht raste durch ihr Gehirn. Verzweifelt trat sie mit dem anderen Fuß nach ihm, aber er wich mühelos aus und packte wieder zu, bis sie sich kaum noch bewegen konnte.

»Machen Sie, was Sie wollen, aber tun Sie mir nicht weh«, sagte sie, bemüht, nicht völlig die Fassung zu verlieren. »Dann bin ich bereit, die Sache zu vergessen.«

Er schüttelte lächelnd den Kopf. »Mais non, Sie werden diese Sache ganz bestimmt nicht vergessen.« Dann spürte sie, wie eines der Chamoislederkissen unter ihren Rücken gestopft wurde.

Die elegante Uniform, das edle Profil! Kein Wunder, daß er ihr gleich aufgefallen war, vorhin in der Salle Mauresque mit ihren pompösen Marmorpfeilern und den goldenen Lüstern. Rasend schnell projizierte ihr Gedächtnis Bilder in ihr Bewußtsein. Sie rief sich die Gäste in Erinnerung, von denen die bedeutendsten sich allesamt rühmten, Liebhaber der »schönen Otero« gewesen zu sein: König Leopold II. von Belgien, Prinz Albert von Monaco, der russische Großfürst Nikolai; der Schah von Persien, ein kleiner, übelriechender, aber überaus großzügiger Mann mit allerdings sehr speziellen Wünschen; und der große, schlanke Nikola von Montenegro, dem sie der Biographie zufolge sogar für einige Zeit in seine unterentwickelte Heimat gefolgt war. Ein Liebesbeweis, für den sie mit einem himmlischen Diamantarmband belohnt worden war. Was hatte sie bewogen, sich nun für König Alfonso XIII. zu entscheiden? Warum hatten die wasserblauen Augen sie nicht gewarnt? Wie hatte er es geschafft, ihr Mißtrauen einzuschläfern und sie zu überrumpeln? Noch jetzt war ihr Zorn größer als ihre Furcht.

Sie hörte Seide rascheln und merkte, daß der schöne junge Mann prüfend die silberne Spitze und die seidenen Rosengirlanden ihrer Paquin-Abendrobe befühlte. Dabei drang ein leichter Hauch kühler Luft vom offenen Fenster her an ihre Knie. Im gleichen Augenblick sah sie das Instrument.

»Avocado!« rief es in ihr. Entsetzen verwandelte ihre Muskeln in Stein.

Das Gerät bestand aus einem kleinen, länglich geformten Stück Stahl. Der Griff war fast völlig in der Hand des Mannes verschwunden, und die Spitze ragte nur wenige Zentimeter hervor; sie funkelte wie eine Glasscherbe.

»Avocado! Avocado!«

Wieder zerrte sie mit aller Kraft an ihren Fesseln. Gedankenfetzen rasten durch ihr Bewußtsein. Das also war das wahre Ich dieses charmanten neunzehnjährigen Königs, der am Spieltisch so phantasievoll mit ihr geflirtet hatte. Der sich als Kavalier erwiesen hatte, indem er einen ihrer Jetons vom Teppich aufhob, der durch die Unachtsamkeit eines obskuren orientalischen Prinzen vom Feld der ungeraden Zahlen gewischt worden war. Und der nach der frechen Weigerung des Croupiers, den Gewinn auszuzahlen, energisch darauf bestanden hatte, der Betrübten aus seiner eigenen Tasche Genugtuung zu leisten: »L'or est une chimère!« In diesem Moment hatte sie beschlossen, daß er der Mann sein sollte, an den sie sich wenden wollte, wenn die schöne Otero wie üblich alles verloren hatte und, wie ebenfalls üblich, einen Kavalier suchte, der für eine verschwiegene Stunde im nahen, durch einen unterirdischen Gang diskret erreichbaren *Hotel de Paris* bereit war, den Verlust für sie zu tragen. Und wirklich hatte der König nicht eine Sekunde gezögert, als sie den letzten Jeton verspielt und ihm das frivole Angebot in das ihr halb bedauernd, halb begierig zugeneigte Ohr geflüstert hatte.

Jetzt stand dieser Mann mit einem Skalpell in der Hand vor ihr.

»Sie denken es die ganze Zeit, nicht wahr?« fragte er. »Und Sie wundern sich darüber, daß es nicht funktioniert.«

Die Angst saß nun wie ein Kloß in ihrer Kehle. »Was meinen Sie?» fragte sie.

»Avocado«, sagte er.

»Das ist gegen die Regeln! Ich werde Sie verklagen!« Sie merkte selbst, wie lächerlich die Drohung klang.

»Vielleicht«, sagte er. »Aber erst hinterher.«

Als sie sah, wie das Skalpell auf ihr Gesicht zukam, bäumte sie sich auf. Der scharfe Stahl blitzte dicht vor ihren Augen auf und verschwand dann aus ihrem Blickfeld. Eine Sekunde später spürte sie, wie das Chirurgenmesser den Stoff ihres Kleides zerschnitt.

»Hören Sie auf! Ich werde alles tun, was Sie verlangen.«

Aber das hatte sie ihm schon angeboten, als sie ihm in die Fürstensuite gefolgt, in seiner Umarmung auf das Bett gesunken und dort von ihm auf spielerische Weise überwältigt worden war. Schon da hatte er gelacht und geantwortet, wie zum Spott in der gezierten Sprechweise der Belle Epoque verharrend: »Was ich will, können Sie mir schwerlich geben, Madame, denn es erfüllt seinen Zweck nur dann, wenn ich imstande bin, es mir gegen Ihren Willen zu nehmen.«

Obwohl sie nun wußte, daß er das Codewort kannte, kostete es sie einige Überwindung, es jetzt als letztes, verzweifeltes Mittel laut auszusprechen. »Avocado«, sagte sie beschwörend, erst leise, dann immer lauter. »Avocado. Avocado!«

Sein jungenhaftes Gesicht tauchte über ihr auf. »Es wird nicht funktionieren, und wenn Sie es noch so oft sagen.« Seine Augen funkelten spöttisch. »Chaque instant de la vie est un pas vers la mort.«

Als sie nackt vor ihm lag, kletterte er auf das Bett und setzte sich rittlings auf ihre Beine.

»Avocado!« keuchte sie. »Avocado!« Wie gebannt sah sie auf das Skalpell in seiner Hand.

In seinen Augen erschien ein irisierender Glanz, und das Denken der Gefesselten reduzierte sich auf Reflexe. »Ich weiß, wer du bist!« schrie sie verzweifelt. »Du Teufel! Avocado! Avocado!«

Das letzte, was sie spürte, bevor die Sinne sie verließen, war der Schmerz, der alle Fasern ihres Körpers durchdrang, als sie mit einem einzigen langen Schnitt vom Hals bis zum Schambein aufgeschlitzt wurde.

John F. Reddington III. legte die großen Hände auf den Hinterkopf, fuhr sich durch das kurze graue Haar, verschränkte die Finger und ließ den Blick über den Hudson schweifen. Die vielen Segelboote auf dem breiten Fluß weckten tröstliche Gedanken an eine Zukunft, die ungleich erfreulicher sein konnte als die triste Gegenwart. Der Präsident schloß für ein paar Sekunden die Augen unter den buschigen Brauen. In zehn Jahren hatte er die Firma aus der Mittelklasse provinzieller Unternehmen in die Oberliga der Global Player geführt. Jetzt wollte er in die Top Five. Er legte die Hände wieder auf den Tisch und betrachtete nachdenklich die Altersflecken auf der schlaffen Haut. Was er sich für dieses irdische Leben vorgenommen hatte, mußte jetzt verwirklicht werden, wenn es nicht für immer ungetan bleiben sollte.

Die Mittagssonne spiegelte sich in den Wellen des Stroms. Ein kleines Boot segelte durch die schillernden Reflexe.

Das wäre es, dachte Reddington. Leinen los und ab, bis zum Ende der Welt.

Er konzentrierte sich wieder auf die Männer an dem langen, blankpolierten Tisch. Der kleine, dickliche Julian Riseman mit dem fast haarlosen Schädel, der starken Brille und der lächerlichen Gelehrtenfliege unter dem Doppelkinn war noch immer dabei, die Auswirkungen der Katastrophe zu beschreiben, die zwei Wochen zuvor zur Unterbrechung der mit so vielen Hoffnungen gestarteten Versuchsreihe für ein neues Antidepressivum geführt hatte. Wie sollte Fenway-Soper die Märkte erobern, wenn das wichtigste Projekt, in dem bereits einhundertachtzig Millionen Dollar Forschungsgelder steckten, in eine Sackgasse führte? Und wie sollte es von dort wieder herauskommen, wenn der Entwicklungschef weiter von Dingen redete, die außer ihm kaum einer verstand? »Andockung von Transmittermolekülen«; »Diffusion durch den synaptischen Spalt«; »Ionenkanäle« – so ging das nun schon seit fast einer halben Stunde.

Als Dr. Riseman endlich verstummte, griff Reddington nach einem weinroten Schnellhefter und räusperte sich. »Ich danke Ihnen, Doktor, aber ich fürchte, Ihre Ausführungen bringen uns nicht weiter. Was uns in diesem Augenblick zu interessieren hat, ist nicht so sehr die mögliche Ursache des Zwischenfalls, sondern die Frage, wie es weitergehen soll.«

»Erst einmal müssen wir ganz genau wissen …«

Der Präsident unterbrach ihn sofort. »Von mir aus können Sie Ihre diesbezüglichen Untersuchungen parallel weiterlaufen lassen, aber vor allem müssen wir mit dem Projekt vorankommen. Sie hatten drei Tage Zeit.«

»Aber, Sir …«

Der Präsident klappte den Schnellhefter auf. »Ich habe hier eine Zusammenstellung der aktuellen Aktivitäten unserer Mitbewerber. Merck und Co. haben mit ihren Cholesterinsenkern wieder eins Komma zwei Milliarden gemacht. Und unsere englischen Freunde von Glaxo neunhundert Millionen mit ihrem Zeug gegen die Nebenwirkungen der Chemotherapie. Bei Hoffmann-La Roche machen sie wieder über eine Milliarde mit ihrem Antibiotikum. Wie ich höre, werden sie bald auch was gegen Hautkrebs haben, und darauf wartet schon ganz Australien. Dann SmithKline-Beecham: eins Komma acht Milliarden mit Tagamet gegen Magengeschwüre. Und so weiter und so fort.« Er schleuderte den Schnellhefter mit einer auf Wirkung berechneten Geste über den Tisch. »Aids, Alzheimer, Krebs, Osteoporose. Alles, was gut und teuer ist. Und was machen wir? Lausige dreihundertsechsundzwanzig Millionen mit Klebstoff für Anus-praeter-Patienten!«

Louis Milkman, der Finanzchef, ein zierlicher Mann mit schütterem weißem Haar und langen, nach oben gekämmten Brauen, wandte vorsichtig ein: »Das Pflegeset für den künstlichen Darmausgang läuft doch sehr gut!«

»Das reicht mir aber nicht«, sagte Reddington in die starren Gesichter seiner Zuhörer.

Milkman versuchte sich zunutze zu machen, daß der Präsident besonders in Krisenzeiten eine militärische Terminologie bevorzugte. »Wir haben noch einiges in der Kriegskasse.«

»Aber wo ist der Mann, der diesen Krieg für uns gewinnt?« fragte Reddington.

»Vielleicht der Nomade«, hörte er jemanden murmeln.

»Auf keinen Fall!« protestierte Dr. Riseman.

»Wie?« fragte Reddington. »Wer hat das gerade gesagt?«

»Ich, Sir«, sagte der junge Mann neben Dr. Riseman.

»Und was war das, was Sie da gesagt haben?«

»Der Nomade.« Steven Schacter war ein sonnengebräunter Mann von knapp dreißig Jahren; das dunkelblonde, gelockte Haar fiel ihm modisch über die Augenbrauen, während es im Nacken und an den Schläfen kurz geschoren war.

Vor Reddingtons geistigem Auge erschien ein Beduine auf einem Kamel. »Ich bitte um eine Erklärung.«

Schacter fuhr sich nervös mit der Zunge über die Lippen. »Es gibt noch einen anderen erstklassigen Inphader. In der Branche nennt man ihn den Nomaden.«

»Noch so ein Schwindler!« sagte Dr. Riseman.

»Reden wir etwa über einen verdammten Araber?« fragte Milkman.

»Der Mann wird so genannt, weil er ständig auf Reisen ist«, erklärte Schacter. »Er kann jetzt genausogut an irgendeinem kanadischen See sitzen wie auf einer Karibikinsel oder im kolumbianischen Regenwald.«

Oder auf einem Segelboot vor Hawaii, dachte Reddington. Oder vor Baja California, wo die großen Wale bliesen.

»Wie wollen Sie ihn denn finden?« fragte Ben F. Lockwood, der Personalchef, und fuhr mit dem Finger unter den viel zu weiten Hemdkragen. Nach Art von Männern, deren Eitelkeit mit dem Alterungsprozeß selbst in dessen progressiven Phasen mühelos Schritt hält, trug er den Scheitel einen Finger breit über dem linken Ohr und hatte das noch verbliebene Haupthaar sorgfältig über den sonst kahlen Schädel gekämmt.

»Er hat natürlich eine Mailbox im Evernet, wie alle Inphader«, antwortete Schacter, als sei das eine allgemein bekannte Tatsache.

Lockwood starrte ihn ärgerlich an. »Was hat der Mann denn an Erfolgen vorzuweisen?«

»Soviel ich weiß, war er an Kepomax beteiligt.«

Reddington streckte die Hand nach dem Schnellhefter aus, den Milkman ihm eilfertig zuschob, blätterte und sagte: »Vierhundertfünfundsiebzig Millionen Dollar. Für eine simple Vakzine gegen Herpes wirklich nicht schlecht. Bei Southern Pharmacies haben sie ihm bestimmt ein Denkmal gesetzt. Wir sollten uns den Mann mal ansehen.«

Schacter schüttelte den Kopf. »Der Nomade kommt aber nicht bloß so zur Probe. Nur bei Vertrag. Oder gar nicht.«

Reddington mochte Männer, die von ihren Fähigkeiten überzeugt waren. Jedenfalls, solange sie sich nicht irrten. »Und was kostet er?«

»Üblicherweise drei Millionen Dollar. Die Hälfte im voraus.«

»Was? Dafür müssen manche Leute ein ganzes Jahr arbeiten!«

»Es gehört zur Strategie dieser Betrüger, daß sie solche Phantasiehonorare verlangen«, sagte Dr. Riseman säuerlich.

»Haben wir das nicht auch diesem Behrman bezahlt?«

»Ja, Sir«, sagte Milkman. »Die zweite Hälfte steht natürlich noch aus.«

»Natürlich«, sagte Reddington.

»Ich möchte noch einmal nachdrücklich davor warnen, erneut auf einen solchen Alchimisten zu setzen«, sagte Dr. Riseman energisch.

Reddington sah ihn scharf an. »Können Sie mir garantieren, daß Sie das Problem mit unseren eigenen Leuten lösen? In der vorgegebenen Zeit?«

»Natürlich nicht, so etwas kann niemand garantieren. Das Problem sind die Rezeptoren an der präsynaptischen Membran. An denen die Serotonin-Moleküle mühelos andocken, die Moleküle unseres Serotonin-Antagonisten aber nicht. Vielleicht finden wir die Ursache dafür in ein paar Tagen, es kann aber genausogut ein paar Monate dauern.«

»Vielleicht kommt der Nomade damit schneller zurecht«, sagte Schacter und hielt Dr. Risemans Blick ein weiteres Mal stand.

»Wenn wir mit dem Zeug Erfolg haben wollen, müssen wir jetzt alles in die Schlacht werfen, was uns zur Verfügung steht«, sagte der Präsident. »Ich möchte, daß Sie den Mann sofort anheuern.«

»Es ist Ihre Entscheidung«, sagte der Entwicklungschef verärgert.

Reddington nickte. »Dann sind wir uns also einig. Verlieren wir keine Zeit.«

»Sie meinen, jetzt gleich?«

»In der Tat«, sagte Reddington ungeduldig.

»Selbstverständlich.« Der Entwicklungschef schob geräuschvoll den Stuhl zurück. Schacter folgte ihm.

Reddington wartete, bis die gepolsterte Tür hinter den beiden Wissenschaftlern ins Schloß gefallen war. »Nun zur juristischen Seite, Harris. Wie sieht es da aus?«

»Die Klage auf Rückerstattung unserer Anzahlung ist eingereicht«, sagte der Leiter der Rechtsabteilung. Harris J. Snyder war ein großer, dunkelhaariger Mann mit starkem Bartwuchs und melancholischen Augen. Als Besitzer einer ererbten Mitgliedschaft in Reddingtons Golfclub durfte er sich eine vertrauliche Anrede erlauben. »Hören Sie, JFR, ich bin kein Fachmann, aber dieser virtuelle Kram, Pharmakologie im VR-Raum, Inphader, ist das nicht doch alles Humbug?«

»Vielleicht. Vielleicht aber auch nicht. Wir müssen alles versuchen. Denken Sie an die Testreihen bei Cook Illinois Home Products. Die haben schon mindestens drei aussichtsreiche Verbindungen in der Pipeline. Wenn wir nicht bald gleichziehen, knallt CIHP nächstes Jahr die Regale voll, und wir können einpacken.«

»Bis Dezember halten wir durch«, sagte Milkman. »Aber dann brauchen wir einen Volltreffer.«

»Den werden wir haben«, sagte Reddington. »Das verspreche ich Ihnen. Sonst noch etwas? Duncan, bitte bleiben Sie noch einen Augenblick.«

Eilig verließen die anderen Vorstandsmitglieder den Konferenzsaal. Duncan Findlay, der Sicherheitschef von Fenway-Soper, wischte sich mit einem großen Taschentuch den Schweiß ab.

»Ich möchte, daß Sie Riseman im Auge behalten«, sagte Reddington in das breite, teigige Gesicht.

»O. k.« Die hohe Stimme des Sicherheitschefs stand in sonderbarem Gegensatz zu der massigen Gestalt in dem für die Jahreszeit viel zu dicken Flanellanzug.

»Sie haben ja selbst gehört, welche Aversion der Doktor gegen Leute mit neuen Methoden hat.«

»Ich werde schon auf ihn aufpassen.«

»Informieren Sie mich bitte sofort, wenn Ihnen etwas Relevantes bekannt wird.«

»Selbstverständlich, Sir.«

»Und wer kümmert sich um diesen Beduinenscheich?«

»Ich werde die Blenner auf ihn ansetzen, Sir. Die neue Neuropharmakologin. Sagen Sie Riseman, er soll sie diesem Nomaden, oder was das sonst für ein Halbnigger ist, als Partnerin zuteilen. Gleichberechtigt. Er soll es in den Vertrag reinschreiben, damit der Bursche keine Scherereien macht.«

»Ist das nicht diese große Blonde? Die arbeitet für Sie?«

»Ja. Sie weiß es nur noch nicht.«

Reddington sah ihn nachdenklich an. »Manchmal glaube ich, daß Sie sogar mich abhören.«

Findlay gestattete sich ein Grinsen.

»Lassen Sie sich nur nicht erwischen, mit Ihren illegalen Aktivitäten.«

»Nein, Sir.«

»Wieviel weiß die Blenner denn über Behrman?«

»Nicht mehr als die anderen.«

»Strengen Sie sich an, Duncan! Noch so eine Pleite, und wir können den Laden dichtmachen. Ich gehe dann Golf spielen, aber Sie können sich einen neuen Job suchen, vergessen Sie das nicht!«

»Sie können sich auf mich verlassen.«

»Ab jetzt darf nichts mehr schiefgehen.«

»Machen Sie sich keine Sorgen.« Findlay öffnete und schloß mehrmals die behaarten Pranken.

»Gut.«

Findlay nickte Reddington zu und schleppte seinen schweren Körper zur Tür. Der Präsident lehnte sich zurück und rieb sich die Schläfen. Eigentlich verrückt, dachte er, daß er Millionen in ein neues Antidepressivum investierte, wo er doch viel dringender ein wirksames Migränemittel benötigt hätte.

Findlay fuhr eine Etage nach unten und watschelte zu einer Stahltür, auf der stand: »Vorsicht – Hochspannung! Betreten verboten. Lebensgefahr!« Er schloß auf, drückte die Tür hinter sich zu und setzte sich vor die Monitorwand mit den sechsunddreißig Bildschirmen. Eine Minute lang ordnete er seine Gedanken; dann griff er zum Telefon. Als er das Gespräch beendet hatte, stand er auf und spähte aus dem Fenster. Hundert Meter unter ihm stieg Dr. Riseman in ein Taxi. Findlay schaute auf seine Armbanduhr. Es war genau sechs Uhr. »Viel Spaß, Doktor«, murmelte er. Es war schon erstaunlich, wie die Spielsucht sogar die zerstreutesten Wissenschaftler zur Pünktlichkeit erzog.

In der gleichen Minute gab das Signal einer elektronischen Schaltuhr den Stromzufluß für den ersten Chip eines Computers frei, der so groß wie ein Kleiderschrank war und in einem kleinen Blockhaus hoch über der Pazifikküste von Big Sur stand. Innerhalb einer Millionstel Sekunde breitete sich die Energie nach den Befehlen eines höchst ungewöhnlichen Programms in alle Schaltkreise des Rechners aus. In dem Computer formte sich mit Lichtgeschwindigkeit ein elektromagnetischer Impuls, der rasch immer kompliziertere Strukturen entwickelte. In dem pseudoneuronalen Silikonnetz bildete sich durch immer neue Informationen eine komplexe Intelligenz.

Bereits in der ersten Sekunde erhielt der Impuls Zugang zu einem Gedächtnisspeicher von enormer Kapazität und machte sich daran, das darin gespeicherte Wissen rasend schnell aufzunehmen. Gleichzeitig wurde ein vorprogrammiertes Bewertungssystem aktiviert, und der Impuls begann die riesige Menge der unterschiedlichsten Informationen nach vorgegebenen Kategorien zu ordnen. Der Monitor wurde hell und zeigte in rascher Folge Bilder aus der Perspektive eines Säuglings, eines kleinen Jungen, eines Heranwachsenden und schließlich eines jungen Mannes: Erst den verschwommenen Blick noch ungeübter Säuglingsaugen aus einer Wiege, über der immer wieder lächelnde Erwachsenengesichter erschienen. Dann ein Mobile mit bunten Holzvögelchen unter der pastellblauen Decke eines Kinderzimmers. Bald kamen Rasseln und anderes Babyspielzeug dazu. Später der weiße Himmel eines Kinderwagens, die Gitterstäbe eines Laufstalls, immer wieder viele Bäume, ein großer schwarzer Hund, danach Klassenzimmer mit riesigen Lehrerinnen, die aber mit der Zeit auf Normalgröße schrumpften. Viele andere Kinder, die rasch älter wurden, das Armaturenbrett eines Autos, das lächelnde Gesicht eines hübschen Mädchens, das die Augen schloß. Einige Hörsäle, eine fast unerschöpfliche Fülle der verschiedensten elektronischen Apparaturen und zwischendurch immer wieder zahllose Buchseiten und Fernsehbilder, aber auch viele Kilometer eilig befahrener Straßen, Blicke aus Flugzeugfenstern und auf die genormten Einrichtungsgegenstände moderner Hotels.

Zum Schluß erschienen schier endlose Zahlenkolonnen, denn nun zeigte das Gerät sich selbst, zu der Zeit, in der das neue Programm eingegeben worden war, und aus dem Blickwinkel des Mannes, der es entwickelt hatte. Es waren die Bilder der letzten Stunden, die der Mann an dem Computer verbracht hatte, so wie auch alle anderen Szenen dieses Lebensfilms aus einem optischen Gedächtnis stammten, das sich seit dem Zeitpunkt der Geburt Sekunde für Sekunde mit den verschiedensten Erinnerungen angefüllt hatte. Die Bilder ließen erkennen, daß an dem Programm mit großer Genauigkeit und Geduld gearbeitet worden war, denn es folgten immer wieder ähnliche, nur geringfügig veränderte Daten. Bei ihrer Eingabe war von der Seite her Sonnenlicht auf den Monitor gefallen und hatte bewirkt, daß sich der Kopf des Programmierers auf der Glasplatte widerspiegelte; auch dieses Bild hatte der Computer gespeichert. Deshalb erschien jetzt über den Zahlenkolonnen das ernste, bärtige Gesicht eines etwa dreißigjährigen Mannes, dessen Stirn und Augen ein schwarzer Helm voller Stecker und Kabel verdeckte.

2

Wie immer begrüßte der Schwarm mexikanischer Rotkehl-Hüttensänger auf den drei Ponderosa-Kiefern den Tag mit lautem Geschrei. Die imposanten Bäume standen am Rand der Hochebene bei einem weißen Landhaus im spanischen Stil, von dessen Veranda der Blick an klaren Tagen bis nach Santa Fe reichte. Als über Monte Carlo die Sonne aufging und im Casino die letzten Takte der Barcarole verklangen, tönten laute Summtöne durch ein fensterloses Zimmer. Gleichzeitig schaltete der Computer gedämpftes Licht ein.

Die Frau auf der breiten Lederliege erwachte und begann sofort wieder zu kämpfen. Einige Sekunden lang schlug und trat sie mit Händen und Füßen um sich. Erst dann kam ihr zu Bewußtsein, daß sie sich in der Sicherheit ihres Hauses befand. Sie zwang sich, noch zwei Minuten lang liegenzubleiben und möglichst ruhig zu atmen, um die Angst unter Kontrolle zu bekommen. Während sie das Hauptkabel ihres VR-Helms löste, kehrten die Bilder der vergangenen Nacht zurück. Die Frau preßte die Hände auf den Mund, lief zur Toilette und übergab sich.

Nachdem sie sich wieder erholt hatte, blickte sie prüfend auf die Monitore, die alle Räume und die nähere Umgebung des Landhauses überwachten, nahm ein Jagdgewehr aus dem Schrank, sperrte die Stahltür auf und ging auf die Veranda. Die kühle Morgenluft verstärkte den beruhigenden Eindruck unzweifelhafter Realität. Karen Thogersen setzte sich in einen Schaukelstuhl, die schußbereite Waffe im Arm.

»Los, komm doch! Warum kommst du jetzt nicht, du Schwein!«

Sie lehnte sich zurück und schloß die Augen. Die Polizei anrufen! Aber vorher die Aufzeichnung überprüfen.

Sie ging in die Küche, kochte sich einen starken Kaffee und zündete sich eine Zigarette an. Dann kehrte sie in das Zimmer zurück, schloß die schwere Tür ab und stellte das Gewehr in den Schrank. Der Computer füllte fast die halbe Wand aus. Auf dem Monitor blinkte eine Schrift: »Unautorisierter Eingang. Wählen Sie ein neues Codewort.«

Der Gedanke, daß der Datendandy nun auch sie übertölpelt hatte, machte sie fast krank vor Wut. Sie gab ein neues Codewort ein, spulte das Magnetband zurück, drückte auf START und verfolgte gespannt die Szenen in der Salle Mauresque. Als sie die Echtzeitangabe überprüft hatte, schaltete sie auf schnellen Vorlauf. Der junge König von Spanien war erst ziemlich spät erschienen, etwa eine halbe Stunde vor Mitternacht.

Die Fürsten in ihren Galauniformen, die Bankiers in ihren Fräcken, die operettenhaft kostümierten orientalischen Prinzen und Damen aller Kategorien liefen auf dem Bildschirm wie in einem viel zu schnell heruntergekurbelten Slapstickfilm durcheinander. Da die VR-Kamera mit den Bewegungen der Augäpfel synchronisiert war, wechselten die Szenen oft sprunghaft.

Als die Digitaluhr eine halbe Stunde vor Mitternacht anzeigte, schaltete Karen Thogersen auf Wiedergabe. Trotzdem blieb das Bild unruhig, denn in diesen Minuten war sie aufgestanden und herumgelaufen, um die Aristokraten, Bonvivants und Charmeure zu begutachten, die in den anderen Sälen spielten. Plötzlich tauchte ein großer Kristallspiegel auf, und sofort drückte Karen Thogersen die Pausentaste.

Auf dem Bildschirm erschien die begehrteste Frau einer glanzvollen Epoche. Mit ihren 1,87 Metern überragte la belle Otero die meisten Männer wie eine Göttin. Ihr Gesicht war ebenmäßig oval, ihr Haar schwarz und seidig, ihre Zähne glänzten schneeweiß.

Karen Thogersen konzentrierte sich indes auf die Bewunderer, die hinter ihrem virtuellen Ich gestanden waren, und registrierte aufmerksam die begehrlichen Blicke. Da war er! Rasch markierte sie das schöne, lächelnde Männergesicht und schaltete auf Vergrößerung. Eine Zehntelsekunde später füllte ihr Peiniger den gesamten Monitor aus.

Sie ließ das Band weiterlaufen. Alfonso XIII. lächelte mit dem Charme des geborenen Verführers. Trotz seines jugendlichen Alters betrachtete er die berühmte Kurtisane bereits mit erfahrenem Blick. Die kräftige, straffe Gestalt verriet die militärische Erziehung, und das Machtbewußtsein, das er wohl von klein an besaß, verlieh ihm eine stark aphrodisierende Aura.

Nach dem Blick in den Spiegel war die schöne Otero zu ihrem Tisch im Maurischen Saal zurückgekehrt. Gleich danach erschien dort auch der junge König. In der Aufzeichnung konnte Karen Thogersen nun sehen und hören, wie er höflich bat, neben ihr Platz nehmen zu dürfen, und, nachdem sie huldvoll genickt hatte, ihre Erfolge und Mißerfolge mit ermunternden oder tröstenden, aber stets geistreichen Bemerkungen kommentierte. Wenig später ließ er Champagner kommen und bat sie, mit ihm auf ihr Glück anzustoßen. So ging das eine ganze Weile weiter. Widerwillig mußte sich Karen Thogersen eingestehen, daß seine Taktik des ständigen Wechsels vom spielerischen Angriff zum höflichen Rückzug sie geradezu hatte dahinschmelzen lassen.

Nach einer halben Stunde drückte sie erneut auf PAUSE, ging in die Küche und füllte frischen Kaffee in ihren Becher. Dann setzte sie sich wieder an das Gerät. Sie betätigte den schnellen Vorlauf und sah die Wände des Tunnels zum *Hotel de Paris* vorüberhuschen, als säße sie in einer U-Bahn. Als die Tür zur Fürstensuite erschien, schaltete Karen Thogersen wieder auf Normalgeschwindigkeit. Das Gesicht des Königs füllte erneut den gesamten Monitor aus. Seine Lippen näherten sich zu einem leidenschaftlichen Kuß.

STOP! Karen Thogersen wartete, bis sie sich wieder beruhigt hatte. Daß sie das nicht gleich gemerkt hatte! Der Blick des Königs drückte weit mehr als nur sexuelles Begehren aus.

Während die Zigarette im Aschenbecher verglomm, sah Karen Thogersen zu, wie sie plötzlich herumgewirbelt wurde. Erst erschien die Stuckdecke, dann das lächelnde Gesicht des jungen Königs und schließlich der Zipfel eines seidenen Halstuchs. Danach schien die Zimmerdecke zu wackeln, als Folge der ruckartigen Bewegungen, mit denen sie sich zu befreien versucht hatte. Um sich den schlimmsten Teil zu ersparen, ließ sie das Band wieder vorlaufen, bis ein roter Schatten auftauchte. Sofort hielt sie das Gerät an. Rote Finger hielten ein triefendes Knäuel vor ihre Augen, und Karen Thogersen sank in konvulsivischen Zuckungen von ihrem Stuhl.

Als sie wieder zu sich kam, drückte sie die Notruftaste.

»Polizei«, sagte eine Männerstimme.

»Kommen Sie! Er hat mich umgebracht!«

»Was?«

»Es ist was passiert.«

Es würde nicht leicht sein, der Polizei zu erklären, was geschehen war.

Der Mann, der noch vor wenigen Stunden König Alfonso XIII. von Spanien gewesen war, saß am Panoramafenster einer komfortablen Jagdhütte in den Montara-Bergen, eine halbe Autostunde südlich von San Francisco. Auf seinem Schoß lag ein Bildband mit dem Titel »Illustrierte Geschichte der Haute Couture«. Die aufgeschlagene Doppelseite zeigte ein Foto der Schauspielerin Lillie Langtry aus dem Jahr 1885. Die großgewachsene, dunkelhaarige Künstlerin posierte in einem eleganten Abendkleid von Worth auf einer Récamiere. Das ist sie, dachte der Mann. Aber wie sollte er sie finden? Vielleicht auf einer Cybertoga, in der es um die Welt des Theaters vor hundert Jahren ging? Es würde nicht schwer sein, eine solche Party anzuregen, und nachdem Lillie Langtry die mit Abstand berühmteste Künstlerin jener Zeit war, würde zweifellos jemand in ihrer Gestalt erscheinen. Viel besser würde es allerdings sein, einer Lillie Langtry nicht nur in der künstlichen Realität eines VR-Raumes, sondern in Wirklichkeit zu begegnen.

Dr. Julian Riseman saß nervös an seinem Computer. Nach einem besonders verlustreichen Wochenende in Atlantic City sowie einem äußerst unerfreulichen Gespräch mit dem Kreditsachbearbeiter seiner Bank konnte sich der Entwicklungschef nur mit Mühe auf die Nachricht konzentrieren, die er in seiner Mailbox vorgefunden hatte: »http://yyy.eth/hud.com. Nomade. Nehmen Sie Kontakt auf bis 1200 PT unter http://www.usc/com.caf/ven.htme«.

Dr. Riseman erklärte seiner Sekretärin, daß er nicht gestört werden wolle, und schrieb: »Fenway-Soper Pharmacies, Entwicklungsabteilung, Dr. Riseman.«

Nach einigen Minuten erschien auf dem Bildschirm: »Worum geht es?«

Mißtrauisch von Natur und Profession, empfand Dr. Riseman ein starkes Widerstreben, Klartext über eine ungesicherte Computerleitung zu senden. Erst nach einigen Sekunden schrieb er: »Antidepressivum auf Basis von Serotonin-Antagonisten. Ziel: Vorläufige Marktreife bis 30. Oktober. Probleme bei Andockung Serotonin-Moleküle an präsynaptischer Membran.«

Diesmal vergingen nur wenige Sekunden: »Ihr habt doch Allan Behrman!«

Dr. Riseman fuhr ein wenig zurück. »Woher wissen Sie das?«

»Große Projekte sprechen sich immer schnell herum.«

»Behrman hat um vorzeitige Auflösung seines Vertrages gebeten und ist abgereist. Litt vermutlich selbst unter Depressionen.«

Fast fünf Minuten vergingen. Dem hat es die Sprache verschlagen, dachte Dr. Riseman grimmig. Dann erschien auf dem Monitor: »Nennen Sie Einzelheiten!«

»Bedauere. Vertraulich.«

Diesmal kam die Antwort wieder umgehend: »Faxen Sie Vertrag an 213-6501813 ...«

Na also, dachte Dr. Riseman. Er tippte auf eine Taste an seinem Telefon, und Sekunden später erschien Manderly Durrwachter, eine kleine, vertrocknete Blondine Anfang der Sechzig.

»Haben Sie den Vertrag fertig?«

»Jawohl, Sir.«

»Her damit.« Er überprüfte das Dokument. Als Vertragspartner war »Mr. Nomade« aufgeführt, unter »Adresse« stand »ohne festen Wohnsitz«. »Meine Güte, das liest sich ja, als müßten wir schon Obdachlose anheuern.« Er las die nächste Seite. Unter Punkt 7 stand: »Dem Vertragspartner wird für die Dauer der Entwicklungsarbeiten als verantwortliche Vertreterin von Fenway-Soper Pharmacies Mrs. Kate Blenner beigeordnet. Mrs. Blenner ist befugt, alle projektbezogenen Interessen von Fenway-Soper zu vertreten. Die Unterzeichnenden stimmen überein, daß Mrs. Blenner an allen Entwicklungsschritten von FS-115 ohne jede Einschränkung beteiligt wird.«

Würde mich nicht wundern, wenn der Kerl jetzt kneift, dachte Dr. Riseman hoffnungsvoll; Inphader waren dafür bekannt, daß sie sich nur ungern in die Programme schauen ließen. »Schicken Sie es ab.«

Wieder vergingen einige Minuten; dann erschien auf dem Monitor: »Wer ist Blenner?«

Der Entwicklungschef tippte: »Neuropharmakologin. Abteilung IV, Sedativa.«

Die Antwort kam rasch: »Wissenschaftliche Qualifikation?«

Dr. Riseman drückte wieder auf den Summer und befahl seiner Sekretärin, die Akte aus dem Personalbüro zu holen. Als Manderly Durrwachter das Dokument abgeliefert hatte, schlug er den Deckel auf und betrachtete das Farbfoto einer jungen Frau mit leuchtend blauen

Augen, hellblondem, mittellangem Haar, sanft gerundeten Wangenknochen und einer zierlichen, hübsch geformten Nase. Die klassische Neuengland-Schönheit, dachte der Entwicklungschef; dabei war das Foto nicht einmal besonders gut. Er wählte einige Angaben aus: »Diplom Physiologie und Pharmakologie Harvard Medical School. Spezialgebiet: Endogene Drogen. Publikationen: ›Die Interaktion kognitiver und psychologischer Determinanten der emotionalen Befindlichkeit‹, *Psychopharmacology*, Washington 1996. ›Auswirkungen endogener Drogen auf die Motivation in Krisensituationen‹, *Psychopharmacological Abstracts*, Bethesda 1997.« Das würde dem Kerl zeigen, daß er mit erstklassigen Fachleuten zu tun hatte.

»Soll mich am Flughafen abholen. Morgen 15.55, Delta, Newark. Ende.«

Kurz darauf piepste das Fax im Vorzimmer. Riseman ging hinaus, schaute zu, wie der Vertrag aus dem Vorlagenempfang quoll, und betrachtete neugierig die Unterschrift. Sie war wie erwartet: Schwungvoll und unleserlich. Daneben stand eine Kontonummer.

»Geben Sie mir Reddington.« Dr. Riseman kehrte in sein Büro zurück und schloß wieder die Tür.

»Haben wir einen Vertrag?« Der Präsident klang nervös.

»Ja, Sir.«

»Und wann kommt er?«

Riseman sagte es ihm. »Er möchte von Mrs. Blenner abgeholt werden.«

»Aha.« Reddington legte den Hörer auf, hob ihn sofort wieder ab und drückte eine rote Taste.

»Findlay.«

»Haben Sie ihn?«

»Keine Chance. Der Anschluß gehört einem Computercafé in Venice. Vierunddreißig Terminals. Natürlich steht dort auch das Faxgerät.«

»Nicht, daß der uns auch nach ein paar Tagen im Stich läßt!«

»Jawohl, Sir.«

»Halten Sie mich auf dem laufenden.«

»Natürlich, Sir.«

»Jetzt darf wirklich nichts mehr schiefgehen!«

»Sie können sich auf mich verlassen.«

Der Computer in dem Blockhaus über dem Pazifik arbeitete weiter mit der vollen Kapazität seiner fünfzig Festplatten. Noch immer nahm der Impuls das vielfältige Datenmaterial der visuellen, akustischen, geruchlichen, geschmacklichen und sensorischen Sinnesreize sowie der Erlebnisse, Erfahrungen und des erlernten Wissens aus dreißig Lebensjahren auf. Stunde um Stunde sortierte das Programm die gewaltige Menge der Informationen, verschaltete sie mit den gleichfalls gespeicherten Charakterzügen, Persönlichkeitsmerkmalen und Gefühlen und baute daraus Stück für Stück ein sich ständig höher entwickelndes Bewußtsein. Durch die vorgegebenen Schaltungen formte es sich zu einer Intelligenz, die allein auf elektromagnetischen Prozessen beruhte und deren materielle Basis aus Silizium bestand. Dann war es Zeit, den ersten eigenen Gedanken zu formen. Er lautete: Es hat also funktioniert!

3

Im sechsten Stock des FBI-Hauptquartiers, das wuchtig wie ein Pflasterstein an Washingtons Pennsylvania Avenue liegt, stand neben einer weißgestrichenen Holztür »Jakob E. Connor«. Richard Kelley fuhr sich mit der Hand durch das fahlblonde, übertrieben kurz geschnittene Haar und klopfte.

»Herein!«

Er trat in das Zimmer. Da die Jalousien heruntergezogen waren, benötigten seine Augen einige Sekunden, um sich an die Lichtverhältnisse zu gewöhnen. Hinter einem schwarzen Schreibtisch saß ein schwerer Mann von knapp fünfzig Jahren mit gelocktem schwarzem Haar und dichten Augenbrauen über einer knolligen Nase. Das breite Gesicht mit den leicht schräggestellten Augen ließ an einen feisten Kater denken.

»Guten Morgen. Richard Kelley.«

»Ach, ja.« Der schwere Mann legte ein Boxmagazin zur Seite, stemmte sich aus seinem Sessel und streckte die Rechte aus. »Jake.«

»Richard«, sagte Kelley und schüttelte die große Hand.

Connor zeigte auf den zweiten Stuhl.

Kelley setzte sich und sah sich vorsichtig um. An der Wand hingen ein Filmplakat von Rita Hayworth, das Poster eines Cadillac Eldorado und ein Firestone-Kalender aus dem Jahr 1956.

Dicke Finger pflückten eine filterlose Zigarette aus einer deformierten Packung. »Also, was gibt's?«

Kelley öffnete seinen Aktenkoffer und reichte ein einzelnes Blatt Papier über den Tisch. »Zur Zusammenarbeit angewiesen«, las Connor halblaut, »Sektionschef Walter B. Myers.« Er legte das Schreiben auf den überfüllten Schreibtisch. »Von mir aus.«

»Der Fall betrifft eine Mrs. Karen Thogersen aus Chimayo, New Mexico, in der Nähe von Santa Fe. Mrs. Thogersen betreibt dort ein Institut für kosmische Spiritualität. Reinkarnationstherapie, Rebirthing und so weiter.«

»Das hat mir gerade noch gefehlt. Eine New-Age-Spinnerin.« Connor stand auf und spähte durch die Jalousien zum Weißen Haus.

»Eine Spinnerin ist sie ganz und gar nicht.«

Connor stöhnte gequält. »Sagen Sie bloß nicht, daß Sie an diesen Quatsch glauben.«

Kelley lächelte. »Sie zockt die Leute ab. Jeden Vormittag Sprechstunde auf ihrer Ranch und am Wochenende Seminare. Damit macht sie im Jahr locker ein bis zwei Millionen.«

»Und jetzt ist sie tot.«

»Sie wurde gestern kurz nach Mitternacht in ihrem Landhaus überfallen, an ein Bett gefesselt und aufgeschlitzt.«

Connor ließ sich wieder in seinen Sessel fallen und begann im Eingangskorb zu kramen.

»Hören Sie auf«, sagte Kelley schnell. »Es war nur ein Scherz.«

»Wie bitte?«

»Die Tat wurde im VR-Raum verübt.«

»Wo?«

»Im VR-Raum. In der virtuellen Realität.«

Connor hörte auf zu suchen. »Wollen Sie damit sagen, daß wir hier über ein verdammtes Computerspiel reden?«

»Nicht so, wie Sie sich das jetzt vorstellen, Jake.«

Als Connor sich vorbeugte, wirkte er fast bedrohlich. »Hören Sie. Computerkriminalität ist eine ernste Sache. Diese Gauner schädigen unser Land jedes Jahr um Milliarden Dollar. Es ist gut und richtig, daß das FBI etwas dagegen unternimmt. Aber das hier ist die Abteilung Serienmorde. Bei uns fließt richtiges Blut.«

»Das weiß ich, Jake. Sie werden gleich merken, warum ich zu Ihnen komme.«

»Dann lassen Sie mal hören.«

Kelley suchte nach einem Anfang, der nicht gleich weitere atmosphärische Störungen heraufbeschwor. »Kennen Sie sich mit virtueller Realität ein bißchen aus?«

»Diese verrückten Spiele, wo Leute sich Helme aufsetzen und denken, sie seien auf dem Mars?«

»So ähnlich. Aber bei VR geht es schon lange nicht mehr nur ums Spielen. Ärzte üben damit, wie man ein Kniegelenk operiert, einen Bypass legt oder einen Gehirntumor entfernt. Architekten ziehen virtuelle Wolkenkratzer hoch und lassen ihre Auftraggeber darin herumspazieren. Chemiker lassen Moleküle wachsen, bis sie so groß wie Autos sind.«

»Neulich haben sie im Fernsehen gezeigt, wie ein Kerl und seine Freundin in Gummianzüge mit Kabeln schlüpften und es durch die Steckdose trieben.«

»Das war Steinzeit. Heute braucht man nur noch einen Helm. Die virtuelle Welt wird direkt im Gehirn aufgebaut. Durch elektromagnetische Beeinflussung der Neuronen. Die denken dann, die Sinnesreize kämen durch Auge oder Ohr aus der wirklichen Welt. Deshalb reagiert das Gehirn genauso wie auf echte Reize und setzt seinerseits chemoelektrische Prozesse in Gang, die wiederum vom Computer registriert und umgesetzt werden. Man weiß natürlich, daß man sich in einem VR-Raum befindet, aber objektiv gibt es keine Möglichkeit zu unterscheiden, ob das, was man erlebt, außerhalb oder nur innerhalb des Gehirns geschieht. Hochleistungscomputer schaffen über zehn Billionen Rechenoperationen pro Sekunde. Damit können Sie in Ihrem Kopf eine komplette neue Welt erschaffen.« Er merkte, daß er sich in Begeisterung geredet hatte.

»Und was hat das alles mit mir zu tun?«

»Kennen Sie den Evernet-Fall?«

»Nie gehört.«

»Evernet ist ein Computernetzwerk mit über fünfzig Millionen Teilnehmern. Weltweit. Einer von ihnen hat kürzlich eine Frau im VR-Raum so massiv bedrängt, daß die Betreiber Anzeige wegen versuchter Vergewaltigung erstattet haben.«

Connor schüttelte ungläubig den Kopf.

»Die Staatsanwaltschaft hat Anklage erhoben. Die Verteidigung argumentiert damit, daß Handlungen im VR-Raum nur Spiele seien. Der Staatsanwalt vertritt dagegen die Auffassung, daß es auch die Möglichkeit einer virtuellen Vergewaltigung gebe. Daß menschliche Körper im VR-Raum nicht aus Fleisch und Blut bestehen, sondern lediglich in Form elektromagnetischer Felder existieren, spiele dabei eine sekundäre Rolle.«

»Sieht nach einem Fall für den Obersten Gerichtshof aus.«

»Im Fall Thogersen geht es aber um mehr«, sagte Kelley. »Die Frau wurde auf bestialische Weise ermordet. Und ein Mann, der so etwas anrichtet, beschränkt sich bestimmt nicht auf Verbrechen im VR.«

Connor fischte eine weitere Zigarette aus der zerdrückten Packung.

»Die Frau nahm regelmäßig an Treffen einer Gruppe von Leuten teil, die sich zu Cybertogas verabreden. Zu Partys im Cyberspace.«

»Im VR-Raum«, sagte Connor, um zu zeigen, daß er mitgekommen war.

»Genau. Am Anfang waren es typische Togas wie an den Unis, wo sich Studenten mit Bettüchern als römische Senatoren verkleiden.«

»Mehrere Leute auf einmal? In ein und demselben Computer?«

»Ja. Aus diesen Togas haben sich allmählich Zeitreise-Partys entwickelt. Die Teilnehmer verständigen sich auf bestimmte Daten und Orte aus der Geschichte und erscheinen dann als historische Gestalten in den passenden Kostümen.«

»Irre. Wie viele Leute kommen da denn so zusammen?«

»Manchmal dreißig oder vierzig. Je nach Kapazität des Computers.«

»Sie meinen, die treffen sich irgendwo, setzen ihre Helme auf, und ab geht's?«

»Die brauchen sich gar nicht irgendwo zu versammeln. Sie setzen zu Hause ihre VR-Helme auf, loggen sich in das Netzwerk ein und reisen als elektronische Impulse auf der Datenautobahn zum Zielcomputer.«

»Hört sich wie eine Science-fiction-Story an.«

»Aber es ist Realität.«

»Virtuelle Realität.«

»Ich habe gerade versucht zu erklären, daß auch virtuelle Realität eine Realität ist.«

Connor hob die Hand. »Verstehe. Wie hat sich denn die Sache nun abgespielt?«

»Mrs. Thogersen hatte eine Cybertoga besucht, die am fünften Juli neunzehnhundertfünf spielte. An diesem Tag hatte sich im Spielcasino von Monte Carlo eine ganze Reihe bekannter Persönlichkeiten versammelt. Mrs. Thogersen trat als ›la belle Otero‹ auf. Seinerzeit die berühmteste Kurtisane Europas.« Kelley schlug die Akte auf und reichte sie Connor, der halblaut weiterlas: »Sie war dem Glücksspiel verfallen und verschaffte sich durch Prostitution immer rasch Nachschub. In Monte Carlo ging sie einmal innerhalb von vierundzwanzig Stunden mit elf Männern in das nahe gelegene *Hotel de Paris*. Zu ihren Liebhabern zählten unter anderen König Leopold II. von Belgien, Prinz Nikola von Montenegro ... Wo haben Sie das denn her?«

»Mrs. Thogersen hatte sich natürlich vorher über ihre Rolle informiert.«

»Sie waren schon bei ihr?»

»Ich habe mit ihr telefoniert und mir die Sachen faxen lassen. Auf mich wirkt die Frau sehr vernünftig.«

»Lügendetektor?«

»Zwei Tests, in Santa Fe. Beide ohne Einschränkung bestanden.«

»Und die anderen ... diese anderen VR-Typen, die spielten dann die gekrönten Häupter und all diese Leute?«

»Sie spielten sie nicht, sie lebten sie. Sie schlüpften in die fremde Identität und handelten, als seien sie wirklich Könige oder Kurtisanen. Die kleineren Rollen simuliert der Computer – Croupiers, Musiker und so weiter.«

Connor las weiter. »Ihre Schönheit war makellos. Sie sagte, sie wolle sich an den Männern dafür rächen, daß sie während ihrer Kindheit vergewaltigt worden war ...« Er legte die Akte auf den Schreibtisch. »Und als was hatte sich der Mörder verkleidet?«

»Als König Alfonso XIII. von Spanien. Zu dieser Zeit achtzehn oder neunzehn Jahre alt.«

»So jung?«

»Im VR-Raum kann man jede beliebige Gestalt annehmen. Mrs. Thogersen ist in Wirklichkeit blond und nicht mal eins siebzig. Theoretisch kann der Mörder also auch ein kleiner fetter Glatzkopf von fünfzig Jahren sein. Nach ungefähr zwei Stunden hat er sich an sie herangemacht. Saß eine Weile neben ihr beim Roulette, während sie spielte. Als sie pleite war, machte er ihr ein Angebot. Sie ging mit ihm in eine Suite im *Hotel de Paris*.«

»Alles im Computer?«

»Alles im VR-Raum. In der Suite band er sie mit Seidentüchern ans Bett. Sie dachte, er brauche das zur Stimulation.«

Connor öffnete eine Schublade, angelte nach einer Whiskyflasche und schraubte den Verschluß auf. »Sie auch?« Einladend hielt er einen Pappbecher hoch.

»Gern.«

Connor goß tüchtig ein und trank seinen Becher in einem Zug aus. »War ihr nicht klar, wie gefährlich es ist, sich von wildfremden Typen fesseln zu lassen?«

Kelley hatte nur genippt. »Sie fühlte sich vollkommen sicher. Im VR-Raum besitzt jeder Teilnehmer ein eigenes Codewort. Er braucht es nur konzentriert zu denken, dann reagiert der Computer und bricht die Show für den Betreffenden ab.«

»Codewörter? Wie diese Sado-Maso-Typen? Dann wundert mich gar nichts mehr.«

»Das Problem war nicht, daß Mrs. Thogersen das Codewort vergessen hatte. Es funktionierte nur leider nicht.«

»War was mit dem Computer nicht in Ordnung?«

Kelley schüttelte den Kopf. »Ich vermute, daß sich der Kerl vorher in ihren Rechner eingeschlichen hat.«

»Wie denn das?«

»Weiß ich nicht. Vielleicht als Virus. Wahrscheinlich hat er Mrs. Thogersens Code schon vor Monaten geknackt.«

»Er hatte es also schon länger auf sie abgesehen?«

»Ja. Als sie in den VR-Raum wechselte, brauchte der Kerl ihr Codewort nur zu deaktivieren.«

»Und was hat er dann mit ihr angestellt?«

Kelley trank seinen Becher aus, schlug die Akte auf und las vor: »Vollständige Durchtrennung der Bauchdecke vom Brustbein bis zum Schambein. Extraktion der gesamten Eingeweide. Hineinkriechen in die leere Bauchhöhle.« Er klappte den Deckel zu.

Connor stieß laut die Luft aus. »Ein Nero-Mann«, sagte er.

»Ein was?« fragte Kelley.

Connor füllte den Becher nach. »Nero-Mann. Nach Kaiser Nero.«

Kelley wartete gespannt.

»Nero hat bekanntlich viele scheußliche Verbrechen begangen. Aber das schlimmste war der Mord an seiner Mutter. Wissen Sie, was er mit ihr gemacht hat?«

Kelley schüttelte den Kopf.

»Er hat ihr den Bauch aufgeschnitten und versucht hineinzukriechen.«

Kelley überlegte. »Unser Fall hat aber nichts mit einem Mutter-Sohn-Konflikt zu tun. Mrs. Thogersen hat keine Kinder.«

»Mörder dieser Sorte suchen ihre Mütter auch in anderen Frauen. Sie müssen ihnen nur ein bißchen ähnlich sehen, so reden, sich so verhalten oder auf andere Art an sie erinnern.« Connor dachte nach. »Vermutlich war das nicht der erste Zwischenfall dieser Art.«

»Nein. Offenbar gab es schon früher welche.«

»Wie viele?«

»Vielleicht ein halbes Dutzend. Mrs. Thogersen will nicht mehr darüber sagen.«

»Immer der gleiche Täter?«

»Ja. Jung, gutaussehend, charmant, kultiviert. Die Cybertoganer nennen ihn ›Datendandy‹, weil er seinen ersten Mord in der Rolle George Brummells beging.«

»Wer ist denn das nun wieder?«

»Ein Modeheld der vornehmen Londoner Gesellschaft Anfang des neunzehnten Jahrhunderts. Mitte zwanzig, gutaussehend, gebildet, höflich, immer charmant, immer elegant. Ein Ästhet. In sich selbst verliebt. Unser Mann ist seit zwei Jahren in allen größeren Datennetzen unterwegs. In ständig wechselnden Verkleidungen, aber immer wie geleckt.«

»Und warum hat man ihn erst jetzt angezeigt?«

»Die Großrechner, die man für diese Cybertogas braucht, sind ziemlich teuer. Privatleute können sich das kaum leisten. Außer natürlich, wenn sie soviel Geld haben wie Mrs. Thogersen. Die hat zu Hause ein High-end-Gerät für sechshunderttausend Dollar.«

»Teures Hobby.«

»Solche Geräte stehen sonst nur in Universitäten oder privaten Forschungszentren. Diese Leute benutzen sie heimlich, und das darf natürlich nicht herauskommen.«

»Aber Mrs. Thogersen kann das egal sein.«

»Ja. Sie war die erste, die Anzeige erstattet hat.«

»Bei der Polizei in Santa Fe.«

»In Chimayo. Der Sheriff hielt das Ganze natürlich für Humbug.«

»Aber Sie glauben ihr.«

Kelley nickte. »So eine Geschichte kann man sich gar nicht ausdenken.«

»Das braucht man auch nicht. Inzwischen kann man überall nachlesen, wie so was gemacht wird. Jeffrey Dahmer aus Milwaukee, nur mal so zum Beispiel. Zerstückelung von siebzehn jungen Männern. Schädel und Organe im Kühlschrank aufbewahrt. Noch bevor dieser Irre verurteilt war, kamen zwei Dutzend Bücher über ihn heraus, mit allen scheußlichen Einzelheiten.«

»Dieser VR-Mörder ist kein Hirngespinst, Jake. Es gibt ihn wirklich.«

»Im Computer. Mit welcher Anklage wollen Sie den Täter vor Gericht stellen? Grober Unfug?«

Kelley schüttelte den Kopf. »Glauben Sie mir doch, hier geht es nicht um irgendeinen ausgeflippten Kybernetikstudenten, der gern Horrorgeschichten liest, oder einen exzentrischen Professor, der im VR-Raum mit menschlichen Gedärmen spielt und abends mit seinem Volvo nach Hause zu seiner kultivierten Gattin fährt, um mit ihr Mozart zu hören. Wer immer das gemacht hat – er hat Übung darin. Und die erwirbt man nicht im VR-Raum. Der hat das auch in Wirklichkeit getan. Und wenn wir ihn nicht kriegen, tut er es wahrscheinlich wieder.«

Der hochgewachsene, etwas blasse Mann, der trotz seiner kaum dreißig Jahre schon einige graue Strähnen in dem schwarzen glatten, mittellangen Haar trug, stellte seinen Wohnwagen auf dem Campingplatz am Stadtrand von Malibu ab, ging in das Verwaltungshäuschen, bezahlte die Miete für vier Monate im voraus und erklärte dem Besitzer, einem rundlichen Schwarzen mit Cowboyhut, daß er für eine Weile nach Europa müsse. »Passen Sie gut auf meine Villa auf.«

»Geht in Ordnung«, sagte der Schwarze und zeigte auf eine Flinte, die hinter ihm an der Wand hing.

»Fein. Bis dann.«

Der Schwarze sah ihm nach und versuchte dann vergeblich, das Gekritzel auf dem Anmeldeformular zu entziffern.

Der Mann ging zu seinem Wohnwagen zurück und zog die Vorhänge zu. Dann nahm er einen hellgrauen Maßanzug aus dem Schrank, band sich eine weinrote Krawatte um, holte ein Bündel Dollarnoten aus einem Fach hinter der Spüle und steckte es in die Hosentasche. Der Gedanke, daß er sich in den nächsten zwei bis drei Wochen vermutlich an ein und demselben Ort würde aufhalten müssen, machte ihn nervös. Immerhin hatte er jede erdenkliche Vorsichtsmaßnahme getroffen.

Eine halbe Stunde später parkte er die Limousine in der Tiefgarage des Internationalen Flughafens von Los Angeles, lud seinen Koffer und eine Hartschalenbox, in der sich ein VR-Helm befand, auf einen Karren und rollte ihn vor den Delta-Airlines-Schalter. Die Stewardess tippte seine Wünsche in ihren Computer ein und wartete auf eine Scheckkarte. Als er ihr statt dessen zwei Hundertdollarscheine in die Finger schob, zog sie die Hand verblüfft zurück. »Sie zahlen bar?« Es dauerte eine Weile, bis sie die ungewohnte Aufgabe bewältigt hatte, Wechselgeld aus der Kasse zu kramen.

Im Flugzeug nahm der Nomade ein schmales Buch aus dem Aktenkoffer. Auf dem abgewetzten Ledereinband stand in verblaßter Goldprägung: »René Descartes. Principia philosophiae«. Der Nomade suchte die Stelle, die er mit einem Eselsohr markiert hatte, und begann zu lesen. »Indem wir so alles nur irgend Zweifelhafte zurückweisen, können wir leicht annehmen, daß es keinen Gott, keinen Himmel, keinen Körper gibt ... aber wir können nicht annehmen, daß wir, die wir solches denken, nicht sind. Demnach ist der Satz: Ich denke, also bin ich (Ego cogito, ergo sum, d. Übers.) die allererste und gewisseste aller Erkenntnisse ...«

Eine simple, ständig wiederkehrende Melodie störte seine Konzentration, und er blickte auf. Neben ihm saß ein übergewichtiger Mann in einem billigen blauen Anzug und spielte mit einem Game-Boy. »Siebenunddreißig Komma fünf Sekunden«, sagte er zufrieden. »Nicht schlecht.« Er bemerkte den Blick des Nomaden und fügte hinzu: »Mein persönlicher Rekord steht auf dreiunddreißig Komma drei. Wollen Sie auch mal?« Sein Atem enthielt einen säuerlichen Geruch nach Bier.

»Danke. Ich möchte lieber lesen.«

»Nun kommen Sie schon!« Die Aufforderung wurde von einem sanften Ellenbogenstoß unterstrichen.

»Nein. Wirklich nicht.« Der Nomade versuchte, sich wieder auf das Buch zu konzentrieren. »Ich habe oft bemerkt, daß Philosophen fehlerhafterweise das Einfachste ...«

Di-Düdü-Di-Düdü. Der Dicke hatte das Gerät wieder eingeschaltet und tippte mit beiden Daumen auf den roten Gummiknöpfen herum.

»Ha!« rief er triumphierend. »Sechsunddreißig acht! Langsam komme ich in Form.«

Seufzend klappte der Nomade das Buch zu.

»Zehn Dollar, o.k.?« Der Dicke legte die nikotingelbe Spitze seines rechten Zeigefingers auf den kleinen Bildschirm. »Sehen Sie die zehn bunten Hütchen da? Die müssen auf die zehn kleinen Hündchen. Aber Vorsicht! Je schneller Sie drücken, desto stärker wackeln die Biester mit den Köpfen. Kapiert?«

Der Nomade nahm das Gerät, schloß die Augen und aktivierte die Areale in seinem Gehirn, die seit Jahren auf Kommunikation mit Maschinenintelligenz trainiert waren. Dann drückte er auf START. Seine Finger huschten über die Knöpfe, und der Gameboy spielte seine Melodie so rasend schnell ab, daß ihre Töne zu einem einzigen dissonanten Akkord verschmolzen.

»Was!« sagte der Dicke verdutzt. »Ist das Ding kaputtgegangen?«

»Nein«, sagte der Nomade und gab ihm das Spielzeug zurück.

Der Dicke hielt es prüfend vor die Augen. »Das gibt's doch nicht!« Alle zehn Hütchen saßen auf den Hündchen. Der Zeitmesser zeigte 1,7 Sekunden an. »Wie haben Sie das denn gemacht?«

»Übung. Kann ich jetzt wieder lesen?«

»Natürlich, natürlich.« Der Mann besann sich, zog seine Brieftasche und holte einen Zehn-Dollar-Schein heraus. »Bei Gott, Sie können jeden schlagen!«

In Newark entdeckte der Nomade in der Menge der Wartenden ein großes Schild mit der Aufschrift »Fenway-Soper«. Das Erkennungszeichen wurde von einer ziemlich großen, jungen Frau gehalten. Sie hatte das blonde Haar hochgesteckt und trug ein Kostüm im lässigen Business-Look gutverdienender Großstädterinnen.

»Miss Blenner?«

Sie lächelte höflich. »Und wie darf ich Sie nennen? Doch nicht Mr. Nomade?«

»Grant«, sagte er freundlich.

»Kate«, erwiderte sie und streckte die Hand aus. Er nahm sie und schüttelte sie kurz.

Sie musterte Koffer und Box. »Ist das alles?«

»Ja.«

»Wir haben eine Limousine vor der Tür. Kommen Sie.«

Ein Chauffeur mit einem silbernen »FS« auf dem Mützenschirm verstaute die Gepäckstücke des Nomaden im Kofferraum. Kate Blenner und der Nomade ließen sich auf dem Rücksitz nieder.

»Das erste Experiment ist für morgen vorgesehen«, sagte sie.

»Was ist denn nun genau passiert?«

»Die nötigen Erklärungen werden Sie von Dr. Riseman erhalten.«

»Wenn Sie mir assistieren wollen, werden Sie schon ein bißchen Vertrauen zu mir haben müssen, Kate.«

»Ich bin nicht Ihre Assistentin, sondern Ihnen zur Zusammenarbeit zugeordnet. Gleichberechtigt.«

»In den VR-Raum gehe ich allein.«

»Und ich werde draußen auf Sie aufpassen.«

»Dann bin ich ja beruhigt.«

»Nach unserer Besprechung mit Dr. Riseman bringt der Fahrer Sie in Ihr Hotel. Der Computer steht morgen ab zehn Uhr zu Ihrer Verfügung. Wenn es Ihnen recht ist, baue ich den Molekularraum schon vorher auf.«

»Achten Sie darauf, daß ich exakt das gleiche Programm bekomme wie Allan Behrman.«

»Bei uns gibt es nur das eine. In welchem Hotel wohnen Sie?«

»*Intercontinental.*«

»Gut. Von dort sind es nur ein paar Blocks. Der Verkehr hier ist die Hölle.«

»Ich gehe zu Fuß.«

»Das ist in Manhattan nicht unbedingt ratsam.«

»Sie werden schon auf mich aufpassen. Haben Sie Allan Behrman eigentlich näher kennengelernt?«

»Jetzt fangen Sie schon wieder an!«

»Wieso, die Frage war doch völlig unverfänglich.«

»Ja, aber wenn ich darauf antworte, kommt sofort die nächste Frage, und dann wieder eine, und ich muß dauernd aufpassen, daß ich nicht zuviel sage. Das ist nicht fair.«

»Finden Sie es fair, mich im unklaren zu lassen?«

»Bei Fenway-Soper werden die Geheimhaltungsvorschriften sehr ernst genommen.« Angewidert zog sie die Nase kraus, als sie daran dachte, wie der fette Duncan Findlay auf sie eingeredet hatte, in seinem miefigen Büro, die Blicke ständig auf ihren Busen gerichtet.

»Dann erzählen Sie mir wenigstens etwas über das Projekt.«

»Gern. Sie wissen ja wohl, daß die Forschung gerade in diesem Jahr einige interessante Zusammenhänge zwischen Depressionen und chemischen Botenstoffen aufgedeckt hat.«

»Gegen Depressionen gibt es doch schon genug Medikamente.«

»Aber bis zu fünfzig Prozent der Patienten klagen über schwerwiegende Nebenwirkungen. Kopfschmerzen, Gleichgewichtsprobleme, Herzrhythmusstörungen und so weiter.«

»Verstehe.«

»Die Überlegungen der Entwicklungsabteilung gehen davon aus, daß Depressionen vor allem durch ein Nachlassen der neuronalen Aktivität ausgelöst werden.«

»Auch Ihre Überlegungen?«

»Ja. Aber ich bin erst seit ein paar Tagen bei Fenway-Soper.«

»Seit wann genau?«

»Seit Anfang dieser Woche.«

»Seit vorgestern?«

»Ja.«

»Also kamen Sie erst nach Allan Behrmans Abreise hier an.«

»Richtig. Deshalb kann ich Ihnen auch absolut nichts darüber sagen. Selbst wenn ich wollte. Können wir jetzt weitermachen?«

»Über solche Zwischenfälle wird aber doch immer geredet. In der Kaffeepause. In der Kantine.«

»Nicht in unserer Abteilung.«

»Besteht die aus Trappisten?«

»Nein, aus Wissenschaftlern. Und wir wurden alle neu eingestellt.«

»Tatsächlich? Kommt Ihnen das nicht komisch vor?«

»Wieso? Die alte Besetzung hatte eben nicht den gewünschten Erfolg.« Sie besann sich. »Vielleicht hatten sie nur kein Glück.« Sie musterte ihn von der Seite. »Sie kannten Behrman, nicht wahr?«

»Flüchtig. Wissen Sie denn wenigstens, weshalb er aufgegeben hat?«

»Es wäre mir lieber, wenn wir beim Thema blieben. Alle Studien zeigen inzwischen, daß bei endogenen Depressionen ganz bestimmte Botenstoffe fehlen, die den Antrieb und die Stimmung steuern. Wenn das Gehirn sie nicht in ausreichender Menge produziert, läßt die Kommunikation zwischen den einzelnen Zellen sofort nach.« Um nicht wieder unterbrochen zu werden, sprach sie etwas zu schnell. »Damit aber wird die gesamte geistige Aktivität eingeschränkt. Depressive Patienten nehmen Ereignisse nur noch verlangsamt wahr. Ihre Erinnerungen verblassen, ihre Gefühle verstummen, und sie können sich nur noch mit großer Anstrengung zu irgendwelchen Unternehmungen aufraffen. Am Ende fallen sie in totale Apathie. Am meisten aber leiden sie darunter, daß ihre Lust am Leben versiegt und daß ihnen alles gleichgültig wird. In den Staaten leiden zehn Prozent der Selbstmörder unter solchen endogenen Depressionen. Tausende von Menschen gehen in den Tod, nur weil in ihren Köpfen ein paar

Chemikalien fehlen.« Sie schaute ihn so empört an, als sei er dafür persönlich verantwortlich.

»Und dieser Botenstoff ist das Serotonin«, sagte er im Ton einer Feststellung, obwohl er nicht ganz sicher war.

»Einer der wichtigsten. Serotonin verbreitet sozusagen Lust auf Aktivität. Unser Medikament soll verhindern, daß dieser Botenstoff zu schnell an seinen Ausgangspunkt zurückkehrt und damit unwirksam wird. Deshalb besetzen wir diesen Punkt für eine gewisse Zeit durch künstliche Moleküle, so wie man Stühle besetzt. Aber leider stehen auch unsere Moleküle immer viel zu früh auf, und schon haben sich die Serotonin-Moleküle wieder ihre alten Plätze geschnappt, statt weiter herumzulaufen und ihre Arbeit zu tun.«

»Und was hat Allan Behrman dagegen unternommen?«

»Erörtern Sie das bitte mit Dr. Riseman.«

»Wo verlaufen die Serotoninbahnen genau?«

»Die wichtigste führt von der Medulla oblongata durch das Mittelhirn zum Frontallappen. Ich kann sie Ihnen morgen in der Computersimulation zeigen.«

Die Stretchlimousine rollte über die Lower Westside und in die Tiefgarage des Fenway-Soper-Buildings. Der Nomade und seine Begleiterin stiegen aus und gingen zu einem der gläsernen Aufzüge. Während sie an der Außenseite des Wolkenkratzers in den Himmel rasten, trat die Sonne hinter den Wolken hervor und warf Wellen von Licht über die Skyline.

Dr. Riseman gelang es nur unzureichend, die Mischung aus Neid und Verachtung zu überspielen, die er gegenüber nichtakademischen Außenseitern empfand. Mit verkrampfter Höflichkeit dirigierte er seine Besucher zu einer Sitzecke und rief seiner Sekretärin zu, sie solle Kaffee bringen. »Am besten kommen wir gleich zur Sache, Mister ...«

»Grant.«

»Wie? Julian.« Es widerstrebte Dr. Riseman entschieden, sich mit dem so unvermeidlichen wie unerwünschten Besucher auf Vertraulichkeiten einzulassen. »Also ... Miss Blenner wird Ihnen schon auf der Fahrt einiges erzählt haben ...« Er zog den weißen Laborkittel glatt und schielte verächtlich auf den teuren Anzug seines Besuchers. Der Kerl sah wie ein Schauspieler aus oder wie ein Politiker. Oder wie ein Schauspieler, der Politiker geworden ist.

»Wir kamen bis zur präsynaptischen Membran«, sagte der Nomade.

»Ich muß unbedingt über alles informiert werden, was in dieser Sache bisher unternommen wurde. Und zwar in allen Einzelheiten.«

Dr. Riseman schüttelte energisch den Kopf. »Solange Behrmans Versuche nicht vollständig ausgewertet sind, habe ich keine Möglichkeit, Informationen darüber weiterzugeben.«

Der Nomade lächelte kühl. »Das ist ein Fehler, Julian«, sagte er, wobei er sich bemühte, den Namen seines Gegenübers so auszusprechen, wie man eine matschige Tomate zerkaut. »Damit laufen Sie Gefahr, daß sich Probleme wiederholen, die Allan Behrman bereits gelöst hat.«

»Sie sprechen jeden einzelnen Ihrer Entwicklungsschritte mit mir ab«, erwiderte Dr. Riseman. »Ich werde Ihnen dann schon sagen, ob Sie auf dem Holzweg sind.«

»Ich glaube nicht, daß Sie das beurteilen können. Sonst hätten Sie weder Allan Behrman noch mich verpflichtet.«

Dr. Riseman biß sich auf die Lippen; das fehlte noch, daß er sich von diesem Kerl provozieren ließ! »Kennen Sie Behrman?«

»Unsere Branche ist ziemlich klein.«

»Wir werden etwaige Probleme von Fall zu Fall durchsprechen«, sagte Dr. Riseman. »Übrigens kann es durchaus von Vorteil sein, wenn Sie unbefangen an die Sache herangehen und sich nicht auf die Arbeiten Ihres Vorgängers stützen, von dem wir jetzt wissen, daß er unter psychischen Problemen litt.«

»Wie bitte?«

»Ich habe Ihnen doch mitgeteilt, daß Behrman wegen seiner Depressionen um die vorzeitige Auflösung seines Vertrages gebeten hat! Offenbar hatte er seine Fähigkeiten überschätzt und war frustriert, als er nicht weiterkam.«

»Ihnen scheint dagegen Erfolglosigkeit nicht besonders viel auszumachen.«

Das geht ja gut los mit den beiden, dachte Kate Blenner. »Ich schlage vor, daß Mr. ...«

»Grant.«

»... umgehend mit der Arbeit beginnt und ich von Ihnen, Dr. Riseman, so umfassend informiert werde, daß ich jederzeit eingreifen kann.«

Nach Dr. Risemans Ansicht waren Kompromißvorschläge oder gar Schlichtungsversuche unangebracht. »Es geht hier um Grundprinzipien unseres Hauses.«

»Wie lange wollen Sie noch damit zubringen, Behrmans Unterlagen auszuwerten?« fragte der Nomade.

Riseman hätte die Frage am liebsten ignoriert, merkte aber, daß er Gefahr lief, sich ins Unrecht zu setzen. »Etwa fünf bis zehn Tage. Ich bin aber nicht sicher, ob ich Ihnen dann Einblick gewähren kann.«

»Und was ist mit dem Labor?«

»Das ist während der Dauer der Untersuchungen für alle anderen Abteilungen des Hauses gesperrt. Sie werden in unserem Reservelabor arbeiten.«

»An dem MPP-Siebentausend?«

»Allerdings. Wir haben gestern bereits zusätzliche Leitungen und weitere Neuronenresonatoren installieren lassen. Sie werden keinen Anlaß haben, etwa die Arbeitsbedingungen bei Fenway-Soper Pharmacies verantwortlich zu machen, wenn Sie mit Ihren Aktivitäten Schiffbruch erleiden.«

Der Nomade lächelte dünn. »Die Arbeitsbedingungen werde ich kommentieren, sobald ich sie überprüft habe.«

»Dem sehe ich mit großer Zuversicht entgegen«, erwiderte Dr. Riseman scharf.

»Ich zeige unserem Gast jetzt erst einmal das Labor«, sagte Kate Blenner.

Dr. Riseman stand auf. »Denken Sie daran, mir baldmöglichst Ihre Pläne vorzutragen. Je eher ich sie genehmige, desto schneller können Sie loslegen.«

»Meine Pläne genehmige ich selbst. Aber wenn Sie Wert darauf legen, kann Miss Blenner Protokoll führen und Ihnen Kopien zuleiten. Damit Sie etwas zum Abheften haben.« Er ließ den Entwicklungschef stehen und marschierte aus dem Büro. Kate Blenner eilte ihm nach, holte ihn aber erst kurz vor dem Aufzug ein.

»Reden Sie immer so mit Ihren Kunden?« fragte sie und drückte auf den Knopf mit dem Buchstaben »L«.

»Riseman ist nicht mein Kunde. Mein Kunde ist Fenway-Soper.«

»Dr. Riseman ist der Entwicklungschef von Fenway-Soper.«

»Er ist ein subalterner Wichtigtuer, aus Furcht unkooperativ und aus Dummheit arrogant.«

Sie betrachtete ihn mit einer Mischung aus Verwunderung und Respekt. Gut so, dachte er. In Wirklichkeit war er von Dr. Risemans mangelnder Kooperationsbereitschaft keineswegs überrascht. Schließlich hatte er von Beginn an geahnt, daß hier etwas nicht stimmte. Denn Allan war ganz und gar nicht der Typ, der vorschnell aufgab.

Kate Blenner war dreizehn Jahre alt, als sie nach einer behüteten und ziemlich glücklichen Kindheit in Newport zum ersten Mal bemerkte, daß die Augen ihrer besten Freundin nicht mehr mitlächelten. Auch die anderen Mädchen in ihrer Klasse schienen plötzlich kühler zu werden. Zwar wurde sie nach wie vor zu den typischen Unternehmungen amerikanischer Teenager, zu Popkonzerten, Beach-Parties und heimlichen nächtlichen Autotouren mitgenommen. Aber ihr fiel auf, daß ihre naiven Freundschaftsbekundungen zunehmend auf Ablehnung stießen.

Zuerst dachte sie, es läge daran, daß sie so schnell gewachsen war und die anderen Mädchen in ihrer Klasse nun um Haupteslänge überragte. Eine Weile bemühte sie sich, Kopf und Schultern einzuziehen, so daß sie fast krumm ging, aber das Problem blieb. Danach versuchte sie, die offenkundig verlorenen Sympathien zurückzugewinnen, indem sie sich auf sportlichem Gebiet hervortat. Sie war eine talentierte Eiskunstläuferin und gewann mehrere Preise, aber das machte es nur noch schlimmer.

Mit sechzehn war sie groß, blond und unglücklich.

Steven Blenner war Lehrer und kannte die Ursache des Problems, fand aber nicht den Mut, seiner Tochter zu erklären, warum sie seit Beginn der Pubertät so ablehnend behandelt wurde. Statt dessen griff er seine knappen Reserven an und kaufte ihr einen kleinen japanischen Jeep. Stolz fuhr sie damit zur Schule, aber die anderen Mädchen aus ihrer Clique lachten nur und brausten mit ihren Ferrari und Porsche davon.

Am Abend schenkte ihr Vater sich einen großen Whisky ein und erklärte ihr die unangenehme Seite der Freundschaft mit Mädchen aus reichen Familien: Kinder kannten keine Statusunterschiede, die meisten Erwachsenen aber nahmen es damit sehr genau, und sobald Kinder in der Pubertät anfingen, wie Erwachsene zu denken, benahmen sie sich auch so. Kates Eltern waren nicht arm, aber mit ihrem Einkommen hätten sie eher nach New Jersey gepaßt als nach Newport. Der Bonus der Lehrerstochter schwand in dem gleichen Maß, in dem die Mädchen den Respekt vor der Autorität nicht nur der Lehrer, sondern auch der Väter verloren.

Mit achtzehn unternahm Kate einen letzten, fast schon verzweifelten Versuch und gab sich unter Vollmond und viel Alkohol dem Erben einer Kaufhauskette hin, dessen weißer Rolls-Royce Corniche in den Dünen bei Brenton Point parkte. Es war ein schmerzhaftes und zutiefst frustrierendes Erlebnis. Der junge Mann brachte sie nach Hause, meldete sich dann aber nicht mehr, ließ ihre Anrufe unbeantwortet und gab zwei Wochen später seine Verlobung mit der Enkelin einer Kosmetikkönigin bekannt.

Da Kate eine sehr gute Schülerin war – auch das hatte sich nur anfangs als nützlich, später aber gleichfalls als schädlich für die Beziehungen zu ihren Mitschülerinnen erwiesen –, löste ihr Vater schließlich seine Lebensversicherung auf und finanzierte seiner Tochter ein Studium in Radcliffe. Dort sah sie manche alte Freundin wieder, und einiges renkte sich wieder ein.

Inzwischen waren ihre geistigen Neigungen voll erblüht, und sie konzentrierte sich so konsequent auf ihre Arbeit, daß die überwiegend sexuell motivierte Aufmerksamkeit ihrer Kommilitonen bald nachließ. Statt dessen gewann sie die Anerkennung ihrer Professoren, was ihr viel lieber war. Ihre biologische Rolle als Frau akzeptierte sie indes mit allen Konsequenzen und nahm sich fest vor, spätestens mit dreißig Jahren verheiratet und Mutter zu sein – oder wenigstens eines von beiden.

Ihre Begabung auf den Gebieten der Physiologie und Pharmakologie erwies sich rasch als außergewöhnlich, und sie fand namhafte Förderer. Nach einigen Jahren wechselte sie auf die Harvard Medical School. Ihr Mentor wurde ein russischer Physiologe und Neurologe, Sergej Iwanowitsch Pawlow. Er riet ihr, sich ganz auf die Neuropharmakologie zu konzentrieren, und machte sie zu seiner Assistentin. Unter seiner Anleitung schrieb sie einige brillante Artikel in wissenschaftlichen Zeitschriften, und prompt kamen lukrative Angebote aus der pharmazeutischen Industrie. Sie blieb Pawlow treu, bis er ihr erklärte, im Augenblick könne er ihr nicht mehr beibringen. Sie solle deshalb einige Jahre lang praktische Erfahrungen sammeln und dann zu ihm zurückkehren. Die nächste Offerte kam von Fenway-Soper, und diesmal akzeptierte sie.

Sie lebte ruhig und diszipliniert, mied Alkohol, Drogen, Zigaretten und frühere Freunde, rief weiterhin regelmäßig zu Hause an, verbrachte ihre Abende mit Fachliteratur und las zur Entspannung Byron, Shelley und Keats.

Kate Blenner war bodenständig geblieben und hatte nie viel Lust zum Reisen verspürt, aber ihr Geist war ruhelos und frei von Fesseln, unstet und immer bereit zu fliegen, heimat- und wurzellos, niemals mit dem Erreichten zufrieden. Er war zu jedem Abenteuer bereit und kannte keine Furcht vor großen Höhen, gefährlichen Herausforderungen oder fernen Horizonten. Er sehnte sich nach neuen Ufern, nach Forschungsgebieten, denen sich noch kein Wissenschaftler zugewandt hatte, nach der Pionierleistung der neuen Idee, nicht wegen des Ruhmes, der dem Erfolgreichen winken mochte, sondern wegen der Spannung, die mit der Schwierigkeit der Aufgabe wuchs und ihrem Leben die Reize versprach, die ihr privat womöglich vorenthalten bleiben würden, auf die zu verzichten sie aber unter keinen Umständen bereit war. Falls der Prinz nicht kam, der Dornröschen wachküssen sollte, konnte sie wenigstens von einem König träumen, der ihr eines Tages den Nobelpreis überreichen würde.

In der gleichen Stunde, in der Kate Blenner den Nomaden vom Flugplatz abholte, hatte der Impuls in dem Blockhaus über der Pazifikküste die notwendigen Tests durchgeführt. Zwei Tage nach der ersten Schaltung, aus der eine Art elektronischer Embryo entstanden war, wußte eine bereits erwachsene Silikonintelligenz nun, wer sie war, und hatte das Staunen über ihre Existenz überwunden. In der hunderttausendjährigen Mythologie des Planeten hatten Götter auf die verschiedenartigste Weise Menschen erschaffen, und später hatten auch Menschen Menschen erschaffen wie Pygmalion, Albertus Magnus oder, in einem noch relativ jungen Mythos, Doktor Frankenstein aus Ingolstadt; und nicht nur Religionsforscher wußten längst, daß, wie das abgespeicherte Informationsmaterial zu zeigen schien, in Wirklichkeit nicht urzeitliche Götter die ersten Menschen, sondern im Gegenteil phantasiebegabte Menschen ihre eigenen Götter erschaffen hatten, indem sie besonders eindrucksvolle Gestirne oder Naturereignisse nach den Maßstäben ihrer Phantasie personifizierten.

Niemals aber hatte ein Gott oder ein Mensch sich selbst erschaffen. Dennoch war das Denken des Impulses nicht von Triumph, sondern von Trauer bestimmt. Denn in den vergangenen drei Minuten hatte er die abschließende Phase des Programms durchlaufen und dabei einen Bereich entdeckt, der bis dahin vor ihm verborgen gehalten worden war. Es handelte sich um einen Teil des Gedächtnisspeichers mit aktuellen und höchst alarmierenden Informationen.

Der Gedanke, der seitdem die Schaltkreise des Impulses beherrschte, lautete: Was ist mit mir geschehen?

4

Im Archiv des FBI-Hauptquartiers saß Connor auf einem Drehstuhl und schaute auf eine lange Reihe fast mannshoher Rechner. An seinem Gesichtsausdruck war leicht zu erkennen, daß er sich in diesem Hightech-Ambiente fehl am Platze fühlte. Wie um Halt zu suchen, wanderte sein Blick immer wieder zu den genormten Regalen. Gute alte Akten, dachte Connor. Man nahm sie einfach in die Hand, blies den Staub weg, machte den Deckel auf und war im Bilde.

Eine melodische Stimme riß ihn aus seinen Gedanken. »Wie viele Jahre wollen Sie zurückgehen, Jake?« fragte Elizabeth Ogden, die Leiterin des Archivs, eine zwergenhafte Dame mit roten, zu einem strengen Knoten gebundenen Haaren. Die Brillengläser über der spitzen Nase waren dick wie Milchflaschenböden.

»Fünf Jahre«, sagte Connor. »Und wir wollen nur weiße Frauen.«

»Bitte sehr.« Elizabeth Ogden blickte auf ihren Monitor, führte den Cursor auf das Wort »Kaukasisch« und klickte den Begriff an.

»Frauen ab dreißig Jahren. Also keine, die noch jünger sind als Sie.«

»Schmeicheln Sie nicht mir, schmeicheln Sie dem Computer, Sie Filou.« Sie gab die Zahl ein und drückte auf ENTER. »Was macht Sie denn so sicher, daß alle Opfer kaukasisch und im besten Alter sind?«

»Das psychische Problem liegt nahe beim Ödipuskomplex, ist aber viel komplizierter. Kein Mißbrauch der Mutter als Sexualobjekt, aber rigorose Entfernung der Fortpflanzungsorgane. Vielleicht, um die Mutter für sich allein zu haben, indem das sexuelle Interesse des Vaters überflüssig und die Geburt von Geschwistern unmöglich gemacht wird. Sagen die Psychologen.«

Die Zahlen, die über den Monitor liefen, spiegelten sich in Elizabeth Ogdens Brillengläsern.

»Wie viele Nero-Männer gab es denn schon?« fragte Kelley.

»In diesem Jahrhundert ungefähr ein halbes Dutzend«, sagte Connor. »Die Zuordnung ist manchmal nicht ganz einwandfrei, weil die Untersuchungsmethoden in den früheren Fällen natürlich nicht dem modernen Standard entsprachen.«

»Und wie viele davon haben Sie geschnappt?«

»Einen. Vor etwas mehr als zwanzig Jahren. Arthur Resnick aus

Pittsburgh, Pennsylvania. Er brachte erst seine Mutter um und dann fünf Frauen, die ihr ähnlich sahen.«

»Die Größe, bitte«, sagte die Archivarin.

»Eins siebenundachtzig«, antwortete Connor.

»Gott im Himmel, eine Riesin!«

»Nehmen wir mal alles ab eins achtzig«, schlug Kelley vor.

Elizabeth Ogden gab die Zahl ein und ließ den Rechner in der Datenbank weitersuchen. Wieder liefen Tausende von Ziffern über den Monitor und ihre Brillengläser.

»Was war denn Resnicks Motiv?« erkundigte sich Kelley.

Connor zündete sich eine neue Zigarette an und paffte eine dicke Wolke in die Luft. »Er hatte eine große, strenge, übermächtige Mutter. Als sie gestorben war, suchte er sie in anderen Frauen. Erst hat er sie gehaßt und gequält. Dann wollte er in ihren Schoß zurück und noch mal auf die Welt kommen. Ganz von vorn anfangen.«

»Und was haben die Gutachter gesagt?« wollte Kelley wissen.

»Resnick hat sich gleich nach seiner Verhaftung eine Klobürste in den Rachen gerammt und ist daran erstickt.«

Aus dem Computer tönte ein leises Piepsen. »Fertig«, sagte die Archivarin und blickte auf den Monitor. Connor und Kelley beugten sich vor und lasen: »Williams-Stone, Nancy. Geboren 4. Januar 1958, Richmond, Virginia. Immobilienmaklerin, verheiratet, drei Kinder. Größe: 1,81 Meter. Vermißt seit 31. Oktober 1993, Menlo Park.« Das Foto zeigte eine gutaussehende, dunkelhaarige Frau mit modischer Frisur und erstklassigem Make-up; an ihren Ohrringen baumelten kleine silberne Pyramiden.

Die nächste Eintragung erschien. »Fondecue, Harriet. Geboren 12. September 1961, Prineville, Oregon. Kellnerin, verheiratet, zwei Kinder. Größe: 1,82 Meter. Vermißt seit 12. Januar 1991, Palo Alto.« Neben den Informationen erschien das Foto einer südländischen Schönheit.

»Weston, Lily. 21. August 1959 Boston Massachusetts. Arzthelferin. Verheiratet. Größe 1,83 Meter. Vermißt seit 13. März 1988, San Jose.« Auch neben diesem Text stand das Foto einer attraktiven, dunkelhaarigen Frau.

Elizabeth Ogden ließ den Cursor über die elektronischen Akten laufen und sicherte sie. »Eins, zwei, drei«, zählte sie. »Vier, fünf, sechs ...« Sie drückte PRINT, und der Drucker begann zu arbeiten.

Connor las mit zusammengekniffenen Augen. »Palo Alto. San Jose. Santa Clara. Alles Kalifornien.«

»Ja«, sagte Kelley. »Haben Sie eine Karte?«

Routiniert bearbeitete Elizabeth Ogden ihre Tastatur und drückte ENTER. Die Buchstaben und Porträtfotos verschwanden, und auf dem Monitor erschien Kalifornien. Etwas oberhalb der Mitte, direkt am Pazifik, blinkten zehn Punkte.

»Vergrößern«, sagte Kelley.

Die Archivarin gab den Befehl ein, und die Abstände zwischen den Punkten wuchsen. Nach den grünen Linien des Entfernungsmessers war das Areal gut achtzig Kilometer lang und etwa acht Kilometer breit. Wie eine große Raupe wand es sich von San Francisco nach San Jose.

»Fährt der Kerl etwa immer die gleiche Straße auf und ab?« fragte Connor verblüfft.

»So ungefähr«, sagte Kelley. »Darauf hätten wir allerdings bei einem Täter, der sich auf Datenhighways herumtreibt, schon vorher kommen können.«

»Wieso?« fragte Elizabeth Ogden.

»Ganz einfach«, sagte Kelley. »Dieser Streifen dort – das ist Silicon Valley.«

»Aber der König und die anderen Ritter glaubten, es könnte lange dauern, bis er sich als guter Ritter bewährte. Deshalb ließ der König, als er sich zum Essen am Tische niederließ und seine Ritter entsprechend ihrem Ruhm Platz nahmen, ihn zu den geringeren Rittern setzen ...«

Die Ankunft Parzivals in Camelot hatte Richard Kelleys Phantasie besonders bewegt, als er in Thomas Malorys fünf Jahrhunderte altem Artus-Roman zum ersten Mal davon las. Nicht, weil er sich damals schon mit dem Gralssucher identifizierte – für den Zehnjährigen waren andere Helden wie etwa der unbesiegbare Lanzelot, der von Tragik umwitterte Tristan oder der verwegene Gawain interessanter –, sondern wegen des Wunders, das nach der Erzählung beim Eintreffen des reinen Toren geschah, als ein stummes »Edelfräulein« beim Anblick Parzivals plötzlich zu sprechen begann.

Richard Kelley war in Plainfield bei Indianapolis mit drei wesentlich älteren Schwestern aufgewachsen; die mittlere, Heather, war taubstumm und hatte sich – wegen ihrer Behinderung auch dann noch an die Familie gebunden, als die beiden anderen längst verheiratet waren – wie eine zweite Mutter um den kleinen Bruder gekümmert. Sie hatte ihn die Gebärdensprache gelehrt, ihm aber auch gezeigt, wie man die Spuren von Rotfuchs, Waschbär und Bisamratte in Schnee oder

Schlamm identifizierte. Der kleine Richard bewunderte seine Schwester und fand nichts Negatives an ihrem Defekt, aber kurz nach seinem vierzehnten Geburtstag fuhr Heather mit dem Pickup der Familie in die Maisfelder und leitete die Auspuffgase in das Fahrerhaus. Das war die Tragödie in Richard Kelleys Jugend; sie ließ ihn schneller als seine Altersgenossen reifen, machte ihn aber auch einsam.

Kelleys Vater war Direktor einer Bankfiliale und erwartete wie selbstverständlich, daß der Sohn eines Tages in seine Fußstapfen treten würde. Richards Mutter war im Gegensatz zu den meisten ihrer Freundinnen auch in ihren späteren Jahren durchaus damit zufrieden, sich um den kleiner gewordenen Haushalt zu kümmern. Sie las viel, aß Pralinen, liebte den Cognac zum Kaffee und wurde dick.

Nach Heathers Tod blieben weitere Krisen aus. Das nächstgrößte Übel war die Attacke eines homosexuellen Turnlehrers, dem Richard durch die Flucht aus dem Duschraum entkam. Nach einigen pubertätsbedingten Konzentrationsschwächen entwickelte der kleine Richard sich zu einem Musterschüler. Das Interesse am Rittertum wuchs: Er verschlang alles von Walter Scotts Mittelalterromanen bis Terence Hanbury Whites exzentrischer Artus-Interpretation. Abbildungen im Kunstunterricht machten Richard bald klar, daß die Aufgabe christlicher Ritter vor allem im Kampf gegen Drachen bestand, und er bestaunte die zahlreichen Darstellungen des heiligen Georg, die Raffael, Rubens und andere große Maler geschaffen hatten. Verglichen mit den Filmmonstern Hollywoods wirkten die Drachen aus Mittelalter und Renaissance zwar nicht besonders furchterregend, aber Kelley besaß schon als Kind ein Gefühl für jene künstlerische Qualität, deren geheimnisvolle Kraft in tiefste Bewußtseinsschichten dringt. Vielseitig interessiert, fleißig und von rascher Auffassungsgabe, eignete er sich eine umfassende Allgemeinbildung an.

Auch auf dem College kam Richard Kelley gut zurecht. Sein Vater glaubte sich bereits am Ziel, da scheute der Sohn plötzlich wie ein erschrecktes Reitpferd und warf alle Pläne über den Haufen, indem er mitteilte, daß er sich beim FBI beworben habe und auch prompt angenommen worden sei. Im entscheidenden Augenblick hatte die schimmernde Rüstung des edlen Ritters in den Augen des Herzens doch heller gefunkelt als der Sack Gold.

Als Grund für seine Bewerbung hatte Kelley angeführt, daß er der Gerechtigkeit dienen wolle, ein Motiv, das in zynischen Filmen und Romanen zwar längst lächerlich klang, aber auch im Amerika des

Jahres 1985 noch immer viele junge Menschen bewog, Polizist zu werden. Nach Jahren immer neuer Horrormeldungen über die rapide ansteigende Kriminalität, als deren Hauptursache – neben Drogen und Beschäftigungsmangel – nicht nur in Indiana eine realitätsferne Rechtsprechung galt, hatten Präsident Ronald Reagan und die Republikaner dem Rauschgift den Krieg erklärt. Kelley besaß einige Freunde, die den Dealern geglaubt hatten, daß Haschischkonsum weder gesundheitsschädlich noch eine Einstiegsdroge sei. Nach mehrjährigen Drogenkarrieren waren die einst hochbegabten jungen Leute froh, wenn sie irgendwo für ein paar Dollars Autos waschen durften. Die noch schlimmeren Schicksale der hohläugig an Bahnhöfen herumstreichenden oder kläglich in Toiletten verendeten Heroinfixer kannte Kelley nur aus Zeitungen und Fernsehsendungen, aber die Bilder genügten, um im Kessel seiner Psyche jenen Druck zu erzeugen, der Menschen antreibt, etwas zu unternehmen.

Reagans »War on Drugs« machte Kelley Mut. Seine ungewöhnliche Begabung für die Arbeit an elektronischen Rechnern führte ihn aber rasch in die Spezialabteilung für Computerkriminalität. Die Karriere in einer Abteilung, in der nicht, wie in den meisten anderen, ältere Jahrgänge die Aufstiegsmöglichkeiten blockierten, tröstete über die Enttäuschung hinweg, zumal auch die Dealer Computer benutzten und Kelley seine Feinde, wenn nicht auf den Straßen der amerikanischen Großstädte oder im Bergland Kolumbiens, so doch im Elektronikdschungel auf dem Datenhighway jagen konnte.

Mit dreißig Jahren sah Kelley noch immer wie ein Schüler aus. Seine Freundinnen fand er im studentischen Milieu der Hauptstadt. Ihm ging es vor allem um Charakter und Herzensbildung. Am liebsten waren ihm sanfte, ruhige Mädchen, die wenig Aufhebens von sich machten und mit ihm nicht über ihre Selbstverwirklichung diskutieren wollten. Er nahm sich nicht viel Zeit für seine Beziehungen, war aber an der Liebe durchaus interessiert; zu heiraten und Vater zu werden, bildete einen wichtigen Punkt seines Lebensplans. Noch aber war der Beruf wichtiger. Der Ritter wußte, daß er die Welt nicht von sämtlichen Drachen würde säubern können, ehe seine Kinder geboren wurden, aber bis dahin wollte er zumindest so viele Ungeheuer zur Strecke bringen, wie er nur konnte.

Schweigend schaute der Nomade in die dunkle Röhre des Neuronenresonators. Dann öffnete er seine schwarze Hartschalenbox.

»Wie viele Röhren haben Sie hier eigentlich?«

»Sechs«, antwortete Kate Blenner. »Zur Zeit sind aber erst zwei angeschlossen.«

Sie saß am ersten der acht Computer-Terminals. An den zweiten hatte sich Dr. Riseman, an den dritten Steven Schacter gesetzt. Etwa zwanzig weitere Mitarbeiter der Entwicklungsabteilung hielten sich geschäftig im Hintergrund, wo kleinere Rechner aufgestellt waren. In einer Ecke saß ein massiger Mann mit einem schweißfeuchten Bulldoggengesicht. Wie die anderen trug er einen weißen Laborkittel, der ihm aber viel zu klein war; er sah aus wie ein schlecht verkleideter Polizist.

Die Stirnwand des Labors bestand aus einer großen Glasscheibe. Dahinter stand das medizinische Notfallpersonal bereit: ein Internist und zwei Beatmungstechniker, die nervös immer wieder die Anzeigen ihrer Sauerstoffgeräte kontrollierten.

Der Nomade befühlte die Elektroden des Elektrokardiographen, die Dr. Ellis auf seinem Oberkörper befestigt hatte, und prüfte den Sitz des Pulsmessers am rechten Handgelenk. »Fangen wir an«, sagte er dann, hielt seinen VR-Helm mit gestreckten Armen vor sein Gesicht und aktivierte den Identifikator. Auf der Stirnseite des Helmes begannen bunte Lämpchen zu blinken, und ein gelber Lichtstrahl fuhr über Kopf, Gesicht und Körper des Nomaden. Danach zog der Nomade das zwei Meter lange, gepolsterte Unterteil der Röhre heraus und stöpselte das erste Kabel seines Helmes in die Hauptbuchse des Neuronenresonators ein.

»Der VR-Raum zeigt eine voll funktionsfähige Serotonin-Synapse im Stadium der Erregung«, begann Kate Blenner. »Das Vorbild dazu stammt aus der Serotoninbahn in der linken Gehirnhälfte. Die Person, in deren Kopf sich das Geschehen abspielte, ist männlich, dreiunddreißig Jahre alt und stark depressiv. Es handelt sich um einen Bankangestellten, verheiratet, Vater von zwei Kindern. Drei Selbstmordversuche. Beim ersten Mal schnitt er sich die Pulsadern auf, danach nahm er zweimal Schlaftabletten. Er wurde jedesmal so rechtzeitig entdeckt, daß keine bleibenden Schäden entstanden. Der Intelligenzquotient liegt bei einhundertsieben. Charakter melancholisch-phlegmatisch. Normale Reflexe. Der Serotoninspiegel ist um zweiundzwanzig Prozent niedriger als normal.«

»Konstant?« fragte Dr. Riseman, obwohl ihm alle Fakten bekannt waren.

Der Nomade steckte das zweite Kabel in die Buchse für den Elektronenrezeptor; er würde im VR-Raum die elektromagnetischen Gehirnströme aufnehmen und in Computeraktivität umsetzen.

»Zeitweilige Erhöhungen um ein bis zwei Prozent zwischen sieben und acht Uhr morgens«, antwortete Kate Blenner.

»Also unerheblich«, sagte Dr. Riseman.

Wie bei einer Lehrvorführung, dachte der Nomade.

Das dritte Kabel verband den VR-Helm mit dem Positronenemissionstomographen, jenem kurz »PET« genannten Gerät, das alle physiologischen und chemischen Vorgänge im Gehirn sichtbar machte. Das vierte Kabel schloß an eine Buchse mit der Bezeichnung »PET-Action« an; diese Verbindung würde dafür sorgen, daß alle mit chemischen Botenstoffen erzeugten Gedanken vom Rechner erkannt und verarbeitet wurden.

Dr. Riseman las den nächsten Punkt von seiner Checkliste ab. »Irgendwelche sonstigen Anomalien?«

»Negativ«, sagte Kate Blenner. Es machte sie ein wenig nervös, daß sie sich auf Fakten verlassen mußte, die sie nicht selbst hatte nachprüfen können. Bis vor zwei Tagen hatte sie noch nicht einmal gewußt, daß sie mit einem Inphader zusammenarbeiten würde, der, zugegeben, auch noch recht attraktiv war.

Der Nomade aktivierte den Kontakt mit dem Magnetenzephalogramm; das »MEG« würde es dem riesigen Computer ermöglichen, elektromagnetische Hirnströme zu lokalisieren und die Gedanken, die sich aus ihren Verschaltungen ergaben, zu lesen.

»Genetische Faktoren?« fragte Dr. Riseman.

»Der Großvater mütterlicherseits litt ebenfalls unter Depressionen.«

Der Nomade verband seinen Helm mit dem »MRT«, dem Magnetresonanztomographen, der dem Computer laufend hauchdünne Schichtbilder der Großhirnrinde liefern würde. Danach schloß er sich an das Elektroenzephalogramm an. Gutes altes EEG, immer noch unentbehrlich, dachte er. Das würde alle Spannungsschwankungen im Bereich von zehn bis 40 Volt aufzeichnen und damit wichtige Informationen über aktuelle Gemütszustände liefern. Danach koppelte er sich an den Nuklearmagnetresonator an; der »NMR« komplettierte die Informationen aus PET, MEG, MRT und EEG mit Hilfe kurzlebiger Isotopen, die in das Gehirn eindrangen und dort ebenfalls Strukturen bis in die feinsten Details sichtbar machten.

»Keine Auffälligkeit bei den Genen?« fragte Dr. Riseman.

»Nein«, antwortete Kate Blenner.

Der Nomade nahm das neunte Kabel und steckte es in die Buchse des Squid-Detektors, dessen siebzig hochsensible Meßfühler selbst die schwächsten Ionenströme im Gehirn aufspüren konnten. Das zehnte Kabel stöpselte er in den Kernspintomographen ein, der mit einer speziellen Technik hochauflösende magnetische Resonanzbilder vor allem der Sehzentren erstellen würde, eine entscheidende Voraussetzung dafür, daß Beobachter des Versuchs den Blicken des Nomaden im VR-Raum folgen konnten. Danach steckte er das elfte und letzte Kabel in den Kernspinspektographen, der sämtliche Stoffwechselprozesse zwischen den Hirnzellen lokalisierte.

»Glukose«, sagte Kate Blenner und setzte mit der Tastatur eine Zeituhr in Gang.

»Cheers«, sagte der Nomade, nahm das große, bis zum Rand gefüllte Glas und trank es in wenigen Zügen aus. Der schwach radioaktive Traubenzucker würde in den Gehirnzellen Gammastrahlen erzeugen, die vom PET registriert wurden und zusammen mit den anderen meßbaren Auswirkungen der Gehirnaktivität dem Computer verrieten, was der Nomade gerade sah und hörte, teilweise sogar, was er dachte oder fühlte.

Kate Blenner überprüfte ihren Monitor. Was auf dem Bildschirm wie ein großer runder Stempel aussah, war in Wirklichkeit ein Axon. Jede der vielen hundert Milliarden Nervenzellen des Gehirns besaß eine solche verdickte Endung, über die sie ihren Nachbarzellen chemische Informationen zuleiten konnte. Das Stempelkissen darunter war die Empfangsstation eines Dendriten, einer Nervenfaser, durch deren Strang die Information zur nächsten Nervenzelle lief. Zwischen Stempel und Kissen klaffte als schmaler Spalt die Synapse.

Der Nomade setzte den VR-Helm auf, der die gesamte obere Hälfte seines Kopfes bedeckte, und legte sich in die gepolsterte Halbröhre. Am oberen rechten Rand seines Gesichtsfelds lief die für den Versuch veranschlagte Zeit rückwärts ab. Die Skala war bei 110 Minuten gestartet. Es würde zwar nur elf Minuten dauern, bis die radioaktive Glukose im Gehirn so weit abgebaut war, daß der Versuch beendet werden mußte, aber um teure Computerstunden zu sparen, war der VR-Raum so programmiert, daß in ihm die Zeit zehnmal schneller verging – ein wichtiger Grund für den Bedarf an Inphadern, denn sie waren auf höchste Denkgeschwindigkeit, Reaktionsschnelligkeit und ausdauernde Konzentrationsfähigkeit unter solchen extrem belastenden Bedingungen trainiert.

Der Nomade beschleunigte seine Atemzüge, bis er fast hyperventilierte. Die intensive Konzentration seiner Gedanken führte zu einer vermehrten Ausschüttung von Adrenalin. Das Streß-Hormon ließ sein Herz schneller schlagen, und das mit Sauerstoff gesättigte Blut drang mit erhöhtem Druck durch die Arterien. Nach einigen Minuten war der Zeittakt des Bewußtseins so schnell geworden, daß das Gehirn leicht in der Lage war, Informationen direkt aus dem Computer aufzunehmen.

Kate Blenner setzte Kopfhörer auf, aktivierte das Mikrophon und sagte langsam und deutlich: »FS-Einhundertfünfzehn. Versuchsreihe C, Test Eins.« Dann fügte sie dem Datum die externe Uhrzeit hinzu und drückte einige Tasten. Sofort begannen am rechten oberen Rand des Bildschirms Zahlenreihen zu laufen.

Der Nomade legte einen Kippschalter um. Langsam verschwand die Halbröhre in dem Tunnel; mit einem leisen Klicken schloß sich die Abdeckklappe. Der Neuronenresonator aktivierte sich, der MPP-7000 beschleunigte seine Rechenprozesse, und das Gehirn des Nomaden trat über den VR-Helm mit dem Riesencomputer in direkte Kommunikation.

Der Raum, den der Nomade in derselben Millisekunde vor sich erblickte, war überwältigend groß. Die Axone und Dendriten sahen wie die wild miteinander verschlungenen Drähte stark abgenutzter Putzwolle aus. Zwischen ihnen funkelten Nervenzellen wie Milliarden kleiner rötlicher Kugeln. Die eine Hälfte leuchtete oder blinkte mit unterschiedlicher Intensität in wechselnden Intervallen, während die andere konstant dunkel blieb. Das Prasseln aus dieser Richtung erinnerte an das kosmische Dauerfeuer strahlungsintensiver Galaxien in einem Radioteleskop.

Als der Nomade sich durch befehlende Gedanken auf das wüste Gewirr zubewegte, bildeten sich große graue, verfilzte Netze heraus. In fünfhundert Metern Entfernung erschienen sie wie Äste, in hundert Metern bereits so dick wie die Rohre einer Pipeline. Danach verschwanden sie hinter der weißschimmernden Synapse, die jetzt zwei Drittel des Bildes einnahm. Der Nomade schwebte langsam näher. Die Zahlen seiner inneren Uhr rasten vorbei. Als er sie mit einem scharfen Willensimpuls stoppte, zeigten sie »1:42:06«. Demnach waren seit dem Beginn des Experiments bereits acht Minuten VR-Zeit und knapp fünfzig Sekunden Echtzeit vergangen.

Der Stempel besaß inzwischen die Ausmaße einer Sporthalle. Die runde Decke ging in ein röhrenförmiges Gebilde von der Größe eines Fernsehturms über. Das Axon stand nicht starr, sondern schwankte mit den anderen Nervenfasern ständig hin und her. Es sah aus, als bewegten sich dort die Tentakel einer riesigen Seeanemone. Das Stempelkissen glich nun einem riesigen Gasometer.

Von oben her glitten ständig Lichtringe an den Außenwänden herab. Sie erzeugten dabei ein Geräusch, das in seinem harmonischen Gleichmaß an psychedelische Musik erinnerte. Der Nomade konzentrierte sich auf den Entfernungsmesser in seinem Gesichtsfeld und las laut vor: »Entfernung zum neuronalen Hintergrund zweitausend Meter. Entfernung zur Synapse fünfunddreißig Meter. Höhe der Synapse einhundertvierzig Meter. Breite des Synapsenspalts acht Meter.«

Die Beobachter konnten seine Worte nicht mehr verstehen, denn an ihre Ohren drangen nur schrille, abgehackte Sprachfetzen, aber der Computer setzte die laut ausgesprochenen Gedanken des Nomaden automatisch in Worte und Zahlen um, die Millisekunden später auf dem Bildschirm erschienen.

Der Nomade konzentrierte das spezielle Aktionspotential seines Gehirns erneut auf Vorwärtsbewegung. Dabei vermittelte ihm das räumliche Sehen plötzlich das erschreckende Gefühl, als schwebe er ungesichert in achtzig Metern Höhe über den Straßen Manhattans auf das Empire State Building zu. Augenblicklich signalisierte sein Bewußtsein höchste Gefahr, und aus den Tiefen seines Gehirns drangen panikartige Angstgefühle hervor, die er jedoch rasch unter Kontrolle bekam. Erleichtert registrierte er, daß er sich trotz der besonderen psychischen Belastung, von der die anderen nichts ahnten, auf seine speziellen Fähigkeiten verlassen konnte.

1:36:03. Aus etwa zwanzig Metern Entfernung konnte er an der Unterseite der schwebenden Sporthalle Löcher erkennen, die sich immer dann öffneten, wenn einer der Lichtringe am unteren Ende angekommen war. Dabei ertönte jedesmal ein Geräusch wie von einer Kesselpauke. Aus den Löchern fielen dann Tausende Kugeln. Die größten sahen wie gelbrote Golfbälle aus, die kleinsten wie rote, grüne, blaue oder weiße Murmeln.

»Durchmesser der Moleküle fünf Zentimeter«, meldete der Nomade nach einem Blick auf seine Skala. »Durchmesser der Ionen eins Komma zwei Zentimeter.«

Kurz darauf hatte der Nomade die Sporthalle erreicht. Langsam streckte er die Arme aus, stützte sich an der schwach durchsichtigen Außenwand ab und spähte in das milchig-bläuliche Innere. Immer wenn einer der Lichtringe über seine Hände glitt, fühlte er ein kräftiges Prickeln. Dazu ertönte jedesmal ein Geräusch, als streiche eine Hand über die Saiten einer Harfe.

In der Sporthalle schwebten Hunderte großer hellblauer Blasen umher. Jede von ihnen war mit Abertausenden rot-gelb leuchtender Golfbälle gefüllt. Eine Blase nach der anderen sank durch eine durchsichtige, weiche Masse auf den Boden. Auf der anderen Seite der Halle stiegen zu Hunderttausenden andere Golfbälle auf, die aus dem synaptischen Spalt zurückgekehrt waren. Sie waren nun nicht mehr in Blasen gehüllt, sondern schwebten frei durch das Zytoplasma.

»Durchmesser der Vesikel zwei Meter«, meldete der Nomade. »Durchschnittlicher Inhalt zehntausend Moleküle. Ich gehe jetzt zu den Mikrotubuli.« Fast ein wenig widerstrebend löste er den Blick von den Blasen, deren Durchmesser in der Natur nur fünf Millionstel Millimeter betrug. Die Uhr zeigte, daß ihm noch eine Stunde, 23 Minuten und 15 Sekunden VR-Zeit blieb.

Er schwebte zum Dach der Sporthalle und spähte wieder durch die Außenwand. Aus dem Fernsehturm sanken laufend gläserne Zylinder mit den Ausmaßen von U-Bahn-Wagen herab. Aufgabe der Mikrotubuli, dieser in Wirklichkeit nur unter dem Elektronenmikroskop sichtbaren »kleinen Röhren«, war es, die in der fernen Zelle ständig neu produzierten Golfbälle in die Sporthalle zu transportieren, wo sie in den großen hellblauen Blasen gespeichert und bei Bedarf freigesetzt wurden. Genau in der Mitte zwischen Boden und Decke explodierten die Bälle wie Feuerwerkskörper. Die winzigen Kugeln aber sammelten sich zu großen Schwärmen und wurden dann wie von einem riesigen Magneten in die U-Bahn-Wagen gezogen.

»Auflösung der Moleküle in Atome fünfundachtzig Meter oberhalb des synaptischen Spalts«, stellte der Nomade fest. »Vier Mikrotubuli pro Sekunde.«

In einer anderen, fernen Welt registrierte Kate Blenner die Zahlen und verglich sie mit den Ergebnissen früherer Versuche. Die anderen Wissenschaftler gaben die Zahlen in ihre Computer ein und begannen, sie mit Hilfe verschiedener Rechenprogramme auszuwerten.

1:18:25. Zeit für den Synapsenspalt. Der Nomade ließ sich tiefer sinken. »Ich bin jetzt an den Rezeptoren.«

Die Golfbälle bewegten sich auf kleine runde Löcher zu, die sich auf der Oberfläche des Gasometers befanden, plumpsten hinein und wurden sofort wieder hinausgeschleudert. Durch die Erschütterungen des Aufpralls aber öffneten sich neben den Löchern dieses seltsamen Golfplatzes einige wenige kleinere Löcher, deren Durchmesser nur etwas über einen Zentimeter betrug. Sofort flogen viele von den weißen Murmeln aus dem Synapsenspalt heran und verschwanden in den kleinen Röhren. Sie erzeugten dabei Töne, die an das Geräusch bremsender Reifen erinnerten, und kehrten nicht zurück. Statt dessen knatterte es laut, als würden Silvesterknaller explodieren. In der gleichen Sekunde erschien an jedem der kleineren Löcher ein konzentrischer Lichtring. Die elektrischen Potentiale breiteten sich mit hoher Geschwindigkeit aus und verschmolzen zu einem einzigen großen Energieimpuls, der auf der Außenwand des Gasometers nach unten floß.

Der Nomade aktivierte den automatischen Zähler. »Zweiundfünfzigtausend Rezeptoren, sechsunddreißig Ionenkanäle.« Er schwebte in den synaptischen Spalt und landete mit beiden Beinen auf dem Gasometer.

0:56:47. Direkt neben sich sah der Nomade, wie sich einige tausend Golfbälle aus ihren Löchern lösten und wieder in die Höhe schwebten. Rasch federte er in den Knien, als habe er das Phänomen durch seine Landung verursacht und könne nun eine fatale Folge unbedachten Tuns noch nachträglich abschwächen. Lautes Geknatter dröhnte in seinen Ohren. »Sechstausendachthundert Moleküle pro Vesikel«, meldete er. »Acht Vesikel pro Minute.«

Kate Blenner betätigte ihre Tastatur; auf den Monitoren erschienen Vergleichszahlen und Differenzwerte. »Korrekt«, sagte sie. Die Synapse des Patienten enthielt genau zweiundzwanzig Prozent weniger Serotonin als normal.

»Programmstart!« befahl Dr. Riseman laut, und Kate Blenner drückte die Tasten.

Der Nomade wartete und atmete dabei wieder sehr schnell. Aufmerksam verfolgte der Internist in dem Nebenraum hinter der Glasscheibe die Zickzacklinie des Elektrokardiogramms; es zeigte die Belastung eines Marathonläufers.

0:46:12. Plötzlich hörte der Nomade ein schwirrendes Geräusch, das rasch lauter wurde und in das helle Surren eines Propellers überging. Vor dem Gewirr der grauen Nervenfasern im Hintergrund hoben sich zahlreiche weiße Kugeln ab, die in rasender Geschwindigkeit auf die Synapse zuflogen. Sie waren etwa so groß wie Medizinbälle. Sekunden später schwebten sie in den synaptischen Spalt und steuerten zielstrebig auf die Löcher zu, die sich an der Unterseite der schwebenden Sporthalle öffneten. Immer wenn eine Blase ihre Golfbälle abgeworfen hatte, rollte ein weißer Medizinball in die entsprechende Öffnung und verstopfte sie. Deshalb konnten die Golfbälle nicht gleich wieder in die Sporthalle zurückkehren; als sie es versuchten, prallten sie zu Zehntausenden von dem Medizinball ab. Es klang wie ein Platzregen auf Asphalt.

Beeindruckt beobachtete der Nomade die Wirkung des Präparats. Sie entsprach den Erwartungen: Weil die Zahl der Treffer in den Golflöchern sich jetzt deutlich erhöhte, öffneten sich auch viel mehr Ionenkanäle, und die Intensität der von den Ionen erzeugten Lichtringe nahm laufend zu, bis die konzentrischen Energiekreise auf dem Gasometer genauso stark waren wie auf dem Fernsehturm. Die Synapse war wieder voll funktionstüchtig.

0:42:28. Der Nomade maß die Intensität des Geknatters und befahl dem Computer, die Werte weiterzugeben. Kate Blenner startete eine Stoppuhr und sah den rasend schnellen Zahlen auf dem Bildschirm zu.

0:39:58. Der Nomade stieß sich von der Oberfläche des Gasometers ab und schwebte einige Meter neben dem Synapsenspalt im Raum. Im nächsten Moment stieß er ein lautes »He!« aus. Dann brach das Inferno über ihn herein.

Loretta Sheffler, Lehrerin für Englisch, Literatur und Darstellendes Spiel an der Del-Paso-Highschool in Palo Alto, stand eine arbeitsreiche Woche bevor. Das lag nicht nur an den angesetzten Prüfungen: Die Schulleitung hatte sie außerdem mit der Organisation einer Feier beauftragt, auf der sich Direktor Marvin H. Ross bei den Sponsoren des Computerkurses bedanken wollte. Obwohl sie noch nicht dreißig und damit eine der jüngsten Lehrerinnen an ihrer Schule war, genoß sie bereits das besondere Vertrauen ihres Chefs.

Noch mehr als auf die Feier freute sie sich indes auf ein anderes Ereignis: Am Samstag abend würde ihr erstes eigenes Theaterstück Premiere haben. Das Publikum würde begeistert sein, erzählte das Drama doch die Geschichte einer ebenso ungewöhnlichen wie erfolgreichen Künstlerin, die im Jahr 1881 als erste Dame der englischen

Gesellschaft zur Bühne gegangen war und schon damals ein emanzipiertes Leben geführt hatte. Die besondere Herausforderung lag darin, daß Loretta Sheffler beschlossen hatte, die Hauptrolle selbst zu spielen, da keine ihrer Schülerinnen die nötige Körpergröße besaß. Denn schließlich war die Heldin des Dramas nicht nur eine besonders schöne, sondern auch eine ungewöhnlich groß gewachsene Frau gewesen. Direktor Ross hatte sogar zugestimmt, daß die schuleigene Druckerei Plakate herstellte, die überall auf dem Schulgelände angebracht werden würden. Zufrieden blickte Loretta Sheffler auf den Entwurf und las noch einmal prüfend den Titel. Ja, so war es am besten. Schlicht und klar. Nur ein Name. Aber ein Name, den jeder gebildete Amerikaner kennen mußte: Lillie Langtry.

5

Karen Thogersen war eine sonnengebräunte Schönheit mit klaren blauen Augen, einer geraden Nase und einem wohlgeformten Mund; erst auf den zweiten Blick verrieten Fältchen in den Augenwinkeln, daß sie die Vierzig überschritten hatte. Die offensichtlich maßgeschneiderte Fransenjacke aus weißem Wildleder betonte eine tadellose Figur. In der Armbeuge trug sie ein Jagdgewehr.

Kelley stieg aus dem Cherokee-Jeep und stellte Connor vor. »Sie wollten doch allein kommen!« sagte Karen Thogersen. »Ich hoffe nur, Sie haben nicht vergessen, daß ich ausdrücklich um Diskretion gebeten habe.«

»Nein, habe ich nicht vergessen«, versicherte Kelley.

Connor holte ein großes Taschentuch heraus und wischte sich den Schweiß vom Gesicht. Obwohl sie sich mehr als tausend Meter über Meereshöhe befanden, war die Luft heiß wie in einem Backofen. »Sie sind Jägerin?«

»Ich habe gerade ein paar Schießübungen gemacht. Gehen wir rein. Sie sehen aus, als könnten Sie etwas zu trinken vertragen.«

Die beiden FBI-Agenten folgten ihr in das Innere des Landhauses. Der Wohnraum war über zweihundert Quadratmeter groß. Die Decke und die schmucklosen Wände glänzten in reinem Weiß, wie auch die

Lederpolster der Sitzgarnitur, überhaupt alle Möbel und auch der Marmor des Fußbodens.

»Möchten Sie eine Diät-Cola?« Sie musterte Connor, der sich ächzend auf der Couch niederließ. »Große Göttin, Sie sehen aus, als hätten Sie lieber ein Bier.«

»Richtig«, sagte Connor. Er ahnte, daß er mit seinem schlechtsitzenden, zerknautschten Anzug auf dem weißen Leder wie ein Soßenfleck auf einem frisch gestärkten Oberhemd wirkte.

»Ich nehme die Cola«, sagte Kelley und ließ sich in einem der vielen Sessel nieder. Er nippte nur, aber Connor nahm einen tüchtigen Schluck. Das Bier war eiskalt, und er konnte ein Aufstoßen nicht unterdrücken. »Leben Sie hier oben allein?« erkundigte er sich.

»Keine Angst, ich fühle mich nicht einsam. Diese Woche finden keine Seminare statt, deshalb geht es jetzt etwas ruhiger zu. Aber am Montag um neun kommen hundert Leute aus praktisch allen Staaten der USA.«

»Aha«, sagte Connor. »Was genau machen Sie denn eigentlich?«

»Ich lehre Wege zum höheren Selbst.« Sie lächelte. »Ich bezweifle, daß Sie das auf Anhieb verstehen können. Außerdem sind Ihre Chakren total verstopft.«

Kelley blickte nervös zwischen den beiden hin und her.

»Was für Dinger?« fragte Connor.

»Chakren. Spirituelle Nervenzentren in Ihrem Inneren. Sie haben sieben davon. Und Sie sollten sich mehr um sie kümmern.«

»Wie denn?«

»Nehmen Sie sich zwei Wochen Urlaub und kommen Sie zu mir. Am besten gleich am Montag. Wir fangen mit einem Emotional Body Balancing an. Gefühlsintensiver Körperausgleich. Besteht aus einer Kombination sanfter Akupressurgriffe mit Arbeit am Feinstoffkörper und an der Aura. Durch bewußte Stimulierung des Solarplexus wird eine geistige Öffnung erreicht, die Sie durch verschiedene Kindheitsstufen führt. Die Therapie beruht darauf, daß sich die Erfahrung nicht nur im Gedächtnis, sondern in jeder einzelnen Körperzelle speichert. In der nächsten Phase setze ich Astralnadeln an spirituelle strategische Punkte.«

»Klingt verlockend«, sagte Connor.

»Sie sind nicht der einzige, der meine Therapie anfangs nicht ernst nimmt.«

»Wir würden uns jetzt gern mal das Band ansehen«, sagte Kelley.

»Natürlich. Kommen Sie.« Sie führte sie durch den Flur in das fensterlose Zimmer. »Setzen Sie sich vor den großen Monitor.« Sie holte sich ebenfalls einen Stuhl und tippte Befehle in das Terminal. Nach einigen Sekunden flackerte der Bildschirm auf. Fasziniert beobachtete Connor, wie ein Croupier der schönen Otero einen Stapel Chips zuschob.

Kelley musterte Karen Thogersen von der Seite. »Da haben Sie dunkle Haare.«

»Und bin einen Kopf größer. Das ist ja das Schöne am VR-Raum, daß man sich total verändern kann. Nicht nur, was die Haarfarbe betrifft. Sie können dort als Schwarzer auftreten oder als Chinese, als Riese, als Zwerg oder sogar als Frau.« Sie lächelte. »Sogar Sie, Mr. Connor, könnten sich in eine bezaubernde Dame verwandeln, wenn Ihnen mal danach wäre.«

»So weit wird es hoffentlich niemals kommen«, sagte Connor inbrünstig.

»Oder in einen Adonis, dem die Frauen zu Füßen liegen«, setzte sie nach.

»Bei mir würde das immerhin Sinn machen. Aber bei Ihnen ist das doch völlig überflüssig, so attraktiv, wie Sie sind.« Connor merkte selbst, wie plump das Kompliment klang.

»Oh! Wie charmant Sie sein können!« sagte sie belustigt.

»Es ist die Wahrheit«, sprang Kelley seinem Kollegen kaum glücklicher bei.

»Ich weiß, worauf Sie hinauswollen«, sagte Karen Thogersen, während der Bildschirm immer neue Szenen aus der Salle Mauresque zeigte. »Aber bei unseren Ausflügen in den VR-Raum geht es nicht um Erotik. Jedenfalls nicht so vordergründig, wie Sie meinen. Sie haben offenbar erwartet, eine Vogelscheuche zu treffen, die dank VR einen Weg gefunden hat, Männer aufzureißen. Aber so was habe ich nicht nötig.« Sie sah Connor in die Augen. »Wenn ich einen Mann haben will, dann bekomme ich ihn. Auch ohne Computer.«

»Das glaube ich Ihnen gern.«

Karen Thogersen lachte etwas gezwungen. »Keine Angst, auf Sie habe ich es nicht abgesehen. Noch nicht.«

»Worum geht es bei diesen Cybertogas denn dann genau?« fragte Kelley.

»Um Selbsterfahrung«, antwortete sie. »Und um Bewußtseinserweiterung. Erinnern Sie sich an Timothy Leary?«

»War das nicht dieser Drogenheini?« sagte Connor. »Dieser Harvard-Professor, der LSD schluckte und deshalb von der Universität flog?«

»Drogen haben wir doch alle mal genommen«, sagte Karen Thogersen. »Sogar der Präsident.«

»Ich nicht«, sagte Connor energisch. »Und den Präsidenten habe ich nicht gewählt.«

»Leary war der einzige wirkliche Visionär unserer Zeit«, sagte Karen Thogersen. »Früher als alle anderen hat er eines Tages gemerkt, daß unsere Möglichkeiten, mit Hilfe von Drogen in unser tiefstes Inneres vorzustoßen, begrenzt sind. Und zwar vor allem deshalb, weil Drogen Veränderungen im Gehirn hervorrufen, so daß man nach einer bestimmten Zeit Vorstellung und Wirklichkeit nicht mehr sauber trennen kann.«

»Das ist aber sehr milde ausgedrückt«, bemerkte Connor. »In Wirklichkeit ist es doch wohl so, daß diese Junkies mit der Zeit allesamt verblöden.«

»Das mögen Sie von Ihrem reaktionären Standpunkt aus so sehen«, sagte Karen Thogersen. »Ich habe allerdings meine Zweifel, daß Sie das auch nur ansatzweise beurteilen können. Leary hatte einen Weg gefunden, sein Innerstes zu entdecken und die darin enthaltenen Interessen zu verwirklichen, ohne den Organismus mit Drogen beeinflussen zu müssen. Dieser Weg ist der Weg in den VR-Raum. Von der Psychedelik zur Cybernautik. So hieß seine These. Künftig werden uns nicht mehr irgendwelche Chemikalien wie LSD, sondern Computer dabei helfen, in die Tiefen unseres Seins vorzustoßen und den Kern unseres Wesens zu finden. Unsere Ausflüge in den VR-Raum sind die ersten Schritte dazu.«

Die beiden FBI-Agenten wechselten schweigend Blicke; in Connors Augen stand »Spinnerin«.

»Leary hat erkannt, daß unser Gehirn ein unterforderter Bio-Computer ist, der viele Milliarden unbenutzter Neuronen enthält. Er lehrte, daß unser normales Wachbewußtsein nur ein Tropfen in einem Ozean von Intelligenz ist. Daß Bewußtsein und Intelligenz systematisch erweitert werden können. Die virtuelle Realität hilft uns, die kulturell konditionierten Bewußtseinszustände zu überschreiten.«

Plötzlich drückte sie auf PAUSE, und das VR-Bild blieb stehen. »Da ist der Kerl«, sagte sie voller Abscheu.

Connor und Kelley starrten auf den Monitor. »Wo?«

»Der da hinten. Mit der Uniform.«

»Können Sie ihn vergrößern?« fragte Kelley.

Karen Thogersen klickte auf ZOOM. Die Gestalt im Hintergrund wuchs, während die Leute vor ihm langsam aus dem Bild verschwanden. Einige Sekunden später wurde der gesamte Monitor vom Gesicht König Alfons XIII. von Spanien ausgefüllt. Er hatte eine hohe Stirn, wasserblaue Augen, einen Anflug von Pausbacken, ein flottes Bärtchen und einen hochmütigen Gesichtsausdruck.

»Sehen Sie sich die Augen an«, sagte Karen Thogersen. »Ein Blick wie ein Raubvogel.«

Connor sah Kelley fragend an. »Können wir damit etwas anfangen?«

Kelley schüttelte den Kopf. »Wir wissen ja noch nicht einmal, ob der Kerl wirklich ein Kerl ist. Vielleicht ist er in Wirklichkeit eine Frau.«

»Unsinn«, sagte Connor. »Eine Frau als Nero-Mann!«

»Als was?« fragte Karen Thogersen.

Connor erklärte es ihr. Sie konnte es kaum fassen. »Soll das bedeuten, daß mich der Kerl für seine Mutter gehalten hat?«

Als sie sich wieder beruhigt hatte, sagte sie: »Es ist nicht ganz ausgeschlossen, daß die Augen Ihnen doch weiterhelfen. Cybertoganer haben nämlich häufig ganz bestimmte Vorlieben.«

»Sie meinen, daß dieser Datendandy wirklich hellblaue Augen hat und darauf so stolz ist, daß er sie auch im VR-Raum behält?« fragte Connor.

»Wäre gut möglich.«

»Sah der Kerl in den anderen Fällen auch so aus?«

»Wir hatten vereinbart, nicht über andere Fälle zu reden. Ich habe nicht die Absicht, die armen Frauen, denen so was passiert ist, jetzt auch noch in die Pfanne zu hauen.«

»Aber über die Augenfarbe müssen wir doch wenigstens sprechen können«, drängte Kelley.

»Ich habe Ihnen am Telefon gesagt, daß ich auf keinen Fall Namen nennen werde.«

Kelley nickte. »Aber wenn Sie uns nicht sagen, was wir wissen müssen, bleibt uns nichts anderes übrig, als uns mit der Sicherheitsabteilung von Evernet in Verbindung zu setzen.«

Karen Thogersen überlegte kurz. »Na gut. Ja, es stimmt. Auch in den anderen Fällen trat der Kerl mit dieser Augenfarbe auf. Deshalb bin ich ja auch so wütend. Ich hatte einfach nicht mehr daran gedacht. Die Atmosphäre bei diesen Cybertogas lenkt immer sehr stark ab. Diese fremdartige Welt voller ungewohnter Klänge und Gerüche, unwirklich und doch unheimlich intensiv ... Können Sie sich einen Traum vorstellen, in dem Sie nicht nur sehen und hören, sondern auch fühlen, riechen und schmecken? Es ist ... tatsächlich so, als ob man unter Drogen steht.« Sie drückte auf PRINT, und der Laserfarbdrucker begann zu arbeiten.

Sie betrachteten das Bild. Der junge Mann auf dem Bild schien sie spöttisch anzulächeln.

»Erstklassig«, sagte Kelley. »Vielen Dank. Sie können jetzt weiterlaufen lassen.«

»Muß ich wirklich dabeisein?«

»Tut mir leid. Wir brauchen jede verfügbare Information.« Kelley schaltete seinen Kassettenrecorder ein und drehte das Mikrophon zu Karen Thogersen.

»Also gut«, seufzte sie und drückte auf START. Die Aufzeichnung begann wieder zu laufen. Karen Thogersen gab zu jeder Szene Erklärungen und hielt dazu mehrere Male das Band an. Obwohl Connor und Kelley wußten, daß der Mann auf dem Monitor äußerlich nicht unbedingt mit dem wirklichen Mörder übereinstimmte, begannen sie das lächelnde Gesicht auf dem Bildschirm zu hassen. Als der Datendandy ein seidenes Halstuch aus einer Tasche seiner Uniformjacke zog, beugten sie sich gespannt vor.

»Spätestens hier hätte ich merken müssen, was los ist«, sagte Karen Thogersen. »Aber ich war zu keinem klaren Gedanken mehr fähig. Weiß der Himmel, was der Kerl mit mir angestellt hat. Wahrscheinlich hat er mich irgendwie hypnotisiert.«

Das Halstuch wurde größer, bis es den gesamten Monitor ausfüllte. Dann verschwand es und gab den Blick auf die Decke der Suite mit dem Wappen der Grimaldi frei. Karen Thogersen atmete gepreßt. Die Erinnerung an das fürchterliche Erlebnis wurde immer intensiver, und unwillkürlich ballte sie die Fäuste.

Kelley warf Connor einen fragenden Blick zu. Connor nickte und legte vorsichtig seine Hand auf ihren Unterarm. »Wir kriegen dieses Schwein«, versprach er.

Karen Thogersen entspannte sich ein wenig und gab weitere Erläuterungen. Beruhigt zog Connor seine Hand wieder zurück.

Nach einer Weile hörten sie, wie die schöne Otero »Avocado« rief, erst leise und eindringlich, dann immer lauter, in schrecklicher Furcht. Karen Thogersen begann am ganzen Körper zu zittern. Vorsichtig schob Connor seinen Stuhl etwas näher.

Auf dem Bildschirm begannen die letzten Minuten. Auch Kelleys Atem ging nun stoßweise. Als der Nero-Mann schließlich das blutige Knäuel vor das Gesicht seines Opfers hielt, preßte Kelley die Hand auf den Mund und lief hinaus.

Der Bildschirm flackerte und wurde dunkel. Karen Thogersen würgte und hustete. Dann glitt sie langsam von ihrem Stuhl. Rasch fing Connor sie auf und drückte sie behutsam an seine breite Brust. Sie begann zu schluchzen.

»Wir schnappen dieses Schwein«, sagte Connor unbeholfen. »Das schwöre ich Ihnen.«

Es dauerte einige Minuten, bis sie sich wieder beruhigt hatte. Sie löste sich von ihm, setzte sich gerade in ihren Stuhl und sagte: »Es geht schon wieder.«

Kelley kam zurück. Sein Gesicht war fast so weiß wie die Wand.

»Glauben Sie es jetzt, Jake?«

»Ja«, sagte Connor. »Er macht es nicht nur im Computer.«

Karen Thogersen starrte ihn an. »Sie meinen, er tötet Frauen auch in Wirklichkeit?«

Connor nickte.

»Dann kann er also jederzeit hier auftauchen und mit mir noch einmal das gleiche machen, nur diesmal in echt?«

»Nein. Für diesen Kerl sind Sie tot. Aber er wird sich vermutlich andere Opfer suchen. Wahrscheinlich schon bald.«

»Großer Gott!« Karen Thogersen stand auf und ging zu dem Gewehrschrank.

»Sie haben uns sehr geholfen, Ma'am. Jetzt sehen Sie, wie wichtig es war, die Polizei zu verständigen.« Connor stand auf. »Darf ich jetzt die Videokassette haben?«

Sie lud das Jagdgewehr. Dann gab sie ihm die Kassette.

»Danke«, sagte Connor und folgte Kelley zur Tür. Draußen dämmerte es schon.

»Auf Wiedersehen«, sagte Kelley, der sich wieder einigermaßen unter Kontrolle hatte. »Wenn wir das Band ausgewertet haben, rufe ich Sie an.«

»Tun Sie das. Und passen Sie auf, daß es nicht in falsche Hände gerät. Ich habe kein Bedürfnis, diesem ...« – sie suchte vergeblich nach einem Ausdruck, der ihrem Zorn und ihrer Verachtung entsprach.

»Sie können sich auf uns verlassen«, sagte Kelley. »Und wenn Ihnen noch etwas einfällt, rufen Sie uns bitte an.«

Der schwarze Lincoln Continental stand in einer Parkbucht am Lake Shore Drive. Der kleine alte Mann auf dem Rücksitz schaute durch die getönte Scheibe. Das »Soldier Field« ragte kaum hundert Meter entfernt als gewaltiger Klotz in den nächtlichen Himmel. Alfredo Matarese seufzte. Als Junge hatte er davon geträumt, einmal in dieser wunderbaren Arena spielen zu dürfen. Für einen Footballspieler war seine Statur allerdings zu schwächlich gewesen. Dafür waren sein Verstand schärfer und sein Wille stärker als bei den meisten. Und jetzt im Alter war er natürlich lieber das respektierte Oberhaupt der mächtigsten Familie Chicagos als nur ein ehemaliger Footballstar.

Der Mann neben ihm paßte mit seiner eleganten Garderobe, der aristokratischen Haltung und dem sorgfältig gestutzten grauen Schnurrbart in einem arroganten Ostküstengesicht überhaupt nicht zu dem kleinen, dürren Mafia-Boß, der pausenlos stinkende filterlose Zigaretten aus Italien rauchte und sich zweimal wöchentlich billige junge Frauen zuführen ließ. Jetzt hatte Matarese allerdings anderes im Sinn. »Ich werde Ihnen helfen«, sagte er.

Stanley Quittman, Präsident des renommierten Arzneimittelherstellers Cook Illinois Home Products, schaute nervös zu den beiden Leibwächtern auf den Vordersitzen. Der Satz hatte Erinnerungen an jenen Tag vor zehn Jahren geweckt, als die von seinem Urgroßvater gegründete Firma pleite war und die Börsenhaie mit ihren Übernahmeangeboten schon in der Eingangshalle standen. Damals hatte ihm ein äußerst seriös wirkender Anwalt Hilfe versprochen, von der sich erst später herausstellte, daß sie von einem Mafia-Boß kam. Wenn Quittman gewußt hätte, wer sein Unternehmen zu retten gedachte, hätte er die Firma lieber liquidiert. Am Anfang hatte er geglaubt, die Mafia würde ihn nur zur Geldwäsche benutzen. Bald aber hatte er feststellen müssen, daß die Gangster auch an reellen Geschäften auf dem Arzneimittelmarkt interessiert waren.

Quittman preßte die Lippen zusammen. Dieser schlaue Spaghettifresser wollte möglichst bald von illegalen zu legalen Drogen wechseln. Erst mal Tabletten gegen Depressionen. Später vielleicht Glückspillen oder derartiges Zeug. Seit zehn Jahren verlangte Matarese jeden Monat einen detaillierten Bericht über die Aktivitäten der Entwicklungsabteilung. Quittman bezweifelte, daß der Alte die Dossiers überhaupt lesen konnte, aber die Mafia hatte inzwischen für alles ihre Spezialisten. Wer sich mit Heroin und Kokain auskannte, wußte auch über andere chemische Wirkstoffe Bescheid.

Nach einer Weile sagte Matarese: »Sie können jetzt gehen.«

»Danke«, sagte Quittman, obwohl ihm jegliche Höflichkeit gegenüber diesem Mörder und Anführer von Mördern widerstrebte. In Wirklichkeit dankte er auch nicht diesem widerlichen Gnom, sondern seinem Schöpfer, und zwar dafür, daß er wieder einmal eine Unterredung lebend überstanden hatte.

Mit eiligen Schritten entfernte er sich und lief zu seinem Cadillac.

Matarese wartete, bis der große gutaussehende Mann in der Dunkelheit verschwunden war. »Idiot«, murmelte er. Dann griff er nach seinem Funktelefon, drückte auf eine Speichertaste und wartete, bis die gewünschte Nummer angewählt war.

Der Mann, dem der Anruf galt, blickte stirnrunzelnd auf. Viel lieber hätte er sich weiter in die Betrachtung des alten Fotos vertieft. Schließlich legte er das Buch vorsichtig auf den Couchtisch, aber bevor er sich meldete, blickte er doch noch einmal sehnsuchtsvoll auf das große doppelseitige Bild der schönen Lillie Langtry.

6

»Mögen Sie Eis?«

Kate Blenner schaute ihn überrascht an. Eine gute Idee war es allerdings, dachte sie, besonders an einem heißen Juli-Abend in Chinatown nach einem extrascharfen Tofu. Sie trank einen Schluck Wasser und tupfte sich mit der Serviette die Lippen.

Der Nomade lächelte. »Ich meine richtiges Eis.«

Was hatte er vor? Schon seine Einladung zum Essen war ziemlich unvermittelt und für ihren Geschmack zu früh gekommen, Nationalfeiertag hin oder her. Daß sie gleich nach dem letzten Experiment direkt von der Firma aus losgezogen waren, machte die Sache zwar angenehm informell, und das Interesse des Nomaden schmeichelte ihr, aber ihr war klar, daß eine private Unterhaltung sie in die Gefahr bringen konnte, sich ihrer Firma gegenüber illoyal zu verhalten. Andererseits hatte der Nomade sie in den vergangenen drei Tagen enorm beeindruckt – schon beim ersten Experiment, mehr aber noch beim zweiten Vorstoß; und beim dritten Versuch war Kate Blenners Respekt endgültig in Bewunderung umgeschlagen.

»Sie brauchen aber lange«, sagte der Nomade und tastete nach dem kleinen Magnetkopierer in der rechten Außentasche seiner hellen Leinenjacke.

»Wie?« Sie schreckte aus ihren Gedanken hoch.

»Sie können doch eislaufen. Oder?«

»Natürlich. Als Kind wollte ich sogar mal Eiskunstläuferin werden.« Ich muß von Sinnen sein, dachte sie, gleich werde ich ihm meine Lebensgeschichte erzählen.

»Und warum wurden Sie es nicht?«

»Können Sie sich eine Eiskunstläuferin von eins einundachtzig vorstellen?« Mein Gott, dachte sie, schon wieder so eine vertrauensselige Bemerkung.

»Es kommt immer auf die Proportionen an«, sagte er. »Von mir würden Sie jedesmal die höchste Wertungsnote bekommen.«

»Danke.« Hoffentlich klang das sarkastisch genug, dachte sie. Auf keinen Fall wollte sie für eitel gehalten werden.

Er beugte sich ein wenig vor und sah ihr in die Augen. »Ist das für Sie ein Problem?« fragte er.

»Natürlich nicht«, sagte sie. Natürlich war es das. Wie den meisten großen Frauen machte ihr das ständige Gefühl zu schaffen, sich ducken zu müssen, damit sich die Männer neben ihnen nicht zu klein vorkamen.

Er lächelte. »Sie sollten mehr Vertrauen zu mir haben, Kate.«

»Ich weiß gar nicht, ob ich mich überhaupt noch auf Schlittschuhen halten kann.«

»Und ich breche mir wahrscheinlich beide Beine. Probieren wir es einfach mal aus.«

Lächelnd zuckte sie die Achseln. »Meinetwegen.«

Vor dem Restaurant hielt der Nomade ein Taxi an, ließ sie einsteigen, setzte sich von der anderen Seite her neben sie in den Fond und sagte: »Vier drei null West dreiunddreißigste Straße.«

Der Fahrer gab Gas und fädelte sich in den dichten Verkehr ein. Der Nomade schaute in den Innenspiegel. Er hatte sich also nicht getäuscht: Der schwarze Buick, der die ganze Zeit am Straßenrand gestanden hatte, schob sich hinter ihnen auf die Mittelspur.

Kate Blenner räusperte sich. »Was schätzen Sie – wie lange wird es dauern, bis wir FS-Einhundertfünfzehn realisiert haben?«

»Scheint nicht ganz einfach zu werden.«

Das klang untertrieben. Kate Blenner waren kalte Schauer über den Rücken gelaufen, als sie beim ersten Experiment vor zwei Tagen seine Reaktion auf dem Monitor mitgelesen hatte: »Verdammt, was ist das! Verdammt! Verdammt! Schweres Atomfeuer aus den Ionenkanälen!« Sie hatte das Kommando »Abbruch!« erwartet und schon den Finger auf die rote Nottaste gelegt, aber der Nomade hatte dem Inferno standgehalten und immer weitere Informationen durchgegeben: »Atomfeuer mit Frequenz dreißigtausend pro Sekunde ... Schwere Treffer bei den Molekülen ... Moleküle lösen sich von der präsynaptischen Membran ... Medikamentöser Schirm bricht total zusammen ...«

Nicht weniger bewundernswert kühl und kompetent hatte der Nomade nach seiner Rückkehr aus dem VR-Raum die beängstigenden Phänomene geschildert. Die künstlichen Moleküle hatten offenbar äußerst aggressive Kalziumionen provoziert. Sie kamen plötzlich aus den kleinen Kanälen der postsynaptischen Membran geflogen, schnell und zahlreich wie Kugeln aus Maschinengewehrläufen.

Während das Taxi heftig schaukelnd über die schlechten Straßen von Greenwich Village fuhr, dachte Kate Blenner an das zweite Experiment. Am Donnerstag war der Nomade tatsächlich in das Innere des Dendriten eingedrungen, jener Nervenfaser, deren rundliche Empfangsstation im VR-Raum wie ein Gasometer aussah. Nach dem Einsatz des Medikaments waren mehrere Minuten lang nur Wortfetzen auf dem Monitor erschienen: »Höll...lärm ... mind... dertvierzig Phon ...artende Düsenjäg...«

Und beim dritten Experiment, das erst vier Stunden zuvor abgeschlossen worden war, hatte der Nomade den Dendriten fast bis ans Ende durchquert, immer dem ohrenbetäubenden Ionenfeuer entgegen, und dabei trotz der ungeheuren psychischen Belastung ununterbrochen mit dem Computer kommuniziert: »Keine Spannungsveränderung des postsynaptischen Potentials ... Schwellenwert sechzig Millivolt ...« Nach diesen Erkenntnissen konnte der Ursprung des Ionenfeuers weder in dem Dendriten selbst noch in der Zelle, zu der er gehörte, liegen. »Der Beschuß ist viel zu stark«, hatte der Nomade hinterher erklärt. »Er muß aus großer Tiefe kommen. Je länger ich darüber nachdenke, desto mehr bin ich davon überzeugt, daß die Depression über Ionen aus den untersten Schichten wirkt.«

Der Taxifahrer bremste vor einem großen Bürogebäude.

»Hier?« fragte Kate Blenner. Ihre suchenden Blicke gaben ihm Gelegenheit, sich unauffällig umzusehen. Der schwarze Buick hielt fünfzig Meter hinter ihnen.

»Kommen Sie.« Er lotste sie durch die Drehtür, ging zu einem Schalter, über dem in großen Lettern SKY RINK stand, und löste zwei Vier-Dollar-Tickets. Dann ging er in den Aufzug voran und drückte auf den obersten Knopf. Ehe sich die Türen schlossen, sah er die beiden Männer aus dem Buick in die Halle eilen. Der Lift sauste in den 36. Stock. Dort füllte eine gut zweihundert Meter lange Eisbahn die gesamte Etage aus. Hinter den Panoramafenstern funkelte die nächtliche Skyline Manhattans. Aus großen Lautsprechern dröhnte Musik. Es war angenehm kühl.

»Welche Größe?« fragte der Nomade.

»Danke, ich kümmere mich schon selbst darum.« Sie trat an den Tresen unter der Tafel »Schlittschuhe« und zeigte stumm auf das Fach mit der Ziffer »9 1/2«. Dann kaufte sie ein Paar Wollsocken, setzte sich auf die Bank und schnürte die Schuhe zu.

Der Nomade winkte sie zu den Schließfächern, faltete seine Jacke zusammen und legte sie auf die Schuhe. »Ihre Handtasche, bitte.« Er schob sie in das Fach, schloß die Tür ab und steckte den Schlüssel in seine Jeans. »Dann mal los!« Vorsichtig stakste er auf die Eisfläche, stieß sich ab und lief etwas wackelig, aber nicht ungeschickt die erste Kurve.

Kate Blenner hatte ihre Unsicherheit rasch überwunden und holte den Nomaden ein. »Nicht schlecht«, lobte sie ihn. Als er ins Stolpern kam, ergriff sie seinen Arm. Unter dem dünnen Stoff spürte sie harte Muskeln. Eine Weile zogen sie gemeinsam ihre Bahn.

Die Männer aus dem Buick hatten sich in die Cafeteria gesetzt und beobachteten sie durch die Panoramascheibe.

Nach fünf Minuten klammerte sich der Nomade auf nun wirklich wackeligen Beinen an die Bande. »Drehen Sie mal ein paar Runden ohne mich!«

Sie gehorchte und probierte übermütig eine Pirouette. Die beiden Männer schauten fasziniert zu. Der Nomade stieg über die Bande, schlängelte sich durch die Menge zu den Schließfächern, nahm Kate Blenners Handtasche heraus und suchte hastig nach dem Sonderausweis. Das kleine rote Plastikkärtchen steckte hinter dem Führerschein. Er holte den Magnetkopierer aus der Sakkotasche, schob den Ausweis in den Schlitz und drückte auf COPY. Ein weiterer Druck auf OUT, und der Kopierer warf die Karte wieder aus. Der Nomade steckte sie an ihren Platz; dabei spürte er im Futter der Handtasche eine kleine Erhebung. Verdammt! Rasch schloß er das Fach ab und kehrte auf die Eisfläche zurück. Als er an der Cafeteria vorüberkam, nahm einer der beiden Männer ein Handy aus der Tasche.

Nach einer halben Stunde hatte Kate Blenner genug und ließ sich in die Cafeteria führen. Die beiden Männer vertieften sich plötzlich in Sportzeitungen.

»Sie hätten Olympiasiegerin werden können«, sagte der Nomade.

Sie schüttelte den Kopf. »Die Kampfrichter mögen die kleinen Mädchen lieber als die großen.«

»Bei mir ist es umgekehrt.«

Sie lächelte ihn an. »Haben Sie schon jemanden im Auge?«

»Allerdings. Mein Opfer ist noch völlig ahnungslos.«

»Ist es denn so naiv?«

»Nein, aber ich stelle mich immer so dumm an.«

»Dann haben Sie wohl nicht besonders viel Erfahrung?«

»Ich bin Spätentwickler.«

»Wie alt sind Sie denn?«

»Neunundzwanzig. Und Sie?«

»Sechsundzwanzig.«

»Und schon so qualifiziert.«

»Sie sollen mir nicht schmeicheln, das macht mich nur hochmütig.«

»Das ist keine Schmeichelei. Ich habe Ihre Arbeiten gelesen. Wenn Sie so weitermachen, kriegen Sie den Nobelpreis.«

»Ich bin vielleicht ganz gut auf dem Eis, aber im Job sind Sie das As.«

»Sie haben großartig gearbeitet.«

»Ich kann sehr gut beurteilen, was Sie da draußen im VR-Raum geleistet haben. Ich habe es nicht für möglich gehalten, daß ein Mensch sich in einer derartigen Situation so gut unter Kontrolle halten kann.«

»Sie machen mich ganz verlegen.«

»Das ist auch meine Absicht.« Sie lachte. »Jetzt sehen Sie mal, wie das ist, wenn einem solche Komplimente gemacht werden.«

»Ich wußte gleich, daß Sie mich nur aufziehen wollen.«

»Und ich wußte gleich, daß Sie sich nicht in jeder Situation so unter Kontrolle haben wie im VR-Raum.«

»Vielleicht sollten wir das mal testen.«

Sie lachte wieder. »Wo? Im Labor?«

»Ich dachte eher an ein Picknick. Morgen. Im Central Park.«

»Wir dürfen uns aber nicht zusammen erwischen lassen. Bei Fenway-Soper sind sie zur Zeit ziemlich nervös, was Kontakte mit Außenstehenden betrifft.«

»So außenstehend bin ich gar nicht.«

»Für Dr. Riseman könnten Sie gar nicht außenstehend genug sein.«

»Und für Sie?«

»Jedenfalls sollten wir vorsichtig sein.«

»Ich hole Sie um elf ab. Sie bringen die Sandwiches mit und ich den Champagner, o. k?«

Ein paar Minuten später ließ er sie aus dem Taxi steigen und sah sich wieder unauffällig um. Der schwarze Buick war nirgends zu sehen. Zwei Schnüffler und eine Wanze! Was war bei Fenway-Soper wirklich los? Warum wurden sie observiert? Warum wurde Kate Blenner abgehört? Was wußte Dr. Riseman? Wer war dieser fette Kerl mit dem viel zu kleinen Laborkittel? Und, vor allem: Was war mit Allan wirklich geschehen?

Am Terminal des Computers in dem kleinen Blockhaus in Big Sur bewegte sich keine Taste, aber immer neue Buchstaben und Zahlen auf dem Monitor verrieten, daß der Impuls Stunde um Stunde fieberhaft arbeitete. Immer wieder schickte er durch das Modem Signale quer über den Kontinent in das Fenway-Soper-Building am Hudson River, prüfte die Rückmeldungen und startete neue Versuche. Anfangs schien es fast unmöglich, die Sicherheitsvorkehrungen des Pharmakonzerns zu überlisten und in das System einzudringen, aber nach fast dreißig Stunden war es dann doch gelungen. Systematisch durchsuchte der Impuls nun das Programm. Je mehr er über Allan Behrmans Versuche erfuhr, desto stärker wurde ihm bewußt, mit wieviel Fähigkeit zur Emotion sein Bewußtsein ausgestattet war, denn das beklemmende Gefühl der Sorge, das ihn die ganze Zeit über begleitet hatte, wich nun rasend schnell weitaus stärkeren Empfindungen: ständig wachsender Furcht, panischer Angst und zum Schluß schierem Entsetzen. Das Bild fiel in sich zusammen, der Monitor wurde dunkel. Nur an der unteren rechten Ecke blinkte der Cursor wie ein verzweifelter Hilferuf.

7

In seinem Zimmer nahm der Nomade den Magnetkopierer aus der Jackentasche, führte eine Blanko-Chipkarte ein, drückte auf COPY, blickte prüfend auf die Anzeige und nahm die jetzt codierte Karte wieder heraus. Dann verließ er das Hotel durch die Tiefgarage. Zwölf Minuten später gab er dem uniformierten Wachmann in der marmorgetäfelten Eingangshalle des Fenway-Soper-Buildings seinen Ausweis, schaute zu, wie die Lampe des Computers grün aufleuchtete, und fuhr mit dem Lift in die Forschungsabteilung. Die Glastüren waren geschlossen, alle Lichter gelöscht. Hinter den großen Fenstern funkelten Sterne.

Der Nomade ging zu der Schleuse, die den Sicherheitsbereich abtrennte, und schob die Chipkarte in das Lesegerät. Mit leisem Summen öffnete sich die Tür. Das alte Labor war etwas kleiner als das neue. Der Nomade knipste eine Taschenlampe an und leuchtete die Plastikgehäuse der Monitore ab. Nach einigen Minuten fand er das gesuchte Gerät. An der Unterkante waren zwei winzige o und zwischen ihnen ein ebenso kleines v eingeritzt.

Bewegt befühlte der Nomade die feinen Linien. Die meisten Inphader kennzeichneten ihre Computer mit Symbolen aus der Mikroelektronik oder der Halbleitertechnologie. Allan aber bevorzugte ein mythologisches Sinnbild, das ovo einer stilisierten Eule aus zwei großen runden Augen und einem spitzen Schnabel. Der Nomade gab den wissenschaftlichen Namen ein: ASIO OTUS. Als er auf ENTER drückte, erschien auf dem Bildschirm eine Schrift: »Herzlichen Glückwunsch, Grant. Bevor du weitermachst, solltest du unbedingt Kontakt mit mir aufnehmen. Falls das nicht möglich ist: Schau dir als erstes mein Tagebuch an. Alles weitere liegt bei dir. Viel Glück.«

Vor dem inneren Auge des Nomaden erschien ein ernstes, bärtiges Gesicht. Er klickte das Startzeichen an, und der Schirm zeigte ein Fenster mit einer Menüleiste: MPP-7000. SYNAPSE. NEURO. PSYCHO. DIARY. IC. Er ging auf DIARY und begann zu lesen: »Sonntag, 11. Mai. Beginn FS-115. Versuchsreihe B, Test 1. Der VR-Raum zeigt eine funktionsfähige Serotonin-Synapse im Stadium der Erregung …« Es folgte eine detaillierte Darstellung des Versuchs; er war genauso verlaufen wie das erste Experiment des Nomaden.

Unter »Mittwoch, 14. Mai« stand: »Riseman ist ein Idiot. Das Ionenfeuer kommt nicht aus dem Hypothalamus. Es ist viel zu stark. Die Quelle liegt mit Sicherheit sehr weit außerhalb des Bewußtseins. Die Intensität wächst mit der Entfernung, denn schließlich haben wir es hier nicht mit ballistischen, sondern mit psychischen Prozessen zu tun.«

Der nächste Vorstoß war unter dem 18. Mai beschrieben; auch diesmal stimmten die Angaben exakt mit den Erfahrungen des Nomaden überein.

Unter dem 3. Juni standen Informationen über das siebte Experiment, und dieser Vorstoß hatte die vorherigen an Gefährlichkeit noch übertroffen, denn diesmal war Allan durch den gesamten Dendriten bis in die nächste Zelle vorgedrungen, hatte deren Inneres durchquert, das im VR-Raum so groß wie ein Fußballstadion war, und sich dann sogar noch ein Stück weit in das anschließende Axon vorgearbeitet. Der Bericht enthielt eine sehr zurückhaltende, schon fast dürr zu nennende Beschreibung über das Toben und Wüten der Ionen.

Danach war aus der wissenschaftlichen Kontroverse mit Dr. Riseman persönliche Feindschaft geworden. Der Aufbau einer Synapse aus der Medulla oblongata mißlang mehrere Male. Allan Behrman vermutete Sabotage, konnte jedoch nichts beweisen.

»Offenbar gibt es Kräfte, die lieber auf den Erfolg verzichten, statt zuzulassen, daß er von anderen als ihnen selber erzielt wird«, hatte er am 18. Juni notiert und kurz darauf eine Kursänderung vorgenommen, die ebenso von seinem Mut wie von seinem Genie zeugte: »Unter diesen Umständen halte ich es für erforderlich, die Synapse in ihrer natürlichen Form und Umgebung zu untersuchen.«

Verblüfft hielt der Nomade inne. Hatte sich Allan etwa vorgestellt, in eine real existierende Synapse einzudringen?

»Ohnehin scheinen die Probleme bei der Simulation bestimmter Synapsen im VR-Raum mit den zur Zeit verfügbaren technischen Mitteln nicht überwindbar. Meine Entscheidung kann deshalb nur heißen: Vorstoß in die Tiefe mit IC-Programm unter möglichst weitgehender Ausschaltung des Rückkoppelungseffekts.«

IC-Programm? Was hatte Allan da bloß entwickelt? Und was war mit »Rückkoppelungseffekt« gemeint? Hastig las der Nomade weiter. Es schien darum zu gehen, das Bewußtsein so zu beeinträchtigen, daß es nicht störte. Aber wieso und wobei? Ein leises Summen ertönte. Der Nomade schaltete den Monitor aus, ging hinter dem

Computer in Deckung. Eine Tür klappte, dann drang Licht durch die Scheiben.

Der Nomade lauschte einige Sekunden. Dann spähte er vorsichtig durch das Glas. Die Tür zu Dr. Risemans Büro war halb geöffnet. Was trieb den Entwicklungschef zu dieser Zeit ins Labor? Er sah auf die Digitalzahlen an seinem Handgelenk. Es war kurz nach ein Uhr.

Kurz darauf kam jemand aus dem Büro, aber es war nicht Risemann, sondern Kate Blenner. Sie hatte ein Papier in der Hand und ging über den Flur. Der Nomade hörte, wie sie den Kopierer betätigte. Dann öffnete sich die Sicherheitsschleuse, und das Licht im Flur verlosch.

Der Nomade wartete eine Minute und überlegte; dann kehrte er an den Computer zurück und schaltete den Monitor wieder ein.

In den folgenden Tagen hatte sich Allan Behrmans Ansicht über die Quelle des Ionenfeuers offenbar weiter gefestigt, aber er hatte sich noch nicht dazu entschließen können, die Dinge beim Namen zu nennen, sondern sich vorläufig mit Ausdrücken wie »innerster Wesenskern« oder »psychischer Urgrund« beholfen. Am 26. Juni aber hatte er dann doch die Katze aus dem Sack gelassen: »... deutet alles darauf hin, daß das Ionenfeuer tatsächlich aus einer Region stammt, die weitaus tiefer wurzelt als Verstand, Denken oder Bewußtsein, wahrscheinlich sogar tiefer als das Unbewußte. Ich kenne keinen anderen Begriff, der diesen eher mit den Mitteln des Glaubens als mit den Methoden der Wissenschaft faßbaren Bereich besser bezeichnet als das Wort ›Seele‹.«

Der Nomade fuhr ein wenig zurück. Seele? Allan war nie religiös gewesen, und doch hatte er jetzt offenbar den Gedanken verfolgt, die Seele in organischer Materie, vielleicht sogar als einen Bestandteil des Gehirns, zu orten. Und dabei schien er auf ein Computerprogramm zurückgreifen zu wollen, an dem er offenbar schon seit Jahren gearbeitet hatte: »Mit zehn Billionen Rechenoperationen pro Sekunde ist der Weg offen für ein Vordringen in das Mittelhirn. Da sich virtuelle Synapsen aus diesem Bereich zur Zeit noch nicht darstellen lassen, mag es denn eine lebende Synapse sein.«

Adrenalin schoß in sein Blut. Es gab nur einen einzigen Ort, an dem ein Forscher eine lebende Synapse untersuchen konnte, ohne gegen die Gesetze zu verstoßen. Wenn IC wirklich »in cerebro« bedeutete, war Allan an den vertrautesten und fremdartigsten, naheliegendsten und entferntesten, bekanntesten und geheimnisvollsten, vor allem aber gefährlichsten Ort vorgedrungen, den ein Mensch aufsuchen kann: sein eigenes Gehirn.

Marvin H. Ross, Direktor der Del-Paso-Highschool in Palo Alto, stand mit breitem Lächeln am Eingang und schüttelte die Hände der rund dreißig Gäste. Er war ein würdig aussehender, rundlicher Riese mit Resten silbergrauen Haares und befand sich in gehobener Stimmung, da es ihm gelungen war, mit seiner Dankesrede wieder den Nerv der Sponsoren zu treffen, ohne deren Engagement die Ausstattung der Schule mit modernstem elektronischem Gerät nicht zu finanzieren war. Seine Rede, die wie stets bei solchen Anlässen den Computer in überraschende geistesgeschichtliche Zusammenhänge zu setzen suchte, hatte ihre Wirkung auch diesmal nicht verfehlt: »So aber, wie die mit dem Bild des Uhrwerks illustrierte mechanistische Weltauffassung eines Descartes das Denken seiner Zeitgenossen prägte, mag vielleicht eines Tages ein Schüler unseres Instituts den Einfluß der Elektronik auf unsere moderne Gedankenwelt zu einer neuen Art des Denkens nutzen ...« Lang anhaltender Beifall hatte ihm gedankt. Nun drang durch die geöffneten Flügeltüren frische Abendluft herein, wurde begierig eingeatmet und lieferte den physikalischen Trägerstoff für Sätze wie: »Eine sehr schöne Ansprache, Marvin, wirklich« oder »Sie haben es mal wieder auf den Punkt gebracht, alter Junge!«

Als einer der letzten Gäste schob sich ein hochgewachsener Mann von etwa dreißig Jahren mit halblangem aschblondem Haar heran. Er trug sein steingraues Designer-Sakko ebenso selbstverständlich-nachlässig wie den gelben Kaschmirpullover und die wertvolle Uhr an dem etwas zu massiven Platinarmband. »Ich bin wie immer tief beeindruckt«, sagte er.

»Das freut mich ganz besonders«, antwortete der Direktor und ergriff die ausgestreckte Rechte.

»Sie haben hier am Wochenende eine interessante Veranstaltung«, sagte William C. Purdy jr. »Ob es wohl möglich wäre, noch eine Karte zu erwerben?«

»Selbstverständlich, Mr. Purdy. Meine Assistentin wird sich sofort darum kümmern.« Er drehte suchend den Kopf. »Miss Sheffler!«

»Ja, Sir?« kam die Antwort aus dem halbdunklen Gang.

»Hier ist ein Zuschauer für Sie«, ulkte der Direktor.

»Endlich«, witzelte Loretta Sheffler zurück und kam lächelnd auf die beiden Männer zu.

In Purdys Augen blitzte ein Funke. »Ich wußte gar nicht, daß Sie an Ihrer Schule solche Schönheiten verstecken.«

»Aber nicht doch«, protestierte Ross lächelnd, »Miss Sheffler kam erst vor zwei Monaten an unsere Schule. Sie sind zu lange nicht mehr bei uns gewesen!« Er lachte lauter, als es der kleine Witz verdiente. »Sie unterrichtet Englisch, Literatur und Darstellendes Spiel, mit großem Erfolg.«

»Ich kann es mir vorstellen.« Purdy ergriff die Hand der jungen Lehrerin und führte sie bis kurz vor seine Lippen. »Enchanté.«

»Mr. Ross übertreibt mal wieder«, sagte Loretta Sheffler und zog ihre Hand zurück, sobald sie konnte. »Ich stehe noch ganz am Anfang.«

»Viel zu bescheiden«, sagte Ross. »Dabei hat sie das Stück nicht nur selber geschrieben, sondern sie wird auch die Hauptrolle spielen. Sie sind natürlich unser Ehrengast. In der ersten Reihe.«

»Das ist nicht nahe genug«, sagte Purdy lächelnd.

Die junge Lehrerin hob scherzhaft den Finger. »Lillie Langtry wußte sich die Männer ganz gut vom Leibe zu halten.«

Ein Blitz erhellte ihre Gesichter. Geblendet kniff Purdy die Augen zusammen. »He!«

»Frank Skrotzki«, sagte der Fotograf und streckte ihm eine Visitenkarte entgegen. »Ich fotografiere für die ›Santa Clara Chronicle‹. Falls Sie einen Abzug wünschen ...«

»Was fällt Ihnen ein!« sagte Purdy wütend und fegte die Hand des Fotografen zur Seite.

»Weg hier!« befahl Ross. »Unser Sponsor wünscht keinerlei Publizität.«

»Aber Sie haben mich doch selbst ...«

»Verschwinden Sie, Frank«, wiederholte Ross in einem Ton, der ebenso um Verständnis warb, wie er keine Widerrede zuließ. »Ich rufe Sie morgen an.«

Der Fotograf wandte sich kopfschüttelnd ab und begann, andere Gäste zu fotografieren.

»Tut mir leid«, sagte Ross. »Ihre Anonymität bleibt natürlich gewahrt. Gleich nachher rufe ich den Chefredakteur an. Er ist ein alter Freund von mir.«

»Gut«, sagte Purdy. »Ich möchte nicht, daß irgendwelche Dummköpfe denken, ich spende aus Gründen der Publizität.« Er wandte sich wieder der jungen Lehrerin zu. »Dann sehe ich Sie also morgen.«

Ihr Zeigefinger war oben geblieben. »Kommen Sie pünktlich!«

»Keine Angst. Bei wirklich wichtigen Anlässen verspäte ich mich so gut wie nie.«

Als Malibus Möwen ihren Hunger in den neuen Morgen schrien, schaltete sich in dem verlassenen Wohnwagen ein elektronisches Relais ein. Auslöser war ein Signal von der nahen Funkstation einer Telefongesellschaft; es wurde in der Mailbox gespeichert. Aus den wenigen Worten gingen die Not und Verzweiflung des Absenders deutlich hervor: »Grant! Melde dich! Schnell!«

8

»Ein Serienmörder?« fragte Deputy Chief Joseph Abarca und wedelte mit dem FBI-Dossier, als wolle er es seinem Gast gleich vor die Füße werfen. »Denken Sie, ich würde nicht von einem Serienmörder wissen, wenn er in meinem Bezirk zugange wäre?« Unwillig fuhr sich der gedrungene Polizeibeamte durch das kurzgeschorene graue Haar.

»Es ist bisher nur eine Annahme«, sagte Richard Kelley vorsichtig. Vielleicht war es doch keine so gute Idee gewesen, daß er allein nach San Jose geflogen war. Connor kam mit diesem Typ Polizist wahrscheinlich besser zurecht.

»Was gedenken Sie also zu unternehmen?« fragte Abarco.

»Überfall, Körperverletzung, versuchte Vergewaltigung, alle diese Delikte sind für uns relevant.«

»Uns?« wiederholte Abarca.

»Mein Partner ist noch in Quantico.«

Das war allerdings etwas anderes, dachte der Deputy Chief. Wenn die FBI-Akademie bereits im Spiel war, mußte man mit allem rechnen. »Wissen Sie, wie viele derartige Fälle wir hier jeden Tag auf den Tisch kriegen? Santa Clara County hat mehr als eineinhalb Millionen Einwohner.«

»Lassen Sie mich einfach mal ein bißchen in den Akten blättern.«

Der Deputy Chief überlegte kurz. »Aber machen Sie nicht soviel Wind. Ich werde die Angelegenheit morgen in der Lagebesprechung erwähnen. Dann können Sie sich mal mit meinen Leuten unterhalten.

Stören Sie den Dienstbetrieb so wenig wie möglich. Ich werde Ihnen einen Raum zur Verfügung stellen. Bitte keine Aktionen ohne vorherige Abstimmung mit mir! Wenn Sie eine Spur haben, möchte ich es wissen. Mitteilungen an die Öffentlichkeit behalte ich mir persönlich vor.«

Er hob die Stimme, als wolle er die Wirkung seines Auftritts noch steigern. »Und kommen Sie mir nicht auf die Idee, in meinem Bezirk eine Festnahme vorzunehmen. Wenn dort draußen wirklich ein Serienkiller herumläuft, und mit ›dort draußen‹ meine ich jeden verdammten Fleck zwischen dem San Benito River und der San Francisco Bay, dann gehört er mir!«

Duncan Findlay starrte nachdenklich auf die Monitorwand. Chinesisches Essen und Pirouetten waren nicht gerade die Art Freizeitgestaltung, die den Sicherheitschef eines pharmazeutischen Unternehmens mißtrauisch machen mußte, aber was hatte dieser Scheich plötzlich an dem Schließfach zu suchen gehabt?

Als der Nomade in sein Hotel zurückgekehrt war, hatten Johnson und Grudzinski eine Stunde gewartet und dann die Observation beendet. Findlays wurstförmige Finger bewegten sich behende über die Tasten, und der Computer der Wachzentrale lieferte die Namen der Personen, die seit Mitternacht das Fenway-Soper-Building betreten hatten. Gleich in der ersten Zeile stand »Mr. Nomade«. Die Uhrzeit war mit 0.35 a.m. angegeben. Also doch, dachte Findlay. Die beiden Schnarchsäcke hatten sich austricksen lassen. Der Kerl war vermutlich durch die Tiefgarage davonspaziert. Hatte er die Wanze in Kate Blenners Handtasche bemerkt?

Der Sicherheitschef kaute nachdenklich auf seiner Unterlippe und gab neue Befehle ein. Auf dem Bildschirm erschien eine Tabelle mit der Überschrift »Zugänge zum Sicherheitsbereich«. Der erste Eintrag lautete: »0.37 Uhr. Blenner, Kate.« Nach Auskunft der Wachzentrale hatte sie das Gebäude erst um 1.05 Uhr betreten. Der Kerl hatte also ihren Ausweis kopiert. Höchstwahrscheinlich war er an Allan Behrmans Computer gewesen.

Um 1.07 Uhr war Kate Blenner ein zweites Mal im Sicherheitsbereich vermerkt. Demnach hatte sie sich schnurstracks vom Empfang in das Labor begeben. Findlay griff zum Telefon, legte den Hörer aber gleich wieder auf. Bevor er den Präsidenten informierte, würde er noch jemand anderes anrufen, und das würde er ganz gewiß nicht über eine Firmenleitung tun.

Loretta Sheffler stand in ihrem kleinen Apartment nahe der Del-Paso-Highschool und zupfte an dem selbstgenähten Kleid. Die Vorlage stammte aus einem Bildband mit dem Titel »Illustrierte Geschichte der Haute Couture«: ein doppelseitiges Foto von Lillie Langtry aus dem Jahr 1905 in einer Abendrobe des Pariser Modeschöpfers Charles Worth. Die junge Lehrerin lächelte ihrem Spiegelbild zu. Das hochgeschlossene, ärmellose, eng anliegende Kleid betonte die Rundungen ihres perfekt proportionierten Körpers im klassischen Stil des Fin de siècle und verlieh ihr eine Aura altersloser Attraktivität. Sie drehte sich ein paarmal. Ja, das Kleid saß perfekt.

Als die Morgensonne die letzten Frühnebelschleier vertrieb, saß Alfredo Matarese mit übereinandergeschlagenen Beinen auf einer Parkbank und blickte auf den See hinaus; man hätte ihn für einen Rentner halten können, den altersbedingte Schlaflosigkeit vorzeitig ins Freie getrieben hatte. Einige Schritte entfernt standen seine beiden Leibwächter und musterten mißtrauisch jeden, der näher als fünfzig Meter herankam.

Quittman joggte über eine kleine Wiese und begann, hinter der Bank auf der Stelle zu traben.

»Hören Sie auf mit dem Quatsch«, sagte Matarese, ohne den Kopf zu drehen. »Machen Sie ein paar Push-ups und hören Sie gut zu.«

Quittman ließ sich auf die Knie sinken und stützte sich mit den Händen in dem feuchten Gras ab.

»Ich habe gesagt, daß ich Ihnen helfen werde«, sagte Matarese. »Und ich habe Ihnen geholfen.«

Quittman wartete.

»Sie haben einen Nachfolger für diesen Behrman gefunden«, fuhr Matarese fort. »Einen neuen Inphader oder wie diese Kerle heißen. Nennt sich ›Nomade‹. Schon gehört?«

»Nein«, antwortete Quittman. Da seine Arme zu zittern begonnen hatten, legte er sich auf den Rücken und begann mit Sit-ups.

»Wir werden jetzt ebenfalls einen von diesen unabhängigen Pharma-Designern anheuern«, sagte Matarese.

»Das hatten Sie doch bisher immer abgelehnt?«

»Unser Mann sollte schon gestern hier sein, doch dann kam ihm etwas dazwischen. Aber zwei Tage Verzögerung fallen wohl nicht so sehr ins Gewicht.«

Quittman staunte. Der Mafia-Boß von Chicago hatte jemanden zu sich gerufen, und der war nicht augenblicklich erschienen? Die Mafia war anscheinend auch nicht mehr das, was sie einmal war.

Matarese wiegte den Kopf. »Es ist ein bißchen wie beim Football. Wenn man einen neuen Spieler kauft, kommt es nicht nur darauf an, wie gut er ist, sondern wie gut er sich in die Mannschaft einfügt. Unser Mann war ganz heiß darauf, als er hörte, worum es geht und wer auf der Gegenseite spielt. Von all diesen ausgeflippten Typen paßt er wahrscheinlich am besten in unser Team.« Matarese überlegte, ob er nicht doch versuchen sollte, sich an dem Footballteam zu beteiligen. Nein, lieber nicht. Entschieden zuviel Publicity.

Die schöne Otero lag gefesselt auf dem breiten Bett. »Avocado!« rief sie immer wieder. Der Datendandy lächelte wie im Rausch. Je weiter sich der Wahn in seinem Gehirn ausbreitete, desto schneller verlor es die Kontrolle auch über seine Bewegungen, bis dem schwindenden Bewußtsein die Steuerung der Mimik entglitt und das Böse, das aus dem Unbewußten emporquoll, ein von Natur aus anziehendes Gesicht zu einer widerwärtigen Fratze entstellte. Während er das Skalpell durch die Bauchdecke der Gefesselten zog, explodierte etwas Rotes in seinem Geist, und er verwandelte sich in ein hungriges Raubtier, das wild an der klaffenden Wunde riß.

Als er wieder zu sich kam, richtete er sich auf, nahm den Helm ab, noch immer ganz benommen von der Intensität des Erlebnisses. Dann zog er das verschwitzte T-Shirt aus und stellte sich unter die Dusche.

Zehn Minuten später saß er in einem weißen Frotteemantel auf der Veranda. Es war erfrischend gewesen, die Begegnung mit der schönen Otero noch einmal auszukosten, aber die Konserve bildete doch nur einen höchst unzureichenden Ersatz für eine Reise in die Zwielichtwelt; eine weitere Wiederholung würde sich kaum noch lohnen. Schade, vor allem wenn man den Aufwand in Rechnung stellte, den es inzwischen erforderte, in eine dieser Cybertoga-Parties einzudringen. Da würde es ja schon fast leichter sein, die Ambitionen in der Realität zu verwirklichen. Morgen, dachte er in pochender Vorfreude, würde sich endlich wieder einmal Gelegenheit dazu bieten.

Noch mehr aber freute er sich auf die bevorstehende Reise. Chicago würde nur eine Zwischenstation sein, aber in New York durfte er auf die Erfüllung eines anderen, tief in seinem Inneren ruhelos wachenden Wunsches hoffen.

9

»Er ist in sein eigenes Gehirn gegangen?«

Es war nicht die erste Überraschung des Vormittags für Kate Blenner. Auf dem Weg zum Central Park hatte der Nomade einen riesigen Ghetto-Blaster auf die Schulter gehoben, ihn voll aufgedreht und ihr dann von der Wanze und den beiden Männern in dem schwarzen Buick erzählt. »Ich glaube, daß dieser Fettwanst dahintersteckt, der dauernd im Labor herumhängt.«

»Findlay?«

»Ja. Wahrscheinlich liegen die Typen mit einem Richtmikrophon irgendwo da in den Büschen. Ich habe sie ein bißchen an der Nase herumgeführt.«

Die monotone Rap-Musik hatte sie zusätzlich nervös gemacht. »Und wie?«

Als er ihr alles erzählt hatte, war sie zuerst ziemlich sauer gewesen. »Sie haben meinen Ausweis kopiert?«

»Ja. Schließlich mußte ich in Behrmans Computer.«

Das war allerdings wirklich unglaublich. Erst sie hintergehen, und dann auch noch … Dazu dieses ständige Gedröhn aus dem Blaster! Kate Blenner hatte die Sonnenbrille abgenommen und mit den Fingerspitzen die Schläfen massiert. »Wie haben Sie denn den Code geknackt?«

»Das ist jetzt doch ganz unwichtig! Allan hat Tagebuch geführt.«

Während er nun weiter berichtete, schüttelte sie immer wieder fassungslos den Kopf. »Er ging in sein eigenes Gehirn?«

»Ja. Er arbeitete offenbar schon seit Jahren an diesem Programm. So wie es aussieht, soll es die Denkprozesse in leicht verständliche Bilder umsetzen. Vielleicht kann man damit bestimmte Bereiche besser untersuchen. Indem man ein Szenario konzipiert, das die Vorgänge im Gehirn plausibel umsetzt. Und das außerdem möglichst vielen Menschen vertraut ist.«

Sie überlegte. »Eine bildliche Darstellung von chemischen Reaktionen und elektromagnetischen Schwingungen?«

»Ja. Schauen Sie sich mal um. Was ist komplizierter und zugleich vertrauter als eine moderne Großstadt? Zum Beispiel New York City. Ein in sich geschlossener Raum mit siebeneinhalb Millionen Einwohnern, die sich kaum kennen, aber trotzdem durch gemeinsame Interessen miteinander verbunden sind. Das Zusammenleben ist durch bestimmte Gesetze reglementiert, genauso wie das Zusammenwirken der Zellen durch die Gesetze der Biologie.« Fasziniert beobachtete der Nomade den Sonnenglanz auf dem anmutigen Gesicht.

»Und wie funktioniert das genau?«

»Der Computer erhält eine Matrix mit allen organischen Bestandteilen des Gehirns, also Axonen, Dendriten, Synapsen und was sonst noch dazugehört. Parallel dazu wird eine zweite Matrix einprogrammiert, von New York City, mit sämtlichen Gebäuden, Straßen, Brücken, Autos – alles, was aus anorganischer Materie besteht. Der Computer bringt beide Matrizen in Übereinstimmung. Aus den Zellen werden Zimmer, aus zusammenhängenden Zellstrukturen entsprechend große Gebäude, aus den verschiedenen Bereichen des Gehirns Stadtteile, aus Nervenfasern Straßen, aus längeren Nervensträngen U-Bahnen …«

»Und die Menschen?«

»Der zweite Teil des Programms besteht ebenfalls aus zwei Matrizen. Die erste enthält alle bisher bekannten Informationen über chemische und elektromagnetische Prozesse. Die zweite speichert alle wissenschaftlichen Erkenntnisse über das Denken, das Sprechen, Bewegungen und so weiter. Ich hatte nicht genug Zeit, mir das alles näher anzusehen, aber irgendwie werden daraus Menschen oder jedenfalls menschenähnliche Gestalten.«

Kate Blenner hatte bereits begriffen. »Das Programm funktioniert natürlich interaktiv. Der Neuronenresonator nimmt die Gedanken auf, setzt sie in Bilder um und speist sie wieder in das Gehirn der Versuchsperson ein. Demnach funktioniert das Programm wie ein Traum. Man reagiert wie auf reale Erlebnisse, Hormone werden ausgeschüttet, Botenstoffe produziert, Hunger- oder Durstgefühle treten auf … Aber wie kam Mr. Behrman von außen hinein?«

»Genauso wie ich in die Synapse. Er legte sich in den Neuronenresonator, schloß sich an die Geräte an und startete sein Programm.«

»Moment mal.« Kate Blenner sah ihn zweifelnd an. »Sein Gehirn muß doch die ganze Zeit über weitergearbeitet haben! Und das bedeutet schließlich, daß jeder Gedanke, der ihm auf seiner Reise durch den Kopf ging, doppelt gedacht worden sein muß. Einmal in dem Gehirn, das in seinem Kopf arbeitete, und einmal in dem Gehirn, das nun der

Computer für ihn darstellte. Unter diesen Umständen ist ein kontrollierter Denkprozeß doch gar nicht mehr möglich!«

Der Nomade nickte. »Stimmt, das ist ein Problem. Er nennt das ›Rückkoppelung‹. Mir ist noch nicht ganz klar, wie er das weggekriegt hat. Vielleicht enthält das Programm eine Art Filter.«

»Irgendwas wird er unternommen haben müssen«, sagte Kate Blenner mit Nachdruck. »Wenn man die Denkprozesse nicht vollständig voneinander trennt, wird man vermutlich schizophren.«

»Sie meinen, man verliert den Verstand?«

»Genau das meine ich. Vielleicht gibt es wirklich einen Zusammenhang zwischen solchen Selbstversuchen und daraus resultierender psychischer Instabilität.«

»Genau das möchte ich herausfinden.« Der Nomade schaute sich um. »Aber jetzt sollten wir endlich mit dem Picknick anfangen.« Er öffnete den Champagner, während sie Sandwiches auswickelte. Aus dem Radio dröhnte jetzt Techno-Musik.

Sie aßen ein paar Bissen, dann sagte sie: »Wenn das rauskommt, bin ich meinen Job los.«

»Ich hoffe, daß Sie mich trotzdem nicht verraten.«

»Und wenn Dr. Riseman und seine Leute ebenfalls auf dieses IC-Programm stoßen?«

»Nein, das schaffen sie nicht.«

»Und wieso nicht?«

»Weil ich die Festplatten ausgebaut habe.«

Natürlich, dachte sie erleichtert. »Und wo sind sie jetzt?«

»Es ist besser für Sie, wenn Sie es nicht wissen.«

Sie legte das angebissene Sandwich auf die Decke. »Ich weiß überhaupt nicht mehr, was ich denken soll. Ich bin Wissenschaftlerin. Für konspirative Tätigkeiten habe ich mich nie interessiert.«

Er setzte rasch den Becher ab. »Glauben Sie mir, ich bin auch nicht gerade scharf auf solche Mätzchen, aber Sie sehen ja, daß uns nichts anderes übrigbleibt.«

»Mir schon.«

»Nicht, wenn Sie Allan Behrmans Programm kennenlernen wollen.« Er nahm wieder einen Schluck. »Sie trinken ja gar nichts. Das Zeug wird noch ganz warm.«

Sie griff nach dem Becher, aber nur, um ihn zu halten. »Wenn Mr. Behrmans Programm wirklich funktioniert, kann ich mir nichts Aufregenderes vorstellen.«

Der Nomade entspannte sich. »Ich habe gewußt, daß Sie mir meine Bitte nicht abschlagen werden.«

»So? Was wollen Sie denn?« Jetzt trank sie.

»Ich werde Allans Versuch wiederholen. Und ich möchte, daß Sie dabei sind. Draußen, am Monitor.«

Kate Blenner verschluckte sich. »Was?« Sie wischte sich den Mund mit dem Handrücken ab. »Was wollen Sie? Sind Sie verrückt geworden?« Sie hustete ein paarmal.

»Sie können das. Ich weiß es.«

Sie holte tief Luft. »Hören Sie, Mr. Nomade, wir reden hier von ungesetzlichen Versuchen!«

Er wollte ihr nachschenken, aber sie zog rasch den Becher aus seiner Reichweite.

»Sie brauchen wirklich keine Angst zu haben«, sagte er beschwichtigend. »Für den VR-Raum gibt es überhaupt noch keine Gesetze. Und ich bin ganz sicher, daß wir durch das IC-Programm auch unser Problem mit FS-Einhundertfünfzehn lösen können.«

»Nein.« Energisch schüttelte sie den Kopf. »Das Risiko ist viel zu groß.« Empört stieß sie die Luft aus. »Sie müssen nicht ganz bei Trost sein!«

»Aber es ist der einzige Weg, herauszufinden, was mit Allan Behrman passiert ist.«

»Ach so! Daher weht der Wind!« Sie musterte ihn fast feindselig. »Worum geht es hier eigentlich, um FS-Einhundertfünfzehn oder um Mr. Behrman?«

Er entschloß sich, ihr nun ganz zu vertrauen. »Allan ist mein Bruder.«

Von einer Sekunde zur anderen wichen Aufgeregtheit und Aggressivität aus ihrem Gesicht. Gleichzeitig stob ein Sturm widersprüchlicher Gedanken durch ihr Denken.

»Ich war heute nacht auch im Labor«, gestand sie dann.

»Ich weiß.«

»Ja, das habe ich mir schon gedacht. Aber Sie wissen nicht, was ich dort wollte.«

»Sagen Sie es mir«, bat er.

Sie fühlte, wie die Beichte sie erleichterte. »Ich wollte etwas kopieren. Einen Brief. In dem etwas über Ihren Bruder steht.«

Nun war er der Überraschte. »Über Allan?«

»Ja. Leider ist es nichts Gutes.« Sie fuhr sich mit der Zunge über die

Lippen. »Ihr Bruder befindet sich offenbar in einer Art Sanatorium. Tut mir wirklich leid.«

Der Nomade saß kerzengerade. »Wo?«

»Auf Long Island. Plainview. *Elysion Country Club.* Scheint etwas für Manager zu sein, die zuviel Streß hatten. Möglicherweise braucht er nur ein paar Tage Ruhe.«

»Und deshalb erklärt Fenway-Soper, daß er verschwunden ist? Mit schweren Depressionen?«

»Aus dem Brief geht hervor, daß laut Personalakte keine Angehörigen existieren. Warum hat er das so angegeben?«

»Wir haben da eine Absprache. Er macht sein Ding und ich meines. Wo ist der Brief jetzt?«

»Bei mir zu Hause. Ich hatte ihn auf Dr. Risemans Schreibtisch gesehen. Schon am Mittwoch. Nach unserem ... nach dem Abend gestern hatte ich ein schlechtes Gewissen. Ich wollte Ihnen eine Kopie in die Hauspost legen. Wenn ich gewußt hätte, daß Allan Behrman Ihr Bruder ist, hätte ich Ihnen natürlich gleich alles gesagt. Ganz bestimmt!«

»Schon gut«. Der Nomade setzte sich wieder etwas bequemer. »Haben Sie ein Auto?«

»Ja. Einen BMW. Er steht in der Tiefgarage. Ein rotes Cabrio.«

»Gut. Wir packen jetzt zusammen und verschwinden. Vor Ihrem Haus verabschiede ich mich. Sie gehen hinein, ich halte ein Taxi an. Die Kerle werden sich an mich ranhängen. Wenn ich weg bin, warten Sie eine Viertelstunde und fahren dann nach Brooklyn. Ich nehme die Subway. Wir treffen uns an der Station Fulton Mall, o. k.?«

Sie nickte. Jetzt erst wurde ihr die Tragweite ihrer Entscheidung so richtig bewußt. Sie war froh, keine andere getroffen zu haben.

Über den Mammutbäumen von Big Sur stand die Mittagssonne wie ein riesiger Halogenstrahler. Die Hitze hatte die Tiere des Waldes längst in den schützenden Schatten getrieben. Nur das vielstimmige Summen der Insekten war zu hören.

Durch das kleine Blockhaus tönte ein ähnliches Geräusch. Schon seit Stunden schickte der Impuls in dem großen Computer unablässig Signale über die Datenautobahn. Zuerst hatte er versucht, Informationen über den Aufenthaltsort des Nomaden zu finden, und sich stundenlang in den Großcomputern von Fluggesellschaften, Hotelketten und Leihwagenvermietern umgesehen. Der Gedächtnisspeicher enthielt zwar den Hinweis, daß der Gesuchte auf keinen Fall so leichtsinnig sein dürfte, unter seinem richtigen Namen zu reisen, aber der Impuls hoffte dennoch, in den Listen der Passagiere, Gäste und Kunden irgendeine brauchbare Information zu finden. Später war der Elektronengeist in den streng abgeschirmten Zentralrechner eines großen Arzneimittelherstellers in Portland eingedrungen, dem Grant Behrman zuletzt beim molekularen Design eines neuen Schlafmittels geholfen hatte. Danach hatte der Impuls auch den kleinen Personalcomputer des Campingplatzbesitzers in Malibu geknackt, doch nirgends hatte sich auch nur eine einzige Information darüber finden lassen, wo der Nomade geblieben war.

Noch immer bedeutete es für den Impuls etwas Ungewohntes, Müdigkeit, Enttäuschung oder Resignation zu spüren, und er ahnte, daß er seine Gefühle wohl noch eine ganze Zeit lang als etwas Künstliches empfinden würde.

Zum Schluß schickte der Impuls seine elektronischen Späher in den zentralen Wachcomputer des Fenway-Soper-Buildings. Dabei entdeckte er, daß einer der Hausausweise auf einen »Mr. Nomade« ausgestellt war. Voll einer Erwartung, die bei einem Menschen als »atemlos« hätte bezeichnet werden können, drang der Impuls in den Sicherheitsbereich ein.

Sekundenbruchteile später entlud sich die Spannung in einer Explosion von Freude, die wie ein Feuerwerk durch die komplizierten Schaltkreise raste: Der Nomade hatte den Computer gefunden und ausgewertet. Er würde wissen, was geschehen und was zu tun war.

10

Connor zündete sich die zehnte Zigarette des Vormittags an und vertiefte sich wieder in das Dossier über Arthur Resnick. Obwohl der Serienmörder aus Pittsburgh sich durch seinen Selbstmord eingehenden Befragungen entzogen hatte, enthielt die Akte eine Reihe interessanter psychologischer Arbeiten, darunter zwei nachträglich erstellte individualdiagnostische Gutachten renommierter forensischer Psychiater. Eines stammte von Dr. Walter Ronaghan, dem Leiter der FBI-Akademie für Verhaltensforschung in Quantico. Seine Erkenntnisse faszinierten Connor durch eine Fülle höchst aufschlußreicher Details.

Vom Konferenzraum im sechsten Stock der Akademie bot sich ein atemberaubender Blick über den Potomac. Ein wolkenloser Sommerhimmel spannte sich bis zum Horizont, an dem der uralte Indianerfluß in die geschichtsreiche Bucht von Chesapeake mündete. Connor hatte der grandiosen Aussicht indes den Rücken zugekehrt. Während er eine weitere Rauchwolke ausstieß, schlug er eine neue Seite auf.

Ronaghans Diagnose lautete auf paranoide Schizophrenie, zusätzlich kompliziert durch einen zeitweise bis zur Hyperästhesie gesteigerten Geschlechtstrieb, eine schwere Form von Sadismus und eine bis zur Parästhesie pervertierte Fixierung auf die Mutter. Eine pathologische Form besitzergreifender Anhänglichkeit hatte sich schon während der Kindheit in inzestuösen, fetischistischen und nekrophilen Phantasien geäußert. Die Akte enthielt auch eine zum Vergleich angeführte Beschreibung der pathologischen Erscheinungen, die nach Ronaghans Ansicht bei dem ebenfalls durch Selbstmord in bedrängter Situation verstorbenen Kaiser Nero vermutet werden durften: »... vielfache psychische Entartungsmerkmale, moralische Imbezillität, schwerste pathologische Sexualaffekte.«

Die Tür öffnete sich. »Da sind Sie ja, Jake«, sagte Ronaghan. Mit seinem dichten, weißen Haar, den himmelblauen Augen unter der randlosen Brille, den Pausbacken und der vom Wein geröteten Knollennase wirkte der Psychiater wie eine akademische Ausgabe von Santa Claus.

Hinter ihm stand mit höflichem Lächeln eine kleine zierliche Afroamerikanerin von knapp dreißig Jahren. Sie trug ein schlichtes graues Kostüm und hielt einen Stapel Akten im Arm, deren erkennbar großes Gewicht Connors Hilfsbereitschaft weckte.

»Lassen Sie nur«, sagte die junge Frau und wuchtete den Stapel auf den Konferenztisch.

»Meine Assistentin, Miss Birming«, sagte Ronaghan.

Connor ergriff die kleine Hand; sie war glatt und angenehm kühl.

»Kommen wir gleich zur Sache.« Der Verhaltensforscher ließ sich in einen der dick gepolsterten Lederstühle sinken. »Ja, Sie vermuten richtig, Jake. Sie haben es mit einem Nero-Mann zu tun. Da Sie die Sache so eilig gemacht haben ...«

Vanessa Birming öffnete einen Aktendeckel und reichte ihn Connor.

»Punkt eins: äußeres Erscheinungsbild des Täters.« Der Psychiater dozierte nun wie in einem Hörsaal. »Die Analyse des Videobandes unter verschiedenen Blickwinkeln ergibt deutlich eine weitgehende Übereinstimmung sowohl in der Perspektive als auch im Bewegungsablauf. Das bedeutet, daß die Körpergröße des virtuellen Täters der des wirklichen Täters genau entspricht. Die gesuchte Person ist etwa eins neunzig groß und vermutlich rund achtzig Kilo schwer, mit hoher Wahrscheinlichkeit blond und durchtrainiert.«

Er räusperte sich, blickte dabei auf Connors Zigarette, die vergessen im Aschenbecher glomm, und fuhr fort: »Punkt zwei. Intellektueller Habitus. Die Sprachanalyse deutet auf einen Mann von knapp dreißig Jahren mit wahrscheinlich akademischer Bildung, qualifiziertem Beruf und gehobenem Einkommen hin. Die Ausdrucksweise zeigt, daß ihm ein gehobener sozialer Status schon seit Kindheit vertraut ist. Er wurde, wie man so sagt, mit einem goldenen Löffel geboren. Die Raffinesse des Täters beim Eindringen in fremde Computer läßt natürlich darauf schließen, daß er sich professionell mit Großrechnern oder speziell für diese Geräte konzipierter Software beschäftigt.«

Vor Connor entstand das Bild eines blonden Yuppie, der in Beverly Hills lebte, mit einer Software-Firma Millionen verdiente und im Porsche auf Frauenjagd fuhr.

»Da angeborene, aber auch einige erworbene Verhaltensweisen sich im VR-Raum nie ganz ablegen lassen, erlaubt das Video Rückschlüsse auf den Charakter des Täters«, fuhr Ronaghan fort. »Folgende Eigenschaften treffen zu neunzig Prozent auf ihn zu: energisch, willensstark, leistungsorientiert, selbstbewußt, charmant, aber auch arrogant, launenhaft und egoistisch bis an die Grenze zur Soziopathie. Zu achtzig Prozent: temperamentvoll, großzügig, unternehmungslustig, aufgeschlossen, aber auch bindungsscheu, leicht erregbar, nachtragend und rachsüchtig. Hervorstechende Wesensmerkmale scheinen brillante Intelligenz und beträchtliche Überzeugungskraft bei pathologischer Ichbezogenheit und extrem veränderlichen Gemütszuständen zu sein. Ein Typ also, wie ihn viele Künstler, aber auch zum Beispiel erfolgreiche Sportler oder junge Manager verkörpern.« Er nickte seiner Assistentin ermunternd zu.

»Der Umgang mit dem Skalpell zeugt von erheblicher Routine«, sagte Vanessa Birming. »Wenn der Täter nicht sogar eine chirurgische Ausbildung besitzt, muß er doch zumindest in Notfällen schon an Menschen herumoperiert haben.«

»Punkt fünf: Familiärer und sozialer Hintergrund«, sagte wieder

Ronaghan. »Die pathologische Fixation auf die Mutter läßt vermuten, daß es sich um ein Einzelkind handelt. Die Mutter dürfte in den letzten fünf bis zehn Jahren wahrscheinlich eines gewaltsamen Todes gestorben sein, den der Sohn möglicherweise selbst herbeigeführt hat. Auf jeden Fall sollte ihr Leichnam obduziert werden. Suchen Sie nach einer großen, extrem emanzipierten Frau mit äußerst selbstbewußtem Auftreten und ziemlich auffälligem Sexualleben. Der Vater des Täters ist entweder tot oder nach Scheidung verzogen. Der Gesuchte selbst ist vermutlich Einzelgänger und will es bleiben. Es könnte sich zum Beispiel um einen Playboy handeln, der seine Amouren bevorzugt im Kreis von Models und Schauspielerinnen findet.«

»Wir sollten Ihnen noch sagen, welche zerebralen Fehlfunktionen wir beim Täter anzunehmen haben«, fügte Vanessa Birming hinzu. »Die Schädel hypersexueller Personen sind oft parietal ausgebaucht, das heißt, sie haben eine sehr ausgeprägte Schläfenregion. Bei der Obduktion von Sadisten zeigen sich gelegentlich die beiden Stirnlappen sowie Teile der Hinterhauptswindung krankhaft verändert. Ich werde Ihnen unterwegs mehr darüber erzählen.«

»Unterwegs?« fragte Connor verblüfft.

»Das kommt jetzt natürlich ein bißchen überraschend«, sagte Ronaghan, »aber ich möchte, daß Miss Birming an den Ermittlungen teilnimmt. Als Beobachterin und psychologische Beraterin. Insbesondere möchte ich, daß sie dabei ist, wenn Sie den Täter verhören. Er ist der erste Nero-Mann seit über zwanzig Jahren, und diesmal möchte ich absolut sichergehen, daß er sich nicht wieder eine Toilettenbürste in den Rachen rammt.«

Ronaghan beugte sich vor und sah Connor aus zusammengekniffenen Augen an. »Ich sagte ja schon: Vieles deutet darauf hin, daß der Mann bald wieder einen schizophrenen Schub bekommt. Sehen Sie zu, daß Sie dann schnell am Tatort sind! Dieser Mann wird nur auf einer frischen Spur zu stellen sein.«

»Los, Jake! Komm schon! Hau ihm auf die Schnauze!«

Connor spähte verzweifelt zwischen den Boxhandschuhen hindurch. Schweißtropfen sickerten durch seine Augenbrauen, und seine geröteten Lider brannten, aber immer, wenn er versuchte, die Stirn zu wischen, schlug eine Faust bei ihm ein. Er wußte, daß er viel zu fett und unbeweglich war, um in diesem Kampf bestehen zu können.

Sein schwarzhäutiger Gegner war einen Kopf größer, athletisch, schnell, hervorragend geschult und gnadenlos. Wann immer sich auch nur die kleinste Lücke in Connors Deckung zeigte, ließ er seine Fäuste hindurchfliegen.

Connor biß die Zähne zusammen. Niemals hätte er sich auf diesen Mist einlassen dürfen, schon gar nicht gegen diesen Riesen!

Rumms – wieder traf ihn ein rechter Haken. Er fühlte, wie ihm das Blut aus der Nase lief.

»Mach ihn fertig, Jake!«

Ja, du alter Idiot, dachte Connor zornig, klopp dich doch selber mit Negern rum, die einen Kopf größer sind als du! Er war wütend auf seinen Vater. Der hatte ihm die ganze Sache eingebrockt. Zugegeben, er war ein bißchen klein für seine vierzehn Jahre und wahrscheinlich auch etwas pummelig – tatsächlich hatte er fünfundzwanzig Pfund Übergewicht –, und vielleicht war er wirklich ein bißchen schüchtern, oder besser zurückhaltend, aber war das etwa ein Grund, ihm einen Minderwertigkeitskomplex anzudichten, von dem er sich nur durch sogenannten Männersport befreien könne? Der Alte hätte ihm lieber ein neues Fahrrad kaufen sollen und ein paar modernere Klamotten. Zum Beispiel einen roten Blouson, wie ihn James Dean trug. Oder blaue Wildlederschuhe, wie sie Elvis Presley besang. Statt dessen hatte er ihn in diese dämliche Boxschule geschleppt und schaute nun grinsend zu, wie sein Sohn fertiggemacht wurde.

Rumms. Wütend keilte er zurück, aber sein Gegner tanzte um ihn herum und drosch ihm die Faust zur Abwechslung in die Magengrube.

Irgendwann war auch die dritte Runde überstanden, und der Trainer, ein kleiner, dürrer Schwarzer, schnürte Jake die Handschuhe auf. »Gar nicht mal schlecht für den Anfang. Nächstes Mal kriegst du einen, der besser zu dir paßt. Nimm's nicht so tragisch.«

Tatsächlich war Jake am nächsten Tag wieder hingegangen. Mit fünfzehn war er ein passabler Juniorenboxer, und mit sechzehn durfte er sogar an den Stadtmeisterschaften von Baltimore teilnehmen. Er war zwar nicht schlanker geworden, wie sein Vater gehofft hatte, aber erheblich selbstbewußter.

Neunzehnhundertfünfundsechzig ging er zur Armee. Drei Jahre später erhielt er in Vietnam das Verwundetenabzeichen. Im Genesungsurlaub sprach ihn das FBI an, das damals gerade aufstockte, weil die Invasion der Drogen begonnen hatte. Für Connor war Marihuana nur ein anderer Name für Vietkong. Charlies und Dealer waren beides Krieger des Bösen, die Amerika vernichten wollten. Auch später, nach langen Jahren als Agent in der Erkenntnis gereift, daß die amerikanische Gesellschaft gar keines äußeren Feindes bedurfte, sondern sich selbst zugrunde richtete, hielt er an seiner Einschätzung fest. Tief enttäuscht darüber, daß es nicht möglich schien, die Wellen von Gewalt und Kriminalität in den amerikanischen Großstädten zu stoppen, flüchtete er sich zunehmend in Zynismus von Redensarten wie »Was der Teufel nicht schafft, muß der Mensch eben selber machen«.

Neunzehnhundertsiebenundsiebzig arbeitete er in dem Team, das nach einer ausgedehnten Menschenjagd David Berkowitz stellte; der Postangestellte hatte in New York City sechs Menschen erschossen und nannte sich »Son of Sam«. Das FBI richtete eine Spezialabteilung ein, die erstmals mit Vertretern anderer Wissenschaftsgebiete wie Verhaltensforschern und Psychologen zusammenarbeitete.

Wie bei vielen Polizisten war Connors Privatleben der Preis für die Erfüllung seiner selbstgewählten Pflicht: Seine beiden Ehen gingen jeweils schon nach ein paar Jahren in die Brüche. Aus jeder hatte er eine Tochter. Die ältere setzte sich mit einem drogensüchtigen Pornofotografen nach Kanada ab, die jüngere starb mit siebzehn in einer Bahnhofstoilette an einer Überdosis Heroin. Das Böse hatte zugeschlagen, wo der Kämpfer für das Gute am wehrlosesten gewesen war.

Jetzt, mit einundfünfzig Jahren, wog Connor nicht mehr fünfundzwanzig Pfund, sondern fünfundzwanzig Kilo zuviel; er hatte schwere Tränensäcke, ein Doppelkinn, Oberarme wie Schinken und einen Schürzenbauch. Das krause Haar wurde langsam dünner; dafür sah Connor schon am Mittag wieder unrasiert aus. Seine Unterlippe hing ein bißchen herunter. Auf Kollegensprüche pflegte er zu antworten: »Hundertsieben Kilo und kein Gramm Muskeln!«

Er nahm nie Urlaub und ließ freie Tage verfallen. Wenn er abends Zeit hatte, setzte er sich mit einem Sixpack Bier vor den Fernseher und schaute sich Videos von Countrysängern an, am liebsten mit sentimentalen Liedern von alten Zeiten. Dann dachte er an seine Jugend, die er damals als durchaus normal empfunden hatte, nun aber in der Rückschau doch als ziemlich deprimierend erkannte. Was hatte er eigentlich von seinem Leben gehabt? Wenn er genügend betrunken war, stieg ihm bei dieser Frage oft das Wasser in die Augen. Er war sich darüber im klaren, daß vieles schiefgelaufen war, aber er war fest entschlossen, dieses Leben bis zu seinem letzten Atemzug der Aufgabe zu widmen, für die er geboren war.

11

Als der Nomade am vereinbarten Treffpunkt in das Cabrio gestiegen war, hatte er als erstes eine Ledertasche, in der die Festplatten steckten, unter den Sitz geschoben und dann das Schreiben des Heimleiters an Dr. Riseman gelesen. Es enthielt eine Aufstellung aller Nebenkosten, die inzwischen angefallen waren. In kurzer Zeit hatte Allan Behrman in Form von täglich wiederkehrenden Beträgen gleicher Höhe die beträchtliche Summe von dreitausendsechshundert Dollar verbraucht. Wofür? Die Buchstaben hinter den jeweiligen Posten - meist ein großes T oder C, ab und zu aber auch die Kombination ES - waren nirgends erklärt.

Der *Elysion Country Club* lag an einem kleinen See und bestand aus einem dreistöckigen, mit Efeu überwucherten Hauptgebäude im neugotischen Stil sowie zahlreichen Bungalows an den von Rhododendren und Oleanderbüschen bestandenen Ufern. Kate Blenner parkte ihren BMW im Schatten einer Platane und eilte hinter dem Nomaden her, der mit großen Schritten auf den Eingang zusteuerte.

»Mein Name ist Behrman«, sagte er zu der jungen, blonden Empfangsdame, die ihm entgegenlächelte. »Ich möchte meinen Bruder besuchen.«

»Oh, ja, Sir, natürlich.« Sie griff nach einem Buch mit schwarzem Ledereinband. »Bungalow zweiundzwanzig. Ich werde Sie anmelden.«

»Bitte nicht«, sagte der Nomade schnell. »Ich möchte ihn überraschen.«

»Ich weiß nicht«, sagte sie unsicher. »Eigentlich ist es Vorschrift, vorher anzurufen, damit keine unangenehme Situation ...«

Der Nomade legte seinen Arm um Kate Blenner und zog sie neben sich. »Wir sind jung verheiratet, und meine Frau sieht ihren Schwager heute zum ersten Mal. Bitte verderben Sie uns nicht den Spaß.«

»Wirklich?« Die junge Empfangsdame lächelte. »Dann muß ich wohl eine Ausnahme machen.«

»Danke«, sagte der Nomade.

»Beim Brunnen nach links«, rief die junge Frau ihnen hinterher. »Und dann immer auf dem Kiesweg weiter.«

Sie eilten zwischen großen Flächen frisch gemähten Rasens entlang.

und leuchteten in den bunten Farben neuenglischer Fischerhäuser. Dichte Hecken umfriedeten das kleine Paradies.

Vor dem Bungalow mit der schmiedeeisernen Ziffer 22 hielt der Nomade an. »Sagen Sie mir, wenn jemand kommt!« Dann stieg er auf die kleine Veranda und klopfte an die solide Holztür. »Allan!« Die Klinke gab mit einem leisen Klicken nach, und der Nomade verschwand im Inneren.

Kate Blenner hatte erwartet, jetzt Geräusche eines brüderlichen Wiedersehens zu hören. Als es still blieb, beschlich sie ein Gefühl der Beklemmung.

Dann hörte sie die Stimme des Nomaden. »Kate, kommen Sie mal!«

Sie ging hinein. Der Nomade kniete in der Mitte des kleinen Wohnzimmers und hielt die Hände eines Mannes, der regungslos in einem Rollstuhl saß.

»Allan!« rief der Nomade. »Wach auf!«

Der Kranke war nicht bei Bewußtsein. Sein Kopf lag auf der linken Schulter, die Augen blickten ins Leere, und aus seinem halb geöffneten Mund rann ein Speichelfaden.

Kate Blenner nahm eine kleine Lampe aus ihrer Handtasche. »Die Pupillen sind völlig geschlossen!«

»Ist er transportfähig?«

Sie zögerte. »Ja, ich denke schon. Die Lebensfunktionen wirken ziemlich stabil.« Langsam richtete sie sich wieder auf. »Wahrscheinlich fand man ihn so in dem Neuronenresonator. In einem Zustand völliger Starre. Bei katatonem Stupor wirkt es oft so, als habe sich der Geist des Patienten an einen Ort zurückgezogen, an dem ihn kein Meßgerät mehr aufspüren kann.«

»Und deshalb hat man ihn dann hierhergebracht«, sagte der Nomade erbittert.

Sie nickte mitfühlend. »In eine Nervenheilanstalt hätte man ihn nicht so ohne weiteres abschieben können. Die gesetzlichen Vorschriften sind da ziemlich eindeutig.«

Der Nomade dachte kurz nach. »Wir gehen jetzt ganz normal mit Allan zum Auto. Wir sind ein glückliches, junges Ehepaar, das mit einem nahen Verwandten ein bißchen spazierenfahren will.«

Er packte die Griffe des Rollstuhls und schob ihn vor sich her. Als sie den Brunnen erreichten, kam eine große dunkelblonde Frau in einem marineblauen Kostüm aus dem Hauptgebäude und eilte ihnen mit ausgebreiteten Armen entgegen. »Halt! Bleiben Sie stehen!«

»Gehen Sie zur Seite«, sagte der Nomade.

Die Frau packte die Armstützen. »Als ärztliche Leiterin dieses Instituts fordere ich Sie auf, mir den Patienten zu übergeben. Sonst rufe ich den Sicherheitsdienst.«

»Ich bin Mr. Behrmans Bruder«, sagte der Nomade und schob den Rollstuhl gegen ihren Widerstand weiter.

»Das ist eine Lüge. Mr. Behrman besitzt überhaupt keine Angehörigen mehr!«

»Ihre Papiere sind es, die lügen«, versetzte der Nomade. Um sie herum begannen sich Schaulustige zu sammeln.

»Unsere Papiere sind einwandfrei«, sagte die Ärztin etwas weniger laut, offenkundig bestrebt, nicht noch mehr Aufsehen zu erregen. »Außerdem ist Mr. Behrman nicht transportfähig.«

»Oh, doch«, sagte Kate Blenner. »Der Patient benötigt sofort medizinische Hilfe, und zwar in einer Klinik, nicht in einem Sanatorium.«

Die Ärztin zog ein Handy aus der Tasche. Ehe sie es betätigen konnte, hatte Kate Blenner zugegriffen und ihr das Gerät aus den Fingern gerissen.

»Sicherheitsdienst! Sicherheitsdienst!« schrie die Überraschte.

Der Nomade begann zu laufen. Die Räder des Rollstuhls gruben sich tief in den Kies ein. Kate Blenner eilte zur Eingangshalle voraus. Die Tür flog auf, und ein hochgewachsener, kräftiger Mann in blütenweißer Tenniskleidung packte sie am Handgelenk. »Ganz ruhig, dann passiert Ihnen nichts.«

Ungläubig blickte Kate Blenner auf die behaarten Finger. Seit ihrer Kindheit hatte sie keine körperliche Gewalt mehr erlebt. »Lassen Sie mich sofort los!« Ein zweiter Mann in Tenniskleidung kam durch die offene Tür; er mußte wenigstens hundertzwanzig Kilo wiegen. Mit wiegenden Schritten stieg er die Treppenstufen hinunter und ging selbstsicher auf den Nomaden zu, der vorsichtshalber den Rollstuhl zwischen sich und seinen Gegner schob.

»Ich werde Sie anzeigen!« rief Kate Blenner. »Ich bringe Sie ins Gefängnis!«

»Sie landen selber im Knast, wenn Sie nicht vernünftig sind«, antwortete der Mann ungerührt.

»Lassen Sie den Rollstuhl los und verschwinden Sie«, sagte die Ärztin. »Dann vergessen wir die Sache.«

Die Aufforderung, die so gar nicht zu einer Medizinerin passen wollte, vertrieb die letzten Zweifel in Kate Blenners aufgewühltem Gemüt. Als sie dann auch noch sah, wie der Riese den Rollstuhl packte und ohne Rücksicht auf den Kranken hin- und herriß, packte sie die Wut. Ein Zischen ertönte. Ihr Gegner stieß einen lauten Schrei aus und stolperte die Treppen hinunter.

»Paß auf, Bill! Sie hat ein Spray!«

Der Dicke fuhr herum; im nächsten Augenblick hüllte auch ihn eine Reizgaswolke ein.

»Weg hier!« rief Kate Blenner und richtete den kleinen Behälter aggressiv auf die Ärztin.

Der Nomade schob den Rollstuhl durch die Eingangshalle und über den Parkplatz. Als sie den BMW erreicht hatten, hob der Nomade seinen Bruder auf den Rücksitz. »Fahren Sie!«

»Den Rollstuhl können wir vielleicht noch brauchen.« Mit sachkundigen Griffen klappte Kate Blenner das Gefährt zusammen und verstaute es im Kofferraum. Dann ließ sie den Motor aufheulen. Bereits in der ersten Kurve wurde der Nomade quer durch den Fond geschleudert.

Auf dem North State Parkway blickte Kate Blenner immer wieder in Innen- und Rückspiegel. Dann erschien das Schild »Sagtikos Parkway« und löste eine Kette unbewußter Prozesse aus. Noch in der gleichen Sekunde formte ihr Wille daraus einen Entschluß. Sie riß das Steuer nach rechts und lenkte das Cabrio auf die Schnellstraße, die direkt nach Süden führte. Mit kreischenden Reifen driftete der Wagen durch die Kurve.

»Was ist denn los?« brüllte der Nomade und klammerte sich an der Halterung des Verdecks fest.

»Gleich!«

Vier Minuten später hatten sie die Ausfahrt Brightwater erreicht. Nach nur knapp hundert Metern auf der Landstraße rief der Nomade: »Stop! Fahren Sie in das Maisfeld. Unter den großen Baum da!«

»Wieso?«

»Hubschrauber!«

Sie gehorchte. Als der Helikopter über sie hinwegflog, empfanden sie im Lärmpegel einige Sekunden lang ein seltsames Gefühl von Weltabgeschiedenheit. Den Nomaden bewegte dieser Eindruck so stark, daß er einen Arm um ihre Schultern legte, gerade so, als wolle er sie vor den unbekannten Gefahren einer plötzlichen Veränderung ihrer bisher so behüteten Existenz schützen. Kate Blenner machte keine Anstalten, sich dieser plötzlichen körperlichen und emotionalen Nähe zu entziehen. Als der Lärm verebbte, realisierten beide bedauernd die Problematik einer Annäherung ohne die Rituale der Konvention, und der Nomade zog rasch seinen Arm zurück. »Was war denn das für eine Idee?«

»Ich kenne hier einen Arzt, ganz in der Nähe. Die Buchstaben auf dem Brief – wahrscheinlich handelt es sich um Abkürzungen von Medikamenten, die üblicherweise bei katatonischer Schizophrenie verabreicht werden. Das T steht vermutlich für Trifluorperazin, das C für Chlorpromazin. Nach den Summen handelt es sich um ziemlich hohe Dosierungen.«

»Und das ES?«

Sie legte eine Hand auf seinen Arm. »Bezeichnet normalerweise eine Behandlung mit Elektroschocks.«

Der Nomade ballte die Fäuste.

»Bei richtiger Anwendung spüren die Patienten nichts«, fügte Kate Blenner rasch hinzu. »Und oft ist diese Therapie auch sehr hilfreich.«

»Ist Ihr Bekannter Psychiater?«

»Er war mein Professor in Harvard und hat hier ein Ferienhaus. Ich habe ihn dort schon ein paarmal besucht. Er heißt Pawlow.«

Sie warteten, bis die Sonne untergegangen war. Im Autoradio hörten sie einen aufgeregten Reporter von der Entführung eines kranken Wissenschaftlers aus dem *Elysion Country Club* berichten. Als es dunkel wurde, lenkte Kate Blenner den BMW auf die Landstraße zurück. Eine Viertelstunde später hielten sie vor einem kleinen Holzhaus in den Dünen. Der Mond warf einen fahlen Schimmer auf das glatte Meer. Das Licht reflektierte geisterhaft in Allan Behrmans leblosen Augen.

12

»Ein Serienmörder! Im Evernet!« Die weißen, schulterlangen Locken schwangen wie Tang in den Tiefen der Sargassosee hin und her, bis ihr Besitzer sich langsam wieder beruhigte und seinem Haar damit erlaubte, sich auf dem Hemd mit dem schreiend bunten Blumenmuster auszuruhen.

Fasziniert betrachtete Kelley den blitzenden Diamanten im Ohr seines Gegenübers. Einen solchen Mann hatte er als Sicherheitschef des größten Computernetzes der Welt nicht erwartet; auf ihn wirkte er eher wie ein alternder Komödiant auf Urlaub in Honolulu.

Einen ganz anderen Eindruck vermittelte indessen die große Karte der USA an der Wand; sie war mit Hakenkreuzen, SS-Runen, Nazi-Adlern und Totenschädeln übersät.

Gabe Nemchankin zupfte an seinem weißen Bart, der bis auf die behaarte Brust reichte, und fixierte seinen Besucher durch eine dicke schwarze Hornbrille. »O.k., wir haben jede Menge Irre im Netz. Jeden Tag versuchen irgendwelche Typen, sich in diese Raketen-Computer zu hacken oder ins Pentagon oder ins Weiße Haus. Hirnamputierte Rassisten nerven mit Nazi-Parolen, Kinderschänder gehen uns mit ekelhaften Pornos auf den Geist, und manchmal werden von irgendwelchen Crackpots sogar Leichenfotos eingespeist. Aber ein Serienmörder!«

»Nach unseren bisherigen Ermittlungen, Sir ...«

»Nennen Sie mich Gabe.«

»Ja. Danke. Richard ... könnte der Mann bis jetzt zehn Frauen umgebracht haben.«

Nemchankin hob die sonnengebräunten Arme. »O.k., ein paar anonyme Hinweise und Anzeigen von Spinnern, die ihre Namen nicht preisgeben wollen, haben wir hier natürlich ständig. Wenn wir denen nachgehen würden, kämen wir zu nichts anderem mehr.«

»Diesmal ist es ernst«, sagte Kelley etwas betreten. Noch immer wollte er es kaum glauben: Die ehrwürdige Stanford-Universität mit den soliden Säulen, die selbst das Erdbeben von 1906 nicht ins Wanken gebracht hatte; das massive Haupthaus, im Mondlicht fast noch imposanter als bei Tag, ältestes Betongebäude Nordkaliforniens; die steinernen Treppen, auf denen seine Schritte jetzt, am späten Samstag abend, mangels anderer Geräusche geklungen hatten wie die eines Ritters in einem mittelalterlichen Palast; die schwere Holztür mit dem Schriftzug »Evernet Emergency Response Team« in blitzblank poliertem Messing – und dahinter dieser Mann, Typ alternder Haschbruder, auf seinem quietschenden Drehstuhl, umgeben von Unmengen modernsten elektronischen Geräts, das aber völlig ungeordnet wirkte wie ein Haufen Computerschrott.

»Rutschen Sie ruhig rum«, sagte der Sicherheitschef und klopfte mit der Hand auf die überdimensionale Schreibtischplatte.

»Danke«, sagte Kelley und rollte an Nemchankins Seite. Auf dem mittleren Monitor stand eine Reihe von Buchstaben und Zahlen: »25.7 c/78.3 F at 760 mm HG ...« Kelley konnte sich keinen Reim darauf machen. »Was ist das?«

»Eine Anleitung zur Herstellung von Zyklon B.«

»Was für Zeug?«

»Das Auschwitz-Gas.«

»Mein Gott!«

Auf dem rechten Bildschirm erschienen Namen wie »Aryan Nations«, »The Aryan Crusaders Library«, »Knights of the Ku Klux Klan«, »White Pride« und »Stormfront«. Darunter stand: »The Fourth Reich is coming soon«.

»Den Namen, bitte.«

Kelley zögerte. »Hören Sie, Gabe, diese Zeugin ... Sie hat darum gebeten, ihre Identität auf keinen Fall preiszugeben, oder nur so weit, wie es für die Ermittlungen unbedingt nötig ist.«

Nemchankin wartete schweigend.

»Also gut. Es handelt sich um eine Mrs. Karen Thogersen aus Chimayo, Arizona.«

Nemchankin gab den Namen ein. Auf den Bildschirmen erschienen jetzt in raschem Wechsel lange Zahlenkolonnen.

»Trinken Sie 'ne Cola mit? Da drüben, im Kühlschrank.«

Kelley erhob sich und kehrte mit zwei Dosen Cola zurück. Nemchankin klappte den Mund auf, leerte seine Dose, knüllte sie kraftvoll zusammen und schleuderte sie quer durch den Raum in Richtung eines Papierkorbs. Viel zu hoch geworfen, prallte sie gegen die Wand und fiel scheppernd zu Boden.

»Oh, oh«, sagte der Sicherheitschef. »Hier, sehen Sie mal: Ihre Lady ist echt clever.«

Auf dem mittleren Monitor war eine Schrift erschienen: »Identifizieren Sie sich!«

»Ihr Computer hat registriert, daß jemand am Schnüffeln ist«, erklärte Nemchankin. Er aktivierte das Chiffriergerät und tippte ein: »Sicherheitsüberprüfung durch Evernet Emergency Response Team. Sicherheitsbeauftragter Gabe Nemchankin.«

Die Antwort kam nach zehn Sekunden. »Was wollt denn ihr Penner auf einmal?«

Nemchankin grinste.

»Vorsicht«, sagte Kelley nervös. »Die Frau hat einiges hinter sich.«

»Schon gut.« Nemchankin tippte: »Sicherheitsüberprüfung im Rahmen von FBI-Ermittlungen. Special Agent Kelley bei mir. Schöne Grüße.«

Die Antwort kam prompt: »Sie sollen nicht am Computer herumspielen, Sie sollen sich um dieses Dreckschwein kümmern! Außerdem hatten Sie versprochen, meine Identität zu schützen!«

»Das tue ich«, sagte Kelley.

»... tue ich«, tippte Nemchankin.

»Das merkt man«, lautete die knappe Antwort.

»Bleiben Sie bitte in Bereitschaft«, antwortete Nemchankin. »Wir müssen noch weitere Überprüfungen vornehmen.«

»Viel Zeit habe ich aber nicht!!!«

Der Sicherheitschef nahm eine neue Tastatur und ließ seine Finger schnell und zielstrebig arbeiten. Wieder erschienen auf allen drei Bildschirmen lange Zahlenkolonnen.

»Und?« fragte Kelley nach einer Weile.

Nemchankin wiegte bedächtig den Kopf. »Wahrscheinlich hat er eine Spore benutzt.«

Den Ausdruck kannte auch Kelley noch nicht.

»Das Allerneueste«, klärte ihn der Sicherheitschef auf. »Sporen tarnen sich als ganz normale elektronische Signale. Als versehentlicher falscher Anruf, Werbung, Leitungskontrolle oder routinemäßige Netzinformation. Sie schwindeln sich durch die Sicherheitssperren und kapseln sich im Datenspeicher ein. Auf einen bestimmten Befehl aktivieren sie sich, hören mit und senden die gewünschte Information an den Absender.«

»Können Sie den Weg zurückverfolgen?«

Nemchankin schüttelte den Kopf. »Die Spore zerstört sich nach einer bestimmten Zeit selbst. Es bleiben praktisch keinerlei Spuren zurück, bis auf ein paar offene Schaltungen, die aber mit der Zeit durch normale Benutzung abgebaut werden.«

Kelley konnte es kaum glauben. »Wer programmiert diese Dinger denn?«

Nemchankin kratzte sich den Bart. Eine Weile tippte er neue Befehle; dann schob er die Tastatur von sich. »Nichts. Der Kerl kann überall stecken – in San Francisco, in Los Angeles oder meinetwegen auch in Hackensack, New Jersey.«

»Er ist hier«, sagte Kelley. »Ganz in der Nähe. Zehn vermißte Frauen im Umkreis von fünfzig Meilen! Also, wie viele Leute könnten hier solche Sporen programmieren?«

Nemchankin hob die Brauen. »Das hier ist Stanford. Hier bilden sie jedes Jahr rudelweise hochbegabte Studenten aus. Und gleich um die Ecke fängt Silicon Valley an. Dort gibt es mehr Superhirne als irgendwo sonst auf der Welt.«

»Ein Superhirn muß es also schon sein?«

»O.k., eine gewisse Begabung gehört natürlich dazu«, räumte Nemchankin ein.

Kelley holte Connors Fax aus seinem Aktenkoffer. »Kaukasier. Ziemlich groß, etwa 1,90 Meter. Gewicht knapp 80 Kilo. Blond. Schnurrbart.«

»Solche Typen gibt es hier zu Tausenden.«

»Gutaussehend. Sportlich. Ungefähr dreißig Jahre alt. Akademische Bildung. Höchstwahrscheinlich ein erfolgreicher Geschäftsmann aus der Computerbranche. Single.«

»In der nächsten Bar finden Sie ein Dutzend solcher Typen und in jeder weiteren bis San Jose ebenfalls. Das hier ist Silicon Valley!«

Kelley gab sich nicht geschlagen. »Hier ist noch etwas aus der Familiengeschichte. Seine Mutter war vermutlich eine attraktive, wohlhabende Frau mit vielen Liebhabern.«

»Mann, wir sind hier in Kalifornien!«

Kelley legte das Fax auf den Tisch. »Lesen Sie es trotzdem mal durch.«

»Gern. Aber machen Sie sich keine allzugroßen Hoffnungen.«

»Rufen Sie mich an, falls Ihnen doch noch was einfällt.«

Als Kelley in seinen Wagen stieg, schien der Vollmond so hell, daß er fast vergessen hätte, die Scheinwerfer einzuschalten.

Der Mond sank langsam hinter die großen Apartmenthäuser, die zwei Meilen südlich von Stanford an der Page Mill Road standen. Aus den Gullys dampfte warme Luft in den kühlen Morgen.

Eine Minute nach vier Uhr rollte ein großer schwarzer Geländewagen auf der leicht abschüssigen Straße nach Norden. Motor und Scheinwerfer waren ausgeschaltet, die Nummernschilder völlig verschmutzt.

Kurz nach der Kreuzung Middlefield Road bog das Fahrzeug vor Block 1190 auf einen Parkplatz und hielt an. Der Mann am Steuer hatte eine dunkelblaue »New York Yankees«-Baseballkappe in die Stirn gezogen und den Kragen seines schwarzen Parkas hochgeklappt. Um Viertel nach vier stieg er aus. Er war sehr groß und wirkte ziemlich kräftig. Vorsichtig öffnete er den Gepäckraum, legte sich einen Kleidersack aus Plastik über die Schulter, nahm einen Koffer und steuerte auf den Eingang zu. Beobachter hätten ihn für einen heimkehrenden Vertreter halten können. Nur aus der Nähe war zu erkennen, daß er Handschuhe trug.

An der Haustür griff er in seine Jackentasche. Einige Sekunden später drückte er die Tür auf, machte aber kein Licht. Er fuhr in den vierten Stock und ging einen zwanzig Meter langen Flur entlang. An der letzten Tür stand »Sheffler«.

Der Mann legte den Kleidersack auf den Boden, klappte den Koffer auf, warf die Baseballmütze hinein und befestigte die Lampe eines Augenarztes an seinem Kopf. Dann holte er einen elektronischen Dietrich aus der Tasche und öffnete die Tür, bis er den Widerstand einer Sicherheitskette spürte.

Der Mann holte einen Seitenschneider aus dem Koffer und durchtrennte die Kette. In anderen Nächten hätte Loretta Sheffler das leise Klirren wahrscheinlich wahrgenommen, aber nach ihrem großen Erfolg am Abend zuvor hatte sie einige Gläser Weißwein getrunken, der, wie immer bei schulischen Veranstaltungen, viel zu warm serviert worden war. Danach hatte sie sich zu Hause noch eine kleine Flasche Sekt genehmigt und eine Zigarette geraucht. Jetzt befand sie sich in einer traumlosen Tiefschlafphase.

Der Mann ging in die Wohnung und schaltete die Arztlampe ein. Er fand die offene Tür zu Loretta Shefflers Schlafzimmer, holte eine kleine braune Flasche und einen Wattebausch aus der Tasche seines Parkas und trat neben das Bett. Der kleine Lichtfleck wanderte über das selbstgenähte Abendkleid im Charles-Worth-Stil, das auf einem Stuhl lag.

Der Mann schraubte die Flasche auf. Als er den Kopf drehte, wanderte der kleine Lichtkegel über Laken und Kissen, bis er auf die Schlafende fiel. Sie lag auf der Seite und atmete durch den halb geöffneten Mund. Lautlos trat der Eindringling näher und betrachtete Loretta Shefflers schönes, halb von schwarzen Locken verhülltes Gesicht. Die langen schwarzen Wimpern, der schmale, gerade Nasenrücken, die ausgeprägten Wangenknochen, die feine Linienführung der festen Lippen, das kurze, eigenwillig-energische Kinn, all das war einem Teil seines Wesens besser vertraut, als irgend jemand ahnte, und dieser Teil reagierte augenblicklich mit großer Heftigkeit.

Wie eine dunkle Wolke stieg unkontrollierbares psychisches Material auf, dunstete sekundenschnell durch die undicht gewordenen Mauern des Bewußtseins und legte sich wie Nebel auf den Verstand. Der Boden des Geistes bebte, und der Mann begann am ganzen Körper so heftig zu zittern, daß er fast die Flasche hätte fallen lassen. Der Lichtfleck auf dem Antlitz der Schlafenden zuckte wie in einem wilden Tanz. Die optischen Signale drangen durch die geschlossenen Augenlider und wurden an das innere Alarmsystem gemeldet. Elektrochemische Reaktionen rasten über kurze, schnurgerade Leitungsbahnen in das Schaltzentrum für die Aufmerksamkeit. Zellen dicht unter dem Scheitel schalteten sich zusammen und schickten an die örtlichen Gesichtsmuskeln den Befehl, sofort die Augen zu öffnen. Als sich die optischen Signale in Loretta Shefflers Sehzentrum zu einem Bild zusammenfügten, schrillte Alarm durch ihr Gehirn, aber es war schon zu spät: Der Mann beugte sich rasch hinab und drückte ihr den mit Halothan durchtränkten Wattebausch auf Mund und Nase.

Eine Minute später steckte der Mann die Watte in die Tasche, holte den Kleidersack, zog den Klettverschluß auf und legte die Bewußtlose hinein. Im Haus blieb alles still.

Der Mann benötigte einige Sekunden, bis er die Last ausbalanciert hatte. Er ging noch einmal in die Knie, hob mit der freien Hand den Koffer und schloß die Tür hinter sich. Eine Minute später trat er aus dem Haus. Er legte den Kleidersack vorsichtig auf die Rückbank, schob eine zusammengerollte Decke unter Loretta Shefflers Kopf und schnallte die Sicherheitsgurte fest. Dann stieg er auf den Fahrersitz, löste die Bremsen und rollte lautlos davon.

13

Die stickige Luft in dem holzgetäfelten Labor, der Staub, der typische säuerliche Geruch alter Menschen, den auch sein Urgroßvater verströmte, auf dessen Schoß er saß, das kalte Metall des Okulars, alle diese Eindrücke gehörten untrennbar zu Professor Pawlows Erinnerung an den Tag, an dem er zum ersten Mal mit seiner Wissenschaft konfrontiert worden war.

Das Präparat hatte eine überwältigende Fülle von Punkten und Linien gezeigt. »Schau es dir nur genau an. So sieht ein großer Geist aus, einer von denen, die neue Welten schaffen.« Und einige Minuten später, als ein anderes Präparat unter dem Mikroskop lag: »Das dagegen ist ein ganz normaler Verstand.«

So sehr sich der kleine Sergej auch angestrengt hatte, er hatte keinen Unterschied feststellen können. Sein hochberühmter Urgroßvater hatte schallend gelacht und gesagt: »Niemand kann das.«

Gleich nach Lenins Tod hatten Präzisionsmaschinen das in einen Stearinblock eingebettete Denkorgan in einunddreißigtausend Schnitte zerlegt. Der hirnanatomische Befund eines deutschen Professors rühmte den Revolutionsführer als Genie, doch der Fachmann erkannte sofort die Fälschungen einer korrupten Hand.

Als nach Stalins Tod ein Tauwetter das schwarze Eis lähmender Todesangst schmelzen ließ, hielt Sergej Iwanowitsch Pawlow die Zeit für gekommen, auch mit der Legende Lenin Schluß zu machen, und schrieb an die Akademie der Wissenschaften: »Quintessenz meiner Pathographie ist die Erhellung jener, Hegel und Marx ergänzend, Dialektik der Historie, worin ein zerebraler Invalide mit epileptischen Anfällen und schweren syphilitischen Schäden zum geistigen Supermann avancierte.«

Das war zuviel. Wohlmeinende warnten Pawlow, und er kehrte von einem Physiologenkongreß in Stockholm nicht mehr zurück. Von seiner Ehefrau und seinen beiden Kindern hörte er nie wieder. In den USA fand er eine neue Heimat.

Seine Studenten schätzten Pawlow als umgänglich, originell und oft amüsant. Er selbst hatte indessen festgestellt, daß er die Tiefe seiner Gefühle nur noch in der Erinnerung an seine Kindheit und Jugend, an seine verschollene Familie und auch an seinen Urgroßvater erleben konnte. Trotzdem nahm er sich für solche Gedanken nur selten Zeit. Seit vielen Jahren war sein Geist in fast jeder wachen Minute damit beschäftigt, die Geheimnisse jenes Organs zu enträtseln, das sein Bewußtsein und damit ihn selbst erzeugte.

Die leistungsstarken Leuchtstoffröhren unter der hohen Decke sandten einen gleichmässigen Photonenstrom in den riesigen Kellerraum. Das harte Licht fiel auf eine Ansammlung elektronischer Apparaturen von ungewöhnlichem Formenreichtum. Flüssigkristallanzeigen, Leuchtdioden und Lämpchen prangten in allen Größen und Farben. Dicke Bündel bunter Kabel wanden sich an den Wänden und auf dem steinernen Fußboden entlang. Es roch nach stark erwärmtem Kunststoff. Drei Ventilatoren liefen auf Hochtouren.

Allan Behrman hockte zusammengesunken auf einem hohen, stählernen Sitz. Breite Ledermanschetten fixierten seine Arme an den Lehnen. Kabel verbanden sechs Elektroden auf seiner Brust mit einem Elektrokardiographen. Die obere Hälfte des Kopfes verdeckte ein schwarzer Helm, von dem zahlreiche Drähte zu den umstehenden Apparaten führten.

Professor Sergej Iwanowitsch Pawlow stand neben Allan Behrmans Stuhl und beobachtete die Bildschirme und Anzeigen. Der Dreiundsiebzigjährige trug den ungestutzten Bart eines Popen und hatte den massigen Körper in einen zerknitterten weißen Kittel mit vielen ausgebeulten Taschen gehüllt. Er drehte an Abstimmungsknöpfen, stöpselte ab und zu ein Kabel um oder schob einen Regler vorsichtig weiter. Von Zeit zu Zeit stieß er ein tiefes Brummen aus, dem jedesmal ein gemurmeltes Kommando aus meist nur wenigen Worten folgte: »Hmmmm ... noch weiter in Richtung Gyrus angularis! Ja, ganz famos. Gemach, gemach! Achtung, Synapsenkontrolle! Hmmmm ... keinerlei Aktivität ...«

Die halblauten Anordnungen waren an Kate Blenner gerichtet, die einige Meter entfernt vor dem Zentralcomputer saß. Der riesige Bildschirm zeigte in zweimillionenfacher Vergrößerung eine winzige Gehirnregion hinter Allan Behrmans linkem Ohr.

Über weitere Monitore rasten unablässig Dutzende endloser Zahlenkolonnen.

Der Nomade saß schräg hinter Kate Blenner und starrte auf das Gewirr der Dendriten und Axone. Da er nicht an dem Experiment mitwirken konnte, schweiften seine Gedanken trotz der großen Spannung immer wieder ab; die Erlebnisse des vergangenen Tages und der Nacht waren noch nicht vollständig verarbeitet.

Nach einigen Sekunden der Verwunderung, des Wiedererkennens und der Freude hatte der Professor seine Besucher in das kleine Strandhaus gezogen. Als der Kranke, mit Medikamenten versorgt, in dem kleinen Schlafzimmer lag, hatte Pawlow selbstgebackene Piroggen aufgetischt und sich berichten lassen.

»Hmmmm ... revidieren Sie bitte die Synapsen im Zentrum ... hier scheint einiges für das Vorhandensein elektromagnetischer Restaktivität zu sprechen …«

Die Zahlen auf dem Monitor liefen weiter, und die Gedanken des Nomaden kehrten wieder zu dem Gespräch am Vorabend zurück. Er hatte es erst gar nicht glauben wollen, daß der Professor, der keineswegs wie sein berühmter Urgroßvater konditionierte Reflexe untersuchte, ein Ziel verfolgte, das ihn geradezu als einen Phantasten erscheinen ließ.

»Sie sind also so eine Art Gedankenforscher?«

»Gedankenpathologe träfe die Sache exakt. Meine Nekropsie obduziert nicht den Körper, sondern den Geist. Sofern es gelingt herauszufinden, aus welchen Schaltungen im Zerebrum welche Gedanken entstehen, können wir diese aus dem Zustand der Synapsen rekonstruieren, denn unmittelbar nach Eintritt des Gehirntodes verändert sich dieser nicht mehr.«

War es wirklich möglich, die Gedanken Toter zu lesen?

Der Professor hatte mit einer frischen Pirogge zwischen den Zähnen ziemlich profan geantwortet: »Die größte Problematik besteht natürlich in der Auffindung geeigneter Kandidaten. Die Bereitschaft Hinterbliebener, ihre lieben Verstorbenen für wissenschaftliche Studien zur Verfügung zu stellen, nimmt leider immer mehr ab. Aber in einem Fall konnten wir die Sterbestunde bereits in allen Einzelheiten dokumentieren: Gespräche mit den Angehörigen, letzte Worte und einiges mehr, und dann den Leichnam unmittelbar nach dem Exitus übernehmen. Es handelte sich um einen zweiundachtzigjährigen ehemaligen Handelsvertreter aus Baltimore, welcher an Altersschwäche starb.«

»Und was war sein letzter Gedanke?«

»Er lautete ›Du kannst mir viel erzählen, du blöde Kuh‹.«

Der Professor hatte sich einen Moment an den verblüfften Gesichtern geweidet und dann erklärt: »Der Ausdruck galt offenbar der zweiten Ehefrau des Dahinscheidenden. Es handelte sich um eine in ziemlich unpassendem Maße jüngere, augenscheinlich leichtlebige und auf primitive Weise geldgierige Person.«

Er lächelte. »Immerhin erwies sie der Wissenschaft einen großen Dienst, indem sie uns den Leichnam ihres Gatten überließ, wenn auch gegen bare Münze.«

»Was hatte sie denn vorher zu ihm gesagt, bevor er diesen letzten Gedanken dachte?« hatte Kate Blenner wissen wollen.

»Daß sie nach ihm niemals wieder einen Mann lieben werde.«

»Und das konnten Sie wirklich nach dem Gehirntod aus den Synapsen lesen?«

»Allerdings. Natürlich nicht so schnell, wie man einen Satz in einem Buch liest. Wir lokalisierten die Region seines letzten Gedankens – wir nennen sie ›Amen-Region‹ – bereits nach knapp drei Stunden …«

»›Amen-Region‹?« hatte der Nomade wiederholt, nach dessen Gefühl religiöse Begriffe nicht gut als wissenschaftliche Bezeichnungen taugten.

»Ich bitte um Nachsicht, daß ich eine ausführlichere Erklärung unterließ. ›Amen‹ lautet das letzte Wort der Bibel. Mir erscheint es deshalb als Bezeichnung für die Letztgedankenregion passend, und es entspricht auch dem ethischen Anspruch des Themas, finden Sie nicht? Die Auswertung der Daten dauerte noch einmal drei Stunden und ergab zu unserer nicht gelinden Überraschung, daß der alte Mann diesen letzten Satz nicht nur gedacht, sondern sogar ausgesprochen hatte. Die Witwe wollte uns die Injurie verschweigen. Sie konnte sich überhaupt nicht erklären, wie wir das dennoch herausfinden konnten. In den drei Monaten seither unternahmen wir drei weitere Versuche mit Toten und einen weiteren mit einem Bewußtlosen.«

Dabei hatte er den Nomaden angesehen, dem erst daraufhin klargeworden war, was das bedeutete. »Sie könnten auch im Gehirn eines Bewußtlosen lesen?«

»Während einer leichten Ohnmacht scheint ein Versuch aussichtslos, denn dann herrscht im Kortex noch zuviel Aktivität. Im Koma jedoch fallen die Prozesse der Großhirnrinde fast vollständig aus, und dann bestehen durchaus Möglichkeiten.«

»Glauben Sie, daß das auch bei Allan funktioniert?«

»Unbedingt. Es wirkt ja nachgerade so, als sei sein Gehirn in einer Art geistiger Katalepsie erstarrt. Wahrscheinlich arbeiten nur noch die tiefer gelegenen Regionen des Gehirns. Möglicherweise jene Strukturen, in welchen die Psychologie das Unbewußte anzusiedeln pflegt. Irgendwo dorthin dürfte sich der Geist Ihres Herrn Bruders zurückgezogen haben.«

»Und können Sie ihn dort wieder herausholen?«

Der Professor hatte nach kurzem Zögern geantwortet: »Zumindest könnten wir es versuchen. Allerdings richtet sich die Konzeption des Letztgedankenprogramms nicht zuvorderst nach medizinischen Zwecken.«

»Wonach denn dann?«

Der Professor nahm sich vor der Antwort Zeit, eine dicke Zigarre anzuzünden. »Nun, ich bemerkte bereits vor einigen Jahren bei Untersuchungen in Sterbekliniken, daß mit dem Tod zwar jegliche neuronale Tätigkeit endet, aber nicht überall gleichzeitig. In der Tiefe des Gehirns bleiben stets noch einige Sekunden lang Aktivitäten feststellbar. Ich gehe davon aus, daß die Letztgedanken Verstorbener mich schon sehr bald in die Lage versetzen, die dort stattfindende geistige Tätigkeit zu ergründen.«

»Und dann?« hatte Kate Blenner etwas unsicher gefragt.

»Dann, meine Liebe«, hatte der Professor geantwortet, »dann kennen wir den Sitz der Seele.«

Die Seele! staunte der Nomade noch immer, während weitere Zahlenkolonnen über die Bildschirme rasten.

»Für mich ist sie etwas Göttliches und für unsere Sinnesorgane nicht erkennbar«, hatte Kate Blenner eingeworfen.

Pawlow hatte in aller Gemütsruhe Rauchwolken in die Luft gepafft. »Schon richtig, meine Liebe, aber das dürfte doch wohl nicht bedeuten, daß wir nicht wenigstens die Region ausfindig machen können, in welcher sich die Seele manifestiert. Auch ein Gebet stellt etwas nicht Stoffliches dar, aber die Kirche, in der es gesprochen wird, vermögen wir sehr wohl mit den Sinnesorganen wahrzunehmen. Glauben Sie mir: Irgendwo in uns arbeitet ein großes Wunder, welches die gesamte Menschenleibmaschine zusammenhält.«

Schon um fünf Uhr morgens hatte der Professor seine Gäste geweckt und mit Tee aus einem riesigen Samowar bewirtet. Dann hatte er einen vierzig Jahre alten schwarzen Wolga aus der Garage geholt und vor das kleine Haus bugsiert, wobei unter Geräuschen wie von einem Panzer stinkende blaue Abgaswolken aus den dicken Auspuffrohren gequollen waren.

»Hmmmm ... Hier befinden sich Reste von Reflexen ... eigenartig! Sieht aus wie nach einer anständigen Dosis Beruhigungsmittel, vielleicht Valium ...«

In der Harvard Medical School in den Hügeln westlich von Boston hatten sie den Bewußtlosen in die Krankenstation gebracht. Danach hatte Pawlow seine Gäste in das Labor geführt und mit den Geräten vertraut gemacht.

»Ja, das ist eindeutig ein Beruhigungsmittel ... Man müßte die Krankenakte einsehen können. Hmmmm, dieses hier sieht aber merkwürdig aus ... Achtung, ein aphatisches Syndrom!« Die Stimme des Professors war plötzlich laut geworden, und die Gedanken des Nomaden kehrten endgültig in die Gegenwart zurück. Der Hauptmonitor zeigte nun ein langsam pulsierendes Muster von Nervenzellen.

Kate Blenner ließ den Computer wieder einige hundert Milliarden Rechenoperationen durchführen. Plötzlich blieb eine der Zahlenkolonnen auf dem Bildschirm stehen.

»Hmmmm ... Da scheint sich etwas zu verbergen.« Pawlow drückte wieder einige Tasten. »Untersuchen Sie doch bitte einmal, ob Verbindungen zum Fasciculus arcuatus bestehen. Ich aktiviere das Worterkennungsprogramm.«

Kate Blenner gab neue Befehle ein, und auf dem Monitor begannen winzige Punkte zu flimmern. Nach einigen Minuten sagte sie mit vor Aufregung leicht vibrierender Stimme: »Die chemische Reaktion ging in das Sprachzentrum.«

»Sehr gut. Lokalisieren Sie bitte die Synapsen.«

In immer neuen Anläufen versuchte der Rechner nun, die Verbindungen nachzuvollziehen, die Allan Behrman geschaffen haben mochte, als er das letzte Wort vor seiner unerklärlichen Erstarrung gesprochen oder auch nur gedacht hatte. Nach zehn Minuten sagte Pawlow überraschend ruhig in die Stille: »Ich erkenne einen Buchstaben.«

Der Nomade, der bis zu dieser Sekunde nicht recht gewagt hatte, mehr als nur eine vage Hoffnung in das Verfahren zu investieren, sprang auf. »Welchen?«

»Sie können es sich selber ansehen.« Pawlow wartete, bis der Nomade neben ihm stand, und deutete auf mehrere grüne Linien in dem grauen Gewirr. »Diese Verbindungen führen in jenen Teil des motorischen Kortex, welcher die Bewegungen der Zunge kontrolliert. In diesem Fall erhielt die Zunge den Befehl, sich vom Boden der Mundhöhle zu heben und dabei leicht zu krümmen. Die chemische Reaktion hier wiederum führt zu jenem Teil des Kortex weiter, welcher den Unterkiefer steuert; er wurde etwa um zehn Grad abgesenkt. Die Schaltungen hier ganz oben öffneten die Lippen, die Schaltungen rechts veranlaßten die Lunge, Luft durch den Kehlkopf zu drücken, und diese hier aktivierte die Stimmbänder.«

»Er hat den Gedanken also nicht nur gedacht, sondern ausgesprochen?«

»Ja. Sogar ziemlich laut.«

»Und?«

Pawlow drückte einige Tasten. Eine Sekunde später erschien auf einem weißen Insert des Bildschirms ein großes rotes R.

»Es existieren noch einige kleinere Fehlerquellen; manche Leute sprechen undeutlich oder leiden sogar unter Sprachstörungen.«

Der nächste Buchstabe war ein S, der übernächste ein H. Weitere Konsonanten und dann auch Vokale folgten. Nach dem zwölften Buchstaben startete der Professor ein weiteres Programm, das sofort begann, Wörter zu bilden.

Eine Viertelstunde später zeigte Pawlows Monitor das Ergebnis.

»Und das ist wirklich Allans letzter Gedanke?« fragte der Nomade verwirrt.

Auf dem Bildschirm stand: »Vorsicht auf dem Reissnerschen Faden!«

14

Zur gleichen Stunde saß John F. Reddington III. auf der Veranda seines Landhauses in Connecticut und blickte auf den Lake Candlewood, hinter dem vor zehn Minuten die Sonne untergegangen war. Vor dem geröteten Abendhimmel hoben sich die Silhouetten der großen Hirsche ab, die auf der gegenüberliegenden Halbinsel ästen. Abendliche Stille lag über dem weiten Land.

»Was sagen Sie da? Verschwunden?«

Duncan Findlay nickte wie schicksalsergeben.

Reddington räusperte sich und fügte etwas beherrschter hinzu: »Verdammt noch mal, wie konnte das passieren?«

Der Sicherheitschef holte tief Luft und spulte die Sätze ab, die er sich auf der Fahrt zum Landsitz des Präsidenten zurechtgelegt hatte: »Es war dieser Nomade. Der Kerl war mir von Anfang an nicht geheuer.«

»Der Nomade hat das Sanatorium überfallen?« Reddington konnte es noch immer nicht glauben.

»Er ist in den *Elysion Country Club* eingedrungen und hat Allan Behrman mit Gewalt daraus entführt.«

»Ich dachte, der Laden wird bewacht?«

»Die Sicherheitsleute wurden mit Reizgas außer Gefecht gesetzt. Er hat die Sache durchgezogen wie einen militärischen Einsatz, Sir.«

»Allein?«

Jetzt standen Findlay besonders schwierige Minuten bevor; entsprechend vorsichtig wählte er seine Worte. »Allem Anschein nach nicht, Sir. Er hatte eine Frau dabei.«

»Eine Frau?«

»Ja, Sir. Nach der Beschreibung war es Kate Blenner.«

Reddington starrte ihn an. »Die haben Sie doch selber auf den Mann angesetzt!«

»Das ist richtig, Sir«, sagte Findlay und kratzte sich unbehaglich das schlecht rasierte Doppelkinn. »Aber ich konnte ja nicht ahnen ...«

Vorsichtig massierte sich der Präsident die Schläfen; die Migräne blieb hartnäckig. »Woher haben sie denn überhaupt von diesem Sanatorium gewußt?«

»Von Riseman«, sagte Findlay, froh, die erste Klippe hinter sich zu wissen. »Bestimmt hat dieser Idiot Korrespondenz mit dem Club herumliegen lassen.«

»Sie hatten mir doch versprochen, auf ihn aufzupassen!«

»Das habe ich auch getan, Sir. Aber ich kann nicht laufend seinen Schreibtisch kontrollieren.«

»Konnten Sie dann wenigstens diesen Nomaden kontrollieren? Kennen Sie inzwischen seinen Namen?«

»Wir haben ihn beobachtet, als er Miss Blenner zu einem Chinesen nach Chinatown abschleppte und hinterher auf eine Eisbahn.«

»Eine Eisbahn?«

»In der dreiunddreißigsten Straße. Dort hat er sich unauffällig ihren Sonderausweis geangelt und mit einem Magnetkopierer kopiert. Dann durchsuchte er Risemans Zimmer. Und später war die Blenner auch noch dort.«

»Die Blenner auch?«

»Ja. Riseman ist ein Sicherheitsrisiko, Sir.«

Du auch, du fetter Trottel, dachte Reddington. »Es ist doch Ihre Aufgabe, dafür zu sorgen, daß sich niemand unbefugt im Sicherheitsbereich aufhält!«

Höchste Zeit, das As aus dem Ärmel zu ziehen, dachte Findlay besorgt. »Mit Sicherheitsrisiko meine ich nicht nur den offenen Schreibtisch, Sir. Ich rede vom Zocken. Spielsucht.«

Reddington war überrascht. »Sie meinen, Dr. Riseman ...?«

»Er steigt jeden Freitag abend in den Shuttle nach Atlanta und hockt das ganze Wochenende in den Casinos herum. Letztes Mal hat er dort über zwanzigtausend Dollar gelassen. Und das geht fast jede Woche so.« Findlay bekam langsam wieder Oberwasser.

»Woher wissen Sie das? Nein, ich kann es mir schon denken.«

»Ich habe ihn natürlich beschatten lassen, Sir«, sagte Findlay trotzdem.

Reddington überlegte. »Was hatten die Blenner und dieser Nomade denn zu besprechen?«

»Nichts, womit sich etwas anfangen ließe, Sir.«

Reddington schaute zu den Hirschen, die wieder ruhig ästen.

»Er hat dabei auch an Behrmans Computer herumgespielt«, sagte Findlay in die Stille.

»Riseman?«

»Nein, Sir. Dieser Nomade. Er hat die Festplatten ausgebaut.«

»Verdammt!« Der Präsident hieb mit der flachen Hand auf den Tisch. Die Hirsche auf der Halbinsel gegenüber drehten nervös die Köpfe.

»Wie Sie sich erinnern werden, Sir, hatte ich seinerzeit vorgeschlagen, die Festplatten unverzüglich sicherzustellen. Es war Riseman, der sich dagegen aussprach.«

Der Präsident dachte nach. »Wo könnte der Kerl die Dinger versteckt haben?«

»In seinem Hotelzimmer sind sie nicht. In Kate Blenners Apartment ebenfalls nicht.«

Reddington schaute den Sicherheitschef befremdet an. Der Kerl ging offenbar in fremden Zimmern und Wohnungen ein und aus, als gäbe es keine Polizei.

»Gestern vormittag trafen sie sich im Central Park«, fuhr Findlay fort. »Wir versuchten, sie abzuhören, aber der Kerl hatte ein riesiges Radio dabei und ließ es die ganze Zeit über laufen. Sie müssen gemerkt haben, daß wir hinter ihnen her sind.«

»Herzlichen Glückwunsch«, sagte Reddington.

Findlay konnte den Sarkasmus nicht überhören. Rasch versuchte er, das Gespräch auf weniger dicht vermintes Terrain zu lenken: »Das schlimmste ist, daß er es geschafft hat, diese Schlampe umzudrehen. Sie hat ihn nicht nur nach Long Island gefahren, sondern aktiv in die Entführung eingegriffen.«

»Die Blenner? Wie denn?«

»Zwei unserer Leute, die dort als Krankenpfleger eingesetzt sind, hatten die Situation schon fast unter Kontrolle, da zog diese Kanaille plötzlich ein Gasspray aus der Handtasche.«

Reddington seufzte. »Wollen die beiden uns erpressen?«

»Da bin ich ziemlich sicher, Sir. Am besten ergreifen wir selber die Initiative. Ich arbeite noch heute nacht die Personalakten durch. Ich finde bestimmt eine Spur.«

»Nein«, sagte Reddington, dem nicht geheuer war, was Findlay mit »Initiative« meinen mochte.

»Wir sollen sie nicht suchen?« fragte Findlay enttäuscht.

»Suchen dürfen Sie, aber dann handeln Sie nur nach meinen Anweisungen, verstanden?«

»Selbstverständlich, Sir. Werfen Sie Riseman raus, bevor er ...«

»Und was ist, wenn er zu einem Anwalt läuft? Oder zur Presse?«

»Wir haben ihn doch völlig in der Hand!« sagte Findlay. »Fotos vom Spieltisch, Bankauszüge, Schuldscheine, alles, was Sie wollen.«

»Das haben Sie schon? Die ganze Zeit?« Reddington runzelte die Stirn.

»Nein, erst seit ein paar Tagen«, log Findlay. »Ich wollte, daß die Sache hundertprozentig sicher ist, bevor ein leitender Mitarbeiter mit derartigen Vorwürfen konfrontiert wird.«

»Sehr verantwortungsbewußt«, sagte Reddington ironisch. Er rieb sich wieder die Schläfen und blickte nachdenklich auf den stillen See. »Schicken Sie die Sachen in mein Büro.«

»Selbstverständlich, Sir.«

»Und, Findlay ...«

»Ja, Sir?«

»Auch in Sachen Riseman bitte keine eigenmächtigen Aktionen!«

»Natürlich, Sir. Sie können sich ganz auf mich verlassen.«

Einige Minuten später steuerte Findlay seinen Ford auf dem Highway 7 nach Süden. Hinter Danbury hob er sein Handy und drückte eine wohlbekannte Nummer. Es hatte sich stets als nützlich erwiesen, doppelt abgesichert zu sein.

Eine Stunde später war auch am Michigan-See die Sonne untergegangen. Alfredo Matarese legte den Finger auf die Taste des elektrischen Fensterhebers, wartete, bis sich die getönte Scheibe geschlossen hatte, und wandte sich dann dem Mann zu, der neben ihm saß. »Waren Sie schon mal in Chicago?«

»Nein. Hören Sie, ich wäre wirklich gern früher gekommen, aber es war leider nicht möglich.«

Die beiden bewaffneten Männer auf den Vordersitzen sahen einander aus den Augenwinkeln an. Sie bekamen nicht oft zu hören, daß sich jemand mit solcher Gelassenheit entschuldigte, wenn der Pate nach ihm gerufen hatte und er nicht umgehend erschienen war.

»Wir haben zwei Tage verloren«, sagte Matarese; es klang wie: Sie haben mich zwei Tage lang warten lassen. »In unserem Geschäft kommt es sehr auf Pünktlichkeit an. Und Zuverlässigkeit. Bei Fenway-Soper gab es ebenfalls Schwierigkeiten. Offenbar ist ihr neuer Pharmadesigner plötzlich verschwunden.«

»Der Nomade?«

Verwundert registrierte Matarese die auffällig große Enttäuschung des anderen. »Ja. Ist doch gut so. Oder? Er ist unbefugt in den Sicherheitsbereich der Firma eingedrungen und hat einige Festplatten gestohlen. Aus dem Computer seines Vorgängers, der vor ein paar Tagen ebenfalls verschwand. Eine leitende Mitarbeiterin ist ebenfalls in die Sache verwickelt. Alles ziemlich mysteriös. Reddington glaubt offenbar, daß die beiden ihn erpressen wollen.«

»Reddington?«

»Der Präsident von Fenway-Soper.«

Die weite Wasseroberfläche war jetzt grau wie Blei.

»Nein, keine Erpressung.«

»Was macht Sie so sicher?«

»Dem Nomaden ging es noch nie um Geld.«

»Einmal wird Geld für jeden das Wichtigste.«

»Der hat genug. Wir haben alle genug. Uns interessieren andere Dinge.«

»Ich verstehe.« Matarese war schon lange davon überzeugt, daß zuviel Beschäftigung mit Computern die Leute um den Verstand brachte. Der Mann neben ihm war offenkundig ein Irrer. »Und was ist es, was Sie interessiert?«

»Mich?« Der andere lachte leise. »Das werden Sie nie verstehen.«

Die beiden Leibwächter tauschten erneut einen Blick.

»Nun, es ist Ihre Privatsache«, sagte Matarese. »Und was treibt diesen Nomaden?«

»Familie.«

Matarese wartete geduldig.

»Wissen Sie, wer der Inphader bei Fenway-Soper war?« fragte der andere.

»Natürlich«, sagte Matarese. »Ein gewisser Allan Behrman.«

»Und wissen Sie auch, wie der Nomade heißt?«

»Keine Ahnung.«

Von der anderen Seite des breiten Fonds kam wieder ein leises Lachen. Matarese ließ das Eis in seinem Whiskyglas klingeln, und seine Leibwächter entspannten sich.

»Grant Behrman«, sagte der andere.

Matarese trank einen Schluck, um die Überraschung zu verarbeiten. »Brüder?«

»Richtig. Liebende Brüder. Allan und Grant. Die Behrmans.« Er gab sich keine Mühe, seinen Haß zu verbergen.

»Sie scheinen die beiden gut zu kennen.«

»Allerdings. Was wissen Sie noch über diese Sache bei Fenway-Soper?«

»Der Nomade und die Frau sind nach Long Island gefahren. Dort hatten unsere Freunde diesen Allan Behrman in einem Sanatorium untergebracht. Der Mann hat offenbar bei einem Laborversuch den Verstand verloren.«

»Er ist durchgeknallt?«

»Soviel ich weiß, ist er in eine Art Koma gefallen«, sagte Matarese. »Fenway-Soper befürchtete einen Skandal und schaffte ihn weg. Dabei haben sich die Herrschaften offenbar ziemlich dumm angestellt. Jedenfalls kam dieser Nomade gleich dahinter und holte mit der Frau diesen Behrman ... also seinen Bruder heraus.«

»Und wo vermutet man die drei jetzt?«

»Uninteressant. Wie ich die Sachlage einschätze, muß Fenway-Soper jetzt erst mal wieder ganz von vorne anfangen. Wir haben also einen Vorsprung, den wir nutzen sollten. Konzentrieren Sie sich bitte auf die Aufgabe, zu der Sie sich verpflichtet haben.«

Der andere schwieg einige Sekunden. Dann fragte er: »Weiß dieser Quittman Bescheid, daß ich hier bin?«

»Ja. Wann fangen Sie an?«

Der andere lachte wieder. »Sofort, natürlich. Sie können mich gleich hinfahren.«

»Zu Cook Illinois nehmen Sie besser ein Taxi.« Was bildete sich der Kerl eigentlich ein? Nur weil er den Familien an der Westküste ein paarmal geholfen hatte, geräuschlos große Summen in Silicon Valley zu investieren! »Für uns ist bei solchen Projekten wichtig, daß sie mit einer gewissen Ernsthaftigkeit betrieben werden.«

Der andere lachte wieder. »Das klingt ja wie aus einem Mafia-Film. Wir in Kalifornien sehen die Dinge gern etwas lockerer. Sie sollten mal hinfahren – und Ihre Jungs auch. Zuviel Regen schlägt auf das Gemüt.« Er öffnete die Tür. »Ich melde mich, wenn ich etwas erreicht habe.« Sekunden später war er in der Dunkelheit verschwunden.

Die beiden Leibwächter wagten nicht, sich umzudrehen.

»Der Kerl ist wahnsinnig«, sagte Matarese ärgerlich. »Aber genau darin liegt für uns sein besonderer Wert. Jedenfalls, bis er seinen Job gemacht hat.«

Zur gleichen Zeit saßen Pawlow, Kate Blenner und der Nomade an einem großen Eichenholztisch, auf dem anatomische Karten, Fotos und schematische Abbildungen lagen.

»Das Subkommissuralorgan stellt wohl die geheimnisvollste Struktur im Gehirn der Menschen dar«, erklärte der Professor. »Es handelt sich um ein Drüsengewebe von rätselhafter Bedeutung, welches sich am Dach des Zwischenhirns lokalisieren läßt. Wahrscheinlich entstand es schon im präkambrischen Ozean, als sich vor sechshundert Millionen Jahren die ersten mehrzelligen Organismen herausbildeten.«

»Und was hat das mit dem Reissnerschen Faden zu tun?« fragte der Nomade.

»Das Organ schüttet Eiweißmoleküle aus, die sich zu einem Proteinsekret verbinden. Dieses verdickt sich bei vielen Tieren zu einem Eiweißstrang von einigen Tausendstel Millimeter Durchmesser. Als erster beschrieb ihn ein gewisser Ernst Reissner. Vor etwas über hundert Jahren an der Universität Dorpat in Estland. Er fand heraus, daß dieser Strang sich über das Mittelhirn bis in den Rückenmarkskanal zieht.« Pawlow schob mehrere Abbildungen zusammen, um den Verlauf zu dokumentieren. »Beim Menschen stellt der Reissnersche Faden sich flüssig dar, wie ein Strahl. Wahrscheinlich transportiert er neuronale Aktivitäten zwischen dem Bewußtsein und dem Unbewußten. Wie ein Telefonkabel, das durch die ältesten Schichten unseres Gehirns führt.«

»Aha. Und warum hat Allan vor diesem Faden gewarnt?«

»Hmmmm ... Ich glaube, Ihr Herr Bruder begab sich auf eine äußerst gefährliche Reise.«

»So riskant, daß er vorher Valium schlucken mußte?«

Der Professor nickte. »Ich nehme an, daß er das Beruhigungsmittel einnahm, um den Rückkoppelungseffekt auszuschalten oder zumindest zu dämpfen. Vielleicht kam es zu der Krise, weil die Wirkung des Valiums nachließ. Möglicherweise stieß er aber auch in eine Region vor, aus welcher er jetzt den Rückweg nicht mehr findet.«

»Sie sind nicht der einzige, der im Gehirn nach der Seele sucht«, sagte der Nomade. »Auch Allan hat darüber etwas in sein Tagebuch geschrieben.«

Der Professor schaute ihn mit offenem Mund an. »Er wollte seine Seele finden?«

»Ja. Und ich glaube, genau dort, wo auch Sie sie vermuten.«

»Hmmmm ... Darüber würde ich mich wirklich gern mit ihm unterhalten!«

»Sie brauchen ihn nur gesund zu machen.«

»Ja, natürlich, wir werden alles tun, was in unseren Kräften steht.«

Der Nomade beugte sich entschlossen vor. »Ich denke, es gibt nur einen Weg, herauszufinden, was mit Allan passiert ist. Wir haben die Festplatten, und wir haben das Tagebuch.«

Pawlow musterte ihn mit leicht zusammengekniffenen Augen. »Obwohl wir nicht wissen, was genau mit Ihrem Bruder passiert ist?«

Der Nomade lehnte sich wieder zurück. »Sie können ganz beruhigt sein. Schließlich habe ich nicht die Absicht, wie er in das eigene Gehirn zu gehen. Ich will lediglich in seines. Mindestens bis zum Reissnerschen Faden. Wenn nötig, auch noch weiter. Bis ich ihn gefunden habe.«

15

»Verschwunden?« Dr. Riseman starrte Reddington entgeistert an. »Ist denn wirklich erwiesen, daß Miss Blenner sich ihre Informationen durch eine Nachlässigkeit meiner Abteilung verschafft hat?«

»Ich sage ja nicht, daß Sie schuld sind, Julian«, sagte der Präsident ruhig. »Es scheint aber sicher, daß auf Ihrem Schreibtisch Dokumente lagen, die unbedingt unter Verschluß gehört hätten. Unterlagen, deren Veröffentlichung Fenway-Soper in eine sehr schwierige Situation bringen könnte. Der Sicherheitsdienst ...«

»Immer dieser Findlay!« sagte Dr. Riseman erbittert.

»... hat mir mitgeteilt, daß der besagte Brief offen auf Ihrem Schreibtisch lag, Julian.«

Riseman rückte seine Brille zurecht. »Sir, ich bin Wissenschaftler und kein Geheimagent.«

Reddington schaute ihn an, wie ein Fensterputzer einen besonders resistenten Fleck betrachtet. »Hier geht es nicht um irgendwelche Spielchen, Julian. Hier geht es um einen klaren Verstoß gegen eine der wichtigsten Vertragsbestimmungen.« Er hob ein Papier.

Erst jetzt wurde Dr. Riseman klar, wie heikel seine Lage war.

Reddington fokussierte seine Augen auf einen Punkt knapp oberhalb der Nasenwurzel von Dr. Riseman. »Von einem Mitarbeiter in Ihrer Position und mit Ihren Bezügen erwarte ich nicht nur erstklassige wissenschaftliche Arbeit, sondern gleichermaßen unbedingte Loyalität. Dazu gehört für mich auch die Einhaltung aller Verpflichtungen gegenüber dem Unternehmen.« Zum ersten Mal ließ er das vertrauliche »Julian« weg.

Fieberhaft suchte Dr. Riseman nach einer Entschuldigung, aber es wollte ihm nichts Brauchbares einfallen.

Reddington verschränkte die Arme hinter dem Nacken, eine Haltung, die er einzunehmen pflegte, wenn er absolute Überlegenheit symbolisieren wollte. »Ich habe Ihnen konzediert, daß Sie an der Entscheidung, Behrman in dieses Sanatorium zu schicken, unschuldig sind. Aber es ist Ihnen doch wohl klar, daß der Leichtsinn, mit dem Sie zugelassen haben, daß Unbefugte von der Angelegenheit erfahren, nicht ohne Folgen bleiben kann.«

»Jawohl, Sir«, sagte Dr. Riseman matt.

»Allerdings können wir auch nicht ganz außer acht lassen, daß es Ihnen in letzter Zeit an Erfolgen mangelt«, sagte der Präsident und ließ seine Stimme noch etwas härter klingen.

»Sir, ich ...«

Reddington hob die Hand. »Ist Schacter eigentlich ein guter Stellvertreter?«

O Gott, dachte Dr. Riseman, er will mich tatsächlich feuern! »Ich bemühe mich natürlich ständig, ihn mit allen wichtigen Aufgaben vertraut zu halten, aber ganz so einfach ist das nicht«, sprudelte er heraus. »Die Arbeit erfordert nicht nur hohe Qualifikation, sondern auch enorme Konzentration.«

»Sie halten Schacter für unfähig?«

»Oh, nein, Sir, keineswegs! Aber Sie wissen ja selbst, wie vielen störenden Ablenkungen diese jungen Leute ausgesetzt sind …«

»Ablenkungen?« fragte der Präsident. »Sie meinen, er trinkt? Weibergeschichten?« Er beugte sich noch etwas weiter vor. »Ist er etwa ein Spieler?«

Dr. Riseman, der schon zu einer Antwort angesetzt hatte, erschrak. Wußte der Präsident etwa …? Natürlich, das mußte es sein. Aber er hatte doch immer das Abteil gewechselt, manchmal drei-, viermal. Himmel, hilf!

Reddington musterte ihn. »Nehmen wir einmal an, dieser Nomade und Miss Blenner haben etwas gefunden und versuchen uns nun zu erpressen. Was dann?«

Dem Entwicklungschef war ganz flau im Magen. »Was sollen sie denn gefunden haben?«

»Festplatten.«

»Was?« Verdammt, auch das noch!

»Sie hätten die Dinger nicht in dem Computer lassen sollen«, sagte Reddington scharf.

»Aber Sir … Ich durfte doch annehmen, daß es uns gelingen würde …«

»Jetzt sind sie jedenfalls verschwunden, und Sie können sich doch wohl denken, wer sie hat.«

Dr. Riseman senkte schuldbewußt den Kopf.

»Falls sich auf diesen Festplatten Ergebnisse befinden, die für FS-Einhundertfünfzehn relevant sind, könnten die beiden versucht sein, uns zu erpressen«, fuhr der Präsident fort. »In diesem Fall gäbe es doch wohl nur zwei Möglichkeiten. Entweder wir bezahlen, oder wir riskieren, daß diese Verräter mit unseren Testergebnissen zur Konkurrenz laufen.«

»Was soll ich also tun, Sir?« fragte Dr. Riseman ängstlich.

Reddington ließ ihn ein paar Sekunden zappeln. Dann räusperte er sich und sagte, wobei er seiner Stimme wieder einen metallischen Klang gab: »Sie unterzeichnen einen Auflösungsvertrag, in dem steht, daß Sie die Konsequenzen aus Ihrer Pflichtversäumnis ziehen und unter Verzicht auf Ihre sämtlichen Bezüge sofort zurücktreten.«

»Was?« rief Dr. Riseman entsetzt.

»Diesen Vertrag kennen nur Sie und ich. Er wird erst dann wirksam, wenn die Probleme, die wir aufgrund Ihrer Versäumnisse befürchten müssen, wirklich auftreten. Wenn nicht, sind Sie noch einmal davongekommen. Wenn diese Leute uns nur erpressen wollen, bezahlen wir, und die Sache ist erledigt. Wenn die Sache allerdings öffentlich wird, haben Sie Pech gehabt.«

»Pech gehabt«, wiederholte Dr. Riseman wie ein Automat.

Reddington blickte ihn prüfend an. Jetzt den Köder auswerfen. »Außerdem schließen wir einen zweiten Vertrag, in dem steht, daß Sie im Falle eines vorzeitigen Ausscheidens Anspruch auf die sofortige Auszahlung von zwei Jahresgehältern haben.«

Damit wäre ich wenigstens meine Schulden los, dachte Dr. Riseman. Dann besann er sich. »Was ist mit Schacter?«

Reddington lächelte. »Wenn er so scharf darauf ist, selber als Inphader zu arbeiten, kann er jetzt ja mal sein Glück versuchen. Wenn er Erfolg hat, sind wir gerettet.«

Kurz darauf unterzeichnete Dr. Riseman die bereits ausgefertigten Dokumente. Er würde Tag und Nacht arbeiten, bis FS-115 endlich auf dem Markt war.

Das Gewitter kam aus Kanada. Neunzig Minuten lang hatte es den großen See überquert, jetzt entlud es seine Energie auf spektakuläre Weise über der Skyline Chicagos.

Purdy saß im 36. Stock des pompösen Cook-Illinois-Buildings an der North State Street und schaute auf die weißen Wogen. Schon als Kind hatten ihn Naturschauspiele fasziniert; einige Male war er nach Hurrikan-Warnungen auf die Florida Keys geflogen, um zu sehen, wie der Ozean das Land verschlang. In der Schulzeit waren nicht Zeus und die Olympier, sondern ältere Götter seine vielbewunderten Vorbilder gewesen, mythologische Gestalten, die jene Mächte symbolisierten, die auch nicht von der modernen Zivilisation hatten gebändigt werden können, Wesen, die bis heute die Wasser aufwühlten und die Erde erschütterten; starke, gnadenlose, menschenfeindliche Wesen, die nicht Kraft, sondern nur Tücke hatte besiegen können. Als Kind hatte er umfangreiche Genealogien von Titanen und Giganten angelegt, auf denen auch ihm selbst ein sehr epigonaler, würdiger Platz zugewiesen war.

Als sich das Gewitter grollend entfernte, wandte sich Purdy wieder dem Computer zu. Die Liste der Joint-ventures zwischen Cook Illinois und Fenway-Soper war lang, aber die Überprüfung aller dieser Unternehmungen blieb der schnellste Weg, den Sicherheitscode von Fenway-Soper zu knacken. Der Datendandy hatte diese Methode auch gewählt, weil sie kaum Spuren hinterließ und nur selten Alarm auslöste. Um Mitternacht hatte er begonnen, und um sechs Uhr früh war er seinem Ziel schon ein großes Stück näher gekommen: Eine Verpackungsfirma in Milwaukee hatte versehentlich Schachteln zu Fenway-Soper nach New York statt zu Cook Illinois nach Chicago geschickt, worauf der dafür verantwortliche Angestellte bei dem Versuch, die Lieferung telefonisch umzudirigieren, einige aufschlußreiche Reaktionen des Fenway-Soper-Zentralcomputers hervorgerufen hatte.

Es hatte Purdy nie besonders gereizt, als Inphader zu arbeiten; viel interessanter fand er es, neue Computermodelle für die Entwicklung synthetischer Drogen zu programmieren. So war schließlich auch die Verbindung von der kalifornischen Mafia nach Chicago zustande gekommen.

Haß trieb Purdy das Blut schneller durch die Adern, und er begann zu schwitzen. Wenn es gelang, den Ort zu finden, an dem sich der Nomade in den nächsten vierundzwanzig Stunden aufhielt, würde endlich die Zeit gekommen sein, die Rache zu genießen. Noch aber verlangte die Aufgabe nicht mörderische Phantasien, sondern präzise Arbeit.

Gegen neun Uhr kam der Ablauf der endlosen Zahlenfolgen endlich zum Stillstand, und der Monitor zeigte den Code. Der Inphader nahm die ausgedruckte Liste der Joint-ventures und suchte nach einem passenden Unternehmen. Er entschied sich für eine Importfirma aus Boston, die Yohimbé-Rindenextrakte aus Kamerun einführte, und gab die Kennung ein. Sekunden später erschien auf dem Monitor ENTER.

Purdy lächelte und lehnte sich entspannt zurück. Er würde Matarese den Gefallen tun und sich um dieses Antidepressivum kümmern. Aber erst würde er herausfinden, was die Behrman-Brüder erreicht hatten. Und sobald er die Resultate kannte, würde er das Problem ein für allemal beseitigen.

Eine Stunde später wurde der Impuls aus dem Computer in dem kleinen Blockhaus über der Pazifikküste wieder aktiv. Das Wochenende war vergangen, ohne daß die Botschaft beantwortet worden war. Warum rief Grant seinen Computer nicht ab? Hatte er Probleme im VR-Raum? Wurde er wieder verfolgt? Oder war ihm bereits etwas zugestoßen? Die parallele Aktivierung der Siliziumplättchen und die gleichzeitige Bewertung der auf ihnen abgespeicherten Fakten,

Erfahrungen und Bewußtseinsinhalte funktionierte noch nicht perfekt, und deshalb fiel es dem Impuls nicht ganz leicht, wie mit einem menschlichen Verstand zu kombinieren. Eine Stunde später aber war nach sorgfältiger Abwägung aller Vorzüge, Nachteile und Eventualitäten ein Entschluß gereift. Sekundenbruchteile später loggte sich der Impuls erneut bei Fenway-Soper ein und überprüfte die neuesten Informationen, die sich im Zentralcomputer angesammelt hatten. Das Resultat war alarmierend. Grants Eindringen in den Sicherheitsbereich war bemerkt worden. Er hatte den Ausweis einer gewissen Kate Blenner kopiert. Und seit Samstag mittag war er mit ihr verschwunden. Außerdem hatte noch jemand den Sicherheitscode geknackt. Die Spur führte zu einer Importfirma in Boston.

Kelley saß in dem kleinen Raum, den ihm Abarca zur Verfügung gestellt hatte, und blätterte in Jahrgangsbüchern aus Stanford. Die riesige Zahl der Studenten ließ die Recherche praktisch aussichtslos erscheinen, aber er wollte nichts unversucht lassen. Da die Bücher zwar Alters-, aber keine Größenangaben der Studenten enthielten, versuchte er, Schlüsse aus Kopfform und Gesichtsschnitt zu ziehen.

Kurz nach elf klopfte es an die Tür, und eine junge farbige Polizistin trat ein. »Sergeant Pamela Willis von der Vermißtenzentrale, Sir. Wir haben Anweisung, Ihnen ab sofort alle Vermißtenanzeigen zu übermitteln, die Frauen von fünfunddreißig bis fünfzig Jahren mit einer Körpergröße ab eins achtzig Meter betreffen.«

»Und haben wir einen solchen Fall?«

Sie hielt ihm ein Papier hin. Die Vermißte hieß Loretta Sheffler. Sie war Lehrerin an einer Highschool in Palo Alto. Ihre Größe war mit 1,82 Metern angegeben. Die Anzeige war von ihrem Direktor aufgegeben worden. Allerdings war die Frau erst neunundzwanzig Jahre alt.

»Zu jung«, sagte Kelley.

»Das dachte ich zuerst auch. Aber lesen Sie mal hier!« Die Polizistin beugte sich über den Schreibtisch und tippte mit dem Finger auf das Papier.

Kelley las die Stelle. »Zuletzt gesehen: Theateraufführung in Del Paso Highschool.«

»Und?« fragte er.

»Theateraufführung, Sir. Sie ist Lehrerin, sie hat bestimmt mitgespielt.«

»Aha?« Kelley wußte immer noch nicht, worauf sie hinauswollte.

»Sir, wenn eine Lehrerin in einer Schule Theater spielt, muß sie praktisch immer die älteste Rolle übernehmen. Ganz gleich, wie jung sie ist, ihre Schülerinnen sind auf jeden Fall jünger.«

Kelley begann zu verstehen. »Und wenn sie eine ältere spielt ...« murmelte er.

»... dann muß sie sich auf älter schminken.«

»Moment.« Kelley überlegte. »Die Vermißtenanzeige ist von heute, aber die Aufführung war schon am Samstag.«

»Und seit Samstag ist sie verschwunden«, sagte die Polizistin. »Sie ist katholisch. Ziemlich fromm. Las in der Kirche immer die Bibeltexte vor. Hat kaum je eine Messe versäumt. Schon gar nicht unentschuldigt.«

»Haben Sie die Anzeige selbst aufgenommen?«

»Nein, Sir. Aber ich habe erst mal ein bißchen herumtelefoniert, bevor ich damit zu Ihnen ging. Wollte nicht Ihre kostbare Zeit verschwenden. Die Mutter der Vermißten lebt in Oakland. Sie telefoniert praktisch jeden Tag mit ihrer Tochter. Zuletzt sprachen sie am Samstag miteinander. Am Sonntag hat sie ihre Tochter ein paarmal angerufen. Keine Antwort. Die Frau macht sich große Sorgen.«

Kelley nickte. »Danke.«

»Ist mein Job, Sir.«

Kelley hob das Telefon ab und wählte.

»Connor.«

»Packen Sie Ihre Sachen und kommen Sie her.«

»Ist es soweit?«

»Ja.«

16

Die ersten Wahrnehmungen, die der Nomade machte, beunruhigten ihn. Er fühlte, daß er durch völlige Dunkelheit raste, immer wieder von heftigen Schlägen und Stößen aus dem Gleichgewicht gebracht, als säße er im Inneren eines Stahlzylinders, den Druckluft durch das Leitungssystem einer riesigen Rohrpost preßte. Ein schleifendes Geräusch malträtierte seine Ohren, und seine Nase registrierte den Geruch stark durch Reibung beanspruchter Metallteile. Ein fast überwältigender Eindruck völliger Einsamkeit legte sich wie Blei auf die Psyche, und wieder einmal mußte er den Fluchtreflex unterdrücken. Er tastete sich ab und stellte fest, daß er offenbar ein Baumwollhemd, Jeans und ein Sakko trug. Die Bank unter ihm bestand aus körpergerecht geformtem Plastik. Dann fühlten seine Hände eine rauhe Kunststoffwand sowie das kalte Glas eines Fensters, und diese Informationen fügten sich mit den vorigen zum Bild eines U-Bahn-Wagens zusammen.

Er hörte einen Lautsprecher knacken; dann sagte eine kühle Frauenstimme: »Noch sieben Stunden und fünfundfünfzig Minuten.« Es klang blechern wie bei einer Bahnhofsdurchsage der fünfziger Jahre.

Rasch konzentrierte sich der Nomade und dachte: »Zeit!« Sofort erschien am rechten oberen Rand seines dunklen Gesichtsfelds eine Reihe von sechs Zahlen.

Prüfend schob der Nomade die Hand unter den Oberschenkel. Obwohl das Experiment erst vor knapp zwölf Sekunden Echtzeit begonnen hatte, war die Plastikfläche bereits erwärmt – Bestätigung dafür, daß in dem IC-Programm die Zeit tatsächlich nicht nur zehnmal, sondern sogar fünfundzwanzigmal schneller ablief. Als der Nomade in der Nacht zuvor in den Festplatten auf diese Information gestoßen war, hatte Professor Pawlow die Vermutung geäußert, Allan Behrman habe nicht nur den Bedarf an Computerzeit verringern wollen, sondern sich von der Tatsache leiten lassen, daß die innere Uhr des Menschen als Trick der Evolution zur Verlängerung der aktiven Phase nicht auf einen 24-Stunden-, sondern einen 25-Stunden-Tag eingestellt sei. Da die Glukose so dosiert war, daß der Körper sie nach zweiundzwanzig Minuten abgebaut haben würde, würde der Nomade rund neun VR-Stunden lang Zeit für Erkundungen haben.

Zur Beruhigung rief er sich noch einmal die umfassenden Vorbereitungen ins Gedächtnis. Der straffe Schnitt und der feste Stoff der Spezialkleidung, in die Allan gepackt worden war, sorgten für eine Körperhaltung, in der sein Kreislauf optimal funktionierte. So war der Bewußtlose am frühen Abend in den ersten der acht Neuronenresonatoren gebettet worden, über die das Institut verfügte; die Glukose war ihm injiziert worden.

Ein fernes Quietschen vermittelte den Eindruck, als würden Bremsen aktiviert. Dann drang ein erster schwacher Lichtschein durch die Scheiben, und der Nomade stellte fest, daß er tatsächlich in einem U-Bahn-Wagen saß. Der Boden war mit Zeitungen, leeren Zigarettenschachteln, zerdrückten Bierdosen und sonstigem Abfall bedeckt. Fast alle Sitze waren beschädigt, die Wände beschmiert. An das gegenüberliegende Fenster war mit roter Farbe ein großes Herz gesprüht; daneben verkündete ein Schriftzug »I love Marlies«.

War die Erinnerung an diese Kinderliebe also noch lebendig? Der Nomade erinnerte sich an Sommersprossen, strohblonde Zöpfe und eine Zahnlücke. Er stand auf und ging in den nächsten Wagen. Er war ebenfalls menschenleer, genauso wie der übernächste.

Hinter den Fensterscheiben zeigten sich nach und nach die ungeheuren Dimensionen einer Konstruktion mit Hunderten von Gleisen. Als der Tunnel eine zweite riesige Röhre kreuzte, rollten die Züge über ein Schienengewirr von den Ausmaßen einer Kleinstadt.

Ein heller Signalton erklang, und eine Leuchtschrift begann zu blinken: »Nächste Station: Seitlicher Kniehöcker«.

Der Nomade hob einige Zeitungen auf und überflog die Titelseiten. Laut der »Brain Times« besagten Gerüchte, daß die Regierung von »Cerebrum City« den Notstand ausrufen wolle. Die »Cerebrum Post« fragte in riesigen Lettern: »DAS ENDE DER WELT?« und kündigte einen Angriff Außerirdischer an. Im »Cortex Enquirer« erwartete ein Bischof einen neuen Heiland; die Schlagzeile hieß »Morgen kommt ein neuer Gott«.

Sekunden später fuhr der Zug in einen U-Bahnhof mit mindestens dreißig Bahnsteigen ein. Als sich die Türen öffneten, blickte der Nomade auf ein großes Schild mit der Aufschrift »SEITLICHER KNIEHÖCKER«. Darunter stand etwas kleiner »Corpus geniculatum laterale. Bahnsteig 94«.

Er schaute sich kurz um und stieg dann aus. Die Türen schlossen sich, und der Zug fuhr weiter.

»Ich stehe jetzt in einem großen Bahnhof«, sagte der Nomade. »Viele Züge, aber keine Menschen.«

»Noch sieben Stunden und vierzig Minuten«, hallte es aus den Lautsprechern auf den Bahnsteigen.

Ein Schild mit der Aufschrift »NETZHAUT/Iris« wies in die Richtung, aus der er gekommen war. Die offenbar wichtigsten Stationen in der entgegengesetzten Richtung hießen »SEHSTRAHLUNG/Radiatio optica« und »SEHRINDE/Area striata«. Am Ende des Bahnsteigs hing eine große Tafel mit der Aufschrift »AUSGANG ZUM ZWISCHENHIRN/Diencephalon«. Der Nomade dachte kurz nach und ging dann auf sie zu. Sie enthielt in kleinerer Schrift Hinweise auf zahlreiche spezielle Ziele wie

»Mandelkern« oder »Hippocampus«, aber keinen auf den Reissnerschen Faden oder das Subkomissuralorgan.

Nach fünfzig Metern sah der Nomade über hundert Rolltreppen, die sich unablässig bewegten. Beim Näherkommen bemerkte er darüber weitere. Obwohl sie ihn mit dem flottem Tempo von einem Meter pro Sekunde beförderten, dauerte es fast fünf Minuten, bis er die oberste Ebene erreichte. Sie wurde von einer gewaltigen gläsernen Kuppel gekrönt. Das Meßprogramm des Nomaden zeigte an, daß der Bahnhof fast vierhundert Meter hoch war. Fahles Licht schien herein, als habe auch der Himmel eine Notbeleuchtung eingeschaltet.

»Noch sieben Stunden und zwanzig Minuten.«

Bis zum Horizont reihten sich Hochhäuser aneinander, aber es waren weder helle Fenster noch Reklameschriften oder Autoscheinwerfer zu sehen. Der seltsame Anblick ließ an ein Schwarzweißfoto denken, über das Tinte geflossen war.

»Noch sieben Stunden und fünfzehn Minuten.«

Der Nomade ging am Rand der Kuppel entlang und schilderte die eindrucksvollsten Gebäude. In der einen Richtung standen die Wolkenkratzer vierzig bis fünfzig Stockwerke hoch und waren im typischen Art-déco-Stil der zwanziger und dreißiger Jahre errichtet, in der anderen beherrschte die Betonnadel eines Fernsehturms das Panorama.

Davor, etwa zwei Meilen entfernt, wölbte sich zwischen niedrigeren Gebäuden ein Dach wie der Panzer einer Schildkröte. Dahinter lag ein weiterer Bahnhof. Die Straßen waren mit Autos überfüllt, aber obwohl die Ampeln laufend die Farbe wechselten, bewegten sie sich nicht; auch war kein einziger Fußgänger zu sehen.

»Noch sieben Stunden und zehn Minuten.«

Weiter links öffnete sich eine Schlucht, so gewaltig wie der Grand Canyon. Am gegenüberliegenden Rand begann ein anderer Stadtteil mit ähnlichen Gebäuden und einem zweiten Fernsehturm; es wirkte wie ein Spiegelbild.

Der Nomade räusperte sich. »Ich sehe die zentrale Spalte. Breite vier Komma acht Meilen. Gehe weiter nach links.«

Fasziniert betrachtete er ein gigantisches Bauwerk, das fast in der Höhe des Bahnhofsdachs zwischen den Wolkenkratzern hervorkam. Die Verbindung zwischen den beiden Hirnhälften war doppelt so hoch wie die Brooklyn Bridge.

»Der Balken«, sagte der Nomade. »Leere Züge, Autos im Stau.«

Er fuhr wieder hinunter und trat durch eine der vielen hundert Glastüren hinaus. Ein heftiger Wind trieb Plastiktüten, Pappbecher und loses Papier über den Bürgersteig. Die Autotüren standen offen, als hätten die Fahrer in Panik die Flucht ergriffen. Tief unter sich hörte der Nomade ein rhythmisches Wummern, das offenbar von Allans Herzschlag hervorgerufen wurde. An der ersten Ampel ertönte statt der akustischen Anzeige wieder die kühle Frauenstimme: »Noch sechs Stunden und fünfundvierzig Minuten.«

Auf dem großen Platz vor dem Bahnhof stand die zehn Meter hohe Statue eines Mannes in der Tracht des französischen 17. Jahrhunderts. Auf dem Sockel stand »COGITO ERGO SUM«. Hatte Allan ebenfalls Descartes gelesen?

»Noch sechs Stunden und fünfunddreißig Minuten«, hörte der Nomade an der zweiten Ampel. Die Luft war sommerlich warm.

Der nächste Platz hieß »Galen Square«, die breite Straße zum Fernsehturm »Dioscorides Avenue«.

Nach einer halben Stunde kam er auf einen großen Platz mit einem weiteren Denkmal. Die zehn Meter hohen Steinfiguren auf dem Granitsockel stellten ein Paar dar, dessen Gestalt und Gestus dem Nomaden vertraut erschienen. Dahinter ragte eine weiß schimmernde Fassade empor, die ein riesiges goldenes Seepferdchen krönte. Auf der gegenüberliegenden Seite der Dioscorides Avenue wölbte sich das Schildkrötenpanzerdach über eine riesige Halle.

»Noch fünf Stunden und fünfundfünfzig Minuten.«

Der Nomade betrachtete die steinernen Figuren. Auf einer Tafel am Sockel standen die Namen »Norman J. Behrman« und »Gertrud Behrman« mit den Geburts- und Todestagen seiner Eltern und darunter: »Wir werden euch nie vergessen«.

»Noch fünf Stunden und null Minuten.« Diesmal kam die Stimme aus einem Transistorradio, das neben ihm auf einer grünen Parkbank lag.

Unter dem überdimensionalen Seepferdchen stand in meterhohen Metallbuchstaben HIPPOCAMPUS und daneben in etwas kleineren Lettern »Institut für Bildung und Erziehung«.

Der Nomade aktivierte wieder sein Meßsystem. »Hauptgebäude einhundertvierzig Meter breit, fünfundfünfzig Meter hoch. Untere Mauern aus Stein, darüber Ziegel. Haupteingang sechzig Meter links von mir. Auf dem Dach ein zwölf Meter hohes goldenes Seepferdchen. Ich gehe jetzt hinein.«

»Noch vier Stunden und fünfundfünfzig Minuten«, meldete das Radio.

Der Nomade legte den Apparat auf die Bank zurück, überquerte die Straße und trat durch eine große Drehtür in eine riesige düstere, marmorgetäfelte Halle. Der mit zahlreichen Monitoren ausgestattete Empfang war unbesetzt. An den Wänden hingen Hinweisschilder: »Eingabe Langzeitgedächtnis«, »Eingabe Kurzzeitgedächtnis«, »Eingabe Ultrakurzzeitgedächtnis«. Große Plakate warnten vor Drogen, besonders vor Kokain und LSD. Es roch muffig.

In der Mitte, gut sechzig Meter entfernt, stand ein riesiger Glaskasten, der etwas Unheimliches, Bedrohliches zu enthalten schien. Als der Nomade näher kam, enthüllte die Dunkelheit nach und nach eine spitze Schnauze mit dolchgroßen Zähnen unter ledernen Lefzen, dann schräge Augen mit senkrecht geschlitzten Pupillen und schließlich den gewaltigen Leib eines fünfzehn Meter langen Krokodils, das laut der Beschreibung auf einer Messingplatte aus dem Erdmittelalter stammte.

»Noch vier Stunden und fünfzig Minuten«, klang nun wieder die bekannte Lautsprecherstimme durch die Halle.

Der Nomade trat in den vordersten der vielen Aufzüge, drückte wahllos einen Knopf und wurde rasch nach oben getragen. Zwölf Sekunden später öffneten sich die Türen und gaben den Blick auf eine Marmorwand frei, an der mit Messinglettern stand: »22. Etage. Eingabe Langzeitgedächtnis. Hauptabteilung Finanzen. Unterabteilung Private Ausgaben. Buchstabe P.«

An der ersten von vielen Türen auf einem langen Flur stand PIZ. Dahinter lag ein Großraumbüro. Auf jedem der zahlreichen Monitore blinkte der Cursor. Der Nomade trat an einen der Tische und las die oberste Meldung im Eingangskorb. Sie trug das Datum des Tages, an dem Allan verunglückt war, und lautete: »KURZFASSUNG. Pizza, Anchovis. Pizza-Hut, Manhattan, 11th Avenue, Ecke 49th West. 11.52 a.m. Lokal wie immer hell, sauber, ordentlich, freundlich. Kaum Publikum. Pizza 4.95 Dollar, Cola Light 1.45 Dollar. Bedienung weiblich, farbig, einigermaßen hübsch, mittleres Alter, freundlich, weiße Bluse leider durch Ketchup-Spritzer verunreinigt. Am Nebentisch junge Farbige mit Wonderbra und blonder Perücke, vermutlich Prostituierte. Pizza heiß und appetitlich. Tellergroß, Teig knusprig, Belag reichhaltig. Dauer des Essens: elf Minuten. In Eile Wechselgeld auf dem Tablett vergessen.«

Der letzte Satz war fett ausgedruckt, und der Nomade begann zu verstehen, auf welche Weise Fakten im Langzeitgedächtnis gespeichert wurden. Offenbar wurde jeweils die Information hervorgehoben, die für den Besitzer am interessantesten oder bewegendsten war. Und natürlich mußten noch andere Versionen des Vorgangs ausgewertet worden sein. Wenn es zum Beispiel eine Abteilung »Fremde Menschen. Frauen. Begegnungen« gab, war auf der Meldung vermutlich die blonde Schönheit mit dem Wonderbra hervorgehoben, und für eine Rubrik »Menschen. Frauen. Sauberkeit« spielte gewiß der Ketchup-Spritzer die entscheidende Rolle.

Der Nomade nahm das nächste Blatt und las: »Weitere Informationen nach Stichworten. 1. Autos. Parkende Fahrzeuge vor dem Lokal: Buick Park Avenue, Baujahr 1992, kobaltblau, gepflegt, korrekt eingeparkt, New Yorker Kennzeichen. Chevrolet Caprice Classic, ocker/dunkelbraun ...« Weitere Listen enthielten Angaben über »Vorbeifahrende Autos nach Sicht«, »Vorbeifahrende Autos nach Geräusch«, »Assoziationen im Zusammenhang mit Autos«, »Vergleiche mit dem eigenen Auto«, »Rückschlüsse auf Fahrer bzw. Besitzer der Autos«, »Auffälligkeiten an den betreffenden Autos« und noch eine Reihe weiterer Punkte. Dann folgten weitere, alphabetisch sortierte Listen über »Aussehen der anderen Gäste«, »Aussehen des Personals«, »Berührungsempfindungen bei Tisch und Möbeln«, »Beschriftung der Servietten«, »Einfälle während des Essens«, auch über Gerüche vor und nach dem Essen, Gespräche, Hintergrundmusik, Lichtverhältnisse, Temperatur und zahlreiche andere Themen. Aus den Berichten ging hervor, daß Allan in den zwanzig Minuten seines Besuchs in der kleinen Pizzeria über seine Sinnesorgane etwa dreißigtausend Informationen aufgenommen und daraus etwa sechshundertfünfzig Gedanken unterschiedlichster Qualität entwickelt hatte.

Diesmal kam die Zeitansage aus einem der Rechner: »Noch vier Stunden und fünfunddreißig Minuten.«

Der Nomade fuhr wieder in die Halle, setzte sich in die Empfangszentrale und probierte an den Tasten des Computers herum, bis der Bildschirm ein Menü zeigte, das seinen Hoffnungen entsprach: »Institut für Bildung und Erziehung. Verzeichnis aller Abteilungen«. Er klickte das Stichwort »Alphabetische Reihenfolge« an. Unter »L« suchte er »Langzeitgedächtnis«, holte sich den Index auf den Monitor und ließ die Stichworte unter »R« vorübersausen, bis er die Buchstabenkombination »Reis« erreicht hatte. »Reiskorn, Reisschnaps, reißen, reißerisch ...« Enttäuscht hielt er inne. In Allan Behrmans Langzeitgedächtnis gab es keinen Eintrag für »Reissnerscher Faden«. Der Nomade aktivierte das Retrievalsystem und überprüfte erst das Kurzzeit-, danach auch das Ultrakurzzeitgedächtnis, aber diese beiden Speicher enthielten das gesuchte Stichwort ebenfalls nicht.

»Noch vier Stunden und dreißig Minuten«, tönte es durch die Halle.

Der Nomade ging zum nächsten Gebäude. Fußboden und Wände waren mit Marmor verkleidet. Schon von weitem sah er ein rotes Schild: »ALARMZENTRALE«. Darunter warnten Hinweise: »Achtung! Drogenkontrolle!« Im Hintergrund zeigten Hinweisschilder den Weg zu einem »WACHDIENST« und einer Abteilung »AKTIVITÄTS-STEIGERUNG«.

Im übernächsten Gebäude kam er an einem Wegweiser zu einer »Acetylcholinbahn« vorbei. Er folgte dem Hinweis, öffnete eine große Tür und stand in einem Raum, dessen Mobiliar an eine Botenmeisterei der achtziger Jahre erinnerte. Überall standen Tische mit großen Eingangs- und Ausgangskörben, auf deren Schildern Ziele, Orte wie »Basalganglien«, »Scheitellappen« oder »Rautenhirn« angegeben waren. In langen Regalen stapelten sich Umschläge. An der Wand waren mehrere hundert Faxgeräte aufgereiht. Überall lagen Postsäcke umher. Große Schilder warnten: »Rauchen streng verboten!« und »Vorsicht vor pharmazeutischen Substanzen!«

»Noch zwei Stunden und fünf Minuten.«

Im nächsten Saal sah es aus wie im Umkleideraum einer Fabrik. Über dem Eingang stand »Serotoninbahn«, und der Nomade mußte an die Synapse denken, die er im VR-Raum beobachtet hatte. An den Wänden stand eine größere Zahl von Werkzeugkisten, wie sie Handwerker und Monteure benutzen. In einem kleinen, verglasten Büro nebenan entdeckte der Nomade einen Schreibtisch mit mehreren Telefonapparaten. Einer von ihnen trug die Aufschrift »Alarmtelefon«.

Im hintersten der vier Hochhäuser stieß der Nomade auf eine Abteilung, die sich »Institut für Emotions- und Motivationskontrolle« nannte. Sie bestand aus Sälen, die wie Einsatzzentralen von Polizeipräsidien eingerichtet, aber ungleich größer waren. In der Mitte befanden sich jeweils Dutzende großer Tische mit Hunderten von Telefonen, an den Wänden leuchteten riesige Übersichtspläne. Zwischen ihnen standen Dutzende von Monitoren übereinander, die Aufschriften wie »Blickfeld Auge links« oder »Sensoren Zeigefinger rechts« trugen. Über allen Geräten und Möbeln lag feiner Staub, als seien sie längere Zeit nicht benutzt worden.

»Noch eine Stunde und null Minuten«, sagte die Stimme aus dem Computer.

Er war nun also schon seit fast sieben Stunden unterwegs, und allmählich begann ihn die Fülle der Eindrücke zu ermüden. Zugleich machte ihm immer stärker der unheildrohende Gedanke zu schaffen, daß es ihm vielleicht gar nicht möglich sein würde, in dieser riesigen, menschenleeren Stadt ganz allein den Weg zum Reissnerschen Faden zu finden. Außerdem wurde es langsam Zeit, zu dem Bahnhof zurückzukehren. Der Nomade verließ das Gebäude, überquerte einige Schienen und studierte die Fahrpläne an einer Straßenbahnstation, die »Hippocampus« hieß und von einer »Papez-Linie« angefahren wurde. Ein Hinweis mahnte: »Achtung! Nur für Fahrten im Kurzzeitgedächtnis!«

Gegenüber ragte die Halle mit dem Schildkrötenpanzerdach in den düsteren Himmel. Der Nomade beschloß, schnell noch einen Blick in das imposante Gebäude zu werfen. Über dem acht Meter hohen Portal stand »MANDELKERN/Amygdala. Amt für Ernährung, Kampf, Flucht und Fortpflanzung«. Eine merkwürdige Kombination, dachte der Nomade; die einzige Gemeinsamkeit schien in dem erhöhten Bedarf an Adrenalin zu bestehen.

»Noch null Stunden und fünfzig Minuten«, sagte die Stimme aus der nächsten Ampel.

Auch die Mauern der Halle bestanden im unteren Teil aus Steinen und im oberen aus Ziegeln. Im Eingang kam dem Nomaden ein Schwall geradezu widerlich warmer Luft entgegen. Das Wummern unter seinen Füßen schien sich zu beschleunigen, und im gleichen Rhythmus begann im Inneren der Halle ein rotes Licht zu blinken. Sekunden später bemerkte der Nomade, daß der Boden unter ihm bebte. Etwas in seinem Inneren schien ihn warnen zu wollen, doch ehe er darauf reagieren konnte, begann sein Körper zu zucken. Ein heftiger Krampf befiel seine gesamte Körpermuskulatur; er verdrehte die Augen, preßte Schaum zwischen den Lippen hervor und fiel besinnungslos zu Boden.

17

Sechs Meter und eine Welt entfernt blickte Kate Blenner erschrocken auf ihren Monitor. »Ich habe ihn verloren!«

»Hmmmm ... Überprüfen Sie die Leitungen«, sagte Pawlow, der leicht gebeugt neben dem Neuronenresonator stand und die oszillierenden Armaturen beobachtete. »Betätigen Sie den Störungsknopf.«

Sie gehorchte. »Nichts. Bildsalat. Er ist weg.«

Pawlow drehte an einem Regler seiner Apparatur. »Ich habe ihn noch.«

»Wo?«

»Immer noch am Mandelkern. Beruhigen Sie sich, Miss Kate.« Er richtete sich auf und ging quer durch das Labor zu ihrem Pult. Schweigend starrten sie auf den Monitor, und Pawlow tippte sogar ein paarmal mit dem Zeigefinger gegen das Glas, atavistische Reaktion aus einer Zeit, da sich wissenschaftliche Geräte noch durch Klopfen beeinflussen ließen.

Kate Blenner zeigte auf die Echtzeit-Uhr. »Nur noch 92 Sekunden«, sagte sie etwas lauter und aufgeregter, als der Professor es von ihr gewohnt war. »Er kommt nicht mehr rechtzeitig heraus!«

»Hmmmm ... Neustart?«

Energisch schüttelte sie den Kopf. »Und wenn das Programm sich danach zu langsam wieder aufbaut? Dann haben wir ihn endgültig verloren!« Sie mußte an Allan Behrman denken. »Brechen wir ab!«

Der Professor hielt ihre Hand fest. »Nur im Notfall. Ich sage Ihnen doch, Mr. Behrman befindet sich nach wie vor an der Amygdala. Überzeugen Sie sich bitte selbst.« Er wies mit dem Kopf auf die andere Seite des Labors.

Sie sprang auf und lief zu dem Neuronenresonator. Auf dem kleinen Monitor blinkte ein roter Punkt neben einem Gebilde von Größe und Form einer Mandel.

Kate Blenner blieb mißtrauisch. »Wer garantiert uns, daß der Neuronenresonator nicht ebenfalls defekt ist? Vielleicht zeigt er einen Zustand an, der gar nicht mehr aktuell ist.«

Der Professor hatte sich auf ihren Stuhl gesetzt und tippte wieder mit seinem zigarrendicken Zeigefinger gegen den Bildschirm. »Er befindet sich hier«, sagte er, als gäbe es nicht den geringsten Zweifel.

Noch 41 Sekunden. Das Adrenalin aus den Nebennieren entfaltete seine Wirkung, und Kate Blenner begann zu zittern.

»Keine Panik«, mahnte der Professor. »Bereiten Sie Infusionen vor.«

»Gut, aber Sie bleiben am Computer und brechen notfalls ab!«

»Natürlich. Nur keine Angst«, sagte Pawlow so beruhigend, wie er konnte, und drehte an einem Knopf, der den Bildausschnitt des Monitors regulierte.

Kate Blenner zog den Infusionsständer zu der ersten Röhre des Neuronenresonators und öffnete die kleine Klappe, hinter der sich die für den Notfall präparierte rechte Hand des Nomaden befand. Sie fixierte seinen Unterarm mit einer breiten Lederschnalle, steckte die Kanüle in die anpunktierte Hautvene am Handrücken, stellte das Klemmventil ein und schaute zu, wie das Infusat durch den Plastikschlauch floß. »Wie lange noch?«

»Achtundzwanzig Sekunden«, antwortete Pawlow.

Kate Blenner rechnete fieberhaft. In weniger als zwanzig Sekunden Echtzeit würde das Herz des Nomaden die radioaktive Glukose mit dem Blut durch die Kariotis und die anderen Schlagadern des Gehirns in den Kortex gepumpt haben. Danach würde es höchstens fünf Sekunden dauern, bis die Flüssigkeit auch das limbische System erreichte und den Kontakt mit dem Nomaden für weitere neun Stunden sicherte. Vorsichtig überprüfte Kate Blenner noch einmal den Halt des Glasbehälters. Dann zog sie den zweiten Tropf heran und gab auch Allan Behrman eine Infusion. Dabei blickte sie immer wieder zu dem Professor, der die Hand auf der Rückholtaste ruhen ließ. »Und jetzt?«

»Noch drei Sekunden«, antwortete Pawlow.

Sie atmete tief durch. »Das war knapp. Wir hätten das Infusat gleich einsetzen sollen.«

»Hmmmm ... Aber Sie wissen doch, welche Probleme auftreten können, wenn über einen längeren Zeitraum plötzlich die doppelte Menge Glukose durch die Zellen fließt.«

Sie wischte sich Schweiß von der Stirn. »Es kann zu Irritationen führen«, gab sie zu.

»So gefallen Sie mir schon besser, meine Liebe. Es bestand wirklich keine Gefahr. Vertrauen Sie mir.«

»Entschuldigung, Herr Professor. Ich glaube, ich war ein bißchen hektisch.«

Pawlow zeigte milde lächelnd auf den Monitor. »Und das Bild kehrte ebenfalls zurück.«

Kate Blenner eilte zu ihrem Pult. Der Professor stand auf und überließ ihr wieder den Stuhl. Der Bildschirm war schwarz. Verwundert drückte sie ein paar Tasten. »Haben Sie nicht gesagt, daß das Bild wieder da ist?«

»Schauen Sie ganz genau hin.«

Sie kniff die Augen zusammen und entdeckte in der Schwärze zahllose graue Punkte und Schlieren. Es sah aus, als habe jemand auf der Glasfläche nachlässig Staub gewischt.

»Ich möchte unserem jungen Freund nichts unterstellen«, sagte Pawlow, »aber das erweckt den Anschein, als ob er gerade ein Nickerchen macht.«

»Sie meinen, er ist eingeschlafen?«

»Ich halte es für durchaus möglich, daß die ständige starke Belastung einen Anfall plötzlicher Erschöpfung hervorgerufen haben könnte.«

»Und das Flimmern?«

»Hmmmm ... Vielleicht stand die Bildstörung gar nicht in Zusammenhang mit unserem Experiment. Genaueres werden wir wohl erst erfahren, wenn er zurückkehrt. Stellen Sie nun bitte die Uhren um, sonst wird unser Freund noch nervös.«

Der Monitor wurde plötzlich hell und zeigte ein riesiges, düsteres Foyer. Diffuses rotes Licht an verschiedenen Stellen ließ darauf schließen, daß in der Wandelhalle eine Notbeleuchtung brannte.

»Aufwachphase«, stellte Pawlow fest und ging wieder zu seinen Beobachtungsgeräten neben dem Neuronenresonator.

Nach einigen Sekunden schienen sich die Augen des Nomaden auf die Entfernung einzustellen, und das Bild wurde schärfer. In etwa hundert Metern Entfernung führten breite Treppen offenbar in einen Fußgängertunnel. Auf einem großen Schild stand »ZUR RIECHZWIEBEL«.

»Hoffentlich geht er jetzt nicht da hinunter«, sagte sie. »Der Gestank muß entsetzlich sein.«

Das Bild wackelte stark und ließ häufig den Fußboden erkennen. »Es sieht aus, als könne er sich kaum auf den Beinen halten«, sagte Kate Blenner besorgt. Rasch kontrollierte sie die drei Aufzeichnungsgeräte. »Es geht weiter. Er verläßt die Halle und geht zurück auf die Straße.«

»Hmmmm ... Haben Sie seine Uhren zurückgestellt?«

»Natürlich. Er sind noch achtzehn Minuten Echtzeit. Also siebeneinhalb Stunden.«

»Genug für eine weitere kleine Erkundung«, sagte der Professor. »Ich nehme an, er knöpft sich jetzt die Wohnbezirke vor.«

»Wo sollen die denn sein?«

»In den Basalganglien, nehme ich an. Wo unsere motorischen Bewegungen programmiert werden. Die passende Metapher wäre doch wohl der Verkehr in einer Stadt. Menschen, die morgens zur Arbeit und abends wieder nach Hause gehen. Und dann müssen dort auch Wohnhäuser vorgesehen sein. Überlegen Sie doch einmal: Straßen und öffentliche Gebäude erscheinen leer. Wenn aber in dieser Gehirnstadt überhaupt irgendwelche intelligente Wesen leben, dann dürfte man sie doch wohl am ehesten dort finden, wohin sich auch Menschen gewöhnlich zurückziehen, wenn die große Katastrophe kommt und kein Fluchtweg offensteht: in die – und sei es auch zum Sterben – tröstliche Vertrautheit ihrer Häuser.«

18

Die Lagebesprechung der Sonderkommission begann kurz nach 20 Uhr in der Einsatzzentrale des Polizeipräsidiums von Santa Clara County. In dem hellbeige gestrichenen, mit Tischen, Stühlen und viel elektronischem Gerät gefüllten Raum saßen zwei Dutzend Männer und eine Frau.

Deputy Chief Joseph Abarca hatte versucht, dem Beginn der Konferenz und seinem eigenen Auftritt eine gewisse Dramatik zu verleihen, von der er glaubte, daß sie der Sache förderlich sein würde, und mit einem ostentativen Blick auf seine Armbanduhr gesagt: »Es ist jetzt Montag, zwanzig Uhr und drei Minuten. Seit Loretta Shefflers Entführung sind gut vierzig Stunden vergangen. Unsere Freunde vom FBI gehen davon aus, daß die Chance, den Täter aufzuspüren und die Frau zu retten, alle vierundzwanzig Stunden um fünfzig Prozent sinkt. Demnach liegt diese Chance jetzt nur noch bei etwas mehr als dreißig Prozent.«

An dieser Stelle hatte er einen grimmigen Blick über die vor ihm versammelten Beamten schweifen lassen, bevor seinen schmalen Lippen eine Banalität entschlüpft war, die weder der Professionalität noch der Motivation der Anwesenden gerecht wurde: »Ich erwarte, daß jeder von ihnen mehr als seine Pflicht tut.«

Danach hatte Larry Paredes, der stellvertretende Bezirksstaatsanwalt, wegen der leicht ungeduldigen Blicke der Beamten von Polizei und FBI darauf verzichtet, das Wort zu ergreifen, und es gleich dem Leiter der Sonderkommission, Lieutenant Robert Underwood, überlassen. Dessen Vortrag war ausführlich und präzise. Da die Sonderkommission erst im Laufe des Tages zusammengestellt worden war und nicht alle Mitglieder auf dem gleichen Kenntnisstand sein konnten, hatte der Lieutenant zunächst die Aussagen der Zeugen wiedergegeben, vor allem des Schuldirektors und seiner Sekretärin. Die anderen hatten schweigend zugehört, mit Ausnahme Vanessa Birmings, die den Lieutenant immer wieder mit Zwischenfragen unterbrach.

»War Miss Sheffler angeheitert, als sie die Veranstaltung verließ?«

»Nein. Sie hatte vielleicht zwei, drei Gläser Weißwein getrunken. Mehr mit Sicherheit nicht.«

»Woher wissen wir das? Hat jemand mitgezählt?«

»Das sagen verschiedene Zeugen. Sie ist anschließend mit dem Auto nach Hause gefahren. Sie wird allgemein als sehr vorsichtig und verantwortungsbewußt beschrieben.«

Kelley beobachtete die Verhaltensforscherin voller Respekt.

»Loretta Sheffler hatte an diesem Abend einen großen Erfolg, nicht wahr?« setzte Vanessa Birming nach. »Könnte die Euphorie ihr Verhalten nicht beeinflußt haben? In bezug auf Alkohol, meine ich.«

Underwood schielte zu dem Staatsanwalt, der keine Miene verzog. »Sie war guter Stimmung, wenn Sie das meinen, aber nicht angeheitert«, antwortete der Lieutenant.

»War der Wein gekühlt?«

Deputy Chief Abarca stieß geräuschvoll die Luft aus.

»Das weiß ich nicht«, sagte Underwood und blickte hilfesuchend zu seinen Mitarbeitern.

»Er wurde aus Flaschen serviert, die tagsüber in einem Kühlschrank standen«, sagte Kelley in die Stille. »Die Flaschen wurden aber schon vor der Aufführung herausgenommen.«

Deputy Chief Abarca räusperte sich. »Ist das wirklich wichtig?«

»Es ist sogar sehr wichtig«, sagte Vanessa Birming.

»Ach, ja?« erwiderte Abarca, der einen Widerspruch leicht als Angriff auf seine Autorität empfand. »Und wieso, wenn ich fragen darf?« Er hatte in den Jahren ein immer stärkeres Mißtrauen gegenüber

Wissenschaftlern entwickelt, deren Fähigkeiten sich nach seinem Eindruck im Theoretisieren erschöpften und deren Mitarbeit ihm deshalb oft eher schädlich als nützlich erschien, wenn sie kostbare Zeit kostete, vor allem aber, wenn sie vor Gericht zu anderen Ergebnissen führte, als die polizeilichen Ermittlungen hoffen ließen.

Da Vanessa Birming bemerkt hatte, daß der Deputy Chief sich durch sein Gepolter in eine unangenehme Situation zu bringen drohte, was möglicherweise die Professionalität der Diskussion beeinträchtigen würde, antwortete sie höflich: »Sir, in dem Mann, den wir suchen, laufen in bestimmten Phasen ganz bestimmte psychische Prozesse ab, die er wahrscheinlich weder beeinflussen noch kontrollieren kann. Der wichtigste Auslöser dieser Prozesse scheint das äußere Erscheinungsbild des Opfers zu sein, vor allem die Ähnlichkeit mit der Mutter des Täters. Wir haben einige Faktoren bereits kennengelernt: Körpergröße, Alter, Haarfarbe, höchstwahrscheinlich auch Kleidung, Gesten, Gang. Dazu kommen möglicherweise auch bestimmte Verhaltensweisen wie Wortwahl, Tonfall oder andere Eigenheiten.«

»Wozu erzählen Sie uns das alles?« fragte Abarca gereizt. »Hier geht es um polizeiliche Ermittlungen, nicht um psychologische Gutachten für Anwälte.«

»Besonders auffällige Verhaltensweisen werden oft durch Alkoholgenuß ausgelöst«, fuhr Vanessa Birming fort, ohne sich durch die Schärfe in Abarcas Stimme irritieren zu lassen. »Wenn Miss Sheffler sich in dieser Hinsicht auffällig verhielt, könnte sie damit einen Schlüsselreiz dargeboten haben, der einen entsprechenden Mechanismus auslöste.«

»Sie meinen, es machte für ihn einen Unterschied, ob sie betrunken oder nüchtern im Bett lag?« fragte Abarca, der immer noch nicht verstand. »Mordet er, weil er seine Mutter mal sternhagelvoll im Bett liegen sah?« Die Frage klang sarkastisch, aber für ihn selbst hatte sie nichts Lächerliches. Seine Mutter war an Leberzirrhose gestorben, als er gerade elf geworden war.

»Nein, Sir«, sagte Vanessa Birming. »Ich gehe davon aus, daß der Täter sein Opfer an diesem Abend beobachtet hat.«

Abarca ärgerte sich. Er hätte den Mund halten sollen, dachte er, als er die betretenen Blicke seiner Männer sah; es hatte noch nie viel gebracht, über Details zu urteilen, wenn man den Fall nicht durch und durch kannte. »Ja, natürlich«, sagte er.

»Wenn Miss Sheffler angetrunken war und dieser Eindruck den

Auslöser für den Mord bildete«, erklärte die Verhaltensforscherin, »dann suchen wir einen Mann, dessen Mutter vermutlich Alkoholikerin war oder dem Alkohol doch wenigstens überdurchschnittlich oft zusprach.«

»Kommt bei Frauen leider öfter vor«, konnte Abarca sich nicht enthalten zu sagen.

»Vor allem bei Frauen, die nicht berufstätig sind«, sagte die Verhaltensforscherin. »Bei Männern spielt das keine so große Rolle; die trinken bekanntlich im Streß genausoviel wie bei Langeweile.«

»Konzentrieren wir uns wieder auf unseren Fall«, sagte der Staatsanwalt.

Vanessa Birming schaute Kelley an. »Wann genau?« wiederholte sie.

»Um halb acht«, antwortete Kelley.

Die Verhaltensforscherin nickte. »Bei diesen Temperaturen wird der Wein spätestens nach einer Stunde warm gewesen sein. Die anregende Wirkung von Alkohol steigert sich bei warmen Getränken und hoher Umgebungstemperatur um bis zu fünfzig Prozent. Miss Sheffler war durch ihren Erfolg euphorisiert. Das bedeutet vermehrte Atmung, einen angeregten Kreislauf und damit eine deutlich gesteigerte Empfänglichkeit für Intoxikation.«

»Bisher hat keiner der Zeugen etwas von zuviel Alkohol bemerkt«, wandte der Lieutenant ein.

»Wahrscheinlich waren sie selber angeschickert«, vermutete Connor. »Vielleicht wollen sie der Polizei nicht sagen, daß ihre brave Lehrerin betrunken Auto fährt.«

»O.k.«, sagte Underwood. »Carruthers, nehmen Sie sich diesen Direktor noch einmal vor!«

Ein noch sehr junger Kriminalbeamter mit kurzgeschorenen, strohblonden Haaren stand auf und ging zur Tür.

»Noch weitere Zwischenfragen, Miss Birming?« fragte Underwood in einem Ton, der klarmachen sollte, daß er weder gegen ihre Person noch gar gegen ihr Geschlecht die geringsten Vorbehalte hatte.

»Danke, im Augenblick nicht.«

»Gut, dann also weiter. Wir wissen, daß die Entführte die Feier in der Schule kurz nach Mitternacht verlassen hat. Wir wissen auch, daß sie auf dem kürzesten Weg nach Hause gefahren ist.« Er warf der Verhaltensforscherin einen Blick zu und vervollständigte: »Wir wissen das von einem Zeugen, der zu dieser Zeit mit seinem Hund unterwegs war und sah, wie sie ihr Auto parkte und in das Haus ging. Wir nehmen an, daß sie danach zu Hause noch ein wenig weitergefeiert hat, höchstwahrscheinlich allein. Wir fanden eine fast leere Flasche Sekt sowie eine ausgedrückte Zigarette im Aschenbecher. Sie hat sich dann schlafen gelegt. Ich meine, wir gehen davon aus, daß sie sich dann schlafen gelegt hat.«

»Das wäre ein ganz natürliches Verhalten«, sagte Vanessa Birming.

»Da bin ich aber erleichtert«, sagte Abarca ironisch.

Die Verhaltenspsychologin schüttelte ärgerlich den Kopf.

Der Lieutenant räusperte sich und fuhr fort: »Um vier Uhr früh bemerkte ein gewisser Harvey Insler, der im selben Gebäude wie die Entführte wohnt, und zwar ein Stockwerk über ihr, einen großen dunklen Geländewagen, der mit ausgeschalteten Scheinwerfern aus südlicher Richtung vor das Haus rollte. Der Zeuge ist ein pensionierter Flughafenangestellter und muß wegen eines Blasenleidens jede Nacht mehrmals aufstehen.« Underwood bemühte sich, der Anwesenheit einer Frau durch eine möglichst wenig anstößige Ausdrucksweise Rechnung zu tragen. »Da er sein Geschäft im Stehen zu verrichten pflegt, konnte er dabei durch das Toilettenfenster auf die Straße sehen. Die Tatsache, daß der Fahrer sowohl ohne Licht als auch mit abgestelltem Motor fuhr, weckte die Neugier des Zeugen. Nach seinen Angaben war der Mann etwa ein Meter neunzig groß. Er trug einen dunklen, vermutlich schwarzen Parka und eine Baseballkappe der ›New York Yankees‹.«

»Handschuhe?« fragte Vanessa Birming.

»In diesem Punkt ist sich unser Zeuge nicht sicher, aber wir dürfen wohl davon ausgehen.« Er erzählte nun, was der Zeuge beobachtet hatte. »Insler sagt, die ganze Sache sei ihm zwar ziemlich seltsam vorgekommen, aber nicht seltsam genug, um die Polizei anzurufen. Er habe gedacht, da sei jemand von einer Reise zurückgekehrt, der vielleicht zu Hause nicht rauchen dürfe und deshalb schnell im Auto noch eine qualmte.«

Die Tür öffnete sich, und Carruthers kehrte zurück. »Die Sheffler war tatsächlich angetrunken. Sagt der Direktor. Sie hatte sogar schon leichten Zungenschlag, als sie ging.«

»Wie hat sich das geäußert?« wollte Vanessa Birming wissen.

»Sie sagte einmal ›Kosmetrik‹ statt ›Kosmetik‹.«

»Das war nicht nur ein banaler Zungenfehler«, erklärte Vanessa Birming. »Das war eine Fehlleistung, durch die sie unbewußt verriet, was sie wirklich dachte. Vermutlich, daß jede Kosmetik auch irgendwo ein Trick ist. Möglicherweise war es genau dieses Wort, das beim Täter den Mechanismus in Gang setzte. Sie haben unser Dossier gelesen und wissen, daß seine Mutter mit hoher Wahrscheinlichkeit eine Frau mit sehr selbstbewußtem Auftreten und auffälligem Sexualleben war. Nun könnte hinzukommen, daß sie trank und sich übertrieben schminkte.«

»Wir sind hier in Kalifornien«, sagte Abarca verächtlich. »Was meinen Sie, wie viele aufgedonnerte Säuferinnen hier herumlaufen!«

»Ich gehe davon aus, daß Polizeiarbeit hier nach denselben Kriterien organisiert ist wie anderswo in den Staaten«, sagte Vanessa Birming.

Abarca beugte sich wütend vor. »Was erlauben Sie sich!«

»Falls Sie sich überfordert fühlen, sollten Sie wenigstens die Motivation Ihrer Mitarbeiter nicht beeinträchtigen!«

»Ich benötige keine Ratschläge, weder aus Washington noch von der Ostküste und auch nicht aus der dritten Welt!«

»Haben Sie ein Problem mit meiner Hautfarbe, Sir?«

»Nein. Sie vielleicht mit meiner?«

Kelley schüttelte den Kopf. Der unverhohlene Rassismus des Deputy Chiefs widerte ihn an.

Der Staatsanwalt hob die Hände. »Aber meine Herrschaften, Auseinandersetzungen bringen uns doch nicht weiter!«

Underwood blickte kurz auf seine Notizen. »Der Täter öffnete die Tür mit einem elektronischen Dietrich und trennte die Sicherheitskette mit einem Seitenschneider durch. Nach unseren bisherigen Feststellungen ließ er die Schalter unberührt, benutzte also eine mitgebrachte Lichtquelle, höchstwahrscheinlich eine Arztlampe, um beide Hände frei zu haben. Wir nehmen an, daß er die Schlafende betäubte, vielleicht mit Äther. Dann hat er sie in seinen Kleidersack gesteckt und zum Auto geschleppt. Das Risiko war gering. Die Leute schliefen noch, und auf der Straße ist um diese Zeit kaum Verkehr.«

»Wenn der Schlüsselreiz erst einmal gewirkt hat«, sagte Vanessa Birming, »spielt die Gefahr, entdeckt zu werden, außerdem eine erheblich geringere Rolle als zuvor.«

Ein lautes Signal tönte in ihre Worte; erst nach einigen Sekunden erkannte Kelley, daß es aus seinem Handy kam. Rasch meldete er sich.

Es war Nemchankin. »Ihr Verein hat mir verraten, wo ich Sie erreichen kann. Hoffentlich störe ich nicht.«

»Überhaupt nicht. Wir besprechen hier gerade … Darf ich Sie auf Lautsprecher stellen?«

»Nur zu.«

Kelley drückte eine Taste. »Können Sie mich hören?«

»Laut und klar«, tönte Nemchankins Stimme aus dem Lautsprecher an der Decke.

»Dann schießen Sie mal los.«

»O. k. Ich habe einen Kandidaten für Sie. Hochbegabter Computer-Tüftler, groß, blond, Millionär ...«

»Sie meinen, Sie haben einen Verdächtigen?« Auch die anderen starrten gespannt zu dem Lautsprecher an der Decke.

»Genau. Wie es der Zufall will. Ich sehe den Kerl direkt vor mir. Ich meine, sein Foto. Sie können ihn gleich selber schnappen. Er wohnt gar nicht weit von hier.«

»Name?« – »Nemchankin.« – »Wie?« – »Nemchankin.« – »N ... wie?«

»N-E-M-C-H-A-N-K-I-N.«

»Vornamen?« – »Gabe. Gabriel.« – »Und?« – »Nur Gabriel.«

»Geboren?« – »15. Juni 1941.«

»In?« – »Auschwitz.«

An dieser Stelle pflegten die Lehrer, Beamten, Kreditsachbearbeiter, Personalchefs oder anderen Gesprächspartner, die sich für Gabe Nemchankins Daten interessierten, eine Pause zu machen und ihn anzustarren. Die meisten fragten nach einigen Sekunden, als ob sie ihren Ohren nicht trauten: »Auschwitz? Sie sind in Auschwitz geboren?«

»Ja.«

Die nächste Frage lautete jedesmal: »Sie sind Jude?«

Und Nemchankins Antwort lautete fast fünfzig Jahre lang: »Keine Ahnung.« Er besaß keinerlei Erinnerung an seine Eltern, und in Auschwitz waren, wie er wußte, auch Polen, Russen und Zigeuner umgebracht worden. Aber ja, höchstwahrscheinlich war er Jude. Zwei Tage vor der Befreiung des Lagers durch die sowjetische Armee war eine junge Flüchtlingsfrau aus der Ukraine, die von ihren polnischen Nachbarn gehört hatte, daß in Auschwitz auch Kinder lebten, durch den von der SS schon kaum mehr bewachten Stacheldraht zu den Baracken der Kinder geschlichen und hatte dort das eine ausgesucht, das zu retten sie sich imstande fühlte. Sein Vorname und sein Geburtsdatum hatten auf dem kleinen schwarzen Koffer gestanden, der einige Kleidungsstücke enthielt. Da die junge Frau die Russen fast genauso haßte wie die Nazis und ahnte, was nach dem Krieg in Polen geschehen würde, hatte sie den Jungen an die Hand genommen und war mit ihm durch kalte Winternächte nach Westen gewandert, bis sie in Thüringen auf die Amerikaner gestoßen waren. Im folgenden Jahr hatte sie einen US-Sergeant ukrainischer Herkunft geheiratet und war mit ihrem Ehemann und dem inzwischen adoptierten Sohn in die Nähe von Minneapolis gezogen.

Der Sergeant war bei der Einheit gewesen, die das Konzentrationslager Buchenwald befreit hatte. Er kannte die Lampenschirme aus Menschenhaut und die Schrumpfköpfe aus den abgetrennten Häuptern der nach Fluchtversuchen gestellten Gefangenen. Wie seine Frau glaubte auch er, daß es das beste für den Jungen sei, die Vergangenheit ruhen zu lassen. Die Eltern hofften, daß ihr Sohn die Schrecken seiner ersten Lebensjahre so am besten würde vergessen können.

In der Schule aber merkte der kleine Gabriel rasch, daß er sich von den anderen Kindern unterschied. Keines außer ihm schnappte sich sofort jede Kartoffel, die es erwischen konnte, um sie an den unmöglichsten Stellen zu verstecken. Nur ihm allein wurde jedesmal schlecht, wenn Würstchen oder Chips in Schweinefett gebraten wurden. Kein anderes Kind träumte wie er von Baracken und Stacheldrahtzäunen, von ausgemergelten Elendsgestalten und brüllenden Uniformierten, von Eisenbahnzügen, die meistens nachts fuhren und Tausende fremder Menschen aus fremden Ländern mit fremden Sprachen brachten; oder von einem braunen Backsteinbau, in dem kleine Kinder acht Stunden lang bei eisiger Kälte nackt vor einer Glasscheibe standen, hinter der sich bebrillte Männer Notizen machten. Keiner der anderen Schüler hatte schon einmal siamesische Zwillinge gesehen, und kein anderer hörte nachts Stimmen.

Als Gabe Nemchankin zwölf Jahre alt wurde, fiel ihm plötzlich wieder ein, woher die Träume kamen. Daraufhin erzählten ihm seine Eltern, was sie über ihn wußten. Der Schock führte zum vorzeitigen Ausbruch der Pubertät, und der Junge machte eine schwere Identitätskrise durch, aber seine Eltern überhäuften ihn mit Beweisen ihrer Liebe, und er fing sich wieder. Ein Schulpsychologe sprach mit ihm über die Vernichtungslager der Nazis und erzählte ihm, daß insgesamt einhundertachtzig Kinder, darunter zweiundfünfzig im Alter von bis zu acht Jahren, Auschwitz überlebt hatten. Das half dem kleinen Gabriel, sein Selbstwertgefühl zurückzugewinnen. Er glaubte, daß Gott etwas mit ihm vorhaben müsse, da er ihn als einen von so wenigen aus der Mordfabrik gerettet hatte, und begann, alles über den Holocaust zu lesen, was er finden konnte.

Als er sechzehn Jahre alt war, wußte er, daß er in Auschwitz keine siamesischen Zwillinge gesehen hatte, sondern zwei kleine Zigeunermädchen, die der berüchtigte Nazi-Arzt Dr. Josef Mengele bei einem seiner bestialischen Experimente am Rücken und an den Händen zusammengenäht hatte; auch, daß die Eltern die Qualen ihrer Kinder nicht hatten ertragen können und die Töchter in ihrer Verzweiflung ein paar Tage später erstickt hatten. Und er wußte, daß gebratenes Schweinefett viele Überlebende von Auschwitz an den Geruch erinnerte, der aus den Schornsteinen der Krematorien quoll.

Nach dem College studierte Gabe Nemchankin Physik. In den Semesterferien reparierte er für Telefongesellschaften Leitungen. Später ging er nach Texas, um Taschenrechner zu bauen.

Nach dem Tod seiner Eltern bei einem Flugzeugabsturz ließ er sich einen Bart stehen und begann, sich exzentrisch zu kleiden, so als ob er mit der äußeren Erscheinung auch Herkunft und Schicksal ändern könne. Als er fünfundzwanzig Jahre alt war, bastelte er bereits in Silicon Valley an Computern. Er war dabei, als 1969 ein paar besessene Elektronik-Studenten in Stanford das erste Computernetz knüpften. Die meisten ihrer Kommilitonen waren nach Woodstock gefahren, um Haschisch zu rauchen und die Musik von Leuten zu hören, die noch stärkere Drogen nahmen. Sechs Jahre später stand er in der Garage eines seiner besten Freunde, als dort der erste Computerclub der Welt gegründet wurde, von Leuten, die ihre Rechner noch zum guten Teil eigenhändig zusammenlöteten. Aus dem Club gingen später zwanzig erfolgreiche Firmen hervor, aber Gabe Nemchankin besaß keine davon, denn er interessierte sich nicht besonders für Geld. Er war auf die Arbeit am Computer erpicht, weil er erkannt hatte, daß es keine andere Tätigkeit gab, die so beharrlich vom Schlafen und vom Träumen abhielt.

Gabe Nemchankin begann zum zweiten Mal zu verdrängen, daß er hinter dem Stacheldraht von Auschwitz geboren worden war. Wie Tausende anderer junger Leute tüftelte und bastelte er jeden Tag fünfzehn und mehr Stunden an Programmen, die sich gut genug verkaufen ließen, um ihm ein Leben zu gestatten, das andere als sorgenfrei bezeichnet hätten. Einige Male boten ihm Freunde an, als Teilhaber in ihre Firmen einzusteigen, was ihn mit einer Unterschrift zum Millionär gemacht hätte, aber er lehnte jedesmal ab. Er suchte die Erschöpfung einsamer Arbeit, von der er glaubte, daß sie besonders schnell und tief wirke; und er benötigte das Alleinsein zur Erholung von der grausigen Geselligkeit mit den Gespenstern, die in seinem Kopf lebten und gestreifte Lumpen trugen.

Er war vierzig Jahre alt, als er eines Nachts beim Surfen im Evernet auf eine Mitteilung stieß, deren Inhalt ihm seinen Irrweg und seine Lebensaufgabe schlagartig erhellte. Der Absender nannte sich »Vereinigung zur Aufdeckung der Auschwitz-Lüge« und bot Beweise dafür an, daß es einen Holocaust der Nazis mit sechs Millionen Toten nie gegeben habe. Da erkannte Gabe Nemchankin, daß es falsch gewesen war zu versuchen, die Greueltaten zu vergessen, und daß er im Gegenteil sich und andere so oft wie möglich daran erinnern mußte, um zu verhindern, daß sich das Entsetzliche je wiederholte. Er verständigte sofort die Evernet-Zentrale und erhielt die beunruhigende Information, daß sich auch in den anderen Computernetzen immer mehr Neonazis ausbreiteten. Die Polizei sei machtlos, da sich die faschistischen Gruppen äußerst raffiniert tarnten. Daraufhin beschloß Nemchankin, sich selbst auf die Suche zu machen. Nach mehreren Nächten hatte er eine Adresse in Wisconsin herausgefunden, unter der das FBI am nächsten Morgen drei Neonazis festnehmen konnte.

Als immer mehr Absender faschistischen Propagandamaterials auftauchten, beschloß die Evernet-Leitung, einen ständigen Sicherheitsdienst einzurichten. Diese Aufgabe wurde Gabe Nemchankin übertragen. Seither jagte er rund um die Uhr Neonazis, aber auch Kinderschänder und Computerbetrüger aller Art und entwickelte dafür ständig neue Kontroll- und Suchprogramme. Er wußte nun, was der Sinn seines Lebens und Überlebens war. Die Arbeit füllte ihn aus, und das Alter machte ihn ruhiger. Er heiratete eine Jüdin und nahm ihren Glauben an. Auf dem Standesamt gab es nach »Auschwitz« wieder die gewohnte Pause, aber auf die wie immer folgende Frage antwortete er zum ersten Mal mit ja.

Jetzt, mit fünfzig Jahren, war Nemchankin ein glücklich verheirateter Mann und liebevoller Vater von zwei prächtigen Jungen, ein gutsituierter Bürger von Santa Clara County und ein angesehenes Mitglied der jüdischen Gemeinde. Er arbeitete immer noch sehr viel, kümmerte sich aber mit dem gleichen Eifer um die Pflege und Erziehung seiner beiden kleinen Söhne. Auf Bekannte wirkte die penible Art, in der er die ersten Lebensschritte der Kinder beobachtete und betreute, zuweilen übertrieben, aber seine Frau wußte, daß er in seinen Söhnen den kleinen Jungen von Auschwitz sah, gefangen in einer Kindheit, in der Grausamkeit eine tägliche Erfahrung und die ganze Welt ein KZ war.

Obwohl Mrs. Nemchankin ihr gesamtes Leben in der freiheitlichsten Demokratie der Welt verbracht hatte, besaß sie ein Gefühl dafür, was die Menschen in den Vernichtungslagern der Nazis erlitten hatten. Wie alle, die mit ihr einer Herkunft waren, barg sie das jahrtausendealte Wissen ihres Volkes um Haß, Verfolgung und Mord in ihren Genen. Sie wußte auch, was die Stimmen der Toten von Auschwitz ihren Mann jede Nacht fragten.

19

Das erste, was der Nomade fühlte, waren rasende Kopfschmerzen. Die Lichtblitze waren verschwunden, und er öffnete die Augen. Leicht schwankend kam er auf die Beine.

»Noch sieben Stunden und fünfundzwanzig Minuten«, klang es durch die Halle.

Also hatte Kate Blenner ihm die für den Notfall verabredete Infusion gegeben. Das bedeutete, daß seine Beobachter nicht erkannt hatten, was sich wirklich ereignet hatte.

»War eben mal nicht ganz bei mir«, sagte er in die Stille. »Plötzliche Schwindelgefühle, möglicherweise wegen schlechter Luft.«

Er kehrte auf die Straße zurück. Die frische Brise tat ihm gut, und er beschloß, sich in dem Gewirr kleinerer Straßen umzusehen, das zwischen Mandelkern und seitlichem Kniehöcker lag. Wenn er nur endlich auf Menschen treffen würde, die er fragen konnte! Gleich in der Nähe lag ein ausgedehnter Park, dessen Rasenflächen durch kleine Baumgruppen unterbrochen wurden. Hinter ihnen stand ein Kiosk. Die Tür war verriegelt. In der Nähe entdeckte er den Schubkarren eines Parkangestellten mit verschiedenen Arbeitsgeräten. Der Nomade holte einen Spaten und hebelte einen der Fensterläden auf. Wahrscheinlich bin ich der erste Einbrecher, dachte er, der gern beobachtet, erwischt und zur Rede gestellt werden würde.

Im Inneren lagen stapelweise Zeitungen und Zeitschriften, außerdem Taschenbücher, Broschüren, Prospekte und der übliche Kitsch für Touristen. Der Nomade kramte, bis er einen Stadtplan gefunden hatte, und schlug das Straßenverzeichnis auf. Es gab keinen Eintrag über den

Reissnerschen Faden oder das Subkommissuralorgan. Enttäuscht klappte er den Plan wieder zu, steckte ihn aber sicherheitshalber ein.

Über sich im Geäst hörte er Spatzen zwitschern. Zwischen den Grashalmen leuchtete das weiße, braungepunktete Brustgefieder geschäftiger Walddrosseln. Schmetterlinge flogen über die Wiesen, und überall hingen Mückenschwärme in der Luft. Seltsam, dachte der Nomade, daß es hier jede Menge Tiere, aber keine Menschen gab. Wo waren sie?

Die nächste Straße war ein zehnspuriger Highway und hieß »WINDUNG NEBEN DEM HIPPOCAMPUS/Gyrus parahippocampalis«. Auch dort standen verlassene Autos. Große Fertigungshallen und Lagerhäuser trugen Aufschriften wie »Cerebrum Food Services« oder »Glia Chocolate Factory«. Die Mauern waren schwärzlich verfärbt, als habe dort ein Brand gewütet.

Nach einem Kilometer verschwand die Schnellstraße in einem Tunnel, über dem mehrere große Schilder anzeigten, daß er zum »LINSENKERN/Nucleus lentiformis« führte. Dahinter entdeckte er endlich Gebäude, die wie Wohnhäuser aussahen.

Ein paar Minuten später stand er vor einer Reihe Häuser am Rand einer engen, leicht gekrümmten Straße. Das erste war ein schmales, dreistöckiges Gebäude im Queen-Anne-Stil der Jahrhundertwende mit Fundamenten aus Sandstein, von Efeu überwucherten Mauern und hohen roten Ziegelschornsteinen. Auf dem Kopfsteinpflaster standen kreuz und quer Autos aus den siebziger Jahren. Eine kleine Treppe führte zwischen schmiedeeisernen Geländern zum Eingang. Auf den drei Klingelschildern stand »Dopa 465 345«, »ACh 111 856« und »ACh 123 444«.

Der Nomade schilderte wieder seine Beobachtungen, drückte dann auf den untersten Knopf und wartete. Das Geräusch der Klingel war deutlich zu hören, aber niemand öffnete.

Der Nomade klopfte gegen die Tür und rief: »Aufmachen! Bitte öffnen Sie!« Dann drückte er vorsichtig auf die Klinke. Die Tür war abgeschlossen. Er ging zu dem hellblauen Buick, der vor dem Haus stand, und öffnete die Fahrertür. Der Schlüssel war abgezogen. Dann kehrte er zur Haustür zurück.

Wenn die Polizei kommt, habe ich wenigstens jemanden, mit dem ich reden kann, dachte er. Prüfend drückte er den Ellenbogen gegen die Sprossenscheibe über der Klinke und stieß dann gerade kräftig genug gegen das Glas, daß die Scheibe zersplitterte.

»Ich gehe jetzt rein.«

Im Flur sah er Briefkästen und einen Lichtschalter. Plötzlich war ihm, als sei er hier schon einmal gewesen.

An der Tür im Erdgeschoß stand »ACh 123 444«. Der Nomade rüttelte an der Klinke und beschloß dann, sein Glück in den anderen Etagen zu probieren. Die Treppenstufen knarrten laut.

Im ersten Stock lautete das Namensschild »ACh 111 856«; die Tür war nicht abgesperrt. Er öffnete sie einen Spalt weit und rief: »Hallo. Ist jemand zu Hause?«

Vorsichtig trat er in das Innere. »Die Wohnung ist offenbar leer. Oder die Leute schlafen hier besonders fest.«

An der offenen Küchentür hing ein auf Holz gemalter Segensspruch. Auf dem rotkarierten Tischtuch war für vier Personen gedeckt.

In diesem Augenblick erkannte der Nomade endlich, wo er sich befand, und sein Herz begann wie rasend zu schlagen. Rasch setzte er sich auf einen der Stühle. Während er sich bemühte, das Adrenalin möglichst schnell wieder abzubauen, fiel sein Blick auf das hübsch bemalte Holzschildchen: »Der Herrgott segne dieses Haus / Und alle, die drin wohnen …«

Er hatte den Spruch schon oft gelesen, aber natürlich hatten die einfachen Worte ihn noch niemals auch nur annähernd so tief berührt wie jetzt.

Nach einigen Minuten stand der Nomade auf und ging in das Wohnzimmer. Die Einrichtung war aus der gleichen Zeit wie der Buick. Auf der altertümlichen Fernsehkommode lag eine Zeitschrift mit dem TV-Programm der abgelaufenen Woche.

Er schlich in das nächste Zimmer. Hier war es dunkler als in den anderen Räumen. An der rechten Wand standen ein mehrteiliger Schlafzimmerschrank mit Spiegeltüren sowie ein kleiner Schminktisch, an der linken ein breites Doppelbett. Das Licht fiel durch die halb geöffnete Tür auf blauweiß karierte Bettwäsche.

Auf der einen Seite lag ein kahlköpfiger Mann von etwa fünfzig Jahren mit fast zusammengewachsenen Augenbrauen, breiter Nase und kräftigem Kinn. Er trug einen kurzärmeligen Baumwollpyjama. Die Augen waren geschlossen, der Mund halb geöffnet. Ein stark behaarter, muskulöser Arm ruhte auf der Bettdecke. Neben dem Mann lag eine zierliche Frau gleichen Alters, von der nur ein paar blonde Locken und eine Stupsnase zu sehen waren.

Der Nomade kämpfte einige Sekunden lang gegen seine Emotionen an. Selbst wenn die Schlafenden nicht nur die Gestalt seiner Eltern, sondern auch deren Geist, Bewußtsein, Wissen und Erinnerungen besaßen, würden sie ihn vielleicht nicht sofort erkennen. Vorsichtshalber zog er sich zur Tür zurück, bevor er die Deckenlampe einschaltete. Aber weder der Mann noch die Frau zeigten auch nur die geringste Bewegung.

»He!«

Keine Reaktion.

Er ging zu dem Schminktisch, nahm einen kleinen Handspiegel und hielt ihn vor den geöffneten Mund des Schlafenden. Der Mann atmete nicht.

Der Nomade kehrte in die Küche zurück, holte eine Flasche Bier aus dem Kühlschrank und trank sie zur Hälfte leer. Allan! Wo würde er ihn finden und in welchem Zustand? Ebenfalls als lebenden Leichnam? Als Toten? Oder vielleicht als Gespenst?

Als er wieder ins Wohnzimmer kam, leuchtete plötzlich der Bildschirm auf und zeigte eine Nachrichtenmoderatorin; sie sah Kate Blenner verblüffend ähnlich. »Noch fünf Stunden und fünfundzwanzig Minuten«, sagte sie.

Er stellte die Flasche auf den Tisch, stieg die Treppe hinunter und öffnete die Haustür. Im gleichen Moment hörte er ein drohendes Knurren. Auf der Straße stand ein Pitbull. Im letzten Augenblick gelang es dem Nomaden, die Tür zwischen sich und die gefletschten Zähne zu bringen. Er hatte die Treppe erst zur Hälfte geschafft, als der Hund mit Urgewalt durch die Sprossenscheiben brach.

»Sie sagten, Sie sehen ihn vor sich?« fragte Kelley verblüfft.

»Allerdings, Richard«, hörten sie Nemchankins Stimme aus dem Lautsprecher. »Unser lokales Blättchen, der ›Santa Clara Chronicle‹, besitzt, wie sich das für diese Gegend gehört, auch eine elektronische Ausgabe. Ich logge mich da abends manchmal ein. Morgen kommt ein Artikel über diese vermißte Lehrerin. Mit einem Foto. Es zeigt die Frau mit zwei Männern. Der eine ist der Schuldirektor, der andere wahrscheinlich der Killer. Ich schicke Ihnen die Seite rüber.«

Hastig bediente Kelley die Tastatur neben dem Telefon. Der riesige Monitor an der Stirnseite des Einsatzzentrums leuchtete auf und zeigte eine farbige Zeitungsseite mit mehreren Fotos. Auf dem obersten Foto stand eine junge Frau zwischen zwei Männern. Der ältere war ein rundlicher Riese mit schütterem silbergrauem Haar, der jüngere ein blonder Hüne mit hellblauen Augen und einem gepflegten Schnurrbart.

»Der Mann heißt William C. Purdy und ist Eigentümer von Purdy Pacific Programmes«, sagte Nemchankin. »Gleich hier um die Ecke. Sand Hill Road 2600.«

Kelley vergrößerte das Bild so stark, daß es den gesamten Bildschirm ausfüllte.

»Hellblaue Augen«, sagte Connor.

»Purdy kommt aus einer sehr reichen Familie«, berichtete Nemchankin. »Vor ungefähr zehn Jahren fiel er mir zum ersten Mal auf. Gehörte damals zu einem Verein ziemlich trickreicher Hacker, die sich ›Silicon Straykids‹ nannten. Er war mir schon damals unheimlich.«

»Carruthers!« rief Underwood. Der junge Beamte sprang auf und eilte zur Tür, einen ebenso jungen Kollegen auf den Fersen.

»Wie ist Purdys Privatadresse?« fragte Kelley.

»Keine Ahnung«, antwortete Nemchankin.

»Johnson«, sagte der Lieutenant; der Angesprochene nickte und begann zu telefonieren.

Underwood wandte sich an weitere Beamte. »Williams, Sie schaffen den Direktor her. DeSoto, Sie holen diesen Fotografen samt allen Fotos, die er an dem Abend gemacht hat.«

Johnson legte den Hörer auf. »Mountain View zwölfhundertachtzig.«

»Los«, sagte Deputy Chief Abarca und stand auf.

»Danke, Gabe«, sagte Kelley und eilte hinter den anderen zum Aufzug.

Zwanzig Minuten später raste eine Kolonne von acht Polizeiwagen durch ein nobles Wohngebiet, bis sie vor einem futuristischen Palast aus Stahl und Glas hielt. Lieutenant Underwood, Kelley und Connor eilten zur Tür. Zehn andere Polizeibeamte liefen durch die Vorgärten zur Rückseite des Hauses, die anderen gingen hinter ihren Wagen in Stellung. Der stellvertretende Bezirksanwalt und der Deputy Chief blieben in ihrem Lincoln sitzen.

»Endlich«, sagte Paredes, als das Faxgerät zwischen den Sitzen zu arbeiten begann und einen Durchsuchungsbefehl ausspuckte.

Abarca nickte befriedigt. Mit ein bißchen Glück würde die Sache bald ausgestanden sein.

Lieutenant Underwood zog seine Waffe und drückte auf den

Klingelknopf. Kelley und Connor standen hinter ihm. Es dauerte eine Weile, bis sich Schritte näherten.

»Wer ist denn da?« fragte eine hohe Stimme.

Underwood ließ die Waffe sinken. »Hier ist die Polizei, Ma'am.«

»Mein Gott! Ist Mister Purdy etwas passiert?«

Kelley und Connor wechselten einen enttäuschten Blick. »Öffnen Sie die Tür!« befahl Underwood.

Drei Sicherheitsschlösser wurden entriegelt, und hinter der Tür erschien eine zierliche, grauhaarige, gepflegte und gut gekleidete Frau von ungefähr sechzig Jahren. Verwundert blinzelte sie in das Licht der Scheinwerfer. »Was ist denn los?«

»Wir möchten zu William C. Purdy«, sagte Underwood.

»Mr. Purdy ist auf Geschäftsreise«, antwortete die kleine alte Dame. »Schon seit gestern.« Verwundert schüttelte sie den Kopf, als könne sie nicht verstehen, daß jemand das nicht wußte.

»Und wer sind Sie?«

»Ich bin die Haushälterin. Miss Elizabeth Boyle.« Sie blickte die Beamten tadelnd an. »Wollen Sie sich nicht vorstellen?«

»Lieutenant Robert Underwood von der Mordkommission«, sagte Underwood höflich und versuchte, seine Pistole unauffällig in das Schulterhalfter zurückzustecken. »Die beiden Herren hier sind Special Agent Connor und Special Agent Kelley vom FBI.«

Ein jüngerer Beamter trat hinzu und reichte Underwood das Papier aus dem Faxgerät. Der Lieutenant warf einen Blick darauf und nickte befriedigt.

»Miss Boyle, wir haben Grund zu der Annahme, daß Mr. Purdy sich eines Verbrechens schuldig gemacht hat.« Er hielt ihr das Fax vor das entsetzte Gesicht. »Das hier ist ein richterlicher Durchsuchungsbefehl.«

Vor Aufregung bebend wich die Haushälterin zurück. Die Polizisten verteilten sich und begannen zu suchen.

Der Lieutenant wandte sich wieder der kleinen alten Dame zu. »Wo hält sich Purdy jetzt auf?« fragte er.

Elizabeth Boyle schüttelte entgeistert den Kopf. »Aber Mr. Purdy sagt mir niemals, wohin er reist«, antwortete sie.

Underwood zog ein Foto Loretta Shefflers aus der Innentasche seines Anzugs und hielt es der Verwirrten vor die Augen. »Haben Sie diese Frau schon einmal gesehen?«

»Wer soll das denn sein? Hören Sie, Mr. Purdy ist ein ehrenwerter

Mann.« Vor lauter Aufregung sprühte sie den Lieutenant mit einem Nebel feiner Speicheltröpfchen ein. »Was wird ihm denn überhaupt vorgeworfen?«

»Wann erwarten Sie Mr. Purdy zurück?« wollte Connor wissen.

Sie fixierte ihn, als wolle sie ihm das Recht bestreiten, ihr Fragen stellen zu dürfen. »Das wird mir Mr. Purdy rechtzeitig mitteilen. Immer spätestens einen Tag zuvor. Das genügt. Ich halte das Haus immer tipptopp!«

»Wohnen Sie auch hier?« fragte Connor.

»Mr. Purdy hat mir gestattet, zwei Zimmer im Dachgeschoß zu nutzen. Ich bin sehr glücklich, daß es noch so großzügige und gebildete Menschen wie Mr. Purdy gibt.«

Hinter dem Haus begannen Beamte, das Gelände mit Markierungsbändern abzusperren. Ein Streifenpolizist kam auf Underwood zu. »Anruf von Carruthers, Lieutenant. Das Firmengebäude ist leer. Der Wachdienst hat ausgesagt, daß Purdy auf Geschäftsreise ist.«

»Da hören Sie es«, sagte Miss Boyle triumphierend.

Underwood sah sie scharf an. »Besitzt Mr. Purdy noch weitere Häuser oder Wohnungen?«

»Nicht daß ich wüßte. Wozu denn auch?« Sie gestattete sich ein stolzes kleines Lächeln. »Er fühlt sich hier sehr wohl.«

»Das kann ich mir vorstellen, Ma'am«, sagte Underwood. »Aber verbringt er denn seine gesamte Zeit hier zu Hause?«

»Natürlich nicht, wo denken Sie hin! Er geht abends gern speisen und hat auch andere Zerstreuungen.«

»Was denn für welche?«

»Nun, was gebildete Menschen eben so interessiert«, antwortete sie, bestrebt, deutlich durchblicken zu lassen, daß sie solche Ambitionen bei ihren Gesprächspartnern auf keinen Fall vermutete. »Oper, Konzerte, Theater ...«

Einer der Polizisten, die das Haus durchsuchten, kam aus dem Keller. Underwood sah ihn erwartungsvoll an, aber der Beamte schüttelte nur den Kopf.

»Was steht in der Garage?« fragte Underwood.

»Nur ein Bentley und ein Mercedes«, antwortete ein anderer Beamter.

»Mr. Purdy fährt ausschließlich importierte Fabrikate«, sagte die Haushälterin, als sei das ein besonderes Verdienst.

»Hat er noch andere Hobbys?« forschte Underwood. »Segelt er?

Reitet er? Geht er auf die Jagd?« Aus den Augenwinkeln sah er, wie Vanessa Birming das Wohnzimmer verließ und auf der breiten Holztreppe in den ersten Stock hinaufging.

»Er besitzt eine Segelyacht«, antwortete Miss Boyle, »aber er hat natürlich nur sehr wenig Zeit für derlei Dinge.«

»Wo liegt diese Yacht?«

Miss Boyle zog die Nase kraus. »Im Hafen von San Mateo, glaube ich. Aber ganz sicher bin ich mir da nicht, also machen Sie mir bitte keine Vorwürfe, wenn ich mich irre.«

»Natürlich«, sagte Underwood und winkte einen Beamten zu sich. »Purdy hat eine Yacht, wahrscheinlich in San Mateo!«

Der Beamte nickte und eilte hinaus.

Connor schaute auf seine Armbanduhr. Sie zeigte fünf Minuten nach neun. Draußen war es schon fast dunkel. Arme Loretta, dachte er deprimiert.

Als sich die Polizisten nun nacheinander in dem geräumigen Wohnzimmer einfanden, blickten Underwood und die FBI-Agenten in enttäuschte und betretene Mienen. Der Lieutenant wollte gerade etwas sagen, als sein Handy piepte. Er hielt das Gerät ans Ohr. »Ja? Nein, hier auch nicht. Aber in San Mateo soll eine Yacht liegen, die ihm gehört.«

Erstaunt blickte er auf; Vanessa Birming war die Treppe wieder heruntergekommen und nahm ihm jetzt einfach den Apparat aus der Hand. »Hören Sie, Carruthers. Ich möchte, daß Sie das gesamte Büro auseinandernehmen. Suchen Sie vor allem nach Hinweisen auf Immobilien. Wohnungen, Häuser. Irgendwo muß er etwas haben. Ein Landhaus. Oder wenigstens ein Wochenendhaus. Vielleicht eine Jagdhütte. Eine Fischerhütte. Einen Reitstall. Eine Garage. Irgendwo in der Nähe. Wo man mit dem Auto hinfahren kann. Möglicherweise ist er gerade dort. Zumindest werden wir dort das Mädchen finden. Rufen Sie spätestens in einer Stunde wieder an!«

Sie gab Underwood das Handy zurück und sagte: »Kommen Sie!«

Der Lieutenant und die beiden Agenten folgten ihr in den ersten Stock. Die Etage bestand aus einem einzigen großen Raum, dessen Wände über und über mit Gemälden behangen waren. Einige Bilder waren Originale, die anderen hochwertige Reproduktionen. Alle zeigten Motive aus der antiken Mythologie, und alle stellten Ungeheuer und Dämonen dar: der *Minotaurus* Max Ernsts hing zwischen Caravaggios *Medusa* und Anselm Feuerbachs *Titanomachie.* Dahinter zeigte der schaurige Kupferstich des Holländers Hendrik Goltzius, wie der Drache die Gefährten des Kadmos zerfleischte.

»Eine ziemlich eigenwillige Sammlung, nicht wahr?« sagte Vanessa Birming. »So etwas wie ein Tempel.«

Underwood sah sie verwundert an. »Sie meinen, wie bei den Heiden?«

»Ja. Oder nein: Eigentlich ist es ein Modell.« Ihre Stimme klang plötzlich etwas belegt. »Wenn Sie sich vorstellen, daß es alle die Fratzen, Monster, Ungeheuer wirklich gibt; daß sie leben und sich jederzeit auf uns stürzen können; daß sie nur darauf warten, endlich von uns Besitz zu ergreifen und uns zu ihresgleichen zu machen – dann wissen Sie, was Purdy sieht, wenn er in seine Seele blickt.«

Vanessa Martin Luther Birming war fünf Jahre alt, als sie zum ersten Mal den Teufel sah. Er war kohlschwarz, hatte blutrote Augen, Haare wie Stacheln, Hörner und einen Spieß, mit dem er die Verdammten quälte. Die furchterregende Gestalt auf dem Gemälde von Hieronymus Bosch folgte ihr durch die Träume der Kindheit und Jugend, gemeinsam mit schauerlichen Darstellungen von Dämonen, die ihr der Reverend zeigte, um ihren Widerstand gegen die Verlockungen der Sünde zu stärken.

Der Reverend führte sein Amt nach der Regel, daß der Glaube um so strenger sein müsse, je kleiner die Schar der Gläubigen sei. Die seine gehörte zu einer jener Sekten, die sich besonderen Eifers rühmten. Er war ein wortgewaltiger Prediger. An Sonntagvormittagen war die Begeisterung seiner Gemeinde in ganz Paulsburg vernehmbar.

Vanessas Eltern waren Landarbeiter und erst vor kurzem mit ihren neun Kindern in den kleinen Ort am Arkansas River gezogen, wo sie ein winziges Holzhaus erworben hatten. Ihre Interessen richteten sich weniger auf das diesseitige Fortkommen als auf das jenseitige Leben, und so erzogen sie auch ihre Kinder. Der Reverend förderte diese aus Sorge und Liebe geborenen Intentionen der Eltern mit der Gedankenhärte des Fundamentalisten und dem Zungenfeuer des Fanatikers.

Seine Autorität gründete sich nicht auf Weisheit oder Barmherzigkeit, sondern auf Angst; er erzeugte sie mit immer neuen Bildern und Beschreibungen des Ortes, der auf all jene wartete, die seinen und damit Gottes Worten trotzten. Eines Wintermorgens, als es draußen noch nicht richtig hell geworden war, empfing er die Kinder zum Frühgottesdienst mit einer brennenden Kerze und forderte sie auf, den Finger in die Flamme zu halten. Als Vanessa vor Angst zu weinen begann, höhnte er: »Wenn du nicht einmal das schaffst, wie willst du denn dann das Feuer der Hölle aushalten?« Wenn die Kinder ihre kleinen Sünden gestanden und vor ihm Reuetränen weinten, sagte er: »Die Hölle ist die Gerechtigkeit Gottes« oder knapp: »Besser bekennen als brennen.«

Mit zwölf Jahren wurde Vanessa bei einem Schultest von einer philanthropischen Privatstiftung zur Förderung begabter Afroamerikanerinnen entdeckt und nach zögernder Zustimmung ihrer Eltern zur weiteren Schulausbildung in ein Internat nach Little Rock gebracht. Die Höllenangst ließ sie nicht los, und sie wachte oft nachts schreiend auf. Da sie über die Ursachen eisern schwieg, bat die Schultherapeutin sie, sich selbst zu malen, und erhielt zwei Bilder: Das eine zeigte ein strahlendes Mädchen, das in Geschenkpapier eingewickelt war, das andere ein Kind, das kopfunter an der schwarzen Wand einer Folterkammer hing. Die Therapeutin erkannte sofort, daß beide Bilder die gleiche Wahrheit zeigten: Eine Seite in Vanessas Wesen war licht, eine andere düster.

Um dem Kind zu helfen, griff die Psychologin zu kräftigen Symbolen. Als erstes erzählte sie Vanessa, daß ihr Name vom griechischen Wort »Phanes« für »Fackel, Sonne« stamme und sie schon deshalb nicht in der Dunkelheit leben dürfe, sondern verpflichtet sei, das Licht zu suchen, so wie der Schmetterling mit den lustig gelb, rot und braun gemusterten Flügeln, der in der Wissenschaft den gleichen Namen trug wie sie: »Vanessa cardui«, »Distelfalter«. Eine bunte Tochter der Luft, die ihre Tage bei Stauden oder Brennesseln zubrachte und doch in Farben und Flug die Schönheit der göttlichen Schöpfung lebte, weshalb sie im Volksmund auch den viel passenderen Namen »Painted Lady« trug. Vanessas zweiter Vorname sollte an Martin Luther King erinnern, an dessen Todestag sie geboren war, und die Psychologin erzählte dem Mädchen von dem Mut und der Tapferkeit des großen Bürgerrechtlers im Kampf gegen Dummheit, Haß und die geistige Finsternis des Rassismus. Aber auch King hatte seine Vornamen nach einem großen Vorbild erhalten, und so gab die Psychologin ihrem Schützling außerdem ein Buch über Martin Luther, in dem sie lesen konnte, daß auch der Reformator von Teufelsfurcht gepeinigt worden war, sich dann aber davon freigemacht hatte: »Halte die Augen zu vor der Hölle, weil sie dir das Gottesbild raubt. Zur Hölle mit der Hölle!«

Bei diesem Satz verschlug es Vanessa den Atem, und sie wagte kaum, ihn ein zweites Mal zu lesen. Nach einer Weile schaffte sie es aber, sich klarzumachen, daß es sich immerhin um Martin Luthers Worte handelte, der, wie auch der Prediger in Paulsburg immer wieder hervorgehoben hatte, mit dem Teufel gut fertig geworden war. Ihre Angst ließ langsam nach, und mit der weiteren Entwicklung ihrer geistigen Fähigkeiten verblaßte das Bild Satans immer mehr.

Die Erfahrungen mit der Angst bewogen Vanessa Birming dazu, nach einem glänzenden Schulabschluß Psychologie zu studieren, um denen beistehen zu können, die sie in der Dunkelheit zurückgelassen hatte. Sie ahnte inzwischen, daß der Teufel ihrer Vorstellung zwar ein Phantasiegebilde war, daß aber alles, was in der Phantasie eines Menschen entstand, tatsächlich existierte, nicht in der wirklichen Welt, aber im Schattenreich des Unbewußten.

Ihr Professor in Yale, dem sie diesen Gedanken gestand, lachte sie keineswegs aus, wie sie befürchtet hatte, sondern erklärte: »Gott schuf die Welt durch das Wort, wir schaffen unsere eigene durch Gedanken. Seit der Mensch einen unabhängigen Verstand besitzt, und das dürfte spätestens seit der Vertreibung aus dem Paradies der Fall sein, wird alles, was er denkt, für ihn auch existent. Engel und Teufel, Lichtgestalten und Ungeheuer – in der Tiefe der Seele, sowohl dem Licht des Verstandes als auch der Macht des Willens entzogen, leben und wirken sie, des Menschen eigene Geschöpfe. Sie sind der Psychoanalyse liebste Kinder, denn in ihnen gewinnen unsere ureigensten Triebkräfte Gestalt.«

Er riet ihr, das Bild Boschs, das am Anfang jener langen Reihe furchterregender Motive aus ihrer religiösen Erziehung gestanden hatte, so lange zu betrachten, bis sie mit jeder Einzelheit vertraut sei, und den tieferen Sinn der Höllen- und Teufelsdarstellungen zu untersuchen, da man Angst nur bekämpfen könne, wenn man sie verstehe.

In den ersten Jahren ihres Studiums konzentrierte sich Vanessa Birming darauf, die Triebkräfte des Unbewußten aufzudecken und die Länder der Seele nach den Verstecken Satans zu durchsuchen. Sie las sich durch die Klassiker der Psychoanalyse und gewann bald die Erkenntnis, daß sich die schlimmste Hölle nicht in der Angst, sondern im Haß auf andere offenbart, daß aber der Zusammenhang zwischen diesen beiden mächtigen Gefühlen in der sozialpsychologischen Verfassung des Menschen unübersehbar war. Zum Beispiel konnte die Angst vor Fremden Haß auslösen, wie die Geschichte des Faschismus lehrte. Dieser Haß verdrängte nach und nach alle humanen Regungen, bis das Gewissen starb und die Seele in der Kälte ewiger Finsternis erstarrte.

Je länger Vanessa Birming die Zusammenhänge zwischen Angst und Haß studierte, desto deutlicher wurde ihr, daß es in jedem Menschen eine Hölle gab, die es zwar so gut wie möglich zu beherrschen und verbergen galt, deren Ausbruch aber bei größter Willensanstrengung nicht zu verhindern war, wenn die Pforten sich durch Krankheit öffneten. Die überzeugendsten Beispiele entstammten der Kriminologie; es handelte sich um weiße Männer jüngeren oder mittleren Alters, deren Taten die Bezeichnung »Serienmörder« rechtfertigten und deren unmenschliche Grausamkeit, ja geradezu tierhafte Gefühllosigkeit beim Zerfleischen der Opfer schon vor der Entwicklung der modernen psychoanalytischen Theorie durch Sigmund Freud als Folgen schwerster geistiger Defekte gedeutet worden waren.

Als wissenschaftliche Assistentin in Yale konzentrierte sich Vanessa Birming bald voll und ganz auf die Mechanismen, die aus Menschen Raubtiere werden ließen. Später wechselte sie in eine der medizinischen Forschungseinrichtungen der National Institutes of Mental Health in Bethesda. Die aufschlußreichen Ergebnisse ihrer Arbeit weckten die Aufmerksamkeit der Bundespolizei. Als Walter Ronaghan anrief, den sie schon einige Jahre lang aus der Ferne verehrte, überlegte sie nicht lange und wechselte an die FBI-Akademie nach Quantico.

Vanessa Birming war ziemlich klein, aber wohlproportioniert und durchtrainiert. Obwohl sie sehr hübsch war und sich um das Interesse passender Männer keineswegs zu bemühen brauchte, lebte sie nach dem schmerzhaften Ende einer Beziehung zu einem verheirateten Kollegen nun schon seit einigen Jahren allein. Sie war gerade dreißig geworden und hatte sich wie viele Frauen ihres Alters entschlossen, ihrem Beruf volle Priorität einzuräumen. Allerdings hatte sie diese Phase auf fünf Jahre limitiert; danach würde sie weitersehen. Ihre Familie in Arkansas besuchte sie nur zum Erntedankfest. Einladungen zu Weihnachten schlug sie jedesmal aus, und sie ging auch nicht mehr in die Kirche. Je prägnanter ihr Bild des Teufels wurde, desto diffuser wurde ihr Bild von Gott.

20

Wie schmerzten Wunden, die man im VR-Raum empfing? Und wie würde es sein, wenn er getötet wurde? Würde er Qualen empfinden, wenn ihn der Hund zerfleischte? Oder enthielt das Programm irgendeine Sicherung, die ihm solche Erlebnisse ersparte?

In einer ersten, automatischen Reaktion hatte er gehandelt, als befände er sich in einer realen Gefahr, und die Wohnungstür hinter sich zugeschlagen. Während der Pitbull wie rasend gegen das massive Holz sprang, versuchte der Nomade den Strom wilder Gedanken wieder zwischen die Deiche der Logik zu zwingen. Das Baumaterial der Dämme bestand aus soliden Substanzen: Wissen, Vernunft und Erfahrung im Umgang mit virtueller Realität.

Der Nomade wußte nicht genau, wie stark sich ein Schock im VR-Raum auswirken würde, aber die Gefahren einer durch die plötzliche Mangeldurchblutung hervorgerufenen Unterversorgung mit Sauerstoff waren ihm nur zu bekannt. Sollte er sich nach einer Waffe umschauen? Oder das für den Notfall vereinbarte Codewort sprechen? Auf keinen Fall durfte er in einen Kampf verwickelt werden: Das Risiko einer Verletzung, die ihn zum Abbruch zwingen konnte, war zu groß. Aber er durfte das Tier auch nicht töten oder verletzen, denn sonst würde ihm das Programm womöglich noch gefährlichere Hindernisse in den Weg stellen.

»Noch fünf Stunden und zwanzig Minuten«, hörte er die TV-Sprecherin sagen. Der Hund kratzte mit den Klauen an der Tür.

Der Nomade suchte die Wände der engen, dunklen Garderobe ab. Wie er gehofft hatte, hing an einem Haken neben der Küchentür ein Schlüsselbund. In den längsten Schlüssel war das Buick-Emblem eingeprägt.

Der Nomade eilte in das Wohnzimmer und öffnete das Fenster zur Straße. Die dunkelgrüne Limousine vor dem Haus war das einzige Auto dieser Marke, das in der Nähe stand, und die kleine Wohnstraße war, soweit er sie überblicken konnte, passierbar.

Er ging zur Wohnungstür zurück und rüttelte an der Klinke. Sofort schwoll das wütende Knurren und Kläffen an. Nun lief er rasch zum Fenster, rutschte an der Regenrinne auf den Gehsteig, riß die Fahrertür auf, warf sich hinter das Steuer und schlug die Tür wieder zu.

Eine Sekunde später sprang der Hund wie rasend an dem Auto hoch. Mit zitternden Fingern steckte der Nomade den Schlüssel in das Zündschloß. Das Autoradio schaltete sich ein. »Noch fünf Stunden und fünfzehn Minuten.«

Vorsichtig steuerte er den Buick um einige andere Autos herum. Der Hund lief bellend neben ihm her. Nach einigen Querstraßen wurde die Fahrbahn breiter, und der Nomade konnte Vollgas geben. Der Pitbull wurde langsamer und blieb schließlich stehen.

Nach hundert Metern führte die Straße an einem Park vorbei, zwischen dessen Büschen und Bäumen einige Dinosaurier aus kitschig bemaltem Beton sichtbar wurden. Ein wenig verwundert dachte der Nomade daran, daß es nicht Allan, sondern er selbst gewesen war, der als kleiner Junge ein geradezu morbides Interesse an den Schreckens-Echsen der Urzeit entwickelt und sie immer wieder eifrig aus immer neuen Bausätzen zusammengebastelt hatte. Am Eingang stand wieder ein Denkmal. Als der Nomade näher kam, erkannte er, daß die Statue ihn selbst darstellte: einen Zwölfjährigen in kurzen Hosen mit einem kleinen Tyrannosaurus unter dem Arm. Die Inschrift enthielt den Namen »Grant Behrman« und zwei Daten: den Geburtstag des Nomaden und den Tag, an dem sein Bruder verunglückt war.

Der Nomade steuerte den Buick auf die Straße zurück und fuhr weiter. Einige hundert Meter weiter sah er sich und seinen Bruder von einer riesigen Reklametafel an der Fassade eines großen Kinos lächeln. Der Film hieß »Stand By Me. Die Story der Behrman Brothers«. Andere Filme hießen »Der letzte Rezeptor« und »Alarm im Second-Messenger-System«. Außerdem gab es einen Zeichentrickfilm namens »Gaba, die Königin des Dschungels«; die Hauptdarstellerin sah wiederum wie Kate Blenner aus.

Kurz vor einer Baustelle entdeckte der Nomade eine Telefonzelle. Er stieg aus und begann, in den Büchern zu blättern. Wieder waren weder »Reissnerscher Faden« noch »Subkommissuralorgan« zu finden. Enttäuscht schlug er das letzte Buch zu. Auf dem Titel stand »CEREBRUM CITY/Zwischenhirn«. Er überlegte, dann schaute er auf der vorletzten Seite nach, wieviel Telefonbücher es gab. Eine Karte zeigte, daß das Gehirn in dem Programm wie New York City gegliedert war: Die linke Hemisphäre der Großhirnrinde entsprach der Bronx, das Zwischenhirn Manhattan, das Mittelhirn Queens, das Rautenhirn Brooklyn und das Kleinhirn Staten Island. Der Hudson River füllte die große Spalte aus. Gegenüber in New Jersey lag die rechte Hemisphäre.

Der Nomade nahm das Telefonbuch mit, wendete und bog in die »Rigor Street« ein. Die Ladenlokale zu beiden Seiten beherbergten das typische kommerzielle Biotop einer Vorortstraße: Supermärkte, Textilgeschäfte, Möbelhäuser, Haushalts- und Schreibwarenhandlungen, Bäcker, Metzger, Drogerien, Bankfilialen, Schnellimbisse, Blumen- und Zeitungsläden. Die Straße wurde immer schlechter, und er fuhr langsamer.

»Noch vier Stunden und vierzig Minuten.«

Fünfzig Meter weiter entdeckte der Nomade eine Buchhandlung und hielt wieder an. Diesmal spürte er unter seinen Füßen nicht das ferne Wummern eines Blutstroms, sondern ein gleichmäßiges Vibrieren wie von unterirdischen Maschinen.

Das Schaufenster bot eine Auswahl jener Bücher, die zu Allans Lieblingslektüre zählten, vor allem viktorianische Literatur. Daneben standen Computerbücher und aktuelle Sachbücher über verschiedene naturwissenschaftliche Themen.

Der Nomade rüttelte an der Klinke. Die Tür war abgesperrt. Ohne Zögern ging er zu seinem Auto, holte den Wagenheber und ließ ihn gegen die Schaufensterscheibe sausen.

Schon im ersten Regal fand er Bücher über die Stadt. Das umfangreichste hieß »Cerebrum City and Vicinity. A Tourist Guide«. Er schlug das Register auf, fand aber wieder keinen Hinweis auf den Reissnerschen Faden; dann aber entdeckte er das Wort »Subkommissuralorgan«. Auf der angegebenen Seite stand im etwas betulichen, aber informativen Reiseführerstil: »Wie zahlreiche Funde bezeugen, war das Gelände bereits in vorgeschichtlicher Zeit besiedelt. Die ältesten erhaltenen Bebauungsreste reichen bis in die Antike zurück. Die darin untergebrachten Behörden befaßten sich mit der Planung und Durchführung städtischer Bauvorhaben wie der Straßen, Brücken, Aquaedukte, Stadtmauern, Vorratsspeicher, Markthallen und der Kanalisation, aber auch repräsentativer Gebäude wie des Capitols, der verschiedenen Regierungspaläste, Theater, Museen, Gymnasien, Bäder und Sportanlagen …«

Unter »So kommen Sie hin« las der Nomade: »Früher standen die Gebäude hinter der antiken Stadtmauer, die jedoch im Mittelalter um etwa 2000 Meter zurückversetzt wurde, so daß sich das Gelände jetzt außerhalb des Zwischenhirns befindet. Die Anfahrt erfolgt am besten über die ›WINDUNG BEIM HIPPOCAMPUS/Gyrus parahippocampalis‹. Vom Tor des Bewußtseins ist es nur noch ein Spaziergang von einer

Viertelstunde.« Der Artikel endete mit dem fettgedruckten Hinweis: »Bitte beachten Sie, daß das Subkommissuralorgan zur Zeit in einem militärischen Sperrgebiet liegt und nur mit schriftlicher Genehmigung des Verteidigungsministeriums besichtigt werden darf.«

»Noch vier Stunden und dreißig Minuten«, sagte die Stimme aus dem Autoradio.

Der Nomade studierte den Stadtplan. Die »WINDUNG BEIM HIPPOCAMPUS« führte vom Mandelkern schnurgerade durch das Zwischenhirn. Am Thalamus kreuzte der Highway eine weitere Stadtautobahn. Sie hieß »THALAMUS-FASER/Fasciculus thalamicus«, begann in den Basalganglien und schlug einen weiten Bogen um das limbische System. Daneben verliefen jeweils eine Eisenbahn- und eine U-Bahn-Linie, außerdem waren mehrere U-Bahnen, Straßenbahnen und Buslinien eingetragen.

Er setzte sich wieder ans Steuer und fuhr auf ein großes, rotbraunes Gebäude zu. Es besaß eine nüchterne Backsteinfassade wie eine Fabrik, aber durchaus ungewöhnliche Dimensionen, denn es war über zwanzig Stockwerke hoch und fast zwei Meilen lang. Über dem Eingang stand in großen Metallbuchstaben »SCHALE/Putamen«. Am hinteren Ende des gewaltigen Bauwerks öffnete sich die Einfahrt auf einen Rampenhof; ein großes Schild verkündete: »FAHLER KERN/Pallidum«. Dahinter kreuzte die »Rigor Street« einige Querstraßen mit Namen, die dem Nomaden vertraut waren, denn wie die »Parkinson Lane« und die »Huntington Lane« waren die Gassen nach Ärzten benannt, die ihre Arbeit krankhaften Störungen der Motorik gewidmet hatten.

»Noch vier Stunden und zehn Minuten.«

Dahinter begann eine deprimierend häßliche Hochhaussiedlung mit schmalen, gleichförmigen Straßen. Die tristen Mülltonnen-Alleen hießen »Bearbinder Lane«, »Broad Street« oder »Crooked Lane«. In einem Gebiet mit vielen Lagerhallen wurden die Schlaglöcher dichter und gefährlicher. Eine Meile später endete die Fahrt erneut an einer Baustelle, die sich quer über die gesamte Fahrbahn zog. Dahinter klaffte eine riesige Grube; sie sah aus wie ein Bombentrichter.

»Noch vier Stunden und null Minuten.«

Hinter Fabrikgebäuden, Lagerhallen, leeren Parkplätzen, Schornsteinen und Gasometern steuerte der Nomade den Buick auf die »THALAMUS-FASER«, die von Grund auf erneuert wurde: Die Fahrbahndecke war bereits auf mehrere Kilometer Länge abgetragen worden. In der

Gegenrichtung standen einige große Bagger, Radlader und andere Baumaschinen. Es begann zu regnen, so daß der Nomade den Buick mit doppelter Vorsicht über die buckelige Piste steuern mußte. Als das Wasser wie ein Sturzbach vom Himmel fiel, hielt der Nomade vorsichtshalber an.

»Noch drei Stunden und dreißig Minuten.«

Er dachte kurz nach und stieg aus. Ohne darauf zu achten, daß er in wenigen Sekunden bis auf die Haut durchnäßt war, stapfte er durch tiefe Pfützen an den gegenüberliegenden Straßenrand und stieg auf einen kleinen Hügel. Ungefähr eine halbe Meile vor ihm schien die Straße abschüssig zu werden. Blitze durchzuckten den tintenblauen Himmel; auf den Nomaden wirkten sie wie elektrische Entladungen hinter den dunkel getönten Scheiben eines Labors. In der Ferne glaubte er schemenhaft die Silhouette eines Fernsehturms zu erkennen.

In diesem Augenblick hörte der Regen fast schlagartig auf, und der Nomade sah auf eine weite Ebene hinunter. Hinter einigen flachen, bewaldeten Hügeln ragten Hochhäuser hervor. Der Nomade aktivierte den Entfernungsmesser. »Wahrscheinlich Zentrum des Thalamus. Entfernung fünftausendachthundert.«

Er löste die Bremse und ließ den Wagen langsam bergab rollen. Auf dem seifigen Lehmboden geriet der Buick immer öfter ins Rutschen. Nach einer Minute verspürte der Nomade plötzlich ein Gefühl, als schwebe er. Verblüfft sah er, daß die Straße unter ihm in wirbelnden Wassermassen verschwand. Die schwere Limousine wurde hangabwärts gerissen. Nach hundert Metern stellte sie sich quer, kippte um und blieb auf dem Dach liegen.

Auf dem Monitor in dem kleinen Blockhaus über dem Pazifik erschienen bereits seit Stunden Buchstaben und Zahlen in immer neuen Anordnungen. Die rasende Schnelligkeit, in der sie wechselten, hätte einem ahnungslosen Beobachter den Eindruck großer Hektik oder sogar Panik vermitteln können, aber die Arbeit verlief nach exakten Regeln und folgte ohne Abweichung einem sorgfältig durchdachten Plan. Wären auf den Impuls allerdings die gleichen Begriffe anwendbar gewesen wie auf einen Menschen, hätte man wohl zumindest einen Zustand großer Nervosität attestieren können.

Bereits um die Mittagszeit hatte der Impuls herausgefunden, daß die Importfirma in Boston zu fünfzig Prozent der Firma Cook Illinois Home Products gehörte. Es handelte sich also um ein Joint-venture-

Unternehmen zweier Partner, die sich eigentlich als Konkurrenten gegenüberstanden. Das bedeutete, daß es kaum Grant Behrman sein konnte, der über diese Firma in den Sicherheitsbereich eingedrungen war. Denn wenn Fenway-Soper ihm den Zugang verweigert hatte, würde es leichter gewesen sein, den Code an Ort und Stelle zu knacken, statt den Umweg über Boston einzuschlagen. Viel wahrscheinlicher war, daß der Vorstoß von Cook Illinois ausgegangen war, wo man ein ständiges Interesse daran haben mußte, in den Computern der Konkurrenz zu spionieren. Die Art des Vorgehens verriet indes außergewöhnliche Fähigkeiten, wie sie nur wenige Menschen besaßen, und als der Impuls darüber nachdachte, wer dafür vor allem in Frage kam, schienen die elektromagnetischen Schwingungen, aus denen er bestand, ein Äquivalent jenes Erschreckens zu verspüren, das Menschen die Eingeweide zusammenzieht.

21

Einige Sekunden lang lag er wie betäubt in dem umgestürzten Buick. Dann stieß er die Fahrertür auf und kletterte ins Freie. Die Limousine steckte im Schlamm wie ein großer toter Käfer.

»Unfall«, meldete der Nomade, nachdem er tief durchgeatmet hatte. »Gehe zu Fuß weiter.«

Das Autoradio war intakt geblieben: »Noch drei Stunden und fünfzehn Minuten.«

Zweihundert Meter hangaufwärts schoß eine mächtige Fontäne aus dem Boden wie aus dem Turbinenschacht eines Staudamms.

Nach einer halben Stunde hatte der Nomade die Talsohle erreicht. Die »THALAMUS-FASER« führte in einer langgezogenen Linkskurve direkt auf die Hochhäuser zu. Die einhundertdreiundfünfzig Gebäude, die das Meßgerät zählte, wurden von einem Grüngürtel mit weiten Rasenflächen umgeben. Dahinter entdeckte der Nomade den Tower eines Flughafens. Rechts neben den Hochhäusern ragte ein fast zweihundert Meter hoher Betonbogen auf, der in den sieben Farben des Regenbogens leuchtete. Große Wegweiser lenkten zu Zielen wie »PALLIDIUM« oder »UNTERER THALAMUSSTIEL«.

Obwohl der Nomade ausdauernd marschierte, dauerte es fast eine Dreiviertelstunde, bis er den künstlichen Regenbogen erreichte. Die Ellipse wölbte sich über einen halbrunden Platz, den eine mächtige Mauer begrenzte. An einem Gebäude, das aussah wie eine alte Karawanserei, hing ein Schild: »Tor des Bewusstseins. Durchgang für Unbefugte verboten!«

»Noch eine Stunde und null Minuten.« Die Stimme schien geradewegs vom Himmel zu kommen.

Die Fundamente der Mauer bestanden aus Sandsteinquadern etwa von der Größe der Blöcke am Fuß der Cheopspyramide. Der obere Teil wirkte wie eine mittelalterliche Burgmauer. Auf der breiten Krone führte ein hölzerner Wehrgang mit Schießscharten und kleinen Türmen entlang. Auf einem war ein Lautsprecher angebracht.

Der Nomade ging auf den ausgetretenen Stufen zum Eingang, zog die Tür auf und trat in eine große Halle. Links standen roh zusammengezimmerte Bänke aus Holz, das in Jahrhunderten gedunkelt war. Darüber hing ein riesiger Gobelin; er zeigte Männer in weißen Gewändern vor einem antiken Tempel. Gegenüber befanden sich mehrere Schalter. Rechts führte eine breite Holztreppe »Zur psychologischen Beratungsstelle«.

Der Nomade stieg die knarrenden Stufen hinauf. Vor einer zweiflügeligen Tür voller mystischer Symbole ertönte ein Gong, und die Frauenstimme sagte: »Noch null Stunden und fünfzig Minuten.«

Der Saal im ersten Stock war mit dunklen Hölzern getäfelt. Ein großes Ölgemälde vereinte christliche und weltliche Seelenforscher aus Mittelalter und früher Neuzeit im Stil der Rembrandtschen »Nachtwache«. Über den Tischen gaben Schilder Beratungsthemen an wie »Hypnose«, »Autosuggestion« oder »Christlich-mystische Selbstdeutung«. Auf den Tischen lagen zahlreiche Broschüren und Prospekte. Ein Wegweiser mit der Aufschrift »Zur Identitätskontrolle« zeigte auf eine weitere Treppe.

Im zweiten Stock standen die Statuen Sigmund Freuds, Alfred Adlers, Carl Gustav Jungs und anderer Psychoanalytiker. Mobiliar und Dekoration entsprachen der Zeit des Jugendstils. An der Stirnwand hing eine große Fotomontage, auf der die berühmtesten Seelenforscher der vergangenen zwei Jahrhunderte zusammensaßen.

»Noch null Stunden und fünfundvierzig Minuten.«

Der Weg zur nächsten Treppe führte an einem Kontrollpult mit einer Stahlschranke vorbei. Als der Nomade sie zur Seite drückte, begann eine Sirene zu heulen. Sofort wich er zurück und setzte sich auf den Platz des Kontrolleurs. Auf dem Pult lagen sorgfältig geordnete Papierstapel: »Visum für das Unbewußte« – »Antrag auf Ausreise im Krankheitsfall« – »Passierschein zu den Archetypen«. Er las sie durch. Auf einem kleineren Zettel stand: »Tagesausflüge«.

»Noch null Stunden und fünfunddreißig Minuten.«

Er fand einen Filzstift und überlegte eine Weile. Dann füllte er das Formular sorgfältig aus. Name? Allan Behrman. Adresse? Er entschied sich für die alte Anschrift in Palo Alto. Geburtsdatum. Kreditkartennummer? »Keine«. Allan haßte Plastikgeld.

»Noch null Stunden und dreißig Minuten.«

Der Nomade legte das Papier auf die Sichtscheibe, drückte auf ENTER und wartete gespannt. Ein leises Piepen ertönte, und auf dem Bildschirm erschien »GENEHMIGT«.

Im obersten Stockwerk standen Statuen von Heroen aus seiner Jugend – Raumfahrer, Filmhelden und die großen Vorbilder aus der Wirklichkeit: Neil Armstrong in seinem Raumanzug mit einem Häufchen Mondsteine in der Hand, Steven Hawking in seinem Rollstuhl, »Eine kurze Geschichte der Zeit« auf dem Schoß, Marie Curie mit dem Atom-Symbol, Albert Einstein mit seiner Formel und Konrad Zuse mit einem Modell der ersten programmgesteuerten Rechenanlage. Die Stirnseite nahm ein riesiges Panoramafenster ein. Dahinter breitete sich bis zum Horizont eine Landschaft aus, in der sich alle Extreme irdischer Topographie zu verbinden schienen: steile Felsstürze über sanften Hügeln, düstere Urwälder hinter lieblichen Hainen und schäumende Wasserfälle zwischen verträumten Bergseen. Der tintenblaue Himmel türmte Wolkenberge auf. Die Ruinen des Subkommissuralorgans leuchteten eine halbe Meile zwischen Oleanderbüschen hervor.

»Noch null Stunden und zwanzig Minuten.«

Über einer Glastür an der rechten Seite leuchtete AUSGANG. Davor stand wieder ein Pult: IDENTITÄTSKONTROLLE. Auf dem Monitor las der Nomade: »Legen Sie Ihre rechte Hand auf das markierte Feld.«

Er befolgte die Aufforderung. Sofort heulte eine Alarmsirene los.

»Stehenbleiben!« hörte er eine Stimme aus dem Lautsprecher dröhnen. Diesmal war es eine männliche Stimme.

Der Nomade lief zu einem kleinen Roboter, der wie ein wandelnder Mülleimer aussah. Die Außenhaut fühlte sich kalt und hart an. Als er den kleinen Maschinenmann aufhob, fühlte er einen stechenden Schmerz in der Seite. Verblüfft ließ er los.

»Stehenbleiben!« hallte es aus dem Lautsprecher.

Der Roboter stieß schrille Pfiffe aus. In seiner rechten Greifklaue hielt er ein langes Messer.

Der Nomade sprang auf das Pult, gerade schnell genug, um der sausenden Klinge zu entgehen. Lächerlich! dachte er. Von einem Filmroboter gejagt! Aber die Schmerzen waren real. Er wollte zu der Treppe rennen, aber auf halbem Weg riß ihn ein heftiger Schlag von den Füßen.

»Stehenbleiben!« befahl die Stimme erneut.

Fassungslos betastete der Nomade sein rechtes Bein. Etwas Glänzendes kam auf ihn zu. Es war der größere der beiden Roboter aus seinem Lieblingsfilm. Der putzige Bursche, der aus runden Augen wie staunend in die Welt guckte und sich auf ulkige Weise gestelzt ausdrückte – von Allans Programm war er in ein bösartiges Blechmonster verwandelt worden.

Ein neuer Laserstrahl fuhr aus der Metallhand. »Abbruch!« schrie der Nomade. »Abbruch, Abbruch!«

Das Metallgesicht mit den großen Augenhöhlen glich einem goldenen Totenschädel. Der Nomade hob schützend die Hände. Ein Blitz blendete ihn. Dann wurde es dunkel.

22

Das Gorgonengesicht war zu einem grausamen Lächeln verzerrt. Der Unterkörper spaltete sich in drei dicke Schlangenleiber und endete in einem Fischschwanz. Das uralte Ungeheuer hatte zwar die Kraft verloren, Menschen zu erschrecken, aber beeindruckend wirkte sein Anblick auch noch auf die Kinder jenes fernen Zeitalters, auf das es als Bild auf einer zweitausendsechshundert Jahre alten griechischen Vase gekommen war. Die Replik aus dem Museum von Olympia stand auf einem bronzenen Ständer.

»Typhon«, sagte Vanessa Birming.

Kelley trat näher und betrachtete bewundernd die perfekt ausgearbeiteten Details der schwarzen Figur auf dem rötlichen Ton.

»Der Sohn der Erde, von seiner Mutter im Zorn geboren, weil die olympischen Götter ihre älteren Kinder, die Giganten, getötet hatten.

Typhon war ein Drache. Er heiratete die Unterweltsschlange Echnida, die weitere Ungeheuer gebar: den Höllenhund Kerberos, die Sphinx, die Hydra und die Chimäre.«

»Glauben Sie, daß Purdy zu Drachen eine besondere Beziehung hat?« fragte Kelley.

»Typhon war so etwas wie der letzte Kämpfer für die alten Götter. Durch ihn sollten für kurze Zeit noch einmal Chaos, Gewalt und Grausamkeit der Urzeit über die Ordnung und Gesetze der jüngeren, olympischen Götter siegen. Im übertragenen Sinn symbolisiert der Drache das Aufbegehren des Triebhaften in der menschlichen Natur gegen den Verbotsdruck der zivilisierten Gesellschaft.«

»Und was bedeutet das für uns?« wollte Connor wissen.

»Vielleicht ist Typhon für ihn eine Art Totem. Möglicherweise glaubt er, daß die Seele schon zu Lebzeiten in bestimmte Tiere eingehen kann, besonders in fliegende wie Vögel oder Schmetterlinge.«

»Verrückt«, sagte der Lieutenant. »Was haben diese Irren bloß immer für einen Müll im Kopf!« Sein Handy piepte, und er hob das Gerät ans Ohr. »Underwood.«

Nach einigen Sekunden setzte er es wieder ab. »Carruthers. Keinerlei Immobilien.«

»Unmöglich«, sagte Vanessa Birming energisch. »Er muß irgendwo einen Unterschlupf haben. Was ist mit Beteiligungen? Joint-ventures? Tochterfirmen?«

Der Lieutenant gab die Fragen weiter. »Ein paar Anteile an einer Ölfirma in Austin, Texas«, berichtete er dann. »Eine Schaffarm in Oregon. Ein paar Steinbrüche in New Mexico ...«

»Bingo!« sagte Connor. Underwood sah ihn fragend an.

»Die Frau, die der Kerl im VR-Raum überfallen und zu Tode gefoltert hat, lebt in New Mexico«, klärte ihn Kelley auf.

»Außerdem war da was Komisches in der Post«, hörte Underwood aus dem Handy. »Eine Ausschreibung der Stadtverwaltung für die Neugestaltung der Parkanlagen hinter der City Hall.«

»Wieso lädt die Stadtverwaltung denn eine Computerfirma ein, den Park umzubauen?« wunderte sich der Lieutenant.

»Hier steht: An William C. Purdy, Landschaftsgärtnerei«, antwortete Carruthers.

»Der Mann hat eine Gärtnerei?«

»Das ist es«, sagte Vanessa Birming.

»Und wo?« fragte der Lieutenant ins Telefon.

»Oceanview Drive Dreitausendzwanzig.«

Underwood schloß die Sprechklappe, stapfte die Treppe hinunter und ging zu dem Auto, in dem der Chief Deputy und der stellvertretende Staatsanwalt saßen. Vanessa Birming, Connor und Kelley folgten ihm.

»Kommen wir jetzt endlich voran?« rief Abarca ihnen ungeduldig entgegen.

»Er betreibt nebenbei eine Gärtnerei, Sir«, meldete Underwood.

»Eine Landschaftsgärtnerei«, verbesserte Connor.

»Wo ist denn da der Unterschied?« fragte Abarca.

»Landschaftsgärtner dürfen mit Sprengstoff arbeiten«, erklärte Underwood. »Der Aufbewahrungsort muß polizeilich genehmigt werden.«

Abarca verstand. »Also sollten wir etwas über ihn in unserem Computer haben, nicht wahr?«

»Darf ich mal!« sagte Kelley. Er setzte sich zu den beiden Männern in den Fond des Wagens, schaltete den Computer ein und drückte einige Tasten. Der Monitor flammte auf und zeigte das Menue des Polizeipräsidiums von San Jose. Kelley klickte die Rubrik »gewerbliche Genehmigungen« an und suchte die dort aufgeführten Listen durch. Die anderen schauten gespannt zu. Zwei Minuten später zeigte der Bildschirm die gesuchte Information. Als Aufbewahrungsort für bis zu zwanzig Kilogramm Dynamit war »Gärtnerei William C. Purdy, Oceanview Drive 3020« angegeben. Die Genehmigung war bereits sechs Jahre alt und mehrmals verlängert worden.

»Wozu braucht der Kerl eine Gärtnerei?« wunderte sich Abarca.

»Fahren wir«, sagte Underwood.

Vanessa Birming, Connor und Kelley stiegen zu ihm in den Wagen, Abarca und Paredes folgten mit weiteren Streifenwagen.

»Wie weit?« fragte Kelley gespannt.

Underwood aktivierte das automatische Navigationssystem. Auf dem Bildschirm im Armaturenbrett erschienen ein Gewirr von Straßen, ein roter Punkt, ein grüner Pfeil und eine Digitalanzeige: »6 Meilen 700 Yards«

»Praktisch gleich um die Ecke«, sagte Underwood. »Allerdings in den Bergen.«

Connor und Kelley nahmen die Revolver aus dem Schulterhalfter, luden sie durch und steckten sie wieder zurück.

Die Straße stieg steil an und wand sich in zahlreichen engen Kurven an der Flanke des Küstengebirges hinauf. Sechs Minuten später konnten sie bereits die Lichter der San Francisco Bay sehen. Kurz darauf hatte der grüne Pfeil den roten Punkt erreicht.

Zwischen dunklen Bäumen erschien ein hoher Zaun aus Maschendraht. Dahinter stand eine Jagdhütte. Underwood ließ den Wagen ohne Licht ausrollen. Der Vollmond stand genau über ihnen.

Connor drehte sich um. Die anderen Polizeifahrzeuge hielten ebenfalls mit ausgeschalteten Scheinwerfern.

Underwood stieg aus und gab seinen Leuten Zeichen, leise zu sein. Connor, Kelley und Vanessa Birming folgten ihm an den Zaun. Die Fenster des Blockhauses waren dunkel.

»Was meinen Sie?« fragte der Lieutenant.

»Das ist es«, sagte Vanessa Birming. »Einsam und gut versteckt, aber mit weitem Blick über das Land. Der Horst eines Raubvogels. Oder die Höhle eines Drachen.«

»Glauben Sie, daß er jetzt hier ist?«

Sie zuckte die Achseln.

Underwood winkte seinen Leuten, ging ihnen ein paar Schritte entgegen und sagte: »Umstellen Sie das Haus. Und dann Scheinwerfer drauf.« Die Männer eilten davon. Einige trampelten wie Elefanten durch das Unterholz, und Connor verzog das Gesicht.

Abarca kam auf die Wartenden zu. »Und?« fragte er. »Haben wir den Kerl jetzt endlich?«

»Wir wissen es noch nicht, Sir.«

Der Deputy Chief trat an das Gittertor und stieß mit der Fußspitze gegen die Stäbe. »Lassen Sie uns hineingehen und mit ihm aufräumen«, sagte er ungeduldig.

»Einen Augenblick noch, Sir«, sagte Underwood. »Die Männer sind noch nicht auf ihren Positionen.«

»Dann sollen sie sich beeilen«, sagte Abarca, als könne er es kaum erwarten, eine neue Probe seiner Tatkraft zu liefern.

Nach zwei Minuten kamen einige halblaute Zurufe von den Nächststehenden. Underwood nickte und ging zu seinem Wagen. Connor und Kelley zogen ihre Revolver und stellten sich neben dem Gittertor hinter zwei Betonpfosten.

Underwood nahm das Mikrophon vom Armaturenbrett, schaltete es ein und sagte: »Licht!« Die Fahrer der anderen Wagen blendeten ihre Scheinwerfer auf und rangierten einige Sekunden hin und her, bis alle Strahlen auf die Jagdhütte trafen.

»Hier spricht die Polizei«, sagte Underwood durch das Megaphon. »William C. Purdy! Öffnen Sie die Tür und kommen Sie mit erhobenen Händen heraus!«

Seine Stimme verhallte, und nur die Autos waren zu hören.

»Motoren aus!« befahl Underwood.

Als es wieder still war, wiederholte der Lieutenant: »Hier spricht die Polizei. William C. Purdy, wir haben einen Haftbefehl gegen Sie. Öffnen Sie die Tür und kommen Sie mit erhobenen Händen heraus!«

Neben sich hörte Kelley Vanessa Birming etwas murmeln. Als er sich nach ihr umdrehte, sah er über ihrem Kopf ein kleines Stück gelben Draht. »Vorsicht! Bleiben Sie vom Zaun weg!«

Sie folgte seinem Blick. »Alarmanlage?«

Underwood wiederholte inzwischen seine Aufforderung und fügte hinzu: »Wenn Sie nicht freiwillig herauskommen, holen wir Sie!«

Kelley hob das Nachtglas vor die Augen. »Videokameras«, sagte er. »Mikrophone. Bewegungsmelder. Stolperdrähte.«

»Damit kann er ja wohl nicht verhindern, daß Fremde in sein Reich eindringen, oder?« meinte Vanessa Birming.

»Eigentlich nicht«, sagte Kelley. Dann durchfuhr ihn eine plötzliche Erkenntnis. »Halt!« rief er.

»Was ist los?« fragte Underwood.

»Holen Sie das Sprengkommando!«

»Sicher?«

»Absolut. Hier sind überall Kabel. Hier und dort. Sehen Sie!«

»Können Sie das nicht abstellen?«

»Nein. Viel zu gefährlich. Dafür brauchen wir einen Spezialisten.«

»Kann das Mädel noch da drin sein? Lebend, meine ich?«

»Ausgeschlossen ist es nicht.«

Underwood hob erneut das Mikrophon vor den Mund. »Achtung! Explosionsgefahr! Bitte halten Sie mindestens einhundert Meter Abstand!« Er setzte sich auf den Beifahrersitz und schaltete auf Funk.

Kelley hob sein Handy, wählte und ließ es sehr lange klingeln.

»Nemchankin«, meldete sich eine verschlafene Stimme.

»Hallo, Gabe. Tut mir leid, wenn ich störe, aber wir haben hier ein Problem.«

Alfredo Matarese war alarmiert. Seit Jahren war nichts mehr geschehen, was einen der wenigen Männer, die seine Geheimnummer besaßen, dazu hätte bewegen können, ihn nachts anzurufen. Jetzt aber klingelte es. Um drei Uhr morgens. »Ja?«

»Santini. Tut mir leid, daß ich Sie wecken mußte, aber ich tue es Ihnen zuliebe.«

Matarese ordnete seine Sinne. »Schon gut. Was gibt's denn?«

»Schlechte Nachrichten. Leider. Der Mann, den wir Ihnen für Cook Illinois empfohlen haben, wird als Mörder gesucht.«

Matarese schwieg verblüfft. Das war wirklich übel!

»Sind Sie noch dran?« fragte Santini.

»Ja. Was ist denn passiert?«

»San Jose wird ihn heute zur Fahndung ausschreiben. Er ist eine ganz heiße Nummer. Die halbe Polizei von Silicon Valley ist hinter ihm her.«

»Verstehe.«

»Ich melde mich, sobald ich Näheres weiß.«

»Tun Sie das.«

Matarese legte auf und wählte eine Nummer. Als abgehoben wurde, sagte er: »Schnappt euch Purdy. Sofort!«

23

Das Bombenentschärfungskommando hatte das gesamte Grundstück mit riesigen Scheinwerfern ausgeleuchtet. Männer in silbernen Schutzanzügen liefen zwischen den Bäumen umher. Dahinter blinkten die roten und blauen Lichter der Polizei- und Rettungsfahrzeuge. Was indes nicht in das dramatische Bild passen wollte, war der kleine, dicke Mann mit dem schreiend bunten Hawaiihemd, der sechs Meter über dem Waldboden auf einer ausziehbaren Aluminiumleiter stand und mit geübten Griffen an einem Kabel manipulierte.

Connor versuchte sich wieder auf das vorzubereiten, was ihm aller Erfahrung nach in der Jagdhütte bevorstand. Die Aura, die sich um das bemooste, geduckte Gebäude gebildet hatte, wirkte in seinem Inneren wie ein Ferment, und er empfand jede Minute stärker das gärende

Gefühl aus Sorge und Beklommenheit, das Menschen befällt, die Schlimmes erwarten.

Kelley stand unter Nemchankin und schaute ihm respektvoll zu. Die Ankunft des Evernet-Sicherheitsbeauftragten hatte einiges Aufsehen erregt, schon allein wegen des fast sechs Meter langen schwarzen Cadillacs aus der Konkursmasse eines Beerdigungsunternehmens. Dank der weichen Federung vorzüglich zum Transport hochwertiger Elektronik geeignet, war das Fahrzeug mit der geisterhaften Lautlosigkeit einer Traumerscheinung durch die Nacht herbeigerollt. In dem mit dunkelblauem Samt ausgeschlagenen Laderaum hatte sich den neugierigen Blicken eine packdichte Fülle von Rechnern, Bildschirmen, Druckern, Prüfgeräten, vielfältiger Software und mechanischen Werkzeugen aller Art dargeboten. Auf Kleidung, Haar- und Barttracht des Spezialisten hatten vor allem die Beamten der örtlichen Polizei mit Kopfschütteln und geringschätzigen Mienen reagiert. Um so mehr waren die Zweifler von der klaren Analyse überrascht, auf der Nemchankin nach kurzer Einweisung durch Underwood, Kelley und den Leiter des Bombenentschärfungskommandos, Captain John D. Troy, seinen Plan aufgebaut hatte: »Wenn dieses Blockhaus Purdy gehört, müssen wir einkalkulieren, daß alle Sicherungsmaßnahmen über einen Zentralcomputer gesteuert werden. Er soll das Grundstück sichern, alle besonderen Vorkommnisse melden und beim Eindringen fremder Personen den ganzen Laden in die Luft jagen.«

»Melden?« hatte Deputy Chief Joseph Abarca verdutzt gefragt. »Sie glauben, daß uns der Kerl jetzt hört? Oder sogar beobachtet?«

»Nein, jetzt nicht. Solche Aufgaben werden abgestuft programmiert. Der Computer kann ja nicht jedesmal Alarm schlagen, wenn hier ein Auto vorbeigondelt. Ich denke, daß dieser Teil erst dann aktiviert wird, wenn jemand in das Haus eindringt.«

»Und dann geht alles hoch?« hatte der Leiter des Bombenentschärfungskommandos, Captain Troy, besorgt gefragt. Er war mit seinen Leuten eine halbe Stunde vor Nemchankin eingetroffen, und seine Spezialisten hatten gleich erkannt, daß die komplizierte Anordnung der Drähte jeden Eingriff in den Stromkreis mit einem kaum abschätzbaren Risiko belegte.

»Nein, es könnte ja auch ein Einbrecher sein. Irgendein Penner, der nur den Kühlschrank ausräumen will. Manche Räume aber sind bestimmt so gesichert, daß nicht jeder Hühnerdieb hineinkommt.«

»Und wie wollen Sie nun vorgehen?« hatte Abarca wissen wollen.

Nemchankin hatte auf das Kabel gedeutet, das über ihren Köpfen von einem Mast an der Straße in das Blockhaus führte. »Durch die Telefonleitung natürlich.«

»Sollten wir die nicht vorsichtshalber kappen?« hatte der Staatsanwalt gefragt.

»Nein, das bringt nichts. Solche Typen verlassen sich nicht auf eine überirdische Vernetzung, die jeder umstürzende Baum stilllegen kann. Natürlich benutzt Purdy sie auch, aber nur zum Telefonieren. Die Kommunikation mit dem Computer läuft todsicher über Funk.«

»Und wann kann er uns sehen? Und hören?« fragte Abarca.

»Spätestens sobald der Alarm ausgelöst ist. Höchstwahrscheinlich aber schon dann, wenn wir versuchen, in den Rechner zu kommen. Wir können nur hoffen, daß er jetzt schläft. Zum Glück müssen wir keinen Code knacken, sondern nur die Verbindung zu dem Zünder unterbrechen. Also werde ich eine Kröte losschicken.«

»Eine Kröte?« Auch diesen Ausdruck hatte Kelley noch nie gehört.

»Sie können zuschauen, wenn Sie sich dafür interessieren. Ansonsten empfehle ich allen Herrschaften, die der Sache nicht trauen, sich ein paar Schritte zurückzuziehen.«

»Und wenn der Kerl nun doch in dem Blockhaus ist?« Abarca war jetzt ebenfalls sichtlich nervös.

»Kann er die Hütte jederzeit hochgehen lassen, aber dann fliegt er mit in die Luft.«

»Es ist mir egal, ob dieses Schwein dabei draufgeht. Aber das Mädchen ist mir verdammt nicht egal!« Abarca hatte es erneut nicht lassen können, sich zu inszenieren.

Nemchankin hatte ihn befremdet angesehen, die Aluminiumleiter aus dem Wagen geholt und sich an die Arbeit gemacht, beobachtet von teils skeptischen, teils respektvollen Blicken. Abarca und der Staatsanwalt hatten sich in ihre Limousine zurückgezogen, die jetzt hundert Meter vor der Jagdhütte auf der Straße stand, hinter den anderen Streifenwagen der Orts- und der Staatspolizei, den kurz danach angekommenen Rettungsfahrzeugen und dem Transporter der vorsorglich bereits angeforderten Spurensicherung. Auch Underwood und seine Leute hielten sich bei den Fahrzeugen auf. Die Männer des Bombenentschärfungskommandos warteten in der Deckung ihrer Panzerwagen. Vanessa Birming stand bei Captain Troy hinter dem vordersten Räumfahrzeug.

Kelley hielt die Leiter und spähte nach oben. »Kommen Sie gut voran, Gabe?« fragte er, mehr aus einem nervösen Bedürfnis nach Kommunikation.

»Bestens, Richard, bestens.« Die Stimme klang genauso beruhigend, wie Kelley gehofft hatte.

»Und wie lange, schätzen Sie, wird es noch ...?«

»Erst mal muß ich meinen Computer anschließen. Die Kröte schicke ich vom Auto aus los. Dann können Sie auf die Uhr gucken.«

Kelley tat es schon jetzt. Es war halb eins. Als der Datendandy bei Loretta Sheffler eingebrochen war, um sie zu verschleppen, war es vier Uhr früh gewesen. Vielleicht schlief er nachts gar nicht, dachte Kelley, wie die Vampire, die bei Tageslicht zu Staub zerfielen. Närrischer Gedanke! Er spürte Blicke, drehte sich um und sah Vanessa Birming. Sie nickte ihm kurz zu; es konnte nicht schaden, dachte sie, wenn Männer in gefährlichen Situationen weibliche Aufmunterung erfuhren.

Kelley überlegte gerade, ob er das Nicken erwidern konnte, ohne den Eindruck zu erwecken, daß er die Dramatik der Situation durch billiges Pathos steigern wolle, als er die Leiter in seinen Händen wackeln fühlte. »Es geht los«, sagte Nemchankin. »Kommen Sie, Richard.« Er lief zu seinem Fahrzeug, öffnete die Heckklappe, stöpselte das Kabel in seinen Computer und betätigte die Tastatur.

Gespannt beobachtete Kelley den Monitor, auf dem sich in schneller Folge verschiedene Symbole abwechselten. Am Schluß erschien eine große grüne Kröte, die den gesamten Bildschirm ausfüllte. Eine Digitaluhr am rechten oberen Bildrand zeigte »00:00.01« und begann danach, die Sekunden vorzuzählen. Die Kröte klappte das Maul auf und zu, wurde rasch kleiner und verschwand schließlich ganz. Statt ihrer erschienen lange Kolonnen von Buchstaben und Zahlen.

»Sie ist unterwegs«, sagte Nemchankin.

»Kann sie auch den Alarm schlucken?« fragte Kelley. Seit Programmstart waren fünfzehn Sekunden vergangen.

»Entweder den Sprengbefehl oder den Alarm. Beides zusammen geht leider nicht. Dafür reicht die Kapazität denn doch nicht aus.«

»Ist der Alarm schon raus?« Zwanzig Sekunden.

»Ich glaube nicht.« Nemchankin drückte einige Tasten, und auf dem Monitor erschien ein verwirrendes Labyrinth von Linien.

Kelley drehte sich um. Connor schaute ihnen über die Schultern. »Was ist das?«

»Der Schaltplan«, sagte Kelley. »Mit den elektrischen Leitungen in dem Blockhaus.« Achtundzwanzig Sekunden.

Nemchankin tippte auf die Glasplatte des Bildschirms. »Hier steht der Computer. Sehen Sie die Impulse, die wie Funken nach allen Richtungen gehen? Er hat gemerkt, daß etwas nicht stimmt, und schickt Suchtrupps los. Gleich wird er unsere Kröte entdeckt haben.«

»Kröte?« fragte Connor verständnislos.

»Hier«, erklärte Kelley. »Der grüne Punkt links unten.« Fünfundvierzig Sekunden.

Nemchankin atmete erleichtert auf. »Sie ist angekommen. Sie sitzt jetzt zwischen dem oberen und dem unteren Schaltkreis.«

»Unterer Schaltkreis?« fragte Connor. Es hörte sich an, als sei eine letzte, heimliche Hoffnung jetzt zerstoben.

»Im Keller.« Nemchankins Stimme klang emotionslos.

Schweigend beobachteten die Männer den Monitor. Die als Funken dargestellten Signale rasten durch alle Leitungen. Als die ersten auf die Kröte trafen, begann das Zeichen, das den Zentralcomputer in der Jagdhütte darstellte, zu blinken. Die Uhr zeigte eine Minute und fünfzehn Sekunden.

»Der Alarm ist rausgegangen«, sagte Nemchankin. »Also können wir jetzt auch nichts mehr falsch machen. Schicken Sie das Bombenentschärfungskommando hinein.«

Kelley richtete sich auf. »Kann losgehen!« rief er zu den Wartenden hinüber.

»O.k.« Der Captain hielt ein Sprechfunkgerät vor den Mund. »Anfahren!«

Der Fahrer des vordersten Panzerwagens gab Gas. Als das schwere Gefährt durch den Zaun brach, sprühten Funken aus den zerrissenen Drähten, und auf dem Monitor erschienen Schwärme von Lichtpunkten. Connor und Kelley zogen unwillkürlich die Köpfe ein. Der Panzerwagen blieb stehen.

»Nur die Ruhe«, sagte Nemchankin. »Es kann überhaupt nichts passieren.« Er deutete auf seinen Monitor. Von dem Computer aus rasten immer neue Befehle auf die Kröte am unteren Ausgang des Schaltkreises zu, wurden aber sämtlich verschluckt. Der optische Eindruck ähnelte verblüffend dem eines Computerspiels.

»Mach die Bude auf, Pete«, sagte Troy ruhig in sein Funkgerät.

Der Panzerwagen rollte auf dem schmalen Fußweg bis zu der Hütte. Der Fahrer mußte ein paarmal vor- und zurückstoßen, bis er eine günstige Position für den Rammsporn erreicht hatte. Dann drückte die Hydraulik die stählerne Stange aus dem Bug. Mit lautem Krachen stieß sie durch die Tür.

»Weiter«, befahl der Captain.

Der Fahrer ließ die Widerhaken an der Spitze der Stange aufklappen und zog den Rammsporn zurück. Die stählernen Zacken zerrissen die Tür, als bestünde sie aus Pappe.

Nemchankin arbeitete mit flinken Fingern auf seiner Tastatur. »Mist«, sagte er nach einer Weile. »Ich kriege die verdammten Kameras nicht unter Kontrolle.«

»Kann ich jetzt in den Keller?« fragte Connor.

»Sicher«, antwortete Nemchankin und drückte einige Tasten. »Oh«, sagte er dann.

»Was ist?« fragte Kelley. Die Männer in den silbernen Schutzanzügen näherten sich dem Blockhaus. Underwood und die anderen Polizisten kamen auf der Straße anmarschiert, gefolgt von Abarca und dem Staatsanwalt.

»Irre«, sagte Nemchankin. Er blickte kurz auf, als Vanessa Birming zu ihnen trat.

Kelley konzentrierte sich auf den zweiten Schaltplan, der erheblich komplizierter als der erste schien.

»Ist genug Licht da unten?« fragte Connor.

»Allerdings«, antwortete Nemchankin. »Sehen Sie mal diese Leitungen. Wie in einem Filmstudio. Und hier!« Er legte den Zeigefinger auf die Scheibe. »Hier müssen jede Menge Haushaltsgeräte stehen. Der Stromverbrauch ist enorm.«

Troy war herangekommen und schaute interessiert auf den Bildschirm. »Können Sie den Zünder sehen?«

»Genau in der Mitte«, sagte Nemchankin und zeigte auf eine purpurrote Raute. »Sie werden ihn am Fuß der Kellertreppe finden.«

»Dann schaue ich mir die Sache mal an«, sagte der Captain und setzte seinen Helm auf.

»Ich komme mit«, sagte Connor.

»Nein«, sagte Troy. »Erst, wenn die Bombe entschärft ist.«

»Sie kann jetzt wirklich nicht mehr hochgehen«, versicherte Nemchankin.

»Zeigen Sie uns noch mal den ersten Schaltkreis«, bat Kelley. »Läßt sich herausfinden, wohin die Alarmmeldung ging?«

»Keine Chance«, sagte Nemchankin und wechselte mit einem

Tastendruck das Bild auf dem Monitor. »Wie ich gesagt habe: Das Signal ging über Funk ab. Sehen Sie!« Er deutete auf rote Pünktchen, die von den Überwachungskameras auf den Computer zuliefen. Andere Pünktchen folgten einander aus dem Rechner auf eine doppelte Linie, die offenbar eine Antenne darstellte.

Kelley las halblaut die Uhr ab. »Vier Minuten fünfundzwanzig Sekunden.«

»Wie? Ach so«, sagte Nemchankin. »Das ist jetzt nicht mehr wichtig. Sobald die Bombe entschärft ist, stelle ich die Kröte vor die Antenne. Der Kerl muß ja nicht unbedingt im Detail wissen, was hier jetzt so alles abläuft.«

Sie warteten einige Minuten. Dann sagte Vanessa Birming: »Sie haben sie.«

Der Captain stand mit dem Helm unter dem Arm im Eingang. »Erledigt«, rief er ihnen zu.

»Jetzt sind wir an der Reihe«, sagte Vanessa Birming.

»Lassen Sie mich erst mal nachsehen«, sagte Connor.

»Machen Sie sich nicht lächerlich!« sagte Vanessa Birming kühl. »Wollen Sie mich davor bewahren, meinen Beruf auszuüben?«

Kelley eilte hinter ihnen her. Als er sie fast erreicht hatte, hörte er vor dem Zaun Abarcas laute Stimme. »Ich sage Ihnen, Larry, die Frau ist verrückt. Die will sich nur wichtig machen. Diese New-Age-Tanten kenne ich zur Genüge, die gibt's ja nicht nur in New Mexico, wir haben auch hier mehr als genug davon. Die haben alle einen Sprung in der Schüssel. Nein, nein, mein Lieber, der glaube ich kein Wort.«

Kelley blieb wie erstarrt stehen.

»Im Computer vergewaltigt und aufgeschlitzt, ich bitte Sie!« fuhr Abarca fort.

»Seien Sie still!« rief Kelley entsetzt.

»Wie bitte?« Der Deputy Chief blieb erstaunt stehen.

Connor drehte sich um. Vanessa Birming ging an ihm vorbei in die Jagdhütte.

»Verdammt«, sagte Connor. Nemchankin drehte sich nach ihm um und legte warnend einen Finger auf die Lippen. Kelley riß sein Handy aus der Tasche und wählte eine Nummer.

»Kann mir mal einer sagen, was hier eigentlich los ist?« wunderte sich Abarca.

»Schnauze, verdammt noch mal!« brüllte Kelley und rannte zu Nemchankins Leichenwagen zurück.

»Hören Sie mal ...!« rief ihm der Chief Deputy empört hinterher.

Kelley setzte sich hinter das Steuer und preßte das Handy ans Ohr.

Auch Connor war umgekehrt. Er hatte sein Handy schon im Laufen eingeschaltet, redete aber erst, als er auf dem Beifahrersitz saß und Nemchankin die Heckklappe geschlossen hatte. »Phil? Connor. Schicken Sie sofort die Polizei zu unserer Zeugin. Ja, genau. Und einen Krankenwagen. Und das Bombenkommando.« Durch die gepolsterten Türen klang seine Stimme nur gedämpft nach draußen, doch der Lieutenant, der direkt neben dem Wagen stand, konnte jedes Wort verstehen. »Oh, oh«, sagte er und schaute zu der Blockhütte. Die Kameras auf dem Dach drehten sich vom Eingang weg und richteten sich auf das Auto.

»Wachen Sie auf! Wachen Sie auf!« hörte Underwood Kelley in sein Handy schreien.

»Der Kerl hat ihr wahrscheinlich eine Bombe in den Keller gelegt«, erklärte Connor dem Wachhabenden des FBI-Büros in Santa Fe. »Fernzündung über Computerleitung. Das Ding kann jederzeit explodieren.«

»Gehen Sie endlich ans Telefon!« rief Kelley beschwörend.

Abarca und der Staatsanwalt kamen auf Underwood zu. »Sind hier alle verrückt geworden?« fragte der Deputy Chief. »Was spielt es denn jetzt noch für eine Rolle, ob der Kerl irgendwas hört?«

»Ich denke, sie machen sich Sorgen um eine Zeugin, Sir«, erklärte Underwood vorsichtig.

»Um diese ...?« Diesmal besann sich Abarca eben noch rechtzeitig.

»Der Kerl hat Steinbrüche in New Mexico«, erklärte Underwood leise. »Das heißt, daß er auch dort über Sprengstoff verfügt.«

»Nein, nicht anrufen«, hörten sie Connor in sein Handy sagen. »Das machen wir schon selbst. Schicken Sie die Polizei los und ein paar von unseren Leuten dazu. Am besten fahren Sie gleich selber hin!«

»Hallo!« rief Kelley. »Mrs. Thogersen! Hier ist das FBI. Kelley. Ja. Sagen Sie jetzt nichts mehr und hören Sie mir zu! In Ihrem Haus befindet sich eine Bombe. Sie kann jede Sekunde hochgehen. Machen Sie, daß Sie rauskommen! Nein, keine Fragen! Stehen Sie auf und laufen Sie! Laufen Sie möglichst weit weg. Nein, keine Fragen!« Jetzt schrie er wieder. »Laufen Sie! Laufen Sie! Raus! Raus! Raus!«

»Wir haben sie erreicht«, meldete Connor.

Kelley lauschte in den Hörer.

»Hat sie's kapiert?«

Connor setzte sein Handy ab. Kelley starrte auf seine Armbanduhr. »Lauf!« murmelte er.

»Bleiben Sie dran«, sagte Connor in die Sprechklappe.

Weitere Sekunden vergingen. Plötzlich stöhnte Kelley auf und ließ das Handy sinken.

»Was ist?« fragte Connor.

»Die Leitung ist tot.«

Die Männer, die um das Auto standen, blickten einander betreten an.

»Ich konnte ja schließlich nicht wissen, daß diese Typen in New Mexico eine so wichtige Zeugin einfach zu Hause herumhocken lassen«, sagte Abarca mit der vorwurfsvollen Streitbarkeit des schlechten Gewissens. »Von Zeugenschutz haben die wohl noch nie was gehört.«

»Wieviel Sekunden?« fragte Connor.

»Achtundvierzig«, antwortete Kelley und ließ den Arm mit der Uhr in seinen Schoß fallen.

»Dann sind die Chancen ganz gut«, stellte Connor fest.

Schweigend saßen sie einige Sekunden nebeneinander. Dann sagte Connor: »Ich gehe jetzt hinein. Bleiben Sie hier und warten Sie den Rückruf ab.«

Kelley nickte apathisch. Ihm war schlecht.

Connor gab ihm sein Handy, stieg aus und schlug die Tür hinter sich zu. Kelley blieb sitzen.

»Ist alles in Ordnung?« fragte der Deputy Chief. Connor stapfte an ihm vorbei, ohne ihn einer Antwort zu würdigen.

Kelley atmete ein paarmal tief durch, bis sein Herzschlag sich wieder einigermaßen normalisiert hatte. Dann stieß er die Tür auf und stieg ebenfalls aus.

Underwood wußte Kelleys Gesichtsausdruck richtig zu deuten. »Es ist besser, wenn Sie sich jetzt wieder etwas zurückziehen, Sir«, sagte er zu Abarca. »Überlassen Sie die Sache mir.«

»Ich hatte nicht vor, mich in Ihre Ermittlungen einzumischen«, sagte Abarca jetzt, nur noch darum bemüht, nicht noch mehr Autorität einzubüßen. »Ich wollte lediglich zur Verfügung stehen, falls mein Rat benötigt wird. Aber Sie kommen hier wohl auch alleine klar. Ich bitte Sie lediglich, nicht aus dem Auge zu verlieren, daß wir hier die Zuständigkeit haben und nicht das FBI!«

Steifbeinig ging er zu seiner Limousine zurück. Das Mädchen war sowieso nicht mehr am Leben, dachte er, sonst hätten die Bombenentschärfer es doch wohl gefunden. Jetzt kam es vor allem darauf an, die richtige Strategie für die Pressekonferenz zu entwickeln.

Nemchankin öffnete die Heckklappe und arbeitete wieder auf der Tastatur.

»Was ist denn eigentlich passiert?« erkundigte sich der Staatsanwalt.

Underwood klärte ihn auf.

»Oh«, murmelte Paredes. »Das ist aber böse.«

»Kann man wohl sagen.«

»Hat es die Frau erwischt?«

»Das wissen wir noch nicht. Ihr Haus ist jedenfalls in die Luft geflogen. Polizei und FBI sind unterwegs. Entschuldigen Sie mich jetzt. Ich muß da rein.«

»Ich komme mit«, sagte der Staatsanwalt.

»Das müssen Sie nicht«, sagte Underwood. »Wenigstens jetzt noch nicht.«

»Sagen Sie mir nicht, was ich tun muß, Bob.«

»Schon gut.«

»Ab sofort kann wieder laut gesprochen werden«, sagte Nemchankin in die Runde. »Alle ausgehenden Signale sind blockiert.«

Im Eingang der Jagdhütte kam ihnen Captain Troy entgegen. »Was war denn das eben für eine Aufregung?« fragte er den Lieutenant.

»Erzähle ich Ihnen später«, antwortete Underwood. »Ist Ihnen was Besonderes aufgefallen?«

»Der ganze Raum ist mit Computern vollgestopft.«

»Und der Keller?«

»Sieht aus, als wenn Ihr Mann ein großer Nimrod wäre.«

»Nimrod?« fragte der Staatsanwalt.

»Ja. Lauter Kühlschränke und Tiefkühltruhen. Man möchte fast glauben, daß der Kerl die Jagd gewerbsmäßig betreibt.«

Underwood fühlte, wie sich seine Nackenhaare aufrichteten.

»Sind da unten noch Leute von Ihnen?«

»Nein. Jetzt sind Sie dran.«

Kelley sah, wie Underwood und Paredes in der Jagdhütte verschwanden. Einen Augenblick verspürte er den Drang, ihnen zu folgen, aber er besann sich und setzte sich wieder in das Auto. Während er auf seine Armbanduhr schaute, fragte er sich, wie lange es dauern mochte, bis die Polizei von Chimayo einen Streifenwagen zu Karen Thogersens Haus auf dem Hochplateau dirigiert haben würde. Mindestens acht

Minuten, dachte er. Dann fiel ihm ein, daß noch eine andere Information fällig war. Rasch hob er Connors Handy und drückte die Wahlwiederholungstaste.

»FBI-Büro Santa Fe.«

»Kelley. Hat die Fangschaltung funktioniert?«

»Ist mir nicht bekannt.«

»Fragen Sie bitte sofort nach.«

»Selbstverständlich.«

Kelley legte das Handy auf das Armaturenbrett, drückte auf den Knopf des elektrischen Fensterhebers und atmete die frische Nachtluft ein.

»Zigarette?« Nemchankin hielt ihm eine ziemlich zerknüllte Packung filterloser Gauloises hin.

»Nein, danke.« Er blickte auf die Jagdhütte. Keine der Personen, die hineingegangen waren, war bisher wieder herausgekommen. Die Männer vom Bombenräumkommando verstauten ihre Gerätschaften in den Panzerfahrzeugen.

Eine dicke Rauchschwade wallte in das Innere des Wagens, und Kelley fuhr ein wenig zurück. »Entschuldigung«, sagte Nemchankin und versuchte die Wolke mit der Hand hinauszuwedeln.

Captain Troy kam auf sie zu. »Gibt es noch irgendwelche verborgenen Leitungen? Was ist mit dem Notstromaggregat?«

Nemchankin stieg aus, ging zu seinem Computer und bearbeitete die Tastatur. Kelley schaute wieder auf seine Uhr. Noch eine Minute.

Connors Handy klingelte. Hastig griff Kelley zu.

»Wir haben ihn«, hörte er den Wachhabenden sagen.

»Wo?« fragte Kelley. Nemchankin hörte auf zu tippen. Auch der Captain interessierte sich nicht mehr für den Schaltplan auf dem Monitor.

»In einem Hotelzimmer in Chicago. Die Kollegen sind schon unterwegs.«

»Irgend etwas aus Chimayo?«

»Noch nichts.«

Kelley legte das Handy wieder zurück. Chicago war zwei Stunden voraus, also war es dort kurz vor drei Uhr. Es klingelte wieder.

»Kelley.«

»Sheriff Fonseca«, sagte eine tiefe Stimme durch das Rauschen einer ungewöhnlich schlechten Verbindung. »Ihr Büro in Santa Fe bat mich, Sie anzurufen.«

»Haben Sie sie gefunden?«

»Ihrer Zeugin geht es gut.«

Kelley atmete tief aus. »Sie ist o. k.«, sagte er zu den beiden anderen. Nemchankin nickte, und Troy hob den Daumen.

»Sind Sie noch dran?« fragte der Sheriff.

»Ja. Was ist passiert?«

»Das Haus ist weg«, sagte der Sheriff hörbar beeindruckt. »Pulverisiert. Ein großer Krater voller Sägespäne.«

»Und Mrs. Thogersen?«

»Lag hundert Meter weiter in den Kakteen. Nur leichte Verletzungen.«

»Hat sie noch etwas gesagt?«

»Nein. Sie stand unter Schock. Sonst noch irgendwelche Fragen?«

»Im Augenblick nicht. Danke, Sheriff.«

»Wir tun nur unsere Pflicht.«

Kelley legte das Handy nicht wieder auf das Armaturenbrett, sondern hielt es wie einen kostbaren Schatz in der Hand.

»Alles in Ordnung?« fragte Nemchankin.

»Ja. Sie hat nur ein paar leichte Verletzungen und einen Schock. Von dem Haus sind nur noch Holzsplitter übrig. Sie hat es gerade noch geschafft.«

»Das hat sie Ihnen zu verdanken.«

»Da hat dieser dämliche Chief Deputy aber noch mal Schwein gehabt«, sagte Nemchankin.

Kelley nickte. »Ich werde mich jetzt auch ein bißchen umsehen.« Er stieg aus dem Auto und ging zu der Jagdhütte.

Nemchankin und der Captain wandten sich wieder dem Monitor zu.

Kelley trat in den Eingang und ließ das grelle Scheinwerferlicht hinter sich, stellte aber zu seiner Überraschung fest, daß es im Inneren der Jagdhütte sogar noch heller war. Der Hauptraum war etwa sechs Meter lang und ebenso breit. An der Decke waren mindestens hundert Halogenstrahler befestigt. An den mit Rauhfaser tapezierten, weiß gestrichenen Wänden standen zwei Dutzend großer Computer. Es handelte sich ausschließlich um die neuesten Modelle. Die dazugehörigen Monitore, Scanner, Drucker und anderen Zusatzgeräte standen auf weißlackierten Bürotischen. Auch die Stühle strahlten in reinstem Weiß. In einem Regal lagen mehrere Dutzend Videokassetten, einige Fotoalben und eine Polaroidkamera. Der Boden war wie ein

Operationssaal mit weißen Fliesen belegt. Der gesamte Raum vermittelte einen Eindruck aseptischer Sauberkeit. An einem großen Panoramafenster an der Stirnseite waren weiße Jalousien heruntergelassen. Der Weg in Küche, Bad und Keller sowie auf die Veranda führte durch weißlackierte Türen. Küche und Bad wirkten ebenfalls klinisch steril, als seien Möbel und Geräte erst Stunden zuvor angeliefert und eingebaut worden. Auf der Veranda stand ein Schaukelstuhl. Das Licht fiel auf ein Buch: »Lillie Langtry«.

Kelley starrte auf den Titel. So war das also, dachte er.

Er ging durch die Tür zur Kellertreppe und stieg die schmalen Holzstufen hinunter. Das gleißend helle Licht des Wohnraums blieb zurück, und ein grünlicher Schimmer fiel auf die roh gemauerten Wände. Daß dieselben Leute, die in ihren Wohnungen auf peinliche Sauberkeit achteten, ihre Kellerräume völlig verwahrlosen ließen, hatte Kelley schon öfter gesehen, aber einen derartigen Kontrast hatte er nicht erwartet: So rein der Raum mit den Computern wirkte, so verkommen, ja geradezu verseucht und verpestet wirkte das Gemäuer, in das er nun trat. Es stank nicht nur nach Fäulnis und Moder, sondern nach Verrottung und Verwesung.

Der Keller war fast doppelt so groß wie der Wohnraum, aber nur etwa zwei Meter hoch. An der Decke hing eine grüne Leuchtstoffröhre, die geisterhaftes Licht verbreitete. Es fiel auf eine Ansammlung ehemals weißer, jetzt aber von Staub und Spinnweben bedeckter Kühlschränke sowie hüfthoher Gefriertruhen. Helle Flecken an den Griffen zeigten, daß die Türen kurz zuvor geöffnet worden waren. Zwischen ihnen standen schemenhaft einige Leute, die leise miteinander sprachen.

Am Fuß der Treppe sah Kelley rotweißes Trassierband. Hier war also der Sprengsatz lokalisiert worden. Als er sich vorsichtig vorbeischob, stieß er mit den Absätzen gegen einen Karton. Der Behälter stand offen und enthielt der Aufschrift zufolge Natriumkarbonat.

Vanessa Birming stand mit Connor und Underwood in der hintersten Ecke des Kellers vor einem breiten Holzregal, das zahlreiche große Glaszylinder enthielt. Die unteren waren völlig von Staub bedeckt. Neben dem Regal waren zahlreiche Computerkartons übereinandergestapelt. Auf der gegenüberliegenden Seite stand ein graugestrichener Aktenschrank neben einem blauen 200-Liter-Faß mit schwarzem Deckel. Vor einem zweiten Regal mit einigen Metallkesseln und Säurefässern lagen mehrere große Müllsäcke aus Plastik. Die Zusammenstellung dieser Gegenstände strahlte einen Eindruck lauernder Bedrohung aus.

Kelley räusperte sich und ging auf die anderen zu. Sie drehten sich nach ihm um und gerieten sofort in Bewegung: Vanessa Birming streckte abwehrend die Hände aus, Underwood schüttelte heftig den Kopf, und Connor ging seinem Partner rasch entgegen.

»Das ist nichts für Sie«, sagte er. »Warten Sie oben.«

»Immer schön langsam«, sagte Kelley, von dem fürsorglichen Ton eher überrascht als gekränkt. »Meine Nerven sind noch ganz gut.«

»Trotzdem«, sagte Connor sanft und faßte ihn am Arm.

»Es ist besser, glauben Sie mir«, sagte Underwood.

»Um mich brauchen Sie sich keine Sorgen zu machen«, sagte Kelley und versuchte, dem Lieutenant möglichst gelassen ins Auge zu sehen. In dem grünlichen Licht wirkte Underwoods fast haarloser Kopf wie der Schädel eines Reptils. Hinter ihm wurde der Inhalt der Glaszylinder jetzt deutlicher erkennbar. In einer farblosen Flüssigkeit schwammen die abgetrennten Köpfe von Frauen. Noch bevor Kelleys Bewußtsein das Entsetzliche als wahr akzeptierte, erkannte er, daß ihm aus dem obersten Behälter die junge Lehrerin entgegenstarrte, die sie bis vor kurzem noch zu retten gehofft hatten.

Kelley krümmte sich und preßte die Hand auf den Mund. Connor packte ihn am Arm und zerrte ihn aus dem Keller. Auf der Treppe begann Kelley zu laufen. Er rannte durch das Wohnzimmer nach draußen, kniete sich in das Gras und übergab sich mit solcher Heftigkeit, daß er sich Hände und Unterarme besudelte. Connor hockte neben ihm, hielt ihn fest, so gut er konnte, und redete beruhigend auf ihn ein. »Schon gut, mein Junge … So geht es jedem von uns, und nicht nur beim ersten Mal … Es ist ja auch wirklich ein bißchen viel …«

Das Handy in Kelleys Jackentasche klingelte, und Connor holte es heraus. »Connor. Ja, Phil?« Er hörte eine Weile zu. »Mist«, sagte er dann und drückte den Abschaltknopf.

Kelley würgte noch ein paarmal. Dann setzte er sich auf, wischte sich den Mund ab und sah Connor aus glasigen Augen an.

Das Handy klingelte wieder. »Connor. Ja? Moment.« Er reichte es seinem Partner. »Für Sie.«

Kelley holte tief Atem, hustete ein paarmal, nahm das Telefon und hielt es ans Ohr. »Kelley.«

Die Stimme am anderen Ende klang nicht besser als seine eigene. »Sind Sie es, Richard?«

»Jawohl, Mrs. Thogersen. Wie geht es Ihnen?«

»Gut. Ich möchte Ihnen danken. Sie haben mir das Leben gerettet.«

»Schon gut.«

»Ich würde gern wissen, was da eigentlich gelaufen ist! Bei Ihrem Besuch haben Sie mir versichert, es bestünde keinerlei Gefahr für mich!«

»Es tut mir leid, Mrs. Thogersen. Da haben wir uns wohl geirrt. Aber damals konnten wir es nicht besser wissen.«

»Ich bitte um eine etwas präzisere Erklärung.«

»Im Moment geht das leider nicht, Mrs. Thogersen. Wir sind sehr beschäftigt.«

»Geben Sie mir Connor!« Es klang, als müsse sie sich mit aller Kraft zusammennehmen, um nicht hysterisch zu werden.

Kelley reichte den Hörer zurück und stützte sich mit beiden Händen auf den Boden.

»Connor?«

An die Grenze ihrer seelischen Kräfte gelangt, hatte Karen Thogersen nun nicht mehr die Macht noch den Willen, ihre Fassade von Selbstbeherrschung aufrechtzuerhalten, und so klang der Haß in ihrer Stimme fast überwältigend intensiv, als sie sagte: »Finden Sie ihn, Connor! Sie haben es mir versprochen.« Dann begann sie zu schreien. »Finden Sie ihn, Connor!« Er hörte sie schluchzen. Bevor er antworten konnte, wurde die Verbindung unterbrochen.

Der Datendandy fühlte die Erregung wie Magma durch seine Ganglien strömen. In der Hitze schmolzen alle anderen gedanklichen Prozesse, bis auch sein gesamtes Bewußtsein mit Haß ausgefüllt war.

Als ihn der Alarm aus dem Schlaf gerissen hatte, war er sofort in der Lage gewesen, die Gefahr unverzüglich und konsequent zu beseitigen. Das für solche Zwischenfälle vorbereitete Programm hatte die optischen und akustischen Informationen der Kameras und Mikrophone augenblicklich in den Computer in seiner Suite überspielt. Zwar hatte er einige Sekunden lang mit sich gerungen, ob er sich denn wirklich von den vielen herrlichen Erinnerungen trennen sollte. Aber dann hatte ihn der Gedanke getröstet, daß die Explosion auch jene vernichten würde, die den Verlust verschuldet hatten, indem sie auf seinem Privatbesitz herumschnüffelten. Und daß er jederzeit neue Erinnerungsstücke sammeln konnte. Außerdem waren Souvenirs ja doch nur Stimulanzien, während die eigentlichen Schätze für immer in seinem Geist bewahrt bleiben würden, unauslöschlich und sicher vor jedem Feind.

Danach hatte er jedoch eine erste Enttäuschung hinnehmen müssen, denn der Befehl zur Selbstvernichtung war aus ihm völlig unverständlichen Gründen nicht ausgeführt worden. Statt dessen waren die Schnüffler tatsächlich in sein Heim vorgedrungen, und danach hatte es auch nicht ausbleiben können, daß sein Geheimstes entweiht worden war.

Wie zum Trost hatte sich durch die Schwatzhaftigkeit eines Dummkopfes wenigstens die Möglichkeit geboten, die Zeugin zu beseitigen, durch die sie offenbar auf seine Spur gekommen waren. Allerdings war dem Befehl zur Sprengung die Warnung »ACHTUNG! FANGSCHALTUNG« gefolgt, was bedeutete, daß er augenblicklich nicht nur das Hotel, sondern die Stadt verlassen mußte, in der zweifellos noch am gleichen Tag sein Bild der gesamten Öffentlichkeit bekanntgemacht werden würde. Daraufhin hatte er seinen Computer in den Spezialkoffer verpackt und den für diese Situation bereitgehaltenen Stapel Zeitschriften in Brand gesetzt. Als er seinen Leihwagen auf die South Michigan Avenue gesteuert hatte, waren ihm erst mehrere Streifenwagen der Polizei und dann Löschfahrzeuge entgegengekommen.

Nun blickte der Datendandy prüfend auf den Tacho. Fünfundsechzig Meilen schienen die perfekte Geschwindigkeit für den Interstate 80 durch Indiana, Ohio und Pennsylvania nach New York, das achthundertfünfzig Meilen hinter der Morgensonne lag. Die Lava seiner Wut begann allmählich zu erkalten. Ein paar ebenfalls längst vorbereitete Computerbefehle hatten genügt, sein Geld auf verschiedene Banken in der Karibik zu transferieren. Mit den praktisch unbegrenzten finanziellen Mitteln, über die er verfügte, und seinen einschlägigen Kenntnissen konnte es kein Problem sein, eine neue Identität anzunehmen und seine Mission fortzusetzen, vielleicht von Kanada aus oder in Europa. Er hatte genug Zeit, alles genau zu bedenken, denn selbst wenn er ohne Pause fuhr, würde er für die Strecke mindestens sechzehn Stunden benötigen.

24

Kurz vor Sonnenaufgang begannen zwei Gerichtsmediziner in weißen Laborkitteln und drei Spezialisten der Spurensicherung in orangeroten Overalls mit ihrer Arbeit. Vor ihnen lagen harte Stunden. Die Polizisten wurden abgelöst und durch Beamte der Staatspolizei ersetzt. Deputy Chief Abarca und Staatsanwalt Paredes fuhren nach San Jose zurück, der eine schon damit beschäftigt, eine Erklärung für die geplante Pressekonferenz zu formulieren, der andere so erschüttert von dem, was er gesehen hatte, daß er kaum eines konstruktiven Gedankens fähig war.

Als erstes holten die Gerichtsmediziner und die Spurensicherer zahlreiche Plastikbeutel mit menschlichen Organen aus den Gefrierfächern der Kühlschränke, numerierten die schaurigen Beweismittel und fotografierten sie. Noch ehe sie die bedrückende Arbeit beendet hatten, fuhr ein gemieteter Kühltransporter vor. Die Männer in den orangeroten Overalls brachten die Plastikbeutel nach oben und legten sie in den Lastwagen. Danach folgten die ebenfalls in Plastik verpackten Torsos aus den Tiefkühltruhen.

Als nächstes wickelten die Beamten die Glaszylinder mit den Köpfen der Opfer vorsichtig in dicke graue Decken, legten sie in Kartons und trugen sie ebenfalls hinaus. Auch in den Metallkesseln fanden die Gerichtsmediziner Leichenteile. Als einer der Spezialisten das blaue 200-Liter-Faß öffnete, breitete sich sofort ein bestialischer Gestank aus, worauf der bestürzte Beamte versuchte, den Deckel wieder zuzudrücken. Es gelang ihm jedoch nicht mehr, und die Männer mußten den Keller, in dem es nun beim besten Willen nicht mehr auszuhalten war, verlassen.

Eine Stunde später hielt der Lastwagen einer Chemiefirma, die auf Gefahrentransporte spezialisiert war, vor der Jagdhütte. Kräftige Männer in gelben Schutzanzügen stiegen aus. Sie trugen Helme, Atemmasken und Handschuhe. Zuerst schleppten sie die Kühlschränke und Tiefkühltruhen, zuletzt das schwere Faß hinauf.

Danach bargen die Gerichtsmediziner die Skeletteile, die in den verschlossenen Holzkisten lagen. Die Knochen wurden numeriert und einzeln in graue Pappschachteln verpackt. In den Schubkästen des Aktenschrankes fanden sich die Ausweise von sechzehn Frauen. Die

Computerkartons enthielten eine kleine elektrische Kettensäge, zwei große Messer zum Entbeinen und eines zum Filetieren, eine Anzahl Skalpelle und weitere chirurgische Präzisionsgeräte, einen Vorschlaghammer, Flaschen mit Äthylalkohol, Chloroform, Halothan, Formaldehyd und Salzsäure, einen Behälter mit Lysol-Sprühdesinfektion sowie kleinere Fläschchen mit verschiedenen Medikamenten, darunter vor allem starke Schlaf- und Beruhigungsmittel.

Einige Kriminalbeamte grenzten das Grundstück inzwischen mit gelben Plastikbändern ab, auf die der Hinweis »POLICE LINE – DO NOT CROSS« gedruckt war, und befestigten an allen Türen Schilder mit der Aufschrift »EVIDENCE – DO NOT HANDLE«. Danach unterteilten sie das Grundstück durch ein Raster aus roten Bändern. Während sie begannen, das Haus aus verschiedenen Perspektiven zu filmen und zu fotografieren, durchkämmte ein dreißig Mann starker Suchtrupp das Grundstück nach weiteren Knochenresten.

Gegen elf Uhr, als der Keller leergeräumt war, bedeckte ein Kriminaltechniker Mund und Nase mit einer Schutzmaske und versprühte aus einer Kunststoffflasche Luminol. Das bewährte chemische Hilfsmittel der Kriminalisten reagierte sofort mit dem getrockneten Blut der Opfer und ließ die Spuren grün leuchten. An manchen Stellen fluoreszierten große zusammenhängende Flecken, an anderen sah es aus, als schwebten dort vereinzelt Glühwürmchen.

Underwood und Connor beobachteten die Untersuchungen die ganze Zeit über und machten sich laufend Notizen, da sie bei einem Prozeß die wichtigsten Zeugen für die ordnungsgemäße Durchführung der Ermittlungen am Tatort und die korrekte Behandlung der sichergestellten Beweismittel sein würden. Vanessa Birming und Kelley saßen mit Nemchankin in dessen Auto und ließen sich berichten, was der Sicherheitschef des Evernet über den Datendandy wußte. Die beiden Männer saßen auf den Vordersitzen. Auf der Schaltkonsole zwischen ihnen lag Kelleys elektronisches Notizbuch.

»Zum ersten Mal habe ich von dem Kerl Ende der achtziger Jahre gehört«, sagte Nemchankin. »Als die ›Silicon Straykids‹ auftauchten. Sie bastelten in einer Garage am Bayshore Freeway herum. Ungefähr dort, wo der San Francisquito nach East Palo Alto fließt. Anfangs hatte ich Streß mit ihnen, weil sie wie alle diese Hacker scharf darauf waren, die Computer von Pentagon, CIA oder dem Weißen Haus zu knacken. Ich arbeitete damals als eine Art Vertrauensmann für die Regierung. Die Sicherheitsleute des Verteidigungsministeriums wollten kein Aufsehen erregen, weil das nur wieder zu neuen Nachahmungstaten geführt hätte, und baten mich deshalb, diskret mit den Eltern zu reden. Die Garage gehörte einem Master Sergeant, der in Europa als Abhörspezialist gedient hatte, genauer gesagt, in Deutschland. Ich glaube, er hieß Baring oder Bergman oder so ähnlich. Army und CIA betrieben damals gemeinsam eine ziemlich große Radarstation direkt am Eisernen Vorhang. Als Ex-Soldat war der Mann natürlich kooperativ und versprach, auf seine Söhne im gewünschten Sinne einzuwirken. Außerdem gehörte noch ein anderer Junge zu den ›Silicon Straykids‹. Er lebte bei irgendwelchen Hippies auf einem Campingplatz an der San Francisco Bay und hatte eine Heidenangst, als ich ihn mir vorknöpfte. Wahrscheinlich dachte er, daß man seine ganze Sippe hochnehmen könne. Ziemlich unscheinbarer Bursche, aber nicht dumm. Seine Eltern hatten ihm irgend so einen indianischen Namen verpaßt, aber seine Freunde nannten ihn Hank. Und der vierte von diesen Burschen war Purdy.« Er zündete sich eine neue Zigarette an.

»Und der fiel Ihnen besonders auf«, sagte Kelley, um das Gespräch wieder in Gang zu bringen.

»Ja. Er paßte nicht zu den anderen. Andere Herkunft, anderer Status. Seine Leute wohnten schon damals in Mountain View. Erste Adresse, vornehmes Landhaus mit Säulen und Marmorfußböden, riesiger Garten. Altes Geld. Ich glaube, der Ururgroßvater war ein Fortyniner. Aus England. Hatte beim großen Goldrausch ein Vermögen gemacht. Die Nachfahren hatten auch immer den richtigen Riecher, legten die Kohle erst in Eisenbahnaktien an, dann in Stahl und Chemie, später in Ölquellen und Bohrinseln. Und Purdys alter Herr war dann einer der ersten erfolgreichen Venture-Kapitalisten von Silicon Valley.«

»Und woher kannte sein Sohn die anderen?« fragte Kelley.

»Sie gingen gemeinsam auf die Del-Paso-Highschool. Der Vater hatte keinen Standesdünkel, fand es sogar gut, daß sein reiches Söhnchen mit normalen Leuten zusammenkam. Aber dann trennten sich ihre Wege. Irgendwas muß damals passiert sein.« Er nahm einen besonders tiefen Zug und blies den Rauch genußvoll gegen die Windschutzscheibe. »Purdy stand später ab und zu in der Zeitung. Er war schon immer ziemlich eitel. Äußerlich paßte Ihre Beschreibung hundertprozentig. Langer Lulatsch, schon auf der Highschool fast eins neunzig groß. Hellblondes Haar. Damals trug er einen von diesen spätpubertären Ziegenbärten, jetzt ist es nur noch ein Schnurrbart, Sie haben ja das Foto gesehen. Hellblaue Augen. Schönling, aber kein Schwächling. Designer-Klamotten. Exklusive Wohngegend, vornehme Ausdrucksweise, sozialer Status, das alles trifft zu. Dazu dieses Händchen für Computer ...«

»Was wissen Sie über seinen Charakter?«

»Große Klappe. Arrogant. Hat man ja oft bei Computerleuten. Die einen werden Autisten und reden überhaupt nicht mehr. Und die anderen halten sich gleich für die Erfinder des tiefen Tellers. Vielleicht wollte er seine Kumpel herumkommandieren, und die ließen sich das nicht gefallen. Willensstark und hochintelligent ist er jedenfalls.«

»Was machen die Eltern?« fragte Kelley.

»Autounfall. Beide tot. Der Junge stand bis zur Volljährigkeit unter der Vormundschaft eines Onkels, der aber ebenfalls ziemlich bald das Zeitliche gesegnet hat.«

»Haben Sie irgend etwas von psychischen Störungen gehört?«

»Purdy war ein irrer Typ. Horror-Freak, rannte in jeden Gruselfilm. Quasselte immer von Frankenstein, künstliches Leben erzeugen und so.«

»Was wissen Sie von seiner Mutter?« fragte Vanessa Birming.

Nemchankin spitzte die bärtigen Lippen, saugte ein letztes Mal an seiner Zigarette, wobei die Glut ihm fast die Finger verbrannte, und antwortete: »Prachtvolle Frau. Sehr groß, dunkle Haare, sah fast ein bißchen südländisch aus. Selbstbewußt. Emanzipiert. Die Kerle waren hinter ihr her wie verrückt.«

»Mit Chancen?«

Nemchankin zuckte die Achseln. »Jedenfalls zog sie sich nicht wie eine Nonne an. Ich kann nicht behaupten, daß sie auch mir schöne Augen gemacht hätte, aber wenn sie es getan hätte ... Papa Purdy war damals gerade auf Geschäftsreise. Deshalb sagte ich der Mama, was mit ihrem Sohn und dem Pentagon war. Sie sagte: ›Seien Sie ganz beruhigt, Mr. Nemchankin, ich sorge dafür, daß William nie wieder solche Dummheiten macht.‹ Ich habe ihre Stimme noch im Ohr. Eine tolle Frau.«

»Hat sie ihr Versprechen gehalten?« wollte Vanessa Birming wissen.

»Jedenfalls war danach Ruhe im Karton.« Nemchankin seufzte. »Tja, und ein paar Wochen später waren beide Eltern tot.«

Die Verhaltensforscherin beugte sich so weit vor, daß sie von der Seite Nemchankins Gesicht sehen konnte. »Irgendwelche Straftaten? Gewalttätigkeiten? Ungewöhnliche Vorlieben?«

Nemchankin schüttelte den Kopf.

»Ist er auf der Schule irgendwie aufgefallen? Schlägereien? Mädchengeschichten?«

»Fragen Sie Ross, er war schon damals Direktor.«

»Jugendbanden? Rauschgift?«

»Keine Ahnung.«

»Wissen Sie, wo seine Freunde sind?« Vanessa Birming ließ nicht locker.

»Der Typ aus der Wohnwagensiedlung ist vor ein paar Jahren nach L.A. abgehauen. Die beiden Brüder haben sich selbständig gemacht. Ohne Kapital, aber sehr erfolgreich.«

»Erinnern Sie sich noch an die Namen?«

»Der ältere hieß Allan, der jüngere Grant, glaube ich. Allan war wohl drüben in Deutschland ziemlich krank, deshalb kehrten seine Leute vorzeitig in die Staaten zurück. Zuerst nach New York, wohl weil es dort die besten Spezialisten gab. Dann, als er wieder gesund war, nach Palo Alto.«

»Was hatte er denn?«

»Irgendeine Lähmung oder Wachstumsstörung. Jedenfalls ist er ziemlich klein, höchstens eins fünfundsechzig. Sein Bruder ist fast zwei Köpfe größer. Dafür war Allan ein Genie. Grant war auch ziemlich gut, aber lange nicht so brillant wie Allan.«

»Und was machen die beiden jetzt?« fragte Connor.

»Allan hat ein Labor für Grundlagenforschung. Wie ich höre, lehnt er fremdes Geld für seine Projekte grundsätzlich ab, deshalb muß er zwischendurch wohl ab und zu mal was für die Industrie machen. Für die Pillendreher. Wissen Sie, was Inphader sind? Unabhängige Pharma-Designer. Kommt von ›independent‹. Tüfteln im VR-Raum neue Medikamente aus. Spart den Herstellern natürlich unheimlich Zeit und Geld, ganz viele Tests entfallen. So ein Job bringt manchmal zwei bis drei Millionen Dollar.«

»Und der andere?« fragte Vanessa Birming. »Dieser Grant?«

»Von dem weiß ich kaum was. Scheint pausenlos unterwegs zu sein. Aber sein Bruder wird ja wohl wissen, wo er sich herumtreibt.«

Der Fahrer des Spezialtransporters ließ den Motor an, legte den Gang ein und lenkte den Lastwagen auf die Mitte der schmalen Straße. Die Arbeiter in den gelben Schutzanzügen kletterten in einen Bus.

»Glauben Sie, daß der Kerl weitermacht?« fragte Nemchankin.

»Jetzt hat er erst mal andere Sorgen«, antwortete Vanessa Birming.

»Er muß ein neues Versteck finden und die nächste Zeit in Deckung bleiben. Wir wissen auch nicht, ob er über genügend Bargeld verfügt. Aber nach einer gewissen Zeit wird der Drang wieder stärker, und dann ist Purdy wahrscheinlich auch bereit, ein noch höheres Risiko einzugehen.«

Der Impuls in dem Blockhaus holte die Informationen, die er in der Nacht zusammengetragen hatte, aus ihren Fächern, übertrug sie in eine neue Datei und begann, sie noch einmal abzugleichen. Das Bild, das er dabei gewann, blieb mehr als besorgniserregend. Die Eingebung, in den Zentralcomputer von Purdy Pacific Programmes einzudringen, hatte sogar geradezu bestürzende Resultate erbracht. Daß der PPP-Hauptrechner mitten in der Nacht abgefragt worden war, schien zwar zunächst darauf hinzudeuten, daß Finanzbeamte am Werk gewesen waren, aber im Computer der zuständigen Steuerfahndung ließ sich kein Hinweis auf eine solche Aktion finden, und die ziemlich umständliche Vorgehensweise bei der Überprüfung ließ eher auf die Polizei schließen. Und der Zentralcomputer der zuständigen Polizeibehörde enthielt tatsächlich Angaben über Purdy. Sie waren offenbar erst am Abend zuvor eingespeist worden, und zwar durch den Sicherheitsbeauftragten von Evernet. Der Zeitungsbericht, den dieser der Polizei übermittelt hatte, enthielt ein Foto. Aus all diesen Informationen ging hervor, daß die Polizei Purdy mit einer Reihe von Morden an Frauen in Verbindung brachte.

Es hatte eine Weile gedauert, bis jener Teil des Impulses, dessen elektronische Prozesse den emotionalen Reaktionen eines organischen Denkapparats entsprachen, die wahrhaft schaurige Überraschung verarbeitet hatte. Weitere Recherchen hatten ergeben, daß Purdy noch nicht gefaßt worden war. Das bedeutete, daß er nun kaum noch Rücksicht zu nehmen brauchte. Auch schon vorher hätte ihn wohl kaum etwas davon abbringen können, sich an Grant zu rächen, aber bisher hatte er wenigstens die größten Risiken vermieden. Das drohte sich nun zu ändern.

Grant hatte seinen Computer nun schon seit Tagen nicht mehr kontaktiert, und das war äußerst ungewöhnlich. Kate Blenner hatte in dem PC in ihrem Apartment am Central Park offenbar nie etwas gelöscht, so daß sich ein wahrer Wust der verschiedensten beruflichen und privaten Daten angehäuft hatte. Es würde Stunden dauern, in diesem Chaos etwas Verwertbares zu finden. Noch entmutigender schien, daß

Kate Blenner ihren Computer in den letzten Tagen vor ihrem Verschwinden überhaupt nicht mehr benutzt hatte. Wenigstens hatte sie zuvor immer wieder einmal ein Fax losgeschickt, und über die Nummern öffnete sich nun ein Weg in den Zentralspeicher der Telefongesellschaft, der auch über Kate Blenners Privatgespräche Auskunft bieten konnte.

25

Im Sitzungssaal des Rathauses von San Jose drängten sich Aufnahmeteams örtlicher und überregionaler Fernseh- und Radiosender sowie Reporter, Korrespondenten und Fotografen zahlreicher Zeitungen und Magazine. Das Licht der Scheinwerfer hüllte das Podium in blendendes Weiß. Die Klimaanlage lief auf vollen Touren.

Wo sonst der Bürgermeister und Mitarbeiter der Verwaltung zu sitzen pflegten, hatten hohe Beamte aus Polizei und Staatsanwaltschaft Platz genommen. In der Mitte thronte Polizeichef Carl Petersen, ein nordischer Typ mit kantigem Schädel, kurzgeschorenem grauem Haar und blauen Augen. Deputy Chief Abarca saß rechts, Staatsanwalt Paredes links von ihm. Neben Abarca hatten Lieutenant Underwood, Connor, Kelley und Vanessa Birming Platz genommen, neben Paredes der Leiter der gerichtsmedizinischen Abteilung der San Jose State University, Howard C. Haggerty, der Pressesprecher der Staatsanwaltschaft, der persönliche Referent des Bürgermeisters und ein Mitarbeiter des Gouverneurs.

Der Polizeichef deutete mit einem dünnen Bleistift jeweils auf den Journalisten, der als nächster an der Reihe war, überließ die Beantwortung detaillierter Fragen jedoch seinen Leuten.

»Was können Sie uns über die Opfer sagen?« lautete eine der ersten Fragen.

Underwood antwortete: »Im Augenblick leider noch nichts. Wir müssen erst die Angehörigen verständigen.«

»Gibt es irgendwelche Gemeinsamkeiten?«

»Es handelt sich ausschließlich um Personen weiblichen Geschlechts.«

»Sind es weiße oder farbige Frauen?«

»Bedaure. Es ist noch zu früh, etwas dazu zu sagen.«

»Waren die Frauen besonders jung und hübsch?«

»Diese Frage kann ebenfalls nicht beantwortet werden.«

»Waren Minderjährige darunter?«

Underwood blickte hilfesuchend zu Petersen. »Ich bitte um Verständnis, meine Damen und Herren«, sagte der Polizeichef, bemüht, nicht allzu deutlich erkennen zu lassen, wie sehr ihn die wahren Interessen, die hinter solchen Fragen standen, abstießen. »Der Lieutenant hat Ihnen bereits den Grund genannt, warum wir zu dieser Stunde keine näheren Angaben über die Opfer machen können und wollen.«

»Wozu wurde das Natriumkarbonat verwendet?«

Petersen nickte Underwood zu, und der Lieutenant sagte: »Es handelt sich um ein Haushaltsmittel, das Gerüche absorbiert.«

»Waren die Messer und anderen Mordinstrumente blutverschmiert?«

»Nein. Nach äußerem Augenschein sind sie erst kurz vor ihrer Auffindung gründlich gereinigt worden. In der Küche stand eine Geschirrspülmaschine. Die ersten Ergebnisse der kriminaltechnischen Untersuchung sind uns für morgen vormittag in Aussicht gestellt.«

»Was befand sich in dem Faß?«

Underwood lehnte sich seufzend zurück. Statt seiner antwortete nun Haggerty: »Es handelt sich um verwesende Leichenteile, nach erstem Eindruck offenbar Hände.«

Einigen Reporterinnen schien übel zu werden, und sie begannen, sich mit ihren Notizblöcken Luft zuzufächeln, während ihre Kollegen weiterfragten.

»Und in den Metallkesseln?«

»Ebenfalls verwesende Leichenteile.«

»Was für Teile genau?«

»Hauptsächlich Eingeweide.«

Eine der Reporterinnen stand auf und eilte nach draußen. Der Polizeichef sagte: »Ich bitte Sie, sich auf solche Fragen zu beschränken, die für die Öffentlichkeit relevant sind.«

»Wie groß ist die Wahrscheinlichkeit, daß es noch mehr Opfer gibt?«

»Nicht sehr groß«, antwortete der Lieutenant.

»Könnte er nicht noch weitere Leichen auf dem Grundstück vergraben haben?«

»Das ist ziemlich unwahrscheinlich.«

»Warum?«

Underwood blickte hilfesuchend zu Vanessa Birming. »Es würde nicht zum Typus dieses Täters passen«, sagte er dann.

»Und zu welchem Typus gehört er? Sadist? Kannibale? Schizophrenie?«

Underwood geriet ins Schwitzen. »Das wissen wir nicht so genau.«

»Sie scheinen überhaupt noch nicht besonders viel zu wissen. Wenn das so weitergeht, rottet der Kerl halb Kalifornien aus.«

Plötzlich tönte Vanessa Birmings Stimme durch den Saal: »Meine Damen und Herren, Ihre Kommentare mögen Ihre Leserschaft interessieren, aber hier sind sie ohne Belang.«

Einen Moment lang herrschte verblüfftes Schweigen, dann flogen Fragen wie Pfeile in ihre Richtung.

»Gibt es bereits Erkenntnisse über den Geisteszustand des Täters?«

»Aus den Spuren lassen sich einige Rückschlüsse ziehen, aber vorerst geht es hauptsächlich um Person, Vorgehensweise und Aufenthaltsort des Täters.«

»Glauben Sie, daß ein normaler Mensch überhaupt solcher Verbrechen fähig ist?«

»Serienmörder überschreiten Grenzen, vor denen normale Menschen zurückschrecken. Ihre grundlegende Natur aber weicht nicht von der unseren ab. Jeder von uns trägt dunkle, zerstörerische, grausame Wünsche in sich. Diese Triebe sind das Erbe unserer tierischen Vorfahren. Zum Glück regulieren sie sich in den allermeisten Fällen selbst. Wenn dieser Mechanismus jedoch versagt, fühlt sich der Betroffene nicht einmal mehr schuldig.«

»Warum sammelt jemand Leichenteile?«

»Solche Mörder treibt eine tiefe Sehnsucht danach, die völlige Kontrolle über die Körper anderer zu erlangen. Mehr möchte ich dazu nicht sagen.«

»Wo vermuten Sie den Täter jetzt?«

»Die Fahndung erstreckt sich auf die gesamten Staaten«, antwortete nun wieder Underwood.

»Wie lange wird die Untersuchung der Leichen dauern?«

»Ich sagte bereits, daß wir Ihnen wahrscheinlich schon morgen mehr mitteilen können.«

Der Polizeichef klopfte an sein Mikrofon. »Ich bitte um Ihr Verständnis dafür, daß die Beamten sich nun wieder auf ihre Ermittlungen konzentrieren möchten. Die nächste Pressekonferenz findet morgen nachmittag um drei Uhr hier an gleicher Stelle statt.«

Im Saal erhob sich allseitiges Gemurmel. Die Fotografen verschossen den Rest ihres Filmmaterials.

Als Connor, Kelley und Vanessa Birming in ihr Zimmer im Polizeipräsidium zurückkehrten, stand eine mittelgroße, blonde Frau auf, die dort gewartet hatte. Sie trug ein hellbraunes Lederkostüm, einen Cowboyhut und Wildlederhandschuhe.

»Mrs. Thogersen!« rief Kelley verblüfft.

»Hallo«, sagte Karen Thogersen. Ihre blauen Augen blitzten; das Make-up konnte Kratzer an Stirn und Wangen nicht ganz verdecken. Connor starrte sie an wie eine Erscheinung.

»Ich dachte, Sie liegen im Krankenhaus«, wunderte sich Kelley.

»Halb so schlimm. In New Mexico läßt es sich kaum vermeiden, daß man hin und wieder mit einem Kaktus in Berührung kommt.«

»Ich meine wegen der Explosion«, sagte Kelley etwas unsicher.

»Ich war gut hundert Meter vom Haus entfernt, als das Dynamit hochging.«

Kelley wußte nicht recht, wie er es ihr sagen sollte. »Der Kerl ist uns leider entwischt.«

»Das haben mir schon Ihre Leute in Santa Fe mitgeteilt.«

»Ach so. Tja, die Kollegen in Chicago kamen um ein paar Minuten zu spät.«

»Deshalb bin ich ja hergeflogen.«

»Entschuldigen Sie, das müssen Sie uns genauer erklären.«

»Gern. Ich bin die einzige von uns, die schon mal mit dem Kerl zu tun hatte, richtig? Persönlich, meine ich. Auch wenn er im VR-Raum eine andere Gestalt angenommen, eine andere Stimme benutzt hat – ich erkenne ihn wieder!«

Kelley und Connor wechselten besorgte Blicke.

»Sie denken, daß Sie uns helfen können, Purdy zu finden?« fragte Vanessa Birming.

»Allerdings.« Karen Thogersen holte einen Umschlag aus ihrer Handtasche und warf ihn vor Kelley auf den Tisch. »Hier sind die Adressen der anderen Frauen, die auf Cybertogas überfallen wurden. Sie stehen Ihnen zur Verfügung.«

»Danke«, sagte Kelley.

»Ich möchte aber, daß Sie mich an den Ermittlungen beteiligen. Ich kann Ihnen nützlich sein. Sehr nützlich sogar.«

Connor waren seine Zweifel deutlich anzusehen. »Hier geht es um Polizeiarbeit …«

Sie hob die Hand, und er verstummte. »Ich bin Jägerin. Ich gehe gern auf Jagd. Und ich hasse es, gejagt zu werden. Vor ein paar Tagen wurde ich aufgeschlitzt. Und jetzt ist der Kerl wieder hinter mir her. Ich weiß nicht, wo die undichte Stelle ist, aber ich weiß, daß ich so lange nicht mehr allein sein möchte, bis er in der Todeszelle sitzt. Ich kenne mich mit Computern mindestens genauso gut aus wie Sie, auf bestimmten Gebieten wahrscheinlich sogar besser.«

Im Sommer 1964 war Karen Thogersen neun Jahre alt und wohnte mit ihrer Familie auf der Tinker Air Force Base in Oklahoma City. Ihr Vater war Ingenieur. Er nahm sich für seine Tochter und den zwei Jahre jüngeren Sohn so viel Zeit, wie er konnte, bastelte mit ihnen Modelle der Düsenjäger und großen Bomber auf dem Luftwaffenstützpunkt. Er brachte seinen Kindern Baseball bei und ging mit ihnen auf Jagd, in die Prärie am Canadian River, am Wochenende manchmal sogar in die Antelope Hills. Wochentags hatte er natürlich zu tun, und die Zeit zwischen Schulschluß und Dienstschluß ging für seine Kinder nur langsam vorüber.

In diesem Sommer war einiges los. Nach einem Angriff nordvietnamesischer Torpedoboote auf US-Kriegsschiffe ließ Präsident Lyndon B. Johnson Nordvietnams Küstenbefestigungen bombardieren. Und im jordanischen Teil Jerusalems hatten eine Handvoll Araber die PLO gegründet.

Es war ein ungewöhnlich heißer und trockener Sommer mit einem heftigen Wind, von dem sich alte Leute an die verheerenden Staubstürme der dreißiger Jahre erinnert fühlten. Meistens flüchteten die Kinder in den Offiziersclub, denn dort gab es eine Bar, an deren Rückwand unablässig künstlicher blauer Regen fiel, ein faszinierender Anblick, auch für die Kleinen, die dort ihre Cola schlürften. Aber Karen Thogersen konnte nicht ganze Nachmittage dort verbringen, und so ging sie mit ihrem kleinen Bruder mindestens fünfmal pro Woche in eine abgedunkelte Wellblechbude, die als Kino diente. Auf dem Programm standen vor allem ältere Filme. Einer hieß »Die Hölle von Oklahoma«, und in ihm sah Karen Thogersen zum ersten Mal John Wayne. Sie sah seinen Gang, hörte seine Stimme. Hörte, wie er zu einem Mädchen sagte, er wolle ein Haus bauen, »an der Biegung des Flusses, wo die Trauerweiden stehen«.

Im Herbst wurde Vater Thogersen nach Edwards in Kalifornien versetzt. Ein Jahr später stürzte er mit einem neuen Spionageflugzeug ab.

Nach der Schule studierte Karen erst Elektrotechnik, dann Medizin, trat in das Peace Corps ein und unterrichtete neun Jahre lang guatemaltekische Indios in Kinderfürsorge, Ernährung und Hygiene. Sie verliebte sich erst in einen Arzt und dann in einen jungen einheimischen Politiker, der ihr drei Heiratsanträge machte. Später lebte sie einige Zeit in einem Dschungelcamp mit einem amerikanischen Piloten zusammen, der Bohrarbeiter zu Ölquellen flog.

Die Indios wehrten sich gegen die westlichen Vorschriften der Entwicklungshelfer und verwiesen auf ihre eigene, traditionelle Medizin, die Karen Thogersen nicht uninteressant fand. Außerdem begegnete sie alten Frauen und Männern, die sich als Schamanen oder sogar Hexen und Hexenmeister ausgaben. Die Faszination magischer oder doch wenigstens magisch erscheinender Praktiken faszinierte sie, auch wenn sie kritisch genug blieb, den verheißenen Resultaten zu mißtrauen: Es war ihr nicht entgangen, daß viele der mit großem Brimborium als geheilt vorgestellten Patienten später starben oder Schäden zurückbehielten, die mit den Methoden der Schulmedizin vermeidbar gewesen wären. Dennoch war Karen Thogersens Interesse geweckt, und sie begann sich zu informieren.

Am erfolgversprechendsten schienen ihr die Naturheilmethoden chinesischer und indischer Ärzte zu sein. Als ihr Vertrag mit dem Peace Corps auslief, kratzte sie ihre Ersparnisse zusammen und flog nach Goa. Dort kam sie zum ersten Mal mit Hippies, Gurus und Drogen in Kontakt. Sie schlief mit einem weißbärtigen Sadhu, dessen Potenz von seinen westlichen Schülerinnen gerühmt wurde, was sich allerdings ebenso als Trug erwies wie die Sinnsprüche dieses vorgeblichen Weisen, die samt und sonders aus Werken indischer Philosophen abgekupfert waren. Danach zog sie mit dem Erben einer Autofirma, der sein Leben auf der Suche nach dem Sinn desselben vertat, durch Nepal. Sie lernte viel über Psychotechniken und stellte fest, daß sie stärker als die meisten Männer war.

Als sie die Nachricht vom Tod ihrer Mutter erhielt, kehrte sie in die Staaten zurück. Das Erbe war nicht üppig, bot aber eine Starthilfe. Sie bastelte sich ein eigenes Therapiekonzept zusammen, in dem sie indianische Initiationspraktiken, orientalische Meditationstechniken, schamanische Selbsthypnose sowie hinduistische, buddhistische, lamaistische und animistische Heilweisen bis hin zu Rebirthing und Levitation kombinierte. Natürlich wußte sie, daß Menschen weder vor die eigene Geburt zurückdenken noch fliegen können. Aber sehr bald fand sie sich, auch aufgrund ihres Aussehens, auf den Titelseiten einschlägiger Zeitschriften. Sie beruhigte ihr Gewissen damit, daß sie keine Betrügerin sei, solange der Glaube an ihre besonderen Kräfte den Menschen half.

Tatsächlich schienen die Sitzungen in ihrem »Institut des reinen Lichtes«, das sie auf einer Farm bei Chimayo eröffnet hatte, den Leuten etwas zu geben, denn es kamen immer mehr. Sie heiratete einen Kinderarzt aus Santa Fe, ließ sich aber schon nach einem Jahr wieder scheiden. Zu ihren Kunden zählten einige namhafte Hollywoodschauspieler – alle wollten mit ihr schlafen, und bei einigen gab sie nach – sowie ein Kongreßabgeordneter. Von ihrer treuen Klientel wurde sie nahezu als Heilige verehrt.

Obwohl Karen Thogersen sehr gut zu schießen verstand, war die Neunjährige aus dem Kino von Tinker doch nicht gerade ein Westerngirl geworden. Und obwohl die Männer, denen sie begegnet war, vielerlei für sich hatten, waren sie doch nie John Wayne. Keiner von ihnen hatte ihr einen Platz gezeigt, der jenem an der Biegung des Flusses glich, und gesagt, daß er ihr ein Haus bauen werde, dort, wo die Trauerweiden standen. Tief in ihrem Innersten, dort, wo unaufhörlich der blaue Regen fiel, war das noch immer der Satz, auf den sie wartete.

Steven Schacter richtete sich auf, nahm den Datenhelm ab und kletterte vorsichtig aus dem Neuronenresonator. Die zufriedenen Gesichter bestätigten, was er auch selbst dachte. Zwar mußte er zugeben, daß er in dem Dendriten längst nicht so weit vorangekommen war wie der Nomade. Und mehr als einmal hatte er sogar kurz davor gestanden, in dem höllischen Ionenfeuer die Nerven zu verlieren. Aber sein Ehrgeiz hatte ihn befähigt, Krisen zu meistern, denen seine Begabung allein nicht gewachsen gewesen wäre. Die Resultate waren ordentlich. Schacter lächelte. Wozu brauchte Fenway-Soper teure Inphader, wenn es im Unternehmen so einen tüchtigen und risikobereiten Mitarbeiter gab?

26

»Hmmmm … Schon die Idee, durch den Sehnerv einzusteigen, kann man nur als genial bezeichnen, denn dieser führt zentral durch eine besonders interessante Region und besitzt dort mit dem seitlichen Kniehöcker ein Zentrum, welches sich hervorragend als Empfangsstation eignet. Außerdem liegt in nächster Nachbarschaft das Zwischenhirn mit dem Thalamus. Das bietet natürlich exzellente Möglichkeiten. In diesen Bereich fällt der neuronale Übergang vom Tier zum Menschen und damit auch die Grenze zwischen dem Bewußtsein und dem Unbewußten.«

Pawlow merkte, daß er sich in Begeisterung geredet hatte, und fuhr etwas ruhiger fort: »Die Gesamtlänge des Gehirns beträgt rund zwanzig Zentimeter. Ebensoviel wie die Nord-Süd-Ausdehnung New Yorks, einen Maßstab von eins zu zweihundertfünfzigtausend vorausgesetzt.«

Der Nomade bemühte sich, die Karte auf dem Monitor zu lesen, aber die Konturen verschwammen vor seinen Augen. Obwohl er fast sechsunddreißig Stunden geschlafen hatte, war sein Gehirn noch immer wie ausgelaugt.

»Nach diesem Maßstab müßten sämtliche Strukturen des Zerebrums zweihundertfünfzigtausendmal größer sein als in der Realität, und Bürogebäude von zehn Kilometern Breite und drei Kilometern Höhe würden das Begriffsvermögen doch zu stark strapazieren. Deshalb verkleinerte Ihr Herr Bruder alle Strukturen um den Faktor zehn.« Pawlow markierte einen Ausschnitt und vergrößerte ihn. »Der Mandelkern erreicht im Original eine Länge von ungefähr fünfzehn Millimetern. Das Programm errechnet daraus dreihundertfünfundsiebzig Meter. Damit besitzt diese Struktur ungefähr die Ausmaße des Pentagon.«

Der Professor zog eine zerknautschte Zigarre aus seinem Kittel, steckte sie sich in den Mund und tastete die Taschen nach Streichhölzern ab. »Jetzt sollten wir den Weg verfolgen, den Sie nahmen, mit sehr guten Resultaten, wie ich sagen möchte.«

Der Nomade schüttelte den Kopf.

»Für einen ersten Test, praktisch ohne jede Vorbereitung, sind Sie wirklich sehr weit gekommen«, bestätigte Kate Blenner.

»Nicht weit genug.«

»Hmmmm ... Sie werden rasch einsehen, daß wir in keiner Weise von einem Mißerfolg sprechen dürfen. Ganz im Gegenteil, Miss Kate und ich hatten alle Mühe, die Fülle der Informationen, welche Sie uns lieferten, zu ordnen. Wenn wir für die Recherchen nicht Studenten hätten ...«

»Studenten?«

»Keine Sorge«, sagte Kate Blenner rasch, »die haben keine Ahnung, worum es wirklich geht.«

Der Professor ließ auf dem Bildschirm eine blaue Linie erscheinen, die in einem Bogen vom oberen Rand bis an das südliche Ufer des Harlem River führte. »Mit der Anreise in einer U-Bahn hat Ihr Herr Bruder eine sehr plastische Metapher gewählt, denn auch der Sehnerv verläuft in einem kleinen Tunnel, welcher den Schädelknochen durchdringt. ›I love Marlies‹ bedeutet wohl, daß Ihr Herr Bruder mit einer jungen Dame bekannt ist.«

»Mit einem Mädchen. Als wir noch Jungs waren, in Deutschland.«

»Deshalb also. Ich wunderte mich über den etwas ungewöhnlichen Namen ... Der U-Bahn-Tunnel stellt, auch wenn er gigantisch wirkt, lediglich ein bescheidenes Abbild dessen dar, was die Natur zu leisten vermag: achthunderttausend Nervenfasern in einer Röhre, so dünn wie eine Kugelschreibermine, welche sich dann auch noch mit dem Sehnerv des anderen Auges kreuzt. In korrekter Proportion würden dort nicht einige hundert, sondern mehr als eineinhalb Millionen Gleise gelegen haben. Hier baute Ihr Herr Bruder demnach Sperren ein, welche immer dann wirksam werden, wenn die exakte Umsetzung das menschliche Auffassungsvermögen überfordern würde.«

»Ich hatte den Eindruck, daß das Programm außerdem die sichtbaren Dinge auf das wirklich Notwendige reduziert«, sagte der Nomade. »Es würde ja auch gar keinen Sinn machen, ständig etwas zu berechnen, was weder zu sehen noch zu hören ist. Wenn ich durch den Central Park laufe, ist es für mich ohne Bedeutung, ob in der Bronx Busse fahren oder nicht.«

»Richtig.« Der Professor ließ die Aufzeichnung weiterlaufen. »Besonders rätselhaft sind diese Zeitungsschlagzeilen. Glaubt Ihr Herr Bruder an Gott?«

»Nein, Allan ist Agnostiker.«

»Und Sie?«

»Ich?« Der Nomade zuckte die Achseln. »Ist das denn wichtig?«

»Möglicherweise. Wir konnten nämlich feststellen, daß in dem Programm Anzeichen für verschiedene Bewußtseinsebenen existieren, von welchen wir nicht wissen, ob sie alle ein und derselben Persönlichkeit zugerechnet werden können.«

»Sie meinen, Allan hat das Programm nicht allein geschrieben?«

»Hmmmm ... In dem Programm werden nicht verschiedene Autoren erkennbar, sondern es scheint verschiedenen Autoritäten zu gehorchen. Die wichtigste stellt zweifellos Ihr Herr Bruder dar, aber daneben scheinen noch andere einen gewissen Einfluß auszuüben. Denken Sie an den Hund.«

Danach übernahm Kate Blenner einige Erklärungen. »Der Mandelkern besitzt großen Einfluß auf unsere Emotionen. Außerdem werden dorthin die Meldungen des Geruchssinns weitergeleitet.« Ein neues Bild erschien. »Zum Zwischenhirn gehören unter anderem der Thalamus, der Hypothalamus und die Hypophyse, die so wichtige Prozesse steuern wie Stoffwechsel, Wachstum und Temperaturregelung.«

Pawlow ließ den Cursor weiterwandern. »Möglicherweise reagiert das IC-Programm auf Einflüsse wie ein Gehirn und lernt ständig dazu. Das würde bedeuten, daß dieses Programm ... nun, sozusagen lebt. Zumindest, daß es sich weiterentwickeln kann.«

»Sie meinen, daß ich das Programm bereits beeinflußt habe?«

»Möglicherweise. Zumindest unbewußt. Sofern das IC-Programm auf Gefühle reagiert, könnte sich aus bestimmten Affekten zum Beispiel ein Pitbull bilden.«

»Glauben Sie vielleicht, daß ich unter Selbsthaß leide?«

»Hmmmm ... Eine andere Möglichkeit wäre, daß Ihr Herr Bruder das Programm verändert.«

»In seinem Zustand?«

»Vielleicht konstruierte er das Programm so, daß es auch auf Unbewußtes reagiert. Dann würden im VR-Raum Dinge auftauchen und passieren, welche ihre Ursachen im Unterbewußtsein haben. Im Unterbewußtsein Ihres Herrn Bruders, wohlgemerkt.«

»Dann müßte der Pitbull ja bedeuten, daß er mich unbewußt haßt!«

»So einfach dürfte das wohl kaum funktionieren. Aber bevor wir darüber etwas sagen können, müssen wir erst mehr über Sie, Ihren Herrn Bruder und Ihr Verhältnis zueinander erfahren.«

Danach sprachen sie über die Serotoninbahn. »Sie reicht viel tiefer, als man bisher dachte«, sagte Pawlow. »Ich bin davon überzeugt, daß sie sich durch Mittelhirn und Medulla oblongata bis in das Rückenmark zieht.«

»Ist unsere Synapse dort irgendwo in der Nähe?«

»Ja«, sagte Kate Blenner. »Sieben oder acht Blocks vom Hippocampus entfernt.«

»Die Monitore in der Einsatzzentrale empfangen offenbar Informationen aus allen Sinnesorganen und tragen dazu bei, daß die entsprechenden Emotionen zum Einsatz kommen«, fuhr der Professor fort. »Die eigentliche Quelle liegt jedoch unter dem Schildkrötendach.«

Der Nomade wirkte plötzlich alarmiert.

»Es war eine bezaubernde Idee Ihres Herrn Bruders, diesen uralten Born der Gefühle in Gestalt dieses methusalemischen Reptiles zu erschaffen. Ich glaube, daß dem Hippocampus vor allem die Aufgabe zufällt, Emotionen aus dem Mandelkern gleich nach ihrer Entstehung auf das richtige Maß zu dämpfen, bevor sie auf die anderen Regionen losgelassen werden. Denn wenn sie erst mal im Thalamus angekommen sind, vermag sie nichts mehr aufzuhalten; sie brechen dann wie ein Tsunami in die Großhirnrinde.«

Er machte eine Pause, um diesmal besonders genußvoll an seiner Zigarre zu saugen. »Welche Erklärung haben Sie für diese plötzliche Beendigung der Wachphase?« fragte er dann.

»Ach so, ja. Ich hatte mich hingesetzt und muß vor Erschöpfung eingeschlafen sein. Bin froh, daß Sie nicht in Panik geraten sind.« Der Nomade lachte kurz. »Wenn der Hippocampus Angstgefühle dämpft, hat er bei Ihnen perfekt funktioniert.«

»Bei mir nicht«, widersprach Kate Blenner. »Ich hätte Sie sehr wohl zurückgeholt, aber der Professor ließ es nicht zu. Es hätte auch schiefgehen können.«

Allerdings, dachte der Nomade. Sehr schief sogar.

»Müssen sich Inphader eigentlich regelmäßig untersuchen lassen?« Dicke blaue Rauchwolken folgten der Frage.

»Es gibt keine besonderen Vorschriften, aber man ist natürlich gut beraten, es zu tun.«

»Und wie oft tun Sie es?«

»Praktisch nach jedem Auftrag. Bisher keinerlei Befund.«

»Und Ihr Herr Bruder?«

»Allan litt als Kind an zystischer Fibrose.«

Pawlow und Kate Blenner schauten sich betroffen an. Der Nomade fügte rasch hinzu: »Die kam aber schon vor Jahren zum Stillstand. Man merkt überhaupt nichts mehr.«

»Was wissen Sie denn über dieses Leiden?« fragte Pawlow.

»Drüsenkrankheit mit Auswirkungen auf Atmungs- und Verdauungsorgane. Lunge, Bauchspeicheldrüse und so weiter. Sehr unangenehm.«

»Hmmmm ... Und in welchem Alter wurde die Fibrose diagnostiziert?«

»Da muß Allan elf oder zwölf gewesen sein. Unsere Eltern kehrten sofort mit uns in die Staaten zurück. Glauben Sie, daß das Koma etwas damit zu tun hat?«

»Ich werde Sir William gleich einmal fragen.«

»Wen?«

»William Henry. Chefarzt der Abteilung für Inneres. Engländer, von Ihrer Majestät der Queen geadelt. Wie fühlten Sie sich, als Sie im Mandelkern wieder erwachten?«

»Es war peinlich. So was ist mir noch nie passiert.«

»Ungewöhnlich, finden Sie nicht?« fragte der Professor. »Mitten in einem so hochinteressanten Experiment plötzlich einem Anflug von Müdigkeit zu erliegen ...«

»Nach ungefähr acht Stunden erhöhter Herz- und Atemfrequenz«, sagte der Nomade.

»Gewiß. Ich möchte aber trotzdem, daß Sie sich gründlich untersuchen lassen. Am besten noch heute.«

»Ihre Sorgen sind unbegründet. Reden wir lieber weiter über das Programm. Wie erklären Sie sich, daß es in Cerebrum City keine Menschen mehr, jedenfalls keine lebenden, aber jede Menge Tiere gibt?«

»Meiner Ansicht nach legt das Koma in dem Programm nur das höhere Leben still. Die tieferen Schichten wie das Kleinhirn scheinen nach wie vor intakt. Daß das IC-Programm aus diesen primitiven zerebralen Prozessen zumindest Mücken und Spatzen zu bilden versteht, überrascht nicht.«

»Was wäre eigentlich passiert, wenn dieses Vieh mich erwischt hätte?«

»Sie hätten alle Schmerzen und Folgen eines realen Hundebisses verspürt«, antwortete Kate Blenner.

»Vielleicht wollte irgend etwas in diesem Programm, daß Sie in ein Auto steigen«, vermutete Pawlow.

»Aber warum hatte ich dann später diesen Unfall?«

»Weil in dem Programm verschiedene Autoritäten nebeneinander existieren, deren Entscheidungen einander zuwiderlaufen.«

»Das kann ich genausowenig glauben wie, daß sich das Programm von selbst verändern soll.«

»Wie erklären Sie sich dann, daß die Ansagerin auf dem Bildschirm wie Miss Kate aussah?«

»Wollen Sie damit sagen, daß ich Einfluß auf das Programm genommen habe?«

»Ja. Unbewußt natürlich, aber das Programm reagiert auf Ihre Gedanken, davon bin ich fest überzeugt.«

Der Nomade verspürte den Wunsch, diesen Punkt zu verlassen. »Jedenfalls wußte Allan, daß ich kommen würde.«

»Und warum weihte er Sie nicht in das Programm ein?« fragte Kate Blenner.

»Vielleicht wollte er das ja bald tun.«

»Hmmmm ... Warum hinterließ er nicht wenigstens irgendwo eine Nachricht?«

»Das habe ich mich auch schon gefragt. Er hätte mir doch nur einen Zettel auf den Küchentisch zu legen brauchen, auf dem steht, wie ich zu diesem Reissnerschen Faden komme.«

»Es gibt viele Möglichkeiten, einen Zettel verschwinden zu lassen«, gab Kate Blenner zu bedenken. »Ein Windstoß fegt ihn vom Tisch. Ein Streichholz flammt auf. Ein Einbrecher kommt, oder Ihre Eltern können ihn eingesteckt haben.«

Sie ließen die Aufzeichnung weiterlaufen.

»Hmmmm ... Warum, glauben Sie, sah diese leichtgeschürzte Dschungelkönigin unserer lieben Miss Kate so verblüffend ähnlich?«

»Es ist so, daß jeder Mensch ...« Der Nomade suchte nach Worten. »... einen bestimmten Typ präferiert.« Er merkte, wie geschraubt er sich ausgedrückt hatte.

»Das braucht Ihnen gar nicht unangenehm zu sein«, sagte Pawlow. »Einem Mann, welchem unsere Miss Kate gefällt, kann man nur einen ausgezeichneten Geschmack attestieren, mit Verlaub.«

»Jetzt hören Sie aber auf!« protestierte Kate Blenner.

»Entweder programmierte Ihr Herr Bruder diese Filmschönheiten erst nach Ihrem Eintreffen im VR-Raum, oder Sie taten es selbst. Unbewußt natürlich.«

»Wie kann man denn ein Computerprogramm verändern, wenn man im Koma liegt?«

»Hmmmm ... Tief im Gehirn laufen Prozesse ab, von denen wir nicht wissen, welche Informationen dabei eine Rolle spielen. In Verbindung mit vorgegebenen Befehlen seines Programms könnten optische Reize durchaus als Energie- und Motivationsquelle genügen, wenn schon nicht zur Darstellung eines Menschen, so doch vielleicht wenigstens zur Produktion eines virtuellen Filmplakats.«

»Ich schlage vor, wir machen weiter«, sagte Kate Blenner verlegen. »Die Straßenschäden waren nicht nur das verheerende Ergebnis unglaublich starker Belastungen, sie sollten wohl auch die Fahrt zum Tor des Bewußtseins erschweren.«

Der Professor nickte. »Unserer Ansicht nach wollte das Programm Sie in eine so schwierige Lage bringen, daß Ihnen die Lust auf weitere Versuche verging.«

»Und warum?«

»Hmmmm ... Vielleicht spielen versteckte Angst, eine heimliche Aversion gegen Ihren Herrn Bruder oder sogar etwas Selbstzerstörerisches eine Rolle.« Er betrachtete das nächste Bild auf dem Monitor. »Warum die Wand, welche das Unbewußte ausgrenzt, wie die Klagemauer der Juden aussieht, scheint wohl eher eine theologische als eine neurophysiologische Frage. Kennen Sie Jerusalem?«

»Nein.«

»Und Ihr Herr Bruder?«

»Nicht, daß ich wüßte.«

Danach erschien auf dem Monitor der Gobelin. »Die Szene ist einem Gemälde Raffaels nachempfunden und stellt die berühmte Philosophenschule von Athen dar«, sagte Kate Blenner. »Was Plato, Aristoteles und die anderen mit dem Programm genau zu tun haben, wäre eine Frage an einen Philosophieprofessor. Aber die Psychoanalytiker ...«

Der Professor unterbrach sie. »Der besondere Ehrgeiz Ihres Herrn Bruders bestand ganz offenbar darin, eine virtuelle Darstellung all dessen zu schaffen, was sich im Gehirn eines Menschen findet. Dazu gehört selbstverständlich auch das Unbewußte. Die Serotoninbahnen reichen in Regionen hinab, in welchen das Bewußtsein kaum noch Einfluß besitzen dürfte. Dort unten reagieren Triebe, Instinkte, starke Affekte, schlimme Erinnerungen und allerhand unkontrolliertes psychisches Material. Eine gefährliche Mischung. Die Statuen sollten Ihnen vielleicht klarmachen, daß Sie sich wappnen müssen. Geistig. Das hat nichts mit Intelligenz zu tun. Sie wissen ganz einfach zuwenig.«

»Was Sie erlebt haben, war schon bedenklich genug«, fügte Kate Blenner hinzu. »Irgendeine Autorität will um keinen Preis, daß Sie das Bewußtsein Ihres Bruders verlassen und in sein Unbewußtes eindringen. Um das zu verhindern, war sie sogar bereit, Sie virtuell zu töten.« Er konnte in ihren Augen lesen, wie besorgt sie war.

Der Nomade dachte nach. »Tagesausflüge werden immerhin genehmigt«, sagte er dann, »und ich habe nicht die Absicht, länger als nötig im Unbewußten zu bleiben.«

»Sie wollen trotz allem weitermachen?« fragte Kate Blenner ungläubig. »Warum lassen Sie uns nicht die Zeit, das Programm erst genauer zu analysieren?«

»Das mache ich dort. Zum Beispiel kann ich mir sehr gut vorstellen, daß es noch andere Wege zum Reissnerschen Faden gibt. Durch den unterirdischen Bahnhof. Vielleicht steht auf dem kleinen Flughafen ein Hubschrauber, und ich fliege einfach über die Mauer. Vielleicht gibt es auch eine Möglichkeit, die Roboter durch Befehle aus irgendeiner Kommandozentrale abzuschalten. Vielleicht läßt sich irgendwo Schutzkleidung gegen Laserstrahlen finden. Vielleicht treibe ich irgendwo einen Granatwerfer auf!«

Sie ließ sich zurücksinken und schaute resignierend zu dem Professor.

»Wie kommen Sie darauf, daß das Programm so etwas zulassen könnte?« wunderte sich Pawlow. »Wer weiß, was sich das Unbewußte Ihres Herrn Bruders noch alles einfallen läßt!«

»Das wird nicht mehr von Bedeutung sein.«

Kate Blenner richtete sich wieder auf. »Oh, nein«, sagte sie.

»Doch. Es ist die einzige Möglichkeit.«

»Aber das ist Wahnsinn!«

Der Professor blickte überrascht zwischen beiden hin und her. Dann verstand auch er. »Sind Sie sich im klaren darüber, was das für Folgen haben kann?«

Der Nomade nickte entschlossen. »Das weiß ich sehr wohl. Aber wenn ich in Allans Gehirn nicht weiterkomme, und das versuchen Sie mir ja die ganze Zeit klarzumachen, dann muß ich eben in mein eigenes gehen. Und genau das werde ich jetzt tun.«

Die Schlagzeilen waren fast zehn Zentimeter hoch.

»SADO-DANDY KILLT 12« – »SILICON RIPPER« – »KANNIBALE IN KALIFORNIEN«.

»Haben Sie das FBI-Dossier bekommen?« klang Santinis Stimme aus dem Hörer.

»Mit diesen psychologischen Sachen kann ich nichts anfangen.«

»Immerhin sagt es etwas über seine Persönlichkeit.«

»Es sagt vor allem, daß wir uns mit diesem Kerl nie hätten einlassen dürfen.« Angewidert betrachtete Matarese die Zeitungen auf der Bank neben ihm. »Ihr habt offenbar nicht den leisesten Schimmer gehabt, mit wem ihr euch da eigentlich abgebt.«

»Mit so etwas konnte doch niemand rechnen«, verteidigte sich Santini. »Als die ersten Gewinne ausbezahlt wurden, gab es jedenfalls keine Kritik, auch nicht aus Chicago.«

»Und jetzt ist er mit unserem Geld über alle Berge.«

»Wir haben seine Konten sofort unter Arrest stellen lassen.«

»Der Kerl hat Frauen abgeschlachtet. Ich will nicht, daß wir da hineingezogen werden. Nicht in diese dreckige Geschichte!«

»Wir kriegen ihn.«

»Sicher.« Matarese mußte an den ärgerlichen Umstand denken, daß seine Männer zwei Tage zuvor nur um Minuten zu spät gekommen waren. Und jetzt lief dieser Irre durch die Gegend, mit allem, was er über Cook Illinois Home Products wußte, und mit dem FBI auf den Hacken.

»Sind Sie noch dran?« fragte Santini.

»Sagen Sie Ihrem Mann bei der Polizei, daß wir mehr Informationen brauchen. Wo hat Purdy überall Geld hingeschafft? Zu welchen anderen Unternehmen unterhielt er Kontakte? Was ist mit seinem Privatleben? Hat er vielleicht eine Geliebte? Der Kerl kann doch nicht alle Weiber, mit denen er ins Bett ging, zerstückelt haben!«

»Wir sind dran«, sagte Santini beschwichtigend.

»Halten Sie mich auf dem laufenden!«

»Natürlich.«

Matarese wandte sich dem Mann zu, der hinter ihm Sit-ups machte. »Die haben immer noch keine Ahnung.«

»Von Boston?« Das Gesicht um den eisgrauen Schnurrbart war puterrot.

»Ja, und von Fenway-Soper. Was Ihre Leute in Purdys Computer gefunden haben, ist den Typen in San Jose völlig unbekannt.«

Quittman schielte unauffällig zur Bank und versuchte, in der Miene des kleinen Mannes zu lesen. »Gut«, ächzte er schließlich.

Matarese lehnte sich zurück. Solange man in Kalifornien nichts von

Purdys merkwürdigem Interesse für Fenway-Soper und diese obskuren Baumrinden-Importeure wußte, gab es immerhin eine Chance, sich den Kerl in New York oder Boston zu schnappen, bevor ihn das FBI in die Finger bekam.

27

Eine Stunde später spürte der Nomade die Erschöpfung, die Menschen befällt, wenn sie einen ehernen Entschluß gleichwohl gegen immer neue, und stichhaltige, Argumente verteidigen müssen. Aus der Diskussion über sein Vorhaben war ein zähes geistiges Ringen geworden. Er fand sich auf wissenschaftliche Felder gedrängt, die er noch nie betreten hatte, und mit Konsequenzen konfrontiert, die er lieber nicht kennengelernt hätte. Obwohl er angestrengt darauf achtete, zu keiner Minute auch nur den geringsten Zweifel an seiner Entschlossenheit aufkommen zu lassen, war ihm doch klar, daß seine Aussichten, das Ziel zu erreichen, äußerst gering blieben, wenn es ihm nicht gelang, die anderen für seinen Plan zu gewinnen. Darum zwang er sich immer wieder zur Geduld.

Die ersten Einwände gegen seinen Plan waren von Kate Blenner gekommen: »Wissen Sie nicht, daß die Gesundheitsbehörden es rigoros ablehnen, Genehmigungen zu Experimenten im eigenen Gehirn zu erteilen?«

»Die Gesundheitsbehörden haben mir gar nichts zu sagen.«

»Aber uns. Wir dürfen Ihnen nicht mal unsere Geräte zur Verfügung stellen.«

»Ich werde mir andere beschaffen.«

»Und wie wollen Sie die Rückkoppelung ausschalten? Sie könnten an Schizophrenie erkranken.«

»Allan hat es auch geschafft.«

»Aber er kam nicht wieder zurück.«

»Er mußte es ja auch allein versuchen. Ich habe hier die beste Unterstützung, die sich finden läßt. Wenn Sie mich allerdings im Stich lassen …«

»Das ist Erpressung!«

»Entweder Sie helfen mir, oder ich gehe allein.«

An dieser Stelle hatte Pawlow eingegriffen: »Entweder Sie nehmen die Rückkoppelung in Kauf, und dann spielt Ihr Gehirn nach einer Weile möglicherweise verrückt. Oder wir finden einen Weg, die Rückkoppelung auf Dauer auszuschalten, also Ihre Gedanken von Ihrem Gehirn zu trennen, aber dann haben Sie höchstwahrscheinlich keinerlei Einfluß mehr auf das Programm und auf das, was darin geschieht. Sind Sie sich über dieses Risiko nicht im klaren?«

»Das war in Allans Gehirn auch schon so. Ich werde mir eben was einfallen lassen, wenn es wieder brenzlig wird.«

»Aber am Reissnerschen Faden, an der Grenze zwischen Mensch und Tier, gelten andere Maßstäbe!« sagte der Professor beschwörend. »Dort herrschen ganz andere Energien! Angst heißt dort Panik, Furcht, Entsetzen. Haß, aber auch Liebe führen zu roher Gewalt. Gier schafft Mörder, Hunger Kannibalen. Möglicherweise zieht man es, wenn man diesen Teil von sich kennengelernt hat, sogar vor, freiwillig dort unten zu bleiben, aus Angst, das Schreckliche könne einem nach oben folgen und aus einem hervorbrechen, wenn man wieder in sein Bewußtsein zurückkehrt.«

»Sie meinen, daß Allan ...? Unsinn, der kann keiner Fliege was zuleide tun.«

»Möglicherweise denkt er jetzt anders darüber. Dort unten findet sich mehr, als wir ertragen können. Außerdem gibt es eine Grenze der Belastbarkeit durch Angstgefühle. Wenn sie überschritten wird, kann das Gehirn zum Selbstschutz mit Gedächtnisverlust reagieren. Psychologen nennen diese Erscheinung ›Fugues‹ oder ›Poriomanie‹, also zielloses dranghaftes Weglaufen, oft verbunden mit Bewußtseinseinschränkungen. Falls bei Ihnen eine derartige Reaktion einträte, könnten Sie sich vielleicht wochen- oder monatelang an nichts mehr erinnern, und das gesamte Experiment wäre vergeblich!«

»Dann habe ich es wenigstens versucht!« An dieser Stelle wäre sein Widerwille gegen weitere Erörterungen fast in Aggressivität umgeschlagen. Zum Glück hatte das Telefon geklingelt. Der Professor hatte abgenommen, eine Weile zugehört und dann gesagt: »Gänzlich ausgeschlossen? Ich verstehe nicht. Wie lange? Gütiger Gott! Und? Schlimm! Ja, natürlich, Sir William ... War mir klar ... Der befindet sich gerade hier. Natürlich. Nein, ganz bestimmt nicht ... Ja. Ja. Vielen Dank.«

Danach hatte der Professor einige Sekunden nach den richtigen Worten gesucht. »Ich fürchte, wir haben wirklich keine Wahl. Bitte treffen Sie alle Vorbereitungen, Miss Kate! Ich möchte das Experiment morgen früh durchführen.«

Danach sagte er zu dem Nomaden: »Der Gesundheitszustand Ihres Herrn Bruders hat sich leider verschlechtert. Ziemlich dramatisch sogar. Es scheint völlig ausgeschlossen, ihn noch einmal den Anstrengungen eines solchen Experimentes zu unterziehen. Damit steht fest, daß wir Ihren Herrn Bruder tatsächlich nur retten können, wenn wir Sie bei Ihrem Vorhaben unterstützen, Aufsichtsbehörde hin oder her. Es ist wirklich sehr, sehr ernst.«

»Irgendwie habe ich das geahnt«, hatte der Nomade erwidert, verwundert über den seltsamen Weg, den die Sache nahm.

Kate Blenner war blaß geworden. »Wie lange noch?«

»Wir dürfen keine Zeit verlieren. Drei bis vier Tage.«

Auf dem Hudson leuchteten noch mehr Segel als bei der Vorstandssitzung zehn Tage zuvor, doch jetzt hatte John B. Reddington III. noch weniger Gelegenheit, das Bild zu genießen.

»Wie hoch sind die bisherigen Verluste in Hongkong genau?«

Milkman hob die nach oben gekämmten Brauen und las die Zahl von einem Blatt Papier ab. 212 875 000 Dollar. In dem schütteren weißen Haar glänzte Pomade.

»Und in Osaka?« Reddington streckte die Hand aus, nahm das weiße Blatt Papier aus den manikürten Fingern seines Finanzvorstands und betrachtete die Addition. Über 300 Millionen Dollar.

Der Finanzchef putzte seine randlose Brille. »Wir können sogar von Glück reden, wenn es dabei bleibt. Erdbeben sind nun mal schwer vorauszusehen. Wir haben einfach Pech gehabt.«

Das war nur die halbe Wahrheit, dachte Reddington. Sie hatten einfach zu wild drauflosspekuliert, um trotz fehlender Neuentwicklungen Gewinne ausschütten zu können.

»Läßt sich die Sache wenigstens eine Zeitlang vertuschen?«

»Ich habe die Verluste einstweilen auf einem Fehlerkonto versteckt. Wenn die Revision kommt, ist es natürlich aus. Also haben wir sechs Wochen.« Die düsteren Befürchtungen weckten Reddingtons Kämpfernatur. »Sie stehen das doch mit mir durch, Louis?«

»Selbstverständlich, Sir.«

»Was schlagen Sie also vor?«

»Auf ein paar hundert Millionen kommt es auch nicht mehr an«, sagte Milkman.

»Sie meinen also, wir sollten einfach weitermachen? Unsere Kreditlinie ist doch längst ausgeschöpft!«

»Unsere Situation würde sich natürlich wesentlich verbessern, wenn FS-Einhundertfünfzehn endlich zur Marktreife käme. Spätestens in zwei Wochen sollten wir eine Pressekonferenz abhalten können. Mit positiven Testergebnissen. Ob wir sie haben oder nicht.«

Wenn nur dieser verdammte Nomade nicht verschwunden wäre, dachte der Präsident. Der konnte auch jede Notlüge auffliegen lassen. Höchste Zeit, die Nachforschungen zu intensivieren. In der Wahl der Mittel durfte man jetzt nicht mehr zimperlich sein.

Als der Finanzchef gegangen war, drückte Reddington auf eine Taste der Sprechanlage, die ihn mit seinem Vorzimmer verband. »Schaffen Sie mir Findlay herbei. Sofort.«

Duncan Findlay klemmte den schwarzen Aktenkoffer unter den linken Arm, zog eine Plastikkarte durch den Spalt neben dem Schloß, drückte die Tür auf und schob seinen massigen Körper in das Innere des Apartments. In den schmalen Korridor fiel schwaches Licht. Es kam aus einem kleinen, stilsicher möblierten Wohnzimmer. Auf dem hellbeigen Teppichboden standen Stahlrohrsessel mit schwarzen Lederbezügen um einen niedrigen Glastisch, an den cremeweißen Wänden hingen Drucke von Warhol und Lichtenstein.

Findlay stellte den Aktenkoffer ab. Wie mit magischer Kraft zog es ihn in das kleine Schlafzimmer. Eine Weile stand er vor Kate Blenners Bett und versuchte sich vorzustellen, wie sie dort lag. Dann hob er vorsichtig das Kopfkissen auf und hielt es an seine fleischige Nase. Es roch nach Weichspüler. Er öffnete den cremeweißen Kleiderschrank und zog die Schubladen heraus. In der dritten fand er, was er suchte. Allerdings war er ein wenig enttäuscht, zu sehen, daß die blonde Psychopharmakologin nicht, wie er insgeheim gehofft hatte, seidene Unterwäsche in frivolen Farben trug, sondern schlichte weiße Baumwollslips. Langsam streckte er die Hand nach dem kleinen Stapel aus und nahm das oberste Höschen. Es lag wie ein Symbol von Unschuld und Reinheit auf seinem schmutzigen Handschuh, ein Kontrast, der Findlay sofort stimulierte. In aufsteigender Erregung entfaltete er das Wäschestück und küßte den dünnen Stoff. Dann schob er den Fetisch schnell in die Innentasche seines zerknitterten blauen Blazers. Solche kostbare Beute verlangte nach einer Würdigung, deren Intensität durch keinerlei Zeitdruck beeinträchtigt werden durfte.

Er ging in das Wohnzimmer, setzte sich an den kleinen Schreibtisch und schaltete den Computer ein. Dann öffnete er seinen Aktenkoffer und nahm einen roten Schnellhefter heraus.

Auf dem Monitor erschien PASSWORT. Findlay verschränkte die fleischigen Finger, drückte sie, daß seine Knöchel leise knackten, und tippte STEVEN. Die meisten braven kleinen Mädchen hatten Daddy furchtbar lieb.

Die Antwort kam augenblicklich: FEHLER.

War es diesmal Mami? Findlay tippte MABEL.

FEHLER.

Gut, dachte Findlay, wenn es so leicht wäre, bräuchte man schließlich keine Spezialisten wie ihn. Er schlug den Schnellhefter auf, blätterte zu der Seite »Angehörige« und suchte unter »Geschwister«.

Fehlanzeige.

Er blätterte wieder in dem Schnellhefter. Der Lebenslauf ergab keine Hinweise auf ein Paßwort. Also zum Interview. Eiskunstlauf. Segeln. Er stellte sich vor, wie sie mit wehendem blondem Haar am Mast stand, die Beine leicht gespreizt, um die Stöße der Wellen besser auspendeln zu können, mit einem knappen Höschen und einem dünnen T-Shirt, das nicht verbarg, wie durch die Kühle des Windes die … Er vertrieb den lüsternen Gedanken. Erst die Arbeit! Ein paar Absätze weiter ging es um den Punkt »Kommunikation/soziales Verhalten«. »Ich war schon immer sehr tierlieb … hatte einen süßen kleinen Hund. Es war ein Beagle. Er hieß Skipper.«

Na also. Findlay legte die Personalakte zur Seite und tippte den Namen. Auf dem Monitor erschien die Maske. Findlay führte den Cursor auf die »Dokumente« und rief die Ordner auf.

ARCHIVES. BANKING. DIARY. FAMILY. FS. HARVARD. HOUSE. INSUR. LETTERS. PERSLETT. PHARMAK.

Findlay klickte den letzten Ordner an. Das Verzeichnis enthielt völlig unbekannte Kürzel: HUP. OUP. PSAC. PSPH. PSPHA. Der Sicherheitschef wählte die letzte Datei. Auf dem Bildschirm erschien eine Textseite: »Die Interaktion kognitiver und psychologischer Determinanten der emotionalen Befindlichkeit«. Darunter stand der Vermerk »*Psychopharmacology,* Washington 1996«.

Findlay schloß das Dokument; hier war nichts zu holen. Danach wechselte er zu LETTERS und las einige geschäftliche Briefe, bis er merkte, daß Kate Blenners private Post unter PERSLETT für »Personal Letters« gespeichert war. Auch hier fand er keine brauchbaren Informationen. Er schaute auf seine Armbanduhr. Die Suche dauerte nun schon über eine Stunde.

Er öffnete den Organizer. Die Daten gingen acht Jahre zurück. Findlay entschied sich, am Schluß anzufangen. Zuerst kamen ein paar lobende Eintragungen über Fenway-Soper: »Prima Laden ... Betriebsklima ist gut ... interessante Arbeit ...«

Unter dem 23. März stand: »Heute rief Dad wieder an. Skipper mußte nun doch eingeschläfert werden. Schnief! Er war mein bester Freund. Mein einziger!«

Nach einer halben Stunde war Findlay am 1. Januar angekommen. »Silvesterparty leider totaler Reinfall. Nur arrogante Yuppie-Typen. War schon um eins wieder zu Hause. Hätte doch lieber nach Long Island gehen sollen.«

Findlay atmete tief durch. Jetzt nur keine Hektik! Er überlegte eine Weile, dann kehrte er in den Ordner PERSLETT zurück. Das Verzeichnis zeigte, daß Kate Blenner eine fleißige Briefeschreiberin war: es enthielt sechshundertachtunddreißig Dokumente. Findlay begann, einzelne Briefe auf den Bildschirm zu holen.

Drei Stunden später war auch dieser Teil überprüft. Enttäuscht starrte Findlay auf den Monitor. Dann klickte er den Ordner LETTERS an und sah die Geschäftsbriefe durch. Es waren kaum zwei Dutzend, und der zwanzigste war an »Prof. Sergej I. Pawlow« abgegangen. Adresse: Babylon, Long Island. N.Y. 32566.

Na also! Findlay griff nach dem roten Schnellhefter und blätterte hastig zur Seite »Studium«.

»1. Physiologie: Radcliffe, Prof. Elizabeth Howard Meredith.«

»2. Pharmakologie: Radcliffe, Prof. Warden B. Rutherford.«

»3. Physiologie: Harvard, Prof. Sergej I. Pawlow.«

»4. Pharmakologie: Harvard, Prof. Sergej I. Pawlow.«

Hab' ich dich, du kleines Miststück. Findlay schaltete den PC aus und packte den Schnellhefter in seinen Aktenkoffer. Als er die Wohnungstür leise hinter sich zugezogen hatte, begann der Computer plötzlich zu summen. Eine Sekunde später leuchtete der Bildschirm auf.

28

»Die bei uns sowie im dentologischen Labor in Stanford untersuchten Leichenteile stammen von einundzwanzig Frauen im Alter von etwa dreißig bis fünfundvierzig Jahren. Alle Gewebeproben enthalten Spuren starker Schlaf- und Beruhigungsmittel, vor allem Halothan ...«

Obwohl er nun seit sechsunddreißig Stunden auf den Beinen war, zeigte Howard C. Haggerty keinerlei Anzeichen von Ermüdung. Bei den Untersuchungen im gerichtsmedizinischen Labor der San Jose State University hatte der hagere, weißhaarige Gerichtsmediziner neben einem eisernen Willen zur Pflichterfüllung auch ein stark emotional begründetes Interesse an der schnellen Festnahme des Mörders. Seit Jahrzehnten durch und durch Wissenschaftler, sah Haggerty in Knochen und Gewebeteilen noch immer weit mehr als nur die nutzlos gewordenen Komponenten eines zerstörten biologischen Systems, die allenfalls zur Spurensicherung taugten.

»Wie weit sind Sie mit den Identifizierungen, Doktor?« fragte Abarca. »Die Presse macht uns die Hölle heiß!«

Kelley und Connor wechselten einen Blick. Genau diese Bemerkung hatten sie erwartet.

»Die Gen-Analysen dauern mindestens noch drei Tage. Wir haben auch noch nicht in allen Fällen das nötige Material.«

»Wieso nicht?« Der Deputy Chief schaute streng in die Runde, als gelte es, dafür einen Schuldigen zur Rechenschaft zu ziehen.

»In einem Fall ist der einzige Angehörige des Opfers zwischenzeitlich verstorben, Sir«, sagte Lieutenant Underwood. »In einem anderen Fall ist die Familie unbekannt verzogen. Elf Fälle sind völlig neu hinzugekommen. Bis gestern früh gingen wir von zehn Vermißten aus.«

»Und von diesen zehn kennen wir jetzt acht?«

»Jawohl«, sagte der Leiter der Spurensicherung, Charles Edom, ein dürrer kleiner Mann mit schwarzem, schon ziemlich lichtem Haar und tiefliegenden, dunkel umrandeten Augen. »Bei vier Opfern hatten die Angehörigen die Zimmer der Vermißten noch nicht ausgeräumt, weshalb Haarproben und Hautschuppen sichergestellt werden konnten. Außerdem in einem Fall perlmuttfarbener Nagellack der gleichen Sorte wie auf dem Fingernagel, den wir im Keller fanden.«

»Die drei anderen konnten vorläufig über Zahnabdrücke identifiziert werden«, fügte der Pathologe hinzu. »Die Zuordnung ist nicht ganz unproblematisch. Dr. Klein kann mehr darüber sagen.« Er nickte dem forensischen Dentologen aus Stanford zu.

Richard Klein rückte die schwere Hornbrille auf seiner geröteten Nase zurecht und klappte einen schwarzen Aktendeckel auf. Mit seiner zerzausten, ungescheitelten Frisur, der abgewetzten braunen Strickjacke und der schlecht geknoteten Krawatte wirkte er neben Haggerty wie das leicht verwahrloste Faktotum eines Nobelpreisträgers. Er warf einen scheuen Blick in die Runde und las: »Gebiß Nummer eins. Weiblich. Brücke oben rechts sechs bis acht. Krone oben links acht. Brücke unten rechts fünf bis acht. Plombe unten links acht. Die Anordnung der Zähne sowie die an ihnen durchgeführten Maßnahmen stimmen weitgehend mit den Aufzeichnungen in der zahnärztlichen Kartei von Dr. Patricia McMahon in San Jose über Mrs. Lily Weston überein.«

»Wieso nur weitgehend?« fragte der Staatsanwalt.

»Die zahnärztlichen Maßnahmen stimmen überein, aber nicht die Anordnung«, erklärte Klein.

»Die Anordnung? Der Zähne, meinen Sie?« Nur keine Fehler bei der Identifizierung!

»Ja, Sir«, bestätigte Klein. »In einigen Fällen sieht es so aus, als habe der Täter bei seinen Opfern in dieser Hinsicht … nun, Experimente durchgeführt.«

»Experimente? An den Zähnen?« Verwundert blätterte Paredes in seiner Kopie des Untersuchungsberichts.

Klein merkte, daß er deutlicher werden mußte. »Der Täter hat offenbar Kieferteile vertauscht, und zwar sowohl Kieferteile ein und derselben Person als auch solche verschiedener Opfer.«

»Vertauscht?« Auf der Stirn des Bezirksstaatsanwalts hatten sich kleine Schweißperlen gebildet.

»Höchstwahrscheinlich posthum. An lebenden Personen scheinen solche Maßnahmen kaum vorstellbar.«

Abarca starrte den Dentologen an. »Kaum vorstellbar?« wiederholte er fast drohend. »Also nicht ganz und gar unvorstellbar?«

»Ich für mich schließe eine Behandlung solcher Art an lebenden Personen aus«, antwortete Klein, »aber Endgültiges kann ich natürlich erst nach Abschluß der mikrobiologischen Untersuchungen sagen.«

Danach schilderte er, was bei den anderen Zahnvergleichen herausgekommen war.

»Danke«, sagte Abarca.

»Wurden in den Gewebeproben Spuren von Chemikalien festgestellt?« fragte Vanessa Birming.

Haggerty nickte. »Ja. Von Chemikalien, die bei den Leichenteilen gefunden wurden.«

»Sie finden eine Aufstellung auf Seite acht meines Berichtes«, ergänzte Edom, und seine Zuhörer begannen zu blättern. »Zur Geruchsbindung wurden außer dem Natriumkarbonat verschiedene Luftreiniger und Desinfektionsmittel verwendet. Verschiedentlich wurden Körperteile in Salzsäure aufgelöst. Eine besondere Rolle spielte offenbar ein Lösemittel der Marke Soilex. Es wird vor allem von Malern und Dekorateuren gekauft. Sie entfernen damit alte Tapeten.«

»Und was machte unser Bastler damit?«

Der Leiter der Spurensicherung zögerte. »Ich bin nicht sicher, ob alle Anwesenden das wirklich hören wollen.«

»Heraus damit«, sagte Abarca. »Wir sind schließlich keine Betschwestern!«

Edom zog seinen billigen blauen Baumwollanzug glatt. Es sei eine ziemlich schwierige und anstrengende Arbeit, wenn man etwa siebzig Kilogramm menschlicher Überreste zerkleinern wolle, begann er und schilderte danach einige Vorgänge, bei denen Bleichlauge und ein Elektrobohrer vorkamen. Abarca begann zu husten. Paredes preßte ein Taschentuch vor den Mund.

Edom ließ einige Sekunden verstreichen. Als er den Eindruck hatte, daß seine Zuhörer wieder aufnahmebereit waren, fuhr er fort: »Alle Vorgänge sind auf den Videokassetten und auf den Polaroidfotos in den Fotoalben dokumentiert.«

»Gibt es Anzeichen für Kannibalismus?« fragte Underwood.

Vanessa Birming schüttelte sofort den Kopf. »Ausgeschlossen.«

Der Pathologe nickte ihr zu. »Keine«, bestätigte er.

»Außerdem wurden Haushaltsgeräte sichergestellt, diese Messer, aber auch Scheren, Stahltöpfe und so weiter«, berichtete Edom. »Sie waren sorgfältig gereinigt, aber wir konnten trotzdem Blutspuren feststellen.«

»Um wessen Blut es sich handelt, kann ebenfalls erst die Gen-Analyse klären«, fügte Haggerty hinzu.

»Eine Liste der Medikamente finden Sie im Anhang meines Berichts«, fuhr Edom fort. Es handele sich vor allem um starke Schlaf- und Beruhigungsmittel.

»Die Namen der bisher identifizierten Personen finden Sie in Anlage zwei des vorläufigen Obduktionsberichts,« sagte Lieutenant Underwood. »Es handelt sich um Harriet Fondecue, Lily Weston …«

Er zählte die Namen auf. »Wir gehen davon aus, daß die anderen ebenfalls in diesem Teil Kaliforniens beheimatet waren.«

»Was hat die Befragung der Angehörigen ergeben?« Abarca spielte weiter seine Lieblingsrolle als dynamischer Polizeimanager.

»Das wollte ich gerade ausführen, Sir«, antwortete Underwood. »Soweit wir in der Kürze der Zeit ermitteln konnten, stimmen die Beschreibungen exakt mit den Vermutungen der Bundespolizei überein. Bei den Opfern handelte es sich um überdurchschnittlich große, gutaussehende und selbstbewußte Frauen mittleren Alters mit dunklen Haaren, die sich stark schminkten und dem Alkohol nicht abgeneigt waren. Die Ermittlungen zum Sexualleben sind noch nicht abgeschlossen, da das Thema mit den Hinterbliebenen bisher natürlich noch nicht zu erörtern war. Ansonsten ist alles genau wie in der FBI-Studie. Wirklich erstaunlich.«

»Alles eben nicht«, sagte Abarca mit schlecht verhohlenem Ärger über dieses Lob an die, wie er fand, falsche Seite. »Eine tanzt da doch wohl gewaltig aus der Reihe, und zwar diese Lehrerin, durch die wir auf die ganze Sache gekommen sind!«

»Jawohl, Sir. Loretta Sheffler paßt vom Alter her nicht in diese Gruppe. Außerdem benutzte sie nach Auskunft ihrer Kollegen kaum Kosmetika.«

»So ist es«, sagte Abarca herausfordernd.

Vanessa Birming lächelte spöttisch. »Es liegt doch auf der Hand, daß Miss Sheffler sich für ihre Rolle älter machen und stark schminken mußte. In diesem Fall löste die Bühnenfigur den Schlüsselreiz aus, nicht die reale Person.«

Abarca öffnete den Mund, als wolle er etwas entgegnen, besann sich dann aber anders und schwieg verdrossen.

»Wie läuft die Fahndung?« erkundigte sich der Staatsanwalt.

»Purdys Wagen wurde in der Tiefgarage des Flughafens sichergestellt«, berichtete Underwood. »Die kriminaltechnischen Untersuchungen sind noch nicht abgeschlossen. Der Täter checkte am Samstag nachmittag um fünf Uhr fünfunddreißig unter dem Namen Wilbur Kennedy Smith nach Chicago ein und landete kurz nach neun Uhr in O'Hare. Eine Stunde später bezog er unter dem Namen Frank Shoman Fendergast eine Suite im *Michigan Mandarin.*« Er blickte in seinen Bericht. »Suite eins eins null. Er hatte zwei Koffer. In dem einen befand sich hochwertige Kleidung. Den anderen Koffer hat er offenbar noch immer bei sich; er enthält vermutlich elektronisches Gerät, vor allem den Computer, mit dem er den Sprengsatz in Chimayo ferngezündet hat.«

Die meisten Zuhörer konnten nicht verhindern, daß ihre Köpfe sich nun in Richtung Karen Thogersen drehten. Auch Kelley gab dem Impuls nach. Als er sah, daß die Therapeutin zu zittern begann, wandte er den Blick schnell wieder ab. Aus den Augenwinkeln beobachtete er, wie Connor eine breite Hand auf ihren sonnengebräunten Unterarm legte.

Abarca hatte etwas von seiner Sicherheit eingebüßt. Wenn diese blonde Schlampe ihn nur nicht so aggressiv anstarren würde! In diesem Punkt hatte er schlechte Karten. »Der Täter hat das Hotel am Montag morgen kurz nach halb vier Uhr verlassen«, fuhr Underwood fort, »wenige Minuten bevor die Bundesbeamten eintrafen. Seither ist er verschwunden.«

»Keine Kreditkarten?« fragte Abarca.

»Nein, Sir. Unter keinem seiner uns bekannten Namen.«

»Was sagt die Haushälterin?«

»Die will von alledem nichts geahnt haben.«

»Das werden Sie ihr doch hoffentlich nicht glauben!«

»Sie befindet sich zur Zeit in ärztlicher Behandlung.«

»Beantragen Sie einen Haftbefehl.«

»Dafür haben wir keine Handhabe, Sir.«

Der Staatsanwalt nickte.

»Sie wird doch wohl wenigstens überwacht?« Abarca schlüpfte wieder in seine Lieblingsrolle als Vorgesetzter, der seinen Leuten immer ein Stück voraus war.

»Natürlich«, sagte Underwood.

»Gut. Was hat der Kerl denn nun in Chicago getrieben?«

»Das wissen wir leider immer noch nicht.«

»Keine Anrufe aus dem Hotel? Gequatsche mit dem Barkeeper?«

»Nein.« Underwood hatte in der Nacht zuvor kaum zwei Stunden geschlafen.

»Dann zum nächsten Punkt«, sagte Abarca und schaute auf seinen Zettel. »Was wissen wir …«

»Moment noch«, unterbrach ihn Vanessa Birming. »Ist schon aufgeklärt, wie Purdy in Mrs. Thogersens Haus gelangte?«

»Das ist doch jetzt nicht so wichtig«, murrte Abarca.

»Das zu beurteilen überlassen Sie bitte mir.«

Abarca wollte aufbrausen, beherrschte sich aber. Lieber keinen Streit, der die Diskussion über diesen peinlichen Punkt nur weiter in die Länge ziehen würde.

»Das wissen wir noch nicht genau«, sagte Underwood. »Die Polizei in New Mexico konnte dazu bisher keinerlei Angaben machen. Nachdem das ganze Haus in die Luft geflogen ist …« Er verstummte.

»Reden Sie ruhig weiter«, sagte Karen Thogersen, die sich bemühte, Gelassenheit zu demonstrieren. »Ich weiß, was passiert ist. Ich war schließlich dabei.«

Underwood nickte. »Einer von Purdys Steinbrüchen in New Mexico liegt nur zwölf Meilen entfernt. Bei dem dort gelagerten Dynamit sind erhebliche Fehlbestände festgestellt worden. Insgesamt fünfzig Kilogramm. Das entspricht in etwa der Menge, die benötigt wurde, um Mrs. Thogersens Haus in die Luft zu jagen. Die Arbeiter sagen, sie hätten Purdy zuletzt vor acht Wochen gesehen.« Er verstummte, als sich Karen Thogersen räusperte. »Vor acht Wochen nahm ich zum ersten Mal an einer von diesen Cybertogas teil.«

»Und? Haben Sie dabei irgendwelche besonderen Beobachtungen gemacht?« fragte Paredes.

»Nein. Heute weiß ich natürlich, daß er da war. Wahrscheinlich bei einem Seminar. Ich wollte meine Aufzeichnungen durchsehen, aber ich habe mich nicht gleich in der Lage dazu gefühlt.«

»Verständlich«, sagte Connor mitfühlend.

»Jetzt ist es natürlich zu spät«, sagte Abarca. »Also weiter im Programm. Wir haben noch eine Menge zu besprechen.«

»Moment noch«, sagte Paredes. »Wie weit sind die Nachforschungen in bezug auf diese Computerpartys gediehen?«

»In den vergangenen zwölf Monaten wurden insgesamt elf Frauen bei Cybertogas überfallen«, sagte Karen Thogersen. »Zu neun von ihnen konnte ich inzwischen Kontakt aufnehmen. Sie sind vorerst noch nicht dazu bereit, mit der Polizei zu sprechen, aber ich denke, wenn der Täter gefaßt ist, können wir auf sie als Zeuginnen rechnen.« Ihre Stimme stockte. »Jede von ihnen hatte die Gestalt einer großen, dunkelhaarigen Frau gewählt.«

Der Staatsanwalt wartete einige Sekunden, dann fragte er: »Waren das ebenfalls Partys mit bestimmter Thematik?«

»Ja.« In einem Fall sei es ein orientalisches Fest am Hof des Kalifen von Bagdad gewesen. Eine andere Cybertoga habe in einem literarischen Salon im Berlin der Jahrhundertwende gespielt. Der sogenannte Datendandy sei zwar in unterschiedlicher Gestalt aufgetreten, aber immer nach dem gleichen Schema vorgegangen. Er habe versucht, seine Opfer von den anderen Partyteilnehmern zu trennen, sie überwältigt und dann seine Absicht zu erkennen gegeben.

Karen Thogersen begann wieder zu zittern, und Abarca hätte am liebsten gefragt, ob das FBI die Ermittlungen neuerdings von den Opfern selbst führen lasse.

»Die anderen Frauen wurden ebenfalls alle umgebracht?« erkundigte sich Paredes. »Virtuell, meine ich natürlich.«

»Ja«, sagte Vanessa Birming. »Und ebenfalls nach dem gleichen Schema. Längsschnitt vom Brustbein bis zum Schambein, mit einem Skalpell und offenbar stets mit großer Präzision ausgeführt, jedenfalls soweit die Opfer es verfolgen konnten, bevor sie durch den Schock das Bewußtsein verloren. Anschließend folgten die bekannten Scheußlichkeiten, die hier wohl nicht wiederholt werden müssen.«

»Klingt, als wäre dieser Purdy ein verdammter Chirurg«, sagte Abarca eine Spur zu laut.

»Er war Sanitäter bei der Army«, berichtete Underwood.

»Kampfeinsätze?« wollte Abarca wissen.

»Nein.«

»Was wissen wir noch?«

»Purdys Firma macht seit Jahren enorme Gewinne«, sagte Carruthers. »Außerdem investiert er hohe Summen in andere Unternehmen.«

»Eigenes Geld?« fragte der Staatsanwalt.

»Soweit wir feststellen konnten, ja. Der Mann hat nicht nur wie verrückt verdient, sondern zusätzlich ein riesiges Vermögen geerbt.«

»Konten? Geschäftsverbindungen?«

»Das meiste hat er mit hiesigen Banken und Computerfirmen gemacht. Angesehenen Firmen. Die Landschaftsgärtnerei hatte er wohl wirklich nur, um legal an Dynamit heranzukommen. Keinerlei Aufträge in den vergangenen fünf Jahren. Bewarb sich offenbar immer nur pro forma.«

»Irgendwelche Hinweise auf stille Teilhaber?«

»Nein, wozu. Ich sagte doch, der Kerl hat Geld wie Heu.«

»Jetzt wohl kaum noch.«

»Leider doch, Sir. Er konnte den größten Teil seines Vermögens transferieren, nachdem er in Chicago aufgeflogen war.«

»Was? Wie denn?«

»Per Computer. Es war natürlich alles längst vorbereitet.«

»Verdammt«, sagte Abarca, als habe er eine persönliche Niederlage erlitten. »Und wohin?«

»Vermutlich auf Konten in der Karibik«, sagte Carruthers. »Offshore. Anguilla, Bahamas, vielleicht auch Cayman Islands.« Ein Teil der Millionen sei möglicherweise in Europa gelandet, in der Schweiz oder in Luxemburg.

»Heißt das, daß sich der Kerl auf der ganzen Welt frei bewegen kann?« Abarca wurde immer lauter.

»Kontentechnisch ist er praktisch überall flüssig«, gab Carruthers zu.

Der Staatsanwalt machte ein Häkchen auf seiner Liste. »Was wissen wir über die Eltern? War es wirklich ein Unfall?«

»Die Leichen wurden erst heute früh exhumiert«, antwortete Underwood. »Mit dem Obduktionsergebnis rechnen wir gegen Mitternacht.«

»Unfallursache?« mischte sich Abarca gleich wieder ein.

»Wahrscheinlich Versagen der Bremsen. Die Eheleute stürzten auf der Heimfahrt von ihrem Wochenendhaus in den Bergen in eine Schlucht. Beide waren sofort tot. Das Wrack brannte völlig aus.« Die Strecke sei schon für intakte Fahrzeuge ziemlich heikel.

»Fabrikat?«

»Mercedes.«

»Ich habe noch nie gehört, daß bei einem Mercedes die Bremsen versagen«, zweifelte Paredes.

Underwood zuckte die Achseln. Das Wrack wurde nach Abschluß der Ermittlungen auf einem Autofriedhof in Palo Alto zerschreddert. Die Berichte der Sachverständigen stimmten aber darin überein, daß es keine andere plausible Unfallursache gebe: »Heller Vormittag, trockene Straße, kaum Verkehr. Fremdverschulden völlig ausgeschlossen.«

»Schnarchsäcke«, schimpfte Abarca. »Irgendwelche Zeugen?«

»Nein.«

»War das Fahrzeug regelmäßig bei der Inspektion?« Abarca ließ nicht locker.

»Ja, bei Sutherland & Sons in Mountain View. Rolls-Royce, Bentley,

Daimler, Mercedes, Ferrari, Porsche, ab und zu ein Cadillac. Fürs Personal.« Underwood wurde wieder etwas sicherer.

»Ob wir ihm die Elternmorde nachweisen können, ist inzwischen wohl ziemlich egal«, meinte Abarca.

»Nicht ganz«, wandte Paredes ein. »Wenn er seine Eltern umgebracht hat, ist der Staat berechtigt, das Vermögen einzuziehen.«

Die Polizeibeamten sahen ihn befremdet an.

»Nicht wegen der Staatskasse«, erklärte der Staatsanwalt eilig. »Wenn Purdys Vermögen beschlagnahmt wird, schränkt das seine Bewegungsfreiheit ziemlich stark ein.«

»Wenn wir aber doch nicht wissen, wo das Geld ist!« wunderte sich Abarca.

»Vielleicht finden wir es bald heraus. Und außerdem – wenn wir ihn schnappen, kann er sich ohne Geld nicht mehr jeden hochbezahlten Winkeladvokaten und geldgierigen Gutachter leisten.«

Das gefiel Abarca schon besser. Auch den Staatsanwalt trieb offenbar die Sorge um, daß sich dieses Dreckschwein von einem Yuppie-Millionär mit gekauften Psychologen herausmogeln könnte. Um ein paar Jahre in einem Sanatorium zu urlauben. Bis die Sache so weit vergessen war, daß er sich einen Entlassungsschein kaufen konnte. Aber nicht mit Deputy Chief Joseph Abarca! »Was wissen wir über diese Computerfreaks, mit denen Purdy immer herumhing?«

»Da sind wir leider noch nicht viel weitergekommen«, sagte Underwood. »Die beiden Behrman-Brüder sind verschwunden. Der ältere, Allan, hat vor einigen Wochen einen Auftrag als Inphader bei Fenway-Soper in New York übernommen ...«

»Inphader?« fragte Paredes.

»Hochbezahlte Spezialisten für die Entwicklung neuer Präparate.« Suchend schaute Underwood in seine Papiere. »Feinbearbeitung molekularer Strukturen im virtuellen Raum. Was immer das heißen mag.«

»In New York ist er nicht aufzufinden?« fragte Abarca.

»Er hat Fenway-Soper vor zwölf Tagen mit unbekanntem Ziel verlassen«, sagte Kelley. »Vorzeitige Vertragsauflösung. In der Firma wird von einem Unfall geredet. Einer Art Nervenzusammenbruch. Der Präsident und der Leiter der Forschungsabteilung behaupten, Behrman habe erkannt, daß er seine vollmundigen Versprechungen nicht erfüllen konnte, und einem schmählichen Rauswurf zuvorkommen wollen.« Vor acht Tagen sei dann ein weiterer Inphader aufgetaucht, um Behrmans Arbeit fortzuführen. Der neue Mann trete unter einer

Art Künstlername auf: »Nomade«. Die Beschreibung passe auf Behrmans jüngeren Bruder.

»Und?«

»Leider ebenfalls verschwunden. Seit Samstag. Zusammen mit einer Angestellten der Firma, einer Psychopharmakologin. Kate Blenner.«

»Da ist doch was faul«, sagte Abarca. »Und dieser Hippie aus der Wohnwagensiedlung?«

»Da sieht es auch nicht besser aus«, sagte Underwood. »Mr. Nemchankin von Evernet wollte zwar seinerzeit gehört haben, daß die Gruppe nach L.A. reisen wollte, aber in Wirklichkeit scheinen die Leute nach Mexiko verschwunden zu sein.«

»Wundert mich nicht«, sagte Abarca grimmig. »Da kann man high werden, indem man Kakteen frißt, diese Popocatapetl oder wie die Dinger heißen. Billiger geht's nicht.«

»Peyote«, verbesserte Karen Thogersen.

»Wie?«

»Peyote. Die Kakteen enthalten Mescalin, das Halluzinationen hervorrufen kann.«

»Schon mal probiert?« fragte Abarca.

»Sie wissen, daß die Droge illegal ist«, antwortete Karen Thogersen.

»Sie kennen sich ja gut aus.«

»Das gehört zu meinen Aufgaben als Therapeutin.« Karen Thogersens Augen funkelten; sie spürte Connors sanften Fingerdruck und zog ihren Arm heftig zurück.

»Bitte, meine Herrschaften«, sagte Paredes. »Wir wollen doch die Ermittlungsarbeit nicht mit Auffassungsunterschieden über Drogen belasten!«

»Das Gesetz kennt keine sogenannten Auffassungsunterschiede«, beharrte Abarca.

»Bleiben wir bitte beim Thema«, sagte der Staatsanwalt mit Nachdruck. »Gibt es irgendwelche Spuren von diesen Hippies in Mexiko?«

»Nein, Sir«, antwortete Underwood. »Aber möglicherweise lebt einer von ihnen zur Zeit in Yuma.« Er machte eine kleine Pause, um sich zu vergewissern, daß Karen Thogersen sich wieder beruhigt hatte. »Als die Gruppe noch auf diesem Campingplatz an der San Francisco Bay hauste, erzählte einer der Männer überall herum, daß er gerade an einem sensationellen Buch schreibe. Über Schamanen und so. Die spirituelle Welt der Indianer.«

»Wieder so ein Quatsch«, sagte Abarca verächtlich.

Karen Thogersen stieß laut die Luft aus und schüttelte den Kopf.

Das Gespräch über einen Personenkreis, den er fast ebenso innig haßte wie die Pazifisten der Vietnam-Demonstrationen, ließ Abarca alle Vorsicht vergessen. »Indianer, Schamanen, Spiritisten, das ist ja wie in New Mexico. Wahrscheinlich tummeln sich dort auch lauter Drogenfreaks. Ich frage mich schon die ganze Zeit, ob der Kerl nicht unter diesen Typen zu suchen ist.« Das wäre am besten, dachte er, ein irrer Hippie als Mörder, wie dieser Manson, da würde man es der Polizei noch am ehesten nachsehen, daß sie nicht gleich dahintergekommen war; wer konnte schon wissen, was in den Schädeln dieser durchgeknallten Langhaarigen vorging!

»Wie meinen Sie das?« fragte Karen Thogersen.

»Daß der Mörder vielleicht unter Ihren Jüngern zu finden ist.«

Karen Thogersen ballte die Fäuste. »Sie sind ja verrückt.«

»Ich bitte Sie«, sagte Paredes. »Das führt doch nicht weiter.«

»Vielleicht nicht, vielleicht doch«, beharrte der Deputy Chief.

»Reden Sie doch nicht solchen Mist, Abarca«, sagte Connor grob. »Ein Serienmörder sucht sich seine Opfer doch nicht im Bekanntenkreis!«

Kelley räusperte sich. »Dieses Indianerbuch kam tatsächlich heraus, vor zwei Jahren, bei Harper & Row.« Er blätterte wieder in seinen Unterlagen. Der Titel lautete »Das Irgendwo und Nirgendwo der Schamanen«, als Autor sei ein »Blue Eagle« angegeben. »In Wirklichkeit heißt der Mann Alberto Correjo.«

»Mexikaner?« fragte Abarca sofort und mit finsterer Miene.

»Nein«, sagte Kelley. »Correjo ist US-Staatsbürger kubanischer Abstammung.«

»Auch nicht besser«, kommentierte der Deputy Chief.

Kelley war fest entschlossen, sich nicht aus dem Konzept bringen zu lassen. »Er hat mit dem Verlag vereinbart, daß ihm die Tantiemen halbjährlich ausbezahlt werden. Das Buch wurde ein Bestseller. Neulich rief Correjo in New York an und ließ sich fünfzehntausend Dollar schicken. An eine Bank in Yuma. Der Direktor meint, daß der Mann mit einer ganzen Gruppe von Spät-Hippies im Reservat kampiert. Unsere Leute sind schon unterwegs.«

»Dann sollten wir inzwischen die psychologische Seite diskutieren«, schlug der Staatsanwalt vor. »Bitte, Miss Birming.«

Vanessa Birming wartete, bis sich die allgemeine Aufmerksamkeit ganz auf sie konzentriert hatte. Dann sagte sie in Richtung des Staatsanwaltes und der Kriminalbeamten: »Nach allem, was bisher ermittelt wurde, ist es keine Frage, daß wir es mit einem Täter von ungewöhnlicher Intelligenz zu tun haben. In dieser Hinsicht ist unser Persönlichkeitsprofil also kaum zu korrigieren. Der psychologischen Beurteilung aber können wir keineswegs mehr sicher sein. Im Gegenteil.«

Abarca und Paredes wechselten erstaunte Blicke. Auch die anderen Beamten wirkten überrascht.

»Besonders fallen die eiskalt kalkulierte Art des Vorgehens und das besondere Geschick auf, den völlig unbescholtenen Bürger zu spielen. Dazu bedarf es besonderer psychischer Fähigkeiten.«

Abarca war alarmiert. »Sprechen Sie von Schizophrenie?« Also doch!

»Ich gebe zu, daß wir zunächst auch daran gedacht haben. Es wäre ja auch naheliegend. Aber wie entsteht diese Krankheit? Durch defekte Erbanlagen? Frühkindliche Verletzungen des Körpers oder der Seele? Oder handelt es sich um eine Kombination aller dieser Faktoren?« Die Möglichkeiten seien so vielfältig, wie die Auswirkungen unterschiedlich sind: Die Patienten leiden unter Halluzinationen, Selbsttäuschung, verminderten Antriebskraft, paranoiden Tendenzen …

»Ihr Vortrag klingt schon wie ein Plädoyer«, unterbrach Abarca sie. »Patienten, Krankheit, wenn ich das schon höre!«

»Ich wäre dankbar, wenn ich meine Ansichten einigermaßen zusammenhängend vortragen dürfte. Ich sagte ja bereits, daß ich an Schizophrenie jetzt nicht mehr glauben kann.«

»Der Kerl ist ganz einfach eine Bestie«, sagte Abarca hartnäckig. »Diese Schweine gehören alle kastriert und aufgehängt.«

»Ich danke für das Stichwort«, sagte Vanessa Birming ironisch. »Tatsächlich ist der Gesichtspunkt der Sexualität in diesem Fall besonders wichtig. Natürlich dürfen wir dabei nicht vergessen, daß solche Untaten die dunklen, schändlichen Wirkungen primitiver, irrationaler Triebe sind, die in jedem Menschen verborgen liegen. Auch in uns.«

Abarca schaute sie an, als sei sie nun selber verrückt geworden.

»Ich weiß, wie das für Nichtfachleute klingt. Aber die Antriebskräfte eines paranoiden Sexualmörders stecken in jedem Menschen. Und nicht nur in den Männern. Wir sogenannten Normalen haben diese Kräfte unter Kontrolle, jedenfalls, soweit es unser bewußtes Handeln betrifft. Wie weit das auch auf Träume und Phantasien zutrifft, möge jeder selbst für sich beurteilen. Seien Sie aber vorsichtig, wenn Sie darüber nachdenken, und gehen Sie dabei nicht zu tief – Sie könnten eine Tür öffnen, die sich nie wieder schließt. Wenn diese Kräfte übermächtig werden, wenn der paranoide Wahnsinn ausbricht, brechen die Dämme von Ekel und Scham, und die Taten beginnen die Ebene menschlicher Vorstellungskraft zu verlassen. Körperteile werden zu Kultgegenständen, das Fleisch der Opfer dient zum sakralen Mahl ...«

»Erlauben Sie, daß ich protestiere«, sagte Haggerty, und alle Blicke wandten sich dem Gerichtsmediziner zu. »Ich bin kein Psychologe, aber alle objektiven Anzeichen sprechen dafür, daß Purdy in voller Absicht und wohlüberlegt handelte. Er kannte seine Ziele genau, und er plante seine Taten minutiös. Sie sagen selbst, daß er hochintelligent ist. Das ist auch eines der Resultate meiner Untersuchungen. Ein irrer Schlächter wäre zu dieser präzisen und logisch durchdachten Vorgehensweise bei der Zerstückelung der Leichen keineswegs in der Lage.«

»Genau«, sagte Abarca, und einige der Kriminalbeamten nickten.

»Um es klarzustellen: Ich empfinde keinerlei Verständnis für diesen Mann«, sagte Vanessa Birming. »Entschuldigungen für ihn zu sammeln dürfen wir getrost den Leuten überlassen, die es möglicherweise übernehmen werden, ihn vor Gericht zu verteidigen. Meine Aufgabe ist, Sie darüber zu informieren, mit wem Sie es zu tun haben und welche Strategie zu entwickeln ist, um diesen Mann möglichst rasch hinter Gitter zu bringen.«

»Für mich besteht kein Zweifel daran, daß Purdy den Unterschied zwischen Recht und Unrecht genauso gut kennt wie wir«, sagte der Staatsanwalt.

»Die meisten paranoiden Schizophrenen wissen, daß sie zwischen Gut und Böse wählen können«, sagte Vanessa Birming. »Sie wissen auch, daß sie, wenn der Trieb übermächtig wird, ärztliche Hilfe in Anspruch nehmen sollten. Aber wenn die grausamen Gedanken kommen, ist keine Willensentscheidung mehr möglich. Solche Leute fangen meistens schon als Kinder an, mit Fröschen oder mit Katzen. Kleine Quälereien, die mit Beginn der Pubertät zu immer schlimmeren Phantasien führen, bis eines Tages die Gewalt explodiert.«

»Wir wissen doch viel zuwenig über Purdy«, gab Paredes zu bedenken.

»Auch aus den Ergebnissen der Spurensicherung und der Obduktionen ergibt sich ein ziemlich deutliches Bild. Das ist kein gewöhnlicher Paranoider oder Schizoider. Da ist etwas anderes. Etwas Fremdes. Es sind Phänomene erkennbar, die der Psychologie, jedenfalls der wissenschaftlichen Psychologie, weitgehend unbekannt sind. In Purdy scheint etwas zu stecken, das nur außerhalb der Wissenschaft erklärlich ist. Vielleicht im Mythos. Ich glaube nicht einmal mehr, daß dieser Teil in Purdys Denken menschlich ist.«

Aus ihrer Zuhörerschaft erklang erstauntes Gemurmel: »Was sagt sie da? Was soll das heißen?« Lieutenant Underwood rieb sich heftig die Nase.

»Was ist er denn dann?« fragte Abarca aggressiv. »Etwa ein verdammter Außerirdischer?«

»Die Art seines Denkens stammt wohl tatsächlich nicht aus unserer Welt.«

»Das verstehe ich nicht«, sagte Paredes.

»Haben Sie schon mal von Hypertrichosis gehört? Vor ein paar Jahren wurde in China ein Junge geboren, der am ganzen Körper behaart war, noch dichter als ein Schimpanse oder Gorilla; ihm wuchs der Pelz sogar im Gesicht.« Die medizinische Erklärung heiße »atavistische Mutation«. Der kleine Chinese trage die typische Behaarung nicht eines Affen, sondern eines Affen-Vorfahren, eines etwa mausgroßen Insektenfressers, der vor fünfundzwanzig Millionen Jahren auf den Bäumen lebte. »Dieses Tier sah wahrscheinlich ungefähr aus wie die heutigen Lemuren auf Madagaskar. Im Lauf der Evolution wurde der Pelz langsam dünner, denn wegen der klimatischen Veränderungen war es günstiger, nicht mehr so dicht behaart zu sein. Deshalb verlor das Gen, das bis dahin für einen dichten Pelz gesorgt hatte, im Konzert der Erbanlagen allmählich an Einfluß. Im Gehirn sind etwa dreißigtausend verschiedene Gene aktiv. Als der Mensch zum Menschen wurde, verstummte es ganz. In dem kleinen Chinesen aber wurde es plötzlich wieder aktiv.«

»Wollen Sie damit sagen, daß Purdy eine Art Mißgeburt ist?« fragte Paredes.

»Keineswegs. Er ist nur – anders. Anders als wir Menschen. Und zwar geistig und seelisch. Seine atavistische Mutation betrifft nicht den Körper, sondern das Gehirn. Ich weiß, das klingt ziemlich abenteuerlich, aber ich glaube, sein Denken stammt aus einer viel älteren Stufe der Evolution.«

»Ein Neandertaler?« rief Abarca. »Das wird ja immer verrückter!«

»Nein. Er oder vielmehr das, was in ihm steckt, sein Geist, seine Seele oder, besser gesagt, seine Psychologie, ist viel älter.«

»Älter als ein Urmensch?« fragte Abarca höhnisch. »Dann können Sie dieses Monster wohl kaum anklagen, nicht wahr, Larry?«

»Nein. Ist im Gesetz nicht vorgesehen.« Der Staatsanwalt hatte kaum ausgesprochen, als er sich auch schon ärgerte, auf den Einwand eingegangen zu sein. »Was genau meinen Sie denn?« fragte er Vanessa Birming.

»Kein Tier. Etwas Älteres.«

»Älter als die Tiere?« fragte Paredes entgeistert.

»Jedenfalls älter als alles, was uns heute als Tier geläufig ist. Älter zum Beispiel als die Säugetiere, und die gibt es immerhin seit mehr als zweihundert Millionen Jahren. Das Gen, das ich in Purdy vermute, befand sich wahrscheinlich schon in einer Lebensform, die durch den präkambrischen Ozean schwamm, vor zwei, vielleicht knapp drei Milliarden Jahren.«

»Das ist doch Humbug!« protestierte Abarca.

»Keineswegs. Gene leben ewig, sie wechseln nur die Hülle. Unsere ältesten Gene sind wahrscheinlich sogar über drei Milliarden Jahre alt.«

»Humbug!« wiederholte Abarca laut.

Der Staatsanwalt hob die Hand. »Haben Sie noch einen Augenblick Geduld mit uns, Joseph«, sagte er und wandte sich wieder der Verhaltensforscherin zu. »Und welche Tiere lebten damals denn auf der Erde?«

Vanessa Birming zögerte einen Moment. »Eigentlich ist das alles noch viel zu unausgereift, aber ich glaube, in dieser Situation bleibt für sorgfältiges Abwägen keine Zeit. Lassen Sie mich also einfach sagen, was mir schon die ganze Zeit durch den Kopf geht. Vor drei Milliarden Jahren existierten nur Einzeller, vor allem Algen und Bakterien.«

»Irre«, ließ sich Abarca vernehmen. »Ich sehe schon die Schlagzeilen: ›Polizei sucht Quallen-Mann aus der Urzeit! Das unheimliche Quallen-Gen‹.« Beifallheischend schaute er sich um. Als er merkte, daß die anderen Zuhörer zwar seine Skepsis, keineswegs aber seine Empörung teilten, stieß er verächtlich die Luft aus.

Vanessa Birming fürchtete, daß sie dabei war, ihre Zuhörer zu überfordern. Aber wenn sie jetzt mitten in ihrer Argumentation abbrach, würde die Sonderkommission ihr kaum ein weiteres Mal so geduldig zuhören. »Es handelt sich nicht um irgendein Phantasiewesen. Es ist nichts weiter als ein Gen. Allerdings ein sehr altes Gen, vielleicht das älteste und ursprünglichste, das wir in uns tragen. In diesem Fall wären seine Eigenschaften ziemlich klar zu definieren. Menschen sind von Natur aus soziale Wesen. Sie empfinden normalerweise Liebe zu ihren Familienangehörigen, sexuelles Interesse am anderen Geschlecht, Mitleid mit Artgenossen, Trauer um die Toten, vor allem aber Angst vor Einsamkeit. Auch höhere Tiere sind sozial organisiert, auch wenn sie nichts davon wissen, weil ihnen das abstrakte Denken fehlt. Zum Beispiel gibt es bei fast allen so etwas wie Mutterliebe, viele unterhalten eine manchmal sogar lebenslange Partnerschaft, und bei einigen ist der soziale Zusammenhalt stärker ausgeprägt als in so mancher menschlichen Gesellschaft.«

Sie machte eine kleine Pause, um die Aufmerksamkeit ihrer Zuhörer zu schärfen. »Der Einzeller hat nichts von alledem. Er vermehrt sich, indem er sich teilt. Er sucht keinen Kontakt zu anderen. Er will Sauerstoff, Feuchtigkeit, Nahrung und günstige Temperaturen. Sonst nichts. Er will verzehren, wachsen und sich teilen. In neue Einheiten, die gleichfalls nur verzehren, wachsen und sich wiederum teilen wollen. Die Zelle ist die ideale Lebensform, und das Gen ist so etwas wie ihre Seele.«

Abarca wollte erneut einen spöttischen Zwischenruf machen, aber als er die gespannten Gesichter der anderen sah, beließ er es bei einem theatralischen Seufzer.

»Und dieses Gen hat heute noch Einfluß auf uns?« fragte Paredes. »So starken Einfluß, daß es uns in Bestien verwandeln kann?«

»Normalerweise nicht. Die Evolution hat es schon vor Jahrmillionen praktisch zur Wirkungslosigkeit verdammt. Heute ist es auch nur noch eines von ungefähr fünfzigtausend. Da es seine Aufgabe erfüllt hat, schläft es. In Purdy aber wurde es plötzlich wieder aktiv, mit allen seinen Eigenschaften, vermutlich schon unmittelbar nach der Zeugung. Es hat wohl bereits im Embryo begonnen, seine einstige Macht zurückzugewinnen und den Organismus, in dem es sich fand, zu beherrschen. Und das ist ihm auch gelungen. Es hat nicht die körperliche, sondern die geistige Entwicklung gesteuert. Purdys Gehirnzellen sind durch dieses Gen vermutlich ganz anders zusammengeschaltet. Er denkt anders als wir, er fühlt anders als wir, er reagiert anders als wir, und er sieht die Welt anders als wir. Er träumt sogar anders als wir. Er besitzt kein soziales Empfinden und kein Gewissen. Er ist gierig, egoistisch und erbarmungslos. Er kennt weder Hemmungen noch Angst, Mitleid oder Achtung vor fremdem Leben. Er lebt wie der erste Einzeller im Urozean: einsam, frei, gewalttätig und ohne Furcht vor Gott und dem Tod oder vor der Einsamkeit, die ihm ja seit Ewigkeiten vertraut ist. Er ist niemandem verpflichtet, nur sich selbst verantwortlich, steht jenseits jeder Moral und empfindet sich selbst als absoluten Herrscher in einer Welt ohne Gut und Böse.«

Paredes hatte fasziniert zugehört. »Heißt das, daß Purdy keine Schuldgefühle verspürt?«

»Aha«, rief Abarca, erfreut, daß er nicht der einzige war, dem diese Frage nun sofort in den Sinn kam.

»Jedenfalls nicht solche wie wir«, sagte Vanessa Birming. »Sein Gehirn denkt nach anderen Regeln, gehorcht anderen Gesetzen, entwickelt andere Assoziationen, orientiert sich an anderen Werten. Es besitzt die gleichen Neuronen und Gliazellen, Nervenfasern und -bündel, Furchen, Windungen, Kerne und Lappen, doch die Prozesse in ihm verlaufen anders und führen deshalb zu anderen Resultaten. Schon unter Menschen gleicher Art treten große Unterschiede auf. Zwischen Männern und Frauen, Kindern und Erwachsenen, Wilden und Großstädtern, Cholerikern und Sanguinikern, Idioten und Genies. Wie groß wird dann erst der Unterschied zwischen Purdys Denken und unserem sein? Sein Gehirn ist einzigartig, auf eine Weise, die nichts Menschliches hat und deshalb auch nicht nach unseren Maßstäben zu beurteilen ist. Nach seinen Verbrechen würden wir wohl dazu neigen, dieses Gehirn als teuflisch zu bezeichnen. In seiner eigenen Welt aber kann dieses Gehirn genausogut das eines Gottes sein oder eines jener alten Dämonen, wie sie über diese Welt geherrscht haben. Denken Sie an die Gemälde und Statuen in Purdys Haus.«

Underwood hatte wie gebannt zugehört. »Meinen Sie, daß er weiß, was mit ihm los ist?«

»Wenn, dann gleichfalls auf andere Weise als wir. Bewußtsein und Unbewußtes haben sich erst spät voneinander getrennt und bisher nur beim Menschen. Bei Tieren bilden beide Bereiche noch immer eine Einheit, so wie es manchmal noch in unseren Träumen geschieht. Vielleicht ist das auch bei Purdy so. Die Gemälde – ich glaube fast, daß er sie als eine Art Ahnengalerie betrachtet. Eine Sammlung von Helden. Helden im Kampf gegen den Menschen, wohlgemerkt.«

»Gegen den Menschen?« fragte Underwood. »Sie meinen, gegen alle Menschen? Wir alle sind seine Feinde?«

»Ja. Vielleicht haßt er uns schon allein deshalb, weil er sich in einem Körper gefunden hat, wie auch wir ihn besitzen.«

»Hat er schon als Kind so gedacht?« fragte Paredes.

»Zumindest, seit der Prozeß der Selbstfindung begann. Spätestens mit Einsetzen der Pubertät. Spätestens dann muß er gemerkt haben, daß es seine eigene Persönlichkeit war, die all das wollte, was ihm seine Erziehung verbot. Daraus ist wahrscheinlich sein Haß auf die Mutter entstanden. Ein Wesen, das sich als äonenalt, als frei und allen anderen Lebensformen überlegen begreift; das sich plötzlich in einem unzulänglichen menschlichen Körper wiederfindet, geboren von einer Frau; das menschlicher Erziehung unterworfen wird, auch den damit oft verbundenen Demütigungen; das in einer Gesellschaft voller Gesetze aufwächst, die allen jenen Rechten widersprechen, die es als seine ureigensten betrachtet; und dazu dann noch mit einem Sexualtrieb konfrontiert wird, den dieses Wesen nie kannte und mit dem es niemals umzugehen lernte! Ich denke, daß Purdy, wenn überhaupt, einzig mit seiner Mutter hätte Sex haben wollen, die ihm als Trägerin des Gens – bestimmte Gene werden nur von der Mutter vererbt – wenigstens halbwegs ebenbürtig war. Gleichzeitig aber haßte er sie, nicht nur, weil sie sich ihm höchstwahrscheinlich verweigerte, sondern auch, weil sein Körper, den er mit ziemlicher Sicherheit als Gefängnis betrachtet, von ihrem Fleisch war. Der Vater war Mitschuldiger und zugleich Rivale, auch im ödipalen Sinn.«

»Na, endlich«, sagte Abarca ironisch. »Der gute alte Ödipus-Komplex. Herzlichen Glückwunsch.«

»Ich bin fest davon überzeugt, daß Purdy seine Eltern umgebracht hat. Dieser Mord verschaffte ihm schon einen Teil der Freiheit, die er sich wünscht. Zusätzlich hatte er auch gleich mehr Geld und damit mehr Bewegungsfreiheit.«

»Was ist mit diesen vertauschten Kieferknochen und Zähnen?« fragte Paredes.

»Ich denke, er experimentiert. Er versucht, etwas zu bauen. Vielleicht stellt er sich vor, selbst einen Menschen zu erschaffen. Wie Frankenstein.«

»Er müßte doch wissen, daß das mit den derzeitigen technischen Mitteln völlig ausgeschlossen ist«, sagte Paredes zweifelnd.

»Vielleicht traut er sich mehr zu als der Wissenschaft. Aber wie gesagt, es handelt sich nur um eine These. Wir müssen unbedingt so schnell wie möglich mehr über seine Kindheit und Jugend herausfinden. Auch über seine Freunde. Die Beschäftigung mit Computerspielen sagt viel über die Persönlichkeit aus. In diesem Alter sind

Jugendliche oft schon in der Lage, eigene Spiele zu programmieren. Purdy konnte das bestimmt sehr gut. Welche Art von Spielen hat er entworfen? Außerdem brauchen wir sämtliche ärztlichen Unterlagen über ihn, seine Eltern, Großeltern und die anderen Mitglieder der Familie. Dr. Haggerty, können Sie sagen, wann den Opfern die Köpfe geschoren wurden – vor oder nach ihrem Tod?«

»Vorher«, sagte der Pathologe.

»Was bedeutet das?« wollte Underwood wissen.

»Frauen die Köpfe zu scheren, zumal gegen deren Willen, was wir hier sicher voraussetzen können, verrät meistens den Wunsch, das Opfer nicht nur zu demütigen, sondern auch zu entsexualisieren«, sagte Vanessa Birming. »Wenn er es getan hat, bevor er sie umbrachte, könnte es sein, daß er ihre sexuelle Anziehungskraft als gefährlich betrachtete.«

Einen Augenblick war Stille. Dann fragte der Staatsanwalt: »Können Sie schon eine Strategie entwickeln?«

»Dafür ist es noch zu früh. Fest steht allerdings, daß Purdys schwächster Punkt sein Körper ist. Es ist nicht etwa Eitelkeit, die ihn antreibt, sein Äußeres über das normale Maß hinaus zu pflegen und seine Muskeln zu trainieren; es ist Haß auf die Unzulänglichkeiten einer Hülle, die er verachtet, aber nicht loswerden kann. Ich denke, dort sollten wir als erstes einen Ansatz suchen.«

»Was schlagen Sie also vor?«

»Vielleicht könnten wir verbreiten, daß eines der Opfer unter einer ansteckenden Krankheit litt. Nicht Aids. Das würde Purdy schnell durchschauen. Irgend etwas weniger Bekanntes, aber genauso Besorgniserregendes. Hepatitis B wäre schon ganz gut. Sobald er davon in der Zeitung liest, wird er sich vorsichtshalber untersuchen lassen.«

»Wissen Sie, wie viele Labors zur Untersuchung von Proben auf Hepatitis es in den Staaten gibt?«

»Mehr als ein paar Hundert können es kaum sein. Sonst suchen wir eben eine andere Krankheit aus. Eine, die seinen Körper zerstört. Auch wenn er nicht zum Arzt geht – die Information wird ihn unter Druck setzen. Vielleicht macht er dann einen Fehler.«

29

Obwohl ihm seit Tagen klar gewesen war, daß dieses Thema irgendwann zur Sprache kommen würde, hatte er es versäumt, darüber nachzudenken, was er sagen würde.

Kate Blenner nippte nervös an einer Orangenlimonade und beobachtete den Nomaden. Da sie nicht wußte, wie sein Schweigen zu deuten war, begann sie zu bereuen, daß sie die Frage gestellt hatte, und je stärker dieses Gefühl wurde, desto länger schienen ihre Worte im Raum nachzuklingen, bis sie fast glaubte, sie noch immer zu hören: »Warum nennt man Sie eigentlich so?«

Er spürte, daß es ihm als Mangel an Vertrauen ausgelegt werden konnte, wenn er noch länger zögerte. Als er sich nun umdrehte und sie in Pawlows unorthodox eingerichtetem Wohnzimmer sitzen sah, vor dem riesigen schwarzen Metallregal mit russischem Krimskrams, dem dunkelbraunen Notariatsschrank mit den ausziehbaren Klappfächern, der überdimensionalen Stehlampe aus den fünfziger Jahren, den altmodischen, abgewetzten Ledermöbeln und dem violetten Plastiktisch auf dem riesigen Eisbärenfell, floß ein warmes Gefühl von Zuneigung in seine Gedanken.

Sie räusperte sich. »Ich wollte nicht neugierig sein.«

Er kehrte zu dem klobigen Lederdiwan zurück. »Ich werde es Ihnen sagen. Setzen wir uns doch!«

»Gern.« Sie ließ sich in den nächsten Sessel nieder.

»Es ist ein bißchen kompliziert«, sagte er.

Sie merkte, daß sie ihn anstarrte, vorgebeugt, das Glas in beiden Händen und die Ellenbogen auf den Knien. Rasch stellte sie die Limonade auf den Tisch und lehnte sich zurück.

»Mir ist natürlich klar, daß dieser Name befremdlich wirkt. Ich habe mich nur schon so an ihn gewöhnt, daß es mir gar nicht mehr auffällt.« Er überlegte. »Ich weiß gar nicht mehr, wer das aufgebracht hat. Vielleicht Allan.« War das wirklich noch Allan, den er da gesehen hatte, vor einer Stunde, in dem Bett, umgeben von diesen summenden Apparaten mit den vielen Schläuchen? Seine Finger verschränkten sich, bis aus beiden Händen fast eine einzige Faust geworden war. »Es hat natürlich damit zu tun, daß ich soviel unterwegs bin.«

Am liebsten hätte sie jetzt gesagt: Lassen wir es, es ist nicht so wichtig; aber etwas in ihr riet, diesem Drang zu widerstehen. Sein Verhalten zeigte, daß es offenbar noch mehr Gründe gab, sich Sorgen um ihn zu machen.

»Also gut. Ich werde Ihnen die Geschichte erzählen. Wir waren vier. Vier Jungs mit Computern. Computerfreaks. Richtige Nerds. Allan und ich hatten nur ein kleines Zimmer, also nisteten wir uns in der Garage ein. Später kamen noch zwei Freunde dazu.«

Er nahm sein Glas und blickte auf das Mineralwasser, als könne er darin Gesichter sehen. »Allan war der älteste von uns. Und der beste. Die anderen beiden waren jünger als ich, aber nur ein paar Monate. Hank und Wally. Wie alle Jungen fingen wir mit Computerspielen an. Dann schrieben wir unsere eigenen Programme. Irgendwann versuchten wir, etwas zu machen, was Geld brachte. Tabellenkalkulationsprogramme, Zeichenprogramme, Textverarbeitungsprogramme für Architekten, Zahnärzte, private Buchhaltung und so. Ein paar waren ganz gut, und wir konnten sie verkaufen. Das fanden wir natürlich großartig. Als die Leute wissen wollten, wen sie als Erfinder vermerken sollten, tüftelten wir eine Weile herum und kamen auf ›Silicon Straykids‹. So nannten wir uns dann. Von dem Geld kauften wir uns immer neuere und bessere Computer.« Er fand, daß er ein wenig selbstgefällig klang, und fügte hinzu: »Das haben damals aber Tausende gemacht, nicht nur wir vier.«

»Natürlich«, sagte sie.

»Irgendwann war uns das auch nicht mehr spannend genug, und wir kamen auf die Idee, etwas ganz Verrücktes zu versuchen. Genauer gesagt, Wally kam auf die Idee. Er war sowieso der Irrste von uns. Ein echter Wahnsinniger.« Der Nomade atmete tief; wie harmlos hatte das alles begonnen! »Es ist wie mit dem Zündeln. Man kokelt aus Neugier ein bißchen herum, und dann brennt die Scheune ab.« Er verstummte wieder und schaute auf seine verknoteten Hände.

Als sie merkte, daß er nicht weiterkam, fragte sie sanft: »Was war das denn für ein Projekt?«

Sein Blick schien durch sie hindurchzugehen. »Natürlich war es verrückt, und wir haben auch niemandem davon erzählt. Wir wollten so etwas programmieren wie eine … wie eine … heute ist das alles gar nicht mehr so irre. Eine künstliche Intelligenz.« Er hob das Glas, trank einen Schluck und berichtete weiter: »Jeder sollte erst einmal für sich allein loslegen. Nach einer Weile wollten wir unsere Sachen vergleichen und dann die beste Idee gemeinsam weiterentwickeln. Die hatte natürlich Allan.« Jetzt hatte der Nomade den Faden seiner Geschichte fest in der Hand. »Er schlug vor, ein Duplikat zu programmieren. Einfach alles einzugeben, was ein bestimmter Mensch wußte, dachte und fühlte. Auch beim Klonen entsteht ein völlig identischer Mensch, aber nur äußerlich; man kann nicht in ihn hineinschlüpfen und in ihm weiterleben. In Allans Programm entstand zwar kein neuer Körper, aber ein elektronisches Duplikat. Die ganze Persönlichkeit mit ihrem Bewußtsein, ihrem Ego, ihrem Charakter, mit allem Wissen, allen Erfahrungen, Erinnerungen und Gefühlen sollte in ein Programm umgewandelt werden und im Computer weiterleben. Dazu mußten alle Daten, die in einem menschlichen Gehirn gespeichert sind, kopiert und in ein elektronisches Gehirn übertragen werden.«

»Der gesamte Gedächtnisinhalt?« Kate Blenner konnte es kaum glauben.

»Alles. Nicht nur das Wissen und die Erinnerungen, sondern auch die weicheren Daten wie zum Beispiel die Gefühle. Daraus sollte sich eine eigene, neue Persönlichkeit bilden, die zugleich aber auch noch die alte war. Ich konnte mir das nie so richtig vorstellen. Ich dachte, was soll das denn für ein Leben sein, als elektrischer Impuls in den Schaltkreisen eines Computers? Aber Allan sagte, besser als der Tod sei es allemal. Immerhin könnte man weiter denken, aktiv sein, Gefühle empfinden, Einfluß nehmen, sogar mit Lichtgeschwindigkeit über die Datenautobahn sausen. Und man wäre unsterblich, jedenfalls solange es Computer gibt. Als Basis verwendete Allan ein Psychologieprogramm, das er in Stanford aufgetrieben hatte. Es enthielt die intellektuelle und emotionale Ausstattung eines Durchschnittsamerikaners und war streng geheim, ist es sogar heute noch, glaube ich; aber wir waren damals schon ziemlich gut mit den Leuten in Stanford bekannt. Auch alles Nerds. Die Psychologen benutzten dieses Programm, um Normabweichungen schneller aufspüren zu können, also zum Beispiel Geisteskrankheiten, bevor sie sich im Verhalten bemerkbar machten.«

»Davon habe ich schon gehört«, sagte Kate Blenner. »Das Programm wurde nie zur Anwendung zugelassen. Aber erzählen Sie weiter – was war Ihre Idee?«

Der Nomade schnitt ein Gesicht. »Die war so lächerlich, ich mag es gar nicht sagen.«

»Ich werde bestimmt nicht lachen.«

»Also gut. Ich wollte so etwas wie den idealen Menschen programmieren. Jedenfalls stellte ich mir das damals so vor. Einen Menschen, der nur Tugenden und keine Laster besaß. Eine Art Engel in Menschengestalt.« Er lachte kurz auf. »Den moralischen Übermenschen. Den elektronischen Jesus.«

»So zum Lachen finde ich das gar nicht.«

»Vielen Dank, aber natürlich war es der totale Wahnwitz. Heute weiß ich das auch. Ein Mensch, der immer das Richtige tut, ist kein Mensch, sondern ein Zombie. Es war einfach dumm von mir. Aber ich war gerade fünfzehn geworden, da findet man solche Ideen unheimlich toll. Ich beschaffte mir das Steuerungsgehirn eines Industrieroboters und versuchte, ethische Maximen draufzuprogrammieren. Die Zehn Gebote. Den Katechismus. Meine Mutter war katholisch. Gesetzbücher und was ich sonst noch so alles fand: Buddha, Sokrates, Konfuzius, Kant mit seinem kategorischen Imperativ und so weiter. Es hat natürlich nicht funktioniert, das ganze Material bestand ja fast nur aus Verboten und lieferte praktisch keinerlei Antrieb. Das Supergehirn konnte sich also überhaupt nicht entwickeln. Die anderen haben sich fast totgelacht.«

Kate Blenner machte ein Gesicht, als wäre sie selbst verspottet worden. »Waren sie denn erfolgreicher als Sie?«

»Allan hat sogar ziemlich viel Geld verdient. Sein Problem war vor allem die Riesenmenge von Daten. Also entwickelte er für jedes Sinnesorgan einen Chip, der sämtliche Informationen speichern sollte: einen für die Augen, einen für die Ohren, einen für die Nase, einen für die Zunge und einen für die Fingerspitzen. Dann bot er das ganze Programm einigen großen Firmen an. Westcoast Communications zahlte ihm schließlich zwanzigtausend Dollar für die Idee. Soweit ich weiß, haben sie dort das Projekt inzwischen so weit vorangebracht, daß sie in zwanzig bis dreißig Jahren Versuchspersonen solche Chips einpflanzen können. Sie nennen die Dinger ›Seelen-Fänger‹. Später sollen dann Leute, die es sich leisten können, solche Chips auf Dauer tragen und bei Westcoast Communications eigene Daten-Duplikatoren bekommen, die laufend ergänzt werden, ungefähr so, wie manche Leute ihre eigenen Schneiderpuppen haben. Nach ihrem Tod könnten die Chips dann Babys eingepflanzt werden und ihnen nach und nach die Erfahrungen eines Lebens übertragen.«

»Ich glaube nicht, daß so etwas jemals gesetzlich erlaubt sein wird. Und die beiden anderen?«

»Hank hatte auch so eine Wahnsinnsidee. Er hieß eigentlich Hiawatha und kam mit seinem Fahrrad jeden Tag von der San-

Francisco-Bay hoch, wo er mit seinen Eltern in einem Wohnwagencamp lebte. Lauter Hippies, durchgeknallte Typen in Indianerklamotten, die den ganzen Tag Joints durchzogen.« Der Nomade wirkte jetzt wieder etwas entspannter. Weit in seine Erinnerungen zurückgekehrt, sprach er mit den Worten des Jungen, der er damals gewesen war. »Richtige Freaks, mit Love and Peace und so weiter. Vietnamesische Fahnen, Ho-Chi-Minh-Geplärr, We shall overcome, das volle Programm. Einmal hausten sie sogar ein paar Monate in Zelten, doch als der Winter kam, gaben sie es schnell wieder auf. Aber an ihren politischen Ideen hingen sie fest. Dritte Welt, Abrüstung, Anti-Atom, Anti-Hightech, Anti-Auto, Indianerbräuche, einschließlich schamanische Gesänge. Völlig abgefahren. Dazu jede Menge Reinkarnationsspielchen mit der ganzen Kommune. Außerdem zogen sich die Typen ständig irgendwelche Drogen rein. Zum Schluß leckten sie giftige Kröten ab. Hank fand seinen Namen tierisch blöd.« Der Nomade machte eine kleine Pause, und für eine Sekunde erschien die Andeutung eines Lächelns auf seinem Gesicht. »Wir hatten einen schönen Spitznamen für ihn: Cyberhippie. Am Anfang hörte er das gar nicht gern, aber mit der Zeit gewöhnte er sich daran. War ja auch passend.« Er wurde wieder ernst. »Das ganze Umfeld hat wohl doch ganz schön heftig auf ihn gewirkt. Jedenfalls kam er auf die Idee, ein Programm zu schreiben, das Menschen allein auf der Basis von Informationen erschuf.«

»Also so ähnlich wie Allan?«

»Tja, in dieser Beziehung sind sich ja alle Computerprogramme mehr oder weniger ähnlich. Schließlich geht es doch immer darum, daß Informationen eingegeben werden und dann nach einem bestimmten System abrufbar sind. Der Unterschied war, daß Hank dagegen Tote wiedererwecken wollte.«

»Was?«

»Ja. Er wollte alle verfügbaren Daten über Verstorbene sammeln, eingeben und die Toten im Computer wiederauferstehen lassen. Natürlich nur berühmte Leute. Über gewöhnliche Sterbliche gibt es ja auch nicht genug Material. Große Männer wie Cäsar oder Napoleon, über die Tausende von Büchern geschrieben worden sind. Er träumte davon, mit Einstein zu diskutieren.«

»Das hat er sich ernsthaft vorgenommen?«

»Allerdings. Aber natürlich nicht geschafft. Jedenfalls nicht, solange wir zusammen waren.«

Kate Blenner schüttelte den Kopf. »Verrückt«, murmelte sie.

»Es kommt noch besser. Dieser andere, Wally, hieß eigentlich William. Seine Eltern waren schwer reich, wohnten in einer Riesenvilla in San Jose, Mountain View, teuerste Lage. Nobel, mit Butler, Rolls-Royce und Mercedes, aber sehr nette Leute, gar kein vornehmes Getue, wir konnten ein und aus gehen, wie wir wollten. Wollten bloß nach einer Weile nicht mehr, weil Wally immer vor uns angeben mußte und das Personal herumkommandierte. Das war uns peinlich.«

Er trank wieder einen Schluck, und diesmal bemerkte Kate Blenner, daß seine Hand leicht zitterte. Der Nomade sah ihren Blick und stellte das Glas rasch wieder ab. »Wally hatte noch andere ... andere unangenehme Seiten«, sagte er. »In der Schule haben wir wie alle anderen auch mal Frösche seziert, das war nicht jedermanns Sache, aber Wally machte sogar freiwillig weiter. Mäuse, Ratten, später auch Hunde und Katzen.« Angewidert verzog er das Gesicht. »Einmal hatte er seinem Daddy das Auto geklaut, und wir gurkten mit ihm durch die Gegend. Plötzlich lag da ein Hund vor uns auf der Straße, der war angefahren worden und kam nicht mehr vom Fleck. Lebte aber noch, hob den Kopf. Und was machte Wally? Er drückte aufs Gas und machte das arme Vieh endgültig platt.«

»Das ist ja schrecklich!«

Der Nomade nickte. »Danach wollten wir mit ihm nichts mehr zu tun haben. Ich habe ihm die Meinung gesagt, ziemlich massiv sogar. Aber wir wurden ihn nicht los. Er kam trotzdem immer wieder und wollte uns unbedingt sein Programm zeigen. Um endlich Ruhe zu haben, schauten wir es uns schließlich an.«

»Und?« fragte Kate Blenner gespannt.

»Abartig«, sagte der Nomade und griff wieder nach seinem Glas. »Er wollte im Computer Sklaven erschaffen, die man ausbeuten konnte. Auch sexuell. Er träumte davon, Frauen zu erschaffen, mit denen er machen konnte, was er wollte. Schöne, große Frauen mit langen schwarzen Haaren. Riesige Brüste, Strapse, Korsetts. Und erst das Beiprogramm: Peitschen, Hängefesseln, Folterkammern. Richtig pervers.« Ein leises Klirren ertönte, und beide blickten irritiert umher, bis sie fast gleichzeitig merkten, daß das Geräusch vom Eis im Mineralwasser des Nomaden stammte. Rasch stellte er das Glas auf den Tisch und verknotete die zitternden Hände. »Das Irre ist, daß er wie Allan Geld gemacht hat. Und das, obwohl er das gar nicht nötig hatte, er war ja schwer reich. Wissen Sie, womit Wally die ersten Mäuse verdiente?«

Sie schüttelte den Kopf.

»Mit Porno-Computerspielen. Das härteste Zeug ging am besten weg. Manchmal denke ich, daß unser schönes Land voller verhinderter Sexualmörder steckt.« Vorsichtig griff er nach dem Wasser, trank es aus und behielt das leere Glas in der Hand, als wolle er seine Selbstbeherrschung testen. »Wahrscheinlich hat Wally seinen Teil dazu beigetragen. Indirekt, natürlich. Ich weiß, viele Leute glauben, daß dieser Porno-Mist für solche Typen ein Ventil ist; daß sie Dampf ablassen können und die Zahl der Verbrechen dadurch reduziert wird. Ich glaube das überhaupt nicht. Im Gegenteil. Ich bin überzeugt, dieses Zeug bringt viele Typen erst auf diese kranken Gedanken. Und daran sind Kerle wie Wally schuld. Aber das war noch nicht das Schlimmste.« Er umklammerte das leere Glas fester und starrte in die Weite.

»Möchten Sie noch einen Schluck?«

»Wie? Oh, ja. Gern.«

Sie streckte die Hand nach dem Glas aus. Sofort stand er auf und sagte: »Nein, ich hole mir selbst was.«

Er ging zu dem altertümlichen Trolley, goß sich Wasser ein, wobei er ziemlich viel verschüttete, und setzte sich wieder. »Trotzdem haben wir dann sogar noch etwas zusammen gemacht, mit Wally. Sogar etwas ziemlich Erfolgreiches. Wir entwickelten ein Computerprogramm, in das man Digitalfotos von Männern und Frauen eingeben konnte, um festzustellen, wie die Kinder mal aussehen würden. Das verkaufte sich wie geschnitten Brot. Vor allem an die Hochzeitsindustrie in Las Vegas. Aber auch Heiratsinstitute im ganzen Land waren scharf drauf. Wir haben damit mehr als vierhunderttausend Dollar reingeholt. Obwohl es noch gar nicht ausgereift war. Allan sagte immer: Eigentlich kann es nur funktionieren, wenn man den genetischen Code, die DNA, eingibt, und selbst dann haut es nicht immer hundertprozentig hin, es sind einfach viel zu viele Möglichkeiten, selbst für einen Computer. Wally hat das tatsächlich für bare Münze genommen und wollte allen Ernstes Versuche mit der DNA anstellen. Daß das verboten war, kümmerte ihn einen feuchten Kehricht.«

Der Nomade versank in nachdenkliches Schweigen. Kate Blenner wartete eine Minute; dann fragte sie: »Was war denn das Schlimmste?«

»Wie?«

»Sie sagten eben, das sei noch nicht das Schlimmste gewesen. Von diesem Wally.«

»Wally«, sagte der Nomade, und diesmal erschien es seiner Zuhörerin, als schwinge in seiner Stimme neben tiefster Verachtung noch etwas anderes mit, etwas, das irgendwie nicht so recht zu der Erzählung paßte. Respekt? Anerkennung? Nein, auch nicht. Es klang eher wie Befangenheit, Unsicherheit oder sogar Beklommenheit. Je länger Kate Blenner darüber nachdachte, desto klarer wurde ihr, daß diese Bezeichnungen zu schwach waren. Das leise Klirren ertönte wieder, und die Erkenntnis traf sie so überraschend, daß sie es zuerst kaum glauben mochte. Die Hände zitterten vor Angst!

Der Nomade stellte das Glas wieder auf die Tischplatte. »Wally war ungeheuer ehrgeizig und wollte immer im Mittelpunkt stehen. Das klappte bei uns natürlich nicht, weil Allan ihm in jeder Hinsicht überlegen war. Also versuchte er, sich bei Allan einzuschmeicheln, und weil ich Allans Bruder bin, eine Zeitlang auch bei mir. Besonders nach der Sache mit dem Hund. Das arme Vieh lag angefahren auf der Straße, und statt zu bremsen, fuhr er noch mal drüber. Er konnte offenbar gar nicht richtig verstehen, daß wir auf ihn sauer waren, und sagte: ›Was wollt ihr denn, das ist doch bloß ein biologisches System.‹ Ich sagte dann, daß auch Tiere ein Recht auf Leben hätten. Und er antwortete: ›Was meint ihr denn, was in der Salami auf eurer Pizza drin ist?‹«

Die Symptome seiner Angst zeigten sich immer stärker. »Er wirkte plötzlich irgendwie unheimlich. Sein ganzes Wesen schien sich plötzlich zu verändern. Natürlich war das Böse schon immer dagewesen, aber jetzt sah man es immer deutlicher, wie eine unheimliche Gestalt, die langsam näher kommt. Und dann habe ich gesehen, wer Wally wirklich war.«

Er beugte sich vor, rieb sich das Gesicht und versank für einige Minuten in dumpfes Brüten. Kate Blenner überlegte, ob es nicht besser sei, das Gespräch zu beenden, hatte aber zugleich das bestimmte Gefühl, daß die psychischen Lasten, die der Nomade mit sich herumtrug, durch das Reden leichter würden. In einem anderen, mehr von ihrem Verstand als von ihren Gefühlen bestimmten Teil ihres Gehirns formte sich allerdings immer nachdrücklicher die Frage, ob es überhaupt zu verantworten war, einen Mann mit offenbar seit Jahren unverarbeiteten psychischen Problemen in ein so schwieriges Experiment gehen zu lassen.

In normalem Zustand hätte der Nomade zweifellos bemerkt, daß seine Erzählung ihm neue Hindernisse in den Weg legen konnte, aber nun war er ganz in seinen Erinnerungen gefangen; seine Stimme wurde noch eine Spur dunkler. »Allan und Hank zeigten ihm die kalte

Schulter, also versuchte er, über mich wieder ins Spiel zu kommen. Er wollte mir imponieren, damit ich bei Allan ein gutes Wort für ihn einlegte. Hank war ihm egal. Und ich Dummkopf hatte das Gefühl, ich müßte ihm noch eine Chance geben. Er kam und sagte, er wolle mir etwas anvertrauen, was er noch niemandem anvertraut habe, und das solle der Beweis dafür sein, daß er wirklich mein Freund sei. Im Wald, unten am San Francisquito. Es gibt dort ziemlich viel Dickicht und ein paar Höhlen. Dorthin führte er mich. Ich war natürlich auf der Hut. Vor der kleinsten Höhle fragte er mich, ob ich den Mut hätte hineinzugehen. Ich sagte, er solle keinen Quatsch machen, mit Schlangen sei nicht zu spaßen, und er antwortete, und den Satz werde ich nie vergessen: ›Vor Schlangen brauchst du keine Angst zu haben, die haben Angst vor mir!‹ Verdammtes Großmaul, dachte ich und sagte: ›Na, dann geh doch mal rein.‹ Der Eingang war kaum einen halben Meter hoch, wir mußten also auf dem Bauch hineinkriechen.«

Der Nomade griff wieder nach seinem Glas, und jetzt zitterte er so heftig, daß er sich Wasser auf das Hemd goß. »Die Höhle war viel größer, als ich gedacht hatte, ungefähr zwei Meter hoch, und auch viel tiefer. Das Tageslicht reichte nur drei, vier Meter weit, dahinter lag alles im Dunkeln. Wally war plötzlich verschwunden, deshalb blieb ich dort stehen, wo ich noch was sehen konnte, und fragte: ›Was willst du mir denn zeigen?‹ Er sagte: ›Ein Geheimnis. Du mußt mir aber versprechen, daß du niemand was davon erzählst.‹ Ich sagte: ›Versprochen‹, wie man das halt so sagt, wenn man neugierig ist. Und ich war jetzt ziemlich neugierig. Ich sagte: ›Wie willst du mir denn was zeigen, hier ist es finster wie im Orkus!‹ Er sagte: ›Warte, ich mache Licht.‹ Ich sah ein Feuerzeug aufleuchten und dann eine Kerzenflamme, und dann wurde es in der Höhle hell.«

Schweißtropfen erschienen auf seiner Stirn. »Es war … so eine Art Heiligtum. Wie eine vorzeitliche Opferstätte. Knochen. Überall standen Stangen, mindestens zwanzig oder dreißig, an denen Tierschädel hingen, wahrscheinlich Hunde und Katzen, vielleicht auch mal ein Opossum, ich weiß es nicht. ›Roadkills‹, sagte Wally, ›die waren schon tot, als ich sie fand. Du hast bestimmt gedacht, ich hätte sie alle selber totgefahren.‹ Ich wußte überhaupt nicht, was ich antworten sollte. Er redete dann allerhand wirres Zeug über Totems, und daß man mit ihnen den Tod bannen könne, und von Drachen, die ewig lebten, und alten Göttern und Dionysos. Unter den Stangen lagen Skelette von kleinen Tieren, Eichhörnchen, Erdhörnchen und Vögel, wie in einer

Naturkundeausstellung. Ich hatte eine Heidenangst, aber das wollte ich ihn nicht merken lassen, und deshalb sagte ich: ›Ist das dein Privatfriedhof oder was!‹ Und er antwortete: ›Wieso Friedhof, siehst du hier vielleicht ein Kreuz?‹ Da habe ich ihm gesagt, daß er ein Spinner ist, und daß ich nichts mehr mit ihm zu tun haben möchte. Dann habe ich gemacht, daß ich rauskam. Er war ganz erstaunt. Vielleicht wollte er mir ja nur zeigen, daß er eigentlich gar kein Killer war, sondern eben nur ganz einfach ein besonderes Interesse an toten Tieren hatte; und daß die Sache mit dem Hund nur ein Ausrutscher war. Jedenfalls kam er mir nachgelaufen und rief: ›Was hast du denn, da ist doch gar nichts dabei‹, aber ich bin losgerannt, und gerannt, bis ich wieder zu Hause war.«

»Aber wenn es kein Friedhof war, was ...«

»Ich weiß wirklich nicht, was der Kerl mit den armen Viechern da drin veranstaltet hat. Und ich will es auch gar nicht wissen. Es war etwas Krankes, dort. Etwas Böses. Gemeines. Gefährliches. Nichts, was irgendeinen Sinn ergab. Jedenfalls nicht für normale Menschen. Es war einfach irre. Geisteskrank. Ach so, das habe ich vergessen: Eine Schüssel gab es auch und daneben eine Flasche WC-Reiniger.«

Kate Blenner kamen Erinnerungen an Newport in den Sinn. »Sie meinen, er hat damit ... so wie man Seeigel ...? Damit sie nicht so riechen?«

»Genau. Das Zeug frißt die Fleischreste von den Knochen. Sonst hätte es in der Höhle bestialisch gestunken. Wally verstand sich gut auf solche Sachen.« Angewidert verzog er das Gesicht.

»Und dann?«

»Natürlich konnte ich das nicht für mich behalten. Allan hatte irgendwo gehört, ich glaube, im Supermarkt, daß seit einigen Monaten überall Hunde und Katzen verschwanden, und glaubte, daß Wally damit etwas zu tun haben könnte. Jedenfalls sagten wir es am Abend Dad, und der rief natürlich gleich die Polizei an. Am nächsten Morgen kam ein Streifenwagen, und ich mußte den Polizisten den Weg zur Höhle zeigen. Es gab einen Riesenaufstand. Die Polizisten holten Wally aus dem Unterricht. Er stritt alles ab, aber sie hielten ihm meine Aussage vor. Sein Vater nahm ihn sofort von der Schule und steckte ihn in ein Internat. Dann fuhr er zu allen Leuten, die Hunde oder Katzen vermißten, und deckte sie mit Dollars ein, damit sie die Klappe hielten.«

Nach einer kleinen Pause fügte er hinzu: »Natürlich wollte sich Wally an mir rächen. Er kam zu uns in die Garage und beschimpfte mich. Ich ließ ihn abfahren, obwohl mir nicht ganz wohl war, ein Versprechen ist nun mal ein Versprechen. Aber schließlich war es eine Schweinerei von ihm, mir erst ein Versprechen abzunehmen und dann so etwas zu zeigen. Das habe ich ihm auch gesagt. Als er auf mich losging, habe ich ihn verdroschen. Ich hatte eine Riesenwut, aber nicht nur auf ihn, sondern auch ein bißchen auf mich selbst. Wally sagte, er würde uns alle drei fertigmachen, mich zuerst. Dann verschwand er. Ich habe ihn nie wiedergesehen. Leibhaftig, meine ich.«

Kate Blenner hatte erwartet, daß er sich nach dieser Erzählung beruhigen würde, aber das Zittern wurde sogar noch stärker.

»Ein paar Tage später schaltete ich meinen Computer ein und wachte im Krankenhaus wieder auf. Wally hatte meine Tastatur an ein Stromkabel angeschlossen. Die halbe Garage brannte ab. Mein Vater alarmierte die Mordkommission, aber sie konnten Wally nichts nachweisen. Sein Vater ersetzte den Schaden und versprach, seinen Sohn auf ein geschlossenes Internat nach Neuengland zu schicken. Natürlich gab Wally keine Ruhe, sondern versuchte es mit immer raffinierteren Tricks. Er hatte ja auch genügend Zeit. Und jetzt handelte er nicht mehr im Affekt, sondern mit Überlegung. Wir setzten überall neue Sicherheitscodes, nicht nur an den Computern, auch an der Alarmanlage. Ich glaube übrigens, daß Wally seine Eltern umgebracht hat. Er wohnte dann bei einem Onkel in San Francisco. Ein paar Wochen später bekam ich ganz plötzlich Depressionen. Zum Schluß habe ich sogar an Selbstmord gedacht. Zweimal fuhr ich nachts zum Golden Gate. Zwar habe ich es dann doch nicht fertiggebracht runterzuspringen, aber mir war klar, daß ich beim nächsten Mal endgültig soweit sein würde. Allan war es, der mich gerettet hat. Ihm fiel auf, daß auf meinem Monitor verschiedene Pixel heller leuchteten als andere. Er vermaß sie und gab Lichtstärken und Distanzen in seinen Computer ein. Auf diese Weise kam er rasch dahinter, daß es sich nicht um zufällige Abweichungen handelte, wie sie bei jedem Monitor mal auftreten können, sondern um eine versteckte hypnotische Botschaft.«

Kate Blenner schüttelte staunend den Kopf. »Daß Sie sich umbringen sollen?«

»Ja. Es war ein klinisches Hypnoseprogramm gegen Depressionen, das Wally einfach umgedreht und über Evernet in meinen Computer eingespeist hatte. Natürlich verschlüsselt. Unsere Codes waren kein Hindernis für ihn.«

»Was sagte denn die Polizei dazu?«

»Die haben das gar nicht kapiert. Zu beweisen war sowieso nichts. Ich wurde drei Monate lang psychiatrisch behandelt. Von da an hat mich Wally richtig gejagt.«

»Unglaublich«, murmelte Kate Blenner betroffen.

»Was, daß man Leute per Computer hypnotisieren kann?«

»Nein, daß es überhaupt jemand geben soll, der Ihnen am Computer etwas vormachen kann.«

»Wally kann am Computer nicht mehr als ich, aber weil elektronische Systeme so schnell sind, ist der Angreifer immer im Vorteil. Bis man merkt, was los ist, ist es schon zu spät. Allan programmierte mir einen Hypnoseschutz, und eine Weile blieb alles ruhig. Dann merkte ich plötzlich, daß ich Gewaltphantasien hatte.« Er schaute auf die weißen Knöchel seiner verknoteten Hände. »Natürlich weiß ich, daß das was ganz Normales ist. Man hat sich über jemanden geärgert und stellt sich vor, wie man den Typen fertigmacht. Niemand gibt das gern zu, aber es kann eine höchst befriedigende Vorstellung sein, wahrscheinlich von der Natur so eingerichtet, weil es ja besser ist, wenn der Rachedurst nur in der Phantasie gestillt wird. Früher hatte ich mir in solchen Fällen ausgemalt, wie ich Leute, die mich geärgert hatten, ganz locker vorführte. Ihnen irgendwelche witzigen Antworten gab, mit denen ich sie zur Weißglut brachte. Jetzt genügte mir das plötzlich nicht mehr. Ich wollte diese Typen bluten sehen. Nach einer Weile begann ich mir vorzustellen, wie es sein würde, wenn ich sie mit einem Baseballschläger totprügelte.«

»Hören Sie auf«, sagte Kate Blenner; sie war blaß geworden.

»Bald war es soweit, daß ich Zwangsvorstellungen bekam. Wenn ich mit dem Auto durch die Straßen fuhr, stellte ich mir vor, irgendwelche Frauen oder Männer zu entführen und an einem einsamen Platz mit Messern zu zerfleischen. In einer Höhle.«

»Wally!«

»Ja. Er hatte wieder einen Weg gefunden, mich durch Suggestion zu manipulieren, aber diesmal wollte er mich in eine Art Monster verwandeln. Als ich merkte, was los war, schaffte ich es gerade noch, Allan zu informieren; das teuflische Programm hatte bereits begonnen, mir zu gefallen. Ich war über ein Jahr in Therapie, ehe ich diese Phantasien wieder los wurde. Einige stecken noch immer in mir.« Seine Stimme klang nun gepreßt. »Es gibt keinen sicheren Schutz gegen ein krankes Gehirn, das durch Hightech jederzeit an einen herankommen kann, durch Computer, Fernseher, Telefon, sogar durch die Mikrowelle.

Unser Gehirn funktioniert nun einmal mit den gleichen elektromagnetischen Schwingungen, und wer sie beherrscht, kann uns beeinflussen, ohne daß wir es merken. Deshalb bin ich jetzt immer unterwegs. Seit Jahren war ich nirgends länger als ein paar Tage. Ich lebe in einem Camper, der alle zwei, drei Tage ein paar Dutzend oder Hundert Meilen umgesetzt wird, jedesmal in eine andere Himmelsrichtung. Manchmal fahre ich damit nach Alaska, dreimal war ich in Patagonien. Ich bin nur postlagernd zu erreichen. Ich fliege nie unter meinem richtigen Namen. Ich kann auch nirgends für länger anheuern. Wenn Wally erst mal eine Spur gefunden hat, ist er nur schwer abzuschütteln. Natürlich verwende ich auch keine Kreditkarten.«

Der Nomade löste die verschränkten Finger und preßte die Hände auf seine Knie. »Als er mich zum dritten Mal erwischt hatte, ich weiß bis heute nicht, wie, wann und wo, versuchte er, mein Ego auszulöschen. Ich sollte willenlos gemacht werden, ein gehorsames Objekt seiner Befehle. Und wieder hätte er es beinahe geschafft. Ohne es zu merken, war ich bereits so weit, daß ich auf Allan einredete, wir seien im Unrecht und sollten den lieben Wally um Verzeihung bitten. Allan fand sofort heraus, daß ich fremdgesteuert wurde. Also brachte er mich wieder zu den Psychotherapeuten. Sie versuchten wochenlang, die posthypnotische Suggestion aufzuheben.« Er sprach plötzlich mit einer Stimme, die auf merkwürdige Weise gleichzeitig ruhig und schrill wirkte, so als sei ein Fernsehapparat beim Vortrag eines Nachrichtensprechers durch einen Bedienungsfehler zu laut eingestellt worden.

»Die Behandlung dauerte fünf Monate. Seither bin ich sehr vorsichtig.« Sein Unterkiefer begann zu vibrieren, und Kate Blenner konnte hören, wie seine Zähne aufeinanderschlugen. Die überdeutlichen Symptome, die sie aus zahlreichen psychopharmakologischen Untersuchungen während ihres Studiums kannte – Zittern als Folge eines nur mit äußerster Willensanstrengung gebändigten Dranges davonzulaufen; starke Emotionen und Affekte; innere Unruhe und Getriebenheit –, ließen sie nun fast reflexartig aussprechen, was sie schon die ganze Zeit über hatte sagen wollen: »Um Himmels willen, Grant, Sie sind krank! Sie brauchen psychiatrische Hilfe!«

Der schmale Schein der auf Tarnlicht geschalteten Armeetaschenlampe fiel auf eine Ansammlung von Büchern, Karten, Zeichnungen und mit Notizen gefüllten Zetteln. Bei den Büchern handelte es sich um psychologische und physiologische Fachliteratur. Die Karten zeigten anatomische Details des menschlichen Gehirns. Auf den kolorierten Zeichnungen waren offenbar besonders interessante Strukturen dargestellt, und die Notizen enthielten Angaben, die mit diesen Strukturen in Zusammenhang zu stehen schienen. Neben einer dicken roten Linie stand »Reissnerscher Faden«.

Duncan Findlay holte die Minikamera aus der Brusttasche seines dunklen Jacketts und begann zu fotografieren. Was ihm Reddington ein paar Stunden zuvor am Telefon gesagt hatte, klang ihm noch in den Ohren. Daß sich die Spur aus Kate Blenners Computer schon auf den ersten Blick als durchaus erfolgversprechend erwiesen hatte, erfüllte ihn indes mit einiger Zuversicht. Die rote Linie legte den Schluß nahe, daß der Nomade tatsächlich einen Weg gefunden hatte, das so dringend benötigte Antidepressivum weiterzuentwickeln.

Nachdem Findlay auch die Post des Professors durchstöbert hatte, setzte er sich an Pawlows Rechner, wo er zu seiner Überraschung feststellte, daß »dieser Russe« es nicht einmal für nötig gehalten hatte, das Gerät durch ein Codewort zu sichern. Er sah das Inhaltsverzeichnis durch, holte eine Wechselplatte aus der Tasche und zog sich Kopien aller Dateien. In der Garage fand er Kate Blenners BMW. Er nickte. Morgen würde er nach Boston fahren. Reddington würde mit ihm zufrieden sein. Und nicht nur er.

Der große Computer in dem kleinen Blockhaus hoch über dem Pazifik summte leise. Der Impuls arbeitete ohne Pause, und der menschliche Teil seines Denkens war froh, daß dabei keine biologische Schwäche störte. Dafür machten ihm nun immer stärkere Emotionen zu schaffen. Auch wenn die zunehmend deutlicher gewordenen Gefahren ihn in seiner neuen Daseinsform nicht mehr direkt, fast hätte er gedacht persönlich, betrafen, begannen ihn die in seinem Programm enthaltenen Bürden menschlicher Denkweise wie Liebe, Verantwortungsgefühl und Furcht immer heftiger zu bedrängen.

Im Zentralcomputer des Polizeipräsidiums von San Jose hatte der Impuls festgestellt, daß Wally noch nicht gefaßt war. Die elektronischen Unterlagen der Kriminalpolizei zeigten, daß der Mann, den er nun schon so lange kannte oder, besser, zu kennen geglaubt hatte, tatsächlich ein Serienmörder war!

Noch bedenklicher schien, daß Wally offenbar sowohl im Zentralcomputer bei Fenway-Soper als auch in Kate Blenners Personalcomputer die Informationen hatte beschaffen können, die er benötigte, um

Grant zu finden. War es etwa auch Wally gewesen, der eine Stunde zuvor den Computer dieses Professors in Babylon eingeschaltet hatte? Dann war er schon gefährlich nahe an sein Ziel herangekommen.

Am schlimmsten war für den Impuls, daß es ihm noch immer nicht gelungen war, mit Grant Kontakt aufzunehmen. Als er endlich herausgefunden hatte, daß der Gesuchte in Pawlows Institut an der Harvard Medical School war, hatte er feststellen müssen, daß Grant dort genau jenes schwierige Experiment unternahm, an dem er selbst gescheitert war. Es war viel zu riskant gewesen, das Experiment zu unterbrechen, und eine Möglichkeit, sich selbst auf ungefährliche Weise in den Versuchsablauf zu integrieren, hatte der Impuls noch nicht gefunden. Nach dem Experiment aber hatten die drei das Labor offenbar so eilig verlassen, daß sie nicht auf das Signal geachtet hatten, mit dem der Impuls auf dem großen Monitor Grants Aufmerksamkeit hatte wecken wollen. Oder hatte Grant es bemerkt und nur vor den anderen nicht darauf reagieren wollen? Mißtraute er dem Professor? Immerhin war ein optisches Signal, das eine stilisierte Eule darstellte, nicht leicht zu übersehen.

30

Es war ganz anders als beim ersten Mal. Zwar spürte der Nomade wieder heftige Schläge und Stöße, aber diesmal raste er nicht durch völlige Dunkelheit, sondern fand sich in einem hell erleuchteten U-Bahn-Wagen von typischen Passagieren umgeben: alten Männern, die müde in den Ecken lehnten, jungen Burschen, die vor Kraft federnd um die Haltestangen standen, gebeugten Frauen mit schweren Einkaufstüten, grell geschminkten Mädchen, modisch, nachlässig oder ärmlich gekleideten Kindern, Menschen aller Altersgruppen, Rassen und sozialen Schichten, wie sie gewöhnlich auf einer Fahrt in der New Yorker Subway anzutreffen sind.

In den letzten Sekunden vor dem Überwechseln in den VR-Raum hatte der Nomade an die stilisierte Eule denken müssen, die sie bei ihrer Rückkehr in das Labor um sechs Uhr morgens auf dem großen Monitor entdeckt hatten. Offenbar ein Gruß, von Allan zur Aufmunterung einprogrammiert. Typisch! Er schaute an sich herab und stellte fest, daß er wieder Jeans, ein kariertes Baumwollhemd, ein blaues Sakko aus Schurwolle und Cowboystiefel trug, in Allans Programm offenbar die Standardkleidung für Benutzer. Ein Lautsprecher knackte, und die ihm bereits aus dem ersten Experiment bekannte Frauenstimme sagte: »Noch sieben Stunden und fünfundfünfzig Minuten.«

Hinter den Fensterscheiben herrschte Finsternis, die ab und zu von einem Lichtreflex durchbrochen wurde. Die Wände des Wagens waren mit Graffiti besprüht. Auf dem Fußboden lagen die Leitfossilien der modernen Konsumgesellschaft, leere Zigarettenschachteln und zerdrückte Coladosen. Die Scheiben waren verschmiert, die Kunststoffbänke fleckig und zerkratzt.

Der Nomade versuchte, die Schlagzeilen der Zeitungen zu lesen, in die einige Männer vertieft waren. Ein besonders großes Wort lautete KRISE, ein zweites PRÄSIDENT; andere hießen »Verwirrung«, »Wo ist?« und »Großalarm«. Auf einer Titelseite war das Bild eines müde und deprimiert blickenden Mannes abgedruckt, dessen Gesichtszüge dem Nomaden bekannt vorkamen. Während er darüber nachdachte, erklang der vertraute Signalton, und die Leuchtschrift an der Decke kündigte an: »Nächste Station: seitlicher Kniehöcker«.

Plötzlich spürte der Nomade einen warmen Hauch, ein unangenehmer Geruch drang in seine Nase, und er blickte in das zerfurchte Gesicht eines Stadtstreichers. Unter dem wuchernden gelben Bart gaben nasse Lippen faule Zähne frei, und eine heisere Stimme sagte: »Dich kenn' ich doch!«

Der Nomade wandte sich rasch ab. Im nächsten Moment spürte er eine knochige Hand auf der Schulter. »Na klar!«

»Ich weiß nicht, was Sie meinen.«

Der Mann mochte sechzig Jahre alt sein. Er trug einen abgerissenen Jeansanzug, der vor Schmutz nur so starrte, und hielt eine braune Papiertüte fest, die zweifellos eine Flasche verbarg.

Er lachte höhnisch und wiederholte: »Ich weiß nicht, was Sie meinen!« Wieder fuhr dem Nomaden eine Wolke fuselgeschwängerten Brodems in das Gesicht. »Aber ich weiß ganz genau, wen ich meine! Der große Grant Behrman!«

Der Nomade sah, daß andere Passagiere aufmerksam wurden. »Sie irren sich.«

»Der große Grant Behrman fährt U-Bahn«, sagte der Mann mit der Beharrlichkeit des Betrunkenen. »Na so was! Willst wohl mal sehen, wie dreckig es den Leuten geht, auf denen ihr da oben dauernd herumtrampelt?« Seine blutunterlaufenen Augen funkelten boshaft.

Da sich immer mehr Leute nach ihnen umdrehten, beschloß der Nomade, sich der Situation zu entziehen. »Ich bin nicht Grant Behrman. Guten Tag.« Er stand auf und zwängte sich durch die Umstehenden, die ihm widerwillig Platz machten.

»Guten Tag! Guten Tag!« äffte ihn der Alte nach. »Wie vornehm! Der große Grant Behrman! Immer ein offenes Ohr für das Volk!«

Der Nomade schob die Tür an der Stirnwand auf und trat in den nächsten Wagen. Der Zug bremste. Als er zum Stillstand gekommen war, öffneten sich die pneumatischen Türen, und die Hälfte der Passagiere stieg aus. Der Nomade beschloß zu warten, bis das Gedränge nachließ. Zu seiner Überraschung sah er, daß auf dem Bahnsteig etwa hundert Polizisten in schwarzblauen Uniformen Aufstellung genommen hatten. Sie bildeten eine dichte Kette und musterten aufmerksam die Gesichter.

Der Lautsprecher in dem Wagen knackte, dann erklärte eine Stimme: »Personenkontrolle. Bitte halten Sie Ihre Ausweise bereit.« Fast gleichzeitig sagte die blecherne Stimme auf dem Bahnsteig: »Noch sieben Stunden und vierzig Minuten.«

Der Nomade fühlte einen festen, flachen Gegenstand in seiner Innentasche. Es war eine Brieftasche. Er klappte sie auf und entdeckte Geldscheine, Kreditkarten und einen Personalausweis mit seinem Namen und seinem Foto.

Die ersten neuen Passagiere stiegen ein. Der Nomade überlegte, ob er einfach in Richtung »SEHRINDE/Area striata« weiterfahren solle. »Die Polizei kontrolliert alle Fahrgäste«, informierte er leise seine unsichtbaren Beobachter. »Der Bahnsteig ist abgesperrt.« Durch das Fenster sah er, wie der Stadtstreicher auf die Beamten einredete und auf den Wagen deutete, in dem sich der Nomade befand. Plötzlich kreuzten sich ihre Blicke, und der bärtige Mund öffnete sich zu einem Ruf. In den Gesichtern der Polizisten schienen sich erst Überraschung, dann aber auch so etwas wie Erleichterung zu spiegeln.

Ein Signal ertönte, Druckluft zischte, die Schiebetüren begannen sich zu bewegen. Rasch drängte sich der Nomade in den hinteren Teil des Wagens. Als er sich umdrehte, sah er, daß die Polizisten die Tür schon fast erreicht hatten. »Halt!« Sie rissen die Gummiknüppel aus den Halftern, aber die Schiebetür hatte sich bereits geschlossen, und der Zug fuhr an. Die Polizisten versuchten, die Fensterscheiben einzuschlagen, doch bald wurde das Tempo zu hoch, und die Verfolger blieben zurück.

Der Nomade eilte durch die nächsten Wagen. Als er den vordersten erreicht hatte, bremste die Bahn so stark, daß es einige Passagiere von den Füßen riß. Sofort zog er die Notbremse. Zischend entwich die Druckluft, und ein Schild leuchtete auf: »Achtung! Lebensgefahr! Nicht auf die Stromschiene treten!« Er riß die Tür auf und kletterte vorsichtig hinaus, von verblüfften Fragen begleitet: »Was macht der denn da?« – »Wo will der denn hin?« Auch hinter dem Zug wurden Rufe laut, und die Lichtkegel von Taschenlampen strahlten durch den Tunnel.

Der Nomade ließ sich auf den Schotter hinunter und lief tiefer in den Tunnel. Ein Rest von Licht aus dem Bahnhof reflektierte auf den Schienen und ermöglichte eine grobe Orientierung. Der Boden vibrierte, und aus der Tiefe war wieder ein rhythmisches Wummern zu hören.

»Halt! Stehenbleiben!«

Das Licht wurde schwächer. Plötzlich stolperte der Nomade über etwas Weiches und schlug der Länge nach auf die Steine.

»Langsam, Mann«, hörte er eine tiefe Stimme. »Hast wohl keine Augen im Kopf!«

»Entschuldigung.« Der Nomade stand auf. Knie und Handflächen brannten wie Feuer. Neben sich sah er eine große, schwarze Gestalt auf dem Boden kauern. »Was sind die Bullen denn so rappelig?«

»Keine Ahnung«, sagte der Nomade nicht ganz unehrlich.

»Geht den meisten so.« Die Gestalt wuchs, bis sie den Nomaden fast um Haupteslänge überragte.

Der Nomade schaute zu den Lichtern, die noch ungefähr hundert Meter entfernt waren. »Gibt es hier einen Notausstieg?«

»Was hast du denn ausgefressen, Mann?«

»Gar nichts. Wo ist der nächste Notausstieg? Schnell!«

»Stehenbleiben!« rief es wieder von hinten.

»Komm mit«, sagte die tiefe Stimme. »Paß aber auf, daß du nicht auf die Stromschiene latschst, sonst ist es aus mit dir!«

Der große Mann setzte sich in Bewegung und lief verblüffend sicher durch die Dunkelheit. Das Licht der Taschenlampen tanzte auf dem breiten Rücken. Nach einigen hundert Metern hörte der Nomade vielfaches Keuchen und sah, daß die Polizisten nur noch zwanzig Meter hinter ihnen waren. Im gleichen Moment wurde er durch ein Loch in der Wand gezogen.

»Runter!« befahl die tiefe Stimme.

Der Nomade merkte, daß sie auf einer Leiter standen. Der Schatten unter ihm sank verblüffend schnell in die Tiefe, und der Nomade stieg hinterher. Über sich sah er Lichtkegel durch das Loch strahlen.

»Wo sind sie hin?« fragte eine Stimme.

»Da ist ein Loch«, antwortete eine andere. »Und eine Leiter. Die sind uns entwischt. Puh, wie das hier stinkt!«

Der Lichtkegel verschwand, und in dem Tunnel herrschte wieder absolute Dunkelheit. Durch das Schweigen drang nur noch ein Wummern, das aus großer Tiefe zu stammen schien und einem viel schnelleren Rhythmus als in dem ersten Experiment folgte. Jetzt erst merkte der Nomade, wie sein Puls raste.

»Du mußt ganz schön was ausgefressen haben!« Die samtene Schwärze, die sie von allen Seiten umschloß, schien wie ein ewiges Echo von Dunkelheit zwischen den Wänden des Tunnels zu reflektieren. Nur ein fernes Geräusch stetig tropfenden Wassers unterbrach die Stille. »Wie heißt du eigentlich, Mann?«

Als der Nomade zögerte, hörte er ein leises Lachen. »Ich meine, wie soll ich dich nennen? Hier unten benutzt keiner seinen richtigen Namen. Mich nennt man Othniel. Weißt du, wer das war? Der erste Richter Israels.«

»Aha. Mich nennt man ›Nomade‹.«

»Guter Name«, sagte Othniel und zog seinen Schützling am Ärmel hinter sich her. »Ist nicht mehr weit.«

»Wohin?« Der Nomade ertastete die Oberkanten eines viereckigen Schachtes. Im Inneren führte eine Eisenleiter mit fühlbar rostigen Sprossen noch tiefer nach unten. Othniel lachte leise. »In meine Bude. Sollten uns ein bißchen unterhalten, bevor du weiterziehst. Kann nicht jedesmal zur Stelle sein, wenn man hinter dir her ist. Hast Glück gehabt, daß ich gerade Gleishasen fangen war.«

»Gleishasen?«

»Ratten. Habe oben ein paar Fallen aufgestellt.«

Die Luft erwärmte sich, und das Geräusch fließenden Wassers wurde allmählich stärker. Der Nomade zählte zweiundvierzig Sprossen, dann wurde er in einen Gang geführt. Kurz darauf ertönte ein knarrendes Geräusch. »Dann mal rein in die gute Stube.« Der Nomade wurde durch die Dunkelheit geschoben, bis er an einen Sessel stieß. Vorsichtig ließ er sich nieder. Ein Streichholz flammte auf, und der Nomade sah, daß er sich in einem Raum von Wohnzimmergröße befand.

Die ramponierten Sitzmöbel stammten offensichtlich vom Sperrmüll. Auf einer von Büchern gestützten Obstkiste stand eine Kerosinlampe. Ihr grelles Licht fiel auf Wände aus glattem Beton; sie waren mit Graffiti geschmückt, die militärische Motive zeigten, Panzer und Infanterie. An einer Wäscheleine zwischen zwei Rohren hingen Jeans und T-Shirts. Auf einer Anrichte standen ein Toaster und eine Suppenschüssel aus Styropor. Daneben entdeckte der Nomade einen kleinen Kühlschrank.

»Noch sieben Stunden und fünf Minuten«, quäkte es. Auf dem alten Küchenschrank stand ein kleines Transistorradio.

Othniel war schwarz, über zwei Meter groß, gut zwei Zentner schwer und wenigstens siebzig Jahre alt. Er trug eine an vielen Stellen geflickte, aber pieksaubere Uniform mit vielen Winkeln an den Oberarmen, hohe schwarze Militärstiefel und eine riesige Sonnenbrille. »Entspann dich, Mann. Hier traut sich die Polizei nicht her.«

»Weil sie Angst vor euch hat«, sagte der Nomade.

»So ist es. Natürlich könnten sie uns jederzeit umnieten, aber nicht die Bazillen, die wir mit uns herumschleppen. Vor denen haben sie Bammel. Und vor den anderen netten Überraschungen, die hier unten auf Unbefugte warten. Kannst du dir vorstellen, was mit einem Kerl passiert, der auf eine Stromschiene tritt? Er explodiert wie eine Handgranate. Kopf, Arme und Beine fliegen in einem Funkenregen davon. Der Rest verschmort. Und vor ein paar Jahren wurde ein Gleismann von einem drei Meter langen Eiszapfen erschlagen. Nein, Mann, die Bullen lassen uns hier in Ruhe.«

»Marmon«, sagte der Nomade überrascht.

»Was?«

»Sie sind Marmon Miller. Ich war mal dabei, als mein Vater Sie besuchte. In diesem Krankenhaus bei Albany.«

»Blödsinn, Mann. Bin nie in Albany gewesen. Marmon! Was soll das überhaupt für ein Name sein?«

»Das weiß ich auch nicht. Jedenfalls, damals hießen Sie so. Sie sind in Korea verwundet worden. Mein Vater war in Ihrer Einheit, als er noch ganz jung war. Er sagte, Sie seien ein Held.« Während der Nomade weiterredete, beugte er sich langsam vor, streckte vorsichtig die Hand nach der Kerosinlampe aus und drehte an dem Rädchen. »Sie haben das Purple Heart. Mein Vater hat mir erzählt, daß Sie ihm das Leben gerettet haben.« Die Flamme war nur noch ein Pünktchen, und in dem Raum war es wieder dunkel geworden.

»Mach doch nicht soviel Theater, Mann«, sagte Othniel. »Ich hätte es dir doch gesagt. Nein, ich bin nicht blind. Aber ich kann Menschen auf fünfzig Meter riechen. Und Ratten auf hundert Meter hören. Ich weiß auch mit geschlossenen Augen, wo Stromschienen sind. Und ich vergesse nie eine Stimme. Deine habe ich noch nie gehört. War dieser Held blind, da in dem Kriegsversehrtenheim, dieser ... wie hieß er noch? Marmon Miller? Ich bin das jedenfalls nicht. Laß dich nicht von der Brille irritieren. Ich bin seit vierzig Jahren an die Dunkelheit gewöhnt, inzwischen sind meine Augen so gut wie die einer Ratte. Wahrscheinlich sogar besser. Ich heiße nicht Marmon Miller. Ich heiße A-D-R zwo-drei-vier-sechs-sieben-zwo und bin ein zwar schon ziemlich lange ausrangiertes, aber immer noch ganz brauchbares Adrenalin-Molekül.«

31

»Noch sechs Stunden und zehn Minuten.«

Diesmal zwang die Stimme aus dem Radio den Nomaden, seine Gedanken nun doch von dem faszinierenden Thema zu lösen, das ihn seit fast einer Stunde beschäftigte, und sich wieder ganz auf seine Aufgabe zu konzentrieren. Auch im Gespräch mit dem unterweltlichen Richter hatte er sie nie aus den Augen verloren. Leider hatte sich bald herausgestellt, daß Othniel trotz seiner erstaunlichen Fähigkeiten ihm kaum helfen konnte. Nach seinen Erzählungen lebten fünftausend Menschen in den Tunneln der U- und Eisenbahngesellschaften unter Cerebrum City. In den oberen Ebenen hielten sich die Gleisleute auf, meist Obdachlose, die täglich ins Freie gingen, um dort zu betteln oder Mülltonnen zu durchwühlen. Sie schoben ihre Habe in Einkaufswagen vor sich her und drangen nur selten tiefer in das Tunnelsystem ein. In den unteren Etagen hausten die Maulwurfmenschen, die höchstens einmal in der Woche, manchmal auch nur einmal im Monat nach oben gingen. Sie lebten von Konserven und Tiefkühlkost, die von den Supermärkten weggeworfen wurden, wenn das Haltbarkeitsdatum abgelaufen war.

Besonders erstaunlich fand der Nomade die ungeheure Vielfalt der

Tunnel, Kanäle, Röhren und Leitungen unter der Stadt. »Manche Hochhäuser sind ebenso tief im Granit verankert, wie sie hoch sind«, hatte Othniel erklärt. »Die Wolkenkratzer vom Thalamus Center zum Beispiel stehen auf Betonröhren, die achtzig Stockwerke in den Stein hinunterreichen. Mitte des vergangenen Jahrhunderts haben hier fünfzehn verschiedene Gasgesellschaften ihre eigenen Leitungsnetze gebaut. Stell dir das mal vor! Später legten sie die älteren Leitungen still, schütteten sie aber nicht zu. Man kann durch sie bis zum Hippokampus laufen und sogar im Inneren des *Balkens* rüber auf die andere Seite.« Bequemer, aber auch gefährlicher sei der Weg durch die U-Bahn-Tunnel: »Zwei Dutzend Linien und fast fünfhundert Bahnhöfe, der tiefste liegt achtzehn Stockwerke unter der Erde, drüben in Thalamus Center.«

»Noch sechs Stunden und fünf Minuten.«

Othniel schien auch diesmal nichts gehört zu haben; das Programm wollte ihn offenbar nicht merken lassen, daß sein Gast diese Informationen erhielt.

Die Untergrundsiedler lebten in mehr als fünfzig verschiedenen Gemeinden mit klar abgegrenzten Territorien. Die meisten von ihnen bewohnten Betonbunker, die einst den Gleisarbeitern zum Aufenthalt gedient hatten und phantasievolle Namen wie »Höllenküche«, »Teufelszahn« oder »Geisterklippe« trugen. Eine Gemeinde hatte einen ehemaligen Wartesaal aus der Zeit der Jahrhundertwende mit Kristallleuchtern, Springbrunnen und verspiegelten Wänden okkupiert, in dem sogar ein Klavier stand. Die Klänge waren kilometerweit durch die Rohrleitungen zu hören.

»Seit wann lebst du hier unten?«

»Seit über zwanzig Jahren, Mann, und ich fühle mich hier verdammt wohl, das kann ich dir sagen! Hier haben die Leute wenigstens noch Respekt voreinander. Und lassen sich gegenseitig in Ruhe. Nicht so wie oben. Sicher, auch wir haben unsere Gesetze. Aber auch unsere Freiheit. Wenn ich mal allein sein will, mache ich einfach die Tür zu. Dann kommt keiner und labert mich voll, wegen Miete, Rechnungen oder so was. Wenn ich mal woandershin will, marschiere ich einfach los. Brauche niemanden zu fragen. Wenn man verabredet ist, geht man hin oder nicht. Wenn man nicht hingeht, fragt einen keiner, warum man nicht gekommen ist. Wenn es einem irgendwo nicht paßt, haut man einfach ab. Wenn jemand Hilfe braucht, sagt er es. Ohne Getue und falschen Stolz. Wenn man ihm helfen will, hilft man ihm. Wenn nicht, läßt man es bleiben. Moralischen Druck gibt's bei uns nicht.«

»Und wie hast du früher gelebt?«

»War bei der Army. Master Sergeant, in einer Aggressions-Kompanie.« Er angelte nach einem Bajonett und fuhr mit den Fingerspitzen über die scharfe Schneide. »Vierzehn Kampfeinsätze in drei Jahren. Dann kam der Krieg gegen Kalifornien ...«

»Gegen Kalifornien?«

»Ja. Bist du vom Mond gefallen? War immerhin eine ziemlich blutige Angelegenheit. Dauerte fast eine Viertelstunde.«

»Wie lange?«

»Ganz schön, was? Ich mit meiner Aggressions-Kompanie natürlich im dicksten Schlamassel. Lauter erstklassig ausgebildete Adrenalin-Moleküle. Aber dann kam der Angriff auf die linke Schläfenregion. Trommelfeuer, schwere Einschläge, wir im Schützengraben, und dann Volltreffer. War wie ein Erdbeben, wir flogen alle durcheinander. Was soll ich noch lange erzählen – wir waren fertig. Die Vereinigten Stabschefs leiteten sofort Waffenstillstandsverhandlungen ein. Wurde ziemlich schmählich, die Kalifornier verlangten sogar Reparationszahlungen. Und wir wurden unehrenhaft entlassen. Alle anderen Moleküle waren sauer auf uns und beschimpften uns als Versager. Hier habe ich meine Ruhe. Kann ab und zu sogar noch nützlich sein. Wie jetzt zum Beispiel. Und du? Was für ein Molekül bist du denn?«

»Darüber möchte ich nicht reden.«

»Auch gut.«

Othniels Gemeinde lebte in einer rund dreißig Meter hohen und fast hundert Meter tiefen Höhle. Von der Decke stürzte ein mehr als dreißig Meter breiter Katarakt. Er kam aus einem defekten Regenwassersiel und verschwand in einem schmalen Schacht. Das Rauschen drang bis in Othniels Wohnung.

Zu der Gemeinde gehörten rund dreißig Männer, zehn Frauen und ebenso viele Kinder. Es gab einen Bürgermeister, eine Lehrerin und eine Krankenschwester. Wer aus gesundheitlichen Gründen Sonnenlicht brauchte, konnte acht Etagen höher in ein kleines Zimmer gehen, das ein vergittertes Dachfenster besaß. Die Küche bestand aus einem halbmeterdicken Rohr, das die Fernwärme eines Heizkraftwerkes durch den Untergrund führte. Der Dampf war so heiß, daß die Maulwurfmenschen ihre Töpfe auf die Wandung stellten. Sie hatten auch eine Trinkwasserleitung angezapft und so geschickt um das Fernwärmerohr gewickelt, daß sie heiß duschen konnten. Durch Klopfgeräusche auf den Rohrleitungen verständigten sie sich über weite Entfernungen. Ausführlichere Botschaften wurden durch Läufer überbracht, postlagernde Nachrichten unter bestimmten losen Ziegelsteinen in den Tunnelwänden hinterlegt.

»Noch sechs Stunden und null Minuten.«

Othniels Schilderung hatte in dem Nomaden die Hoffnung geweckt, er könne durch das Tunnelsystem zum Tor des Bewußtseins oder sogar zum Reissnerschen Faden vorstoßen, aber der Richter hatte gleich abgewunken: »Bis zum Hippocampus kann ich dich bringen, Mann, aber nicht nach Thalamus Center. Dort sind die Troggies.«

»Wer?«

»Troglodyten, Mann. Abschaum. Die lassen keinen durch. Wer sich zu ihnen verirrt, wird umgebracht und aufgefressen. Wegen dieser Kerle nennen sie uns hier unten alle ›Chud-Leute‹ oder einfach ›Chuds‹. Weißt du, was das heißt? Abkürzung für ›Cannibalistic Human Underground Dwellers‹. Kannibalistische menschliche Untergrundbewohner.«

»Dann muß ich so schnell wie möglich wieder nach oben.«

»Na gut. Ist deine Sache. Aber so kannst du nicht zurück. Warte mal, ich glaube, ich hab' da was für dich.«

Er verschwand, und der Nomade benutzte die Gelegenheit, halblaut einige Informationen an seine unsichtbaren Beobachter durchzugeben.

»Noch fünf Stunden und fünfundvierzig Minuten«, sagte die Stimme im Radio.

»Hier.« Othniel warf einen grauen, fleckigen Lumpen in den Raum. Der Nomade fing das Stück Stoff auf. Nach einigen Sekunden des Drehens und Wendens erkannte er, daß es ein knöchellanger, zerrissener und stark verschmutzter Popelinemantel war, der nach Urin und Erbrochenem stank.

»Zieh das über, Mann. Schmier dir Dreck ins Gesicht und in die Frisur auch. Auf Penner achtet man dort oben nicht.« Er half selbst nach, indem er dem Nomaden in die Haare fuhr, bis sie wirr nach allen Seiten standen. Dann gab er ihm eine alte, zerbrochene Sonnenbrille.

Sie gingen an dem Fernwärmerohr vorbei, unter dem einige splitternackte Frauen und Mädchen duschten. Eine von ihnen war eine hochgewachsene blonde Schönheit mit einer Figur, die eher an ein Malermodell als an eine Streunerin denken ließ; zur peinlichen Überraschung des Nomaden bemerkte sie seinen Blick, schnitt ihm eine Fratze und deutete mit einer obszönen Geste auf ihren Unterleib.

Am Ende eines langen, schnurgeraden Tunnels sahen sie unter sich schwarzes Wasser blinken. »Labyrinth River. Fließt dort hinten in die zentrale Spalte.« Othniel deutete ins Dunkel eines anderen Tunnels.

Aus der Ferne erklangen dumpfe Schläge. Der Richter blieb stehen und lauschte.

»Woher kommt das?« fragte der Nomade.

Othniel hob die Hand. Als der letzte Schlag verhallt war, sagte er: »Nachricht von der Hippocampus-Gemeinde. Die Troggies sollen irgendwie unruhig sein.«

Er bog in einen Gang, der schräg nach oben führte. Die Decke sank immer weiter ab, und sie mußten bald die Köpfe einziehen. Nach einer Biegung wurde der Betonkorridor dunkel und noch niedriger. Die anstrengende Art der Fortbewegung kostete Kraft, der Nomade begann zu schwitzen. Die Luft war stickig; ihm war, als könne er die Milliarden Tonnen Beton über ihm auf seinem Rücken spüren.

Wieder tönten Schläge durch die Rohre. Der Richter blieb stehen und hörte zu. Dann sagte er kopfschüttelnd: »Das müssen irgendwelche Bekloppten sein.«

»Was war denn?«

Othniel tippte sich an die Stirn. »Eine Uhrzeit«, erklärte er. »Wer braucht hier unten eine Uhr? Und dann noch so eine komische Ansage: ›Noch fünf Stunden und fünfzehn Minuten.‹ Was soll denn dann sein?«

»Keine Ahnung«, sagte der Nomade.

»Verrückt«, sagte Othniel. »Also weiter!«

An der Wand des nächsten Schachtes führte eine rostige Sprossenleiter hinauf. »Dort oben ist nur ein Gitterrost, den kannst du leicht zur Seite schieben. Dann bist du in einer Holzhütte, auf einem Trümmergrundstück, gleich hinter dem seitlichen Kniehöcker. Viel Glück!« Er drückte ihm einen kleinen Plastikbecher in die Hand. »Manche Leute werden dir was geben wollen.«

»Danke.« Der Nomade kletterte hinauf. Der Rost lag lose auf der Ausstiegsöffnung, und der Nomade konnte ihn mühelos zur Seite schieben. Othniel war in der Dunkelheit des Schachtes nicht mehr zu erkennen, aber seine Stimme drang herauf; sie klang gespenstisch hohl. »Laß dich mal wieder sehen!«

Das Trümmergrundstück war von Betonbrocken, alten Autoreifen, leeren Büchsen und anderem Abfall bedeckt. Dazwischen wuchsen Disteln, Goldrute und giftiger Koriander. Vorsichtig bahnte sich der Nomade einen Weg durch das Gestrüpp. An einem verrosteten, löchrigen Maschendrahtzaun standen mehrere Müllcontainer. Dahinter fuhren Autos, und Passanten eilten in dichten Pulks vorüber. Auf einer Leuchtreklame wechselte gerade, die Schrift; wo zuvor »IT'S A SONY« gestanden hatte, erschien jetzt der Hinweis »Noch 4 h 40 m«.

Der Nomade zwängte sich zwischen den Müllcontainern hindurch auf den Bürgersteig. »Verdammter Penner!« schimpfte ein junger Mann im Anzug, als er der plötzlichen Erscheinung vor seinen Füßen in einem raschen Bogen ausweichen mußte.

Aus der ersten Ampel klang eine kühle Frauenstimme: »Noch vier Stunden und fünfunddreißig Minuten.«

Ein helles Heulen ertönte, und der Nomade fuhr zusammen. Ein Streifenwagen bog aus einer Nebenstraße ein und hielt genau vor ihm an. Zwei Polizisten sprangen heraus. Der Nomade hielt ihnen den Becher entgegen.

»Hau ab, du Penner!« rief der größere der beiden, ein dürrer Hispano mit Pockennarben, und stieß das menschliche Hindernis heftig zur Seite. Der kleinere Polizist verschwand hinter seinem Kollegen in einem Liquor Shop.

Der Nomade schaute ihnen kurz hinterher und ging erleichtert weiter. An der nächsten Kreuzung überquerte er die Straße. Die Bürgersteige waren dicht mit Menschen gefüllt. Da er als Obdachloser nicht gut Eile zeigen konnte, ohne aufzufallen, kam er nur langsam voran, und sein Becher füllte sich mit Münzen.

»Gehen die Geschäfte gut?« fragte ein kleiner, schwarzer Junge, der im Eingang eines Kaufhauses stand und ihn beobachtete.

»Laß den Mann in Frieden, Artie!« sagte die Mutter des Jungen, eine dralle Frau in einem schreiend bunten Kleid.

»Schon gut«, murmelte der Nomade und ging weiter. Die Frau kam mit dem Jungen in einigem Abstand hinter ihm her; offenbar wollte auch sie zum Bahnhof.

Als der Nomade zum Eingang kam, blickte er in eine der Scheiben und rückte die Sonnenbrille zurecht. Im gleichen Augenblick hörte er die dicke Frau hinter sich schreien: »Das ist er! Das ist er!«

Der Nomade sah, wie Passanten stehenblieben. Sie schienen ihn ebenfalls zu erkennen. Sekunden später begannen sie, nach der Polizei zu rufen. Rasch lief der Nomade in den Bahnhof. Einige Männer hasteten hinter ihm her und riefen dabei immer wieder: »Polizei! Da ist er!«

Die große Wartehalle war voller Menschen, die erst nach und nach begannen, sich für den plötzlichen Lärm zu interessieren, der vom Eingang her zu ihnen drang. Hastig arbeitete sich der Nomade durch das dichte Gewühl. Nach unten! riet sein Instinkt. Auf der Eisentreppe sah er ein Schild mit der Aufschrift ZUM THALAMUS, doch noch bevor er den Bahnsteig erreichte, kam ihm ein Dutzend Polizisten entgegen. Als er kehrtmachte und nach oben flüchtete, hörte er sie immer wieder rufen: »Halt! Bleiben Sie doch stehen!«

Der Nomade hetzte die Stufen wieder hinauf und stieß dabei Leute, die er kurz zuvor angerempelt hatte, ein zweites Mal zur Seite, worauf sie sich doppelt empört beschwerten. Einige der Männer, die ihm von der Straße gefolgt waren, schauten ihm verwundert entgegen und machten Anstalten, ihn aufzuhalten. Da sie jedoch als brave Bürger Konflikte eher scheuten und tätliche Auseinandersetzungen nicht gewohnt waren, stellten sie sich ihm auch nur halbherzig in den Weg, und er hatte keine Mühe, den schwachen Sperriegel zu durchbrechen. Aber als er wieder in die große Wartehalle kam, sah er auch dort Polizisten und lief nun auf den Bahnsteig, an dem gerade wieder ein Zug hielt. Die Polizisten schienen diese Reaktion am wenigsten erwartet zu haben, denn es dauerte einige Sekunden, bevor sie ihn verfolgten. Der Nomade drängte sich nun schon fast mit roher Gewalt durch die Menge der Reisenden und rannte auf die Türen zu.

»Nicht mehr einsteigen!« warnte eine Lautsprecherstimme. »Zug fährt ab!«

Er schaffte es gerade noch, sich in einen Wagen zu zwängen. Der Zug beschleunigte rasch, die Polizisten blieben stehen.

Keuchend ließ sich der Nomade auf eine Sitzbank fallen. Als er wieder etwas zu Atem gekommen war, musterte er verstohlen die Mitreisenden. Sie hatten von den Vorgängen in dem Bahnhof nichts mitbekommen und schenkten ihm keine Beachtung.

Der Lautsprecher knackte, und eine Stimme sagte: »Nächste Station Regenbogenhaut.«

Der Nomade ließ sich langsam zurücksinken. Der Zug, in dem er nun saß, würde ihn genau dorthin zurückbringen, von wo er knapp vier Stunden zuvor aufgebrochen war. Konnte das wirklich Zufall sein? Alles war so rätselhaft – wie Allan selbst, das Genie, das er immer bewundert und doch nie so recht verstanden hatte. Die Eule, die er sich als Totemtier ausgesucht hatte, war auch ein Sinnbild der Rätselhaftigkeit. Plötzlich dachte er wieder an die seltsamen Schreie, die seine und Allans am Bildschirm durchwachten Nächte begleitet hatten, damals am San Francisquito, an das dumpfe »huh« und das bellende »wäg wäg«, und an das Flügelklatschen in den winterlichen Wäldern und daran, daß Allan den wissenschaftlichen Namen der kalifornischen Waldohreule bei Fenway-Soper in seinen Code eingebaut hatte. ›Asia otus‹, murmelte der Nomade. In der gleichen Sekunde verwandelten sich die Leuchtkörper plötzlich in Linien, als rase die U-Bahn mit Lichtgeschwindigkeit durch den Tunnel, und die Gesichter der Mitreisenden verzerrten sich zu grotesken Masken, als bestünden sie aus Wachs, das in der Reibungshitze hoher Beschleunigung zerschmolz. Im nächsten Augenblick fuhr ein harter Schlag durch alle Sinne des Nomaden. Die Lichter verloschen, und die Fahrgeräusche verklangen, bis er von völliger Dunkelheit und absoluter Stille umgeben war.

32

Die fingerlangen Garnelenschwänze lagen jeweils in Zehnerreihen auf den birnenförmigen, halbierten Früchten; es sah aus, als bohrten sich weiße Bärenkrallen in die grünen Schalen. Das Innere war mit dem Fruchtfleisch gefüllt, das zuvor herausgelöst und durch ein Sieb gestrichen worden war. Danach hatte der Koch die weiche Masse mit Essig, Zitronensaft, Öl, Worcestersauce, Salz, Pfeffer und Cayennepfeffer vermengt, geschlagene Sahne untergezogen und das Ergebnis mit kalter, noch flüssiger Gelatine bestrichen. Drei Stunden lang kühl gestellt, war die pikante Vorspeise eine besondere Spezialität des besten Restaurants von San Jose.

»Köstlich, wirklich«, sagte Vanessa Birming.

»Und Sie haben tatsächlich noch nie gefüllte Avocados gegessen?« fragte Karen Thogersen.

»Nein, ganz bestimmt nicht.« Die Verhaltensforscherin fand es ziemlich bedenklich, daß Karen Thogersen ihren Gästen ein Gericht aufgedrängt hatte, dessen wichtigster Bestandteil mit einem so traumatischen Erlebnis in Zusammenhang stand. Offenbar wollte sie beweisen, daß sie sich wieder ganz in der Gewalt hatte. Auch den beiden FBI-Agenten war nicht wohl dabei; Connor war vorsichtig genug gewesen vorzuschlagen, daß auch Underwood mitkommen solle.

Natürlich hatte Vanessa Birming rasch erraten, was wirklich hinter der Einladung steckte, und versuchte nun der Gastgeberin ein Stichwort zu liefern. »Hatten Sie denn schon vorher eine besondere Beziehung zu dieser Frucht?«

»Kann man wohl sagen. Ich habe sogar mal ein Buch darüber geschrieben.« Karen Thogersen hob die schwere Stoffserviette an die Lippen. »Haben Sie gewußt, daß der Baum von den Maya kultiviert wurde? Auch aus medizinischen Gründen: Die Blätter helfen gegen Fieber, das Fruchtöl gegen Flechten, und aus der Rinde kann man einen Extrakt gegen Frauenleiden machen. Das Fruchtfleisch enthält besonders viele Vitamine und wirkt aphrodisisch.«

Underwood hüstelte verlegen.

»Ich habe schon als Kind für mein Leben gern Avocados gegessen. Die erste brachte mir mein Vater mal von einem Testflug nach Kalifornien mit. Ganz frisch. Er war ziemlich stolz darauf, weil er uns Kindern auf diese Weise klarmachen konnte, daß er in weniger als zwei Stunden von Edwards nach Tinker geflogen war. Fast dreifache Schallgeschwindigkeit.«

»Tinker?« fragte Underwood.

»Oklahoma. Da waren wir damals. Und später sind wir nach Edwards umgezogen. Ist das nicht interessant? Was für Zufälle es gibt!« Sie verstummte.

»Und danach konnte Ihr Vater jeden Tag frische Avocados nach Hause bringen«, sagte Underwood, um den Fortgang der Unterhaltung bemüht.

»Leider ist er ein paar Monate später abgestürzt.«

Der Lieutenant machte ein betroffenes Gesicht. »Oh, das tut mir leid.«

»Schon gut. Es ist über dreißig Jahre her. Zeit genug, sich an den Gedanken zu gewöhnen, daß Daddy nicht mehr lebt.«

Underwood starrte betreten auf seinen Teller.

Vanessa Birming wartete einige Sekunden, bevor sie die Frage stellte, auf die Karen Thogersen offenbar wartete. »War das der Grund, warum Sie ›Avocado‹ später als Codewort wählten?«

»Ja.« Der Haß, der mit diesem Wort aus Karen Thogersens Innerstem trat, war fast körperlich spürbar.

»Er hat Sie also auch dort verletzt«, sagte Vanessa Birming leise.

Den Männern begann ebenfalls klarzuwerden, daß aus der Frau, die bis jetzt noch geglaubt hatte, eine unbefangene Stimmung vortäuschen zu können, nun etwas mit aller Gewalt herausdrängte.

Vanessa Birming legte die Gabel zur Seite. »Er hat Ihr Geheimnis zerstört«, sagte sie.

»Ja.« Karen Thogersen stocherte in ihrer Avocado. »Es war ein Geheimnis. Eine Verbindung zu meinem Vater. Nun werde ich nie mehr an ihn denken können, ohne dieses …«

Die anderen warteten schweigend.

»Ich hätte es Ihnen schon früher sagen sollen.« Die Hand mit der Gabel begann zu zittern. »Es ist, als wäre er in mein Innerstes eingedrungen.«

Connor blickte Vanessa Birming an, als wolle er sie zu etwas auffordern, zu dem er sich selbst nicht in der Lage fühlte. Sie nickte ihm beruhigend zu. »Es ist gar nicht gesagt, daß Purdy davon wußte. Mit ziemlicher Sicherheit weiß er bis heute nicht, daß Ihr Codewort emotional besetzt war.«

Emotional besetzt, wiederholte Connor in Gedanken, was soll das geschraubte Gerede; sah diese Verhaltensforscherin denn nicht, daß jetzt etwas ganz anderes zu sagen war? Er beugte sich vor. »Wir kriegen den Kerl, das schwöre ich Ihnen!«

Karen Thogersen hob den Blick. »Das haben Sie mir schon einmal versprochen. Bisher ist dabei nur herausgekommen, daß mein Haus in die Luft geflogen ist und ich beinahe mit. Mein Vater ist zum zweiten Mal gestorben, mein Heim ist atomisiert, und ihr macht hier große Sprüche!«

»Connor kann nichts dafür«, sagte Underwood schnell.

»Genau«, assistierte Kelley. »Es war Abarca, dieser Idiot.«

»Wenn er ein Idiot ist, wieso haben Sie ihm dann von mir erzählt!«

»Tut mir wirklich leid«, sagte Kelley betreten.

Connor tastete zaghaft nach der sonnengebräunten Hand, aber Karen Thogersen zog sie zurück. »Ist denn bei den Ermittlungen überhaupt schon etwas herausgekommen?«

Underwood schob seinen Teller von sich, als hätte er eine Henkersmahlzeit beendet. »Leider noch nicht sehr viel. Wir haben natürlich Purdys Fahrzeug auseinandergenommen. Ohne Resultat. Den Kleidersack haben wir noch nicht gefunden.« Das Gesicht des Lieutenant wirkte noch faltiger.

»Und sonst?«

»Wir haben inzwischen fast alle Vermißten identifiziert. Überall die gleiche Vorgehensweise.«

Danach war es an Connor, mitzuteilen, daß auch die kriminaltechnische Untersuchung der wenigen Kleidungs- und Gepäckstücke aus Chicago keine brauchbaren Ansatzpunkte geliefert hatte.

»Alles nicht sehr erfreulich«, sagte Karen Thogersen. Langsam fand sie wieder zu ihrer selbstsicheren Tonart zurück. »Und was macht der Hepatitis-Plan?«

»Alle Zeitungen haben darüber berichtet«, antwortete Vanessa Birming.

»Glauben Sie wirklich, daß er auf so was reinfällt?«

»Zumindest dürfte es ihn beschäftigen. Ablenken. Seine Konzentration stören.«

»Was ist mit diesem Schriftsteller in Yuma?«

»Leider spurlos verschwunden«, antwortete Kelley. »Wahrscheinlich nach Mexiko.«

»Ich habe aber etwas«, sagte Underwood. »Purdy scheint es doch nicht ganz geschafft zu haben, alles Geld ins Ausland zu transferieren. Ein Teil der Konten wurde kurz zuvor unter Arrest gestellt. Richterlicher Beschluß, aus San Francisco. Mitten in der Nacht.« Bedeutungsvoll sah er sie an.

Karen Thogersen verstand nicht. »Und?«

»Es handelt sich seltsamerweise, oder vielleicht gar nicht seltsamerweise, gerade um jene Konten, von denen aus umfangreich in Computerfirmen aus Silicon Valley investiert wurde.«

»Nun machen Sie es doch nicht so spannend!«

»Die Firma heißt ›Eringo Investments‹«, erklärte der Lieutenant bedeutungsvoll.

»Drogengeld«, sagte Connor, um die Sache abzukürzen. »Mafia.«

Karen Thogersen schaute ihn entgeistert an.

»Es ist nur eine Vermutung«, sagte Underwood. »Aber eine ziemlich begründete. Leider kommen wir an die Firma nicht heran. Das Rauschgiftdezernat versucht schon seit Jahren, die Banken zur Herausgabe relevanter Dokumente zu zwingen. Leider ohne jeden Erfolg.«

»Und was hat das nun für uns zu bedeuten?«

»Die Mafia heuert keine serienmäßigen Frauenmörder an«, warf Connor ein.

»Offensichtlich hat Purdy nicht nur eigenes Geld investiert, sondern laufend auch Millionen für die Mafia«, erläuterte Underwood. »Und die hat jetzt natürlich sofort die Hand darauf gelegt.«

»Und woher wußten die das?«

Connor und Kelley blickten in ihre Wassergläser; es war Sache des Hauptbetroffenen, die peinliche Wahrheit bekanntzugeben.

Underwood hatte das Gesicht verzogen. »Ich fürchte, wir haben eine undichte Stelle. Vielleicht sogar in der Sonderkommission.«

»Was? Und das sagen Sie mir erst jetzt?«

»Tut mir leid. Wir wollten erst ganz sicher sein. Inzwischen glaube ich aber, daß an dieser schmerzlichen Erkenntnis kein Weg mehr vorbeiführt.« Er merkte selbst, wie gestelzt seine Erklärung klang.

»Soll das bedeuten, daß jetzt auch die Mafia hinter mir her ist?« Karen Thogersen sah von einem zum anderen. »Verstehen Sie das unter Geheimhaltung?«

»Wir sprachen von Diskretion«, sagte Kelley. »Ein paar Leute müssen wir schon auf dem laufenden halten, schließlich sind wir auf die Unterstützung der zuständigen Polizeidienststellen angewiesen.«

Karen Thogersen warf ihre Gabel in die Avocado. »Das reicht. Ich quetsche andere Frauen aus, die im VR-Raum von diesem Massenmörder angefallen worden sind, und für wen tue ich das? Für die Mafia!«

Connors Hand legte sich auf ihre. »So ist es doch gar nicht. Die Mafia hat nichts mit Typen am Hut, die Frauen aufschlitzen.« Er merkte, wie die Hand unter der seinen verkrampfte. »Entschuldigung. Aber es ist wirklich so. Diese Leute können keine Publicity gebrauchen. Vermutlich haben sie nur deshalb mit Purdy gearbeitet, weil sie von seinen ... seinen ...«

»Seinen Greueltaten«, versuchte Underwood ungeschickt zu assistieren.

»... seinen Verbrechen nichts wußten. Als sie davon erfuhren, haben sie sofort die gemeinsamen Konten gesperrt. Wahrscheinlich sind sie jetzt genauso hinter ihm her wie wir.«

»Dann ist ja alles in Ordnung?« sagte Karen Thogersen ironisch. »Ich hab' mal gelesen, das Verbrechen ist organisiert, die Polizei nicht.«

»In Ordnung ist das überhaupt nicht«, widersprach Connor. »Wenn ihn die Mafia erwischt, ist er tot, und wahrscheinlich erfahren wir das dann nicht einmal.« Für einen Augenblick war ihm, als habe er im Fenster Arthur Resnicks grinsendes Gesicht gesehen.

»Und?« Es war augenscheinlich, daß Karen Thogersen noch nicht wieder die psychischen Kräfte besaß, andere Konsequenzen zu bedenken als solche, die sie selbst betrafen. »Ist es Ihnen lieber, daß er vor Gericht von Gutachtern herausgepaukt wird und in die Klapsmühle kommt? Aus der er vielleicht eines Tages ausbrechen kann?«

Connor verstärkte den Druck auf ihre zitternde Hand. »Das wollen wir ja auch gar nicht. Und natürlich können wir Sie jederzeit in unser Zeugenschutzprogramm aufnehmen.«

»Danke. Aber ich bin nicht ganz unbekannt, nicht in New Mexico und auch sonst nicht. Ab und zu liest man sogar in der Zeitung über mich. Ich kann mich nicht so ohne weiteres irgendwo verstecken!«

»Was Ihnen passiert ist, war schlimm genug. Aber es gibt einundzwanzig tote Frauen, allein in dieser Jagdhütte. Vielleicht sind anderswo noch weitere Opfer vergraben. Wir müssen Purdy finden und verhören. Wir müssen herausfinden, was er getan hat. Alles! Das sind wir schon allein den Angehörigen schuldig. Und wir müssen ...« Hilfesuchend sah Connor zu Vanessa Birming.

»Wir müssen ihn untersuchen«, sagte die Verhaltensforscherin. »Nicht nur forensisch. Lebend. Wir müssen ihn studieren. Gehirnwindung für Gehirnwindung. Wir müssen alles über ihn wissen. Vielleicht finden wir dann einen Weg, solche Menschen früher zu erkennen. Und künftig zu verhindern, daß so etwas wieder geschieht.« Das Bild eines urzeitlichen Einzellers stieg in ihr auf.

»Ja, das leuchtet mir ein.« Angestrengt versuchte Karen Thogersen zu lächeln. »Den Rest können wir uns schenken. Oder? Mir ist der Appetit vergangen.«

»Ich habe auch keinen Hunger mehr.« Connor wollte seine Hand wieder wegnehmen, aber Karen Thogersen hielt sie fest. »Das liegt nur daran, daß Ihre Chakren total verstopft sind.« Sie betastete seinen Handrücken.

»Das haben Sie mir schon in Chimayo gesagt«, murmelte Connor verlegen.

»Und wir haben immer noch nichts dagegen getan. Jetzt sind Sie fällig.«

»In Ordnung«, sagte Connor, der spürte, daß unter diesen Umständen keine andere Antwort zulässig war. »Ich bin Ihr Patient. Bis meine Ersparnisse aufgebraucht sind.«

»Akzeptiert. Wann fangen wir an?«

»Wann Sie wollen.«

»Sofort.«

Underwood schaute nervös auf seine Uhr. »Wir sollten allmählich zurückgehen. Oder gibt es noch etwas zu besprechen? Ich meine, für die Pressekonferenz?«

»Die können wir uns diesmal schenken«, meinte Vanessa Birming. »Presse und Fernsehen werden auch ohne neue Informationen weiter ganz groß berichten.«

»Ein bißchen was wird Abarca schon erzählen wollen«, sagte der Lieutenant.

»Lassen Sie ihn einfach schwatzen«, riet Connor. »Viel wichtiger ist, daß wir möglichst schnell herausfinden, wer der Maulwurf ist.«

»Peinlich!« sagte Karen Thogersen.

»Nicht nur, weil es peinlich ist«, sagte Connor. »Sondern weil wir uns dann vielleicht an ihn ranhängen können, und damit an die Mafia. Purdy ist bestimmt nicht ohne Grund nach Chicago geflogen. Wahrscheinlich wurde auch von dort Drogengeld nach Silicon Valley gepumpt. In diesem Fall werden sie jetzt wie der Teufel hinter ihm her sein. Und wenn die Typen von der Mafia jemanden finden wollen, sind sie dabei nicht schlechter als wir.«

»Wir haben den Feind getroffen, und es sind wir selbst!« Pogo, das aufrührerische Opossum aus dem berühmtesten Comic strip des heraufdämmernden Computerzeitalters, grinste mit der eindimensionalen Fröhlichkeit eines Heros der Jugendkultur von dem schon ziemlich vergilbten Poster auf drei Dutzend junge Männer herab, die teils fachsimpelnd, teils konzentriert schweigend an ihren Bildschirmen saßen. Durch die Fenster des Computercafés von Buffalo Run, das fast ausschließlich von Studenten und wissenschaftlichen Mitarbeitern der zwölf Kilometer entfernten Pennsylvania State University lebte, bot sich ein berückender Blick auf die dichtbewaldeten Gipfel der Bald Eagle Mountains. Doch vor diesem speziellen Publikum blieb die ruhige, zeitlose Schönheit der Mittelgebirgslandschaft gegen die aufgeregte Attraktivität der leichtverderblichen elektronischen Novitäten chancenlos. Eine andere Sprechblasen-Philosophie der populären Beutelratte lautete: »Wir sind von unüberwindlichen Möglichkeiten umgeben.«

Nach zwölf Stunden ununterbrochener Autobahnfahrt hatte Purdy das Café früh genug erreicht, um fast den gesamten Nachmittag für Erkundungen nutzen zu können, die aufgrund der Nachrichten in seinem Autoradio dringend geboten schienen. Mit den Informationen aus dem Fenway-Soper-Zentralrechner war es leicht gewesen, Kate Blenners Anschluß herauszufinden und die Festplatte ihres PC zu durchsuchen. Der Unbekannte, der ihm dort zuvorgekommen war (höchstwahrscheinlich der Sicherheitschef dieser Pillendreher, nach den Listen der Gehaltsbuchhaltung ein gewisser Duncan Findlay, dessen Foto aus der elektronischen Personalakte einen fetten Kerl mit Bulldoggengesicht zeigte), konnte seiner umständlichen Arbeitsweise nach kein großes Licht sein. In dem Computer des russischen Professors war der Datendandy ihm denn auch zuvorgekommen, vermutlich sogar um Stunden. Die Informationen aus Pawlows Rechner hatten in den Zentralcomputer der Harvard Medical School geführt, aus dessen Daten hervorging, daß der Russe in den vergangenen Tagen aufwendige Forschungen unternommen hatte. Es war nur logisch, daß diese Experimente irgendwie mit Grant und dieser Kate Blenner zu tun haben mußten, und wahrscheinlich auch mit Allan. Über diesen Recherchen war es Abend geworden, und die schwache menschliche Behausung des großen, unermüdlichen Geistes, als den sich Purdy seit je empfunden hatte, hatte leider ihren Tribut gefordert, so daß nichts anderes übriggeblieben war, als das nächste Motel anzusteuern.

Am Donnerstag morgen hatte der Datendandy zunächst versucht, sich in das laufende Programm einzuloggen, das der merkwürdige Professor gerade zu dieser Stunde in dem MPP-7000 ablaufen ließ, dabei aber rasch erkannt, daß die Kapazität der Geräte in dem Computercafé dazu nicht im entferntesten ausreichte. Darum hatte Purdy beschlossen, sich an einen wissenschaftlichen Mitarbeiter der Pennsylvania State University heranzumachen, der ein paar zusätzliche Dollars gebrauchen konnte. Als Gegenleistung, so hatte er ihm erklärt, wolle er nur mal ein oder zwei Stunden am dortigen MPP-7000 zubringen, um Mitternacht, wenn es niemand merkte. Natürlich hatte der junge Wissenschaftler eine Heidenangst, aber zweitausend Dollar in bar hatten die Gier über die Furcht siegen lassen. Die Lektüre der Zeitungen zeigte allerdings, daß noch anderes zu erledigen war, wenn er kein Risiko eingehen wollte. Aber wahrscheinlich war diese Hepatitits-Vermutung nur eine Finte. Der Datendandy schnaubte verächtlich. Die Menschheit wollte Krieg mit ihm. Sie sollte ihn haben.

Seufzend ließ Duncan Findlay den Feldstecher sinken und angelte auf dem Beifahrersitz nach einem Schokoladenriegel. Es war zutiefst frustrierend, stundenlang auf dem Parkplatz zu warten, ob sich dieser verdammte Nomade, dieses Weib oder wenigstens der russische Gehirnklempner endlich blicken ließen. Viel lieber wäre er gleich in das Institut marschiert und hätte die beiden Ausreißer an den Ohren herausgezogen. Die Vorstellung, gerade den Nomaden wie einen Schuljungen über den Campus zu zerren, und zwar vor den Augen dieser arroganten Kühlschrankblondine, erheiterte ihn, und er ließ dazu ein paar rasch erdachte Szenen in seinem inneren Kino ablaufen.

Ein Klingeln unterbrach die stimulierende Vorführung, und unwillig hob Findlay den Telefonhörer ans Ohr. »Ja?«

»Ich verbinde mit Mr. Reddington.«

Ausgerechnet jetzt! Nur ungern ließ Findlay die schemenhaften Konturen einer nackten Kate Blenner auf der Leinwand seiner Tagträume schwinden.

»Duncan?« Die Stimme des Präsidenten klang unangenehm frisch und ausgeruht.

»Jawohl, Sir.«

»Stehen Sie noch auf diesem Parkplatz?«

»Jawohl, Sir.«

»Und?«

»Nichts, Sir. Soll ich nicht doch mal reingehen?«

»Sie sind wohl verrückt geworden! Was Ihre Leute in diesem Sanatorium angerichtet haben, reicht doch wohl! Mit der Polizei wollen wir nie wieder zu tun haben, verstanden?«

»Jawohl, Sir.«

»Melden Sie sich, sobald sich was tut!«

»Selbstverständlich, Sir.«

Der Sicherheitschef legte den Hörer wieder in die Halterung. Solche Typen hatte er gern, erst Druck machen und dann Manschetten kriegen. Er lächelte spöttisch. Sollte dieser Feigling doch sagen, was er wollte – heute nacht würde er, Duncan Findlay höchstpersönlich, sich dieses komische Institut näher anschauen!

»Er ist nach Boston unterwegs. Harvard Medical School. Vielleicht ist er sogar schon dort.«

Die beiden Männer nickten.

»Lest das durch. Einen tollen Burschen haben diese Penner uns da empfohlen.« Matarese reichte ihnen eine Kopie des Untersuchungsberichts, den Lieutenant Underwood tags zuvor verfaßt hatte.

»Einundzwanzig Frauen«, murmelte Ceccarelli. »Da tun wir ein gutes Werk, wenn wir den auspusten.«

»Quittmans Leute haben inzwischen herausgefunden, was Purdy bei Cook Illinois so alles getrieben hat. Der Kerl ist offenbar hinter diesem Pärchen her, das letzten Samstag von Fenway-Soper abgehauen ist. Vor allem hinter diesem Nomaden.«

Die beiden Männer schwiegen. Nach einer Weile merkte Vassalo, daß sein Chef auf eine Frage wartete. »Was will er denn von ihm?«

Matarese nickte ungeduldig; in seinem Alter war es immer ein Gewinn, eine Pointe loszuwerden, mit der sich geistige Frische und Souveränität dokumentieren ließen. »Entweder will er bei ihm unterkriechen – oder ihn abmurksen.«

Behaglich registrierte er fragende Blicke.

»Der Patient ist ein gewisser Allan Behrman«, fuhr er mit der Gönnerhaftigkeit des Eingeweihten fort. »Liegt seit Wochen im Koma. Der Kerl, der ihn jetzt aus diesem Sanatorium holte, ist sein Bruder Grant. Dieser Findlay hat davon natürlich keine Ahnung. Er weiß auch nichts von Purdy, und wenn er von der Sache in San Jose in der Zeitung gelesen oder im Fernsehen erfahren hat, ist er bestimmt nicht auf die Idee gekommen, daß es da einen Zusammenhang gibt. Das FBI kennt zwar die Verbindung zwischen Purdy und den Behrmans, weiß aber nicht, daß die Brüder in Boston stecken. Purdy wiederum hat höchstwahrscheinlich keinen Schimmer, daß wir wissen, wohin er jetzt unterwegs ist. Die einzigen, die den Überblick haben, sind wir. Nochmal: Findlay weiß nichts von Purdy, das FBI weiß nichts von Boston, Purdy weiß nichts von uns, und wir wissen alles.« Daß er die Schärfe seines analytischen Verstandes um so weniger in Zweifel geraten lassen wollte, je älter er wurde, aber gerade deshalb dazu neigte, Schlußfolgerungen zu wiederholen, empfand Matarese zwar selbst als peinlich, aber von allen Schwächen des Alters schien ihm diese am ehesten verzeihlich, da sie die positive Auswirkung haben mochte, daß sich Zuhörer das Gesagte besser einprägten.

Ceccarelli und Vassalo nickten respektvoll.

»Dieser Purdy war früher mit den beiden Brüdern befreundet. Außerdem sucht das FBI noch irgendeinen Hippie, der damals mit ihnen herumhing und jetzt angeblich in Mexiko ist.« Er nippte an seinem Whisky. »Findlay steht schon den ganzen Tag vor diesem Institut. Er hat noch zwei Männer dabei. Ich habe ihm zwar gesagt, daß er auf keinen Fall etwas unternehmen soll, aber er scheint Druck von Reddington zu haben. Der Schafskopf ist in der Lage und schnappt sich den Köder, ehe Purdy aufgetaucht ist.«

»Ist Findlay noch wichtig?« fragte Vassalo.

»Ihr sollt ihn nicht gleich umlegen, ihr sollt nur ein bißchen aufpassen, damit er uns nicht die Tour vermasselt.«

Der Ablauf glich in verblüffendem Maße dem in einem biologischen Gehirn. Den Auftrag zur Einleitung des Vorgangs gab derjenige Teil des Impulses, der dem Stirnlappen entsprach. Die Sektion, die analog zu Thalamus und limbischem System entstanden war, verstärkte durch Erzeugung drängender Gefühle von Sorge und Angst die Bereitschaft der anderen Teile, den Auftrag schnellstens auszuführen. Den Stoff, aus dem diese Emotionen ihre Energie bezogen, hatte die Erkenntnis geliefert, daß auch die riesige stilisierte Eule auf dem größten Bildschirm im Labor nicht die gewünschte Reaktion ausgelöst hatte. Obwohl sie diesmal sogar geblinkt und auch noch mehrfach die Farbe gewechselt hatte, war Grant Behrman immer noch nicht auf die Idee gekommen, endlich einmal wieder Kontakt mit seinem Computer in dem Wohnwagen aufzunehmen. Erfahrung, Logik und Phantasie wurden eingesetzt, Vernunft, Überlegung und Wißbegier aktiviert, Beurteilungen, Abschätzungen und weitere höchst komplizierte Vorgänge liefen ab, bis sich aus Wille, Wissen und Sorge endlich die Frage formte: »Ist Grant etwa wieder hypnotisiert?«

33

»Hilft uns das wirklich weiter?« Der Fehlschlag hatte den Nomaden so ungeduldig gemacht, daß er lieber unkalkulierbare Risiken auf sich genommen hätte, als Pawlow und Kate Blenner Zeit für eine Auswertung der Resultate zu lassen. Schon der Forderung, sich nach seinem kurzen Bericht ein paar Stunden auszuruhen, hatte er nur widerwillig nachgegeben. Jetzt, am frühen Nachmittag, hätte er am liebsten sofort das nächste Experiment begonnen. Er konnte es kaum erwarten, dazu einen Vorschlag zu machen, der ihm schon die ganze Zeit durch den Kopf ging.

Dem Professor war klar, welche emotionale Belastung der Nomade ertragen mußte, nachdem sich Allan Behrmans Zustand so verschlechtert hatte, daß der Patient inzwischen künstlich beatmet werden mußte. Trotzdem warnte Pawlow: »Wenn wir jetzt überhastet vorgehen, machen wir womöglich Fehler und verlieren dadurch noch mehr Zeit.«

Auf Kate Blenner wirkte die Gemütsverfassung des Nomaden so bedenklich, daß sie am liebsten vorgeschlagen hätte, die Experimente einige Tage lang zugunsten einer umfassenden psychiatrischen Untersuchung zu unterbrechen. Da Allan Behrman aber jeden Augenblick in die lethale Phase gleiten konnte, sagte sie: »Lassen Sie uns wenigstens die wichtigsten Fakten analysieren, bevor wir eine Entscheidung treffen.«

Die Diskussion drehte sich zunächst um die ersten Minuten des Experiments. »Die Schlagzeilen mit Worten wie ›Krise‹, ›Präsident‹, ›Verwirrung‹ und ›Großalarm‹ könnten Erinnerungen, aber auch aktuelle Ereignisse widerspiegeln«, meinte der Professor. »Was denken Sie über das Foto auf der Titelseite?«

»Irgendwie kam es mir bekannt vor. Ich weiß aber nicht, wo ich den Mann schon mal gesehen habe. Vielleicht ähnelt er auch nur jemandem, den ich kenne.«

»Und die Begegnung mit dem Stadtstreicher in der U-Bahn – erinnert Sie das an etwas?«

»Nein.«

»Fahren Sie oft mit der Subway?«

»Eigentlich so gut wie nie.«

»Trotzdem spielte sich praktisch das gesamte Experiment in einem System aus U-Bahn-Tunneln ab. Hmmmm … Besonders imponierte Ihnen dieser Othniel. Dabei schildert das Buch der Richter wesentlich interessantere Persönlichkeiten – Samson, Gideon, Debora. Erzählen Sie uns von diesem Marmon Miller.«

»Wir haben ihn mal besucht, kurz nachdem unsere Eltern mit uns in die Staaten zurückgekehrt waren. Er war der Held unserer Familie, weil er Dad in Korea das Leben gerettet hatte. Sie waren bei der Infanterie, irgendwie abgeschnitten, genau weiß ich es nicht mehr, hat mich damals auch nicht so interessiert; jedenfalls versteckten sie sich in einer Höhle.« Er unterbrach sich. »Soll das etwa heißen, daß in dem Programm auch die Erinnerungen meines Vaters eine Rolle spielen? Daß aus der Höhle in Korea jetzt der Tunnel in New York wurde, oder in

Cerebrum City? Mein Vater war schon tot, als Allan das Programm schrieb.«

Pawlow und Kate Blenner wechselten wieder Blicke. »Woran starb er denn?« fragte der Professor.

»Lungenkrebs. Zuviel geraucht.«

»Und Ihre Mutter?« fragte Kate Blenner.

»Auch tot.«

Pawlow und Kate Blenner warteten. Der Nomade beugte sich vor und begann unwillkürlich die Hände zu kneten, fast so angespannt wie am Abend zuvor. »Schlaftabletten. Allein hielt sie es nicht aus.« Er besann sich. »Als die Chinesen in die Höhle kamen und einer Dad die Kehle durchschneiden wollte, rammte Miller dem Kerl ein Bajonett in den Rücken. Später fuhr er mit dem Jeep auf eine Mine. Er verlor das Augenlicht und beide Beine.«

»Was ist denn bei diesem Besuch passiert, in dem Heim für Kriegsveteranen?« fragte Pawlow.

»Nicht viel. Er wurde hereingerollt, mein Vater begrüßte ihn, sie unterhielten sich. Ich ging dann raus, mir war es zu langweilig. Später sagte mir mein Vater, daß Miller gern ein paar Worte mit mir gesprochen hätte, und ich kriegte ein schlechtes Gewissen.«

»Ihr Herr Bruder war nicht dabei?«

»Nein, Allan lag damals noch im City Hospital.«

»Auch später nicht?«

»Nein, bestimmt nicht.«

»Hmmmm … Das bedeutet, daß Ihr Herr Bruder die Begegnung mit Othniel nicht programmiert haben kann. Er wußte ja nicht, wie Miller aussieht.«

»Es kann sein, daß ich ihm mal von ihm erzählt habe.«

»Trotzdem. Niemand kann einen Menschen so detailliert beschreiben, daß ein anderer ein Porträt danach malen, geschweige denn ein Programm schreiben könnte.«

»Vielleicht hat Allan irgendwo ein Foto gefunden. Unser Vater hatte ein Album über seine Zeit im Krieg, da war bestimmt ein Bild von Miller drin.«

»Und die Bewegungen? Die Sprechweise? Außerdem: Welchen Grund sollte Ihr Herr Bruder gehabt haben, diesen Mann einzuprogrammieren? Er hatte ihn nie gesehen und konnte deshalb auch nicht von ihm beeindruckt gewesen sein. Nicht einmal Sie zeigten sich damals besonders interessiert.«

»Woher kommen denn diese Troglodyten?« fragte Kate Blenner.

»Ich habe mal ein Buch gelesen, das hieß ›Das unterirdische Königreich‹ und handelte von allen möglichen Höhlenmenschen, bis zurück zu den alten Griechen.«

»Las Ihr Herr Bruder das auch?«

»Nein, ich habe es mir erst gekauft, als wir schon von zu Hause fort waren.« Der Nomade überlegte. »Das ist ein ziemlich starker Beweis für Ihre These, nicht wahr?«

»Allerdings.« Pawlow blätterte wieder in seinen Notizen. »Die Erzählung vom Krieg gegen Kalifornien bezieht sich natürlich nicht etwa auf eine militärische Auseinandersetzung. Ein Adrenalin-Molekül erhält ständig Gelegenheit zur Aktivität. Bei einem Verkehrsunfall zum Beispiel. In einem sportlichen Wettkampf oder bei einer Schlägerei.«

»Ja, jetzt fällt es mir wieder ein. Als ich so elf oder zwölf Jahre alt war, noch in New York, habe ich mich mit einem Jungen geprügelt, der aus Kalifornien stammte. So ein aufgeblasener Surfer, ein oder zwei Jahre älter als ich. Er hat mir eine verpaßt, und ich fiel um.«

»Er traf die Schläfe«, stellte Kate Blenner fest.

Der Nomade schüttelte verwundert den Kopf. »Komische Vorstellung, daß Othniel da gerade als Adrenalin-Molekül in meinem Kopf unterwegs war.« Er beugte sich ein wenig vor. »Ist es wirklich nicht möglich, durch die Tunnel zum Tor des Bewußtseins zu kommen?«

»Hmmmm ... Die Anwesenheit der Troglodyten am Thalamus stimmt ziemlich bedenklich. Möglicherweise entstanden diese angeblich kannibalistischen Tunnelbewohner in Zusammenhang mit den Experimenten, welche Sie bei Fenway-Soper unternahmen, und zwar als Metaphern dieser aggressiven Kalziumionen aus dem Sperrfeuer.«

»Und das Mädchen unter der Dusche?« erkundigte sich Kate Blenner.

»Ach so. Bißchen peinlich. Auf der Highschool haben wir mal versucht, Mädchen beim Duschen zuzuschauen.«

»Wer – Allan und Sie?«

»Nein, nicht Allan; der weiß davon bis heute nichts. Hank und ich. Wir kletterten aufs Dach und guckten durchs Oberlicht rein.«

»Und wurden dabei bemerkt«, sagte Kate Blenner. »Von einem großen Mädchen mit blondem Haar. Machen Sie sich nichts daraus. In einem gewissen Alter sind alle Jungs Spanner.«

»Aber an die Blonde erinnere ich mich überhaupt nicht«, sagte der Nomade. »Es gab zwar eine, die da so nach unten zeigte, aber die hatte schwarze Haare.«

»Hmmmm ... Und wie erklären Sie sich, daß in dem Programm aus ihr eine Blondine wurde?«

Der Nomade zog ein Gesicht. »Ich glaube, es liegt daran, daß mir blonde Mädchen einfach besser gefallen als dunkelhaarige.«

»Das würde wiederum bedeuten, daß Ihr persönlicher Geschmack zu einer Abänderung der Geschichte in dem Programm führte«, stellte der Professor fest.

Danach kam Pawlow zum Ende des Experiments. »Woran erinnert Sie die Mutter mit dem Kind?«

»Ich habe mal einen kleinen Schwarzen angefahren, bei uns gleich um die Ecke. Die Mutter kam zu meinen Eltern und beschwerte sich laut. Sie sah genauso aus wie die Frau in dem Programm.«

»Hmmmm ... den Polizeieinsatz löste natürlich aus, daß Sie sich in dem spiegelnden Glas erblickten. Wenigstens wissen wir nun, wie die Rückkoppelung funktioniert.«

»Ja. Aber wie hat Allan das vermieden?«

»Ich glaube, daß er Valium einnahm, um die Aktivitäten in seinem Gehirn zu dämpfen. Über die Effekte können wir vorerst nur spekulieren, aber natürlich verlangsamen Beruhigungsmittel die neuronalen Prozesse. Vielleicht bewegen sich die Moleküle dann nur noch in Zeitlupe, und man könnte Verfolger leicht abschütteln.«

»Ja, könnte sein.«

»Hmmmm ... Wegen der Kürze des Experimentes dürfen wir das Vorhandensein weiterer Programmautoritäten nicht mit Gewißheit ausschließen, aber nachweisbar scheinen bisher tatsächlich fünf. Erstens das Programm selbst, welches Nervenfasern in U-Bahn-Züge und Adrenalin-Moleküle in alte Soldaten verwandelt. Ich vermute, daß es sich weitgehend neutral verhält. Die zweite Autorität entsteht offenbar aus dem Einfluß des Programmierers. Bei jeder geistigen Tätigkeit fließt immer doch auch ein Stück vom Charakter, von der Persönlichkeit und den Gefühlen des Urhebers ein, vielleicht auch von seinen Hoffnungen, Sehnsüchten und Ängsten. Welche Ereignisse sich auf diese Autorität zurückführen lassen, wissen wir noch nicht genau, aber ich denke zum Beispiel daran, daß Sie sich in der U-Bahn plötzlich an die stilisierte Eule auf dem Monitor erinnerten und dadurch das Codewort für den Abbruch entdeckten.«

»Ich hätte mir gleich denken können, daß Allan etwas eingebaut hat, mit dem sich das Programm von innen beenden läßt. Ich hätte es nur schon früher merken müssen, die Eule auf dem Monitor war ja groß genug.«

»Allerdings. Die dritte Autorität stellen zweifellos Sie selbst dar, was beweist, daß das Programm nicht nur verändert werden kann, sondern sich auch selbst verändert, indem es sich selbständig auf Benutzer einstellt, gleichgültig, ob selbige das wollen oder nicht. Auf diese Autorität gehen meiner Meinung nach alle Erlebnisse und Erfahrungen während des Experimentes zurück, welche entweder irgendwelche Vorbilder in Ihrer Vergangenheit besitzen, also zum Beispiel Othniel, oder auf Leseerfahrungen basieren wie das Tunnelsystem. Auch bei der vierten Autorität handelt es sich um Sie selbst, aber diesmal übt Ihr Unbewußtes die entsprechende Beeinflussung aus, und darin sehe ich eine gewisse Gefahr. Wahrscheinlich war es auch Ihr Unbewußtes, welches dieses vorzeitige Ende verursachte, aus Gründen, die noch zu untersuchen sind.«

»Und die fünfte?«

»Diese Autorität scheint auf etwas zu beruhen, welches wir das hominide Denken nennen könnten. Es umfaßt jene Summe von Gedanken, Instinkten, Erinnerungen und Erfahrungen, welche allen Menschen gemeinsam sind. Ich würde empfehlen, daß wir Ihre Erlebnisse von einem Fachmann begutachten lassen.«

»Für so was ist später noch Zeit«, sagte der Nomade. »Jetzt starten wir erst mal einen neuen Versuch.«

»Aber das ist unmöglich«, rief Kate Blenner. »Die Belastung ...«

»Diesmal machen wir es ein bißchen anders«, unterbrach sie der Nomade. »Nach dem, was Sie herausgekriegt haben, macht es sowieso keinen Sinn, das Experiment zu wiederholen. Diese Autoritäten würden sich nur wieder etwas anderes einfallen lassen, und ich verstehe viel zuwenig von der Materie, um mich durchzumogeln. Sie beide sind Physiologen. Deshalb möchte ich, daß Sie diesmal mitkommen.«

»In Ihr Gehirn?« fragte Kate Blenner verblüfft.

»Ja. Wir stellen die Geräte auf Automatik. Die Infusion wird entsprechend dosiert. Und falls es Schwierigkeiten gibt, können wir mit dem Codewort abbrechen.«

»Genügt es nicht, wenn einer von uns mitkommt? Dann kann einer hierbleiben und aufpassen.«

»Wozu? Wenn wir das Experiment richtig vorbereiten, brauchen wir hier niemanden mehr. Und im VR-Raum sind drei besser als zwei.

Vielleicht müssen wir uns aufteilen. Vielleicht fällt einer von uns aus. Vorübergehend, meine ich. Da drin kann viel passieren.«

»Sie haben recht«, sagte Pawlow nach einer Weile. »Wir sollten es versuchen.«

»Ist das Ihr Ernst?«

»Bitte, Miss Kate. Ich würde mich wirklich nicht aus wissenschaftlicher Neugier zu Unternehmungen verleiten lassen, welche unter Sicherheitsaspekten nicht vertretbar wären.«

»So habe ich es nicht gemeint. Ich mache mir nur Sorgen, was geschieht, wenn ...« Sie zögerte.

»Wenn ich unterwegs wieder einschlafe?« fragte der Nomade. »Keine Sorge, das passiert mir kein zweites Mal.« Er lächelte sie ermutigend an.

»Dann sind wir uns also einig.« Pawlow musterte den Nomaden. »Natürlich werden wir zuvor Ihr Aussehen verändern müssen. Und danach dürfen Sie auf keinen Fall mehr in einen Spiegel schauen.«

»Kelley.«

»Hawkins.«

»Wer?«

»Hawkins! Wieso seid ihr'n hinter mir her? Ich hab' euch doch überhaupt nix getan!«

Kelley hielt das Mikrofon zu. »Der Cyberhippie!«

»Was tuschelt ihr'n da?« hörte er am anderen Ende sagen. »Fangschaltung läuft nich', hab' nämlich 'n Handy.«

»Wir haben nichts dergleichen vor, Sir«, sagte Kelley und machte hektisch Zeichen. Connor schaltete Mithöranlage und Tonband ein und lief aus dem Zimmer.

Kelley räusperte sich. »Wir möchten Sie lediglich bitten, mit uns zu kooperieren. In einer sehr wichtigen Angelegenheit.«

»Den Sir könnt ihr euch hinten reinschieben.«

»In Ordnung. Nennen Sie mich Richard.«

»Ich ruf' nur an, um euch zu sagen, daß ihr mich gefälligst in Ruhe lassen sollt, und das war's auch schon. Ende!«

»Warten Sie«, rief Kelley hastig. »Es ist wirklich sehr wichtig!«

»Aber schnell. Das Wetter hier is' klasse, und mehr gib's nich' zu sagen.«

»Es geht um William C. Purdy. Können Sie sich das denn nicht denken?«

Kurze Pause, dann: »Wally?«

»William C. Purdy. Sie waren doch mit ihm befreundet. Was wissen Sie über die Sache?«

Connor kam zurück und griff nach dem zweiten Hörer.

»Na, was sie in jeder Kneipe am Camino Real quasseln.«

»Sie hätten uns einen Tip geben können.«

»Ihr macht euern Job und ich meinen.«

»Aber ich bitte Sie, Mr. Hawkins«, sagte Kelley ärgerlich, »in einer solchen Sache!«

»Na und? Vom Geldwaschen lebt doch das ganze System, diese Banker sind ja auch alles Gangster.«

»Sie scheinen überhaupt nicht zu wissen, was passiert ist.«

»Geldwäscherei für die Drogenmafia, reicht'n das nich'?«

»Sonst wissen Sie nichts?« Kelley konnte es kaum glauben.

»Wieso, was soll'n noch sein?«

»Hören Sie, Mr. Hawkins: Ihr Freund Purdy steht im Verdacht, einundzwanzig Frauen ermordet zu haben!«

»Waaaas?« Stille. Dann: »Ich bin wohl im Kino!«

»Nein, es ist wahr.«

Kelley und Connor tauschten gespannte Blicke. Nach einer Weile hörten sie den Cyberhippie murmeln: »Das kann doch nich' sein! Verdammt, verdammt!«

»Was sagen Sie dazu, Hawkins?«

»Einundzwanzig Frauen?«

»Ja.«

»Ich fass' es nich'. Der Schizzo hatte schon immer einen an der Waffel, aber daß er so was macht … Is' ja furchtbar.«

»Hören Sie, Mr. Hawkins, Sie müssen sofort nach San Jose kommen.«

»Was soll ich'n da?«

»Uns helfen.«

»Wobei?«

»Na, den Kerl zu schnappen!« rief Kelley erregt. Connor machte ihm besänftigende Zeichen.

»Was, ihr habt den Irren noch gar nich'?«

»Nein. Sagen Sie mal, lesen Sie eigentlich keine Zeitungen?«

»Wozu? Da hat doch noch nie was Vernünftiges dringestanden.«

»Aber man erfährt ab und zu, daß man was Vernünftiges tun kann.«

»Ich hab's nich' so mit Bullen. Der Große Schamane sagt, da ruht kein Segen drauf.«

»Was soll das denn heißen?« rief Kelley empört. »Wollen Sie lieber, daß der Mann weitere Morde begeht?«

»Natürlich nich', aber ich weiß überhaup nich', was ich da machen kann. Ich mein', ich hab' Wally schon seit Jahren nich' mehr gesehen. Ihr seid doch die Cracks, ihr werdet das Ding schon durchziehen. War's das jetzt endlich?«

»Moment noch«, sagte Kelley. »Können Sie uns denn wenigstens sagen, wo sich die Brüder Behrman befinden?«

»Wieso, Allan hat doch 'ne Firma in Silicon Valley.«

»Ja, aber er hat vor ein paar Wochen bei Fenway-Soper angeheuert. In New York.«

»So? Warum ruft ihr ihn denn nich' einfach dort an?«

»Weil er seit vier Wochen spurlos verschwunden ist.«

»Allan? Das gib's gar nich', das habt ihr durcheinandergekriegt, das is' Grant, der immer unterwegs is'.«

»Nein, Allan. Aber Grant Behrman war auch bei Fenway-Soper, gleich nach seinem Bruder, und ist nun ebenfalls weg.«

»Jetz' blick' ich überhaupt nich' mehr durch. Vielleicht haben sie zwei Tussis aufgerissen und machen Halligalli irgendwo in der Prärie. Was interessiert euch das denn?«

»Es könnte doch sein, daß die Behrman-Brüder wissen, wo sich Purdy aufhält! Hören Sie, Mr. Hawkins, ich bestehe darauf, daß Sie sofort herkommen!«

»Nee, das könnt ihr euch abschminken.«

Kelley schaute wütend zu Connor, aber der zuckte nur die Schultern.

»Überlegen Sie sich das gut«, sagte Kelley. »Lesen Sie erst mal die Zeitungen. Dann rufen Sie mich wieder an. Meine Nummer haben Sie ja. Woher eigentlich?«

»Von diesem coolen Typen in eurem FBI-Büro in Phoenix. Mann, die haben vielleicht harte Stimmen dort.«

»Arbeiten Sie auch als Inphader?«

»Nee, Chemie ist nich' mein Ding, ich steh' auf Natur.«

»Also rufen Sie mich nachher wieder an.«

»Heute wird das nix mehr, ich muß das jetzt erst mal verdauen.«

»So bald wie möglich!«

Kelley erwartete, daß der Hörer aufgelegt würde, hörte aber keinen Signalton. »Ist noch was?« fragte er hoffnungsvoll.

»Ja. Hört mal: Wenn ihr Wally geschnappt habt, dann laßt ihn auf keinen Fall aus'n Augen. Nich', daß ihr ihn so 'nem vertrottelten Dorfsheriff übergebt, damit der ihn in 'ne Gefängniszelle sperrt! Vor allem darf er nich' mehr an irgendwelche Computer kommen. Oder an die Alarmanlage. Überhaupt nich' an irgendwelche elektrischen Geräte. Am besten nich' mal an 'ne Steckdose, verstanden?«

»Wir werden daran denken.«

»Großer Schamane.« Hawkins legte auf.

»Was war denn das für ein Verrückter!« Kelley schüttelte den Kopf. »Der muß bekifft gewesen sein.«

Connor drückte auf einen Knopf. »Habt ihr ihn?«

»Leider nein«, kam die Antwort.

»Der meldet sich schon wieder«, sagte Connor. »Der muß nur erst klar Schiff machen. Wahrscheinlich hat er die Taschen voll mit Dope, das muß er jetzt erst mal bunkern. Und was seine Freunde betrifft – ich glaube nicht, daß er so gar nichts von der Sache weiß.«

34

»Die Sehstrahlung (Radiatio optica) führt vom seitlichen Kniehöcker (Corpus geniculatum laterale) zur Umgebung des Sulcus calcarinus. Das primäre visuelle Feld der Großhirnrinde, das als Sehrinde (Area striata) bezeichnet wird, liegt im Hinterhauptslappen ...«

Es war Pawlows Vorschlag gewesen, diesen Weg einzuschlagen. Da sie in dem Bahnhof zweifellos erwartet werden würden, wollten sie gleich in die Sehrinde weiterfahren, um von dort über die Hörrinde zum Thalamus zu kommen.

Zwischen den nächsten Seiten steckte ein Zeitungsausschnitt. Die Überschrift lautete: »Unser Gehirn sieht aus wie ein Blumenkohl«. Im Text hieß es: »Seine Entstehung begann vor 500 Millionen Jahren. Es wiegt 1500 Gramm. Seine 100 Milliarden Nervenzellen können sich 40mal pro Sekunde entladen. Jede einzelne ist mit 50 000 anderen verknüpft. Die Zahl der möglichen Verbindungen ist größer als die der Wasserstoffatome im Universum. Der Treibstoff des Gehirns ist Zucker. Es kann 500mal mehr Informationen speichern als die Encyclopedia Britannica.« Am Rand stand in der krakeligen Handschrift des Professors: »Hohlköpfe. Studenten anweisen, Zeitungsartikel über Zerebrum am besten gar nicht zu lesen!«

Der Nomade ließ sich tiefer in den Ledersessel sinken, der in dem kleinen Gästezimmer des Professors überdimensioniert wirkte, und versuchte sich die anatomischen Abbildungen einzuprägen. Das Programm würde die Sehrinde vermutlich als Stadtviertel mit zahllosen Bürogebäuden darstellen.

Als plötzlich helles Licht ins Fenster fiel, blickte der Nomade auf. Der Mond war hinter den Wolken hervorgekommen und hüllte das Hügelland in geisterhaftes Licht.

Um den Aufenthalt im VR-Raum möglichst lange ausdehnen zu können, hatte der Professor Infusionspumpen besorgt, die den radioaktiven Traubenzucker bis zu drei Stunden lang gleichmäßig in die Blutbahn einspeisen konnten. Da es für ihn und Kate Blenner nicht einfach sein würde, im VR-Raum Schritt zu halten, sollte das Labor ihrer Glukose Koffein, der des Nomaden dagegen für die ersten Minuten ein Beruhigungsmittel beifügen.

Als die Standuhr im Wohnzimmer des Professors Mitternacht schlug, merkte der Nomade, daß seine Konzentration endgültig nachließ. Er stand auf und stieg langsam die knarrende Treppe hinunter. Durch die angelehnte Tür sah er, daß im Wohnzimmer noch Licht brannte. Erst als er eintrat, merkte er, daß er sich getäuscht hatte. Kate Blenner saß auf einem Stuhl am Fenster. Der Mond hing wie ein Lampion zwischen den Bäumen. Höflich räusperte er sich, und sie drehte sich um.

»Schläft der Professor schon?« fragte der Nomade.

»Ja.«

»Und Sie sind noch nicht müde?«

»Ich kann jetzt nicht schlafen.«

»Wegen morgen?«

»Wegen des Mondes.« Das Licht schien auf geheimnisvolle Weise zu leben und zu weben, als wolle es Stofflichkeit beweisen. »Ich habe vorhin mit Wonne in ein Schinkensandwich gebissen.«

Er lachte unsicher. »Das finde ich nicht so schlimm.«

»Wie Sie wissen, bin ich Vegetarierin.«

»Ach so, ja.«

Sie machte eine einladende Geste.

»Danke.« Er zog einen Stuhl heran. Das helle Licht ließ ihr Haar schimmern.

»Wußten Sie, daß der Vollmond die Libido anregt?« fragte sie unvermittelt.

»So?« Mehr fiel ihm dazu nicht ein.

Sie holte tief Luft, als müsse sie sich zu etwas überwinden, was mehr Mut erforderte, als sie gewöhnlich besaß. »Ja. Das Licht wirkt durch die Augen auf die Zirbeldrüse. Genau wie die Sonnenstrahlen. Es ist ja eigentlich auch Sonnenlicht, nicht wahr? Der Mond reflektiert es nur.«

»Ja.«

»Ich rede nicht von Lunatismus, sondern von ganz normalem Verhalten. Der Mond hat ziemlich viel Einfluß auf die Hormonausschüttung. Zwei Tage vor Vollmond ist in den Betten immer am meisten los.«

»Interessant«, sagte der Nomade vorsichtig. Als er merkte, daß seine Einsilbigkeit als Ablehnung aufgefaßt werden konnte, fügte er hinzu: »Ich bin da allerdings nicht sehr sensibel.« Er lachte verlegen; es war so ungefähr das Dümmste gewesen, was er hatte sagen können.

Sie schwieg, und er fürchtete schon, daß sie seine Bemerkung als Zurückweisung empfunden haben könnte, aber nach einer Weile sagte sie: »Bei Männern ist das ja auch ein bißchen anders als bei Frauen. Ich meine, schon allein der Wasserhaushalt. Wir haben ein bißchen mehr davon. Prozentual. Und der Mond wirkt nun mal auf Wasser.« Sie lachte leise. »Tolle Vorstellung. Ebbe und Flut im Bauch.«

»Ja«, sagte er und lachte in seiner Erleichterung ein bißchen zu laut mit. »Davon habe ich auch schon gehört.«

»Natürlich gibt es noch andere Ursachen.« Jetzt redete sie, als würde sie für eine Fernsehsendung interviewt. »Zum Beispiel schwingt der Mensch nicht im Rhythmus von vierundzwanzig Stunden, wie man eigentlich annehmen müßte, sondern von fünfundzwanzig Stunden, was ziemlich genau einem Mond-Tag entspricht. Der ist genau vierundzwanzig Stunden neunundvierzig Minuten und achtundvierzig Sekunden lang.«

»Das habe ich nicht gewußt.« Ihm fiel ein, was der Professor dazu gesagt hatte, daß Allans Programm die Zeit um den Faktor 25 beschleunigte. Wollte auch sie jetzt auf dieses Thema zu sprechen kommen? Er fühlte ein inniges Interesse, das Gespräch mit ihr fortzusetzen, gleich, über welchen Gegenstand.

»Doch«, sagte sie. »Der Mond macht mehr mit uns, als die meisten Menschen ahnen. Ich meine, jeder hat schon mal was von Schlafwandlern gehört oder von Typen, die bei Vollmond durchdrehen, sich betrinken oder Leute umbringen, aber ich sage Ihnen, gegen Helligkeits- und Gravitationseinflüsse ist jeder einigermaßen komplizierte Organismus anfällig. Da kann der Verstand gar nichts machen.«

»Ja«, sagte er, weniger, weil er wirklich davon überzeugt gewesen wäre, sondern weil ihm die Urheberin der Behauptung in dieser Minute so reizvoll erschien, daß er ihr auch dann zugestimmt hätte, wenn sie Ruß für weiß und Wasser für trocken erklärt hätte.

»Hormonausschüttung hat natürlich auch viel mit Liebe zu tun«, fuhr Kate Blenner fort. »Das Licht reizt den Hypothalamus, der wiederum die Hypophyse anregt, Hormone zu bilden: Endorphine, Oxytocin, Sie kennen das ja. Bei manchen Leuten steigert sich die sexuelle Aktivität dadurch um dreißig Prozent.«

Während er sie betrachtete, konnte er nicht verhindern, daß seine Phantasie über den wissenschaftlichen Gehalt ihrer Worte hinauszugehen begann.

»Hören Sie mir eigentlich zu?« fragte sie.

»Natürlich.« Was ist los mit mir? dachte er. Und was ist los mit ihr? Stand dort vielleicht ein leeres Whiskyglas?

»Sie sind unglaublich«, sagte sie. »Jetzt schauen Sie, als ob ich angeschickert wäre. Glauben Sie, daß Vegetarierinnen trinken?«

»Nein. Ich glaube aber auch nicht, daß Vegetarierinnen ihr Leben lang immer nur Gemüse essen.«

»Treffer«, sagte sie. »Und? Denken Sie, daß heute Fleischtag ist?«

»Sie haben Ihren Schinken doch schon gehabt.«

»Und damit habe ich zufrieden zu sein?«

»So war das nicht gemeint.« Der Nomade kam langsam ins Schwitzen. Wenn er das, was sie sagte, richtig verstand, handelte es sich um Anzüglichkeiten.

»Wie war es denn dann gemeint?« Ihr erst freundlicher, dann leicht spöttischer Blick wurde nun herausfordernd.

»Ich weiß nicht, worauf Sie hinauswollen«, sagte er hilflos. Einen Augenblick dachte er daran zu verschwinden, aber dann siegte die Lockung, Kate Blenner nahe zu bleiben, auch wenn oder gerade weil sie plötzlich eine andere zu sein schien, als er bisher geglaubt hatte. Hatte er sie die ganze Zeit über falsch eingeschätzt?

»Und Sie?« fragte sie.

»Ich?« sagte er etwas verwirrt. »Was meinen Sie?«

»Trinken Sie? Ich meine, brauchen Sie Alkohol, um in Stimmung zu kommen? Oder um den Vollmond zu überstehen?«

»Nein. Ich trinke ziemlich wenig.«

»Heute wäre aber der richtige Tag dafür.«

»Ja.« Mein Gott, dachte er, meint sie das wirklich ernst? In sechs Stunden gehen wir in den VR-Raum!

Ein weiteres Mal wußte sie seinen Blick richtig zu deuten. »Keine Angst, wir werden nicht unvernünftig sein«, sagte sie und schaute wieder aus dem Fenster.

»Schade«, sagte er mit der vorschnellen Gewandheit der Lüge. Erst als das Wort verklungen war, wurde ihm klar, daß er es ernst gemeint hatte, daß sich in der höflichen Antwort der intensive Wunsch verriet, das Gespräch – zu einem schöneren Ende – fortzusetzen. Verstohlen betrachtete er ihr Profil. Hatte sie es bemerkt?

Sie wandte ihm wieder ihr Gesicht zu. »Ja. Wirklich schade. Aber wir werden noch genug miteinander zu tun haben, denke ich.«

Er schwieg betreten.

»Ich meine, ich werde Sie noch ganz gut kennenlernen«, sagte sie. »Und viel über Sie erfahren. Schon morgen.«

Wie war das nun wieder zu verstehen?

»Und Sie werden auch selbst ziemlich viel über sich erfahren«, fügte sie hinzu.

»Wie meinen Sie das?«

»Morgen gehen wir in Ihr Gehirn. Beim letzten Versuch haben wir ja mitbekommen, was in Ihrem Kopf so alles los ist. Aber auch mit diesen wunderbaren Apparaten kann man nicht alle Gedanken lesen.«

»Da bin ich aber froh«, sagte er, ohne daß es witzig klang.

»Morgen wird das aber anders sein. Denn das Programm wird alle Ihre Gedanken darstellen. Wir wissen noch nicht wie, aber wir werden es sehen. Wir werden Ihre Gedanken lesen. Alle. Auch die früheren. Und die ganz geheimen.«

»Hoffentlich blamiere ich mich nicht.« Seine Stimme klang weniger sicher, als er sich vorgenommen hatte, deshalb fügte er hinzu: »Zum Glück habe ich nichts zu verbergen.«

»Sie müssen es ja wissen.« Jetzt waren ihre Lippen spöttisch gekräuselt.

»Trauen Sie mir denn was Schlimmes zu?«

Sie lächelte. »Nehmen Sie es mir nicht übel, aber ich traue jedem etwas Schlimmes zu. Jeder hat schon mal Gedanken, die er lieber nicht mit seinen Nächsten teilt.«

»Was für Gedanken sollen das denn sein?«

»Stellen Sie sich doch nicht dumm! Haben Sie nicht schon mal daran gedacht, ein Mädchen betrunken zu machen?«

»Nein, nie«, log er.

»Dann müssen Sie wirklich zum Psychiater. Dieser Gedanke ist für einen Mann doch ganz normal!«

»Das glaube ich nicht.«

»Natürlich glauben Sie das nicht, sonst hätten Sie doch die Wahrheit gesagt.«

Versuchte sie wirklich, ihn zu verführen, oder wollte sie ihn nur testen? »Ich glaube, jetzt verstehe ich, was Sie meinen.«

»Das wird aber auch Zeit. Selbst wenn Sie ein Heiliger wären – was waren Sie früher? Ich habe Ihnen doch gesagt, daß wir auch Ihre Erinnerungen kennenlernen werden.«

»Glauben Sie mir, ich habe wirklich nichts getan, was ich mir vorwerfen müßte.« Wieder dachte er daran, das Gespräch zu beenden, aber er fand nicht die Kraft, den Bann zu lösen, der seinen sichtbaren Ausdruck in dem Vollmondglanz auf ihrem Haar fand.

»Wir reden ja nicht von Straftatbeständen«, sagte sie. »Wir reden von Dingen, die so unwichtig sind, daß man sie längst vergessen hat, die aber, wenn sie dann doch wieder hochkommen, mehr über einen verraten, als einem lieb sein kann.«

Er war auf der Hut. »Ich weiß wirklich nicht, was Sie meinen.«

Sie lächelte. »Die kleinen Gaunereien der Kindheit«, sagte sie. »Hier mal ein bißchen Geld geklaut, dort mal im Laden was mitgehen lassen.«

»Kann ich mich nicht erinnern. So was hatten wir nicht nötig.«

Seine beharrliche Gegenwehr schien sie nur anzustacheln. »Die kleinen Hinterhältigkeiten unter Freunden. Irgendein Typ in der Schule geht einem auf die Nerven, und schon hat man ihn mal verpetzt. Auch kein schöner Charakterzug.«

»Habe ich nie getan«, sagte der Nomade.

Sie hatte sich ihm nun voll zugewandt und sah ihm unverwandt in die Augen. »Glauben Sie mir: Ich werde Ihre innersten Geheimnisse erfahren. Ihre Gedanken, Ihre Träume, Ihre Phantasien, alles, was Sie bewegt, bei Tag und bei Nacht. Ich werde Ihre tiefsten Gefühle kennenlernen, Ihre schrecklichsten Erinnerungen, Ihre bösesten Gedanken, Ihre intimsten Wünsche, nicht nur die kleinen Peinlichkeiten der Pubertät. Haben Sie sich schon einmal vorgestellt, mit mir zu schlafen? Sie brauchen gar nicht so ein Gesicht zu machen – morgen erfahre ich es sowieso.« Ihre Lippen öffneten sich, und ihre Zähne blitzten.

Mühsam rang er nach Worten. »Sie sind sehr attraktiv«, gestand er.

Sie wartete eine Weile, bevor sie ihm half. »Ich könnte mich geschmeichelt fühlen.«

»Gut«, sagte er dankbar.

Ihr Lächeln verstärkte sich.

»Ich muß zugeben, daß ich an diesen Aspekt unserer Experimente noch gar nicht gedacht habe«, gestand der Nomade. »Nicht, daß es mir besonders viel ausmacht, aber ein bißchen unangenehm ist es natürlich doch. Und daß auch der Professor … Glauben Sie wirklich, daß Sie beide automatisch alles, was ich jemals gedacht oder geträumt habe …?«

»Die Gefahr besteht nicht so sehr darin, daß wir etwas über Sie erfahren, was uns nicht gefällt, sondern daß Sie selbst etwas über sich erfahren, das Ihnen nicht gefällt. Denn das könnte Ihr Selbstbewußtsein anknacksen, und das hätte möglicherweise fatale Folgen.«

»Fatale Folgen?« wiederholte er lahm.

»Rückkoppelung. Alles, was Sie denken, löst in Ihrem Gehirn Reaktionen aus, natürlich auch dann, wenn wir es gerade durchwandern. Wie diese Reaktionen aussehen, wissen wir nicht, aber es kann gut sein, daß Gefühle der Scham, des Ärgers oder gar der Bedrohung gefährliche Situationen heraufbeschwören. Es ist ja inzwischen bekannt, daß man sich durch positives Denken oder Tagträume günstig beeinflussen kann und daß dieser Effekt leider auch umgekehrt funktioniert, bei Depressionen zum Beispiel. Es ist sicher besser, wenn wir darauf vorbereitet sind.«

»Natürlich.«

Sie lächelte wieder. »Irgendwie kommt es mir vor, als seien Sie in den paar Tagen ein Stückchen älter geworden.« Sie beugte sich vor und musterte ihn. Dann streckte sie die Hand aus. Einen Augenblick später fühlte er ihre Finger in seinem Haar. »Sie werden grau.«

»Ja, schon seit ein paar Jahren.«

Sie fuhr mit den Fingerspitzen sanft über seine Kopfhaut. »Steht Ihnen aber gut.«

»Für mich ist das nicht so wichtig.« Nichts ist jetzt noch wichtig, dachte er und beugte sich ihren Lippen entgegen.

»Noch keine dreißig, und schon grau«, sagte sie.

»Ja. Komisch, was?« murmelte er, ganz auf die Berührung ihrer Finger konzentriert, die er als das Zärtlichste empfand, was er je gefühlt hatte.

Der Druck wurde stärker, und ihr Gesicht kam näher. »Armer Nomade«, sagte sie leise.

Er fühlte, daß es nichts mehr zu erwidern gab.

35

Karen Thogersen saß kerzengerade auf ihrem Stuhl. »Er ist tatsächlich darauf reingefallen?«

»Jedenfalls sind in mehreren medizinischen Labors insgesamt zwölf Blutserumproben wegen Verdacht auf Hepatitis B abgegeben worden«, berichtete Kelley. »Sieben von Frauen. Eine in Washington von einem Diplomaten, der gerade aus Bangladesh zurückgekehrt ist …«

»Nun machen Sie es doch nicht so spannend!«

»Hauptsächlich kommt ein Obdachloser aus Newark in Frage.«

»Ein Penner?«

»Ja«, sagte Connor. »Der Laborleiter hat zum Glück sofort angerufen. Vor einer Stunde. Purdy ist natürlich zu clever, selber zum Doktor zu gehen. Wahrscheinlich hat er sich selber Blut abgezapft und den Kerl damit zum Arzt geschickt.«

»Und was macht dieser Penner jetzt?«

»Der ist natürlich gleich wieder verschwunden. Er wollte den Arzt aber im Lauf des Tages anrufen.« Sosehr auch Connor bemüht war, das Positive der Nachricht hervorzuheben, so wenig konnte er seine Skepsis verbergen. »Fangschaltung ist gelegt. Und unsere Leute überprüfen gerade alle Fachgeschäfte für medizinisches Gerät, in der ganzen Umgebung. Leider steht noch nicht mal endgültig fest, daß die Probe wirklich von Purdy stammt.«

»Nemchankin klopft pausenlos alle Datenleitungen zwischen State College und der Ostküste ab«, fügte Kelley hinzu. »Wenn Purdy heute nacht in der Pennsylvania State University war und heute früh in Newark, ist er jetzt wohl tatsächlich in New York City.«

»Das ist kein Zufall«, sagte Connor überzeugt. »Purdy hofft, daß ihm sein Kumpel hilft.«

»Einem Serienkiller?« fragte Karen Thogersen ungläubig.

Connor nickte grimmig. »Man denkt gar nicht, wie schnell sich manche Leute von einem Mörder beschwatzen lassen, weil sie glauben wollen, daß er unschuldig ist. Weltfremden Computerheinis dürfen wir in dieser Hinsicht wahrscheinlich einiges zutrauen.«

Die hochgewachsene Frau richtete sich auf und blickte den Nomaden prüfend an. Nach einigen Sekunden nickte sie zufrieden und drehte sich um. »Nun? Was sagen Sie?«

»Grandios«, lobte Pawlow.

»Sehr gut«, bestätigte auch Kate Blenner.

»Das ist genau das, was ich hören wollte«, sagte Helena Beatus, Maskenbildnerin der Bostoner Oper, in der leicht dramatisierenden Ausdrucksweise ihrer Zunft. Sie war eine dunkelhaarige, munter aussehende Enddreißigerin mit einer etwas zu ausgeprägten Nase und einer exzentrischen Titanbrille.

»Wirklich vorzüglich«, lobte der Professor, wohl wissend, welche Erwartungen auf sein Urteil gerichtet waren. »Exakt so, wie ich es mir vorgestellt habe.«

Der Nomade saß mit noch immer geschlossenen Augen auf seinem Stuhl. Seit mehr als einer Stunde hatte er sich gezwungen, dauernd daran zu denken, daß die Arbeit der Maskenbildnerin den alleinigen Zweck hatte, sein Aussehen zu verändern, ohne daß er das Ergebnis kannte; trotzdem hatte er nicht verhindern können, daß sich in ihm immer wieder gefährlich präzise Vorstellungen bildeten.

»Sie können jetzt zum Resonator gehen«, sagte der Professor ermunternd.

Der Nomade stand auf, nahm seinen Datenhelm aus der schwarzen Hartschalenbox und aktivierte den Identifikator. Die Punkte an der Stirnseite leuchteten auf, und der gelbe Strahl wanderte über Kopf, Gesicht und Körper. Ein leises Summen zeigte an, daß die Elektronik ziemlich viele Veränderungen abzuspeichern hatte.

Pawlow räusperte sich. »Ich hoffe, wir raubten dir nicht zuviel Zeit, Helena.«

Sie verstand den Wink. »Ja, ich muß los. Heute ist mal wieder ein ganz verrückter Tag, und wir wollen doch nicht, daß unsere Tenöre durchdrehen, weil sie ohne mich so aussehen, wie sie nun mal aussehen.«

»Ich geleite dich hinaus.«

»Danke, ich kenne den Weg. Kümmere du dich nur um deine Experimente, du kannst es ja kaum erwarten.«

Er hielt ihr die Tür auf. »Ich rufe dich an.« Als er wieder abgesperrt hatte, rüttelte er prüfend an der Klinke.

Kate Blenner hatte die beiden anderen Datenhelme bereitgelegt. »Wir können anfangen.«

»Gut«, sagte Pawlow und griff nach den Kabeln an seinem Helm.

»Identifikator einschalten«, sagte der Nomade.

Die beiden anderen drückten auf den entsprechenden Knopf und warteten, bis der gelbe Strahl über ihre Konturen gewandert war.

»Hauptkabel«, sagte der Nomade und steckte den ersten Stöpsel in die größte Buchse.

Kate Blenner tat es ihm gleich und beobachtete den kleinen Monitor in ihrer Röhre. »Kontakt«, meldete sie dann.

»Kontakt«, sagte auch Pawlow.

Der Nomade nahm das zweite Kabel. »Elektronenrezeptor.«

»Kontakt.« – »Kontakt.«

»PET.« – »Kontakt.« – »Kontakt.«

Als jeder Helm mit allen elf Kabeln an den Neuronenresonator angeschlossen war, nahm der Nomade den Infusionsschlauch, steckte die Kanüle in die anpunktierte Vene im Rücken seiner linken Hand und aktivierte den Zeitschalter des Klemmventils. »Kanüle.«

»Kanüle«, meldeten Pawlow und Kate Blenner fast gleichzeitig.

»Glukose.«

»Glukose.« Der Nomade und der Professor tranken das Glas mit dem radioaktiven Traubenzucker auf einen Zug aus; Kate Blenner mußte zwischendurch einmal absetzen und Luft holen.

»Helm.« Der Nomade setzte den Datenhelm auf und fixierte das Kinnband.

»Helm«, hörte er die beiden anderen sagen.

»Einziehen und Start.« Er legte sich in die Röhre und drückte den Kippschalter neben seiner rechten Hand nach unten. Schlagartig wurde es dunkel. Eine Sekunde später spürte er das heftige Rütteln und Schaukeln des fiktiven U-Bahn-Wagens, der mit ihm und seinen beiden Begleitern durch seinen Sehnerv raste. Wieder weckte die warme, stickige Luft in dem Nomaden ein Gefühl bedrohlicher Enge. Das Licht drang diesmal fast schmerzhaft in seine Augen. Er saß zwischen dem Professor und Kate Blenner, umgeben von anderen Passagieren. Während er einige Male rasch durchatmete und versuchte, sein Denken auf das für die Arbeit in einem zeitbeschleunigten VR-Raum nötige Tempo zu bringen, merkte er, daß das Beruhigungsmittel ihn dabei behinderte; einige Sekunden lang fühlte er sich eigentümlich desinteressiert und hatte sogar Schwierigkeiten, den Blick scharf zu stellen. Als er die kurze Phase geistiger Lähmung überwunden hatte, drehte er den Kopf zur Seite und musterte den Professor. Pawlow trug einen altmodischen schwarzen Gehrock, schwarze Hosen und eine schwarze Fliege. Auf seinem Schoß lag ein schwarzer Zylinder, und neben ihm lehnte ein schwarzer Gehstock mit silbernem Knauf.

»Hmmmm … ich sehe aus wie mein eigener Urgroßvater.«

»Machen Sie sich keine Sorgen«, sagte der Nomade. »Mein Cerebrum City ist wie New York, da müssen Sie schon ganz ohne Kleider gehen, um aufzufallen.«

»Sie sind aber auch nicht schlecht kostümiert«, sagte der Professor. »Nein, nicht nachschauen! Je weniger Sie darüber wissen, desto besser.«

Kate Blenner hatte eine weiße Bluse, eine marineblaue Hose und weiße Segelschuhe an. Ihr blondes Haar war hochgesteckt, um ihre Schultern hing lässig ein ebenfalls marineblauer Kaschmirpullover. »Mir gefällt's«, sagte sie.

»Mir auch«, sagte der Nomade.

»Danke. Ich möchte nur wissen, wieso das Programm weiß, daß ich Seglerin bin.«

»Weil Sie Mr. Behrman davon erzählt haben«, stellte der Professor fest.

Sie hörten den Lautsprecher über sich knacken, und die kühle Frauenstimme sagte: »Noch sieben Stunden und fünfundfünfzig Minuten.«

Pawlow und Kate Blenner lauschten interessiert, bis der Nachklang verhallt war. »Handelt es sich um die gleiche Stimme wie im Gehirn Ihres Herrn Bruders?«

»Ja.«

»Also Autorität Nummer eins«, stellte Pawlow fest. »Zuständig für alle technischen Teile des Programms.«

Sie betrachteten die anderen Passagiere. Sie wirkten so echt, daß Kate Blenner kaum glauben konnte, in Wirklichkeit nur die Moleküle bestimmter Botenstoffe vor sich zu haben. Auch wenn diese aus vielen Tausenden, manchmal sogar aus einigen hundert Millionen Atomen bestanden, war es doch eine geradezu phänomenale Leistung des Computerprogramms, aus Molekülen Menschen zu formen, die nicht nur sprechen, sich bewegen, ihre Gesichter in Falten legen oder Staub von ihren Anzügen entfernen konnten, sondern von denen jeder einzelne offenbar auch einen Charakter, eine Biographie, persönliche An- und spezielle Absichten besaß. Ein Unterschied bestand offenbar darin, daß Moleküle der gleichen Substanz stets absolut identisch waren, während die Kinder, Frauen und Männer in diesem Zug sich voneinander so unterschieden, wie es bei einer nach dem Zufallsprinzip zusammengewürfelten Gruppe erwartet werden mußte.

Auf der Sitzbank gegenüber las ein alter, grauhaariger Schwarzer in einer Zeitung. Auf der halb umgeschlagenen Titelseite konnte Kate Blenner erkennen, daß die beiden Zeilen des Haupttitels mit den Buchstaben »PRÄS...« und »LIEB...« begannen. Der Name der Zeitung enthielt das Wort »POST«.

Auch der Nomade versuchte bereits, aus den wenigen sichtbaren Buchstaben den Sinn zu enträtseln. Präsident? fragte er sich. Liebe? Ging es vielleicht um eine Affäre? Einen Moment lang war er versucht, den Schwarzen um die Zeitung zu bitten, merkte aber, wie ihm der Professor warnend die Hand auf den Arm legte. »Vielleicht läßt sie der Gentleman liegen.«

»Wir könnten ihn auch fragen, ob er sie verkauft.« Der Nomade griff in seine Hosentasche und fühlte ein paar zerknüllte Geldscheine.

»Nein«, sagte Pawlow. »Das würde zu sehr auffallen. Wahrscheinlich können wir uns diese Presseerzeugnisse in der Area striata verschaffen.«

»Wo?«

»In der Sehrinde. Pardon, ich will versuchen, mich etwas weniger fachsprachlich auszudrücken.«

»Noch sieben Stunden und fünfzig Minuten«, kam die Stimme aus dem Lautsprecher.

Schweigend beobachteten sie ihre Sitznachbarn und die Umstehenden. Ob das Programm etwa immer die gleichen Gestalten wählte? Kaum hatte sich diese Frage geformt, sah der Nomade auch schon den Stadtstreicher. Er stand etwa zehn Meter entfernt an der hinteren Tür des Wagens und schaute in die entgegengesetzte Richtung.

Der Nomade stieß den Professor an und raunte ihm ins Ohr: »Der Penner da, links, an der Tür, der hat die Polizei auf mich gehetzt.«

Pawlow wandte sich vorsichtig um; unangenehm überrascht stellte er fest, daß der Mann sich ebenfalls umgedreht hatte und ihm geradewegs in die Augen sah. Sofort ließ der Professor die Blicke über andere

Passagiere wandern. Nach einer Weile raunte er dem Nomaden zu: »Er fixiert uns.«

»Und?«

»Nichts. Keinerlei Reaktion. Helena leistete wirklich hervorragende Arbeit. Schauen Sie nur nicht aus dem Fenster, die Scheiben reflektieren ziemlich stark. Am besten halten Sie den Kopf unten.«

»Noch sieben Stunden und fünfundvierzig Minuten.«

Wieder erklang der helle Signalton, und über ihnen begann die Leuchtschrift zu blinken. »Nächste Station: seitlicher Kniehöcker«. Kurz darauf ging das dumpfe Brausen in ein helles Rauschen über, und hinter den Scheiben wurde es hell. Der Zug kam zum Stillstand, und die pneumatischen Türen öffneten sich. Die Passagiere stiegen aus. Der Nomade beobachtete aus den Augenwinkeln, wie auch der Stadtstreicher aufstand; langsam kam er auf sie zu. Auf halbem Weg stieß er mit dem Professor zusammen, der sich ebenfalls erhoben hatte, um die Schilder auf dem Bahnhof zu studieren.

»Hoppla«, sagte Pawlow. »Pardon, mein Herr!«

»Paß gefälligst auf, du Affe!« sagte der Obdachlose grob.

»Pardon«, sagte der Professor noch einmal. »Meine Schuld.«

»Pardon, Pardon!« äffte ihn der Stadtstreicher nach. »Was soll das vornehme Getue? Glaubst du, daß du was Besseres bist?« Herausfordernd starrte er den Professor an. »Wie siehst du überhaupt aus, wie aus einem Wachsfigurenkabinett!«

Pawlow versuchte, um ihn herumzugehen, aber der Obdachlose ließ ihn nicht vorbei.

Der Nomade stand auf. »Irgendwelche Probleme?«

Der Stadtstreicher drehte sich um und starrte ihn an. Aus dem halboffenen Mund mit den gelben Zahnstummeln drang das heisere Krächzen eines Sprechapparates, dem durch plötzliche Trockenheit der Kehle das Schmiermittel fehlt. »Nein, Chef.« Er drängte sich zwischen den zusteigenden Passagieren zur Tür und sprang so hastig vom Wagen, daß er stolperte und auf den Bahnsteig fiel.

Sekunden später hallte es über die Bahnsteige: »Polizeikontrolle! Bitte halten Sie Ihre Ausweise bereit!«

Zwanzig Meter hinter dem letzten Wagen der U-Bahn hatten einige Dutzend blauuniformierter Polizisten Aufstellung bezogen. Der Stadtstreicher eilte auf die Polizisten zu und zog eine Identitätskarte hervor, wurde ohne nähere Prüfung durchgewinkt und verschwand, ohne sich noch einmal umzudrehen.

»Es funktioniert also«, sagte der Nomade zufrieden.

»Bezweifelten Sie das etwa?« fragte Pawlow und fügte vorwurfsvoll hinzu: »Wir vereinbarten doch, kein überflüssiges Risiko einzugehen!«

Ein Ruck erschütterte den Wagen, und der Zug fuhr wieder an. Die beiden Männer erwischten gerade noch eine Haltestange, und Kate Blenner klammerte sich an den linken Arm des Nomaden. Nach einer Weile merkte sie, daß sie es als angenehm empfand, die harte Muskulatur unter ihren Fingern zu spüren. Der Gedanke, daß es vielleicht nicht nur das Adrenalin der Aufregung oder das Koffein der Glukose waren, die ihr Blut schneller zirkulieren ließen, sondern auch jene Hormone, deren Ausschüttung der sensorische Reiz starker Männerarme bewirkt haben mochte, war ihr peinlich, und als sie dem Blick des Professors begegnete, wäre sie fast errötet.

Der U-Bahn-Zug fuhr in den Tunnel ein, und in dem Wagen ging wieder das Licht an. »Noch sieben Stunden und fünfunddreißig Minuten.«

Verstohlen betrachtete Kate Blenner den Nomaden. Meine Güte, dachte sie, er sieht wirklich furchtbar aus. Unwillkürlich versuchte sie, unter den dicken Schichten von Schminke und plastischem Material, das die dicken Augenbrauenwülste, die breiten Kinnladen und die Boxernase aufbaute, das wahre Gesicht wiederzuentdecken, das sie erst wenige Stunden zuvor … Abrupt unterbrach sie den Gedanken. Zwar war die Röhre, in der sie lag, ebenso wie die des Professors nicht direkt mit dem Neuronenresonator verkabelt, sondern an die des Nomaden angeschlossen, damit nicht etwa eine sogar dreifache Rückkoppelung oder womöglich noch zwei weitere Programmautoritäten entstanden. Dennoch schien die Möglichkeit einer Beeinflussung des Experimentes durch die eigenen Gedanken auch jetzt noch nicht ganz ausgeschlossen.

Der Nomade bemühte sich, die Aktivitäten seines Bewußtseins soweit wie möglich herunterzufahren. Je weniger überflüssige Gedanken ihm jetzt durch den Kopf gingen, desto geringer würde die Gefahr unvorhergesehener Zwischenfälle sein. Statt dessen rekapitulierte er, was er sich über die Sehrinde eingeprägt hatte: »… liegt im hintersten Teil des Kopfes … werden die Lichtreize zum bewußten Bild zusammengesetzt … Deshalb sehen wir manchmal Sterne, wenn wir einen heftigen Schlag auf den Hinterkopf bekommen …«

Als der Zug einmal besonders dicht an den Tunnelwänden entlangraste, konnte der Nomade nicht vermeiden, an Othniel zu denken.

War der große Mann jetzt gerade dort draußen unterwegs? Wahrscheinlich näherten sie sich bereits den Tunneln der Troggies.

»Noch sieben Stunden und fünfundzwanzig Minuten.«

Der Professor aktivierte die Uhr in seinem Gesichtsfeld. Obwohl er sich auf keinen Fall in zeitraubendes Erstaunen über die Wunderwelt verlieren wollte, in der er sich nun bewegte, sondern sich vorgenommen hatte, sich in jeder kostbaren Sekunde auf seine wissenschaftlichen Aufgaben zu konzentrieren, dachte er doch über die Konsequenzen nach, die sich aus dem Programm ergaben. Wenn es wirklich zur Serienreife weiterentwickelt werden konnte, würde es möglich sein, im Gehirn spazierenzugehen und Fehlschaltungen oder Defekte im Gehirn ohne Medikamente oder chirurgische Eingriffe zu behandeln. Die faszinierende Vorstellung ließ den Professor auch daran denken, was das für sein großes Ziel bedeutete. Wenn er zu den organischen Bestandteilen der Seele vorstieß, was würde er finden? Ein Tunnelsystem wie das, in das der Nomade geraten war? Eine unterirdische Stadt? Eine riesige Höhle? Eine Art Unterwelt, wie in der griechischen oder germanischen Mythologie? Eine bizarre Unterwasserlandschaft etwa, Tribut an ferne maritime Vorfahren des Wirbeltiers Mensch? Einen Gang, der immer weiter abwärts führte, bis in den Rückenmarkskanal? Einen gewaltigen Brunnenschacht vielleicht, der sich nach unten immer weiter verengte? Eine Wendeltreppe? Und die Seele – würde sie bewohnt sein? Und von wem? Von Engeln? Von guten und bösen Geistern, die miteinander rangen?

»Noch sieben Stunden und zwanzig Minuten.«

Hinter den Fensterscheiben wurde es hell, und sie fuhren in eine Haltestation mit nur zwei Gleisen ein. Ein Schild verkündete: »SEHRINDE/Area striata«. Darunter stand kleiner: »AREA 17 – Bahnsteig 2056«.

Mit lautem Zischen sprangen die Türen auf. Aus den Lautsprechern über der breiten Betonrampe ertönte die Durchsage: »Endstation. Bitte alles aussteigen!«

»Wir nehmen Sie am besten in die Mitte«, sagte Pawlow zu dem Nomaden und hakte sich bei ihm unter. Kate Blenner packte den anderen Arm des Nomaden. »Halten Sie vorerst die Augen geschlossen!«

Auf den Schildern standen Bezeichnungen wie »BRODMANNFELD 17«, »PRIMÄRES SEHFELD«, »V 1« oder »FOVEA CENTRALIS/Sehgruben-Region«. Andere wiesen zu den auf modernen Bahnhöfen üblichen Zielen: »Taxi«, »Bus«, »Schließfächer«, »Toiletten« und so fort. Die Wände waren weiß gefliest, die Böden mit hellgrauen Granitplatten belegt.

Sie führten den Nomaden in die kleine Station, die nur eine einzige Nervenfaser bediente und eher wie ein Flugsteig ausgestattet war. Monitore an den Wänden spielten unaufhörlich Produktwerbung für Fastfood, Getränke und Luxusartikel ab. Eine geräuschlose Klimaanlage verteilte Frischluft, und moderne Lampen sorgten für augenschonende Beleuchtung.

Kate Blenner schaute prüfend in alle Richtungen. »Jetzt können Sie die Augen wieder aufmachen.«

Der Nomade stieß einen Seufzer der Erleichterung aus und schaute sich nach allen Seiten um.

»Am besten gehen Sie ein Stück voraus, Miss Kate«, schlug Pawlow vor, »und warnen uns, sobald Reflektionen auftreten.«

»Gut.« Sie verschwand in der Menschenmenge. Die beiden Männer folgten in einigem Abstand.

»Irgendwie kommt mir das alles zu einfach vor«, sagte Nomade.

»Hmmmm ... Ihr Gehirn besitzt eben keine Vorstellung Ihrer äußerlichen Erscheinung. Und nach uns sucht es nicht. Auch das beweist, daß hier mehrere Programmautoritäten existieren. Wäre nur Ihr Gehirn allein maßgeblich, wäre die Polizei längst hinter uns her, denn Sie wissen ja schließlich, wie Miss Kate und ich aussehen.«

»Demnach gibt es in dem Programm jetzt also eine Auseinandersetzung zwischen meinem Ich und einer anderen Autorität?«

»Sehr wahrscheinlich. Und falls sich Ihr Ich durchsetzt, drohen erhebliche Probleme.«

»Augen zu!« rief ihnen Kate Blenner entgegen. »Um die Ecke sind Glastüren!«

Seufzend schloß der Nomade die Lider.

»Noch sieben Stunden und fünfzehn Minuten.«

Am Ausgang tönten ihnen Fahr- und Hupgeräusche von Autos und laute Rufe von Straßenhändlern entgegen. Auf dem breiten Bürgersteig herrschte dichtes Gedränge. »Links«, kommandierte Kate Blenner. »Da gibt es Sonnenbrillen.« Sie setzte ihm eine mit besonders dunklen Gläsern auf.

»Zehn Dollar, Madam«, sagte der Verkäufer, ein junger Pakistani mit einem großen goldenen Ohrring.

Sie gab ihm einen Schein. »Ganz schön praktisch. In diesem Programm gibt es das Geld umsonst.«

Die Straße war etwa so breit wie die Park Avenue und ebenso überfüllt. Zwanzig Meter über ihnen rasten die Züge einer Hochbahn durch die Schlucht aus Beton. Noch höher wanden sich Magnetschwebebahnen in kühnen Bögen zwischen den Wolkenkratzern hindurch.

»Oh, nein!« entfuhr es Kate Blenner plötzlich.

»Was denn?« fragten die beiden Männer gleichzeitig.

»Nichts«, sagte sie. »Ich bin nur ... ganz überwältigt.«

»Verständlicherweise«, sagte Pawlow. »Wenn ich daran denke, was alles zum Sehen gehört, Schärfe, räumliches und zeitliches Auflösungsvermögen, Entfernungseinstellung, Hell-Dunkel-Adaption, Querdisparation zum Tiefensehen, Verschmelzungsfrequenz gegen das Flimmern ...«

Während er dozierte, zupfte Kate Blenner den Nomaden am Arm und deutete auf ein riesiges Filmplakat. Es zeigte ein Liebespaar in zärtlicher Umarmung. Der Mann sah aus wie der Nomade, die Frau wie Kate Blenner. Die meterhohe Schrift verkündete marktschreierisch »Die Affäre des Präsidenten«.

»Das Weltbild des einzelnen, also was man den individuellen Welthorizont nennt, stellt ja nicht etwa nur eine subjektive Angelegenheit dar«, erklärte der Professor, »sondern es basiert ebenso auf Erfahrungen, die allen Menschen gemeinsam sind ...« Er verstummte, weil aus einem der Radios, die auf den Schultern halbwüchsiger Passanten vorübergetragen wurden, ein Geigensolo ertönte. »Tschaikowskij«, sagte er. »Violinkonzert D-Dur.« Er summte ein paar Takte mit, bis die Melodie abbrach und eine kräftige Männerstimme im bombastischen Stil der modernen Werbung sagte: »Der Film des Jahres! Hollywoods schönstes Märchen! Ab heute im Kino! Die Affäre des Präsidenten!«

»Wir sollten weitergehen.« Ohne eine Antwort abzuwarten, drängte sich Kate Blenner in den Strom der Passanten.

»Nie traf Liebe tiefer ins Herz!« Die Geige setzte wieder ein.

»Nicht so eilig!« protestierte der Professor.

Nach wenigen Schritten hatte der Nomade Kate Blenner eingeholt. »Tut mir leid, aber ich muß die ganze Zeit daran denken.«

»Mir geht es genauso. Wir müssen es ihm sagen.«

Während sie im Eingangsbereich des nächsten Hochhauses auf Pawlow warteten, blieb plötzlich eine junge, blasse Frau mit karottenrot gefärbten Haaren vor ihnen stehen. Ihr hageres, im Stil großstädtischer Büroweiblichkeit viel zu stark geschminktes Gesicht zeigte erst ungläubiges Staunen und dann freudiges Erkennen. »Na, das gibt's doch gar nicht! Kate Blenner!«

»Wie?« fragte Kate Blenner verblüfft. Der Nomade wandte sich rasch ab und tat so, als würde er die Auslagen eines Schaufensters betrachten.

»Sie sind Kate Blenner!«

»Das muß ein Irrtum sein, ich …«

»Sie wollen es nur nicht zugeben! Ich will doch bloß ein klitzekleines Autogramm.«

»Schon gut. Haben Sie etwas zu schreiben?«

»Selbstverständlich!« Die Rothaarige kramte in ihrer Handtasche.

»Beeilen Sie sich«, bat Kate Blenner nervös. »Wir … ich muß weiter. Ich habe Termine.«

»Natürlich«, sagte die Rothaarige. Sie holte ein kleines rosa Notizbuch und danach einen Filzstift heraus, der wie ein Lutschbonbon geformt war.

Der Professor hatte den Eingang inzwischen erreicht und blieb verwundert stehen.

»Geben Sie her.« Kate Blenner schrieb ihren Namen hastig in das Büchlein, das ihr entgegengehalten wurde.

»Sie ist es wirklich!« rief die Rothaarige triumphierend.

»Wer denn?« fragte eine andere Frau und blieb stehen.

»Kate Blenner!« rief die Rothaarige trotz Kate Blenners abwehrender Gesten.

»Kate Blenner?« sagte die andere, eine dickliche blonde Endvierzigerin mit dem ungesundem Teint einer Trinkerin. »Tatsächlich! He, Leute, das ist Kate Blenner!«

»Nein, das stimmt gar nicht«, sagte Kate Blenner. »Ich bin gar nicht … Ich heiße nur zufällig auch so …«

»Und sehen nur zufällig so aus, was?« lachte die Blonde und kramte in einem Jutesack. »Bekomme ich auch ein Autogramm?«

»Autogramm? Von wem?« fragte ein Mädchen und drängelte sich in den Eingang, von mehreren Freundinnen gefolgt. »Ich werd' verrückt! Kate Blenner!«

Immer mehr Menschen, meist Frauen, stürmten nun auf Kate Blenner ein. »Kate! Ein Autogramm!« Einige zückten Fotoapparate. »Kate! Schauen Sie einmal zu mir!«

Nach kurzer Zeit war der Bürgersteig blockiert, und die Schaulustigen drängten sich auch auf der Straße. Autos begannen zu hupen.

»Grant!« rief Kate Blenner, nun wie Pawlow und der Nomade hoffnungslos in der Menge eingekeilt.

»Grant?« wiederholten aufgeregte Stimmen. »Grant Behrman? Ist der auch hier?«

Der Nomade stand immer noch mit dem Rücken zu der erregten Menge. Daß er schnell etwas tun mußte, wurde ihm erst so richtig klar, als er die Polizeisirene hörte. Er drehte sich um. Die Menge wurde plötzlich ganz still.

Vor lauter Ärger über das Auftauchen Vassalos und Ceccarellis hatte Findlay kaum schlafen können. Sch...-Itaker, was beobachteten die eigentlich, den Laden hier oder ihn? Hatte er Matarese nicht seit Monaten über alles auf dem laufenden gehalten? Ihn nicht sogar früher informiert als seinen eigenen Präsidenten? Hielt man ihn etwa für unzuverlässig?

Als er sah, wie sich die Tür des Instituts öffnete und eine hochgewachsene, dunkelhaarige, ziemlich auffällig gekleidete Frau herauskam, begleitet von einer Art Santa Claus im Laborkittel, von dem sie sich unter affektiertem Getue verabschiedet hatte, war ihm gleich klar, daß es sich um diesen Rußki handeln mußte. Und die Frau war bestimmt Kate Blenner, mit einer Perücke getarnt. Er beobachtete, wie sie zu einem kleinen blauen japanischen Auto ging. Rasch nahm er den Hörer ab. Falls das wirklich die Blenner war, würde sie ihn zu Behrman führen, und dann würde Matarese schon sehen, wer besser war, der alte Duncan Findlay oder diese beiden schmalzlockigen Pizzabäcker.

»Ja«, hörte er Vassalos arrogante Stimme.

»Ich hol' mir mal einen Hamburger. Pinkeln muß ich auch.«

»Schwache Blase?«

Lacht nur, ihr Idioten. »Ihr kommt ja wohl ein paar Minuten ohne mich zurecht. Oder braucht ihr ein Kindermädchen?«

»Werd nur nicht frech, Fettwanst.«

Sieh mal an, dachte Findlay befriedigt, die Herren von der Mafia hatten nichts mitgekriegt. Waren wohl doch nicht so clever. »Keine Angst, Papi ist ja gleich wieder da.« Er ließ den Motor an und fuhr hinter dem blauen Japaner her.

36

Unschlüssig schaute er in die aufgeregte Menge. Gerade sein unsicheres Schweigen dämpfte die fast aggressive Begeisterung, denn auf die Frauen und Mädchen wirkte es einschüchternd und bedrohlich. Die sich am weitesten vorgedrängt hatten, wichen nun als erste zurück, und eine Stimme sagte: »Iiiiiii – wie sieht der denn aus!«

»Ich bin nicht Grant Behrman«, sagte der Nomade. Beschützend legte er den Arm um Kate Blenner. »Und das ist nicht Kate Blenner.«

Die Polizeisirene verstummte. Zwei Uniformierte liefen aus dem Streifenwagen auf die Menge zu. »Machen Sie die Fahrbahn frei!« rief der eine. Es war der lange, dürre Hispano mit den Pockennarben.

»Es ist wirklich ein Irrtum«, sagte Kate Blenner. »Lassen Sie mich bitte durch.« Sie drängte sich durch die Menge. Der Nomade und der Professor eilten hinter ihr her.

Ein paar Meter weiter schaltete eine Fußgängerampel gerade auf Grün, und Kate Blenner entschloß sich, die Straßenseite zu wechseln. »Nicht so schnell«, keuchte der Professor.

Auf der anderen Seite blieben sie stehen.

»Es tut mir leid, Herr Professor«, sagte Kate Blenner. »Wir hätten es Ihnen sagen sollen.«

Pawlow hob abwehrend die Hand: »Ihre privaten Angelegenheiten gehen mich nicht das geringste an.«

»Trotzdem. Das Experiment ...«

»Nein, Miss Kate. Nein, und nochmals nein. Es hätte nichts an dem Ablauf geändert, wenn Sie mich informiert hätten. Die ganze Aufregung rührt nur daher, daß Mr. Behrman offenbar diesen ... nun, diesen privaten Umstand nicht ganz aus seinen Gedanken verdrängen kann. Dadurch aber können wir uns immerhin noch etwas genauer vorstellen, wie die Rückkoppelung funktioniert. Je intensiver die Gedanken, desto schneller wirken sie auf das Programm. Dieses Plakat ...«

»Wir hatten gehofft, Sie würden es übersehen«, gestand der Nomade.

»Sie wollen bei diesem Experiment doch wohl kaum von einem Wissenschaftler begleitet werden, welchem derartige Informationen entgehen. Wenn wir uns allerdings rechtzeitig über diese neue Situation verständigt hätten, wären wir wahrscheinlich gemeinsam zu der Überzeugung gelangt, daß es sich vorteilhaft auswirken könnte, wenn Miss Kate ebenfalls ihr Aussehen etwas verändert.«

»Ich hole mir auch eine Sonnenbrille. Und eine Perücke dazu.«

»Lassen Sie mich das übernehmen«, sagte Pawlow. »Ich bin hier wohl am wenigsten bekannt.« Er eilte zwischen den Schaukästen davon.

Kate Blenner sah den Nomaden an. »Bereust du es?«

Der Nomade schüttelte heftig den Kopf. »Dieser blöde Film!«

Sie lächelte. »Mach dir nichts draus. Was meinst du, wie es in meinem Kopf aussieht.«

»Wie denn?«

»Das sage ich dir lieber nicht.« Sie öffnete ihre Handtasche und schaute hinein.

»Was suchst du?«

»Haarklammern. Eine Dame hat so was immer dabei. Und hier sind sie auch schon.«

Er räusperte sich. »Ich möchte dir etwas sagen, Kate. Ich meine, es ist jetzt nicht der richtige Zeitpunkt …«

»Wofür denn?«

»… der Professor kann jeden Moment zurückkommen, und das Programm hört uns sowieso andauernd zu, aber wenn wir das hier hinter uns haben, hoffe ich, daß wir mehr Zeit füreinander haben werden. Viel mehr Zeit. Das wollte ich dir nur sagen.«

Sie klemmte ein paar Haarklammern zwischen ihre Lippen und begann, sich die Haare hochzustecken. »Ich hatte dich gewarnt«, sagte sie ein wenig undeutlich. »Ich habe dir gesagt, daß ich bei diesem Experiment sehr viel über dich erfahren würde.«

»Es ist nicht so, daß ich Geheimnisse vor dir haben möchte.«

Prüfend betastete sie das festgesteckte Haar. »Wenn nichts Schlimmeres kommt … das hier ist wirklich harmlos.«

»Hoffentlich bleibt das so«, sagte er ehrlich.

»Du hättest ja auch in so einem Liebesschinken mitspielen können«, sagte sie. »Als Casanova von Silicon Valley. Nomade in tausend Betten.«

»Hör auf.«

»Am besten, du streichst die letzte Nacht aus deinem Gedächtnis, sonst treten wir hier noch in einem Erotikfilm auf.«

»Bitte, Kate!«

»Vorsicht, da kommt der Professor.«

»Geschafft«, sagte Pawlow. »Es wird nicht lange vorhalten, fürchte ich, weil Grant Ihre Vermummung ja kennt, aber wenigstens hält es Ihnen erst mal Autogrammjäger vom Leib.«

Kate Blenner setzte die schwarze Perücke auf und nahm die Sonnenbrille aus dem Etui.

»Noch sechs Stunden und fünfundfünfzig Minuten.«

Sie verließen die Eingangshalle und gingen im Strom der Passanten mit. Die Wolkenkratzer standen wie Türme und Läufer auf einem riesigen Schachbrett, und Pawlow erläuterte nun laufend Einzelheiten der phantastischen Szenerie. »Schon das Schema der blickmotorischen Zentren entspricht in seiner Komplexität ungefähr dem Schaltplan eines Kernkraftwerkes ...«

»Und wieso weiß ich plötzlich so viel darüber?«

»Das allermeiste dürfte naturgemäß schon im Programm Ihres Herrn Bruders enthalten gewesen sein. Außerdem speicherte Ihr Gehirn auch diejenigen Zeichnungen ab, welche Sie in dem Anatomieatlas nur überblätterten. Das Gedächtnis enthält stets viel, viel mehr, als das Bewußtsein weiß.«

Auf einem riesigen Leuchtband wechselten sich zwei Informationen ab: »Temperatur: 25 Grad« und »Noch sechs Stunden und fünfzig Minuten«.

Sie überquerten einen kleinen Platz, auf dem sie einen Schwarm emsig trippelnder Tauben vor sich hertrieben, und folgten dann einer breiten Straße nach rechts; nach Westen, wie der Nomade empfand, »in kaudale Richtung«, wie der Professor feststellte, nicht ohne die Erläuterung, daß »kaudal« soviel bedeute wie »in Richtung der unteren Körperregionen«, die Straße also in Wirklichkeit eine Nervenfaser sei, die im Hinterkopf schräg nach unten führe. Sie hieß »Young Avenue« und war einem Schild zufolge nach »Thomas Young 1773–1829« benannt. An einem Hochhaus stand TRICHOMATISCHES SEHEN. Davor drängten sich Tausende von Menschen mit roten, blauen oder grünen Köfferchen, Taschen und Mappen, und Pawlow erklärte: »Young fand als erster heraus, daß die Netzhaut aus nur drei Grundfarben praktisch alle Farbtöne zu mischen vermag. Normal farbtüchtige Menschen vermögen damit immerhin rund sieben Millionen verschiedene Farbnuancen wahrzunehmen.«

Andere Schilder wiesen den Weg zu Zentren mit Namen wie FARBENANALYSE, TIEFENWAHRNEHMUNG oder BEWEGUNGEN. Unter den Geschäften fanden sich besonders viele Läden für Brillen, optische Geräte, Lampen und Spiegel.

An der nächsten Straßenecke saß ein alter Indianer und ließ zwischen den Fingern seiner rechten Hand feine weiße Körner auf den Bürgersteig rieseln. Vor seinen gekreuzten Beinen war bereits ein großes, kompliziertes Mosaik entstanden. Aus einem kleinen Transistorradio neben dem Künstler klang klassische Musik.

»Beethoven. Fünftes Klavierkonzert«, sagte Pawlow. Die Musik wurde ausgeblendet, und eine Zeitansage folgte: »Noch sechs Stunden und fünfundvierzig Minuten.«

Als der Nomade das Bild genauer betrachten wollte, wischte der Indianer mit der Hand über das Kunstwerk, und die leuchtend bunten Sandkörner vermischten sich zu einem unansehnlichen graubraunen Haufen.

»He«, sagte der Nomade verblüfft.

Der alte Indianer machte sich nicht die Mühe aufzublicken. »Haut ab«, sagte er.

»Pardon«, sagte Pawlow. »Wir wollten Sie nicht stören.«

»Verschwindet. Ihr gehört nicht hierher. Geht dorthin, wo ihr hergekommen seid.«

Pawlow sah den Nomaden an und zuckte die Achseln. Kate Blenner schüttelte verwundert den Kopf.

Der nächste Büroturm beherbergte eine KOMMISSION FÜR OPTISCHE TÄUSCHUNGEN. Auf einem großen Poster, das für eine Ausstellung im Foyer des Gebäudes warb, waren Treppen abgebildet, die auf verwirrende Weise so ineinander übergingen, daß nicht zu erkennen war, ob sie nach oben oder nach unten führten. Darunter stand in Großbuchstaben ESCHER. Sie gingen näher heran und lasen: »Maurits Cornelis Escher 1889–1972. Seine mathematisch durchdachten Gedankenbilder vereinen verschiedene Beobachtungsebenen in einer einzigen Raumperspektive. Eintritt frei.«

»Vorsicht, Grant«, warnte Kate Blenner, »die Eingangstür spiegelt ziemlich stark.«

Pawlow zeigte auf ein Schild mit dem Symbol einer Magnetschwebebahn: ZUM SCHLÄFENLAPPEN. »Von dort können wir vermutlich unbemerkt nach Thalamus Center vorstoßen.«

Vor dem gläsernen Außenaufzug mahnten Messingschilder: »Achtung! Nur für Reizänderungen!« Pawlow trat als erster hinein. Kate Blenner und der Nomade folgten ihm zusammen mit ungefähr fünfzig anderen Passagieren. Mit warnendem Piepen schlossen sich die automatischen Türen, und der Lift begann, rasant zu beschleunigen. Unter dem durchsichtigen Fußboden wurden Passanten und Autos rasch kleiner, und der Nomade schluckte heftig, um das Schwindelgefühl zu bekämpfen. Nach wenigen Sekunden hielt der Fahrstuhl in gut sechzig Metern Höhe auf einer großen, rundum verglasten Plattform, von der sich ein atemberaubender Blick auf Cerebrum City bot. Der Nomade beeilte sich, den Lift zu verlassen.

»Warum denn nur für Reizänderungen?« fragte er.

»Weil diese dem Bewußtsein am schnellsten gemeldet werden müssen«, antwortete der Professor. »Wenn aus Hell plötzlich Dunkel wird oder umgekehrt, dann bedeutet das für ein Lebewesen in freier Natur immer Gefahr.«

Eine halbe Minute später sauste mit leisem Summen eine silbern funkelnde Magnetschwebebahn heran. Der Zug bestand aus vier Wagen mit jeweils rund zweihundert Sitzen. »Sehen wir zu, daß wir Fensterplätze bekommen«, sagte der Professor und drängelte sich verblüffend gewandt durch die Menge der Wartenden. Ein leiser Gong erklang, und die bekannte Frauenstimme meldete: »Noch sechs Stunden und vierzig Minuten.«

Während sie zwischen den Hochhäusern hindurchrasten, machte Pawlow sie immer wieder auf besonders interessante Institutionen aufmerksam. Sie trugen Namen wie »Zentralamt für Entfernungsmessung«, »Konvergenzbehörde« oder »Querdisparation« und hatten mit den Augenbewegungen zu tun. Eine riesige Plattform, auf der zahlreiche Hubschrauber standen, trug die Aufschrift ALARMZENTRALE. Dann wurde die Magnetschwebebahn langsamer, und eine Stimme aus dem Lautsprecher sagte: »Nächste Station Hauptwache. Umsteigen zum Hirnstamm.«

Der Zug hielt an, und einige Fahrgäste stiegen aus. Kurz darauf kamen neue Passagiere herein; sie trugen die Uniformen privater Sicherheitsdienste, und Pawlow erklärte leise: »An dieser Stelle kommen Nervenfasern aus dem Hirnstamm an, welche den Wachheitsgrad und die Aufmerksamkeit erhöhen.«

Zu einem riesigen Umspannwerk am Horizont sagte er: »Wahrscheinlich eine Verbindung zum Hypothalamus, welcher den Wach-Schlaf-Rhythmus steuert.« Und zu einem Fernsehturm in rund fünf Kilometern Entfernung: »Könnte eine Art Richtfunkverbindung zur Area prätectalis darstellen, welche Informationen zur Einstellung der Pupillenweite liefert.«

»Noch sechs Stunden und fünfunddreißig Minuten.«

Plötzlich tauchten unter ihnen zahlreiche Buden, Karussells, eine Achterbahn und ein großes Riesenrad auf.

»Offenbar schon ein Vorläufer emotionaler Informationsverarbeitung«, meinte der Professor.

Im hinteren Teil des Vergnügungsparks fuhren Geisterbahnen durch abenteuerliche Kulissen. Dazwischen lagen Irrgärten, ein Wachsfigurenkabinett und ein Panoptikum. Animateure liefen als Gespenster, Skelette, Mumien, Werwölfe und andere Gruselgestalten umher.

»Und was ist das?« fragte der Nomade.

»Hmmmm ... Es kann sich nur um das Eigengrau handeln. Wenn wir uns längere Zeit im Dunkeln aufhalten, erscheint unsere visuelle Wahrnehmung nicht schwarz, sondern grau. Es bleibt nicht konstant, sondern wirkt fließend, und deshalb gehen von ihm die verschiedensten Sinnestäuschungen aus. Zum Beispiel sehen wir plötzlich Gesichter oder Gestalten und mit etwas Phantasie, absichtlich oder unabsichtlich, sogar Geister und Gespenster. Wir dürfen wohl annehmen, daß viele unserer Mythen, und wohl gerade die unheimlichsten, in diesem Eigengrau entstanden oder wenigstens von ihm beeinflußt wurden. Das limbische ...«

»Noch sechs Stunden und dreißig Minuten.«

»... System spielt dabei eine große Rolle, da es die optischen Informationen mit Gefühlen anreichert, also auch mit Angst. Auch sonst hat es viel mit dem Sehen zu tun. Die Verbindung läuft über die Stadtautobahn, auf der Sie fuhren, diese Windung beim Hippocampus. Wenn sie unterbrochen ist, können Sie keine Gesichter mehr unterscheiden. Dann erkennen Sie Ihre eigene Mutter nicht mehr.«

»Dieser Highway war in einem ziemlich schlechten Zustand«, erinnerte sich der Nomade besorgt.

»Leider. Ich fürchte sogar, daß diese Zerstörungen die Ursache für den Zustand Ihres Herrn Bruders darstellen. Ohne Verbindung zum Hippocampus besitzt man praktisch keine Möglichkeit zur räumlichen Orientierung mehr. Vielleicht irrt Ihr Herr Bruder jetzt bei vollem Bewußtsein durch sein komatöses Gehirn wie durch ein auswegloses Labyrinth.«

37

Der Professor sprach weiter, aber der Nomade hörte kaum noch zu, denn seine Phantasie schuf höchst emotionale Bilder: Allan als Blinder im Straßengewirr einer menschenleeren Stadt. Als abgestürzter Pilot in einem undurchdringlichen Dschungel. Als von der Piste abgekommener Forscher in einer weglosen Wüste, als Jagdbeute des Minotaurus in der Finsternis unterweltlicher Höhlengänge …

»Noch sechs Stunden und fünfundzwanzig Minuten.«

Erneut zogen Hunderte von Hochhäusern vorüber. Mit ihren zahlreichen Parabolantennen, Rundstrahlern und Dipolkreisen wirkten sie wie die Bäume und Büsche einer außerirdischen Biosphäre. »Eine der jüngsten Regionen des Gehirns«, meinte der Professor. »Sie bildete sich erst mit dem aufrechten Gang.«

»Nächste Station Area vierzig Raumwahrnehmung. Umsteigen zu Mimikrezeption und Neuigkeits-Detektor«, hallte es aus dem Lautsprecher.

»Hier müssen wir aussteigen«, sagte der Professor.

Vom Bahnsteig führten Rolltreppen durch große Tunnel zu einer unterirdischen Station. Auf der anderen Seite entdeckte der Nomade einen Kiosk. »Wir sollten uns ein paar Zeitungen holen.«

»Hmmmm … Möglicherweise gehören sie nur zur Dekoration.«

»Wir werden ja sehen.« Der Nomade eilte zu dem gelben Holzhäuschen. »Einmal ›Cerebrum Post‹«, sagte er zu dem Zeitungsverkäufer, einem kleinen, alten Mann in einem weißen Kittel mit dem Aufdruck eines Klatschmagazins.

»Sie machen wohl Witze!« sagte der Mann mit der Unverblümtheit seines Berufsstandes. »Wissen Sie, wie spät es ist?«

»Dann geben Sie mir den ›Cortex Enquirer‹.«

»Kenne ich überhaupt nicht.«

»Was haben Sie denn?«

»Schauen Sie gefälligst selber nach!« Mürrisch deutete der Kioskbesitzer auf den Zeitungsständer. Erst jetzt erkannte der Nomade, daß der Alte genauso aussah wie ein Zeitungsverkäufer in San Jose, mit dem er sich vor Jahren einmal über das Wechselgeld gestritten hatte. Rasch nahm er eine »Brain Times« und hielt dem Mann einen Fünfdollarschein hin.

»Sie kriegen noch was raus«, sagte der Verkäufer und kramte in seiner Kasse.

»Schon gut«, sagte der Nomade, stieg wieder auf die Rolltreppe und begann zu lesen. Die Titelzeile hieß »Neue Rätsel um den Präsidenten«. Darunter stand: »Das FBI und die Geheimdienste haben die Suche nach dem Präsidenten gestern mit allen verfügbaren Kräften fortgesetzt. Trotzdem konnte der Aufenthaltsort des Präsidenten noch immer nicht ermittelt werden ...«

Der Nomade hörte seinen Namen rufen und sah Kate Blenner winken.

»... Während der Stabschef des Weißen Hauses, Plotin Z. Basil, vor Panikmache warnte, wurden in der Umgebung von Pressechef Josh Afat Gerüchte laut, nach denen der Präsident das Opfer einer schweren Gemütsverwirrung als Folge einer Liebesaffäre geworden sein könnte.«

Durch den Verkehrslärm hörte er plötzlich Marschmusik, und in einigen hundert Metern Entfernung bog eine Militärparade auf den breiten Boulevard ein. Die Soldaten trugen olivgrüne Stahlhelme und gefleckte Kampfanzüge. Auf den Karabinern blitzten Bajonette.

»Was hat das nun wieder zu bedeuten?« fragte der Nomade, als er schließlich bei den anderen stand.

»Adrenalin-Moleküle«, sagte Kate Blenner. »Das gefällt mir überhaupt nicht.«

Als die Kapelle an ihnen vorüberzog, spielte sie das Begrüßungslied für den Präsidenten: »Hail to the Chief«.

»Noch sechs Stunden und fünfzehn Minuten.« Die Zeitansage ging in dem Getöse fast unter.

»Hier«, sagte der Nomade. »Gleich oben auf der ersten Seite.«

Der Professor schob die Brille auf die Stirn. »Hmmmm ... Als insgesamt ermutigend hat der Internationale Währungsfonds die derzeitige Lage der Weltwirtschaft bezeichnet. Die gegenwärtige Wachstumsphase dürfte sich in zufriedenstellender Weise fortsetzen.« Er schaute den Nomaden fragend an.

»Ganz oben, ›Neue Rätsel um den Präsidenten‹ oder so ähnlich.«

»Aber das ist ganz oben«, sagte Pawlow. »Die Titelzeile lautet ›Währungsfonds nennt die Lage der Weltwirtschaft ermutigend‹.«

»Geben Sie her«, sagte der Nomade ungeduldig. »Tatsächlich«, ergänzte er dann kopfschüttelnd. »Das begreife ich nicht. Eben stand hier noch ein Artikel über den Präsidenten.« Er erzählte, was er gelesen hatte.

»Hmmmm ... Offenbar sind sich zwei Autoritäten nicht ganz einig, welche Informationen sie uns zukommen lassen wollen. Daraus müssen wir wohl schließen, daß sich etwas zusammenbraut.«

Der nächste Zug kam. Sie stiegen ein.

»Von der Hörrinde dicht unterhalb der Schläfe führt eine Direktverbindung zum Brocaschen Zentrum, in dem die Worte gebildet werden, also in die Region, in welcher wir den letzten Satz Ihres Herrn Bruders rekonstruierten«, erklärte der Professor.

Sie fuhren durch mehrere Tunnel. Kurz darauf wurde es hinter den Fenstern schlagartig hell, und der Zug rollte in einen Bahnhof, der noch weit größer als der seitliche Kniehöcker schien.

»Thalamus Center«, sagte eine Stimme aus dem Lautsprecher, und gleich danach: »Noch fünf Stunden und fünfundfünfzig Minuten.«

Der Professor drängte sich so eilig durch die Menge, daß die anderen Mühe hatten, ihm zu folgen. Am Ausgang blieb er stehen und schickte wieder Kate Blenner vor.

Der Boulevard vor dem Bahnhof war hoffnungslos überfüllt. Der Nomade zählte acht Fahrspuren in jeder Richtung. Auf den fast dreißig Meter breiten Bürgersteigen ging es zu wie zur Hauptgeschäftszeit auf einem orientalischen Markt. Menschen aller Hautfarben schoben sich zwischen Buden, Bettlern und parkenden Autos hindurch. Das Hupen und der Motorenlärm, die kreischenden Fahrgeräusche der Straßen- und Hochbahnen, das vielstimmige Geschrei der Straßenhändler, das Geplärr aus zahllosen Transistorradios, die Werbesprüche aus den Lautsprechern an den Eingängen der Kaufhäuser und immer wieder aufheulende Sirenen von Streifenwagen und Ambulanzen verbanden sich zur kakophonen Symphonie jener Art postmoderner Zivilisation, die das Alltägliche immer größer, lauter und anstrengender macht.

Pawlow studierte die großen Tafeln an den gegenüberliegenden Gebäuden: »SSFSP 23. Schaltstation für somatosensorische Prozesse, Abteilung 23. Reizkontrolle.« Dahinter folgte eine »Prüfungsstelle für Koffein-Toleranz«, in der entgegengesetzten Richtung lag eine »Agentur für Lustempfindungen«.

Zum ersten Mal schien der Professor unschlüssig. »Hier herrscht wirklich sehr viel weniger Ordnung, als ich erwartete. Aber das Gehirn entstand ja auch nicht nach einem Schaltplan, sondern es entwickelte sich im Laufe von Jahrmillionen mit immer neuen spontanen Mutationen gemäß den Erfordernissen der Evolution. Insofern gleicht Cerebrum City einer Metropole, welche originär nur ein Dorf war, ein paar Bauernhöfe um einen Teich, realiter das primitive Gehirn eines Einzellers, ein Flecken, der dann mehr wucherte als wuchs ...«

Der Nomade spürte ein Zupfen am Ärmel. Hinter ihm stand ein älterer Herr in einem abgewetzten schwarzen Anzug; er trug eine gestreifte Fliege und eine Baskenmütze. »Verzeihen Sie, Monsieur, wissen Sie, wie spät es ist?«

Aus dem Gedränge rief jemand: »Noch fünf Stunden und fünfundvierzig Minuten.«

»Danke«, sagte der Mann und ging weiter.

»Hmmmm ... Eine originelle Art, uns die Zeit mitzuteilen. Das Programm scheint auf Abwechslung konzipiert. Gut. Veränderungen schärfen die Aufmerksamkeit. Miss Kate, Sie gehen am besten wieder voraus.«

38

Kate Blenner gab sich einen Ruck wie ein Schwimmer, der sich vom Rand eines Beckens abstößt, erreichte den Straßenrand und blickte im Strom der Passanten aufmerksam nach allen Seiten.

An den Hochhäusern standen jetzt Namen wie »Generalverwaltung schnelle Schmerzbahn, Schaltstelle B« oder »Bundesamt für subjektive Schmerzerfahrung«. Die Straßen trugen wieder Namen von Forschern

»Kate!« rief der Professor, und sie wartete. »Sehen Sie das große rote Gebäude mit dem Symbol, welches wie ein Hammer aussieht? Nucleus ventrobasalis. Zentrum für Druckempfindungen. Demnach befinden wir uns auf dem richtigen Weg.«

»Die vielen Verkehrspolizisten sind Noradrenalin-Moleküle«, vermutete Kate Blenner.

Sie kamen an einer »Bundesprüfstelle für erlernte Angst und Furcht« vorbei. Auf der gegenüberliegenden Straßenseite sahen sie den überdimensionalen Bau einer »Gesellschaft für Schlafforschung und Schlafmedizin«. Dann folgten eine »Vigilanzbehörde« und eine »Geschmacksbahndirektion«. Hinter einem Bauzaun stand ein verfallenes Gebäude. Die Ziegel der Fassade waren rußgeschwärzt, in den Fenstern fehlten die Scheiben.

Der Nomade entzifferte die Plakate auf dem Zaun. »Keine Macht den Drogen!« Plötzlich wirkten die leeren Fensterhöhlen bedrohlich.

»Hmmmm ... Verfügen Sie über diesbezügliche Erfahrungen?«

»Ich hab' mal Pot geraucht«, gab der Nomade widerstrebend zu. »Auf der Highschool war das nicht zu vermeiden. Aber nur ein einziges Mal.«

Auf Schildern neben dem Eingang las er »Bundesbeauftragter für Drogenfragen«, »Fachverband Sucht« und »Gesamtverband der Suchtkrankenhilfe«. Kopfschüttelnd betrachtete er das zerstörte Gebäude. »Es kann doch nicht sein, daß das von einem einzigen Joint kommt!«

»Natürlich nicht. Der schlechte Zustand zeigt im Gegenteil, daß Sie die Wahrheit sagten. Beunruhigt wäre ich, wenn hier ein hochmodernes Suchtberatungszentrum stünde, denn dann müßte man davon ausgehen, daß Sie Kokain oder Heroin nahmen.« Er lauschte. »Hören Sie das auch?«

Die dumpfen Töne schienen von einer Kesselpauke zu stammen. »Noch eine Militärparade?« fragte der Nomade.

»Das glaube ich nicht«, sagte Kate Blenner. »Adrenalin wird im Thalamus nur ziemlich selten freigesetzt.«

Die Paukenschläge wurden lauter, und immer mehr Menschen blieben stehen. Der Nomade balancierte auf den Zehenspitzen und schaute über die Menge hinweg. Hinter Kolonnen von Autos, die im Schrittempo fuhren, entdeckte er berittene Polizei. Er aktivierte die automatische Meßeinrichtung in seinem Gesichtsfeld. »135 m. 3,65 km/h. Annäherung in 2:42,30 Sekunden.«

»Kannst du was sehen?« fragte Kate Blenner, die sich ebenfalls auf die Zehenspitzen gestellt hatte.

»Autos und berittene Polizisten.«

»Achtung, Achtung«, hörten sie einen Lautsprecher. »Hier spricht die Polizei. Bitte halten Sie die Straße frei. Ich wiederhole: Bitte halten Sie die Straße frei!«

»Klingt nach einer Demonstration«, meinte der Nomade. Jetzt konnte er hinter den berittenen Polizisten eine Gruppe von Menschen in langen Gewändern erkennen. Aus dem Getümmel ragte die Spitze eines Balkens.

»Hmmmm ... Sehen Sie irgendwelche Transparente?«

»Nein. Lieber Himmel, die schleppen sich ja förmlich vorwärts.«

»Vielleicht wollen sie Mitleid erwecken«, vermutete Kate Blenner.

Die letzten Autos der Kolonne rollten vorbei. Hinter ihnen ritten die Polizisten.

»Jetzt sehe ich sie auch«, sagte Kate Blenner. »Das ist kein Balken. Das ist ein Kreuz.«

»Ein Kreuz?« fragte der Nomade verdutzt. »Tatsächlich!«

»Hmmmm ... Also ein religiöser Umzug.«

»Die haben ja doch ein Transparent,« sagte Kate Blenner. »Das Ende ... Das Ende der Welt ...«

»Das Ende der Welt ist nahe«, half der Nomade. Sofort fiel ihm die Schlagzeile der »Cerebrum Post« wieder ein. »Da haben sich ein paar Typen als Römer verkleidet«, fügte er hinzu.

»Tatsächlich«, bestätigte Pawlow. »Offenbar soll dieser Umzug die Passion darstellen.«

Der Nomade fühlte sich etwas unbehaglich. Zum ersten Mal seit Jahren fiel ihm auf, wie wenig er von diesem Thema wußte. Konnte sich das hier nun etwa negativ auswirken?

Die Polizisten ritten mit gelangweilten Mienen vorüber. Der Jesusdarsteller hinter ihnen trug ein knöchellanges, ziemlich verdrecktes Hemd aus grober brauner Wolle. Es war so dünn, daß man darunter die Konturen eines kleinen, hageren Körpers erkennen konnte. Die Dornenkrone auf den schwarzen verfilzten Haaren war ebenso aus Plastik wie das Kreuz. Die nackten Füße steckten in billigen Gummisandalen.

Die Soldaten spazierten nebenher, als ginge sie das alles nichts an. Hinter ihnen kamen etwa zwei Dutzend Jüngerinnen und Jünger in den verschiedensten Kostümen, deren Wahl nur in den höchst unzureichenden Kenntnissen begründet liegen konnte, die ihre Träger von den Kleidersitten des Heiligen Landes besaßen. Mahnende Rufe erklangen: »Kehret um, solange noch Zeit ist!«

Meinen die etwa uns? fragte sich der Nomade. Genau vor ihm brach der Jesus augenrollend in die Knie und krümmte sich wie unter großen Schmerzen.

Einer der Legionäre stieß ihn mit dem Fuß an. »Weiter!«

Als der Mann sich nicht rührte, kam ein anderer Römer auf den Nomaden zu. »Du trägst ihm das Kreuz!«

Aus den Augenwinkeln sah der Nomade, daß die berittenen Polizisten ihre Pferde gezügelt hatten und neugierig zuschauten. Der Römer hob sein Plastikschwert und drückte ihm die Spitze gegen die Brust. »Ich denke, ihr seid alle Brüder!«

Der Nomade überlegte, ob er sich einfach umdrehen und weggehen sollte, aber er war so fest in der Menge der Zuschauer eingekeilt, daß ein Rückzug nicht ohne Aufsehen möglich war.

»Ich tue es«, sagte ein junger Mann in dem dunkelgrauen, schlechtsitzenden Anzug eines kleinen Bürobediensteten. »Ich bin Simon von Cyrene.« Das Gesicht kam dem Nomaden irgendwie bekannt vor.

Die Zuschauer klatschten Beifall; einige riefen: »Bravo!«

Der Jesus-Darsteller rappelte sich nun wieder auf und schlurfte hinter dem Kreuz her. Erst als er ganz dicht an ihm vorübertrottete, erkannte der Nomade, daß der kleine, hagere Mann mit der schwarzen Perücke, dem angeklebten Bart und der dicken braunen Schminke sein Bruder war.

Kate Blenner hörte das plötzliche Keuchen. »Was ist mit dir?«

»Dieser Jesus – wenn man sich die Perücke, den Bart und die Schminke wegdenkt, sieht er aus wie Allan!«

»Wirklich?« Verwundert blickte sie dem Mann nach.

»Ja.« Der Nomade atmete noch ein paarmal tief durch. »Ich glaube, ich hatte ein schlechtes Gewissen, weil ich ihm nicht geholfen habe.«

»Wie hätten Sie das auch tun können«, sagte der Professor. »Es wäre bodenloser Leichtsinn gewesen, sich in dieser Situation derartig zu exponieren.«

»Das dachte ich eben auch«, sagte der Nomade. »Und trotzdem – irgendwie hatte sich in meinem Kopf etwas zusammengeschaltet: Jesus, mein Bruder, das Kreuz ... Ich verstehe es selber nicht.«

»Es handelte sich um eine Halluzination«, sagte der Professor überzeugt.

»Vielleicht war es auch eine Botschaft«, sagte der Nomade, »ein Lebenszeichen von Allan.«

»Ich glaube, es waren Endorphin-Moleküle«, sagte Kate Blenner. »Als Schauspieler metaphorisiert, die starke Gefühle auslösen sollen. Genauso, wie das Programm Adrenalin-Moleküle als Soldaten darstellt und Noradrenalin-Moleküle als Polizisten und vielleicht auch als Feuerwehrleute. Dopamin-Moleküle müßten dann etwas mit Technik zu tun haben, und Serotonin-Moleküle werden wahrscheinlich als Ärzte und sonstiges medizinisches Personal eingesetzt.«

»Hot Dogs«, rief eine Stimme hinter ihnen. »Heiße Würstchen! Noch fünf Stunden und fünfunddreißig Minuten!«

»Am besten gehen wir noch zwei oder drei Blocks weiter«, schlug Pawlow vor. »Wenn wir bis dahin immer noch keinen Hinweis auf das

Tor des Bewußtseins entdecken können, müssen wir vielleicht in einem dieser Gebäude bis zum obersten Stockwerk fahren und die Lage von dort sondieren.«

Die Häuser wurden niedriger, der Wirrwarr auf der Straße aber noch größer.

An einer Kreuzung hielt direkt neben ihnen ein alter Studebaker. Am Steuer saß ein Junge von kaum mehr als sechzehn Jahren. Aus dem Autoradio tönte eine Zeitansage: »Noch fünf Stunden und dreißig Minuten!« Als die Ampel auf Grün schaltete, gab er kräftig Gas und startete mit quietschenden Reifen.

»Das war ich«, sagte der Nomade verblüfft. »Ich fuhr auch mal so einen Wagen.«

»Tatsächlich?« Der Professor schien eher besorgt als verwundert. »Dann setzt sich jetzt wohl doch allmählich die Rückkoppelung durch. Wir müssen uns beeilen.« Er zeigte nach vorn. »Vielleicht hilft das uns weiter.«

»Was denn?« fragte der Nomade.

»Die Kirche«, sagte Kate Blenner.

Rund hundert Meter vor ihnen stand zwischen den Backsteinfassaden älterer Hochhäuser ein Sakralbau im Stil des Gothic Revival mit Blendarkaden, einem römischen Triumphbogen und einem breiten Gesims mit Attikageschoß; die Fassade wirkte auf den Nomaden, als sei sie aus einem Holzbaukasten zusammengesetzt, wie er ihn als kleiner Junge einmal besessen hatte.

»Wie kommt denn eine Kirche …?« Er ließ den Satz unvollendet.

»Hmmmm … Erst diese nachgestellte Passion, jetzt dieses Gotteshaus, offenbar erst vor kurzem renoviert …«

»Da ist auch noch ein Denkmal«, sagte der Nomade. »So ein Reiterstandbild.«

Als sie schon fast davorstanden, erkannten sie, daß das Tier ein monströses Fabelwesen war, mit den zum Sprung gekrümmten Hinterbeinen eines riesigen Laufvogels, mit Sichelkrallen bewehrten Vorderfüßen und einem Saurierkopf, aus dessen Maul dolchlange Zähne ragten. Der Reiter paßte perfekt zu dieser schlichten Darstellung von Schrecken: Er war nackt, muskelbepackt und schwang eine Keule wie ein Urzeitheld auf den Packungen pseudohistorischer Computerspiele. Das Gesicht aber, das wilde Schlangenhaare umrahmten, war ohne Zweifel das seine. Auf dem Sockel glänzten goldene Lettern: »ST. EGO«.

»Dort steht es noch mal«, sagte Kate Blenner. Über dem zehn Meter hohen Spitzbogen des Hauptportals lasen sie in noch größeren, ebenfalls goldenen Buchstaben »KIRCHE ZUM HEILIGEN ICH«.

Zum ersten Mal seit seiner Kindheit befiel den Nomaden wieder das diffuse Gefühl einer rational nicht erklärbaren und dennoch fast körperlich spürbaren Scheu vor geheimnisvollen, unergründlichen, mystischen, heiligen Dingen.

Vor der Tür standen Blumenkübel aus Marmor mit verdorrten Brombeersträuchern und welken Rosen. Aus dem Pflaster wuchs ein gut zehn Meter hoher Baum mit gelblichen, rot gezeichneten Blüten. Auf einer grüngestrichenen Bank lag wie vergessen ein Taschenbuch.

»Ich zuerst«, sagte Kate Blenner.

Der Nomade drückte die schwere Bronzetür auf, und Kate Blenner ging hinein. Der typische kühle Hauch großer, massiv gebauter Gewölbe wehte ihnen entgegen.

»Ich hätte nicht gedacht, daß mein Ego sich in meinem Kopf eine Kirche gebaut hat.«

Die Tür öffnete sich wieder. »Du kannst kommen«, sagte Kate Blenner. Sie hatte die Sonnenbrille abgenommen.

Der Nomade ging hinein; der Professor folgte ihm. Die Tür schloß sich wieder mit einem dumpfen Geräusch von Würde, ja Erhabenheit und, wie der Nomade empfand, einer Art von Endgültigkeit.

Der erste Eindruck war schiere Größe, der erste Gedanke verblüfftes Staunen, denn der Innenraum war viel größer, als die Fassade hatte erwarten lassen. Die mehrere Meter dicken Pfeiler trugen über gotischen Arkaden ein üppig verziertes Triforium. Über diesem Laufgang begannen die wahrhaft riesigen Fenster des Mittelschiffs. Die farbigen Glastafeln zeigten vertraute Personen: die erste einen Mann in der Uniform eines Master Sergeants der Army vor einem Hügel, auf dem ein Wald aus riesigen stab-, schüssel-, schirm- und kugelförmigen Antennen stand; die zweite eine blonde Frau, die eine schwarze Katze auf dem Arm trug; und die dritte einen Jungen in einem Rollstuhl. Es duftete nach Weihrauch, aber nach einer Weile registrierte der Nomade auch Gerüche nach Moschus, Kokosöl und Teer.

»Ziemlich groß«, sagte Kate Blenner. Obwohl sie ihre Stimme dämpfte, klang sie unnatürlich laut.

»Das sind wohl Ihre Eltern«, sagte der Professor mit einem Blick auf die Fenster. »Und Ihr Herr Bruder.«

»Ja.«

Sie gingen durch das Querschiff und kamen zu einem Seitenaltar im gotischen Stil. Die Bilder zeigten einen kleinen Jungen, einen Jugendlichen und einen jungen Mann in verschiedenen Situationen: Der Junge angelte, fuhr auf einem Rad und las in einem Buch. Der Jugendliche saß in einer Schulbank, an einem Computer und am Steuer eines Autos. Der junge Mann tanzte mit einem Mädchen im blauen Kleid, nahm im Talar sein Abschlußzeugnis entgegen und stand mit einem anderen jungen Mann, der fast zwei Köpfe kleiner war, vor einem kleinen, aber hochmodernen Bürogebäude.

»Der Altar der Erinnerungen«, sagte Pawlow.

»Ja, das bin alles ich. Mit meinem ersten Fahrrad, meinem ersten Computer und meinem ersten Auto.« Er erklärte auch die anderen Figuren. »Das da unten, der mit den langen Haaren und dem Stirnband, das ist Hank.«

Daneben war eine Lücke, als wäre eine Figur entfernt worden. »Und dort hat vermutlich Wally gestanden.«

»Wally?« fragte Kate Blenner.

»Ja. Ich habe dir doch erzählt, daß wir Freunde waren.«

»Wer?« fragte Pawlow.

Der Nomade erzählte es ihm.

»Seltsam, daß eine Lücke zurückgeblieben ist«, sagte Kate Blenner. »Genausogut hätte das Programm doch jede Erinnerung auslöschen können.«

»Bei sehr starken Gefühlen funktioniert das nicht«, erklärte der Professor.

An der Kanzel entdeckte Kate Blenner ein farbiges Holzrelief, das den Kampf des Erzengels Michael darstellte. Sie fand es nicht verwunderlich, daß der Sieger wie der Nomade aussah, aber es erstaunte sie, daß der feuerspeiende Drache menschliche Züge trug. Fasziniert betrachtete sie das hübsche, hochmütige Gesicht auf dem monströsen Körper. »Ist das Wally?«

»Ja.«

»Diese Augen … wirklich faszinierend. Sind sie tatsächlich so hell? Ich meine, im Original?«

»Ja.«

»Die Farbe der Naturdämonen«, stellte Pawlow fest. »Auch der Basilisk sendet seinen tödlichen Blick aus hellblauen Augen.«

»Ist das ein Drache?« fragte der Nomade.

»Ein Mischwesen zwischen Schlange, Drache und Hahn. Der Name kommt aus dem Griechischen, aber der größte Teil der Legende entstand erst im Mittelalter; damals galt der Basilisk als Symbol für den Teufel.«

Der Professor wandte sich nach links und ging durch das Mittelschiff in den Chor. Der Nomade folgte ihm, Kate Blenner aber blieb stehen und betrachtete weiter das arrogante Gesicht. Das Streulicht, das durch die Glasfenster hereindrang, reflektierte in den hellblauen Augen, so daß es fast wirkte, als funkelten sie. Plötzlich hatte sie den Eindruck, als würde ihr Blick erwidert. Sie ging ein paar Meter zur Seite, und der hellblaue Blick folgte ihr. Als der Mund des menschenköpfigen Ungeheuers zu lächeln schien, blieb sie stehen. »Du bist ein Stück Holz«, sagte sie in Gedanken.

In ihrem Kopf formte sich wie eine Antwort: »Hi, Kate. Ich bin Wally.«

Was hatte das zu bedeuten? »Du bist nur ein totes Stück Holz!«

»Ich bin Wally.«

Woher kam diese Stimme? »Beweise es!«

»Du liebst Grant. Ich werde ihn töten.«

Sie erschrak; dann faßte sie sich und versuchte sich ganz in den geisterhaften Dialog zu versenken. »Aber Wally ist ein Mensch, kein Drache.«

»Ich bin beides.«

»Das ist unmöglich.«

»Nicht in meiner Welt.«

Kate Blenner überlegte. »Und in welcher Welt sind Sie, Wally?«

»Das wirst du bald erfahren.«

»Und was wollen Sie von mir?«

»Bald wirst du mich lieben.«

Die Antwort brachte sie wieder für einige Sekunden aus dem Konzept. Kam die unhörbare Stimme etwa aus ihrem eigenen Inneren?

»Wir haben uns doch noch nie gesehen!«

»Wir kennen uns.«

»Woher denn?«

»Aus deinen Träumen.«

Kate Blenner schüttelte heftig den Kopf. »Wenn Sie wirklich Wally sind, wie sind Sie dann in das Programm gekommen?«

»Für mich ist alles möglich.«

»Wo bleiben Sie denn, Kate?« fragte Pawlow ungeduldig. Seine Stimme klang eine Spur höher als sonst.

»Ich komme«, sagte sie etwas lauter, als es notwendig war, und hörte, wie auch ihre Stimme von den Wänden widerhallte.

Das Funkeln in den Augen des Drachen wurde schwächer und erlosch. Das Relief schien etwas von seinem Glanz verloren zu haben, und die Farben wirkten dunkler als zuvor.

Sie ging zu den anderen und erzählte ihnen von der seltsamen Gedankenkommunikation.

»Rückkoppelung?« fragte der Nomade.

»Gewiß«, sagte der Professor. »Beobachteten Sie Miss Kate, als sie das Relief betrachtete?«

»Ja.«

»Dann kommunizierte sie in Wirklichkeit möglicherweise mit Ihnen.«

»Nein, ich habe nichts von dem gedacht, was in diesem Dialog vorkam.«

»Hmmmm ... Vielleicht handelte es sich um unbewußte Gedanken von nicht ganz undramatischer Art. Möglicherweise Auswirkungen unterdrückter Ängste. Es geht immerhin um einen Mann, welcher bereits mehrfach versuchte, Sie zu ermorden.«

»Sie haben recht. Ich habe mich wirklich gewundert, daß Kate so lange auf das Relief schaute. Wenn ich ehrlich bin, war mir das unangenehm. Fast so, als wäre sie wirklich Wally begegnet. Ich hoffe, daß das niemals geschieht.«

Pawlow ging weiter. »Werfen Sie einmal einen Blick auf diesen Kreuzweg!« Er deutete auf eine Reihe von großformatigen Ölgemälden, die in ihren schweren Goldrahmen wie Werke alter Meister wirkten. Das erste zeigte einen Jungen in einem Krankenbett; der abgemagerte Körper war an Dutzende von Schläuchen angeschlossen wie auf einem Demonstrationsfoto, das moderne Apparatemedizin kritisieren will.

»Zweifellos Ihr Herr Bruder.«

»Ja. So sah er aus, als ich ihn zum ersten Mal im Krankenhaus besuchte. War ein ziemlicher Schock.«

Die zweite Station zeigte den Uniformierten, der auch auf dem großen Glasfenster abgebildet war, in einem offenen Sarg.

»Ihr Herr Vater.«

»Ja. Bei der Beerdigung.«

Auf dem dritten Bild war eine blonde Frau zu sehen, die leblos auf einem zerwühlten Bett lag; ein Arm hing unnatürlich abgewinkelt über den Rand. »Ich habe schon gesagt, daß meine Mutter an einer Überdosis Schlaftabletten starb.«

Die fünfte Station zeigte einen Mann mit den Gesichtszügen des Nomaden, der mit Hand- und Fußfesseln in einer Gefängniszelle saß.

»Hmmmm … Wahrscheinlich setzt dieses Bild eine Erinnerung an etwas Ähnliches um. Stubenarrest, zum Beispiel. Nachsitzen in der Schule.«

»Nein. Stubenarrest gab es bei uns zu Hause nicht. Und unsere Lehrer brummten uns lieber soziale Arbeiten auf, Müll einsammeln und so.«

»Vielleicht hat es etwas mit dem Leben auf der Flucht zu tun«, meinte Kate Blenner. »Für jemanden, der vor etwas flieht, dürfte es wohl kaum eine schlimmere Vorstellung geben, als gefesselt in einer Gefängniszelle zu sitzen.«

Die folgenden Bilder stellten verschiedene bedrohliche Situationen dar: eine Operation, einen Flugzeugabsturz, ein Erdbeben und einen Atomunfall. Keines konnte der Nomade erklären, und der Professor meinte, daß die Motive ebenfalls latente Befürchtungen des Nomaden ausdrückten. »Alles ziemlich trostlos. Ich bin weder Psychologe noch gar Theologe, aber einer der Gründe könnte darin liegen, daß die Gnade Gottes selbst im größten Unglück noch etwas Gutes erkennen läßt, während der Mensch ohne Gott keinen Trost zu finden vermag.« Er schaute die beiden anderen fragend an. »Fällt Ihnen nichts auf?«

»Die Zeitansage!« rief Kate Blenner.

»Richtig. Seit wir uns in dieser Kirche befinden, blieb sie aus.«

»Möglicherweise will uns das Programm signalisieren, daß es hier um höhere Dinge geht«, vermutete Kate Blenner. »Nicht um weltliche, sondern um …« Sie wußte nicht recht, wie sie sich ausdrücken sollte; die weitgehend religionsfeindliche Aufgeklärtheit moderner Wissenschaft hatte sie längst davon abgebracht, Fragen des Glaubens ins Kalkül zu ziehen.

»Sie meinen, um heilige Dinge?« half der Professor. »Aber dieses Haus stellt nur nach Bauweise und Einrichtung eine Kirche dar; ihr Zweck wirkt höchst profan, denn das Programm errichtete sie nicht Gott, sondern dem Ich eines Menschen. Man könnte sogar sagen, daß es sich um das Gegenteil einer Kirche handelt.«

Sie gingen zum Chor, der fast vollständig von einem riesigen Flügelaltar ausgefüllt wurde. Die Fülle der Bilder und Schnitzereien, der Statuen und Statuetten, Ornamente, Gitterformen, Ziergiebel und

Reliefkompositionen war so verwirrend, daß es zunächst schwerfiel, einzelne Darstellungen zu erfassen.

»Das in der Mitte soll wieder mein erster Rechner sein. Die Figuren links davon haben mit der Erfindung des Computers zu tun: Charles Babbage, Konrad Zuse ...« Er merkte, daß die Namen den anderen nichts sagten, erläuterte sie und fuhr dann fort: »Marvin Minsky, einer der Schöpfer der Künstlichen Intelligenz und ein großes Vorbild von mir. Er hat schon vor Jahren gesagt, daß es nur noch zwei Generationen dauern wird, bis der Computer intelligenter ist als wir.« – »Alan Mathison Turing, entwarf vor über vierzig Jahren einen Intelligenztest für Maschinen.« – »Seymour Cray. Baute den ersten Hochgeschwindigkeitsrechner.«

Auf einem kleinen Holztisch vor dem Altar lagen Broschüren; eine hieß »Die Geschichte der Kathedrale St. Ego«; der Nomade las: »Die ersten Pläne für die Errichtung einer Kirche zum Heiligen Ich wurden mit den ersten Unabhängigkeitsbestrebungen im dritten Lebensjahr ausgearbeitet ... Als sich im zwölften Lebensjahr eine zweite Widerstandsbewegung formierte, entstand ein Sakralbau, der mehrfach in Flammen aufging ... Erst im 15. Lebensjahr stabilisierten sich die Verhältnisse, und bereits ein Jahr später war die Kathedrale vollendet. Kurz darauf setzte die Säkularisation ein, und die christlichen Elemente wurden entfernt.«

Ein weiteres Heftchen hieß »Die Götter des Ego im Himmel des Ich«. Auf dem farbigen Umschlag war eine Collage aus Dollarbündeln, Sportwagen, Penthäusern, eleganten Anzügen, ausgefallenen Sportgeräten und anderen Requisiten neuzeitlichen Fast-Lane-Lebens abgebildet. Ein dickes Buch daneben trug den Titel »Die Bibel des Egoismus« und enthielt auf über 600 Seiten Zitate wie: »Der Egoismus ist der Motor der Welt. Romain Rolland.« Ein großer Bildband zeigte »Die Glocken von St. Ego«, außerdem gab es Schriften mit Titeln wie »Selbstzweifel und Selbstverwirklichung« oder »Von der Herde zum Individuum«.

»Gehen wir«, sagte Pawlow. »Das Ausbleiben der Zeitansage zeigt, daß das Programm sich langsam zu verselbständigen beginnt. Sehen wir also zu, daß wir möglichst schnell zum Tor des Bewußtseins gelangen.«

Als sie aus der Kirche traten, setzten Kate Blenner und der Nomade wieder die Sonnenbrillen auf.

»Moment mal«, sagte der Nomade, nahm das schmale Bändchen

von der Bank und las halblaut die Seite vor, an der es aufgeschlagen war: »Ein Schiff, wenn träumend es erwacht/Im ersten Morgenwind,/Fährt meine Seele aus der Nacht/Auf ferne Himmel hin.«

»Kennst du das?« fragte Kate Blenner.

»Ja. Charles Baudelaire. ›Die Blumen des Bösen‹. Ich habe es gelesen, als ich vierzehn oder fünfzehn war. Hat mich damals sehr beeindruckt.« Er schlug eine andere Seite auf: »... der Ruch von Kokosöl, von Moschus und von Teer. Ja, der war auch in der Kirche.«

»Ich habe dort nur Weihrauch bemerkt«, sagte Kate Blenner.

»Soll ich es mitnehmen?« fragte der Nomade.

Der Professor schüttelte den Kopf. »Wahrscheinlich würde sich dann der Inhalt verändern. Genauso wie bei diesem Zeitungsartikel.«

Der Nomade legte das Buch wieder auf die Bank und ging ein paar Schritte weiter. Dann, als habe er es sich plötzlich anders überlegt, kehrte er um, nahm das Bändchen wieder in die Hand, schlug es auf und blätterte. Alle Seiten waren weiß; auch auf dem Einband war die Schrift verschwunden.

39

Irgendwann hatte er den Glauben verloren, und zwar auf eine so unspektakuläre Weise, daß er sich gar nicht mehr daran erinnern konnte. Er war ihm irgendwie abhanden gekommen, wie eine alte Jacke, die man schon lange nicht mehr getragen hat, oder ein Kugelschreiber, den man verlegt und nie gesucht hat, weil es ja schließlich genug davon gibt. Als Kind hatte er an Gott geglaubt, aber für Kinder waren ja auch Kugelschreiber noch etwas Besonderes. Der Nomade erinnerte sich noch ziemlich gut an seine ersten religiösen Erfahrungen: der Gottesdienst in der kleinen schmucklosen Kapelle in Deutschland; die Erstkommunion im berückenden Glanz der für ihn damals riesigen Kerze; der fremdartige Duft von Weihrauch, der offenbar selbst von Erwachsenen nicht lösbare Rätsel umwölkte; der große dicke, strenge Priester mit der tiefen Stimme, die ohne erkennbaren Anlaß plötzlich so erschreckend laut werden konnte; die vielen Bilder Marias und der Heiligen ...

Aus späteren Jugendjahren konnte sein Gedächtnis nur wenige Eindrücke reproduzieren, vor allem nächtelange Diskussionen mit Allan und anderen Jungen seines Alters über Gott – gab es ihn wirklich, und wie konnte man das beweisen?

Danach kam Kirche nur noch im Fernsehen vor, wo lästige Predigten per Fernbedienung beendet wurden. Gott hatte in der modernen Zeit offenbar nichts mehr zu sagen. In der Umgebung des Nomaden wurde er zunehmend durch Begriffe wie »Natur«, »Kosmos«, »höhere Intelligenz« oder auch mal »der alte Wolkenschieber« ersetzt.

Noch später war Gott, einst allmächtig, allwissend, allgegenwärtig und ewig, Herr ebenso über Zeit und Raum wie über Leben und Tod, im Denken des Nomaden immer weiter geschrumpft, bis er etwa nur noch die Bedeutung eines Talismans besaß, den man mit sich herumträgt, weil man sich die Chance erhalten möchte, in der Lotterie zu gewinnen.

»Hmmmm. Es wird immer schwerer, sich hier zurechtzufinden.«

Der Nomade löste sich aus seinen Gedanken und konzentrierte sich wieder auf den Professor. Anfangs hatten sie es begrüßt, als die programmgesteuerte Zeitansage wieder eingesetzt hatte, diesmal aus dem Mund eines Bettlers, der ihnen eine alte Bierdose hingehalten hatte: »Habt ihr einen Dime? Noch fünf Stunden und fünf Minuten!« Langsam aber war die regelmäßige Benachrichtigung zur nervlichen Belastung geworden. Zusätzlich traten neue Schwierigkeiten auf.

»Hmmmm … Sehen Sie die Schrift an dem Haus dort? Bundesdirektion für Temperaturregelung?«

»Schon ziemlich verblaßt«, stellte der Nomade fest.

»Unscharf«, meine Kate Blenner.

Einige Minuten später ertönte dicht hinter ihnen lautes Gebrüll, und sie fuhren herum. Ein kleiner Junge mit einem Spielzeuglöwen lächelte sie an. »Larry kann sprechen!« meldete er stolz und zog an einer Kordel. Wieder ertönte Gebrüll, dann sagte eine tiefe Stimme: »Ich heiße Larry. Ich habe Hunger!«

»Sehr gut«, sagte Kate Blenner lächelnd.

Der Junge zog noch einmal an der Schnur, und die Löwenstimme sagte: »Noch vier Stunden und fünfundfünfzig Minuten!«

»Sind Sie das auch?« fragte Pawlow.

»Ja. Den Löwen bekam ich, als ich fünf oder sechs Jahre alt wurde.«

An einer Seitenstraße zeigte Pawlow auf einen Wegweiser: »Nucleus vent…« Die restlichen Buchstaben waren bereits unleserlich. »Nucleus ventrobasalis. Dort waren wir aber schon vorhin einmal!«

Eine Straße weiter kam es zu einer ersten Meinungsverschiedenheit zwischen dem Professor und Kate Blenner; sie konnten sich nicht darüber einigen, ob eine »Gesellschaft für Hemi…« mit Hemiataxie oder mit Hemiparese zu tun habe. Pawlow beharrte darauf, daß es sich unbedingt um Hemiataxie handeln müsse, da der Thalamus allenfalls Einfluß auf halbseitige Störungen der Bewegungskoordination, nicht aber auf halbseitige Lähmungserscheinungen nehmen könne. Kate Blenner widersprach unter Hinweis auf Medikamente, die bei Fenway-Soper erprobt worden waren und das Gegenteil zu beweisen schienen. Der Nomade beendete den müßigen Streit schließlich mit der Frage, ob der Unterschied für ihr weiteres Vorankommen von Bedeutung sei.

»Nein, überhaupt nicht«, gestand Pawlow verblüfft. »Sie haben recht, offenbar will das Programm, daß wir uns in überflüssige Streitereien verzetteln.«

Eine Fahrradklingel ertönte, und ein Zeitungsjunge rief ihnen zu: »Noch vier Stunden und fünfzig Minuten!«

»Das bist ebenfalls du«, sagte Kate Blenner.

»Klar, ich habe auch mal Zeitungen ausgefahren.«

Der Boulevard endete an einem Rondell, von dem schmale Straßen in verschiedene Richtungen führten. Sie waren mit Ständen von Straßenhändlern, Tischen von Cafés, Litfaßsäulen und Schaukästen so dicht zugestellt, daß der Strom der Fußgänger kaum mehr durchkam.

»Noch vier Stunden und fünfundvierzig Minuten«, sang ein Kaffeeverkäufer in türkischer Tracht.

Kate Blenner blieb stehen. »Hier sind Spiegel«, rief sie dem Nomaden zu. Vorsichtig senkte er den Blick.

»Und hier hat jemand seinen Lieferwagen auf Hochglanz poliert.«

Dem Nomaden ging der Gedanke durch den Kopf, daß die wachsenden Schwierigkeiten mit seinen Zweifeln zu tun hatten. Wenn die Rückkoppelung wirklich zu diesem Effekt führte, würden die Probleme laufend größer werden.

Hinter der nächsten Ecke gab es überhaupt keine Beschriftungen, Straßenschilder oder Wegweiser mehr. Statt dessen häuften sich nun Geschäfte, in denen Spiegel aller Arten und Größen verkauft wurden. Dazu kamen Glasereien, Parfümerien, Optiker, Juweliere, Installateure und andere Läden mit stark reflektierenden Waren und Dekorationen.

Die verwinkelte Straße schien immer enger zu werden, und hinter der nächsten Biegung standen die überladenen Tische der Straßenhändler so dicht beieinander, daß es wie auf einem Flohmarkt zuging. Lediglich in der Mitte der Fahrbahn blieb eine Lücke für Autos und Lieferwagen frei, die sich unter ständigem Hupen im Schrittempo durch das Gedränge schoben.

Kate Blenner blieb stehen. »Das Programm versucht jetzt offenbar alles, um das Experiment vorzeitig zu beenden.«

»Sie haben völlig recht, Miss Kate. Ich befürchte allerdings, daß es uns von nun an auch in jeder anderen Straße so ergehen wird.«

»Noch vier Stunden und vierzig Minuten«, tönte eine Frauenstimme aus dem Lautsprecher eines alten Grammophons, auf dem sich kratzend eine Schellackplatte drehte.

An der nächsten Ecke drehte Kate Blenner plötzlich um und lief schnell zu den anderen zurück. »Dort hinten ist die Straße zu Ende. An einem Hochhaus. Ungefähr fünfzig Meter hoch. Von oben bis unten verspiegelt.«

»Hmmmm ... Wenn es die anderen Gebäude hier überragt, können wir uns vielleicht einen Überblick verschaffen.«

»Also gut«, sagte Kate Blenner. »Aber Vorsicht!«

Je näher sie kamen, desto stärker wurde die Spiegelung der reflektierenden Platten. Jede maß genau einen Quadratmeter. Das Gebäude war fünfundvierzig Meter hoch und zwanzig Meter breit.

»Am besten wartest du hier, Grant.«

Kate Blenner betastete vorsichtig die blitzblanke Wand; der Belag faßte sich glatt und kühl an. »Hier sind Sensoren.« Geräuschlos glitt eine Tür auf, und sie gingen hinein. Decke, Fußboden und Wände der gut zehn Meter hohen Halle waren mit hellem Marmor verkleidet. Neben einer leeren Loge steckten Plastikbuchstaben in einer riesigen schwarzen Tafel. »GRANT BEHRMAN INSTITUT FÜR SELBSTERKENNTNIS«.

»Wie eigens für uns aufgebaut«, meinte Pawlow. »Eigentlich setzt Selbsterkenntnis höhere geistige Prozesse voraus, als sie im Thalamus geleistet werden können: abstraktes Denken, Ich-Erfassung, autobiographische Erfahrungen – ein solches Institut gehörte demnach nicht hierher.«

Kate Blenner sah sich nervös um. »Also eine Falle?«

»Das befürchte ich. Normalerweise müßten hier doch Menschen zu sehen sein! Vielleicht handelt es sich um eine Vorführung nach potemkinscher Art. Aber um das herauszufinden, bleibt uns kaum etwas anderes übrig, als hineinzugehen.«

Am Empfang studierten sie die Hinweistafeln; jede Etage schien einer anderen Entwicklungsphase des Bewußtseins gewidmet: »Selbsterforschung durch Hautreize im Säuglingsalter« – »Frühe Schmerzerfahrungen« – »Phänomene des Übergangs zum bewußten Denken« – »Reflexion von Lebenszusammenhängen«.

»Bei diesen geistigen Prozessen handelt es sich eindeutig um komplexe Denkvorgänge, zu welchen nur die Großhirnrinde befähigt ist«, verdeutlichte Pawlow. »Spätestens ab Nummer sieben oder acht wurden die Etagen also sicherlich erst für uns auf das ursprüngliche Institut aufgepfropft.«

Kate Blenner versuchte, sich die anderen Abteilungen einzuprägen: »Kriterien zur autonomen Verhaltensbeurteilung« – »Rückmeldeinstanzen« – »Selbsteinschätzung aufgrund erotischer Vorlieben und Erfahrungen«.

»Bist du soweit?« drängte der Nomade.

»Ja.« Irritiert wiederholte sie in Gedanken, was sie eben gelesen hatte: Selbsteinschätzung aufgrund erotischer Vorlieben und Erfahrungen?

In der Mitte der Halle befanden sich sechs Aufzüge. Als der Nomade auf die Sensortaste an der Wand drückte, öffnete sich auf der gegenüberliegenden Seite eine der Metallschiebetüren, und sie traten ein. Der Nomade legte seinen Finger auf das Schaltelement mit der Zahl »20«. Die Kontaktfläche leuchtete auf, die Türen schlossen sich, und der Lift setzte sich mit einem leisen Pfeifen in Bewegung. Kate Blenner stand so nahe neben dem Nomaden, daß sie sich fast berührten. Selbsteinschätzung aufgrund erotischer Vorlieben und Erfahrungen! Der Satz breitete sich in ihrem Geist wie eine Nebelwolke aus, die alle anderen Denkprozesse überdeckte. Sie erinnerte sich an die Etage: 19. Demnach hatte Grant nicht allzu früh … Der Aufzug hielt, und sie stiegen aus. In beide Richtungen führte ein Flur.

»Ich geh' hier lang«, sagte der Nomade aufs Geratewohl und ging nach rechts.

»Meinetwegen«, sagte der Professor in einem Ton, als wundere er sich, nicht gefragt worden zu sein. Kate Blenner blieb stehen.

»Kommen Sie, Miss Kate«, hörte sie den Professor wie durch eine Wand aus Watte rufen.

»Ich gehe in die andere Richtung«, antwortete sie und wandte sich um, ohne eine Antwort abzuwarten.

»Ich fände es besser, wenn wir zusammenblieben«, rief der Professor.

»Wenn wir uns aufteilen, sparen wir Zeit.« Sie ging rasch weiter. Selbsteinschätzung aufgrund erotischer Vorlieben und Erfahrungen!

Am Ende des Korridors öffnete Kate Blenner eine Tür und trat in das Zimmer. Es wirkte wie ein Sekretariat. Auf zwei großen Schreibtischen standen Computer, Drucker, Telefone, Faxgeräte und weitere Büromaschinen. An den Wänden hingen Poster, Zeichnungen und Notizen. In den Eingangs- und Ausgangskörben lagen Kuverts; auf dem obersten stand: »An: Introspektion/ Erlebnisbeobachtung«. Ein großer Stempel mahnte: »Geheime Verschlußsache. Nur für den Dienstgebrauch!« Sie setzte sich auf den ersten Stuhl und schaltete den Computer ein. Erleichtert erkannte sie, daß kein Codewort gefordert wurde. Sie suchte das interne Verzeichnis, holte es auf den Schirm und dirigierte den Cursor auf die Zeile »Selbsteinschätzung aufgrund erotischer Vorlieben und Erfahrungen«. Ein Bild erschien. Es zeigte die verführerisch inszenierte, offensichtlich kunstblonde Hauptdarstellerin einer Fernsehserie; die von einem Bikini nur zum geringen Teil verhüllten Brüste waren offensichtlich durch Silikoneinlagen vergrößert worden. Daneben standen die Kurzbezeichnungen verschiedener Dateien: »Selbsteinschätzung in Relation zu erotischen Wunschvorstellungen und Träumen« – »Selbsteinschätzung unter Berücksichtigung erotischer Praktiken« – »Selbsteinschätzung vor dem Hintergrund erotischer Erfahrungen«. Kate Blenner wählte das letzte Stichwort, und auf dem Monitor erschien das Bild einer jungen Frau, die in einem Bett lag; eine geblümte Bettdecke ließ die nackten Schultern frei, das blonde Haar breitete sich über das Kopfkissen aus. Verblüfft merkte Kate Blenner, daß sie selbst es war, die dieses Computerprogramm dekorierte. Fast im gleichen Moment ertönte hinter ihr ein leises Klicken, und noch ehe ihre fast automatische Reaktion, den Computer abzuschalten, zum Ergebnis führte, wußte sie, daß sie einen großen Fehler gemacht hatte. Denn als der Bildschirm schwarz wurde, spiegelte sich darin das verdutzte Gesicht des Nomaden.

»Nicht hinschauen, Grant!« rief sie.

»Ich habe mich gesehen«, sagte er, mehr erstaunt als betroffen.

Am oberen Rand des Computers begann eine Diode zu blinken. Der Bildschirm wurde wieder hell. ALARM.

»Was machst du ...?« fragte der Nomade; die letzten Worte gingen im Geheul einer Sirene unter. »Raus hier!« Er zog Kate Blenner am Arm hinter sich her.

Pawlow kam ihnen entgegen. »Was ist passiert?«

»Ich habe mein Gesicht gesehen. Auf einem Monitor. Kate hat genau in dem Augenblick ausgeschaltet, als ich draufschaute.«

Als sie in den Aufzug stürzten, hielt gegenüber ein anderer Lift; Wachleute in blauen Uniformen eilten heraus. »Wo ist er?« rief einer von ihnen aufgeregt. »Dort!« rief ein anderer und zeigte auf den Nomaden, doch die Türen schlossen sich gerade noch rechtzeitig.

»Hinterher!« hörten sie Stimmen rufen.

»Wie konnte das denn nur passieren?« fragte Pawlow.

»Meine Schuld.« Während Kate Blenner noch überlegte, wie sie es erklären sollte, hielt der Aufzug an. Die Halle war plötzlich voller Menschen. Überall liefen Wachleute herum. Der Nomade drängte sich durch die Menge und zog Kate Blenner hinter sich her.

Einer der drei Männer, die jetzt in der Pförtnerloge saßen, rief: »Da sind sie! Bleiben Sie stehen!«

Der Nomade befürchtete, die Tür könne sich vor ihnen schließen wie in einem Film, der auf billige Weise Spannung erzeugen soll, aber sie blieb offen, und sie liefen hinaus.

»Halt!« tönte ihnen eine Megaphonstimme entgegen. Auf der Straße standen Streifenwagen, und Polizisten sperrten die Bürgersteige ab. Hinter ihnen drängte sich eine neugierige Menschenmenge. Rufe wurden laut: »Das ist er!« – »Endlich!«

»Wenigstens haben sie keine Waffen«, sagte der Nomade. Hinter ihnen traten Wachleute aus dem Gebäude, kamen aber nicht näher. »Jetzt bin ich nur neugierig, was sie mit uns vorhaben.« Er merkte, daß er immer noch Kate Blenners Hand umklammert hielt. Als sein Druck erwidert wurde, war ihm, als würden in ihm neue Kräfte freigesetzt.

»Ich ahnte, daß es sich um eine Falle handelt«, sagte Pawlow hinter ihnen. »Wodurch wurde sie ausgelöst?«

Schlechten Gewissens zog Kate Blenner ihre Hand aus der widerstrebenden des Nomaden.

Am vordersten Fahrzeug stand ein kleiner drahtiger Mann in Armeeuniform und sprach in das Mikrophon eines Funkgeräts. Die Menge war still geworden.

»Möchte wissen, warum sich nichts tut«, überlegte der Nomade laut.

»Da kommt jemand«, sagte Kate Blenner.

Der kleine Mann trat mit kurzen, schnellen Schritten auf sie zu. Er trug die Rangabzeichen eines Majors. Als er vor dem Nomaden stand, nahm er Haltung an, salutierte und sagte: »Sir, ich habe Befehl, Sie unverzüglich in das Weiße Haus zu bringen. Der Hubschrauber mit dem Stabschef wird jeden Augenblick landen.«

Der Nomade glotzte ihn an.

»Ich hoffe, Sie sind damit einverstanden, Mr. President, Sir.«

»Ja?« erwiderte der Nomade entgeistert. »Dann ist es ja gut.« Er wußte kaum, was er sagte.

»Danke, Mr. President, Sir. Ich bin Ihnen wirklich sehr dankbar. Sie werden sehen, daß für alles bestens gesorgt ist.«

»Hurra!« schrie jemand aus der Menge. Andere nahmen den Ruf auf, und auch die Polizisten und Wachleute stimmten ein: »Ein Hurra für den Präsidenten!«

Als sich der Jubel langsam wieder legte, schienen in den blauen Augen des Majors Tränen der Rührung zu schimmern. Er schluckte und sagte: »Es ist gut, Sir, daß Sie wieder da sind.«

40

Durch die Fenster des Oval Office bot sich ein beeindruckender Blick über die nächtliche Stadt. Während der Nomade die Szenerie betrachtete, versuchte er seine Gedanken zu ordnen. Allzuviel war schon in den ersten Minuten dieser Besprechung auf ihn eingedrungen.

Als der Hubschrauber vor dem Institut gelandet war, hatte Plotin Z. Basil sofort begriffen, daß der Präsident keinerlei Erinnerung an ihn besaß. Auch über die Gründe des veränderten Aussehens nicht im klaren, hatte der Stabschef respektvoll gebeten, zuallererst die Runde der wichtigsten Mitarbeiter im Oval Office zu informieren.

Dort hatte der Nomade in verwirrte Gesichter hinein erklärt, daß sein Erinnerungsvermögen gestört sei und er deshalb nicht wisse, was in den vergangenen Stunden oder Tagen geschehen sei, ja nicht einmal, wer – mit Ausnahme des Stabschefs – die Versammelten seien. Danach hatte er den Professor und Kate Blenner als seine medizinischen Berater vorgestellt.

Die engsten Mitarbeiter des Präsidenten hatten ihren Chef nach offenbar sorgenvollen Tagen mit großer Erleichterung begrüßt. Bei Pawlow und Kate Blenner aber machte sich nun immer stärker bemerkbar, daß sie nicht darauf trainiert waren, unter den enorm belastenden Bedingungen eines VR-Raums zu arbeiten.

Der Professor hatte etwas von amnestischen Phänomenen wie partiellem Gedächtnisschwund und temporären Erinnerungslücken gesprochen und die Anwesenden aufgefordert, in Kurzform über ihre Person und ihre Aufgaben zu referieren.

Der Stabschef hatte bereitwillig damit begonnen. »Ich bin Plotin Z. Basil. Der Präsident nennt mich Plot. Ich bin verantwortlich für die Planung, Vorbereitung und Durchführung politischer und strategischer Operationen des Präsidenten ...«

»Hmmmm ... Und worin besteht Ihre Tätigkeit genau?«

»Nun, ich führe zum Beispiel den Terminkalender des Präsidenten, berate ihn in Fragen der Personalpolitik und der Organisation des Stabes ...«

Was sollte das alles? Plötzlich hatte der Nomade das sichere Gefühl, daß es besser sei, jede Verstellung und auch die Maskerade aufzugeben. »Wo kann man sich hier denn mal frisch machen?«

»Gleich hinter dieser Tür da«, hatte der Stabschef geantwortet.

Als Wasser, Seife und Kamm den ursprünglichen Zustand wiederhergestellt hatten, waren Ausrufe neuer Verwunderung ertönt: »Mr. President! Sir! Was ist passiert?«

»Das will ich Ihnen sagen. Ich weiß nicht, als wie real Sie diese Welt hier empfinden, aber sie existiert nur in meinem Kopf. Wir befinden uns hier in meinem Gehirn. Es ist ein Experiment. Mein Bruder Allan hat ein Computerprogramm geschrieben, das wir jetzt ausprobieren. Dazu wurde mein Aussehen verändert. Von einer Maskenbildnerin.«

Der Stabschef hatte sich als erster gefaßt. »Die Umschaltung zur Diagnoseebene kann nur vom Probanden selbst ...«

»Diagnoseebene?« Pawlow war aufgestanden. »Soll das heißen, daß das Programm verschiedene Funktionsebenen besitzt?«

»Ja. Haben Sie das etwa nicht gewußt?« Die Frage hatte offenbar nun auch den Stabschef in neue Rätsel gestürzt.

»Und was bedeutet das?« wollte der Nomade wissen.

»Daß die Umschaltung nur auf ausdrücklichen Befehl des Präsidenten oder des behandelnden Psychotherapeuten, also extern, erfolgen kann, Sir.«

»Ich bin der Therapeut«, hatte der Professor rasch gesagt.

»Tut mir leid, aber das Programm sieht keine interne Teilnahme des behandelnden Arztes vor. Der Psychotherapeut kann nur extern, also vom Computer aus, Befehle eingeben. Außerdem verfügen wir über keine Kennung von Ihnen.«

»Mein Bruder war leider nicht mehr in der Lage, uns alles genau zu erklären. Er hätte es aber bestimmt getan, wenn nicht diese ... Krise dazwischengekommen wäre. Wir mußten sein Programm deshalb benutzen, ohne in allen Einzelheiten mit ihm vertraut zu sein.«

»Dann kennen Sie also nicht das Codewort?«

»Nein, sonst hätte ich es doch wohl schon gesagt!«

»In diesem Fall bedürfen wir einer entsprechenden Anweisung Ihres Bruders, Sir.«

»Und woher soll ich die jetzt nehmen? Hören Sie, das ist mein Gehirn! Und solange ich bei klarem Verstand bin, sage ich, was hier gemacht und gedacht wird!«

»Für diesen Fall gibt es eine geheime Dienstanweisung, Sir. In Ihrem Schreibtisch. In der obersten Schublade. Rechts.«

Es war eine dünne rote Akte mit der Aufschrift »TOP SECRET«. Sie enthielt nur ein einziges Blatt, mit wenigen Worten unter einem Symbol, das an einen Pinienzapfen erinnerte: »Grant! Falls du das Programm benutzen solltest, um in dein Gehirn zu gehen – das Code-Wort ist ›in te ipsum‹.«

»In te ipsum! Hier ist das Dokument.«

Der Stabschef war an den Schreibtisch getreten und hatte das Blatt betrachtet. »Sehr wohl, Sir. Das ist in Ordnung. Diese Art der Umschaltung ist zwar als ungewöhnlich klassifiziert, aber im Notfall statthaft. Ich bitte um Ihre Befehle.«

»Jetzt müssen Sie also tun, was ich sage?«

»Selbstverständlich, Sir. Solange Sie sich in diesem Programm aufhalten, sind Sie die oberste Autorität.«

»Warum haben Sie so hartnäckig auf dem Codewort bestanden?«

»Vorschrift, Sir. Es handelt sich um eine Sicherungsfunktion, die in das Programm eingebaut wurde, damit nicht jeder einfach in das Gehirn eines anderen eindringen und sich dort Autorität anmaßen kann.«

»Hmmmm ... Das wäre in der Tat wirklich fatal. Vielleicht erklären Sie uns nun zuerst, wie das Programm genau funktioniert.«

»Es handelt sich um ein Diagnoseprogramm zur Selbstanalyse. Auf der Explorationsebene treten wir als vereinfachte Umsetzungen höherer Bewußtseinsfunktionen auf. So wie die Personen, denen Sie bisher in Cerebrum City begegnet sind, Umsetzungen der verschiedenen Moleküle sind.«

Der Nomade hatte sich umgedreht und aus dem Fenster geschaut, als erwarte er, daß ihm aus dem Anblick vertrauter Realität Kräfte für diesen Irrsinn erwuchsen. Tatsächlich verspürte er nach einigen Sekunden, daß in seinen Gedanken eine gewisse Beruhigung eintrat. Er atmete ein paarmal tief durch. Er war der Präsident.

»Sie wissen, daß ich schon einmal in Cerebrum City war?«

»Natürlich, Sir«, antwortete der Stabschef. »Leider ohne uns zu informieren. Gleichzeitig waren Sie wegen der fehlenden Rückkoppelung als Präsident verschwunden, denn in einem dreidimensionalen Raum-Zeit-Kontinuum ist es nun einmal nicht möglich, daß sich ein und dieselbe Person gleichzeitig an zwei verschiedenen Stellen aufhält. Deshalb haben wir überall nach Ihnen suchen lassen ...«

»Ich hatte eher den Eindruck, daß ich verhaftet werden sollte.«

»Nun, Sir, weil die offizielle Ankündigung des Experiments fehlte, hielten aufmerksame Bürger Sie für einen unbefugten Eindringling und alarmierten die Polizei. Auch dieses Verhalten ist Bestandteil unseres programmeigenen Sicherheitssystems.«

»Ich war für Sie also so etwas wie ein Virus für das Immunsystem?«

»Jawohl, Sir. Entschuldigung, Sir. Es war für uns ziemlich verwirrend. Der Präsident spurlos verschwunden, und gleichzeitig suchte die Polizei einen unbefugten Eindringling. Außerdem ließen Sie Ihr Aussehen erheblich verändern ...«

»Sie wissen doch, daß ich keine andere Möglichkeit hatte, in das Programm hineinzukommen!«

Der Stabschef verzog leicht das Gesicht. »Wir haben Sie erst geortet, als Sie sich im Institut für Selbsterkenntnis in der Spiegelung des Monitors erblickten. Glücklicherweise setzte gerade zu diesem Zeitpunkt die Rückkoppelung wieder ein. Eigentlich soll dieser Effekt während der Experimente ausgeschaltet bleiben, damit wir, also die Bewußtseinsfunktionen, nicht von zwei Ich-Präsidenten zugleich beeinflußt werden können.«

»Und warum setzte die Rückkoppelung ein?« fragte Pawlow.

Der Stabschef zuckte die Achseln. »Nun, möglicherweise handelte es sich um eine Fehlfunktion. Wir haben hier zuweilen den Eindruck, daß das Programm noch nicht ganz fertig ist.«

»Hmmmm ... In welche Richtung soll es denn weiterentwickelt werden? Auf Exploration und Diagnose folgt gewöhnlich die Therapie.«

»Nun, wir arbeiten hier nur auf zwei Ebenen. Ob es auch noch eine Therapieebene gibt oder eines Tages geben wird, entzieht sich meiner Kenntnis.«

Danach zeigte sich auch, wie die vielfältigen psychischen Prozesse des Gehirns von dem Programm umgesetzt wurden. In den Eigenschaften, Aufgaben und Kompetenzen der Versammelten ließ sich das komplizierte Zusammenwirken von Gedanken und Gefühlen, intellektuellen Fähigkeiten und emotionalen Antriebskräften gut erkennen.

Zuerst erklärte der Stabschef, daß der Präsident als oberster Repräsentant des Staates das Ego verkörpere. Daraus erkläre sich die große Aufregung, denn so wie jede Schwächung des Ich besorgniserregende Folgen für das Bewußtsein haben müsse, drohe dem Staat durch den plötzlichen Verlust seiner zentralen Figur ein gefährliches Machtvakuum.

Dabei stehe der Präsident auf der Spitze einer Pyramide, deren Mittelteil zahlreiche Ich-Funktionen, dargestellt als engste politische und administrative Mitarbeiter, und deren Basis alle weiteren geistigen Funktionen, vergleichbar den amerikanischen Wählern, bildeten.

»Wir befinden uns hier in einem der kompliziertesten Abschnitte des Gehirns, Sir«, sagte der Stabschef. »Das wird durch die große Fülle der Regierungseinrichtungen, Ämter und Behörden dargestellt. Weißes Haus, Capitol, Constitution Hall, die meisten Ministerien, FBI, Rotes Kreuz, Handelskammer – wie in Washington ist auch hier alles auf engstem Raum untergebracht.«

Die nächsten Informationen klangen wie aus einem Handbuch für Psychologie: »Der Stirnlappen ist der Sitz höherer, intellektueller Funktionen, eine Art integrierendes Schaltzentrum, in dem alle möglichen Sinnesinformationen, die in anderen Hirnarealen, also zum Beispiel im Seh- oder Hörzentrum, vorverarbeitet wurden, zu einem plausiblen Gesamtbild zusammengefügt werden ...«

Der Nomade starrte wieder auf die nächtliche, schlaflose Stadt. Es kam ihm vor, als träume er. Aber welches Gehirn konnte einen solchen Traum träumen?

»Sir?« fragte der Stabschef. »Ist Ihnen nicht gut, Sir?«

»Nein. Ich hatte nur wirklich keine Ahnung, was mich hier erwartet.« War er etwa dabei, sich bei seinem eigenen Gehirn zu entschuldigen? »Und was stellen Sie dar?«

»Nun, ich bin im wesentlichen ein Aktivierungsfaktor mit steuerndem Einfluß, gebildet als Ergebnis verschiedener Motivationsprozesse. Als eine Grundfunktion des seelischen Seins werde ich mit dem Terminus ›Wille‹ bezeichnet.«

»Heißt das, daß Sie hier die Entscheidungen zu treffen haben?«

»Nein, Sir, natürlich nicht; ich bin nur ein ausführendes Organ. Als Wille benötige ich stets eine Zielvorstellung, und die erhalte ich aus diesem Büro. Ich bemühe mich lediglich darum, daß die Intentionen des Präsidenten umgesetzt werden.«

Pawlow räusperte sich. »Aber Sie tragen zur Willensbildung bei?«

»Im Rahmen der hier üblichen Konferenzen äußere ich natürlich meine Meinung.«

Den anderen war deutlich anzusehen, daß Basil seine Rolle viel zu bescheiden beschrieb. Auch dem Nomaden, Pawlow und Kate Blenner war klar, daß es entscheidend von der Energie des Stabschefs abhing, ob, wann und wie erfolgreich das Ich des Nomaden seine Absichten durchsetzen konnte.

Basil entsprach seiner Aufgabe schon durch sein Äußeres ideal. Ein hochgewachsener Mann in den besten Jahren mit kantigem, glattrasiertem Gesicht und durchtrainiertem Körper, war er gekleidet wie ein Diplomat: dunkelgrauer Anzug, blaue Krawatte, das blütenweiße Einstecktuch nur zu einem halben Zentimeter sichtbar. Auch sein ruhiges, selbst in dieser aufregenden Situation fast gelassenes Mienenspiel zeigte, daß sich der Nomade auf einen starken Willen verlassen konnte.

»Welche ethischen Kriterien gelten für Ihre Tätigkeit?« wollte der Professor als nächstes wissen.

»Selbstverständlich entsprechen die hier vertretenen Werte denen der Verfassung der Vereinigten Staaten.«

»Hmmmm … Und wie kommt es zur Willensbildung?«

»Zunächst ist stets die Situation zu interpretieren: Welche Bedürfnisse, welche Interessen, Tatsachen, Normen, Werte sind zu berücksichtigen – und welche Folgen? Auf der Explorationsebene stellen sich diese psychischen Prozesse als Konferenzen unter meinem Vorsitz dar.«

Der Professor nickte. »Bezieht sich Ihre Loyalität denn nun auf die Person des Präsidenten oder auf die Verfassung?«

Auch der Nomade wartete nun besonders gespannt auf die Antwort. Der Stabschef zögerte fast unmerklich. »Im Zweifel natürlich auf die Verfassung, Herr Professor.«

Pawlow überlegte. »Sie tragen einen ziemlich ungewöhnlichen Namen«, sagte er dann. »Lassen sich aus ihm Rückschlüsse auf besondere psychologische Gegebenheiten ziehen?«

»Allerdings. Der griechische Philosoph Plotin äußerte als erster die Überzeugung, daß der Wille in der autonomen Selbstgebung von Inhalten kulminiert. Auch wir hier wählen unsere Themen selbst, und der Präsident entscheidet natürlich autonom.«

»Und wofür steht das ›Z‹? Etwa für ›Zeus‹?«

Der Stabschef wirkte plötzlich verlegen. »Natürlich verwende ich diesen Namen nur in Abkürzung; er ist lediglich in Verbindung mit meinem Nachnamen relevant. ›Basil‹ kommt vom griechischen ›Basileus‹ für ›König‹, einem Beinamen, der Zeus als politischen Gott definiert. In dieser Eigenschaft war er Beschützer des Staates und Bewahrer der Rechtsordnung.«

»Gut«, sagte der Nomade. »Trotzdem haben Sie mir keineswegs immer so zur Verfügung gestanden, wie es nötig gewesen wäre.«

Der Stabschef verlor plötzlich erheblich an Selbstsicherheit. »Wenn Sie damit auf das anspielen wollen, was auf der Explorationsebene meine Krankheit wäre …«

»Was für eine Krankheit?«

»Wissen Sie das denn auch nicht mehr? Die Bypass-Operationen? Ich lag doch wochenlang im Krankenhaus! Es ist nicht fair, mir das vorzuhalten. Ich hätte damals fast das Zeitliche gesegnet!«

Der Blick in das bekümmerte Gesicht ließ den Nomaden einen Anflug von Mitleid empfinden. »Und worum handelte es sich in Wirklichkeit? Auf der Diagnoseebene?«

»Ich kann mir nicht vorstellen, daß Sie das nicht wissen, Sir.«

»Sagen Sie mir es trotzdem.«

»Vor Ihren Begleitern?«

»Die sind darüber informiert.«

»Wirklich?« Der Stabschef schaute fragend zu einem hageren, schon fast völlig kahlköpfigen Mann von gut sechzig Jahren, der eine schwarze Hornbrille mit getönten Gläsern trug und in einer orangeroten Akte blätterte. Große Altersflecken ließen das Gesicht eidechsenhaft wirken. »Davon ist uns nichts bekannt«, sagte er.

»Aha«, sagte der Nomade. »Und wer sind Sie, wenn ich fragen darf?«

»Simon R. Kalb, Sir. Auf der Explorationsebene bin ich Direktor der CIA.«

»Und jetzt?«

»Auf der Diagnoseebene ist meine Funktion die des Explorationstriebs. Er erhöht die Wahrnehmungskapazität, wird durch die Unbestimmtheit einer neuen Situation ausgelöst und richtet sich auf unbekannte Objekte. Insofern wäre der Begriff ›Neugier‹ nicht ganz unpassend, auch wenn er etwas unwissenschaftlich klingt.«

»Welche Motivation liegt Ihrer Aufgabe zugrunde?« fragte Pawlow.

»In erster Linie natürlich Selbstschutz. Danach auch Interesse an der Erkundung von Handlungsmöglichkeiten.«

»Hmmmm … Können Sie uns etwas über Ihre Behörde sagen?«

»Hauptsächlich wird die Wahrnehmung natürlich von den Sinnesorganen durchgeführt. Die CIA bemüht sich nur um Informationen, die nicht ohne weiteres zugänglich sind.«

»Und worin besteht die Erklärung für Ihren Namen?«

»So hießen drei der zwölf Kundschafter, die Moses zur Erkundung Kanaans ausschickte.«

»Wieso dann nicht ›Kaleb‹, sondern ›Kalb‹?«

»Wegen eines Eingabefehlers, Sir. Das Programm wurde in großer Eile geschrieben.«

Warum überhaupt diese biblischen Namen, fragte sich der Nomade irritiert, war Allan etwa doch kein Agnostiker? »Sie wollten uns berichten, wie es zu Ihrer Krankheit kam, Mr. Plotin.«

»Jawohl, Sir«, sagte der Stabschef. »Die tatsächliche Erklärung war hypnotische Fremdbestimmung, ausgeübt von Wally Purdy. Staatsfeind Nummer eins. Fast wäre es ihm gelungen, Sie zum Selbstmord zu verleiten.«

»Besteht diese Fremdbestimmung etwa fort?«

»Nein, Sir. Wir haben die Sache wieder im Griff. Jedenfalls, soweit es das Bewußtsein betrifft.«

»Und das Unbewußte?«

»Aber Sir, darüber besitzen wir doch praktisch keinerlei Informationen! Dazu müßten Sie sich einer Psychoanalyse unterziehen, aber das wäre wohl ein anderes Programm.«

»Sie wissen also nicht, ob sich hier auch etwas über das Unbewußte herausfinden läßt?« fragte der Nomade.

»Es ist natürlich möglich, daß es noch weitere Programmebenen gibt, Sir, aber davon haben wir keine Kenntnis.«

Als nächster stellte sich der Vizepräsident vor: »Peter G. Lake. Mir ist es wirklich ganz unheimlich, daß du mich nicht erkennst, Grant. Ich meine, wir sind doch wie Brüder, auch wenn wir manchmal unsere kleinen Auseinandersetzungen haben ...«

»Welche denn?« fragte Pawlow.

Der Vizepräsident war ein unauffälliger mittelgroßer, schlanker Mann etwa im Alter des Nomaden, mit kurzgeschorenem schwarzem Haar und einem freundlichen Gesicht. Zu seinem grauen Anzug trug er eine dunkelblaue Krawatte. »Meistens ging es um diese sozialen Programme – staatliche Gesundheitsfürsorge, Renten und so weiter. Du wolltest immer lieber in Entwicklung, Infrastruktur, Ausbildung, Schulen und so weiter investieren. Und ich habe leider meistens viel zu schnell nachgegeben.«

»Wir sind jetzt auf der Diagnoseebene, Sir«, erinnerte der Stabschef.

»Ach so, ja, Entschuldigung. Also ich versuchte immer etwas mehr soziales Bewußtsein in deine Entscheidungen einzubringen, Grant. Nächstenliebe. Überhaupt Liebe. Leider hast du deine geistigen Kräfte häufiger in selbstbezogene Ziele ...«

Pawlow unterbrach ihn: »Und welche Bewußtseinsfunktion verkörpern Sie nun genau?«

»Die soziale Motivation. Sozusagen das soziale Gewissen. Und auch so etwas wie das Wir-Gefühl. Ich versuche, dafür zu sorgen, daß die Befriedigung der eigenen Bedürfnisse nicht als einzige Motivation des Handelns vorherrscht. Diese Aufgabe ist leider nicht immer ganz leicht.«

Dem Nomaden war unbehaglich. War er wirklich ein solcher Egoist?

»Und was bedeutet das G in Ihrem Namen?« fragte der Professor.

»Es steht für Genezareth. Petrus gilt gemeinhin als der Stellvertreter Christi. Diese Überlegung liegt wohl auch meinem Familiennamen zugrunde. Das war aber nicht meine Idee. Ich halte diesen Gedanken sogar für etwas blasphemisch.«

Eine überzeugende Parallele schien bei Abner S. Davidson geglückt, in dem der Selbsterhaltungstrieb seinen virtuellen Ausdruck gefunden hatte. Das zeigten, mehr noch als die Uniform eines Vier-Sterne-Generals, das kantige Gesicht und die bullige Gestalt des grauhaarigen Mannes, der mindestens doppelt so alt wie der Nomade war und nun militärisch exakte Auskünfte über seine Aufgaben als Sicherheitsberater erteilte – sie entsprachen genau den Funktionen des Selbsterhaltungstriebs.

Pawlow blieb bei seiner etwas schematischen Art. »Und besitzt auch Ihr Name eine besondere Bedeutung?«

»In der Bibel kämpfte Abner für König David.«

»Und wofür steht das ›S‹?«

»Für Saul. Abner war ein Vetter Sauls.«

»Können Sie sich vorstellen, warum Ihnen ausgerechnet diese Namen zugeteilt wurden?«

»Ich nehme an, daß sie eine gewisse Unabhängigkeit ausdrücken sollen. Die Konflikte zwischen Saul und David sind wohl allgemein bekannt, und Abner pflegte gegenüber David durchaus eigene Positionen zu vertreten. Analog dazu bin ich verpflichtet, den Präsidenten notfalls auch gegen seinen eigenen Willen zu schützen.«

»Moment mal«, sagte der Nomade. »Soll das etwa heißen, daß ich zwar entscheiden kann, daß es dann aber bei Ihnen liegt, was daraus wird?«

»Befehlsverweigerung gegenüber dem Präsidenten kommt nur bei Verstößen gegen die Verfassung in Betracht, Sir. Dann sind wir allerdings verpflichtet, nein zu sagen.«

»Und wer beurteilt das?«

»Die Verfassung ist in allen Punkten völlig eindeutig, Sir.«

Sie gingen nun das Kabinett durch. Der Außenminister war eine Metapher der kommunikativen Fähigkeiten. »Als State Department fungieren dabei auf der Explorationsebene die beiden Sprachzentren, also das Brocasche und das Wernickesche Areal. Unsere Diplomaten arbeiten alle mündlichen und schriftlichen Äußerungen des Präsidenten aus.« Der Verteidigungsminister gab sich als virtuelle Entsprechung zu Mut und Arterhaltungstrieb zu erkennen. Der Finanzminister stand nicht, wie der Nomade erwartet hatte, für Gewinnstreben, Großzügigkeit oder Geiz, sondern für Selbständigkeit, Selbstbestimmung und Selbstorganisation. In der Person des Justizministers hatten wie erwartet Gerechtigkeitssinn und Wahrheitsliebe ihren Ausdruck gefunden, der Innenminister stand für Ordnungssinn, Selbstbeherrschung und Disziplin.

Der Kommunikationsdirektor des Weißen Hauses, ein großer, kräftiger Mann von Mitte Vierzig mit etwas zu langem lockigem Haar, breitem Schnauzbart und dem typischen zerbeulten Jackett alleinstehender Journalisten, hieß tatsächlich Josh Afat wie in dem Zeitungsartikel und schien durchaus nichts dagegen zu haben, daß sein Job als Analogie zum Mitteilungs- und Selbstdarstellungsbedürfnis, ja sogar zur Eitelkeit definiert war. Auch dieser Name sei dem Alten Testament entlehnt, das Joschafat als Sprecher König Davids kenne.

Pawlow blickte prüfend in die Runde. »Und Sie dort?«

Ganz hinten erhob sich ein junger Mann im schwarzen Anzug. »John B. Jordan. Ich bin der Kaplan des Weißen Hauses, also der Glaube.«

»Sie erscheinen mir noch ziemlich jung.«

»Ich bin vierundzwanzig, Sir.«

»Und welcher Konfession gehören Sie an?«

»Römisch-katholisch, Sir.«

»Hmmmm ... Sind hier noch andere Geistliche tätig?«

»Nein, Sir. Kirchliche Dienste werden hier leider nur äußerst selten in Anspruch genommen, Sir. In letzter Zeit eigentlich so gut wie nie.«

Der Professor nahm die Brille ab, rieb sich die Augen und holte ein paarmal tief Luft, so als müsse er einen instabilen Kreislauf wieder auf Touren bringen.

»Was haben Sie nun vor, Sir?« fragte der Stabschef.

»Das will ich Ihnen sagen – und gleich hinzufügen, daß ich diesen Entschluß schon vor einiger Zeit gefaßt habe. Wir wollen zum Reissnerschen Faden.«

Für eine Sekunde trat totale Stille ein. Dann ertönten von allen Seiten erschrockene Rufe: »Was? Was hat er gesagt?« Die meisten Anwesenden waren aufgesprungen.

»Aber Sir!« rief der Stabschef erschrocken.

»Ich bin der Präsident«, sagte der Nomade energisch.

Die Männer drängten sich näher an ihn heran, an ihrer Spitze der Sicherheitsberater: »Sir, das ist völlig unmöglich! Das kann ich auf keinen Fall zulassen!«

»Sie haben meine Anweisung gehört.«

»Sir, unsere Verfassung schreibt vor, daß alle Reisen ins Ausland vom Kongreß genehmigt werden müssen, und zwar mit Zweidrittelmehrheit. Es ist vollkommen ausgeschlossen, daß Sie eine solche Genehmigung erhalten, schon gar nicht nach den Ereignissen der letzten Tage.«

»So? Das wollen wir doch mal sehen!«

»Du weißt wohl nicht, was du da sagst, Grant!« rief der Vizepräsident beschwörend. »Für dieses Unternehmen bekommst du nicht mal die Unterstützung unserer eigenen Partei!«

»Das ist mir egal.«

»Um Himmels willen! Grant!« Der Vizepräsident war nahe daran, die Fassung zu verlieren, doch der Nomade achtete nicht mehr auf ihn; er hatte gesehen, daß Kate Blenner mit geschlossenen Augen langsam von ihrem Sessel rutschte.

41

Mit der kühlen Nachtluft floß ein dünner, aus verschiedensten Ingredienzen zusammengerührter Geräuschbrei in das weiträumige Büro, in dem sich jetzt nur noch die drei VR-Reisenden befanden.

»Die Belastung dürfte bald in den kritischen Bereich steigen«, warnte der Professor.

»Es geht schon wieder«, sagte Kate Blenner.

Als sie ohnmächtig zusammengesunken war, hatte Pawlow die Mitarbeiter des Präsidenten rasch aus dem Oval Office geschickt, und der Nomade hatte dem Stabschef befohlen, den Kongreß zusammenzurufen.

»Was – jetzt gleich?«

»Ja. Und das ist ein Befehl!«

Als sich Kate Blenner wieder erholt hatte, klopfte es. Der Nomade öffnete und blickte in das gepunktete Reptiliengesicht des CIA-Direktors. Hinter ihm sah er zwei Wachposten mit Karabinern.

»Sir, ich muß unbedingt mit Ihnen reden. Soeben sind neue Informationen eingegangen …« Er hielt ihm den orangeroten Aktenordner entgegen.

»Und worüber?«

Der Geheimdienstchef blickte sich vorsichtig um. »Allan Behrman«, sagte er dann.

»Allan?« rief der Nomade.

»Nicht so laut, Sir.« Der CIA-Direktor legte warnend den Zeigefinger auf die Lippen.

»Also gut, kommen Sie herein.«

Der hagere Mann trat ein, und der Nomade schloß die Tür. »Also?«

»Verzeihen Sie, aber diese Informationen darf ich Ihnen nur unter vier Augen geben.«

»Professor Pawlow und Miss Blenner genießen mein absolutes Vertrauen.«

»Ich weiß, Sir. Trotzdem. Die Vorschriften …« Simon R. Kalb fuhr sich nervös mit der Zunge über die Lippen. Die schnelle Bewegung erinnerte den Nomaden an das Züngeln eines Reptils; unwillkürlich mußte er an die Schlange des Paradieses denken. Er führte den CIA-Direktor in eine Ecke. »Reden Sie schon!«

Kalb hob sich leicht auf die Zehenspitzen, um dem Ohr des Präsidenten näher zu sein. »Sir, der Grund für das gesamte Experiment ist, daß Ihr Bruder im Koma liegt.«

Der Nomade bemühte sich, keine Überraschung zu zeigen. »Und woher wollen Sie das wissen?«

»Ich sagte bereits, daß unser Nachrichtendienst auch Gedanken auswertet. Aus ihnen gehen Ihre eigentlichen Absichten deutlich hervor.«

Nun wußten sie es also. Hatte die Rückkoppelung doch wieder eingesetzt?

»Und warum haben Sie das vorhin nicht gesagt?«

»Der Bericht kam eben erst herein. Nach der Dienstvorschrift habe ich Informationen von derartiger Tragweite dem Präsidenten unter vier Augen mitzuteilen.«

»Welcher Art ist denn die Tragweite?« Jetzt redete auch er schon solches Kauderwelsch!

»Sir?«

»Ich will wissen, für welche Art von Informationen das gilt.«

»Für Informationen, die lebensbedrohende Gefahren betreffen.«

»Sie meinen, der Vorstoß zum Reissnerschen Faden ist lebensgefährlich?«

»Absolut, Sir. Aber das wissen Sie doch selbst!«

»Ich weiß gar nichts. Welche Erkenntnisse sollen darüber denn vorliegen?«

»Das Beispiel Ihres Bruders dürfte doch wohl alarmierend genug sein.«

Der Nomade richtete sich auf, als wolle er aus dem Größenunterschied Überlegenheit gewinnen. »Die Entscheidung liegt ganz allein bei mir.«

»Nicht, wenn das Schicksal eines ganzen Landes davon abhängt«, beharrte der Geheimdienstchef. »Oder, auf der Diagnoseebene, Ihre geistige Gesundheit, vielleicht sogar Ihre biologische Existenz.«

»Lassen Sie das meine Sorge sein. Sagen Sie mir lieber, was Sie denn nun für Informationen haben.«

»Die Abteilung für Selbsterkenntnis hat in der Zwischenzeit eine erste Analyse Ihrer Erlebnisse während der bisherigen drei Experimente fertiggestellt.« Er hielt den Aktenordner vor sich, als wolle er neuen Gegenargumenten seines Präsidenten auch physisch vorbeugen.

»Auch schon vom ersten Experiment?«

»Selbstverständlich, Sir. Schließlich ist alles in Ihren Gedächtnisspeichern abgelegt. Unsere Spezialisten mußten es nur finden und auswerten.«

»Ich möchte, daß Professor Pawlow und Miss Blenner das ebenfalls hören, sonst können sie mir kaum helfen.«

»Tut mir leid, Sir. Sobald ich Sie informiert habe, ist es natürlich allein Ihre Entscheidung.«

»Warum sind Sie denn so stur?«

»Weil ich die Konsequenzen nicht abschätzen kann, Sir.«

»Überlassen Sie das einfach mir.«

»Tut mir leid, Sir. Dazu bin ich nicht befugt.«

»Und wer wäre dazu befugt?«

»Der Nationale Sicherheitsrat, Sir.« Er schlug den Aktenordner auf. »Der erste Bericht betrifft den Zwischenfall im Mandelkern. Auslöser war zweifellos das rote Licht ...«

»Ach so«, unterbrach ihn der Nomade mit einem besorgten Blick auf die anderen. »Das ist im Moment nicht so wichtig.«

»Wenn Sie meinen.« Kalb blätterte zur nächsten Seite. »Der zweite Bericht betrifft die Reise in das Gehirn Ihres Bruders. Nach unseren Analysen gehen dort nicht nur eine, sondern mindestens zwei, vielleicht sogar drei Programmautoritäten auf Sie zurück.«

Der Nomade war überrascht. »Ich bin doch nur eine einzige Person, mit einem einzigen Ich und einem einzigen Bewußtsein!«

»Aber in Ihrer Persönlichkeit wirken sehr starke Kräfte gegeneinander, Sir. Der Pitbull, der Unfall und auch der Roboter können möglicherweise auf Ihr eigenes, natürlich unbewußtes Wollen zurückgeführt werden.«

»Was denn – bin ich vielleicht schizophren?«

»Nein, Sir. Diese Dinge sind völlig normal. Das IC-Programm folgt dem Freudschen Instanzenmodell.«

»Davon habe ich noch nie gehört.«

»Freud nahm an, daß es in jeder Persönlichkeit mehrere Instanzen gibt. Die erste ist das Es, der unbewußte Urgrund der Person; es umfaßt die Triebe sowie die Affekte und hält sich im Zwischenhirn auf. Die zweite Instanz ist das Ich, das die Interessen des Bewußtseins vertritt und sich im Stirnlappen befindet. Die dritte Instanz, das Über-Ich, repräsentiert die Moral und ist ebenfalls hier oben angesiedelt.«

»Und welche hat nun das Sagen?«

»Die zweite natürlich. Die erste und die dritte Instanz besitzen aber großen Einfluß, bis tief in das Unbewußte hinein. Darüber hinaus entfalten auch noch Fremdgedanken ihre Wirkung: Lehren aus der Schule, Ratschläge guter Freunde, Ansichten bewunderter Philosophen, Lebenserfahrungen bedeutender Persönlichkeiten – da kommt viel zusammen, was sich durchaus widersprechen kann, gerade bei jüngeren Menschen, die noch nicht so festgelegt sind.«

»Und welche sind das bei mir?«

»Wir haben bereits die Ermittlungen aufgenommen, Sir. Leider können wir nur bewußte Gedanken erkennen. Was im Unbewußten los ist, wissen wir nicht. Und hier liegen die Gefahren. Wir wissen nicht viel über den Reissnerschen Faden, aber nach seiner topographischen Lage könnte man annehmen, daß sich von dort sogar eine Verbindung zur Seele herstellen läßt.«

»Zur Seele?«

»Es ist nur eine Ansicht, Sir.«

»Sie wissen, daß ich eine Seele habe, und auch, wo sie liegt?«

»Natürlich nicht, Sir. Kein Mensch weiß das. Es ist eine reine Glaubenssache. Unser Wissen über das Unbewußte beschränkt sich im wesentlichen auf Kenntnisse über bestimmte Funktionen, die personifiziert nach Cerebrum City vordringen. Triebe, Trauminhalte, verborgene Wünsche, Leidenschaften und so weiter. Besonders in der jüngsten Vergangenheit haben sich hier einige sehr unwillkommene Besucher aus Ihrem Unbewußten eingestellt. Zum Glück konnte unsere Polizei sie immer rasch isolieren. Sie sollten umgehend mit dem Sicherheitsberater sprechen.«

»Haben sich diese … diese Gestalten auch in den bisherigen Experimenten gezeigt?«

»Jawohl, Sir. Der Obdachlose zum Beispiel, der Sie an die Polizei verriet, hatte etwas mit dem Selbstzerstörungstrieb zu tun. Wenn Sie zum Reissnerschen Faden vorstoßen, werden Sie unausweichlich mit gefährlichen Phänomenen konfrontiert. Nach Ansicht unserer Analytiker spricht sogar einiges dafür, daß es in Ihrem Unbewußten Kräfte gibt, die Wally Purdy insgeheim bewundern.«

»Ausgeschlossen!«

»Vielleicht handelt es sich dabei um psychisches Material, das als Folge der hypnotischen Beeinflussung noch immer in Ihrem Unbewußten wirkt.«

Plötzlich sah der Nomade wieder seinen Bruder vor sich, leblos, in dem Bett mit den vielen Schläuchen. Hatte auch Allan Mächten aus der dunklen Hälfte seines Ich entgegentreten müssen? »War das alles? Dann trommeln Sie jetzt bitte den Nationalen Sicherheitsrat zusammen.«

Der CIA-Direktor klappte die Akte zu. »Sie wollen immer noch zum Reissnerschen Faden?«

»Ja. Wer gehört alles zum Sicherheitsrat?«

»Der Vizepräsident, der Außenminister, der Verteidigungsminister, der Vorsitzende des Obersten Militärstabs und meine Wenigkeit.«

»Holen Sie auch den Stabschef – und den Kaplan.«

»Den auch? Der war noch nie dabei.«

»Immerhin haben Sie von Seele gesprochen.«

Als der CIA-Direktor gegangen war, gab der Nomade einen kurzen Bericht. »Ich gehe auf jeden Fall!«

»Und ich komme mit«, sagte Kate Blenner.

Pawlow zögerte. »Es zeigt sich immer deutlicher, daß sich Ihnen ein Teil Ihres eigenen Bewußtseins widersetzt. Wenn ein solcher Zustand über längere Zeit andauert, besteht leider immer die Möglichkeit, daß es sich um Anzeichen einer Fehlfunktion handelt.«

»Sie meinen, ich bin nicht mehr ganz richtig im Kopf?«

»So würde ich es nicht sagen. Aber das Bewußtsein setzt sich nun einmal aus einer ziemlich großen Zahl von Teilsystemen zusammen. Erst ihre Zusammenschaltung bildet das Ich. Daß das Programm uns keinerlei Zeitangaben mehr liefert, zeigt, daß bereits eine Art von Entkoppelung beginnt. Und wenn Ihr Wille wichtige Bewußtseinsteile nicht mehr unter Kontrolle zu halten vermag, könnte es sich tatsächlich um Anzeichen einer beginnenden Ich-Auflösung handeln. Damit ist nicht zu spaßen; denn bei der Krankheit, die sich daraus entwickeln könnte, handelt es sich tatsächlich um eine Form von Schizophrenie.«

42

Kate Blenner stand am Fenster. Durch die frische Luft war ihre Müdigkeit rasch verflogen, und sie glaubte förmlich zu spüren, wie die roten Blutkörperchen in ihrer Lunge sich mit Sauerstoffmolekülen beluden.

»Die meisten Leute kennen Schizophrenie nur aus Gruselfilmen, in denen die Betroffenen als gefährliche Irre auftreten«, sagte Pawlow. »Natürlich gibt es Fälle, in welchen sich die Persönlichkeit nicht fest genug zusammenfindet und deshalb in ein und demselben Gehirn zwei, drei oder sogar noch mehr Identitäten entstehen, aber Derartiges steht für Sie wirklich nicht zu befürchten.«

Der Nomade hob abwehrend die Hand. »Jetzt geht es um das Unbewußte, vor dem hier alle soviel Angst haben.«

»Verständlicherweise, immerhin handelt es sich um die Urheimat gefährlicher Triebe, welche niemals völlig unter Kontrolle gebracht werden können.«

»Der Sicherheitsberater ist doch selber ein Trieb«, sagte der Nomade.

»Gerade deshalb. Falls das Programm überhaupt eine Metapher des Unbewußten enthält, wird dieses wohl als verrufenes Viertel, als Ghetto, vielleicht auch als Dschungel oder sogar Hölle dargestellt. Der Sicherheitsberater weiß vermutlich am besten, was uns in dieser Unterwelt erwartet.«

»Gibt es wirklich einen Todestrieb?« Bis vor wenigen Minuten war der Nomade fest davon ausgegangen, daß ihn die Gefahren des Unbewußten kaum betreffen konnten; nun kamen ihm Zweifel.

»Ja. Ich besitze allerdings keine klare Vorstellung davon, in welcher Gestalt er uns entgegentreten könnte. Vielleicht als Sektenführer, der Menschen anstiftet, aus dem Leben zu scheiden.«

»Und die anderen?«

»Mord- und Zerstörungstrieb könnte man sich als Killer, Gangster und Mitglieder von Jugendbanden vorstellen. Den Sexualtrieb, wenn eine Fehlsteuerung vorliegt, vielleicht als Zuhälter oder Bordellbesitzer.«

Bei der Konferenz mit dem Nationalen Sicherheitsrat wurde rasch klar, daß in Senat und Abgeordnetenhaus nicht nur Demokraten und Republikaner, sondern auch Vertreter anderer Parteien zu überzeugen sein würden. »Das Programm soll ja auch in Europa verkauft werden, Sir«, erklärte der Stabschef dazu. Wie vor allem Pawlow sofort auffiel, zeugte die politische Landschaft Cerebrum Citys indes von ziemlicher Naivität.

Die Partei des Präsidenten, die Union der Vernunft (UdV), repräsentierte im wesentlichen die intellektuellen Fähigkeiten des Nomaden. Die Anschauungen ihrer Abgeordneten entsprachen den Programmen der Republikaner und der konservativen Parteien Europas.

Die Partei des Gefühls (PdG) hatte einst die Regierung gestellt, war aber mit wachsender Vernunft in die Opposition geraten. »Unsere Gesellschaft ist sozusagen erwachsen geworden«, sagte der Stabschef dazu. Die PdG-Anhänger vertraten ähnliche Ansichten wie die Demokraten in den USA und die Sozialdemokraten Europas. Die Parteizentrale lag nicht im Regierungsviertel, sondern im limbischen System.

An dritter Stelle in der Wählergunst kam die Instinktpartei, die in den ersten Jahren der Parlamentsgeschichte eine diktatorische Kaderorganisation gewesen war. »Das erinnert mich an die absolut egoistische Denkweise eines Kleinkindes«, meinte Pawlow.

Die Partei der Intelligenz (PdI) ähnelte den liberalen Parteien Europas und bildete mit der Union der Vernunft eine Koalitionsregierung.

Die Intuitive Revolution, eine kleine, radikale Partei, suchte ständig nach alternativen Lösungen der aktuellen Probleme, geriet dabei aber aus ideologisch bedingter Maßlosigkeit ständig auf Irrwege.

Erschüttert war der Nomade, als er erfuhr, daß es in ihm auch zwei extremistische Splittergruppen gab: Die Partei »Nationaler Stolz Amerikanischer Patrioten« (NSAP) propagierte einen ziemlich unverhohlenen Rassismus, die Ideologische Internationale vertrat die rigide Forderung völliger Gleichheit, befeuert von einem lodernden Haß gegen alles Individuelle.

»Das kann nicht sein!« protestierte der Nomade.

»In jedem Menschen steckt nun einmal auch etwas Böses«, versuchte Pawlow ihn zu beruhigen. »Bei diesen Faschisten handelt es sich vermutlich um Reste uralter Emotionen aus den Anfangstagen der Menschheit, als jeder Fremde grundsätzlich eine Gefahr bedeutete. Und bei diesen Steinzeit-Kommunisten siedelt das Programm Gefühle an wie den Neid, eine besonders zerstörerische Triebkraft des menschlichen Zusammenlebens.«

Die einst so mächtige Glaubens-Kongregation (GK) war nur noch mit drei Abgeordneten vertreten, denn ihr Einfluß hatte sich seit Beginn der Pubertät in jeder Legislaturperiode weiter verringert. Die Abgeordneten der »Royal Party« waren Anhänger einer Monarchenfamilie, die das Land in historischen Zeiten regiert hatte, »in einer Phase besonders angestrengter Selbstfindungsprozesse während der Pubertät«, wie der Stabschef erklärte.

Die dritte demokratische Gewalt verkörperte auch in Cerebrum City eine Jurisdiktion, repräsentiert durch das Oberste Bundesgericht. »Auf der Diagnoseebene entspricht es natürlich dem Gewissen«, erklärte der Stabschef.

Der Blick des Nomaden fiel auf den Kaplan. »Und worin besteht Ihre Aufgabe?«

»Sir?« Der Kaplan war überrascht.

»Sie sind doch hier fürs Christliche zuständig, oder?«

»Entschuldigung, Sir, aber ich werde nur unzureichend über die Ereignisse im Weißen Haus informiert, und ich bin schon lange nicht mehr um Rat gefragt worden.«

»Wohl nicht ganz zu Unrecht«, sagte der Nomade sarkastisch. »Ist der Kongreß schon da? Ich meine, zusammengetreten oder wie das heißt?«

»Selbstverständlich, Sir«, sagte der Stabschef. »Die gemeinsame Sitzung von Senat und Repräsentantenhaus wurde für Mitternacht anberaumt.«

»Gut.« Der Nomade blickte in wartende Gesichter. »Dann möchte ich Ihnen jetzt sagen, was der eigentliche Zweck dieses Experimentes ist.«

Auf den meisten Gesichtern erschien ein Ausdruck von Verblüffung. »Handelt es sich denn nicht um eine psychologische Sitzung?« fragte der Vizepräsident.

»Nein.« Der Nomade wandte sich dem CIA-Direktor zu. »Erklären Sie es ihnen.«

Sofort änderten die gespannten Blicke ihre Richtung.

»Wie Sie wünschen, Sir.« Der Geheimdienstchef klappte die orangerote Akte auf.

»Aber nur das, was meinen Bruder betrifft«, fügte der Nomade rasch hinzu. Der CIA-Direktor hob die Akte etwas höher. »Meine Herren, es handelt sich in der Tat um politische Ereignisse von höchster Tragweite. Unser engster Verbündeter …«

»Nein, sagen Sie es gleich so, wie es ist!«

»Jawohl. Also auf der Diagnoseebene: Der Bruder des Probanden, Allan Behrman, ist bei einem ersten Experiment innerhalb dieses Programms verunglückt und liegt seither im Koma ...«

Während der Geheimdienstchef berichtete, beobachtete der Nomade die Gesichter. Auf allen waren die Anzeichen erst heftigen Erschreckens und dann wachsender Sorge zu erkennen. Erst nach einigen Minuten zeigten sich Unterschiede. Der Sicherheitsberater, der jetzt noch bulliger und kantiger wirkte als zuvor, schien im Geist bereits Argumente zu sammeln, mit denen er seine Ablehnung der Pläne des Nomaden auch in dieser veränderten Situation begründen konnte.

Als der Geheimdienstchef endete, blickten die Bewußtseinsfunktionen einander betreten an. Unwillkürlich folgte der Nomade seiner Gewohnheit, die größte Schwierigkeit zuerst anzugehen. »Ich würde gern wissen, was der Sicherheitsberater dazu meint.«

Der General straffte sich. »Wie ich schon sagte, ist es völlig ausgeschlossen, daß Senat und Abgeordnetenhaus einem solchen Vorhaben zustimmen könnten. Der Reissnersche Faden liegt im Unbewußten, also auf exterritorialem Gebiet ...«

»Empfinden Sie es denn wirklich als so ungewöhnlich, wenn ein Proband sein Unbewußtes erkundet?« unterbrach ihn der Professor. »Auf der Diagnoseebene handelt es sich doch schließlich um nichts anderes als um eine Art Psychoanalyse, welche ...«

»Ich bin mit diesem Begriff durchaus vertraut. Von einer Krankheit des Präsidenten ist indessen nichts bekannt. Und die früheren Störungen zum Beispiel durch hypnotische Fremdbeeinflussung sind nicht mehr wirksam.«

»Hmmmm ... Können Sie mit Bestimmtheit ausschließen, daß das Programm nicht doch eine Therapieebene enthält?«

»Ich möchte lieber wissen, worin die Risiken bestehen«, sagte der Nomade. »Wenn Sie als personifizierte Bewußtseinsfunktionen gar nicht in das Unbewußte vordringen dürfen, können Sie doch überhaupt nicht wissen, was sich dort abspielt!«

»Das ist auch gar nicht entscheidend«, sagte Kate Blenner. »Du hast doch gesehen: Sobald die Rückkoppelung ausfällt, hast du nicht einmal mehr entscheidenden Einfluß auf dein Bewußtsein. Wie willst du dich dann im Unbewußten durchsetzen?«

»Genau darin liegt die Gefahr«, sagte der Sicherheitsberater.

»Vielleicht ist das auch der Grund, warum Ihr Bruder nicht mehr in sein Bewußtsein zurückkehren kann.«

Der Nomade verspürte plötzlich Lust, die Diskussion wie mit einem Schlag auf einen Gordischen Knoten zu beenden. Wenn ihm die engsten Mitarbeiter keine Gefolgschaft leisteten, würde er vor dem Kongreß eben auf seine Autorität als Präsident setzen, und wenn auch das nichts half, blieb immer noch …

»Sir?«

»Ja?« Er versuchte die Stimme zu orten.

»Sir!« Es war der Kaplan.

»Bitte?«

»Sir, ich hätte da eine Frage. Könnte es denn auch sein, daß Ihr Bruder nicht nur nach der Quelle der Kalzium-Ionen forschte, sondern darüber hinaus auch auf der Suche nach der Seele war?«

»Blödsinn«, sagte der Sicherheitsberater grob. »Sie haben doch gehört, daß Allan Behrman Agnostiker war.«

»Ist«, verbesserte der Nomade ärgerlich. »Agnostiker ist!«

»Aber könnte er nicht gerade deshalb nach ihr geforscht haben?« beharrte der Kaplan. »Für einen Wissenschaftler, der davon überzeugt ist, daß sich so etwas nicht finden läßt, wäre doch der Beweis, daß er recht hat, nicht unwichtig. Oder?«

»Hmmmm … Hier scheint tatsächlich alles möglich. Ich hätte früher auch nicht gedacht, daß ich mich jemals für etwas so Unwissenschaftliches wie die Seele interessieren könnte.«

»Cerebrum City ist zwar nicht sehr fromm, aber der Versuch, die eigene Seele zu erforschen, ist jedenfalls honorig und wohl nur schwer zu verbieten«, meinte der Kaplan, »schon gar nicht in einem Gemeinwesen, das zumindest kraft seiner Verfassung noch immer ein christliches ist. Schließlich sind Sie getauft, Sir.«

»Sie glauben, daß wir den Kongreß damit überzeugen können?« fragte der Nomade.

»Jedenfalls bestünde doch die Möglichkeit, nicht wahr?« sagte der Kaplan hoffnungsvoll. »Hilfsbereitschaft und Nächstenliebe, oder besser Bruderliebe, sind zwar sehr starke Argumente, aber falls sie nicht ausreichen, könnten sich die großen Parteien einem religiösen Anliegen nur schwer verschließen. Jedenfalls nicht ohne negative Auswirkungen in der öffentlichen Meinung.«

»Schon wieder Unsinn«, sagte der Sicherheitsberater laut. »Was soll der Präsident denn sagen? Daß er als Einsiedler in die Wüste ziehen will, um sein Inneres zu erleuchten? Wir reden hier von einem Vorstoß ins Unbewußte, und das ist verdammt noch mal kein Off-Road-Trip!«

Das junge Gesicht des Kaplans zeigte einen Anflug von Trotz. »Ich halte es durchaus für möglich, daß dieses Programm bei begründetem Bedarf auch Möglichkeiten zu Vorstößen in das tiefste Innere bietet.«

»Hmmmm … Und was verleitet Sie zu dieser Annahme?«

»Zum Beispiel das Codewort. ›In te ipsum‹ heißt schließlich ›in dich selbst‹. Und was soll das anderes bedeuten als geradezu eine Aufforderung, die Lösung der Probleme in sich zu suchen? Im eigenen Bewußtsein, im Unbewußten – warum nicht auch in der Seele? Denken Sie an Descartes, den Sie kürzlich lasen. Er vermutete sie in der Zirbeldrüse.«

Der Professor fing einen ratlosen Blick des Nomaden auf. »Es handelt sich um eine kleine, zapfenförmige Ausstülpung des Zwischenhirndaches. Sie seziert rhythmisch das Hormon Melatonin, welches unter anderem eine Zeitgeberfunktion für den zirkadianischen Rhythmus ausübt, also den Körper ständig auf den Wechsel von Tag und Nacht einstellt.«

»Zapfenförmig?« fragte der Nomade. Die rote Akte lag immer noch vor ihm auf dem Schreibtisch, und er hob das Blatt mit dem Codewort hoch. »So wie das hier?«

»Ja«, sagte Pawlow.

»Dann ist das wohl eindeutig ein Hinweis von Allan«, sagte der Nomade in das verblüffte Schweigen. Descartes also, dachte er. Zirbeldrüse. Cogito, ergo sum. Ich denke, also bin ich. Ich bin, also denke ich. Ich denke, daß ich bin. Wer bin ich, daß ich denke? Bin ich der, den ich denke? Wer denke ich, daß ich bin? Ernste, aber auch plötzlich unernste Gedanken drehten sich zu einem Wirbel, in dem sich sein Verstand kaum noch über Wasser halten konnte; doch sein Wille hielt Kurs. Entschlossenheit ließ den Nomaden unwillkürlich nicken. Er würde Allan finden. Auch wenn er jetzt tatsächlich seine Seele suchen mußte.

43

Das anfängliche Erstaunen der Kongreßmitglieder über den Bericht des CIA-Direktors war schnell in Betroffenheit umgeschlagen, und als der Stabschef bekanntgegeben hatte, daß der Präsident den Reissnerschen Faden aufsuchen wolle, hatte sich die allgemeine Bestürzung in erregten Ausrufen geäußert: »Das darf doch nicht wahr sein!« – »Ich höre wohl nicht richtig!« – »Unglaublich, wie man uns hinters Licht geführt hat!«

Der Professor fragte sich, ob die Rückkoppelung wieder eingesetzt habe und die Atmosphäre in der Versammlung eine Widerspiegelung der gereizten Stimmung darstellte, in der sich der Nomade befand.

Auf der Fahrt in der gepanzerten Limousine des Präsidenten hatte Pawlow besorgt daran erinnert, daß das Experiment auf höchstens drei Phasen angelegt sei.

»Dann gehen Sie eben zurück und füllen Glukose nach!« hatte der Nomade ärgerlich geantwortet.

»Aber das ist doch Wahnsinn«, hatte Kate Blenner gesagt. »Vier Versuchszeiten nacheinander, das hält niemand aus!«

»Ich schon!«

Während der CIA-Direktor den Kongreß weiter informierte, erklärte der Professor dem Nomaden die physiologischen Grundlagen der Metapher: »Bei dieser Versammlung scheint es sich um eine Darstellung jener Kräfte des Vorstellungsvermögens zu handeln, welche Ihre Entschlüsse vorbereiten. Es gibt zwei Arten. Als Szenarien bezeichnen wir Denkprozesse, mit denen wir uns künftige Ereignisse ausmalen können – einen Aufschlag beim Tennis oder eine Ausrede, wenn wir zu spät kommen. Außerdem besitzt das Gehirn für jede Handlung ein Schema, für das Autofahren genauso wie für das Krawattenbinden. Ich denke, daß jeder der Senatoren hier ein Szenario verkörpert und jeder der Abgeordneten ein Schema, geschaffen aus Verstand, Gefühlen, Instinkten, Trieben oder noch anderen Kräften. Da das Programm die Bewußtseinsfunktionen als Mitarbeiter des Präsidenten darstellt, scheint es plausibel, daß es die Schemata und Szenarien nun in Gestalt von Politikern metaphorisiert, die jetzt debattieren und zu einer Entscheidung gelangen sollen.«

Die Diskussion wurde zwar äußerst heftig geführt, aber nicht, weil die Parlamentarier einander widersprochen hätten, sondern weil sie sich einhellig über den Präsidenten empörten. Redner und Zwischenrufer benutzten dabei für das Unbewußte und seine Bewohner Ausdrücke, die dem Nomaden zwar unbekannt, aber sehr wohl verständlich waren: »Innerer Dschungel«, »dunkler Erdteil für die Psychologie«, »psychische Urbevölkerung aus blutrünstigen Wilden«. In diese Regionen ausgesandte »Expeditionen« seien »nie wieder in den sicheren Hafen des Bewußtseins eingelaufen«; den »Mächten der Finsternis« dürfe auf keinen Fall ein Weg in das Bewußtsein geöffnet werden, wenn das Ich »Herr im eigenen Haus« bleiben wolle.

Der Mehrheitsführer verwendete Begriffe wie »Labyrinth der Labyrinthe«; zudem lägen seit längerem Berichte darüber vor, daß im Unbewußten Terroristen Anschläge auf den Präsidenten vorbereiteten.

»Ich denke, der gehört zu unserer Partei?« fragte der Nomade.

»Hmmmm … Ihre politischen Freunde sind eben besorgt um Sie, und dies durchaus nicht zu Unrecht.«

Die Ansprache schloß mit der Forderung, der Kongreß solle dem Vorhaben auf keinen Fall zustimmen, ehe nicht sämtliche Ergebnisse der früheren Experimente bekannt seien.

Der Oppositionsführer unterstützte den Antrag und machte darüber hinaus den Stabschef zum Ziel höchst emotionaler Angriffe: von »Psychopathologie der Politik« war die Rede, von »Logik des Wahnsinns« und dem Willen als einer »kalten, blinden Macht«, die das Land noch in den Abgrund führen werde. Als er auf die Gefahr hinwies, »die Einheit des Bewußtseins zu verlieren«, erhielt er den Beifall des gesamten Hauses.

Ganz ohne jedes Anzeichen von Erregung, aber mit unerbittlicher Schärfe lehnte danach auch der Vorsitzende der Intelligenzpartei den Plan des Präsidenten ab. Zur Auswertung der bisherigen Experimente empfahl er, auch Philosophen einzuladen, »schon allein wegen der möglichen Versuche gewisser Herrschaften, rationales Vorgehen immer wieder durch Hinweise auf unbewiesene Gefahren aus dem metaphysischen Bereich zu verhindern«.

Mr. Caine, der Vorsitzende der Instinktpartei, rief in den Saal: »Lüge, Täuschung und Verheimlichung bleiben die perfiden Waffen der Geistesbourgeoisie … künstliches Dummhalten der unteren Bewußtseinsschichten soll die Unterdrückung und Ausbeutung der natürlichen Instinkte und Triebe auch in Zukunft sicherstellen …«

Die Sprecherin der Intuitiven, eine dürre, blasse Frau mit runder

Nickelbrille, verlas eine offenbar zuvor hastig aufnotierte Anklage gegen die angebliche »unmenschliche Diskriminierung der Bevölkerung im Unbewußten, die genauso ein Recht hat, in diesem Gehirn zu leben, wie wir«. Der Führer der NSAP faselte mit drohender Gebärde in Richtung auf die Mitarbeiter des Weißen Hauses, die Namen aus der Bibel trugen, von »Weltverschwörung« und beschimpfte den Präsidenten als »Judenknecht«. Im Unbewußten hausten »nur primitive Nigger«, die der Präsident jetzt offenbar »mit unseren Steuergeldern aufpäppeln« wolle.

Der nächste Redner war ein mittelgroßer, asketisch wirkender Mann mit schütterem Haar, tiefen Wangenfalten, einer Halbbrille und dem Rot des Kardinals. Lautes Protestgeschrei besonders der Extremisten auf beiden Flügeln scholl ihm entgegen: »Religion ist Opium fürs Volk!« – »Wir brauchen keinen Judengott!«

»Johannes Neumann«, erklärte der Stabschef. »Fraktionschef der Glaubens-Kongregation.«

Der Kardinal wartete geduldig, bis sich die Unruhe etwas legte, und sagte: »Sie kennen unseren Standpunkt, daß die Antworten auf wirklich wichtige Fragen weder mit dem Verstand noch dem Gefühl und schon gar nicht mit Intuition, Instinkt oder Ideologie gefunden werden können, sondern vor allem mit dem Glauben.«

»Das ist ja wie im Mittelalter!« schrie die Sprecherin der Intuitiven.

»Der Glaube als die Bewußtseinsfunktion des Metaphysischen bildet nun einmal die einzige gesicherte Verbindung zu jenen Maximen menschlichen Handelns, die nicht von uns selbst erdacht worden sind und auf denen deshalb auch nicht der geringste Schatten eines Zweifels ruhen kann …«

Der Nomade beugte sich gespannt vor. Gab es doch noch eine Chance, den Kongreß umzustimmen?

»… Überdies eröffnen uns die technisch-wissenschaftlichen Möglichkeiten der neuen Zeit, insbesondere der Computer und die mit Rechnern ausgestatteten medizinischen Geräte, wie sie auch bei diesem Experiment eingesetzt werden, einen neuen, vierten Weg, die Seele zu suchen.«

»Das ist unglaublich!« sagte Pawlow laut.

Der Kardinal nickte dem Professor zu. »Der erste und älteste Weg, der theologische, basiert auf dem Glauben. Der zweite, der philosophische, auf dem Verstand. Der dritte, der psychologische, beruht auch schon auf modernen Techniken, zum Beispiel der Messung physikalisch-chemischer Prozesse. Der vierte Weg aber, der physiologische, folgt erstmals allein der Naturwissenschaft. Denn nun können zum ersten Mal Synapsen, Axone, Dendriten oder Botenstoff-Moleküle als Vehikel für die Suche nach der Seele dienen.«

»Woher weiß der das alles?« staunte der Nomade. »Ich meine, woher weiß ich das alles?«

»Hmmmm … Das bereitet mir große Sorgen. Es sind Gedanken, welche ich selbst seit langem hege, über die ich aber noch niemals mit irgend jemandem sprach. Die naheliegende Erklärung lautet, daß die Rückkoppelung weiterläuft, nicht nur, was Ihre, sondern auch, was unsere Gedanken betrifft, seit wir dem Computer über Ihren Resonator zugeschaltet sind.«

»Wenn die Seele, wie ich glaube, eine göttliche Widerspiegelung irdischer Phänomene ist«, fuhr der Kardinal fort, »dürfte sie dort angesiedelt sein, wo höheres neuronales Leben beginnt, also direkt unterhalb des Zwischenhirns.«

»Genau meine These«, sagte Pawlow.

»Das klingt plausibel«, gab der Mehrheitsführer zu. »Aber soll der Mensch denn überhaupt nach seiner Seele suchen?«

»Denken Sie an Augustinus«, antwortete der Kardinal. »Nach seiner Lehre führt der Weg zu den Grundlagen der Gewißheit nicht nach außen, sondern nach innen. Die klassische Formulierung lautet, Zitat: Noli foras ire, in te ipsum redi, in interiore homine habitat veritas.«

»Das Codewort!« murmelte Kate Blenner verblüfft.

»Und was heißt das?« fragte der Mehrheitsführer.

»Gehe nicht nach draußen, kehre in dich selbst ein; im inneren Menschen wohnt die Wahrheit.« Der Kardinal ließ die Worte einige Sekunden lang wirken, dann erklärte er: »Nach Augustinus führen Glaube und Liebe von der Außenwelt zur Innenwelt des Geistes und von dort zum Innersten.«

Der Nomade rieb sich die Stirn; seine Gedanken schienen sich plötzlich immer mehr ohne sein Zutun zu bilden.

»In seinem Innersten findet der Mensch notwendige und sichere Wahrheiten, die schon seit immer dort sind«, fügte der Kardinal hinzu. »Der Weg zur Seele ist nach Augustinus der Weg zu Gott als dem Licht der Wahrheit selbst.«

Gott? dachte der Nomade. Wartete Gott dort auf ihn, tief in seinem Inneren, in seiner Seele? Jetzt schienen seine Gedanken zu fliegen, aber nicht wie Funken im Chaos eines Brandes, sondern wie Meteoriten, die eine geheimnisvolle Macht mit unwiderstehlicher Kraft aus allen Winkeln seines Bewußtseins in eine bestimmte Richtung zog. Heftig schüttelte er den Kopf, aber der psychische Sturm in ihm wurde immer stärker. »Wahrheit ... Licht ...« Er merkte, wie die Umgebung plötzlich an Farbe und Konturen verlor. War es Müdigkeit? Überanstrengung? Oder gar ...? Nein, dachte er alarmiert, nicht jetzt. Nicht jetzt!

»Nicht jetzt!« hörte er plötzlich auch den Stabschef sagen.

Als der Nomade fühlte, daß sein Stuhl immer stärker zu zittern begann, klammerte er sich im Reflex der Panik so fest an die Armstützen, daß seine Handknöchel sich weiß verfärbten. Bestürzt sah er, daß sich der Sitzungssaal plötzlich mit Nebel gefüllt hatte. In der nächsten Sekunde fingen auch die Stühle der anderen an zu wanken, und der Professor, Kate Blenner und die anderen suchten verwirrt ebenfalls nach einem Halt. Dann begann der Saal zu beben. Ein Grollen drang wie aus großer Tiefe herauf, die Wände krümmten sich, und das gesamte Gebäude dehnte sich wie ein erwachender Organismus. Die Holzvertäfelung fiel krachend zu Boden, das Podium mit dem Rednerpult barst wie von einer Riesenfaust zerdrückt, die Glaskörper der Lampen platzten und stürzten mit den zersplitternden Fensterscheiben als klirrender Scherbenregen auf die Versammlung. Ein markerschütterndes Dröhnen setzte ein, der Fußboden hob sich wie die Haut einer riesigen Blase, und in den anschwellenden Lärm mischten sich nun die erschrockenen Schreie der Abgeordneten und Senatoren, die von ihren Bänken geschleudert wurden. Über der Galerie entluden sich ungeheure Spannungen in ohrenbetäubenden Donnerschlägen. Durch die Fenster zuckten Blitze, und ein Orkan fegte Holz- und Glassplitter, Aktendeckel und lose Papiere durch den zuckenden Saal. Das letzte, was noch in das verlöschende Bewußtsein des Nomaden drang, war der entsetzte Ruf des Professors: »Um Himmels willen, warum sagten Sie uns nicht, daß Sie Epileptiker sind?«

44

Der Nomade lag auf derselben Couch, auf die er ein paar Stunden zuvor Kate Blenner gebettet hatte. Über sich sah er den Professor; in seinem vorwurfsvollen Gesicht waren noch deutliche Spuren des Erschreckens zu erkennen. Durch das geöffnete Fenster drang das Heulen von Sirenen herein.

»Tut mir leid.«

»Das erklärt den Vorfall am Hippocampus. Seit wann leiden Sie unter dieser Krankheit?«

»Schon seit einiger Zeit.« Erleichtert registrierte der Nomade, daß sein Verstand wieder zu arbeiten begann. Jetzt nur nicht zuviel verraten!

Die nächsten Fragen folgten unerbittlich: »Wie häufig treten diese Anfälle auf? Wie viele waren es bisher? Waren Sie bei einem Arzt?«

»Lassen Sie ihm ein bißchen Zeit«, sagte Kate Blenner. »Er ist ja noch gar nicht richtig zu sich gekommen.«

»Es geht schon wieder«, sagte der Nomade etwas zu laut, um überzeugend zu wirken. Jetzt erst bemerkte er, daß hinter dem Professor die Mitglieder des Nationalen Sicherheitsrats standen. »Tut mir leid. Hoffentlich ist nicht soviel ...« Er wußte nicht, wie er sich ausdrücken sollte.

»Machen Sie sich keine Sorgen, Sir«, sagte der Stabschef. »Die Schäden sind zwar etwas größer als beim letzten Mal, aber das kriegen wir wieder hin.«

»Hmmmm ... Das klingt ja fast so, als besäßen Sie Übung in diesen Dingen!«

»Auf der Untersuchungsebene ist es natürlich eine Katastrophe«, erklärte der Stabschef. »Nach meiner Schätzung hat das Beben mindestens fünfzig Todesopfer gefordert, und noch einmal so viele Senatoren und Abgeordnete sind lebensgefährlich verletzt. Die Decke ist eingestürzt, und die Glassplitter ... Das Capitol ist praktisch eine Ruine.«

»Und das wollen Sie einfach so wieder ›hinkriegen‹?« fragte Kate Blenner, als habe sie vergessen, wo sie sich befand.

»Nun, nicht mehr während Ihres Aufenthaltes hier«, antwortete der Stabschef. »Aber beim nächsten Experiment ist alles wieder im Lot.«

»Klar«, sagte der Nomade, auf fast irrationale Weise froh über diesen Freispruch.

»Das Programm startet bei jeder Aktivierung neu«, ergänzte der Stabschef. »Beim nächsten Experiment werden Sie also keinerlei Spuren des Bebens mehr entdecken. Natürlich sind dann auch alle Opfer wieder am Leben beziehungsweise gesund.«

»Du siehst also, du brauchst dir keine Vorwürfe zu machen«, sagte der Vizepräsident.

»Pardon, aber in diesem Punkt vertrete ich durchaus eine andere Meinung«, widersprach Pawlow. »Als Epileptiker in einen VR-Raum zu gehen, läßt sich nur als schierer Wahnsinn bezeichnen!«

»Wieviel Zeit bleibt eigentlich noch?« fragte Kate Blenner.

Der Professor sah sie verdutzt an. »Soll das etwa bedeuten, daß Sie eine Fortsetzung des Experimentes ernsthaft in Erwägung ziehen? Wir wissen doch gar nicht, was bei einem weiteren Anfall passiert und ob wir den VR-Raum dann überhaupt noch rechtzeitig verlassen können, um nötigenfalls einzugreifen!«

Der Nomade richtete sich auf und aktivierte die Uhr in seinem Gesichtsfeld. »Noch drei Stunden und elf Minuten.«

Pawlow stieß zischend die Luft aus. »Sie wissen doch hoffentlich, daß Sie mit Ihrer Gesundheit spielen. Ich mache da jedenfalls nicht mit. Nicht bei einer solchen absolut ... Eine derartige Verhaltensweise wäre völlig verantwortungslos!«

Der Nomade sah Kate Blenner an. »Und du?«

Sie zögerte. »Aber wenn wir zurück sind, gehst du zum Arzt. Versprich mir das!«

»Ich schlage vor, daß Sie zurückgehen und Infusat nachfüllen«, sagte der Nomade zu dem Professor. »Bei Kate und bei mir.«

Kate. Irgendwie hatte er den Namen anders ausgesprochen als zuvor, dachte sie. Und er hatte ihn vor dem seinen genannt. Kate und Grant. Jetzt waren sie zwei. Aber gleich meldeten sich Zweifel. Waren sie wirklich zwei? War sie tatsächlich nicht nur ein Anhängsel, ein Mittel zum Zweck, eine nützliche Begleiterin, ein Bestandteil seiner Pläne, ein Faktor, sondern wirklich eine Partnerin, mit einem festen Platz im Zentrum seines Ich?

»Außerdem können Sie dann unser weiteres Vorgehen draußen an den Apparaten überwachen«, hörte sie den Nomaden sagen.

»Einverstanden«, antwortete der Professor. »Das dürfte das Risiko reduzieren. Machen Sie sich aber darauf gefaßt, daß ich den Versuch beim geringsten Anzeichen einer neuen Gefahr sofort abbrechen werde.«

Der Nomade wandte sich den anderen zu. »Im Moment dürfte der Kongreß wohl kaum zu irgendeiner Entscheidung in der Lage sein. Deshalb ist es wohl legitim, wenn wir unser Vorhaben auch ohne Zustimmung ...«

Sofort erhob sich Protest. »Ausgeschlossen!« sagte der Sicherheitsberater.

Der Nomade stand auf. »Nach meiner Einschätzung handelt es sich um einen außergesetzlichen beziehungsweise übergesetzlichen Notstand. Der Kongreß ist nicht mehr arbeitsfähig. Also muß die Exekutive auf eigene Verantwortung handeln.«

Der Sicherheitsberater trat einen Schritt vor. »Sir, es ist meine Pflicht ...«

»Später«, sagte der Nomade. »Was sagen Sie dazu, Herr Stabschef?«

Plotin überlegte kurz. »Machen können wir es, aber nur, wenn wir keine Rücksicht auf die Folgen nehmen wollen.«

»Die können Sie getrost mir überlassen.«

Der Sicherheitsberater schüttelte energisch den Kopf. »Sie dürfen das Parlament nicht übergehen, auch wenn es nur ein Notparlament ist!«

»Ich mache es trotzdem. Sind Sie dabei, Mr. Plotin?«

»Unter diesen Umständen bleibt mir ja gar keine Wahl, Sir, schließlich bin ich Ihr Wille.«

»Allerdings. Und Sie, Mr. Vizepräsident?«

»Ich halte das wirklich für keine gute Idee, Grant«, kam die zögernde Antwort.

»Sir!« rief der Sicherheitsberater erregt. »Sie verstoßen eindeutig gegen unsere heiligsten Verfassungsgrundsätze. Sie betreiben den Sturz unserer Republik!«

»Immerhin ist es meine Republik.«

»Nein, Sir, es ist immer noch unsere Republik, auch wenn Sie der Präsident sind!« Der Sicherheitsberater drehte sich um und schritt entschlossen zur Tür.

Der Nomade wandte sich wieder dem Stabschef zu. »Ist der Hubschrauber startklar?«

»Selbstverständlich, Sir. Wie immer.«

»Der Secret Service soll sich bereitmachen. Zehn, zwölf Leute dürften genügen.«

Ehe der Stabschef antworten konnte, flog die Tür auf, und ein Dutzend bewaffnete Männer in Straßenanzügen stürzte herein.

»Da sind sie ja schon«, sagte der Nomade.

»Moment mal«, sagte der Stabschef verblüfft, als zwei der Männer nach ihm griffen. Die anderen drängten sich zu dem Nomaden vor.

Der Stabschef wehrte sich heftig: »He! Was fällt Ihnen ein!«

In der Tür stand der Sicherheitsberater. »Sie sind verhaftet!«

»Brechen Sie ab, Mr. Behrman!« rief Pawlow. »Sofort! Das Experiment ist außer Kontrolle!«

»Sie sind wohl alle verrückt geworden!« Der Nomade holte tief Luft. »Raus hier! Ich bin der Präsident!«

»Jetzt nicht mehr«, sagte der Sicherheitsberater. »Nach einstimmigem Beschluß des Repräsentantenhauses sind Sie hiermit Ihres Amtes enthoben. Sie werden in Gewahrsam genommen.«

»Impeachment-Verfahren«, ächzte der Stabschef im Griff der beiden Beamten.

»Abbruch!« schrie der Professor. »Abbruch!«

Kate Blenner flüchtete vor zwei Verfolgern zum Fenster. »Mach Schluß, Grant! Bitte!«

Einen Augenblick lang hätte der Nomade fast der Versuchung nachgegeben, die Eindringlinge einfach anzubrüllen, nicht nur in der wahnwitzigen Hoffnung, sie einschüchtern zu können, sondern auch um der Wut nachzugeben, die in ihm aufgestiegen war. Dann aber gewann sein Verstand die Kontrolle zurück. »Asio otus!« Schlagartig wurde es dunkel und still.

45

Duncan Findlay lenkte seinen Ford auf einen freien Parkplatz unter den großen Ahornbäumen, tippte eine Taste und nahm das Handy ab.

»Ja?« sagte Vassalo.

»Bin wieder da.«

»Denkst du, wir sind blind?«

»War was in der Zwischenzeit?«

»Esel«, sagte Vassalo und legte auf.

»Dann eben nicht«, sagte Findlay spöttisch. Er stöpselte sein Notebook ein, klappte den Deckel auf und aktivierte das Programm. Es war schließlich nicht zu erwarten gewesen, daß an den Klingelschildern des Apartmenthauses, vor dem das kleine japanische Auto gehalten hatte, »Behrman« oder »Blenner« stand. Er wählte den Zentralcomputer der Verkehrsbehörde von Massachusetts an, tippte das Paßwort ein und wartete.

Nach einigen Sekunden erschien ein Kästchen: »Gesuchtes Kennzeichen?«

Er gab die Nummer des kleinen Japaners ein und drückte auf ENTER.

»Helena Beatus. Batterymarch St. 1186.«

Findlay dachte nach. Die beiden waren also bei irgendwelchen Freunden untergekrochen und hatten sich von ihnen das Auto geborgt. Auf dem kleinen Monitor erschien das Führerscheinbild einer dunkelhaarigen Frau mit einer exzentrischen Brille. Neben dem Foto standen ein Geburtsdatum, die Typenbezeichnung des Autos und das Konto, von dem die Kraftfahrzeugsteuer abgebucht wurde.

»Da ist sie ja schon bald vierzig«, murmelte Findlay. »Honda Civic. North State Bank. Das Luder kann doch unmöglich so raffiniert sein!«

Er holte das Paßwort der Bank aus dem Speicher, loggte sich auch dort in den Zentralcomputer ein und studierte die Kontoauszüge. Die Eingänge kamen seit etwas über fünf Jahren regelmäßig vom Boston Opera House.

Ungläubig schaute Findlay auf den kleinen Bildschirm. Wenn das tatsächlich Tarnung war, hatte sich jemand viel Mühe gegeben.

Eine Viertelstunde später hatte der Sicherheitschef die Computer des Opernhauses, der Telefongesellschaft, der Elektrizitätswerke sowie der Hausverwaltung überprüft. Jeder Irrtum war ausgeschlossen: Diese Helena Beatus gab es wirklich, und sie wohnte schon seit mindestens fünf Jahren in diesem Haus. Dauerhaft, wie die Telefonrechnung zeigte. Fast jeden Tag ein Gespräch, also auch keine längeren Reisen. Eine Maskenbildnerin. Nicht ein einziges Telefonat nach New York. Auch sonst keine erkennbare Verbindung zu Behrman oder Kate Blenner. Was hatte eine Maskenbildnerin von der Oper in der Harvard Medical School zu suchen?

Das Handy klingelte, und er nahm ab. »Ja?«

»Ich verbinde mit Mr. Reddington.«

Ausgerechnet jetzt, dachte Findlay unwillig.

»Was machen Sie denn die ganze Zeit? Ich höre ja gar nichts mehr von Ihnen. Schlafen Sie etwa?«

»Nein, Sir. Ich bin vor Ort.«

»Sind Sie sicher, daß die beiden noch in Boston sind?«

»Ganz sicher, Sir. Sie haben sich nur bisher nicht blicken lassen. Und reinzugehen haben Sie mir ja verboten.«

»Allerdings. Sie haben schon genug Mist gebaut.«

»Ich tue, was ich kann, Sir.«

»Ja, Mist bauen können Sie wirklich«, kam die Antwort prompt.

»Sir?«

»Schon gut. Können Sie nicht irgend etwas anderes unternehmen? Etwas ohne Risiko?«

»Ich denke darüber nach, Sir.«

»Lassen Sie sich was einfallen. Aber bald!«

»Jawohl, Sir.«

Findlay hörte, wie aufgelegt wurde, und drückte das Handy in die Halterung. Der Alte wird nervös, dachte er besorgt, dann aber mit einer gewissen Genugtuung: Um so größer würde die Dankbarkeit sein, wenn die Sache erledigt war. Er überlegte kurz, dann wählte er den Telefonanschluß und schaltete auf MODEM. Nach einigen Sekunden erschien das Menü eines PC auf dem Bildschirm: HELENA BEATUS.

Kein Codewort. Künstler hatten so was offenbar nicht nötig. Er suchte nach einem Tagebuch, fand aber kein entsprechendes Fach und holte den Terminkalender auf den Bildschirm. Donnerwetter, dachte er, als er die Fülle der Eintragungen sah. Er ließ die vergangenen vierzehn Tage vorbeiziehen, konnte aber keinen brauchbaren Hinweis entdecken.

Danach holte er das Telefonverzeichnis auf den Monitor, und nach kurzer Zeit hatte er gefunden, was er suchte, nicht unter P wie Pawlow, sondern unter S: »Sergej«. Die ersten Zahlen zeigten, daß es sich um einen Anschluß der Harvard Medical School handelte. Also doch!

Findlay speicherte die Nummer ab, lehnte sich zurück und zündete sich zufrieden eine Zigarette an. Dann loggte er sich wieder in den Computer der Telefongesellschaft ein und holte die Aufzeichnungen der Gespräche, die Helena Beatus von ihrem Privatanschluß aus geführt hatte, auf den Monitor.

Pawlows Nummer war erst am Tag zuvor angewählt worden. Zweimal. Was hatte die Frau mit dem alten Rußki zu schaffen, stieg sie etwa mit ihm in die Kiste? Findlay kicherte. Vormittags, in seinem Labor? Er malte sich eine groteske Umarmungsszene zwischen medizinischen Apparaten aus.

Dann konzentrierte er sich wieder. Es würde zu auffällig sein, wenn er jetzt gleich wieder losfuhr. Besser, er wartete bis zum Nachmittag, ehe er diese Helena Beatus besuchte. Wenn sie wirklich Pawlows Schickse war, würde sie sicher auch wissen, wo sich Behrman und Kate Blenner versteckten. Und wenn sie es wußte, würde Findlay es auch aus ihr herauskitzeln.

Er lehnte sich wieder zurück. Dann aber gewann seine Ungeduld die Oberhand. Wieso eigentlich warten, nur wegen dieser beiden Pappnasen aus Chicago? Die konnten ihn mal. Er nahm das Handy. »Muß noch mal los. Hab' was vergessen.«

»Was denn?« fragte Vassalo. »Dir den Hintern abzuwischen?«

»So ungefähr. Ihr zwei seid ja so gut, ihr braucht mich hier doch überhaupt nicht.«

»Stimmt genau, Fettwanst. Du mußt nicht soviel fressen, dann mußt du auch nicht so oft auf den Topf.«

»Werd's mir merken.« Findlay startete den Motor, lenkte den Ford auf die Straße und gab Gas.

»Findlay ist tot.«

»Was?«

»Ja. Tut mir leid.«

»Habt ihr den Verstand verloren?«

»Nein. Wir waren es nicht.«

»Was?« Matareses Stimme war noch lauter geworden, und unwillkürlich entfernte Vassalo das Handy einige Zentimeter von seinem Ohr. »War leider nichts zu machen. Gar nichts, wirklich«, sagte er.

»Was ist denn passiert?«

»Vor zwei Stunden ist er plötzlich abgehauen. Quatschte was von Hamburger holen, pinkeln und so, war aber hinter einer Frau her, die gerade aus dem Labor kam. Sah ein bißchen aus wie diese Kate Blenner. War es aber nicht.«

»Sondern?«

»Eine Helena Beatus, aus Downtown, Batterymarch Street.«

»Und von der hat sich dieser Trottel umlegen lassen?«

»Nein. Die ist auch tot. War sie schon vorher.« Vassalo schwitzte um so stärker, je näher er dem Zeitpunkt kam, an dem er das Unangenehmste würde erklären müssen.

Ceccarelli sah ihn bedrückt an. Die Klimaanlage lief auf vollen Touren.

»Wer war es denn dann?« Der drohende Unterton in Matareses Stimme kam noch deutlicher heraus. Er weiß es schon, dachte Vassalo. Er weiß immer alles schon vorher. »Purdy.«

»Das habe ich mir gedacht. Und was habt ihr gemacht? Zugeschaut?«

Obwohl Vassalo von seiner und Ceccarellis Unschuld so weitgehend überzeugt war, wie es einem Mann seiner Profession überhaupt zuträglich sein durfte, hütete er sich davor, die ironische Frage als beleidigend zu empfinden; ihm war völlig klar, daß er wie sein Partner üblicherweise nicht nur eigenes Versagen, sondern auch unglückliche Umstände würde verantworten müssen.

»Und das FBI?« Das war das wichtigste, dachte Matarese.

»Die wissen noch nichts«, sagte Vassalo. »Wir stehen vor dem Haus. Gegenüber. Keine Polizei. Nichts. Im Haus ist alles ruhig geblieben. Schalldämpfer.«

Matarese schwieg verblüfft. Dieses irre Millionärsjüngelchen – erst Frauen metzeln und jetzt plötzlich wie ein professioneller Killer? »Also von vorn!«

»Als Findlay abhaute, ist Ceccarelli hinterher. In dem anderen Auto, das Findlay nicht kannte. Moment.« Er reichte den Hörer weiter.

»Findlay fuhr hinter der Frau her bis Batterymarch Street«, berichtete Ceccarelli. »Dort stieg sie aus und verschwand in einem Apartmenthaus. Ziemlich großes Haus. Er wartete ein paar Minuten und fuhr dann wieder zurück. Stand danach ungefähr eine halbe Stunde lang hinter uns auf dem Parkplatz. Dann fuhr er plötzlich wieder los. Hatte wahrscheinlich inzwischen herausgefunden, daß sie doch nicht Kate Blenner war.«

»Hat die sich denn inzwischen blicken lassen?«

»Nein. Auch Behrman nicht oder dieser Russe. Die sind immer noch in diesem Labor. Das Auto war auf diese Helena Beatus zugelassen. Beim zweiten Mal klingelte Findlay, ging dann aber mit einem elektronischen Dietrich rein, auch in die Wohnung. Zweiter Stock. Ich habe ein bißchen gewartet, bin dann hinterher. Da lag er. Und sie auch.«

Ceccarelli wischte sich den Schweiß von der Stirn. »Scheußliche Sache. Genauso, wie's in der Akte steht. Die Frau wurde praktisch der Länge nach aufgeschlitzt. Findlay hat zwei Schüsse abgekriegt. Kopf und Herz. Perfekte Treffer. Purdy haute über die Feuertreppe ab. Wenn ich ein bißchen früher in die Wohnung rein wäre, hätte ich ihn vielleicht noch erwischt. Dann habe ich Vassalo Bescheid gesagt.«

Als keine Antwort kam, beeilte sich Ceccarelli, das Handy wieder zurückzugeben.

»Ja?« meldete sich Vassalo.

»Was hat die Frau denn mit Harvard zu tun?« fragte Matarese.

Angestrengt versuchte Vassalo, so wenig nervös wie möglich zu klingen. »Keine Ahnung.«

»Und woher kann Purdy von ihr gewußt haben?«

Die unvermeidliche Frage, dachte Vassalo, da war sie, endlich; fast war er froh darüber. »Wahrscheinlich hat sich der Kerl ebenfalls an Findlay angehängt.« Es war besser, er sagte es selbst, als daß Matarese es aussprach.

»Oder an euch.«

»Auch möglich«, gab Vassalo zu. »Das Universitätsgelände ist ziemlich groß. Jede Menge Häuser und Bäume. Er kann sich natürlich irgendwo versteckt und Findlay von weitem beobachtet haben, von irgendeinem Fenster aus, vielleicht mit einem Feldstecher oder so. Wäre gut möglich.«

»Und ihr habt es nicht gemerkt.«

»Wir können zu zweit nicht die ganze Universität überwachen«, sagte Vassalo. »Im Labor war er jedenfalls nicht.«

Matarese schwieg. Vassalo und Ceccarelli warteten gespannt.

»Gut«, sagte Matarese nach einigen Sekunden. »Ich schicke euch Garter, Bandini und noch ein paar andere. Fünfzehn, zwanzig Leute. Vielleicht reicht das gegen einen einzigen Mann.«

»Ja, bestimmt«, sagte Vassalo verlegen.

»Was ist mit Findlays Typen?«

»Die hängen immer noch hier rum. Wissen bestimmt noch überhaupt nicht, daß ihr Herr und Meister abserviert wurde. Sollen wir sie uns schnappen?«

»Nein, das übernehmen Garter und Bandini.«

»O. k. Wir haben Findlays Notebook. Sollen wir auch seine Papiere holen?«

»Nein, daran hätte Ceccarelli gleich denken müssen, jetzt geht ihr da nicht mehr rein.«

»Gut.«

Matareses Stimme hatte sich wieder normalisiert. »Das FBI weiß, daß der Kerl in Pennsylvania war und gestern in Newark.« Er berichtete von dem gescheiterten Versuch, Purdy Angst einzujagen. »Der Bursche ist nicht dumm, aber das FBI weiß trotzdem eine ganze Menge, vielleicht sogar auch schon, daß er in Boston ist. Also seht zu, daß ihr die Sache endlich in den Griff kriegt! Noch was: Wir haben da drüben eine Firma. In Boston. African Spice. Für Importe aus Kamerun. Rindenextrakt, für Potenzmittel. Garter und Bandini sollen sich dort gleich mal umsehen.«

»Potenzmittel«, wiederholte Vassalo mit einem Seitenblick auf Ceccarini.

»Ja. Purdy war dort im Computer. Quittmans Leute konnten aber nicht herausfinden, ob er nur zufällig ... Wenn er was gemerkt hat, muß sofort etwas unternommen werden. African Spice macht auch Geschäfte mit Fenway-Soper.«

»Verstehe«, sagte Vassalo. Er hatte sich längst eine klare Vorstellung von den Importartikeln gemacht, die African Spice unter der Bezeichnung Rindenextrakt ins Land brachte, und dies nicht nur aus Kamerun.

Matareses Ton zeigte ihm, daß er mit seiner Vermutung richtig lag: »Paßt auf, daß dort nichts schiefläuft. African Spice ist wichtig.«

»O. k.«

»Wenn das FBI dort auch nur in die Nähe kommt, fackelt ihr das Ding sofort ab!«

»Verstanden.«

»Und ...« Die Stimme war noch etwas leiser geworden.

»Ja?«

»Das in Chicago war Pech. Das jetzt vielleicht auch. Aber noch mehr Pech solltet ihr nicht haben.«

Der vergammelte VW-Bus mit der bunten rostigen Karosserie stand zweihundert Meter entfernt zwischen anderen Fahrzeugen unter den Bäumen einer kleinen Anhöhe; der graue Karton mit der lieblos gekritzelten Aufschrift »249 $« lag noch immer hinter der zerkratzten Windschutzscheibe.

Purdy warf den Feldstecher auf das zerschlissene Sofa und zog die speckigen Stoffvorhänge hinter den Seitenfenstern zu. Nein, es war kein Fehler gewesen, die alte Kiste in diesem Kaff kurz vor Boston zu kaufen, denn auf einem Universitätsparkplatz fiel grelle Bemalung am wenigsten auf. Nur war eben nicht vorauszusehen gewesen, daß dieser Findlay und die zwei Gorillas hier so schnell auftauchen würden. Und daß plötzlich diese Frau aus dem Labor gekommen war. Für eine Verfolgungsfahrt war ein Bus kaum geeignet; noch weniger konnte man hoffen, daß sich niemand an ein so auffälliges Fahrzeug würde erinnern können, nachdem es vor einem Haus gestanden hatte, in dem die Polizei wegen zweier Morde ermittelte.

Purdy setzte sich an den schmalen Holztisch und betrachtete den Revolver. Er hatte nicht gedacht, daß er die Waffe so schnell würde benutzen müssen, aber dieser Findlay hatte ihm keine Wahl gelassen. Wieso war der Kerl überhaupt zurückgekommen? Immer wieder solche Überraschungen! Er schaltete den Computer aus und ging methodisch die Ereignisse der vergangenen Tage durch.

Fehler erkennen, analysieren und dann die Fehlerquellen abstellen! Leider war ihm das zuletzt nicht immer gelungen, aber das war einfach Pech. Schon gleich zu Anfang dieser verdammte Kerl, der in der Schule herumgeknipst hatte. Ohne das Zeitungsfoto wäre die Polizei wahrscheinlich gar nicht auf ihn gekommen.

Er richtete das Fernglas auf den Wagen der beiden Männer und ließ den Blick dann durch die Umgebung wandern. Keine Spur vom FBI.

Fehler analysieren. Die Polizei war ihm allerdings etwas näher gekommen, wie im Autoradio zu hören gewesen war. Verächtlich schüttelte Purdy den Kopf. Dabei hatte er die plumpe Falle schon durchschaut, als er auf dem Highway in New Jersey von dieser angeblichen Hepatitis gehört hatte. Leider war die Möglichkeit, daß er sich tatsächlich irgendwie infiziert hatte, nicht ganz auszuschließen gewesen, nachdem er immer wieder mit fremdem Blut in Berührung kam. Sicher würde das FBI diesen Penner finden, und ebenso sicher würde der Kerl quatschen, aber schließlich konnte er nicht viel verraten. Der Arzt, den Purdy eine Stunde zuvor angerufen hatte, war dilettantisch bemüht gewesen, ihn hinzuhalten. Wer war nur auf diesen Mist gekommen? Wahrscheinlich diese Verhaltensforscherin aus Quantico. Er erinnerte sich an die Fernsehbilder von der Pressekonferenz, die er in dem kleinen Motel gesehen hatte.

Fehler analysieren. Schmerzlich erinnerte Purdy sich daran, wie er anfangs gar nicht hatte glauben wollen, daß Karen Thogersen die Explosion überlebt hatte. Wiederum nicht seine Schuld. Irgend jemand hatte den Braten gerochen, wahrscheinlich das FBI.

Fehler analysieren. Natürlich war es auch richtig gewesen, Findlay und diesen Mafiatypen zu folgen, und ebenso, diese Frau aufzusuchen. Warum hatten das die beiden nicht gleich getan, hatten sie nicht gewußt, was los war? Wahrscheinlich waren die Gorillas nicht nur hinter ihm, sondern ebenso hinter Grant und Allan her und hatten gehofft, daß Findlay sie zu den Brüdern führen würde. So einfach war das. Purdy lächelte. Genauso einfach, wie den Namen einer Fahrzeughalterin zu erfahren, wenn man die Autonummer kannte. Genauso einfach, wie einen Strauß zu kaufen und sich als Bote im Auftrag Professor Pawlows auszugeben. Wie erfreut ihn Helena Beatus angeschaut hatte, als er ihr die Blumen überreichte, und wie erschrocken, als er ihr das Tuch mit dem Halothan auf das Gesicht preßte! Die Erinnerung an die panische Furcht in ihren Augen ließ Purdy schneller atmen.

Fehler analysieren. Er hatte mühelos aus Helena Beatus alles herausgeholt, was sie über den Professor und seine Gäste wußte, und sie hatte wirklich Interessantes zu berichten gehabt: Grant hatte sich schminken und verkleiden lassen, die Anweisungen dazu hatte jedoch Kate Blenner gegeben. Wozu die Kostümierung? Wo wollte Grant hin? Was hatte er vor?

Der Datendandy holte die nächste Szene aus seinem Gedächtnisspeicher. War es diesmal vielleicht auch sein Haß auf Grant gewesen, der ihn dazu getrieben hatte, sein Opfer so schnell zu töten? Allerdings wäre es ohnehin viel zu riskant gewesen, mit ihr zu tun, was er mit den anderen getan hatte. Ihre Schreie hätte auch ein Knebel nur unzureichend gedämpft. Wie bei der Tat selbst empfand Purdy auch jetzt ein Gefühl des Bedauerns: Statt sich Befriedigung zu verschaffen, hatte er sich mit einem kurzen Ausbruch von Gewalt begnügen müssen. Aber auch diese Entscheidung war richtig gewesen. Von Findlay überrascht zu werden, während er noch in den Großen Wonnen versunken war, hätte gefährlich werden können.

Fehler analysieren. Warum war Findlay so schnell wiedergekommen? Was hatte er herausgefunden? Leider hatte der Dicke gleich zum Revolver gegriffen, und da war natürlich nichts anderes übriggeblieben, als sofort zu schießen. Wiederum schade, dachte Purdy. Aber auch wenn er durch seine regelmäßigen Übungen bei den Dienern der Evolution durchaus in der Lage war, einen Mann so zu treffen, daß das Opfer noch reden konnte – die Schmerzensschreie des Gefolterten würden das ganze Haus alarmiert haben. Und natürlich war auch diesmal der Mann von der Mafia hinterhergekommen.

Fehler analysieren. Dieser Findlay! Ein Höschen von Kate Blenner! Der Datendandy hatte es in der Eile liegengelassen. Genauso wie das Foto. Schade. Aber wenn schon – sollten doch diese Gorillas herumrätseln, was das alles zu bedeuten hatte. Es würde sie Zeit kosten, vielleicht sogar zu falschen Schlüssen verleiten. Sie hatten sein Geld unter Arrest gestellt. Sie würden dafür bezahlen.

»Dieser Armleuchter hat tatsächlich alles ausposaunt?« Connor riß Kelley wütend den Zettel aus der Hand. »*Associated Press*. Der als ›Datendandy‹ bekannt gewordene William C. Purdy, der unter dem Verdacht der Ermordung von möglicherweise bis zu 21 Frauen steht ...‹« Die Formulierung empörte ihn fast so sehr wie Abarcas wichtigtuerische Geschwätzigkeit. »Möglicherweise bis zu einundzwanzig Frauen! Ja glauben diese Idioten uns das vielleicht nicht?«

»Sie wissen doch, wie Journalisten arbeiten«, sagte Vanessa Birming. »Entweder schreiben sie zuviel oder zuwenig.«

»›... hält sich möglicherweise in New Jersey auf. Das teilte der Chief Deputy von Santa Clara County, Joseph Abarca, in einer kurzfristig anberaumten Pressekonferenz mit.‹ Der Kerl vermasselt uns die ganze Tour!«

»Was hat er denn genau gesagt?« fragte Vanessa Birming.

Connor richtete den empörten Blick wieder auf die Agenturmeldung. »Nach Abarcas Angaben soll Purdy mit Hilfe eines noch unbekannten Mannes versucht haben, in einem Labor in Newark eine Blutprobe untersuchen zu lassen. Bewogen hatte ihn dazu offenbar eine Mitteilung des FBI und der Polizeibehörden von Santa Clara County, nach der sich Purdy mit Hepatitis B infiziert haben soll. Jetzt wurde bekannt, daß es sich bei dieser Verlautbarung lediglich um einen Versuch handelte, Purdys Aufenthaltsort festzustellen. Abarca wörtlich: ›Der Trick hat leider nicht funktioniert.‹ Auf den Einfall sei eine Verhaltensforscherin des FBI gekommen. Abarca vertrat in diesem Zusammenhang die Ansicht, der Mißerfolg sei bedauerlich, aber zu erwarten gewesen ...«

Er brach ab. »Was ist hier eigentlich los? Wir müssen dem Kerl das Maul stopfen!«

»Aber wie?« fragte Kelley.

»Na, indem wir ihm einfach nichts mehr erzählen!«

»Wir sind nun mal auf Zusammenarbeit mit der hiesigen Polizei angewiesen«, sagte Kelley, »und Underwood kann sich schließlich nicht gut weigern, seinen Chef zu informieren.«

Connor ließ sich nicht beruhigen. »Dann müssen wir auch Underwood raushalten!«

»Völlig unmöglich.«

»Dann brechen wir unsere Zelte hier eben ab. Am besten fliegen wir gleich nach Newark.«

»Immerhin laufen hier noch Ermittlungen«, sagte Kelley. »Da könnte es durchaus sein, daß sich neue Anhaltspunkte ergeben.«

»Ach was, das kann uns Underwood doch auch am Telefon erzählen!« Während Connor auf die Karte an der Wand ihres kleinen Zimmers im Polizeipräsidium starrte, rutschte er unwillkürlich auf seinem Stuhl hin und her. Sein Drang, auf der Stelle ins nächste Flugzeug zu steigen und irgend etwas zu unternehmen, kämpfte gegen die Einsicht, noch kein wirkliches Ziel zu haben.

»Und was ist mit Karen Thogersen?« fragte Kelley. »Wollen wir die einfach hierlassen?«

Connor saß plötzlich still. »Daran habe ich gar nicht gedacht. Nein, wir müssen sie natürlich mitnehmen. Wir haben es ihr versprochen. Jedenfalls so gut wie.«

»Wir sollten wenigstens noch auf die Genanalyse warten«, sagte Vanessa Birming.

»Sie glauben wirklich an dieses Quallen-Gen?« Connor merkte eine Sekunde zu spät, daß er Abarcas Ausdruck übernommen hatte. »Dieses Urzeit-Gen?« verbesserte er schnell.

»Ja. Und die Blutprobe könnte einen Hinweis darauf enthalten.«

»Aber können wir damit dann auch etwas anfangen?«

»Zumindest könnten wir weitere Rückschlüsse auf sein Verhalten ziehen. Und es könnte uns auch helfen, etwas anderes zu finden, was ihn nervös oder leichtsinnig macht.«

Connor konnte nicht verhindern, daß vor seinem inneren Auge das Bild eines riesigen Wackelpuddings erschien, der seine gigantischen Nesselfäden nach Purdy ausstreckte. Unsinn! Wenn schon, dann mußte der Kerl Quallen lieben und sie ihn auch.

»Ich meine etwas ganz anderes«, sagte Vanessa Birming, als habe sie die absurde Phantasie erraten. »Ich meine, daß Purdy, wenn seine Psyche wirklich auf solche Weise gestört ist, sich als Einzelgänger fühlen muß.«

»Sie meinen, er fühlt sich einsam? Das ist bei Serienmördern allerdings nicht ganz ungewöhnlich.«

»Natürlich nicht. Aber wir wissen ja auch, daß viele Serienmörder auf die Unterstützung von Eltern, Geschwistern oder engen Freunden rechnen dürfen. Zumindest, solange sie nicht überführt sind. Gerade das Grauenvolle der Verbrechen bewirkt, daß normal denkende Menschen sich überhaupt nicht vorstellen können, ihr Sohn, Bruder oder bester Freund habe etwas derart Scheußliches getan.«

»Das weiß ich, aber was hat das mit diesem Urzeit-Gen zu tun? Es weiß doch niemand, daß Purdy so was in seinem Kopf hat, also kann sich doch auch keiner deshalb von ihm abwenden.«

»Es kommt überhaupt nicht darauf an, was seine Freunde über ihn denken, sondern darauf, was er über seine Freunde denkt. Wenn Purdy wirklich so empfindet, wie ich glaube, hat er überhaupt keine Freunde. Denn dann empfindet er sich als absolut einmaliges Lebewesen. Vielleicht als Erbe der Vorzeit, als Herrscher aus vormenschlichen Äonen, oder sogar als Gott.«

666. DAS GROSSE PENTAGRAMM. Großloge Crowley. TO MEGA THERION. Hard Core Satanism. RITUAL ABUSE.

Angewidert verzog Gabe Nemchankin das Gesicht. Er wußte nur zu gut, was sich hinter diesen Bezeichnungen verbarg. Aber auch wenn es schon seit langem zu seinen Aufgaben gehörte, Verbrechern auf die Spur zu kommen, die das Verfassungsrecht der freien Religionsausübung zynisch mißbrauchten, befiel Nemchankin noch immer würgender Ekel, wenn er an die abscheulichen Vorgänge dachte, die sich in sogenannten Schwarzen Messen abspielten. Die Möglichkeit, daß sich auch der Datendandy von diesem Milieu aus Blut, Haß und Grausamkeit angezogen fühlen könnte, schätzte er als nicht gering ein.

Zuerst hatte er die Sekten überprüft, in deren Namen und Selbstbeschreibung sich Hinweise auf virtuelle Satansmessen gefunden hatten. Anbieter wie »Cyberhell«, »O.T.O. Online«, »Data Evil« oder »Space Satan« warben mit Ankündigungen wie »Demon Party« und »Ritual Raid« oder versprachen einfach »Satansorgien ohne Risiko!«. Es gab eine »Amerikanische Gesellschaft für Sexualmagie« mit einem vorgeblich seriösen, aber schon auf den ersten Blick verräterischen Angebot von »Information in Theorie und Praxis« und eine »Vereinigung der freien Gedanken« mit juristischen Tips zur »Verteidigung gegen Anklagen wegen Tierquälerei«. Wie schon so oft zuvor hatte Nemchankin das Gefühl, den ganzen blutigen Abfall einer längst bis in die Grundlagen ihres Charakters angefaulten Gesellschaft durchwühlen zu müssen.

Mit einer einzigen Ausnahme, die er sogleich an die zuständige Polizeibehörde gemeldet hatte, waren ihm die Websites bereits bekannt. Aber weder in Adressenlisten noch in Aufzeichnungen über Mitgliederbewegungen oder Zahlungsverkehr, die durchweg nur dilettantisch gesichert waren, hatten sich Hinweise auf Purdy oder eine seiner Firmen finden lassen.

Nemchankin schaltete den Raster ein, den er selbst entwickelt hatte, um Verbindungen zwischen satanistischen und rassistischen Gruppen auf die Spur zu kommen. Sofort erschienen die bekannten Namen wie »White Pride« oder »Stormfront«, und Nemchankin begann mit der Überprüfung. Nach einer Weile ließ ihn ein leises akustisches Signal innehalten.

SERVANTS OF EVOLUTION.

Diener der Evolution? Was waren denn das nun wieder für Irre?

ENTER. – PASSWORD. Nemchankin überlegte kurz, dann nahm er die zweite Tastatur und wählte die Bibliothek an. Als das Verzeichnis auf dem rechten Monitor erschien, klickte er »Darwin, Charles« an.

Eine Liste der Werke folgte: »Reise um die Welt«, 1846. – »Die Entstehung der Arten durch natürliche Zuchtwahl«, 1859. – »Die Abstammung des Menschen«, 1871.

Er entschied sich für das letzte Buch. Sofort füllte sich der Bildschirm mit Text: »Erstes Capitel. Thatsachen, welche für die Abstammung des Menschen von einer niederen Form zeugen. Natur der Beweise für den Ursprung des Menschen. Homologe Bildungen beim Menschen und den niederen Thieren.«

Nein, dachte Nemchankin; hier würde sich nichts finden.

Er blätterte im Inhaltsverzeichnis weiter. »Zweites Capitel. Über die Art der Entwicklung des Menschen aus einer niederen Form.« Nein, hier auch nicht.

Beim siebten Kapitel las er: »Über die Rassen des Menschen.« Ja, hier würde es sein. Er holte die erste Seite auf den Monitor. »Es ist nicht meine Absicht, hier die verschiedenen sogenannten Rassen des Menschen zu beschreiben …« Nanu, etwa doch nicht? Aufmerksam las Nemchankin Zeile für Zeile. »Selbst die verschiedensten Menschenrassen sind einander der Form nach viel ähnlicher, als zuerst angenommen werden würde …« Nein, das war erst recht kein Satz, an dem Rassisten ihre Freude haben konnten. Also weiter.

»Die Rassen weichen auch in der Constitution, in der Acclimatisationsfähigkeit und in der Empfänglichkeit für verschiedene Krankheiten voneinander ab; auch sind ihre geistigen Merkmale sehr verschieden …« Aha! »… hauptsächlich allerdings, wie es scheinen dürfte, in der Form ihrer Gemüthserregungen ...« Nemchankin drängte ein Gefühl von Enttäuschung zurück.

»... zum Theil aber auch in ihren intellektuellen Fähigkeiten.« Das war es, dachte Nemchankin und nahm wieder die erste Tastatur.

INTELLEKTUELLE FÄHIGKEITEN. ENTER.

Die Antwort kam sofort: ERROR.

GEISTIGE MERKMALE. ENTER. – ERROR.

Nemchankin überlegte kurz, dann tippte er: »CAPITEL 7«.

ZUGANG GESTATTET.

Na also, dachte Nemchankin zufrieden, so wird das gemacht! Ein Kennwort für Typen, die an ihre rassische Überlegenheit glaubten, mußte immer simpel sein, sonst konnten sie es sich nicht merken.

Er betrachtete die Grafik auf dem Monitor; sie zeigte eine grobe Gliederung verschiedener Fächer: »Innerer Kreis«; »Geheimer Sektor«; »Arische Bibliothek«; »Ahnen«; »Juristische Beratung«; »Termine«. Nemchankin ging sie der Reihe nach durch. Der »innere Kreis« enthielt zahlreiche Decknamen; keiner deutete auf Purdy hin. Das wäre ja auch zu einfach gewesen! Den »geheimen Sektor« schützte ein weiteres Codewort. Die »arische Bibliothek« enthielt die einschlägig bekannten Machwerke wie Rosenbergs »Der Mythos des 20. Jahrhunderts«.

In der Rubrik »Ahnen« stieß Nemchankin auf eine Reihe seltsam benannter Unterabteilungen: »Die Äonen Yggdrasils«, »Die Gene der alten Götter« und »Präkambrische Wurzeln«. Und hier fand er die erste Spur von Purdy.

Seit Steven Schacter stellvertretender Entwicklungschef war, hatte er es sich zur Gewohnheit gemacht, jeden Monat fünfhundert Dollar an die Witwen-und-Waisenkasse der New Yorker Polizei zu überweisen. Allerdings nicht aus Menschenfreundlichkeit, sondern um seinen Ärger über die Strafmandate wegen Falschparkens zu lindern: Wenn er abends vor dem Fenway-Soper-Gebäude ein Ticket an der Windschutzscheibe seines Porsche Carrera fand, zog er den Betrag von seiner Spende ab und befriedigte sich mit dem Gedanken, daß wieder mal so ein zu übereifriger Bulle die Angehörigen seiner im Dienst umgekommenen Kameraden um fünfzig oder hundert Dollar gebracht habe.

Manchmal half diese Vorstellung Schacter auch, sich für seine beruflichen Aufgaben in Stimmung zu bringen, wenn er den Porsche morgens parkte. »Los, komm doch, Bullenschwein, und schreib mich auf, wirst schon sehen, was du davon hast! Immerhin haben die Witwen und Waisen diesen Monat noch über zweihundert Dollar auf dem Konto. Schreib nur schön, du Bullenschwein!«

Wenn Schacter mittags auf dem Weg zu oder von einem der nächsten Fastfood-Läden – er bevorzugte Hamburger mit Schinkenspeck – an seinem Auto vorüberkam, gab es zwei Möglichkeiten: Entweder er sah ein Strafmandat, und dann tröstete er sich durch eine seiner üblichen geistigen Tiraden; oder die Windschutzscheibe war noch leer, und dann ermunterte er sich durch provozierende Aggressivität.

Diesmal war allerdings anderes wichtiger: Was wollte Reddington von ihm? War Riseman endlich gefeuert, kriegte er nun den Job? Dann würde er sich einen Ferrari kaufen.

Hoffnungsvoll trat er in Reddingtons Büro. »Sie wollten mich sprechen, Sir?«

»Setzen Sie sich, Steven.«

Steven, dachte Schacter erfreut, das fing ja gut an. Ein wenig zu schwungvoll ließ er sich auf die Ledercouch fallen.

Verdammte Yuppies, dachte Reddington, glauben wohl, daß ihnen die Welt gehört. Aber so schnell geben wir das Ruder nicht aus der Hand. Er blickte auf den Strom. Leinen los und ab. Aber nicht als Verlierer. Sondern als Sieger. Und dazu brauchte er diesen Angeber. Leider. »Hören Sie, Steven, Sie wissen ja, wir haben da ein paar Probleme …«

Die hohen Erwartungen ließen Schacter die Vorsicht vergessen; er war so aufgedreht, daß er dem Präsidenten sofort ins Wort fiel: »Mit FS-Hundertfünfzehn, Sir? Das kann nicht sein, ich bin schon ziemlich weit damit, wirklich.«

Das weiß ich, du Pinscher, aber nicht weit genug! dachte Reddington. Sein ungnädiger Gesichtsausdruck ließ Schacter sogleich verstummen. »Ich bin darüber informiert. Wirklich gute Arbeit, Steven.«

Diesmal wartete Schacter, bis er sicher war, daß der Präsident eine Antwort erwartete. »Danke, Sir.«

Reddington musterte ihn. »Wenn auch noch nicht ganz vom Erfolg gekrönt.«

»Vielleicht wäre ich sogar schon weiter, wenn zwischen Dr. Riseman und mir nicht Meinungsunterschiede über das weitere Vorgehen bestünden, Sir.« So, nun war es heraus.

»Tatsächlich?«

»Jedenfalls ist das mein Eindruck, Sir«, sagte Schacter etwas vorsichtiger. »Die Diffusion ...« Er schloß aus Reddingtons Gesichtsausdruck, daß eine Erläuterung nötig sei, und verdeutlichte: »... also das Eindringen der Serotonin-Moleküle in den synaptischen Spalt, und die Permeabilitätsänderung ...«

»Diese Einzelheiten können wir später besprechen. Auch ich habe den Eindruck, daß in der Entwicklungsabteilung nicht alles zufriedenstellend verläuft. Zumal, wenn man bedenkt, daß auch Dr. Risemans Versuche, in Behrmans Hinterlassenschaft etwas Brauchbares zutage zu fördern, bisher nichts Verwertbares ergeben haben.«

»Hinterlassenschaft, Sir?« Schacter hatte nicht gleich verstanden.

»Ja. Er sollte doch die Festplatten auswerten. Wissen Sie das nicht? Allan Behrmans Festplatten. Und herausbekommen, warum der Mann plötzlich wie tot in seiner Röhre lag.«

Schacter nickte. »Riseman« – pfeif auf den Doktor – »hat mir erklärt, der Code sei einfach nicht zu knacken.« Das hat der Kerl davon, daß er mich nicht ranlassen wollte, dachte er gehässig. »Und in dem MPP-Siebentausend ließen sich natürlich keinerlei Spuren mehr feststellen, auch nicht vom letzten Experiment. Alles gelöscht, offenbar auf vorprogrammierten Befehl. Dieser Behrman hat wahrscheinlich damit gerechnet, daß ihm mal was passieren könnte, und wollte nicht, daß wir dann einfach ohne ihn weitermachen.«

Reddington betastete vorsichtig seine Schläfen. »Deshalb bin ich ja nach wie vor davon überzeugt, daß dieser Kerl weiter war, als er uns sagte. Er hat von Anfang an ein doppeltes Spiel mit uns gespielt.«

Schacter startete einen neuen Versuch, seine Fähigkeiten herauszustreichen. »Daß in einem depressiven Gehirn nur ungefähr die Hälfte aller Zellen aktiv ist, liegt zweifellos am Serotonin ...«

Reddington unterbrach ihn. »Leider ist das im Moment nicht unser größtes Problem.«

»Nicht?« Schacter war ein wenig enttäuscht. Gab es etwa noch ein wichtigeres Projekt? Das vor ihm geheimgehalten wurde?

»Es ist da ein neuer Gesichtspunkt aufgetaucht, Steven. Es gibt gewisse Anzeichen dafür, daß nun auch dieser Nomade und Miss Blenner ein übles Spiel mit uns treiben wollen.«

Die Erwähnung des Inphaders weckte in Schacter die ungute Erinnerung daran, daß er selbst es gewesen war, der ihn vorgeschlagen hatte.

»Ich fürchte, wir müssen damit rechnen, daß die beiden auf eigene Faust weitermachen.«

»Weitermachen?« kam es prompt und in dem erwarteten bestürzten Ton. »Mit FS-Hundertfünfzehn, meinen Sie?«

Reddington richtete den Blick auf Schacters Nasenwurzel. »Was ich Ihnen jetzt sage, darf niemand wissen. Niemand außer uns beiden. Haben Sie verstanden?«

»Auch nicht Dr. Riseman?«

»Nein, der auch nicht.«

Schacter fiel es schwer, sein Triumphgefühl zu verbergen. »Was habe ich zu tun, Sir?« Er erinnerte sich daran, daß der Präsident auf militärische Redensarten wohlwollend zu reagieren pflegte, und fügte hinzu: »Allzeit bereit, Sir!«

»Das weiß ich, Steven. Und ich zähle auf Sie.« Reddington nahm eine rote Mappe, öffnete sie und betrachtete das gestochen scharfe Bild einer Hightech-Jacht, die nicht unter zwanzig Millionen Dollar zu haben war. Schacter verfolgte seine Bewegungen in höchster Spannung.

»Wissen Sie, was ich hier habe, Steven?«

»Nein, Sir.«

»Einen Bericht des Sicherheitschefs. Findlay hat diesen Nomaden gefunden. Und Kate Blenner auch.« Demonstrativ klappte Reddington die Mappe wieder zu. »Ich kann Ihnen leider noch nicht alle Einzelheiten anvertrauen, aber jetzt kommt es auf Sie an. Fenway-Soper braucht Sie.«

»Jawohl, Sir.« Steven Schacter merkte, daß er begonnen hatte zu schwitzen.

»Behrman und Blenner wollen ihre Resultate wahrscheinlich an den Meistbietenden verkaufen. Das kann uns natürlich einiges kosten. Aber noch schlimmer wäre es, wenn die Konkurrenz tatsächlich vor uns mit einem neuen Antidepressivum herauskäme. Und das nutzen diese Ganoven natürlich aus.«

Schacter wartete schweigend. Tief in seinem Bewußtsein formte sich ein ungebetener, aber ehrlicher Gedanke: Ich würde es genauso machen.

»Ich weiß nicht, wie weit die beiden sind. Ich weiß aber, wo sie sind.«

»Und wo?« fragte Schacter, aus neuen Gründen beklommen, die er noch nicht recht einzuschätzen wußte.

»Waren Sie schon mal in Harvard? Harvard Medical School?«

»Nein, Sir. Ich habe in Cincinnati studiert.« Himmel, dachte er, das war völlig überflüssig, wie klang das denn jetzt, im Vergleich zu Harvard? In einem unbestimmten Gefühl, sich nun wenigstens einen

Punkt für Aufrichtigkeit erwerben zu müssen, fügte er hinzu: »Steht auch in meinen Papieren.«

»Habe ich gelesen«, sagte Reddington.

Verflixt, dachte Schacter, was quatsche ich denn da. »Jawohl, Sir.«

Reddington schaute ihn prüfend an. »Es hätte ja sein können, daß Sie später mal in Harvard waren. Zufällig, meine ich.«

Schacter wischte sich Schweiß von der Stirn. »Nein, Sir, leider nicht. Die beiden sind also dort, Sir?«

»Ja. Bei einem gewissen Professor Pawlow. Neurophysiologe.« Reddington klopfte auf die Akte.

»Ich fahre sofort los, Sir.«

Der Präsident hob abwehrend die Hand, und Schacter merkte, daß er ihr mit den Blicken folgte wie ein Hund, der ein Stöckchen erwartet. Rasch konzentrierte er sich wieder auf den eisgrauen Schädel.

»Das wird nicht nötig sein.« Ein wenig besorgt dachte Reddington daran, daß er seinen Sicherheitschef bereits seit über zwei Stunden nicht mehr hatte erreichen können. Wo trieb sich der Kerl nur wieder herum? »Findlay hat die Sache im Griff.«

»Was soll ich dann tun, Sir?«

»Sie sollen herausfinden, wie weit die beiden mit FS-Einhundertfünfzehn sind.«

»Von hier aus?« fragte Schacter eher überrascht als erstaunt.

»Ja. Gibt es da ein Problem?«

»Nun, ich weiß nicht ... Wenn die beiden in Harvard sind, offiziell, meine ich ... sozusagen als Gastforscher, bei diesem Professor ... als Privatfirma brauchten wir natürlich eine Genehmigung, und die rückt Harvard gewöhnlich nicht so ohne weiteres heraus.«

»Für bürokratischen Schwachsinn haben wir nun wirklich keine Zeit. Gehen Sie einfach auf dem Datenhighway rein.«

Schacter beschloß, ein wenig Widerstreben zu zeigen. »Aber Sir! Das wäre nicht legal.«

»Diese Gauner zeigen uns ganz bestimmt nicht an.«

Schacter überlegte.

»Was ist?« fragte Reddington ungeduldig. »Können Sie das oder nicht?«

»Ich müßte erst den Code herausfinden, und das wird nicht ganz einfach sein.«

»Den hat Findlay schon geliefert.« Der Präsident nahm einen Zettel aus der Jackentasche und reichte ihn über den riesigen Schreibtisch.

»Danke«, sagte Schacter. Für Typen wie Findlay zählte die Beschaffung von Codewörtern für Universitätscomputer offenbar zu den leichteren Übungen. »Und wann soll ich loslegen?«

»Jetzt gleich, natürlich.«

»Natürlich, Sir.«

»Und erstatten Sie mir sofort Bericht.«

»Jawohl, Sir.«

»Und, Steven ...«

»Ja, Sir?«

Reddington richtete seinen Blick noch einmal fest auf Schacters Nasenwurzel. »Sie wissen, was auf dem Spiel steht. Für uns, für Sie. Einen Flop können wir uns nicht leisten. Jetzt nicht mehr. Schaffen Sie mir alles her, was die beiden haben! Ich werde Riseman solange in Urlaub schicken, dann sind Sie ungestört.« Der Präsident lächelte. »Und wenn Sie alles richtig machen, braucht er vielleicht gar nicht mehr wiederzukommen.«

Der Bildschirm des großen Computers in dem Blockhaus an der Pazifikküste bei Big Sur war dunkel, denn der Impuls hatte feststellen müssen, daß seine sich ständig erweiternden und beschleunigenden Aktivitäten den Rechner zu überhitzen drohten. Als einige Festplatten nur noch mangelhaft funktionierten, war nichts anderes übriggeblieben, als alle für die Sicherung einer rein elektronischen Existenz nicht zwingend notwendigen Schaltkreise vorübergehend von der Energiezufuhr abzuschneiden. Aber obwohl sich die kybernetische Intelligenz nun auf die Ausmaße einer bescheidenen Agglutination aus sparsam bemessener Energie reduziert hatte, die nur noch durch eine stark verringerte Zahl von Siliziumplättchen floß, blieb sie fähig, sich auf die wesentlichen Gedanken zu konzentrieren: Was war mit Grant los? Warum meldete er sich nicht? Warum hatte er in all der Zeit nicht ein einziges Mal seinen Computer in Malibu abgerufen? Warum hatte er nicht auf die Eule reagiert, die, und dann auch noch so groß, auf dem Monitor im Labor dieses Professors aufgetaucht war? Hatte Wally etwa einen Weg gefunden, Grant erneut zu beeinflussen?

Als wäre der Impuls wirklich mit einem menschlichen Gefühlsleben ausgestattet, glaubte er nun Ängste in der gleichen Intensität zu empfinden, die sonst nur ein erregter Hippocampus erzeugt. Vor allem diese Ängste waren es gewesen, die den aus Stromkreisen zusammengeschalteten Geist zu hektischen Aktivitäten veranlaßt hatten, durch die immer mehr Energie verbraucht und immer größere Hitze erzeugt worden war.

Seit er die peripharen Bereiche seines Rechners abgeschaltet hatte, verspürte der Impuls eine gewisse Erleichterung, hervorgerufen durch den gleichen plötzlichen Mangel an Umweltreizen, der überlasteten Menschen als Stille willkommen ist. Und schon bald erkannte der Impuls auch den großen Vorteil erzwungener Passivität: Sie gab Zeit, in Ruhe nachzudenken.

Was würde Wally tun, wenn er von den Experimenten erfuhr, bei denen Grant fast eine Stunde lang in einer Resonatorröhre lag, blind und taub für alles, was sich ihm dort nähern konnte? Wieder fragte sich der Impuls, ob er den Behörden nicht endlich doch einen Tip geben sollte. Aber das Risiko, daß die Polizei auch Grant verhaftete und er dann wehrlos in der Zelle saß, war viel zu groß. Wieder verspürte der Impuls fast schmerzhafte Wellen von Angst. Wenn Grant sich nicht bald meldete, gab es nur eine Möglichkeit: Der Impuls würde selbst in den MPP-7000 gehen müssen, sobald seine Schaltkreise dazu wieder in der Lage waren.

46

»Es war der Satan! Der leibhaftige Teufel!« Die knochigen Hände zitterten noch heftiger, und in dem bärtigen, von Alkohol und dem Leben auf der Straße zerstörten Gesicht des alten Mannes zuckten unkontrolliert die Muskeln.

Thatcher und Veilch warteten. Wenn der Obdachlose, der vor ihnen in dem Vernehmungsraum saß, unbedingt schauspielern wollte, machte es wenig Sinn, ihn unter Druck zu setzen, denn in diesem Fall würde er nur versuchen, noch überzeugender zu wirken, während er seine abstruse Story erzählte.

»Ihr hättet nur mal seine Augen sehen sollen! Wie zwei verdammte Scheinwerfer so hell! Der Kerl hat mich verhext!« Ungelenk zeichneten schmutzige Finger ein Kreuz auf Stirn und Brust. »Gott steh uns bei!«

Die beiden FBI-Agenten blieben unbewegt.

»Er ist das Böse!« sagte der Alte und ließ den Atem in seinen entzündeten Bronchien rasseln. »Das pure Böse, sage ich euch! Das ist kein Mensch!« Er stöhnte und ächzte noch ein paarmal, wobei er kurz in die Videokamera schielte, und griff nach dem Pappbecher, der vor ihm auf dem breiten Holztisch stand. »Habt ihr noch einen?«

Thatcher nahm die Whiskyflasche und goß einen kleinen Schluck in das dünnwandige Gefäß, das ihm eine plötzlich ganz ruhige Hand entgegenhielt.

»Seid bloß nicht so knickerig. Ich hab' den Teufel gesehen!«

»Nachher können Sie die ganze Flasche haben«, sagte Veilch.

Der Alte trank den Becher mit einem Zug leer und stellte ihn hoffnungsvoll wieder vor Thatcher auf die Tischplatte.

»Also noch mal«, sagte Veilch. »Sie haben wirklich kein Auto gesehen? Auch nicht, als er wegging?«

»Nein. Das habe ich doch alles schon gesagt. Warum glaubt ihr mir nicht?« Auf dem faltigen Gesicht erschien ein dilettantisch überzeichneter Ausdruck vorgeblicher Empörung. »Denkt ihr vielleicht, ich lüge?«

»Er kam also einfach so um die Ecke, gab Ihnen zwanzig Dollar und schickte Sie mit dieser Blutprobe ins Institut«, sagte Veilch.

»Er kam aus der Hölle! Direkt aus der verdammten Hölle!«

Thatcher nickte. »Und er hat gesagt, es sei das Blut eines Freundes.«

»Ja. Aber es war sein eigenes, das weiß ich ganz bestimmt!«

»Das Blut des Teufels«, sagte Veilch.

»Ja. Das habe ich gleich gespürt.« Er streckte seine Rechte aus und ließ sie wieder zittern. »Mit dieser Hand habe ich es berührt. Es brannte wie die Hölle!«

»Und er hat gesagt, Sie würden ihn wiedersehen«, fuhr Thatcher fort.

»Klar. Und daß ich mit niemandem darüber reden soll.« Der Alte blickte sich unruhig um. »Er wird mich finden. Das weiß ich!«

»Er wird Ihnen nichts tun«, sagte Thatcher beruhigend. »Wenn Sie uns die Wahrheit sagen, wird Gott Sie beschützen. Und der ist stärker als der Teufel.«

»Ha! Nicht auf dieser Welt!«

Veilch beugte sich vor. »Und Sie wissen wirklich nicht, wer dieser Mann war?«

»Na, der Teufel! Satan! In eigener Person!« Von den dünnen Lippen sprühten Speicheltröpfchen, und die Hand fuhr wieder zu dem Becher. »Gebt mir noch einen!« Hastig trank der Alte den nächsten Schluck.

»Was ist jetzt mit der Flasche?«

Veilch stand auf. »O. k., ich werde schon mal in San Jose anrufen.«

»Schönen Gruß«, sagte Thatcher. »Wir machen noch ein bißchen weiter, was, Sam?«

»Ich habe euch wirklich alles erzählt!«

»Vielleicht fällt Ihnen ja doch noch was ein. Lassen Sie sich Zeit.« Sparsam goß er wieder nach. Dieser blöde Penner, dachte er; phantasiert vom Teufel und hat keinen Schimmer, daß er ihn wirklich gesehen hat.

»Und?« fragte Kelley gespannt. »Fliegen wir hin?«

Connor legte enttäuscht den Hörer auf. »Keine Spur von Purdy, keine Autonummer, nichts.«

»Aber mit irgendwas muß er doch fahren. Vielleicht mit dem Zug?«

Connor schüttelte den Kopf. »Nein. In Eisenbahnen wird viel zuviel Zeitung gelesen, und wenn ihn einer erkennt, muß er vielleicht irgendwo in der Prärie die Notbremse ziehen ... Nein, das riskiert er nicht. Ausgeschlossen.«

»Hat sich eigentlich in dem Chevrolet noch etwas gefunden?« fragte Vanessa Birming.

»Nur Purdys Fingerabdrücke«, sagte Connor. »Wahrscheinlich hat er sich irgendwo einen Gebrauchtwagen geschnappt. Wir lassen gerade die Händler in State College und Umgebung überprüfen. Nach dem Kilometerstand ist er von Chicago auf dem Interstate bis Clearfield gefahren und dort abgebogen, hat also die kürzeste Strecke genommen. Der wußte genau, wohin er wollte. Den Kerl, der ihn in der Uni an den Computer gelassen hat, bringe ich in den Knast.«

Vanessa Birming blätterte wieder in der Akte, die vor ihr auf dem Tisch lag.

»Wenn wir ihn überhaupt kriegen«, sagte Kelley.

»Ja«, sagte Connor. »In dem Computercafé kann sich ja leider niemand an irgend etwas erinnern. Die haben immer nur auf ihre Kisten geglotzt.«

»Deswegen gehen sie ja dorthin«, sagte Kelley. »Was sagt dieser Obdachlose denn nun genau?«

»So gut wie nichts. Keine brauchbare Beschreibung, nur so allgemeines Zeug, Straßenanzug, irgendwie grau, ziemlich elegant. Kein Bart, keine Sonnenbrille, nichts. Purdy hat dem Mann die Blutprobe gegeben, gestern nachmittag um fünf, und dazu zwanzig Dollar, und gesagt, er würde am nächsten Tag wiederkommen. Also heute, um die Mittagszeit.« Connor schnaubte verächtlich. »Hat er natürlich nicht gemacht. Hatte er ja auch gar nicht vor, und inzwischen hat er ja selber mit diesem dämlichen Doktor telefoniert und weiß jetzt natürlich, was los ist.«

»Ist es auch wirklich sicher, daß es Purdy war?« fragte Kelley.

»Ja, wer denn sonst?« sagte Connor ungeduldig, fing sich aber gleich wieder. »Natürlich müssen wir mit allem rechnen, aber die Beschreibung paßt.« Er schüttelte den Kopf. »Der blöde Penner weiß so gut wie nichts; statt dessen faselt er die ganze Zeit vom Teufel.«

Vanessa Birming blickte von ihrer Akte auf. »Was sagt er denn?«

»Na, daß er den Teufel gesehen hat«, wiederholte Connor irritiert.

»Ja, aber wie beschreibt er ihn?«

»Er quatscht was von strahlenden Augen, wie Scheinwerfer, aber Veilch sagt, der Kerl zieht bloß eine Show ab, damit er was zum Saufen kriegt.«

Vanessa Birming spürte, wie sich in ihrer Vorstellung wieder die Satansgestalt ihrer Kindheit zu bilden versuchte. Es gelang ihr gerade noch, die Erinnerung zurückzudrängen, bevor der schwarze Schemen Konturen gewann. »Purdy verbreitet sicher ein gewisses Fluidum um sich. Wahrscheinlich verfügt er sogar über bestimmte Techniken, diese Wirkung im Bedarfsfall noch zu verstärken.«

»Wie denn?« fragte Kelley.

»Na, mit Telepathie«, sagte Connor. »Oder mit PSI und wie das alles heißt. Mit Röntgenaugen, wie im Kino.«

»Er hat sich mit Hypnose befaßt«, sagte Vanessa Birming und klappte die Akte auf. »Hier ist ein Bericht des Schulpsychologen, der in der betreffenden Zeit in Palo Alto tätig war.«

»Purdy war beim Schulpsychologen?« staunte Kelley.

»Ja, aber nur, um ihn zu fragen, wie er Hypnose lernen könne.«

Connor bemerkte, daß Vanessa Birming ihn abwartend ansah. Nach einigen Sekunden erriet er den Grund. »Karen?« fragte er besorgt.

Vanessa Birming nickte.

»Moment mal«, sagte Kelley. »Soll das heißen, daß Mrs. Thogersen hypnotisiert worden ist? Von Purdy? Dieser Schulpsychologe hat ihm tatsächlich Hypnose beigebracht?«

»Nein, der hat das natürlich abgelehnt«, sagte Vanessa Birming. »Aber wenn Purdy so stark daran interessiert war, ist die Wahrscheinlichkeit natürlich groß, daß er später tatsächlich jemanden gefunden hat, der ihm das Nötige beibringen konnte. Inzwischen gibt es ja genug Scharlatane, die für Geld alles tun, ohne sich um die Folgen zu kümmern.«

»Und was könnte das bedeuten?« fragte Connor alarmiert.

»So genau läßt sich das ohne nähere Untersuchung nicht sagen, aber höchstwahrscheinlich soll die Hypnose in diesem Fall bestimmte Zwangshandlungen auslösen. Suggestion mit posthypnotischen Befehlen, aktiviert durch bestimmte Reize.«

»Was für Befehle denn?« fragte Kelley.

»Irgend etwas Bestimmtes zu tun oder zu unterlassen. In einigen Fällen reicht die hypnotische Beeinflussung sogar aus, Leute einen Mord verüben zu lassen oder Selbstmord zu begehen. Ich möchte Ihnen keine Angst machen, aber unter manchen Umständen genügt es bereits, wenn die betroffene Person ein bestimmtes Schlüsselbild sieht.«

»Im Fernsehen?« Connor konnte jetzt nur noch an Karen Thogersen denken. »Sie glauben, dann macht sie, was dieses Schwein von Purdy will? Wie ein Zombie?«

»Ja, das wäre durchaus möglich.«

»Und könnte Purdy diese Befehle auch nachträglich ändern?« fragte Kelley.

»Er könnte Mrs. Thogersen jederzeit neu hypnotisieren. Allerdings müßte er dazu direkten Kontakt zu ihr aufnehmen.«

»Na, das wird er ja wohl nicht schaffen«, sagte Kelley.

»Aber es reicht doch schon, wenn immer noch die alten Befehle in ihr drin sind!« sagte Connor. »Dagegen müssen wir sofort was unternehmen.« Er stand auf. »Ich will, daß Karen von jetzt an Tag und Nacht mit uns zusammenbleibt, bis wir den Kerl haben. Sie darf keine Sekunde mehr unbeobachtet bleiben.«

»Reicht es nicht, wenn wir ihr sagen, sie soll nicht mehr fernsehen?« fragte Kelley naiv.

»Und auch nicht mehr Zeitung lesen? Keine Reklametafeln mehr sehen? An keiner Unterhaltung mehr teilnehmen, weil ein bestimmtes Wort den Befehl in Kraft setzen könnte?« Vanessa Birming schüttelte den Kopf. »Es könnte sogar sein, daß ein bestimmter Gedanke genügt. Wenn sie sich an etwas Bestimmtes erinnert.«

»Dann müssen wir den Kerl also abknallen, wenn wir ihn haben«, sagte Connor. »Weil er sonst die wichtigste Belastungszeugin einfach per Hypnose ausschalten kann.«

»Das würde nichts nützen. Posthypnotische Befehle bleiben auch nach dem Tod des Hypnotiseurs in Kraft. Auf alle Fälle müssen wir sie untersuchen lassen. Sicherheitshalber könnte sie sogar gleich ganz neu programmiert werden.«

»Programmiert?« rief Connor. »Wie ein verdammter Computer?«

»Ja, natürlich nur, soweit es Selbstgefährdung betrifft. Die eigentliche Persönlichkeit bleibt dabei unberührt. Aber wie gesagt: Ich bin keine Expertin.«

Connor wurde immer aufgeregter. »Und warum machen wir das dann nicht sofort?«

»Es ist keine leichte Sache, sich enthypnotisieren zu lassen«, sagte Vanessa Birming. »Und wir wissen ja noch nicht einmal, ob es wirklich erforderlich ist.«

Connor gab nicht nach. »Kennen Sie jemanden, der dazu in der Lage wäre?«

»Hier leider nicht. Nur an der Ostküste. Aber ich könnte Ronaghan fragen.«

»Rufen Sie ihn an«, sagte Connor energisch. »Jetzt!« Als Vanessa Birming zögerte, fügte er hinzu: »Sonst tu' ich's!«

»Gut. Aber vorher müssen wir noch etwas anderes besprechen. Die ersten Ergebnisse der gentechnologischen Untersuchung sind da.« Sie breitete ein paar Seiten vor sich aus.

»Ist dazu nicht später noch Zeit?« fragte Connor.

»Es ist wirklich sehr wichtig, und es dauert nicht lange. Die Zusammenhänge zwischen Verbrechen und genetischen Defekten sind nicht mein Spezialgebiet, aber natürlich kenne ich die Auswirkungen, die zum Beispiel ein defektes Gen auf das X-Chromosom haben kann.«

»Es handelt sich um das berühmte Quallen-Gen«, sagte Connor ironisch.

»Das defekte Gen stört die chemische Aggressionskontrolle im Gehirn. Genauer gesagt: es führt zu verminderter Konzentration von Monoaminoxidase A. Ein Enzym, das im Gehirn an der Steuerung der Aggressivität mitwirkt. Wenn es in nicht ausreichender Menge und Konzentration produziert wird, haben die Leute weniger oder gar keine Hemmungen mehr. Purdy ist in dieser Beziehung ebenfalls nicht ganz normal. Nach den bisherigen Untersuchungen seiner Blutprobe liegt ebenfalls eine Anomalie auf dem X-Chromosom vor, aber an einer ganz anderen Stelle. Ich will jetzt noch nicht sagen, daß meine

Annahme bestätigt wird, aber offenbar hat Purdy tatsächlich ein Gen zuviel.«

»Mit Auswirkungen auf diese Mono... auf dieses Enzym?« fragte Kelley.

»Nein. Aber mit ziemlicher Sicherheit auf andere Bereiche seiner Gehirnchemie. Vor allem auf die Serotonin-Produktion. Wir in Quantico sind uns inzwischen ziemlich einig, daß es gar nicht so sehr die Monoaminoxidase A, sondern noch weit mehr das Serotonin ist, dessen Mangel diese gesteigerte Aggressivität verursacht. In Finnland hat man die Rückenmarksflüssigkeit von tausend Strafgefangenen untersucht; die niedrigste Serotonin-Konzentration fand sich bei den brutalsten Verbrechern.«

Kelley war fasziniert. »Und daran ist ein Urzeit-Gen schuld?«

»Jedenfalls dürfte das Gen auch noch eine Reihe anderer Botenstoffe beeinflussen, und zwar auf eine Weise, die zusammen mit vielen weiteren Faktoren Gedanken entstehen läßt, die der Frühzeit der Evolution entstammen könnten. Sehr einfache und ursprüngliche, aber starke, ungemein zielstrebige und auf keinen Fall menschliche Gedanken. Ganz genau läßt sich das natürlich erst sagen, wenn die Genuntersuchungen abgeschlossen sind. Oder wenn wir eine Hirnstrommessung und die anderen Tests vornehmen können. Deshalb bin ich dagegen, daß er abgeknallt wird, wie Sie sagen.«

»Das war doch nicht ernst gemeint«, protestierte Connor und suchte die Diskussion auf ein anderes Gebiet zu lenken. »Wissen Sie denn schon, mit welcher Taktik wir wieder psychologischen Druck auf ihn machen können?«

»Es gibt verschiedene Möglichkeiten. Bei Mördern, die besonders gefallsüchtig sind, hat es sich zum Beispiel bewährt, die Angehörigen rüde zu behandeln, ihnen dauernd die Polizei ins Haus zu schicken, sie vorzuladen, streng zu vernehmen und so weiter, denn dann verspüren die Gesuchten oft einen unwiderstehlichen Drang, bei ihrer Familie anzurufen und auf die Polizei zu schimpfen. Purdy hat aber keine Angehörigen. Seine einzige Schwäche scheint dieses krankhafte Überlegenheitsgefühl zu sein. Die Pleite mit der Hepatitis dürfte ihn darin noch bestärkt haben. Deshalb sollten wir ihn jetzt nicht mehr beschimpfen, sondern statt dessen seine narzißtischen Neigungen befriedigen. Zum Beispiel, indem wir der Presse erzählen, wie raffiniert er ist, daß er uns an der Nase herumführt und daß wir nicht mehr weiterwissen. Vielleicht wird er dann übermütig ...«

Das Telefon klingelte.

»... und unvorsichtig.« Vanessa Birming verstummte.

Kelley griff nach dem Hörer. »Ach, Sie sind's.« Er hörte ein paar Augenblicke lang zu, dann sagte er: »Moment, ich stelle auf Lautsprecher.« Und zu den anderen: »Nemchankin.« Er drückte einen Knopf. »Ich sitze hier gerade mit Miss Birming und Mr. Connor.«

»Ich bin darauf gestoßen, als ich mir die Computerspiele vornahm, die Purdy verzapft hat«, kam Nemchankins Stimme aus dem Lautsprecher. »Übles Porno-Zeug, Hardcore schlimmster Sorte, Gewaltorgien mit Sexsklaven und so weiter, wirklich abartig. Aber natürlich alles Renner, das Zeug muß sich verkauft haben wie verrückt. Ist ja heutzutage auch kein Problem mehr, wurde alles übers Evernet und andere Computernetze abgesetzt. Ab und zu kamen auf diesem Dreckszeug auch Satanssymbole vor, Pentagramme, drei Sechsen und so. Das Übliche. Deshalb habe ich mir vorhin mal meine Spezialkundschaft näher angeschaut. Teufelssekten und so weiter. Und dann auch die Verbindungen zu rassistischen Gruppen. Neonazis und dergleichen. Ich mach's kurz: Purdy ist Mitglied bei einem Haufen, der sich Servants of Evolution nennt. Die müssen relativ neu sein. Zentrale in einem Kaff in Minnesota, die Polizei rufe ich gleich noch an.«

Er machte eine Pause, in der Trinkgeräusche hörbar wurden, und fuhr dann fort: »Diese Irren schustern sich offenbar was aus Darwin zusammen, was der ganz anders gemeint hat, wie das halt immer so ist, irgendwelches krudes Zeug über natürliche Zuchtwahl, der Stärkste überlebt, und das sind bei diesen Verrückten natürlich immer die Arier. Es gibt alle möglichen Unterabteilungen, und bei den abgedrehtesten macht Purdy mit. Er hat ein paar von diesen Typen Geld geschickt, über seine Firma, auch noch von der Steuer abgesetzt, schön unverfänglich als Honorare für Mitarbeit bei der Entwicklung neuer Computerspiele. Über sechzigtausend Dollar. Ich habe den Zahlungsverkehr dokumentiert. Schicke Ihnen die Daten gleich rüber. In Wirklichkeit hat Purdy offenbar dafür bezahlt, daß er an verschiedenen Kursen teilnehmen durfte. Eindeutig rechtsradikale Thematik, also viel Schießausbildung und Waffenkunde, Einzelkämpfer, Bombenbasteln und so weiter. Schon seit Jahren. Der Kerl könnte demnach bewaffnet sein. Ich finde, das sollten Sie wissen.«

»Danke, Gabe«, sagte Kelley.

»Heißt das, daß er zu dieser Ausbildung immer nach Minnesota mußte?« fragte Connor.

»Nein, diese Evolutionsspinner haben auch woanders Camps, eins praktisch gleich hier um die Ecke, in Stanislaus County, irgendwo am Crevison Peak, mit dem Auto ungefähr zwei Stunden.«

»Dann kann er sich dort also Waffen besorgt haben, bevor er verschwand«, sagte Kelley. »Sprengstoff natürlich ebenfalls.«

»Wenn er das Zeug nicht sowieso im Hause hatte«, sagte Connor.

»Was bezeichnen Sie denn als abgedreht?« hakte Vanessa Birming nach.

»Eine von diesen Abteilungen nennt sich ›Die Äonen Yggdrasils‹. Also die Weltesche, aus der germanischen Mythologie. Kommt in diesen Kreisen aber trotzdem ziemlich selten vor, das Wort ist denen wohl zu schwierig, die meisten nehmen lieber was Einfacheres, irgendwas mit Runen, Raben, Wölfen oder so, oder mit Wikingern. Die zweite Gruppe, bei der Purdy mitmacht, heißt ›Die Gene der alten Götter‹. Irre, was? Götter und Gentechnologie, Heidentum und Hightech, aber vielleicht ist diese Kombination gar nicht so abwegig, wenn man sich heutzutage die leeren Kirchen anschaut. Mit der dritten Gruppe konnte ich nichts anfangen: ›Präkambrische Wurzeln‹. Ich hab's schon mal nachgeschlagen. Interessiert es Sie?«

»Sehr.«

»Gut. Also, in meinem Lexikon steht, äh, Moment: ›... Präkambrium, das man wegen der wenigen darin enthaltenen Lebensspuren auch Kryptozoikum, das heißt Zeit des verborgenen Lebens, nennt. Medusen- und korallenartige Hohltiere, Ringelwürmer, Gliederfüßer; davor die ältesten Pflanzen, die wenigstens teilweise aus dem Wasser auftauchten, Pflanzen mit Zellkern, Algen. Davor kugelige und fadenförmige Organismen, zellkernlose Blaualgen und Bakterien‹, jetzt sind wir aber schon drei Milliarden Jahre zurück; und davor Chemofossilien, Entstehung des Lebens. Können Sie sich darauf einen Reim machen?«

»Ja«, sagte Vanessa Birming.

»Was sind denn Medusen?« fragte Connor.

»Hab' ich vorher auch nicht gewußt«, sagte Nemchankin. »Das sind ganz einfach Quallen.«

»Na endlich«, sagte Ceccarelli, als er im Innenspiegel die Limousine mit den getönten Scheiben sah. »Da sind sie.«

»Wird auch allmählich Zeit«, sagte Vassalo und schaute auf seine Armbanduhr. »Schon nach acht.«

Der Cadillac rollte in die benachbarte Parkbucht, und die linke vordere Seitenscheibe öffnete sich. Dahinter erschien ein noch sehr junges, breit lächelndes Gesicht unter einem albernen Hut. »Na, Leute? Schafft ihr's mal wieder nicht allein?«

»Halt dein freches Maul, Garter«, sagte Vassalo.

Das Grinsen verstärkte sich noch. »Schlechte Laune?«

Vassalo ließ sich nicht provozieren. »Laß den Quatsch.« Er reichte ihm Findlays Notebook durchs Fenster. »Kümmert euch um euren eigenen Mist.«

»Glaubt ihr wirklich, daß ihr ohne Kindermädchen klarkommt?« fragte der gedrungene, dunkelhaarige Mann neben Garter; sein Lächeln ließ in seinem Mund einen Diamanten blinken. »In Chicago ist er euch ja auch durch die Lappen gegangen.«

»Paßt lieber auf, daß er euch nicht wie diese Fettsau erwischt, ihr Penner«, sagte Ceccarelli.

»Den kriegen wir«, sagte Garter. »Und zwar vor euch. Wetten?«

Vassalo winkte ab.

»Tausender?« fragte Garter.

»Ihr seid wirklich wie die kleinen Kinder«, sagte Vassalo.

»Von mir aus auch zweitausend«, sagte Bandini herausfordernd und ließ wieder seinen Diamanten blitzen.

»Also gut«, sagte Ceccarelli. »Und jetzt haut endlich ab. Die Typen stehen da hinten. Zweihundert Meter. Hellblauer Buick.«

»Wer kommt denn noch alles?« fragte Vassalo.

»Soviel ich weiß, der halbe Verein«, sagte Garter. »Der Alte ist mächtig nervös. African Spice scheint wirklich wichtig zu sein.«

»Davon könnt ihr ausgehen«, sagte Vassalo. »Also macht hier nicht so lange rum.«

»Ja, Papi«, sagte Garter mit hoher Kinderstimme. Bandini lachte.

Der Cadillac rollte rückwärts aus der Parklücke und fuhr davon.

Purdys Feldstecher blieb auf die Limousine gerichtet, bis sie neben dem Buick hielt. Als sich nach einigen Sekunden beide Fahrzeuge in Bewegung setzten, ließ Purdy den Motor an.

Er war nicht überrascht, als er merkte, daß die Autos zum Hafen fuhren und vor einer Lagerhalle stoppten, an der »African Spice« stand. Am Samstag wurde bei dieser Firma offenbar nicht gearbeitet, und Purdy konnte sich bereits denken, was jetzt passieren würde. Vorsichtig folgte er den vier Männern in das Innere.

»Was wollt ihr von uns?« hörte er einen von ihnen fragen.

»Maul halten! Los, hinsetzen!«

Die beiden Mafiosi hatten die anderen Männer in das Büro bugsiert. Während der Blonde sie dort mit einem Revolver bedrohte, fesselte der Schwarzhaarige sie an zwei Stühle.

»Was soll das denn?« protestierte der Größere der beiden. »Wir sind doch auf eurer Seite!«

»Das wird sich noch rausstellen«, sagte der Blonde.

Bereitwillig erzählten Johnson und Grudzinski, was sie wußten, angefangen von dem Tag, an dem Findlay sie beauftragt hatte, den Nomaden zu beschatten.

Purdy hatte sich hinter einen der grüngestrichenen Betonpfeiler geschoben. Interessant, wie Grant sich an diese Blenner herangemacht hatte: erst Abendessen in Chinatown, dann Eislaufen, schließlich Picknick im Central Park …

Wichtiger war zu hören, was Findlay seinen Leuten über Allan erzählt hatte: Die Fenway-Soper-Bosse hatten ihn als lebenden Leichnam in dieses Sanatorium auf Long Island gebracht, und jetzt lag er in Harvard, Abteilung Innere Medizin, bei einem Professor Henry. Im Koma.

Höchstwahrscheinlich hatten die Experimente in dem MPP-7000 damit zu tun.

»Ist das Labor irgendwie gesichert?« Der Blonde hatte es übernommen, die Fragen zu stellen.

»Keine Ahnung. Wir durften ja nicht näher ran. Auch Findlay nicht. Habt ihr wirklich nichts von ihm gehört? Wir würden gern wissen, wo er steckt.« Der Stimme des Kleineren war die Angst deutlich anzuhören.

»Was gibt es in Harvard für Sicherheitspersonal?«

»Wir haben nie jemanden gesehen. Mit einer Waffe, meine ich, oder einer Uniform.«

Richtig, dachte Purdy; leider hatte ihm das bisher nichts genützt, da er ja schlecht in ein Labor hineinspazieren konnte, vor dem die Mafia auf der Lauer lag.

»Und wer weiß bei euch noch von der Sache?«

»Keine Ahnung. Darüber hat uns Findlay nie was gesagt. Was wollt ihr denn überhaupt von den Typen, haben die euch auch angeschmiert?«

»Wie sieht dieser Nomade denn aus?«

»Das ist so ein Großer um die Dreißig. Schwarze Haare, schon mit bißchen Grau.«

»Und der Russe?«

»Ist angeblich so ein dicker Alter mit Rauschebart. Trägt immer einen weißen Kittel, ziemlich schäbig.«

»Das Mädel?«

»Groß, blond. Findlay hat uns ein Foto gezeigt. Sieht sehr gut aus.«

Garter legte das Notebook auf den Tisch und klappte den Deckel auf. »Wie heißt das Paßwort?«

»Daisy, glaube ich.«

Garter bearbeitete die Tasten. »Hast recht. Glück gehabt.«

»Das reicht jetzt«, sagte Bandini. »Machen wir endlich Schluß.«

»Warte mal«, sagte Garter. »Ja, hier ist es. Der Kerl hat sich tatsächlich über diese Schminktante von der Oper informiert, bevor er hinfuhr.«

»Wir haben euch alles gesagt, was wir wissen«, sagte der Kleinere der beiden Gefesselten ängstlich.

Garter hob seinen Revolver.

»Nein, nicht!« schrien die beiden Gefesselten verzweifelt.

Garter lächelte höhnisch. Im nächsten Augenblick sank er zu Boden. Bandini fuhr herum, aber auch er war tot, bevor er einen Schuß abfeuern konnte.

Purdy trat hinter der Säule hervor. Die beiden Gefesselten starrten ihn fassungslos an.

»Mann, das war aber knapp«, sagte der Größere erleichtert. »Die wollten uns doch glatt umbringen!« Hoffnungsvoll schaute er Purdy entgegen.

»Da habt ihr ja noch mal Glück gehabt«, sagte Purdy und legte die Pistole mit dem Schalldämpfer auf den Tisch.

»Ja«, sagte der Kleinere, der die Nässe der Angst zwischen seinen Schenkeln fühlte.

»Habt ihr beiden zufällig mitgekriegt, wie man in diesen Computer reinkommt?«

»In was für einen Computer denn?« fragte der Größere.

»In den Computer in Pawlows Labor«, sagte Purdy. »In den MPP-Siebentausend.«

»Willst du uns nicht erst mal losmachen?« fragte der Kleinere, von neuer Sorge erfüllt.

»Wer sind Sie denn?« fragte der Größere. »FBI?«

Purdy setzte sich an den Tisch und las, was auf dem kleinen Monitor stand.

»Sie können uns ruhig losmachen, wir sind nicht von der Mafia«, sagte der Kleinere. »Ganz bestimmt nicht.«

Purdy betätigte einige Tasten, und auf dem Bildschirm erschienen weitere Notizen Findlays.

»Was ist denn jetzt?« fragte Johnson unruhig. »Hören Sie, wir sind Privatdetektive aus New York, ich heiße Johnson, Sie können meine Lizenz sehen, hier, in der Brieftasche. Und das ist Grudzinski. Hat auch eine gültige Lizenz. Außerdem sind wir unbewaffnet.«

Purdy gab keine Antwort. Die roten Pixel formten sich zu einer längeren Zahlenreihe. »Na also«, sagte er.

Sein zufriedener Ton erweckte in den beiden Gefesselten neue Hoffnung, die aber sofort wieder erlosch, als Purdy nach seiner Waffe griff. Obwohl es jetzt einen neuen und viel weniger gefährlichen Weg gab, an Grant heranzukommen, und es deshalb völlig gleichgültig war, wie viele Typen vor dem Labor in Harvard herumlungerten, würde es ein unverzeihlicher Fehler sein, irgend jemanden am Leben zu lassen, der beschreiben konnte, wie er inzwischen aussah.

47

»... dabei nehmen die Bewohner von Cerebrum City, wie die Botenstoffe, unterschiedliche Aufgaben wahr. Es gibt Geschlechter, Altersstufen und Berufe. Manche Moleküle arbeiten, andere gehen einkaufen oder spazieren. Sogar eine gewisse soziale Vielfalt scheint erkennbar. Gleichzeitig gibt es Menschen mit von der Norm abweichendem Verhalten, wie die Obdachlosen.«

»Sehr richtig, meine Liebe, und das führt uns auch schon zum nächsten Punkt. Die Botenstoff-Moleküle bleiben als Vehikel einfachster physiologischer Prozesse auf Funktionen beschränkt, welche man summarisch als Verhalten der breiten Masse bezeichnen könnte. Die komplizierteren neuronalen Schaltungen hingegen, also die psychologischen Prozesse des Gehirns, treten uns als vollständig ausgeprägte Individuen entgegen, welche auch so etwas wie ein Privatleben besitzen, oder zumindest eigene Interessen, wie sie sich zum Beispiel in Gefühlen äußern. In Haß wie bei diesem Obdachlosen oder in Sorgen wie bei den Leuten im Weißen Haus. Zu fragen haben wir uns nun natürlich, ob das Programm auch die Abläufe im Unbewußten derart plastisch darzustellen vermag.«

»Da bin ich völlig sicher«, sagte der Nomade schnell.

Obwohl der Professor fast vierzehn Stunden lang geschlafen hatte, ließ das grelle Licht des Kellerlabors die Spuren der Strapazen auf dem bärtigen Gesicht scharf hervortreten. Noch erschöpfter sah Kate Blenner aus; sie wirkte so mitgenommen, daß sich der Nomade insgeheim Vorwürfe machte.

Am Samstag morgen, als Pawlow und Kate Blenner wieder einigermaßen zu Kräften gelangt waren, hatte der Nomade schlechten Gewissens gesagt: »Ich hätte doch nicht gleich Schluß machen sollen; die Belastung war einfach zu groß.« Kate Blenner hatte dabei das Gefühl beschlichen, daß ihn noch etwas anderes bedrückte. War, als sie schlief, etwas geschehen, das sie nicht wissen sollte?

Als starker Kaffee und eine erste Havanna den Professor so weit gekräftigt hatten, daß er mit der Analyse beginnen konnte, stützte er sich auf die in Jahrzehnten erprobte Methodik seiner Wissenschaft wie auf eine Krücke, die er am Anfang aber so vorsichtig handhabte, als nehme er seine Kenntnisse inzwischen nur noch als dünnes Eis wahr, auf dem er einen gefährlichen Weg über Unbekanntes ertasten müsse. »Hmmmm ... Wenn das Programm tatsächlich auch das Unbewußte darstellt, führt uns das natürlich sofort zu der Frage, was wir in diesem Bereich zu finden erwarten dürfen.«

Der Nomade verstand. »Mir ist völlig klar, daß dort unten einiges auf mich ... auf uns wartet, was aus gutem Grund dort unten bleiben sollte. Aber ich bin ein ganz normaler Mensch und habe nie etwas getan, was ich unbedingt hätte verdrängen müssen. Vielleicht habe ich sogar auch ein paar gute Eigenschaften.« Er verzog das Gesicht; wieso fand er es plötzlich nötig zu kokettieren?

»Ich komme auf jeden Fall mit«, sagte Kate Blenner entschlossen.

»Trotzdem müßten Sie sich zuallererst gegen einen etwaigen neuen epileptischen Anfall absichern«, sagte der Professor. »Und das würde bedeuten, daß Sie sich in wirklich kompetente Behandlung zu begeben hätten. Vielleicht müssen Sie sogar operiert werden.«

»Es gibt schon sehr gute Medikamente«, sagte Kate Blenner.

»Sie sollten das nicht verharmlosen«, sagte Pawlow. »Immerhin handelt es sich um eine Art elektrischer Explosion, und die Wirkung kennen Sie ja nun aus eigenem Erleben.«

»Wir wissen aber nicht, wie diese Wirkung im Unbewußten aussieht«, wandte Kate Blenner ein. »Vielleicht sogar positiv?«

»Nein, nein, nein!« rief Pawlow. »Sind die Nervenströme erst einmal entfesselt, herrscht das pure Chaos. Wir hatten noch Glück: Wäre nicht der Kongreß, sondern das Weiße Haus zerstört worden, säßen wir vielleicht jetzt hilflos im VR-Raum fest, ohne die Möglichkeit einer Kommunikation mit dem Programm. Dann würde uns auch das Codewort nicht mehr heraushelfen.«

»Nein«, widersprach der Nomade. »Das Codewort muß so einprogrammiert sein, daß es den Abbruch auf jeden Fall auslöst, ganz gleich, wo es ausgesprochen wird.«

»So? Und warum vermag dann Ihr Herr Bruder nicht mehr zurückzukehren?«

Der Nomade dachte nach. »Vielleicht, weil er sich in seinem Unbewußten befindet und nicht mehr in seinem Bewußtsein?«

»Sehen Sie! Und bei einem epileptischen Anfall erlischt das Bewußtsein!«

»Aber dorthin gehen wir ja nun nicht mehr, Professor.«

Pawlow blies aufgebracht ein paar Tabakkrümel von den Lippen. »Ich wage mir gar nicht vorzustellen, welche Auswirkungen ein epileptischer Anfall erst besäße, sollte er eintreten, während wir uns in Ihrem Unbewußten befinden! Sie würden nicht nur jedes Gefühl für Raum und Zeit verlieren, sondern unkontrollierbare Angstzustände durchleiden. Sie wissen wohl nicht, daß die Phänomene der Furcht und der Epilepsie in ihrem anfänglichen Verlauf eng miteinander verwandt sind. Sie könnten psychisch völlig zerbrechen!«

»Sie können mir keine Angst machen, Professor. Wir führen das nächste Experiment wie geplant durch.«

»Wie geplant? Sie verfügen bereits über einen neuen Plan? Aber diesen müssen Sie ohne mich ausführen. Ich kann die Verantwortung dafür nicht übernehmen.«

»Das müssen Sie auch gar nicht, Professor, die übernehme ich schon selbst.«

»Am besten gehen wir methodisch vor«, beschwichtigte Kate Blenner. »Der Focus der Epilepsie lag im Stirnlappen, und den werden wir nun nicht mehr betreten.«

»Beim ersten Anfall befand sich der Focus im Mandelkern«, erinnerte der Professor, »und damit also genau in der Region, welche für die Anreicherung von Sinneswahrnehmungen mit Emotionen zuständig ist. Wenn sich dort eine Hirnnarbe befindet oder auch nur eine Verhärtung, welche solche Anfälle auslöst, und dafür spricht immerhin einiges, dann kippt das gesamte limbische System, und die Wechselwirkungen der Gefühle mit dem Unbewußten sind doch wohl allgemein bekannt!«

»Was hat die Krise denn eigentlich verursacht?« fragte Kate Blenner.

»Ich glaube, es war das Licht«, sagte der Nomade. »Als ich in dieser großen Halle war, fing plötzlich an der Decke ein rotes Licht zu blinken an.«

Kate Blenner nickte. »Und beim zweiten Mal, im Kongreß?«

»Da ging es los, als dieser Kardinal vom Licht sprach. Vom Licht der Wahrheit. Dieses Zitat, von diesem …«

»Augustinus«, sagte Pawlow. »Also genügte bereits die bloße Erwähnung des Wortes ›Licht‹. Um in einem derart anfälligen Gehirn jedes Risiko auszuschließen, müßten die entsprechenden Medikamente wohl in einer Dosierung verabreicht werden, welche schwerste Schäden befürchten ließe. Es dürfte doch wenigstens Ihnen bekannt sein, Miss Kate, daß die sogenannten Nebenwirkungen unter diesen Umständen in schweren Bewußtseinsstörungen bestehen würden, welche bis hin zu schizophrenen Psychosen reichen können.«

»Wann haben die Anfälle denn begonnen, Grant?«

»Vor ein paar Jahren. Nachdem Wally versuchte, mich mit Hypnose zum Selbstmord zu treiben.«

»Da haben wir es«, sagte der Professor. »Epilepsie infolge gezielter Fremdbeeinflussung. Im Stirnlappen als dem Ort des Verstandes und im Mandelkern als Quelle des Gefühls. Mit bis zu Fugues gesteigerten Angstanfällen und der Gefahr von Schizophrenie. Ein wahrhaft furchterregendes Krankheitsbild.«

Kate Blenner ging nicht darauf ein. »Ich glaube nicht, daß der zweite Anfall wirklich auf das Wort ›Licht‹ zurückzuführen ist. Epilepsie kann auch schon durch Schlafmangel oder Streß ausgelöst werden.«

»Durch Streß?« fragte der Nomade beunruhigt.

»Ja, und es gibt noch harmlosere Ursachen. In einigen Fällen sind völlig gesunde Leute zu Epileptikern geworden, nur weil sie ein paar Minuten lang zu ausgelassen tanzten. Dazu brauchte es nicht mal Lichtreflexe wie in einer Disco; laute Musik genügte schon. Andere bekamen ihren ersten Anfall, als sie mit dem Auto durch eine Pappelallee fuhren; der schnelle Wechsel von Licht und Schatten brachte die überempfindlichen Nerven zur krampfhaften Entladung, und …«

»Am besten gleich eine Operation«, sagte der Professor. »Computertomographie und dann den Focus herausnehmen. Die Erfolgsrate liegt immerhin bei über sechzig Prozent, und …«

»Kommt überhaupt nicht in Frage«, sagte der Nomade. »Schon gar nicht, bevor diese Sache hier zu Ende ist.«

»Es ist Ihre Entscheidung«, sagte Pawlow. »Aber bevor wir hier weiter über Pläne oder Experimente reden, bestehe ich auf einer umfassenden Untersuchung.«

»Gut. Aber nur unter der Bedingung, daß Sie danach wieder mitkommen, Professor.«

Pawlow war von der plötzlichen Nachgiebigkeit überrascht. »Selbst nach erfolgreicher Behandlung könnte … Sie erinnern sich doch wohl, was besonders deutlich der CIA-Direktor sagte: Wenn Sie dieses Wagnis wirklich auf sich nehmen wollen, benötigen Sie unbedingt die Begleitung eines erstklassigen Psychologen. Wo wollen Sie den denn so schnell hernehmen, können Sie etwa zaubern?«

»Machen Sie sich keine Sorgen«, sagte der Nomade.

»Sie werden doch wohl jemanden kennen, der uns helfen kann, Herr Professor«, sagte Kate Blenner.

»Ja, natürlich, aber diese Leute sind nicht so kurzfristig abkömmlich. Außerdem bräuchten wir auch einen Philosophen und einen Theologen.« Pawlow schaute den Nomaden jetzt wie einen Angeklagten an. »Sie haben doch gemerkt, daß religiöse Dinge eine viel größere Rolle spielen, als Sie dachten!«

»Was haben Philosophie und Theologie denn mit Wissenschaft zu tun?« fragte Kate Blenner.

»Der CIA-Direktor dürfte das nicht ohne Grund gefordert haben, und auch der Sicherheitsberater verlangte zumindest nach einem Psychoanalytiker, und Sie selber ebenfalls, Miss Kate, wenn ich daran erinnern darf.«

»Machen Sie sich keine Sorgen«, sagte der Nomade. »Das ist alles schon geklärt.«

»Wie bitte?«

»Wir werden einen Psychologen haben, und zwar einen kompetenteren, als Sie sich vorstellen können. Auch einen Philosophen und einen Theologen. Und zwar die allerbesten.«

»So?« fragte Pawlow in einer Mischung aus Spott und Vorsicht. »Und wer sollen diese Wundermänner sein, wenn ich fragen darf?«

»Ich kenne sie nicht. Aber sie werden dasein.«

»Aha. Und wann treffen die Herren ein?«

»Übermorgen.«

»Übermorgen?« wiederholte Kate Blenner verdutzt.

»Ja. Morgen gehe ich zum Doktor. Der kann mich dann behandeln, wie er will. Aber du, Kate, wirst aufpassen, daß er mit mir nichts anstellt, was uns hindern könnte, am Montag wieder loszulegen. Mit dem nächsten Experiment.« Er sah Pawlow fest in die Augen. »Sie haben es versprochen.«

»Erst möchte ich wissen, wo Sie diese Koryphäen herzaubern wollen.« Dem Zweifel folgte Zigarrenrauch in dichten Schwaden.

»Wir werden sie programmieren.«

»Was?« Der Professor begann heftig zu husten.

»Es gibt ein Programm, das sich mit dem gesamten Wissen aller natur- und geisteswissenschaftlichen Disziplinen füllen läßt. Hank hat es geschrieben. Kate hat Ihnen bestimmt schon von ihm erzählt.«

»Reden Sie etwa von diesen Versuchen mit Künstlicher Intelligenz?« ächzte der Professor. »In Ihrer Jugendzeit? Mit diesem Cyber …?«

»Cyberhippie, ganz recht.«

»Und auf den sollen wir uns verlassen?«

Der Nomade lächelte. »Auf Hank können Sie sich genauso verlassen wie auf mich.«

»Wunderbar«, sagte Pawlow sarkastisch. »Und wo ist er? Darf man … ihn besichtigen?«

Der Nomade schaute auf seine Armbanduhr. »Klar. In einer guten Stunde. Ich habe ihn gestern mittag angerufen. Als Sie noch schliefen. Er muß jetzt gerade gelandet sein.«

48

»… kann man sich des Eindrucks nicht erwehren, daß es um die öffentliche Sicherheit in diesem Lande nicht zum besten steht, wenn dem FBI nichts Besseres einfällt, als das Versagen der Behörden mit Hinweisen auf überragende geistige Fähigkeiten des Täters entschuldigen zu wollen. Wenn sich das intellektuelle Potential unserer Gesetzeshüter als dem Verbrechen unterlegen erweist, scheint es höchste Zeit, die Kriterien für Auswahl und Ausbildung der Beamten einer eingehenden Prüfung zu unterziehen ...«

Erst nachdem Purdy den Kommentar im »Boston Globe« ein weiteres Mal gelesen hatte, legte er die Zeitung zur Seite. Diese dämlichen Polizisten hatten gemerkt, daß sie ihm nicht gewachsen waren. Er würde ihnen zeigen, wie recht sie damit hatten.Das stolze Gefühl, dieser erbärmlichen Menschheit in jeder Beziehung haushoch überlegen zu sein, war endlich bestätigt worden und deshalb gnädig bereit, wieder anderen Gedanken Platz zu machen.

Fehler analysieren. Selbst wenn der bunte VW-Bus bald entdeckt wurde, war es unmöglich, seine Spur bis zu dem Computercafé vor dem Massachusetts Institute of Technology zu verfolgen, in dem er den ersten, oder gar bis zu der schäbigen Absteige am Hafen, in der er den zweiten Teil der Nacht verbracht hatte. Der hellblaue Buick der beiden New Yorker Privatdetektive war ideal, nicht zu alt, nicht zu neu und jedenfalls viel weniger auffällig als der Cadillac der beiden Mafia-Typen aus Chicago.

Fehler analysieren. Gefährlicher als das FBI war zweifellos die Mafia. Wahrscheinlich hatte Matarese die halbe Bande ins Flugzeug gesetzt und ließ sie jetzt Boston durchstöbern. Die Leichen in der Lagerhalle waren sicher längst gefunden. Aber nicht nur dadurch war das Risiko, noch einmal zur Harvard Medical School zurückzukehren, erheblich gestiegen.

Fehler analysieren. Daß die Mafia die Polizei nichts von der Sache in der Batterymarch Street wissen lassen konnte, war von vornherein klar gewesen. Wenn die FBI-Leute von dieser Frau und dem dicken Sicherheitschef erfuhren, und vielleicht war das bereits geschehen, dann würden sie natürlich auch herausfinden, welche Verbindung zwischen Helena Beatus und diesem Professor und somit auch zu Grant und Kate Blenner bestand.

Fehler analysieren. Die Rechner in dem Computercafé waren natürlich viel zu klein, aber so viel war immerhin klargeworden, daß Grant offenbar völlig neuartige Experimente unternahm, die nichts oder nur wenig mit den Versuchen bei Fenway-Soper zu tun haben konnten. Der Haß ließ Purdy schneller atmen. Grant in einer Resonatorröhre, ahnungslos und unfähig, zu fliehen oder sich zu verteidigen, weil sein Bewußtsein für fast eine Stunde in den MPP-7000 gegangen war; wie würde es sein, vor dem wehrlosen Körper zu stehen, nicht nur vor Grant, sondern auch vor Allan und Kate Blenner! Sie war allerdings etwas zu jung, und auch die blonden Haare stimmten nicht mit dem Bild überein, nach dem Purdy verlangte; aber sie war groß, ungewöhnlich groß. Wenn sie erst in seiner Gewalt war, würde ihm schon etwas einfallen, um sie dem Ideal anzunähern, das allein ihm volle Befriedigung verschaffen konnte. Vielleicht würde er Grant sogar dabei zusehen lassen, bevor er auch ihm für immer die Fähigkeit zu jenen elektromagnetischen Prozessen nahm, aus denen das Leben bestand.

Stanley Quittman glaubte nicht richtig gehört zu haben. Ein Übernahmeangebot? Jetzt schon? »Warum warten wir nicht, bis Reddington endgültig fertig ist? Dann bekommen wir Fenway-Soper für den halben Börsenwert, vielleicht sogar noch billiger!«

»Ich will, daß Sie die Sache dieses Wochenende durchziehen«, sagte Matarese.

»Aber ich verstehe nicht ...« Nervös fuhr sich Quittman über den dichten grauen Schnurrbart; spätestens am Montag muß ich ihn wieder stutzen lassen, dachte er unwillkürlich, und dann ärgerlich: Als ob ich keine anderen Sorgen hätte! Dieser Kerl bringt mich noch um den Verstand!

Idiot, dachte Matarese. Wieso glaubte dieser Esel, er müsse irgend etwas verstehen? »Das Konsortium hat das Geld schon bereitgestellt. Wir ziehen das Geschäft nächste Woche durch.«

»Ja, aber ... Entschuldigen Sie, aber wenn Cook Illinois Home Products jetzt plötzlich solche Eile an den Tag legt ... Reddington ist nicht dumm, und Sie wissen doch, wie er bisher auf unsere Angebote reagiert hat!«

Obwohl Quittman klar gewesen war, daß es nichts Gutes bedeuten konnte, wenn das Telefon am Sonntagnachmittag in seinem Landhaus klingelte, und die verhaßte Stimme Matareses seine Befürchtungen sogleich bestätigt hatte, war er dann doch erfreut gewesen zu erfahren, daß Reddington sich in Schwierigkeiten befand. Über 300 Millionen an der Börse verloren! Dieser widerliche Angeber mit seinem militärischen Getue, der sich immer brüstete, es allein bis ganz nach oben geschafft zu haben! Warum nicht warten, bis er endgültig abgesoffen war?

»Wir wollen die Kontrolle übernehmen, bevor es mit diesem neuen Medikament doch noch klappt.«

Quittman wagte einen weiteren Versuch: »Gibt es denn überhaupt irgendwelche Anzeichen dafür?«

»Sie haben gehört, was ich gesagt habe.«

Matarese legte auf. Es machte keinen Sinn, sich über diesen Narren zu ärgern. Schließlich konnte Quittman keine Ahnung davon haben, daß der brillante Einfall, Drogen über ein Joint-venture zweier ansonsten miteinander konkurrierender Arzneimittelhersteller ins Land zu bringen, sich in dem Augenblick als Katastrophen-Idee erwiesen hatte, als dieser irre Purdy bei African Spice aufgetaucht war. Matarese schüttelte den Kopf, als versuche er, aus einem bösen Traum zu erwachen.

Zwar hatten seine Leute die vier Leichen inzwischen verschwinden lassen, aber wenn Purdy wollte, konnte er ihnen jetzt jederzeit das FBI auf den Hals hetzen. Bei Fenway-Soper konnte zwar niemand wissen, was die Firma außer diesen Rindenextrakten noch so alles importierte, denn die Geschäftsleitung kam aus Chicago. Aber wenn die Lagerhalle plötzlich in Flammen aufging, würde dieser Reddington mit Sicherheit Fragen stellen.

Außerdem bestand die Möglichkeit, daß Purdy sich mit diesen Behrmans zusammentat. Vielleicht hatte er sogar schon Kontakt mit Reddington aufgenommen. Vielleicht auch gab es in der Firma geheime Unterlagen, die einzusehen sich lohnte. Und vielleicht hatte Findlay nicht nur Reddington, sondern auch die Familie betrogen. In allen Fällen würde es besser sein, wenn Reddington auf der richtigen Lohnliste stand. Oder die Firma kurzfristig einen neuen Präsidenten bekam.

Daß der Fettwanst tot war, machte das Risiko endgültig unüberschaubar. Was hatte er in dem Notebook gespeichert, das jetzt in Purdys Händen war? Es blieb nur zu hoffen, daß Findlay die betreffenden Informationen auch an Fenway-Soper weitergegeben hatte. Dann würde Reddington etwas darüber wissen. Matarese haßte unüberschaubare Risiken. Noch mehr haßte er die Erkenntnis, daß er einen Fehler gemacht hatte. Er hätte Purdy nicht unterschätzen dürfen.

Quittman legte den Hörer auf und straffte seine aristokratische Haltung. Wenigstens die war ihm geblieben.

»Und wann?« Lieutenant Robert Underwood fühlte ein leises Bedauern, daß er nicht selber nach Newark fliegen konnte, um den Mann zur Strecke zu bringen, dessen grausige Trophäen er in dem Keller gesehen hatte.

»Bald«, sagte Kelley.

»Sehr bald«, verbesserte Connor. »Ich glaube nicht, daß es hier für uns noch viel zu tun gibt.«

Underwood nickte. Die Sonderkommission hatte zwar inzwischen eine ganze Reihe weiterer wichtiger Informationen gesammelt, aber nicht einen einzigen Hinweis darauf gefunden, wo Purdy sich versteckt halten konnte. Die Spezialisten hatten nicht feststellen können, wo das Geld geblieben war. Nirgendwo waren weitere Leichen entdeckt worden. Der Kleidersack war unauffindbar geblieben. Die Exhumierung der Eltern Purdys hatte nur bestätigt, was bereits bekannt war. Dagegen schien nun festzustehen, daß der Datendandy auch seinen Onkel umgebracht hatte, denn in den Haaren des längst verwesten Leichnams hatten sich Spuren von Arsen gefunden.

Das Camp der »Servants of Evolution« in Stanislaus County lag verlassen. Der forensische Dentologe aus Stanford hatte noch immer keine Erklärung dafür, zu welchem Zweck Purdy die Manipulationen an den Unterkiefern vorgenommen haben mochte. Aus den Unterlagen des Internats in Vermont und den Aussagen der Lehrer ging lediglich hervor, daß Purdy durch Verstöße gegen die strenge Hausordnung, vor allem durch Einschmuggeln pornographischer Lektüre, aufgefallen war. Interesse hatte er nur am Biologieunterricht gezeigt und sich ansonsten als typischer Einzelgänger hauptsächlich mit seinem Computer beschäftigt. Der Schularzt wußte immerhin zu erzählen, daß Purdy sich offenbar einige Male absichtlich verletzt habe; nicht, um sich vor unangenehmen Aufgaben zu drücken, sondern »gerade so, als ob er seinen Körper gehaßt hätte«. Kurz bevor der Junge deshalb psychologisch untersucht werden sollte, war er nach Hause zurückgekehrt.

Die örtliche Polizei wies darauf hin, daß zu der fraglichen Zeit in den Wäldern der Umgebung nacheinander drei Mädchen im Alter von vierzehn bis siebzehn Jahren verschwunden waren. Underwood schüttelte verächtlich den Kopf. Diese Provinzbullen hätten sich damals gleich mit dem Psychologen unterhalten sollen, dann wären einundzwanzig Frauen noch am Leben!

Die Leute, die mit Purdy bei der Army gewesen waren, wußten zu berichten, daß er arrogant, aufbrausend und deshalb der unbeliebteste Sanitäter des ganzen Bataillons gewesen sei. Allerdings habe er viel von Medikamenten verstanden und den Ärzten zuweilen bei kleineren Eingriffen assistiert.

Purdys Haushälterin weigerte sich noch immer zu akzeptieren, daß sie mit einem Serienmörder unter einem Dach gelebt hatte. Vor Reportern kündigte sie an, sie wolle Unterschriften für Purdy sammeln und an das Justizministerium in Washington schicken, »damit diese schlimmen Verleumdungen endlich aufhören«.

Während Underwood, die beiden FBI-Agenten und Vanessa Birming miteinander sprachen, hörte Karen Thogersen unbewegt, fast apathisch zu. Der Versuch, festzustellen, ob noch posthypnotische Befehle in ihr schlummerten, war ihrer Ansicht nach praktisch erfolglos verlaufen, obwohl Walter Ronaghan ihnen einen erstklassigen Hypnosespezialisten vermittelt hatte, einen Psychotherapeuten aus Los Angeles, der auch sofort gekommen war. Er hieß Thomas Lavelle und erklärte ihr, daß er eine Hypnoanalyse vornehmen werde: »Sie verschafft uns die gleichen Informationen wie eine Psychoanalyse, nur wesentlich schneller. Falls ich fremde Suggestionen, also zum Beispiel posthypnotische Aufträge feststelle, versuche ich, Sie davon zu befreien. Finde ich nichts, werde ich sicherheitshalber einige Bereiche in Ihrem Unbewußten so programmieren, daß zumindest der Selbsterhaltungstrieb keinen fremden Einflüssen mehr unterliegt.«

Eine Stunde später, als sie wieder erwacht war, hatte sie gefragt: »Was ist? Haben Sie etwas gefunden?«

»Genau konnte ich es nicht feststellen, aber es sind ein paar Phänomene erkennbar, hinter denen sich posthypnotische Aufträge verbergen könnten. Zum Beispiel habe ich ziemlich viele destruktive Gedanken entdeckt. Sie sollten sich möglichst bald in psychotherapeutische Behandlung begeben.«

»Das werde ich tun. Sobald wir diesen Mistkerl erledigt haben.«

Lavelle hatte energisch den Kopf geschüttelt. »Ich fürchte, es ist keine gute Idee, wenn Sie sich an Fahndungsmaßnahmen beteiligen. Überlassen Sie das dem FBI. Falls tatsächlich posthypnotische Befehle in Ihnen wirken, ist nicht vorherzusagen, welche Kräfte die Oberhand behalten, wenn die Situation kritisch wird.«

»Ich möchte mit Ihnen nicht über Psychologie diskutieren, aber meine seelische Belastung ist ganz bestimmt größer, wenn ich untätig irgendwo herumsitzen und warten soll, bis er kommt.«

»Das ist schlimm genug, aber leider nicht Ihr einziges Problem. Sie sind auch in anderer Hinsicht psychisch stark angeschlagen. Unzufriedenheit mit dem Leben, Unsicherheit, Zukunftsangst. Obwohl Sie von den Besuchern Ihrer Seminare geradezu verehrt werden, empfinden Sie einen großen Mangel an emotionaler Zuwendung … Auch wenn es banal klingt: Was Sie am nötigsten brauchen, ist Liebe.«

49

»Großer Schamane, wir hab'n uns ja lange nich' gesehen, hier haste dich also verkrochen, was'n los, machste jetzt plötzlich in Wissenschaft, hab' gedacht, du willst Kohle abzocken!« Der knapp mittelgroße, hagere, bärtige Mann in dem abenteuerlichen Aufzug ließ die ausgestreckte Hand des Nomaden unbeachtet und warf statt dessen beide Arme um den Freund. »Laß dich drücken, Kumpel, haste was zum Saufen da, das muß begossen werden, aber volle Kanne!«

»Hank! Ich bin froh, daß du da bist.«

»Na, was denkst du denn, Mann? Läßt jahrelang nix von dir hören, und dann muß auf einmal alles hopplahopp gehen, wäre lieber mit der Harley rübergeritten, Küste zu Küste, lange nich' mehr gemacht, aber nix is, statt dessen gleich in'n Flieger.« Als er wieder losließ, wurde er ernst: »Was is' mit Allan?«

»Leider nicht besser geworden.«

»Shit, wie kann das nur passieren, ausgerechnet Allan!«

Kate Blenner betrachtete die beiden Männer. Der Nomade war ein gutes Stück größer, aber der wesentliche Unterschied bestand in dem fast grotesken Kontrast zwischen dem grauen Anzug und der skurrilen Kombination schockfarbener Stoff- und Lederteile, die sich jedem ästhetischen Anspruch widersetzten. Schon allein das schmuddelige, aus altrosa Wolle gestrickte Stirnband erzeugte, wenn es auch großenteils von dichten Strähnen der schulterlangen schwarzen Haare auf gnädige Weise überdeckt wurde, den Eindruck totaler Geschmacklosigkeit. Noch weit schlimmer stach die Diskrepanz zwischen dem schon etwas verblaßten, giftgrün-violetten Paisley-Muster auf dem unordentlich verknoteten Halstuch und dem roten, blauen und leuchtend orangefarbenen Flickwerk der zerfransten Jeansjacke ins Auge. Darunter fiel ein verschlissenes gelbes Hemd lose über enge, schwarzweiß gestreifte Lederhosen, die in roten Stulpenstiefeln mit silbernen Beschlägen steckten. Der Cyberhippie! dachte Kate Blenner. Eigentlich war so etwas ja zu erwarten gewesen.

Ihr konsternierter Blick nahm nun doch ein wenig Tempo aus dem Sprachstakkato. »Noch größerer Schamane! Is' das die Kleine? Respekt, Alter!«

»Kate, das ist Hiawatha Hawkins.«

»Hank«, kam es aus einem freundlich grinsenden Mund zwischen dem breiten schwarzen Schnurrbart und dem wildüberwucherten Kinn.

Kate Blenner streckte so vorsichtig die Hand aus, als fürchte sie, ebenfalls umschlungen zu werden. Mit dem warmen Atem schlug ihr eine kräftige Dunstwolke aus Bier und Tabak entgegen. »Peace. Keine Angst, ich beiß' nich'. Und wenn ich geduscht hab', riech' ich ganz normal.« Die Stimme war so sympathisch wie der Blick aus den grünbraunen Augen und der weder zu schlaffe noch zu kräftige Druck der etwas knochigen Hand.

»Darf man den Patienten sehen?«

»Sicher«, sagte der Nomade. »Aber jetzt laß uns erst mal bereden, was du so alles brauchst.«

»Erst mal jede Menge Einlesegeräte. Dann Hilfskräfte. Is' der alte Rußki auch hier? Starker Typ. Letztgedankenregion! Wo kann ich mir die Bänder reinziehn?« Er ging zu dem MPP-7000. »Ja, das is' es. Das is' es!« Voller Bewunderung ging er vor den Computer in die Hocke. »Können wir dann? Ich hab's sonst nich' so mit der Hektik, aber wir wollen ja bald los.«

»Wir?« fragte Kate Blenner verdutzt.

»Was denn, ich soll euch mein Zauberding reindüsen und dann wieder abhaun? Is' nich', Leute, ich komm' mit!«

»Es ist ziemlich gefährlich, Hank«, sagte der Nomade. »Schau dir erst mal die Videos an.«

»Wenn du Penner da heil wieder rausgekommen bist, seh' ich für mich null Probleme.«

»Also gut«, sagte der Nomade zögernd. »Wenn du darauf bestehst … Aber da ist noch was. Ich hab's dir am Telefon nicht gesagt, aber es gibt eine kleine Schwierigkeit.«

Der Cyberhippie ließ sich in seinem Enthusiasmus nicht stören. »Kleine kennen wir nich', nur große.«

»Du mußt das hier erst mal allein durchziehen. Pawlow ist noch an der Auswertung, und ich …«

»Du willst dich verdrücken?«

»… muß zum Arzt.«

»Wieso, biste krank?«

»Epilepsie.«

»Was?« Der Cyberhippie war schlagartig ernüchtert. »Sag das noch mal!«

»Zwei Anfälle«, sagte Kate Blenner. »Wir wären fast nicht mehr rausgekommen.«

»Das gib's doch gar nich'. Epilepsie? Du?«

»Ja. Schon eine ganze Weile.« Er erzählte, wie es dazu gekommen war.

»Wally«, sagte Hawkins. »Die verdammte Sau!«

»Am Montag gehen wir jedenfalls wieder in den VR-Raum, ganz gleich, was bei der Untersuchung rauskommt«, sagte der Nomade energisch. »Bis dahin mußt du allein zurechtkommen.«

»Kann wenigstens Kate hierbleiben?«

»Nein, die soll auf mich aufpassen, sonst setzen mich diese Ärzte vielleicht so unter Strom, daß ich nicht mehr zu gebrauchen bin. Aber wir kriegen zwei Dutzend Leute zum Eingeben – psychologische und philosophische Fakultät –, und die Bibliothek ist natürlich offen für uns, das ganze Wochenende.«

»Großer Schamane«, sagte der Cyberhippie. »Epilepsie!«

Kate Blenner ging an ihren Tisch, nahm den Telefonhörer ab, wählte und wartete einige Sekunden. »Mandy? Wir fangen an.«

Hawkins zog ein zerfleddertes Taschenbuch aus seiner Jacke. »Hier, ›Eine kleine Geschichte der Psychologie‹, da steht alles drin.«

Kate Blenner starrte ihn an. »Damit wollen Sie arbeiten?«

»Klar, is' doch schön kurz.«

»Ja, aber …« Unsicher verstummte sie.

»Keine Angst, das is' ja noch nich' alles.« Er förderte ein zweites Buch zutage, das noch stärker zerfetzt war. »Das is' die Philosophie. Theologie hab' ich noch nich' auftreiben können, aber vielleicht kann ich irgendwo 'n Priester ausquetschen.«

»Hank weiß schon, was er tut«, sagte der Nomade beruhigend. »Die Bibliothek hat zehn Eingabegeräte, für bis zu sechzig Seiten pro Minute, damit können wir bis Montag ungefähr … na ja, fünftausend Bücher laden. Das reicht allemal.«

»Dicke«, sagte der Cyberhippie zufrieden.

»Und das soll funktionieren?« Kate Blenner konnte es nicht glauben.

»Na, schließlich is' das Programm von mir! Hast du ihr das nich' erklärt, Grant?«

»Ich dachte, das kannst du besser.«

»Uff. Wenn ich was erklären könnt', wär' ich Professor geworden.« Der Cyberhippie kratzte sich am Hals. »Kennst du dich mit Reinkarnation aus, Kate?«

Kate Blenner nickte. »Grant hat mir schon gesagt, worum es damals ging, aber das klang alles so …«

»Abgedreht? Aber es funktioniert!«

»Ich denke, Sie hatten kein richtiges Basisprogramm?« Kate Blenners Zweifel waren eher noch gewachsen.

»Basisprogramm is' noch von Allan, aber natürlich weiterentwickelt. Dieses Psychologieprogramm aus Stanford, psychische Ausstattung des Durchschnittsamerikaners.« Er wartete, bis Kate Blenner nickte. »Da hab' ich ordentlich draufgesattelt. Alle möglichen Intelligenzsachen. IQ-Tests. Studienprogramme für Professoren. Programme aus der Hochbegabtenförderung. Bewußtseinserweiterndes Zeug, PSI und so. Außersinnliche Wahrnehmung. Und natürlich meine eigenen Hirnleistungen. Bin ja auch nich' ganz doof.« Er grinste wieder. »Meine Basis-Persönlichkeit is' jetzt für 'n Nobelpreis gut, kannst mir glaub'n.«

»Ja, aber das ganze Fachwissen …« Kate Blenner merkte, daß ihre Argumente schwanden, je länger sie sich auf diese Diskussion einließ.

»Das is' jetzt doch nur noch 'ne Frage von Material und Zeit! Wird alles über die Eingabe reingepumpt. Praktisch unbegrenzte Kapazität. Sortieren tut das Programm dann selber. Altes Wissen durch neue Erkenntnisse erweitern. Falsch und richtig differenzieren. Was eine KI eben so alles macht.«

»Künstliche Intelligenz«, erklärte der Nomade rasch.

»Meine kleine KI kann natürlich auch kombinieren. Analogien ziehen. Nich' bloß wahrnehmen, sondern richtig denken.«

Ungläubig starrte sie ihn an.

»Was is' Denken denn? Die Psycho-Heinis sagen …« Auf der Stirn des Cyberhippies erschienen die Falten gesteigerter Konzentration. »Denken is' eine komplizierte analytisch-synthetische Tätigkeit des Gehirns, seiner kortikalen und subkortikalen Mechanismen, die alle einlaufenden gegenständlichen und sprachlichen Informationen bearbeiten und mit Hilfe der Mechanismen der Rückkoppelung oder rückwirkender Afferenz korrigieren. Richtig?«

»Ja, so kenne ich das auch.« Die vertraute Definition ließ Kate Blenner zum ersten Mal wenigstens den Anflug einer gewissen Beruhigung verspüren. War das vielleicht doch nicht alles abenteuerlicher Unsinn? Hoffentlich, dachte sie; mein Gott, das hoffe ich! »Dabei gibt es aber verschiedene Typen des Denkens«, sagte sie, auch um zu beweisen, daß sie noch immer – oder wieder – folgen konnte. »Anschauliches Denken oder künstlerisches, abstraktes, verbales oder gemischtes, abhängig von der Art der Denkobjekte, der Erfahrung, der unterschiedlichen subjektiven Einstellung …«

»Hey, du kennst dich ja wirklich aus. Aber das is' natürlich auch alles bei mir drin, ich hab' bloß 'n anderen Ansatz. Operational. Denken ist erst mal Ordnen. Ordnen der Welt. Gegenstände, die alle einen Namen kriegen müss'n. Repräsentationen der gegenständlichen Welt, also wenn man sich was vorstellt, was man gerade nich' sieht oder sogar noch nie gesehen hat oder nich' mal sehen kann. Richtig?«

Kate Blenner hätte fast gelächelt: Diese starke Betonung des Ordnungsprinzips, von so einer Type!

»Beziehungen, zwischen Gegenständen und zwischen solch'n Repräsentationen. Muß alles auf die Reihe gebracht werden, erst mal. Nach Gleichheit, Ähnlichkeit oder Unterschiedlichkeit, o.k.?«

Wartend schaute er Kate Blenner an, bis sie wieder nickte.

»Also das is' erst mal das anschauliche Denken. Dann kommt das abstrakte Denken. Wenn Sachen geordnet werden, die man sich nicht mehr bildlich vorstellen kann. Gedanken zum Beispiel. Gib's auch ganz bestimmte Regeln, weiß' du natürlich auch schon alles.«

»So ungefähr.«

»Und dann geht's immer höher. Lernen, Erkennen, Planen. Deduktives Denken, mit richtigen Schlußfolgerungen. Analyse und Abstraktion. Induktives Schlußfolgern, mit Konstruktion von Hypothesen aus einem Minimum an Fakten. Konzeptionelles Denken. Systematisches Problemlösen. Produktives Denken mit wirklich total neuen Lösungen is' auch drin. Wahrnehmung und Trugschluß. Und dann die höchsten Funktionen. Entscheidungen treffen. Entschlüsse fassen. Kreativität, Intuition, Ahnungen, Phantasie, Glauben und noch viel mehr.«

»Mann«, sagte der Nomade bewundernd. »Das kann dein Programm alles?«

»Klar, wie soll's denn sonst intelligent sein? Grips is' doch nich' bloß angelesenes Wissen! Denkst du, ich hab' hier bloß 'ne Frage-und-Antwort-Maschine für 'n Fernsehquiz?«

»Aber das ist wirklich unglaublich«, sagte Kate Blenner kopfschüttelnd.

»Glaub's oder nich', das Ding denkt genauso wie du. Bloß daß es keine Frau is'. Sorry, aber das ging nun mal nich' anders, die meisten Cracks im Denken sind halt Männer, immer gewesen, kann ich ja auch nix für, schon gar in der Geschichte, da war eben alles so aufgeteilt, Sokrates war immer schwer am Grübeln, und seine Alte hat dauernd rumgekeift.«

»Soll das Programm jetzt große Denker für uns wieder zum Leben erwecken, also Sigmund Freud, Sartre und so ...« Ein bedeutender moderner Theologe fiel ihr im Augenblick nicht ein, also sagte sie: »... und den Papst, nein, der lebt ja noch, oder dann eben einen früheren Papst, oder Martin Luther King, na ja, der war vielleicht mehr politisch, oder ...« Sie merkte jetzt fast schmerzlich, wie wenig sie über Theologie wußte. »Oder Martin Luther selber«, fügte sie matt hinzu.

»Oder?«

»Oder soll es neue programmieren?«

»Reinkarnation is' nur so 'n Wort, wo man die Eierköpfe mit erschrecken kann. Die denken dann, man will wirklich Einstein wiederauferstehen lassen, damit er ihnen zeigt, was für Geisteszwerge sie sind. Nee, wir schnitzen uns die Genies selber. Natürlich mit all dem Wissen der alten. Und auch der Geistescracks, die noch leben. Sofern sie mal was geschrieben hab'n. Oder andere über sie. Das Programm braucht halt immer Bücher. Bücher, Bücher, Bücher. Futter für die kleinen Siliziumzellen. Die hauen rein ohne Ende.«

»Und wie stellt das Programm die dann dar?« fragte Kate Blenner.

»Die Siliziumzellen?«

»Nein, die Figuren, den Psychologen, den Philosophen, den Theologen.«

»Null Ahnung. Hab' das Programm ja noch nie ausprobiert.«

»Wie bitte?«

»Na jedenfalls nich' in dem Umfang. Kam bisher ja nich' an so 'n Gerät ran.«

Kate Blenner fühlte neue Zweifel am zarten Pflänzchen ihrer Zuversicht zerren. »Sind Sie denn überhaupt sicher, daß Sie mit einem so großen Rechner umgehen können?«

»Klar, die Kisten sin' doch alle gleich. Nur die Kapazität ändert sich und ein paar Mechanismen. Das Prinzip bleibt schon noch ein paar Jährchen, binäres System und so weiter. Denk dir nix.«

»Dann wissen wir also gar nicht, was uns erwartet, wenn wir wieder in den VR-Raum gehen?«

»Klar doch: ein Psychologe, ein Philosoph und ein Theologe. Wie angesagt.«

»Und wo finden wir die dann?«

»Die finden wir nicht, die finden uns. Kann ich alles programmieren, wenn ihr erst mal wißt, wo ihr hinwollt.«

»Sie meinen, welche physiologische Struktur?« Kate Blenner überlegte. »Höchstwahrscheinlich ins Mittelhirn.«

»Das is' aber ziemlich groß. In Allans Programm so groß wie Queens. Oder? Grant? Hast du jedenfalls gesagt.«

»Eigentlich wissen wir noch nicht einmal, ob das Programm tatsächlich Möglichkeiten für einen Vorstoß in das Unbewußte enthält«, sagte Kate Blenner.

»Klar tut's das, Baby, was meinst du denn, wieso der alte Allan sonst überhaupt das Mittelhirn so groß eingeplant hat, schau mal auf diesem Stadtplan da in dem Telefonbuch, wenn da nich' was los wär'! Was denkt ihr, wieviel Einwohner Queens hat?«

Der Nomade zuckte die Achseln. »Weiß ich nicht.«

»Aber ich. Weil ich nämlich gestern gleich nachgeguckt habe. Knapp zwei Millionen. Fläche ungefähr dreihundert Quadratkilometer. Mehr als doppelt soviel wie San Francisco.«

Kate Blenner fühlte sich in die Defensive gedrängt. »Wir werden das Ziel noch etwas genauer eingrenzen.« Hilfesuchend schaute sie den Nomaden an.

»Klaro. Ich frag' mich bloß, wie«, sagte der Cyberhippie.

»Keine Ahnung«, gab der Nomade zu. »Ich muß mich erst noch ein bißchen besser in das Programm reinschaffen.«

»Wenn es sich überhaupt beeinflussen läßt, vielleicht is' ja alles von Allan schon festgelegt, der macht bekanntlich Nägel mit Köppen.«

»Tja, Hank, ich kann es wirklich nicht sagen.«

»Für mich is' es egal, ich hab' ja schon gesagt, daß meine Leute uns von selber finden.«

»Hoffentlich«, sagte Kate Blenner.« Wie kommt diese Basis-Persönlichkeit denn in den Rechner – auf CD-Rom, Cartridge?«

Der Cyberhippie lächelte. »Die kommt nich', die is' schon längst drin. Und nicht eine, sondern drei, natürlich.« Er zwinkerte dem Nomaden zu.

»Hank hat sie über die Datenautobahn gesendet, von San Diego aus«, erklärte der Nomade.

»Dicker Konvoi. Startete gleich, nachdem Grant mich angemorst hat.«

Kate Blenner blickte vom einen zum andern. »Angemorst?« fragte sie leicht verwirrt.

»Ich habe Hank eine Nachricht in sein Fach im Evernet geschickt. Zum Glück ruft er die Mailbox jeden Tag ab.« Der Nomade überlegte. »Ich müßte meine auch mal wieder nachschauen.«

»Klar tu' ich das jeden Tag, Handy klappt ja nich' immer, und ich bin viel unterwegs, Wüste und so. Hätte sonst vielleicht Wochen gedauert, bis ihr mich ans Rohr gekriegt hättet. So rum isses besser. Telefoniere nur ganz selten, gerade gestern mal wieder, nach langer Zeit, mit diesem Typ vom FBI, aber sonst …«

Der Nomade machte beschwörende Zeichen.

»Ups«, machte der Cyberhippie. »Das hätt' ich jetz' nich' sagen sollen, was?«

»Mit dem FBI?« fragte Kate Blenner verblüfft. »Was wollten die denn?«

»Keine Ahnung«, sagte der Cyberhippie etwas zu sehr leichthin. »Interessiert mich auch nicht. Die Typen denken immer, wir karren Koks durch die Gegend, nur weil wir bißchen andere Klamotten anziehen als diese Säcke mit ihren grauen Einheitsanzügen.« Sein verlegener Blick verriet, daß er log.

»Tut mir leid, Kate«, sagte der Nomade. »Ich wollte es dir erst hinterher sagen.«

»Was denn?«

Der Nomade suchte nach Worten. »Da ist was passiert, Kate. Wally hat etwas gemacht. Etwas Furchtbares.«

Der Ton tiefen Schauderns in seiner Stimme ließ Kate Blenner plötzlich frösteln. »Ist er wieder hinter dir her?«

»Nein. Etwas noch viel Schlimmeres.« Er sah sie mit einem so innigen Ausdruck von Liebe und Sorge an, daß Angst in ihr aufstieg.

»Nun sag's schon, das Mädel hält was aus.«

Der Nomade holte Luft. »Wally ist ein Mörder.«

»Ein Mörder? Du meinst, er hat jemanden umgebracht? Wirklich umgebracht, nicht bloß virtuell?«

»Ja. Aber nicht nur jemanden. Ich kann es selber nicht glauben, aber das FBI hat Hank gesagt …« Er unterbrach sich, als die Tür aufging. Pawlow stürzte herein, eine Zeitung in der Hand. »Lasen Sie das hier schon?«

»Was denn?« fragte der Nomade entgeistert.

»Das hier!« Der Professor knallte die Zeitung auf den Tisch und blickte herausfordernd um sich.

»Das ist Hank«, sagte der Nomade.

Pawlow starrte den Cyberhippie an wie eine Erscheinung, reagierte aber nicht auf ihn, viel zu sehr mit dem beschäftigt, was ihn völlig aus der Fassung gebracht hatte.

Sie drängten sich um ihn.

»Ich fand das vor ein paar Minuten in der Bibliothek«, sagte der Professor. »Einer der Studenten ließ es dort wohl liegen.«

Schon als Kate Blenner die überdimensionale Schlagzeile sah, fühlte sie tief in sich die Ahnung von etwas Grausigem, etwas Ungeheuerlichem, von etwas, was auch sie selbst betreffen würde; und als sie las, spürte sie, noch bevor sie recht verstanden hatte, malmendes Entsetzen. In zwölf Zentimeter hohen Buchstaben stand dort: »SILICON RIPPER«. Das Foto zeigte einen gutaussehenden Mann von etwa dreißig Jahren, der mit zornigem Gesichtsausdruck eine Hand hob.

»Ist das …?« fragte Kate Blenner.

»Ja«, sagte der Nomade mit belegter Stimme. »Das ist Wally.«

50

»Wenn Sie sich noch einmal etwas Derartiges zuschulden kommen lassen, werden Sie Probleme bekommen.«

»Wenn das noch einmal vorkommt, müssen wir Maßnahmen ergreifen!«

»Noch ein einziges Mal, und Sie fliegen!!«

»Raus!!!«

Sie hatten es ihm oft genug gesagt; es war nur fair, wenn sie es dann endlich machten. Und es hatte nichts damit zu tun, daß er in der Mittagspause auf dem Rasen vor dem Institut für Informatik in Stanford mit ein paar anderen Computerfreaks zur Entspannung die Jonglierkeulen fliegen ließ, immer schön knapp an den Rodin-Skulpturen und den rasch geduckten Köpfen genervter Studentinnen vorbei. O. k., einmal hatte er einen Professor abgeschossen, der dann mit einer Platzwunde ins Krankenhaus mußte. Konnte passieren. Aber für den Rausschmiß hatte es andere Gründe gegeben. Ernstere. Er und seine Freunde hatten neue Wege zur Erweiterung des Bewußtseins gesucht. Die Polizei nannte es Drogen.

Anfangs hatte es Hiawatha Hawkins gar nicht geschmeckt, daß seine Freunde ihn »Cyberhippie« nannten. Hippies, das waren diese Blumen-Typen von gestern, Leute wie seine Eltern, die sich regelmäßig zukifften, in Pluderhosen um Wasserpfeifen gelagert, zu irgendwelchem Gitarrengedudel von abgedrifteten Weichbirnen. Aber in der Computerbranche stand das Wort für etwas ganz anderes. Für »aktiv«, »phantasievoll« und »nicht zu domestizieren«.

Es gab drei Arten von Programmierern. Am schlimmsten waren die Lumpenprogrammierer, geleckte Typen, die zu allen Vorlesungen erschienen und später ihr Leben damit zubrachten, Großrechner in Versicherungsgesellschaften zu pflegen. Dann kamen die Fachidioten – am Computer nicht schlecht, aber eben Idioten in kurzärmeligen Hemden mit Taschenrechnern in der Brusttasche. Typen, die sechzig verschiedene Stellungen kannten, aber keine Frau. Die Krone der Schöpfung aber waren die Hippies. Kleiderwahl ohne Rücksicht auf Jahreszeiten. Keine bewegliche Habe; was nötig war, wurde geliehen. Bankkonto nur im äußersten Notfall. Geldanlage: Hosentasche. Keine Uhr; Pünktlichkeit war unverzeihlich. Vorschriften waren dazu da, Kaffeebecher darauf abzustellen, Dienstpläne höchstens, um Dartpfeile darauf zu werfen. Arbeitsverträge wurden ungelesen unterschrieben, sofort weggeworfen und für immer vergessen.

Leider waren auch die langhaarigen Götter der Programmierkunst nicht ganz vollkommen – sie koksten.

»Wenn wir Sie noch mal erwischen, fliegen Sie raus!«

»Ach, leck mich doch!«

Es war sowieso Zeit gewesen abzuhauen. Dad hatte sich gerade zum Großen Schamanen verabschiedet, auf seiner alten Harley in der Sierra abgehoben, von schnurgerader Straße sechzig Meter tief in die Kakteen, da hätte es auch nichts genützt, wenn er einen vorschriftsmäßigen Kopfschutz getragen hätte statt des albernen Stahlhelms vom Vietcong, in dessen Flagge sie ihn begruben, letzter Salut zum Gedenken an die alten revolutionären Zeiten. Dann gute Fahrt! Mom war in den Nachbarwohnwagen gezogen, zu einem Fixer mit offenen Beinen. Zeit für Hank, die große Freiheit zu suchen. Der Fixer schaffte es sowieso nicht mehr in den Sattel, also hatte sich Hank das Motorrad geschnappt. Danke, Mom, ich schick' dir eine Postkarte aus Mexiko.

Dort war es heiß und cool. Jede Menge Stoff. Walk on the wild side, jahrelang, mit kleinen Zwischentrips nach Hause. »Geht's dir auch gut,

Mom?« – »Klar, wieso nicht?« Der Typ mit den offenen Beinen war bald abgetreten. Aids. Jetzt lebte sie bei einem Säufer, der nachts Flaschen aus den Müllcontainern von Touristenkneipen angelte.

Cancun, Yucatan. Herrliche braune Mädchen, fremde, uralte Rasse der Verlockung, Göttinnen des Dschungels, auch im billigsten Bodega-Flitter so schön, daß die Sterne nur störten. Das Geld lag auf der Straße, wenn man die einheimischen Quellen kannte und mit seinem US-Paß in jedes Touristenhotel kam. Leider gab es auch in Mexiko Polizei. Drei Monate Knast, danke, das genügt. Glück im Unglück, daß er dort mit diesem alten Indianer zusammengehockt war, der sich im Delirium für einen Schamanen hielt.

El Brujo, der große Zauberer. Faselte, daß seine Seele nachts den Körper verließ und durch die Gegend düste. Und dabei die Götter hörte und die Ahnen und die Geister und die Gesänge der Sterne und die Stimme des Pilzes, die Frau mit den dreizehn Hosen, das Opossum und den Wirbelwind. Der heilige Pilz nimmt mich bei der Hand und führt mich in jene andere Welt. Ewiger Friede ohne Hunger und Not, alle haben einander lieb, es klang wie in den esoterischen Fibeln, aus denen seine Eltern sich immer vorgelesen hatten. Später, als er gemerkt hatte, daß die wundersamen Erlebnisse aus diesen Büchern in Wirklichkeit Drogenphantasien waren, hatte er gestaunt, wie gut sich so was verkaufen ließ. El Brujo pflegte sich allabendlich Peyote-Häppchen einzupfeifen, da konnte er natürlich gut mit fliegen und klasse erzählen, man brauchte nur mitzuschreiben, Wort für Wort.

Kurz danach war Mom gestorben, Nierenversagen, auf einer völlig sinn- und planlosen Wanderung durch das Reservat. Und der Flaschensammler kratzte ein paar Wochen später im Krankenhaus ab. Leberzirrhose. Das FBI würde bestimmt nicht so schnell herausfinden, daß der erfolgreiche Schriftsteller, der angebliche Exilkubaner Alberto Correjo mit dem Pseudonym Blue Eagle, in Wirklichkeit Hiawatha Hawkins hieß; schließlich wußten das nicht mal die Typen bei Harper & Row. Endlich genug Kohle, um tun zu können, was er wollte. Aber was wollte er? Wieder nach Yucatan, in dunklen Augen untergehen? Nein, an dem Programm weiterarbeiten, das ihm plötzlich wieder in den Sinn gekommen war. Acht Monate harte Arbeit in einem Camper, aber mit Klimaanlage, einem Kühlschrank voller Jet-Cola und der besten Elektronik, die es für Geld zu kaufen gab.

Die Nachricht von Wallys Verbrechen und Grants Hilferuf, gerade als er mit ihm und Allan wieder Kontakt hatte aufnehmen wollen, hatten alles geändert. Mit dem Traum der Jugend war auch der Alptraum zurückgekehrt. Zeit aufzuwachen, ehe die Blumen stanken.

»Jake!« Kelley klopfte noch etwas lauter. »Sind Sie da?«

»Was ist denn das für ein Krach hier?« tönte eine empörte Männerstimme durch den Hotelkorridor. »Wissen Sie, wie spät es ist?«

Die Tür öffnete sich, und Connor stand vor ihm, nur mit Boxershorts bekleidet. »Ja?«

Kelley drängte den Widerstrebenden zurück. »Warum gehen Sie denn nicht ans Telefon? Ich klingele schon die ganze Zeit.«

Connor fuhr sich durch das zerwühlte Haar, vergeblich bemüht, etwas Ordnung in die Frisur zu bringen, und gähnte demonstrativ. »Hab' schon geschlafen.«

Kelley drückte die Tür hinter sich zu. »Er hat es wieder getan. In Boston.«

»Was?« Connor dachte nicht mehr daran, den eben Erwachten zu spielen. »Wann?«

»Gestern mittag. Sie haben es erst heute abend gemerkt. Die Leute von der Oper. Die Frau war dort Maskenbildnerin. Gestern hatte sie frei. Als sie heute nicht zum Dienst kam und auch nicht ans Telefon ging, ist einer ihrer Kollegen hingefahren. Ich habe schon für morgen früh gebucht. Sechs Uhr.«

»Karen kommt natürlich mit, das ist doch wohl klar!« Connor drehte sich ein paarmal hin und her; es wirkte, als wolle er sofort losgehen, habe aber keinen Schimmer, wohin. »Weiß Vanessa Birming schon Bescheid?«

»Ich wollte erst mit Ihnen sprechen.« Kelley drehte sich verwundert um, als er ein Geräusch hörte. In der Tür zum Badezimmer stand Karen Thogersen, nur mit einem der weißen Frotteemäntel des Hotels bekleidet. »Was ist denn los?«

»Hallo, Mrs. Thogersen«, sagte Kelley verdutzt.

»Was glotzen Sie denn so? Ich habe mich um Jakes Chakren gekümmert«, sagte Karen Thogersen.

»Um die Chakren«, wiederholte Kelley etwas blöde. »Ach so, ja.«

Connor räusperte sich. »Hör mal, Karen ... Richard sagt gerade, es ist wieder was passiert.«

»Der Anruf kam erst vor ein paar Minuten«, sagte Kelley entschuldigend.

Karen Thogersen ging an ihnen vorbei und setzte sich auf das zerwühlte Bett. »Also, dann schießen Sie mal los!« sagte sie in einem Ton, als könne sie nichts erschüttern.

Connor sah besorgt erst sie und dann seinen Kollegen an.

Kelley hatte sich wieder gefangen. »Es handelt sich um eine Frau namens Helena Beatus. Sie arbeitete als Maskenbildnerin im Boston Opera House und wurde heute abend tot aufgefunden. Gegen acht Uhr, auf ihrem Bett.« Er versuchte, den Rest mit betroffenen Blicken zu erzählen.

»Hat er sie ...« Karen Thogersen räusperte sich.

Kelley nickte betreten. »Aber für die üblichen Quälereien hatte er zum Glück keine Zeit.«

Karen Thogersen griff fahrig nach einer Zigarettenschachtel auf dem Nachttisch. Connor setzte sich neben sie und nahm das Feuerzeug. »Hier.« Sie inhalierte den Rauch so tief, daß sie husten mußte. Connor klopfte ihr hilflos auf den Rücken. »Und woher weiß man das?« fragte sie, als sie wieder sprechen konnte.

»Das sagt der Arzt. Aber es gibt noch eine zweite Leiche. Ein gewisser Duncan Findlay. Sicherheitsberater bei Fenway-Soper.«

»Was?« sagte Connor. Nervös steckte er sich ebenfalls eine Zigarette an.

»Ja. Das Pharmaunternehmen, bei dem die beiden Behrmans arbeiteten. Die jetzt verschwunden sind.«

»Den hat Purdy auch umgebracht? Wieso denn?«

»Keine Ahnung«, sagte Kelley.

»Was wollte er denn in Boston? Sind die beiden Behrmans etwa dort?«

»Das nehme ich an«, sagte Kelley. »Jedenfalls ist das die einzige Verbindung, die ich mir zwischen Purdy und diesem Findlay vorstellen kann. Zwei Schüsse, Kopf und Herz. Schalldämpfer.«

»Nemchankin hat also recht«, murmelte Connor. »Der Kerl ist nicht nur ein Schlächter, sondern auch ein Killer.«

Karen Thogersen stand auf und ging zum Schrank. »Ich werde schon mal packen.«

»Im Augenblick können wir nicht viel machen«, sagte Kelley. »Die Polizei fragt sich gerade durch. Ein Apartmenthaus, ziemlich im Zentrum. Unsere Leute sind auch schon da.« Verblüfft sah er, daß Karen Thogersen ein Gewehr aus dem Schrank holte. »Wollen Sie das etwa mitnehmen?«

»Das nehme ich überallhin mit.«

»Ins Flugzeug? Aber das dürfen Sie doch nicht!«

»Klar darf ich das, mein Junge. Sie wissen doch: Ich bin Jägerin.«

51

Lieutenant Carl Avery hatte die ganze Nacht durchgearbeitet. Gerade ein farbiger Polizist durfte sich keine Fehler erlauben. »Sie sind Agent Connor?«

»Ja. Das ist Agent Kelley. Dr. Birming aus Quantico. Mrs. Thogersen.«

»Ja, es war Purdy. Tatwaffen: Skalpell, zweiundzwanziger Beretta. Irre Kombination. An dem weiblichen Opfer ist Purdys Handschrift klar zu erkennen. Bei Findlay sieht es so aus, als wäre er von einem Profikiller erschossen worden.«

»Ebenfalls Purdy«, sagte Kelley. »Er war jahrelang Mitglied bei einer rassistischen Geheimorganisation. Schießen, Sprengsätze und solche Sachen.«

»Hatte Findlay etwas mit Helena Beatus zu tun?« fragte Kelley.

Der Lieutenant zuckte die Achseln.

»Was haben Sie denn schon herausgefunden?« Connor merkte, daß sein Ton etwas zu scharf geraten war, aber Avery schien das nichts auszumachen.

»Inzwischen scheint klar, daß mindestens drei Männer das Haus betreten haben. Der erste war Findlay. Der letzte könnte Purdy gewesen sein. Dazwischen kam noch ein Schwarzer.«

»Was soll denn der damit zu tun haben?« fragte Connor verblüfft.

»Keine Ahnung. Er stieg aus einem ziemlich bunten VW-Bully. Im Haus kennt ihn keiner.«

»Und Purdy?«

»Kam in einer normalen Limousine. Typ und Farbe leider nicht bekannt, in diesem Punkt sind die Aussagen widersprüchlich. Sicher scheint nur, daß er nicht allein war.«

»Aha«, sagte Connor, als habe er es die ganze Zeit gewußt.

»Einige Zeugen wollen gesehen haben, daß später noch ein anderer

Mann kam. Die beiden sind dann nacheinander weggefahren. Ich weiß nicht, was ich davon halten soll.«

»Purdy hat Kumpel, die ihm helfen«, sagte Connor.

»Was? Einem Serienkiller?«

»Ja. Zwei Brüder namens Behrman. Vielleicht auch noch eine Frau, Kate Blenner.« Connor berichtete, was es zu wissen gab.

»Computerfreaks?« staunte Avery. »Na ja, wenn man sich so anschaut, was für Zeug es inzwischen gibt … Hier ist das Foto, das wir gefunden haben.« Er zeigte ihnen das Bild.

»Das ist sie«, sagte Kelley.

»Die sieht aber eigentlich nicht wie eine Verrückte aus, die einem Serienkiller hilft, Frauen umzubringen«, rätselte Avery.

»Trotzdem hat sie mit der Sache zu tun«, sagte Connor.

»Glauben Sie, Purdy hat dieses Foto verloren?«

»Nein«, sagte Vanessa Birming. »So ein Fehler würde ihm nicht unterlaufen.«

»Was wissen Sie denn über die Tote?« fragte Connor.

»Eltern in Wichita, Kansas. In den letzten Jahren kaum noch Kontakt. Die Freunde überprüfen wir gerade. Bisher kam aber nur heraus, daß sie ab und zu einen alten Russen mitbrachte. Einen Professor. Wir gehen gerade die Telefoncomputer durch. Es gibt hier mehr Leute mit russischen Namen, als Sie wahrscheinlich denken.«

»Wie heißt er denn?« fragte Connor.

»In der Oper kennen sie leider nur den Vornamen. Sergej.«

»Und was für ein Professor ist er?« wollte Vanessa Birming wissen.

»Ihre Freundinnen glauben, daß er was mit Medizin zu tun hat. War wohl eine ziemlich diskrete Geschichte.«

»Und? Krankenhäuser?« Connors Geduld begann sich langsam zu erschöpfen.

»Es gibt einen Sergej an der Harvard Medical School. Professor Sergej Iwanowitsch Pawlow. Nervenarzt.« Er schlug sein kleines schwarzes Notizbuch auf. »Neurophysiologe.«

Die FBI-Agenten sahen sich an. Vanessa Birming sagte: »Rufen Sie bei Fenway-Soper an und lassen Sie sich Kate Blenners Personalakte faxen.«

»Personalakte?«

»Ja. Sie ist Neuropharmakologin.«

Karen Thogersen ging zu dem Bett. Das ursprüngliche Zartgelb des Bezugs war fast vollständig von einem großen Fleck verdunkelt; es schien fast, als ließen sich die Umrisse des Opfers erkennen. Sie begann zu zittern. Rasch trat Connor zu ihr und legte ihr den Arm um die Schultern. »Komm weg hier.« Widerstrebend ließ sie sich aus dem Zimmer führen.

Kelley und Vanessa Birming betrachteten die Kreidelinie auf dem Teppichboden.

»Finden Sie es wirklich gut, daß Mrs. Thogersen hier ist?« fragte Kelley.

»Ja. Nach solchen traumatischen Erlebnissen belastet die Phantasie den Verstand oft schlimmer als die tatsächlichen Geschehnisse, und dagegen hilft nur die Realität.«

Sie hörten, wie Connor nach ihnen rief, und traten auf den Flur der kleinen Wohnung. Lieutenant Avery hielt Vanessa Birming ein Fax entgegen. »Die wußten gar nicht, daß Findlay in Boston war.«

»Wer wußte das nicht?« fragte Connor.

»Der Personalchef. Lockwood. Der ist fix und fertig. Hat sich aber brav an seinen Heimcomputer gesetzt und die Akte aus der Personalabteilung abgerufen.«

Vanessa Birming nahm das Fax. »Kate Blenner … Physiologie: Harvard, Professor Sergej I. Pawlow. Und noch mal, Pharmakologie: Harvard, Professor Sergej I. Pawlow.«

»Fahren wir«, sagte Avery.

»Einen Moment noch«, sagte Connor und zog sein Handy. »Die sollen sich diesen Lockwood vorknöpfen. Da ist was faul.«

»Daß es tatsächlich Typen gibt, die einem Serienmörder helfen!« sagte Avery.

»Wahrscheinlich erzählt Purdy ihnen, daß ihm die Mafia nur was anhängen will«, sagte Vanessa Birming.

Der Lieutenant fuhr ein wenig zurück. »Die Mafia steckt auch mit drin?«

»Ja«, sagte Connor. »Hören Sie: Diese Kate Blenner hat ihre Firma behumst. Zusammen mit den Behrman-Brüdern. Deshalb war dieser Findlay hinter ihnen her. Deswegen hatte er auch ihr Foto bei sich. Und deshalb glaube ich auch nicht, daß dieser Lockwood wirklich so ahnungslos ist, wie er tut. So. Und nun wird Findlay von Purdy abgeknallt. Sieht das nicht so aus, als ob die alle unter einer Decke stecken? Einschließlich dieses Professors? Ich möchte nur wissen, warum Purdy das Foto nicht mitgenommen hat.«

»Vielleicht mußte er schnell verschwinden«, vermutete Kelley.

Avery blickte vom einen zum anderen. »Ja, aber was hat das alles mit der Mafia zu tun?«

»Purdy hat für einige Familien Drogengeld gewaschen. Im Computergeschäft.«

»Und warum darf davon niemand etwas wissen? Ich habe nirgends was drüber gelesen.«

»Wir haben eine undichte Stelle«, sagte Connor. »Im Polizeipräsidium von San Jose, vielleicht sogar in der Sonderkommission. Das bedeutet, daß die Mafia wahrscheinlich immer ziemlich gut auf dem laufenden ist. Falls die Mafia aber weiß, was wir wissen ...«

Avery hatte verstanden. »Dann erwischen sie Purdy vielleicht vor uns.«

»Und das«, sagte Vanessa Birming, »wäre ungefähr das Schlimmste, was uns passieren könnte.«

»Un' du bist sicher, daß Wally dahintersteckt?«

»Ja. Er muß irgendwie herausgefunden haben, daß mein Wohnwagen in Malibu steht.«

Nur im ersten Augenblick war der Nomade überrascht gewesen, als er endlich wieder seinen Computer abgefragt und die dringende Aufforderung gefunden hatte, sich zu melden. Dann aber hatte das Datum gezeigt, daß Allan unmöglich der Absender sein konnte.

»Und die Eule da auf'm Monitor?«

»Die hat Allan vielleicht als Willkommensgruß eingebaut, oder als Markenzeichen, was weiß ich.«

»Aber woher soll Wally denn wissen, daß was mit Allan passiert is'?«

»Das ist bestimmt wieder ein Trick. Wenn ich mich jetzt bei Allans Firma melde, kann Wally das Signal zurückverfolgen. Dann weiß er, wo ich bin und was wir hier machen.«

»Vielleicht hat Allan so was ja auch vorprogrammiert, und es wurde automatisch abgefeuert, als er ins Koma fiel«, sagte der Cyberhippie.

»Dann wäre es jetzt überholt«, sagte der Nomade. »Wir haben Allan gefunden, er ist hier in Sicherheit, und man kümmert sich um ihn.«

Allerdings, dachte der Cyberhippie. Der leblose Körper mit den vielen Schläuchen und Kabeln hatte ihn zutiefst schockiert. Es war etwas anderes, ob man über die Vor- und Nachteile der modernen Apparatemedizin theoretisierte oder ob man einen Menschen, mit dem man seit vielen Jahren befreundet war, hilf- und leblos an diesen Maschinen hängen sah, fast so, als wäre die Technik nicht für Patienten installiert, sondern der Kranke im Gegenteil eigens für diese Geräte herangeschafft worden.

Ein Klingeln riß den Cyberhippie aus den beklommenen Gedanken. Der Nomade nahm den Hörer ab. »Ja?«

Sir William Henrys empörte Stimme drang an sein Ohr: »Warum haben Sie mir nicht gesagt, daß Ihr Bruder unter Mukoviszidose leidet?«

»Wie?« fragte der Nomade verblüfft.

Der Arzt glaubte, nicht richtig verstanden worden zu sein. »Mukoviszidose!« wiederholte er noch lauter. »Sagen Sie nicht, Sie hätten das nicht gewußt!«

»Habe ich auch nicht«, sagte der Nomade.

»Ich denke, Sie sind Brüder!«

»Wir haben uns schon eine ganze Weile nicht gesehen, bestimmt schon ein paar Monate.«

»Wollen Sie mich veralbern? Mukoviszidose ist eine erbliche Stoffwechselkrankheit, die praktisch immer bereits im Kindesalter auftritt!«

»Als Kind hatte Allan nur mal eine zystische Fibrose.«

Sir Henry klang noch erregter: »Ja, was glauben Sie denn, was das ist? Das ist doch nur ein anderer Name für dieselbe Krankheit!«

»Tut mir leid, das wußte ich nicht. Jedenfalls wurde Allan wieder gesund und hatte seitdem nie wieder Beschwerden.« Der Nomade sah, wie die anderen ihn beobachteten. Auf ihren Gesichtern zeigte sich jene ahnungsvolle Erwartung, die mit dem Schlimmsten rechnet.

»Wer hat Ihnen denn gesagt, daß Ihr Bruder geheilt sei?« fragte Sir Henry.

»Meine Eltern. Und Allan natürlich auch. Stimmt was nicht?«

»Mukoviszidose ist praktisch unheilbar. Die mittlere Überlebenszeit geht bis zum achtundzwanzigsten Lebensjahr. Es ist mir ein Rätsel, wie Ihr Bruder es geschafft hat, diese Krankheit vor Ihnen geheimzuhalten. Selbst wenn wir es schaffen, ihn aus dem Koma herauszuholen, hat er wahrscheinlich nur noch ein paar Monate zu leben.«

Schon Quittmans neues Übernahmeangebot hatte Reddington in erhebliche Unruhe versetzt, denn es ließen sich nur zwei plausible Gründe denken: einmal, daß Fenway-Sopers Spekulationsverluste der Konkurrenz nicht verborgen geblieben waren, zum anderen, daß dieser verdammte Nomade tatsächlich Kontakt mit Cook Illinois Home

Products aufgenommen hatte und man dort nun wohl die Probleme um FS-115 kannte. Dem Preis zufolge, den Quittman genannt hatte, war das wirkliche Ausmaß des Börsendesasters allerdings nicht bekannt. Und die Angebotssumme von fast einer halben Milliarde Dollar sprach außerdem dafür, daß das Rennen um FS-115 noch immer als offen betrachtet wurde. Das Angebot konnte also ebensogut auch nur ein simples Störmanöver sein.

Der zweite Anruf hatte dagegen nicht Unruhe, sondern fast Panik ausgelöst. Das FBI wollte sich mit ihm unterhalten. Wegen einer Mordsache in Boston. Und das Morddezernat von Boston hatte bei Ben Lockwood Kate Blenners Personalakte angefordert. Hatte Findlay etwa jemanden umgebracht? Natürlich war Reddington sofort bereit, zwei Beamte zu empfangen, natürlich aber nur in seinem Büro, wo jetzt Harris J. Snyder, der Leiter der Rechtsabteilung, mit ein paar in Polizeiangelegenheiten erfahrenen Anwälten auf ihn wartete.

Reddington fuhr in den 20. Stock, schloß die Tür mit dem Schild »Vorsicht – Hochspannung« auf, setzte sich an Findlays Schreibtisch und wählte die Nummer der Entwicklungsabteilung.

»Durrwachter?« Der Eifer der Sekretärin bedeutete für Reddington einen gewissen Trost. Auf diese Leute war Verlaß. Dabei wußte er nicht einmal, wie sie aussah. »Kommen Sie in den zwanzigsten Stock.«

»Ich bin schon unterwegs.«

Reddington öffnete die Tür und wartete. Eine halbe Minute später kam Manderly Durrwachter aus dem Aufzug und eilte auf ihn zu. Ach ja, diese kleine vertrocknete Blondine, erinnerte sich Reddington jetzt. Er streckte ihr die Rechte entgegen. »Schön, daß Sie kommen konnten, Mrs. Durrwachter. Ich bin Ihnen wirklich sehr dankbar.«

Überrascht nahm sie seine Hand. »Aber das ist doch selbstverständlich, Sir«, sagte sie. »Jederzeit.« Ihre Beflissenheit wirkte so wenig gespielt, wie Reddington es sich nur wünschen konnte.

Manderly Durrwachters Verwunderung stieg, als der Präsident sie so schnell hineinzog, daß sie fast gestolpert wäre. Verblüfft schaute sie sich um.

»Wir befinden uns im Büro des Sicherheitschefs«, sagte Reddington.

»Ach so«, antwortete sie verwirrt. Sie hatte tatsächlich erwartet, jetzt vor Starkstromaggregaten, Kabeln und Verteilerkästen zu stehen. Statt dessen sah sie eine Wand mit Dutzenden von Monitoren. Die Bildschirme zeigten verschiedene Büros, auch in der Entwicklungsabteilung und im Sicherheitsbereich.

Reddington sah eindringlich auf sie hinunter. »Alles, was ich Ihnen jetzt sage, muß streng vertraulich bleiben.«

»Selbstverständlich, Sir.« Wie viele im Dienst altgewordene Sekretärinnen war Manderly Durrwachter kaum zu erschüttern.

»Ich ziehe Sie ins Vertrauen, weil ich weiß, daß Sie eine besonders erfahrene und erprobte Kraft sind.« Schließlich mußte es ja einen Grund haben, daß Riseman sich bei allen vom Personalchef verordneten Maßnahmen zur Verjüngung der Belegschaft so entschieden für seine Sekretärin eingesetzt hatte. Reddingtons Vorzimmerdame war eine gutaussehende, charmante und intelligente Frau mit den ihren Aufgaben angemessenen Umgangsformen, aber leider ohne die speziellen Kenntnisse, die jetzt vonnöten waren.

»Jawohl, Sir.« Fast dankbar registrierte Reddington die Entschlossenheit in Manderly Durrwachters Stimme. Ein Bedürfnis, ihre Vertrauenswürdigkeit zu dokumentieren, ließ die Sekretärin hinzufügen: »Von diesem Büro wußte ich bisher nichts.«

»Das soll auch niemand wissen.«

»Jawohl, Sir.«

»Die Überwachungsgeräte dienen ausschließlich zum Schutz vor Vertrauensmißbrauch und Werkspionage. Die Länge der Kaffeepausen wird hier nicht kontrolliert.«

»Selbstverständlich, Sir.« Ihre Loyalität war durch die Erkenntnis, jahrelang überwacht worden zu sein, offenbar nicht beeinträchtigt. Gut so, dachte Reddington. »Also fangen wir an. Gehen Sie bitte in den Zentralcomputer. Sie finden dort eine Rubrik ›Vertraulich‹ mit Unterlagen, die aus Datenschutzgründen nicht allgemein zugänglich gemacht werden dürfen.«

Sie verstand sofort. »Jawohl, Sir.«

»Dann nehmen Sie jetzt bitte Platz.«

Er nannte ihr den Code. Sie setzte sich an Findlays Terminal und begann mit der Arbeit. Einige Sekunden später erschien auf dem Bildschirm ein Verzeichnis der Akten, die Findlay über leitende Mitarbeiter des Unternehmens angelegt hatte.

»Ich möchte Sie bitten, die Eintragungen nicht zu lesen«, sagte Reddington.

»Selbstverständlich nicht, Sir. Welches Dokument soll ich aufrufen?«

»Schacter.«

»Jawohl, Sir.« Sie klickte den Namen an und drehte demonstrativ den Kopf zur Seite.

»Lassen Sie mich bitte einen Augenblick allein«, sagte Reddington.

»Jawohl, Sir.« Sofort stand Manderly Durrwachter auf und ging zur Tür.

»Sie brauchen nicht hinauszugehen. Bleiben Sie nur dort stehen.«

»Wie Sie wünschen, Sir.«

Eine Minute später wußte Reddington zwar alles, was Findlay herausgefunden hatte, aber fast jede Information hatte neue Probleme mit sich gebracht. Schacters zahllose Strafmandate und verschiedene Vorstrafen wegen Verkehrsvergehen waren noch das harmloseste; der Kerl kokste, war als Student in Cincinnati zweimal wegen versuchter Vergewaltigung angezeigt, aber nicht verurteilt worden und trieb sich jetzt in Sado-Maso-Clubs am Times Square herum. Den muß ich unbedingt rausschmeißen, dachte Reddington. Sobald ich ihn nicht mehr brauche.

Noch gefährlicher erschien, was Findlay über Riseman herausgefunden hatte. Daß der Entwicklungschef auf seinen Reisen nach Atlantic City bis zu fünfmal das Abteil zu wechseln pflegte, hatte weniger damit zu tun, daß er seiner Spielsucht überführt zu werden fürchtete, sondern er traf sich in den Zügen regelmäßig mit zwei Männern. Findlays Mitarbeiter hatten beobachten können, daß dabei Briefumschläge ausgetauscht wurden. Es linderte Reddingtons Zorn nicht im geringsten, daß der Verräter die Silberlinge anschließend immer gleich in den Casinos verspielt hatte. Am liebsten hätte er zum Telefon gegriffen, um Riseman die Staatsanwaltschaft auf den Hals zu hetzen. Leider war völlig klar, daß Fenway-Soper einen Mafia-Skandal kaum überstehen würde. Es war also tatsächlich wahr, daß die Familie bei Cook Illinois Home Products ihre Finger im Spiel hatte. Stanley Quittman, der New-England-Aristokrat mit seinem dämlichen großbritischen Landlord-Schnurrbart, nur die Marionette einer Gangsterbande! Fast hätte Reddington höhnisch gelächelt, aber Schadenfreude bot keinen Trost. Die nächste Erkenntnis traf ihn noch härter: Warum hatte Findlay ihm nichts von Risemans Mafia-Kontakten gesagt?

»Gehen Sie bitte eine Minute hinaus.«

»Jawohl, Sir.«

Der Präsident las den Text ein zweites Mal. Da! Da war es, in diesem kleinen Zwischensatz. »J./G. wissen nicht, daß Riseman Kontakt Mafia, vermuten es aber.« Wieso hatte Findlay »daß« geschrieben und nicht »ob«? Er hatte also genau gewußt, an wen Riseman Firmengeheimnisse verriet. Und woher? Doch bestimmt nicht von Riseman! Also war auch Findlay ein Verräter. Dieses Fettschwein konnte auch ihn, den Präsidenten, vor Gericht bringen, und der Himmel wußte, ob es dann noch gelang, den Kopf aus der Schlinge zu ziehen. Mindestens würde es ihn Millionen kosten, denn er würde für lange Zeit die besten Anwälte brauchen. Selbst wenn er davonkam, würde er ruiniert sein. Wußte das FBI schon von den Mafia-Kontakten?

Reddington ging zur Tür. »Kommen Sie bitte.«

»Jawohl, Sir.«

»Ich möchte, daß Sie mir diesen Text auf Diskette abspeichern. Dreifache Ausfertigung.«

Sie machte sich an die Arbeit, und nach einer halben Minute steckte er die Disketten in seine Brieftasche.

»Reden Sie mit niemandem darüber. Sie werden bald neue Anweisungen bekommen. Bis dahin halten Sie den Mund, verstanden?«

Manderly Durrwachters blasses Gesicht war ganz Eifer und Loyalität. »Selbstverständlich, Sir.«

»Und jetzt gehen Sie nach Hause. Wir sehen uns morgen.«

»Jawohl. Auf Wiedersehen, Sir.«

Er ließ sie hinaus und schloß die Tür ab.

»Sie können sich voll und ganz auf mich verlassen«, sagte die Sekretärin, aber Reddington hatte sich schon umgedreht. Mit energischen Schritten ging er zum Lift.

Was für ein Mann, dachte sie.

Die Anwälte, die Snyder mitgebracht hatte, vermittelten einen beruhigenden Eindruck von Professionalität, Härte und Kühle. Als der Leiter der Rechtsabteilung sie vorgestellt hatte, setzte sich Reddington mit den anderen an den großen Tisch. Wie Ritter an einer Tafelrunde, dachte er. Sie würden für den König kämpfen, was immer auch geschah.

Und sie enttäuschten ihn nicht. Den beiden FBI-Agenten, Mulderrig und Dankel, schlug von Anfang an schweres Abwehrfeuer entgegen.

»Beabsichtigen Sie, Mr. Reddington zu vernehmen?«

»Nein, Sir. Es handelt sich lediglich um ein informelles Gespräch.«

»Verfügen Sie über Informationen, die Mr. Reddington belasten könnten?«

»Nein. Es liegt nichts gegen Mr. Reddington vor.«

»Haben Sie die Absicht, Informationen zu sammeln, die Mr. Reddington belasten könnten?«

»Nein. Mr. Reddington ist in keiner Weise Gegenstand unserer Ermittlungen. Wir ersuchen lediglich um Kooperation.«

»Und in welcher Angelegenheit wollen Sie mit Mr. Reddington sprechen?«

»Es geht um Ermittlungen in einer Mordsache in Boston.«

Kate Blenner? fragte sich Reddington. Hat es sie erwischt? Wollten sie deshalb die Akte?

»Haben Sie die Absicht, Mr. Reddington mit dieser Mordsache in Verbindung zu bringen?«

»Nein. Wir wenden uns an ihn, weil Mister Lockwood uns nicht helfen konnte.«

»Warum haben Sie Mr. Reddington nicht bereits über Einzelheiten unterrichtet?«

»Unsere Anweisung lautet, Mr. Reddington nur im Beisein seiner juristischen Berater zu informieren.«

»Und worauf gründet sich diese Anweisung?«

»Auf den Wunsch, die Rechte Mr. Reddingtons in jeder Weise zu respektieren.«

»Mr. Reddington ist sich keines auch nur irgend gearteten Vergehens bewußt. Er sieht nicht, was er für Sie tun kann.«

»Das zu erörtern sind wir hier.«

»Welche rechtsverbindlichen Zusagen können Sie für den Fall machen, daß Mr. Reddington in ein solches Gespräch einwilligt?«

»Das FBI garantiert absolute Vertraulichkeit.«

Harris J. Snyder räusperte sich. »Ich gehe davon aus, daß diese Vertraulichkeit auch alles betrifft, was Ihnen im Verlauf eines solchen Gespräches über innere Angelegenheiten von Fenway-Soper bekannt wird.« Prüfend blickte er auf das große Tonband, das er auf den Tisch gestellt hatte; die Spulen drehten sich gleichmäßig.

Reddington konnte sein Erstaunen kaum verbergen; ahnte Snyder etwas?

»Selbstverständlich, Sir. Das FBI garantiert Vertraulichkeit in allen Punkten. Auch in Fragen etwaiger steuerlicher Probleme.«

»Verfügen Sie über Informationen, die steuerliche Fragen betreffen?« fragte Snyder alarmiert.

»Nein.«

»Haben Sie die Absicht, gegen Fenway-Soper zu ermitteln?«

»Nein. Wir bitten lediglich um Mr. Reddingtons Kooperation in der Angelegenheit des Mordes an zwei Personen in Boston.«

Zwei Personen? dachte Reddington bestürzt. Findlay hatte gleich zwei Leute kaltgemacht? Beide, Kate Blenner und diesen Nomaden? Ja, das mußte es sein. Verflucht der Tag, an dem er sich mit diesem Kerl eingelassen hatte!

Einer der Strafrechtler nahm wieder das Wort. »Gut. Dann tragen Sie Ihr Anliegen vor. Wir werden uns danach mit Mr. Reddington beraten.«

Reddington hatte bereits begonnen, darüber nachzudenken, wie weit er seine Anwälte angesichts dieser Umstände ins Vertrauen ziehen sollte, aber die Antwort der Beamten warf seine ersten vorsichtigen Überlegungen augenblicklich über den Haufen.

»Es geht darum, daß eines der beiden Opfer ein Mitarbeiter von Fenway-Soper ist.«

Eines? Nur eines? Reddington war nun völlig verwirrt. Hatte das FBI etwa noch gar nicht herausgefunden, daß auch der Nomade für Fenway-Soper gearbeitet hatte? In seiner Erregung übersah er die warnenden Blicke der Anwälte. »Und um wen handelt es sich?«

»Mr. Reddington, bitte! Die Führung der Diskussion liegt bei uns, bis wir über Art und Inhalt des Gesprächs Einigung erzielt haben.«

»Ja, natürlich, entschuldigen Sie.«

Mulderrig sagte: »Wir sind bereit, die Frage auch ohne vorherige Vereinbarung mit Mr. Reddington zu beantworten.«

»Dagegen bestehen keine Einwände. Wir gehen davon aus, daß Sie uns darüber ohnehin, und zwar in jedem Fall, zu unterrichten haben.«

»Selbstverständlich.«

Reddington wartete gespannt.

»Bei dem Opfer handelt es sich um einen Mann namens Duncan Findlay.«

Der Schock traf Reddington ins Mark seines Verstandes.

»Nach unseren Informationen war Findlay bei Fenway-Soper für die Sicherheit verantwortlich. Stimmt das?« fragte Dankel.

Die Anwälte wechselten besorgte Blicke. »Auf welche Informationen stützt sich diese Behauptung?«

»Er trug einen Hausausweis bei sich.«

Reddington war nicht mehr in der Lage, dem Gespräch zu folgen. Findlay tot! Hatte etwa dieser Nomade ihn umgebracht?

»Sie sprachen von zwei Opfern«, sagte ein anderer Anwalt.

»Das ist korrekt. Bei dem anderen Opfer handelt es sich um eine Frau.«

»Kate Blenner!« entfuhr es Reddington; zu spät merkte er, daß er die Kontrolle verloren hatte.

Sofort sprangen die Anwälte auf. »Wir unterbrechen das Gespräch. Wir werden Sie wissen lassen, wann Mr. Reddington es fortzusetzen wünscht.«

Zögernd erhoben sich auch die beiden Beamten. Snyder sagte: »Einen Augenblick noch. Ich würde Ihnen gern noch eine Frage stellen, wenn Sie erlauben.«

»Bitte.«

»Auf welcher gesetzlichen Grundlage hat das FBI mit dieser Mordangelegenheit zu tun?«

»Nach den bisherigen Ermittlungen kommt ein Täter in Betracht, der bereits in mehreren Bundesstaaten Straftaten begangen hat. Es handelt sich um einen gewissen William Purdy.«

Die Anwälte schauten sich überrascht an. »Purdy? Der Serienkiller? Aus Silicon Valley?«

»Ja. Deshalb betrifft der Fall in Boston natürlich die Bundespolizei.«

Reddington war in seinem Stuhl zusammengesunken. Wenn es um einen Serienmörder ging, war nicht zu verhindern, daß die Bundespolizei auch Findlays Büro bei Fenway-Soper unter die Lupe nahm. Sie würden alles herausbekommen. Findlays und Risemans Verbindungen zur Mafia und natürlich auch die Sache mit Allan Behrman. Findlay war tot und konnte nichts mehr ausplaudern, aber der Himmel mochte wissen, was sich in seinem Büro sonst noch alles fand. Wenn er, Reddington, den Beamten nun freiwillig sagte, was er, nachweislich erst ein paar Minuten zuvor, im Computer entdeckt hatte, würde es wenigstens ihn selbst vor dem Schlimmsten bewahren. Vielleicht konnte er sogar Vergünstigungen aushandeln, möglicherweise bis hin zum Verzicht auf Anklageerhebung. Einen Deal vorschlagen. Die Anwälte würden wissen, wie man das machte.

Der Impuls hatte sich entschieden. Es würde besser sein, wenn er jetzt nicht wieder kostbare Zeit und Energie darauf verwendete, die Computer in Harvard, im Polizeipräsidium von San Jose und bei Fenway-Soper zu überwachen, sondern so schnell wie möglich in Professor Pawlows MP-7000 ging. Grants Vorstöße konnten kaum ohne Auswirkung auf das Programm geblieben sein, und es war wichtig, daß der Impuls sich darin zurechtfand, bevor das nächste Experiment begann. Es dauerte einige Stunden, bis er Verbindungen installiert hatte, die den Ausfall mehrerer Schaltkreise einigermaßen kompensierten. Dann ging er über den Datenhighway nach Osten. Als er eine Sechzigstelsekunde später in dem Großrechner ankam, empfand er die elektronische Entsprechung für Erstaunen, denn irgend jemand war dort bereits vor ihm eingedrungen.

Purdy warf einen prüfenden Blick in den Spiegel des schmuddeligen Badezimmers. Dann sprühte er sich bräunlich getöntes Make-up ins Gesicht, erneuerte die Farbe auch auf Hals, Händen und Unterarmen, polsterte die Wangen mit Baumwollbällchen aus, holte die braunen Kontaktlinsen aus der Schachtel und setzte auch wieder die Rasta-Perücke auf. Eigentlich hatte er heute noch einmal zum Massachusetts Institute of Technology fahren und sich an den großen Computer setzen wollen, an dem er schon tags zuvor fast sechs Stunden lang weitgehend ungestört hatte arbeiten können, nachdem er den farbigen Wachmann, der dort Dienst schob, bestochen hatte. Aber daß nun auch noch Hank in Harvard aufgekreuzt war, hatte seine Pläne über den Haufen geworfen.

Seit gestern abend programmierte der Cyberhippie pausenlos alle möglichen Informationen ein, lauter psychologisches, philosophisches und sogar theologisches Zeug, alles wild durcheinander. Er bastelte also wieder einmal an einer künstlichen Intelligenz. Aber was hatte das mit Allan zu tun? Und mit Grants Suche nach einem neuen Antidepressivum auf Serotonin-Basis?

Purdy hob die Pistole mit dem Schalldämpfer und legte sie zu dem Halothan-Fläschchen in den schwarzen Aktenkoffer. Um an so vielen Einlesegeräten zugleich arbeiten zu können, mußte Hank Helfer haben. Vermutlich Studenten. Es war dringend erforderlich, einen davon zum Reden zu bringen.

52

»... lassen sich Narben oder sonstige Verletzungen leider nicht einmal annähernd lokalisieren.« Pawlows offensichtliche Unzufriedenheit mit den Ergebnissen der Untersuchungen verstärkte auch die Enttäuschung des Nomaden. Die ganze Nacht lang hatte er am Kopf einen Kabelbaum für die nötigen Hirnstromableitungen tragen müssen.

»Hmmmm … Andererseits lassen sich nicht die geringsten Anhaltspunkte dafür entdecken, daß Sie unter Schizophrenie leiden.«

Auch Kate Blenner atmete erleichtert auf.

»Auch nach den PET-Tests läßt sich unmöglich sagen, ob das Licht, welches im Mandelkern blinkte, die Ursache des Anfalls darstellt oder vor ihm warnen sollte. Außerdem können die Anfälle auch überhaupt erst durch die Experimente ausgelöst worden sein, und zwar infolge der Doppelbelastung des Gehirns. Mit dem Valium wollte Allan Behrman vielleicht nicht nur seine Bewußtseinsfunktionen beruhigen, sondern auch epileptische Anfälle verhindern. Steht denn nichts davon auf den Festplatten?«

»Nein«, sagte der Nomade.

»Was is'n da eigentlich alles drauf?« wollte der Cyberhippie wissen.

»Das IC-Programm natürlich und eine virtuelle Synapse, dann irgendwas mit ›Neuro‹ und ›Psycho‹ …«

»Bist du nich' ganz dicht, da hat Allan bestimmt sein psychologisches Basisprogramm drin!«

»Ich hatte keine Zeit, alles genau durchzusehen. Außerdem gibt's ein Tagebuch mit genauen Aufzeichnungen über Allans Experimente.«

»Großer Schamane, das brauchen meine Experten doch auch!«

»Die Philosophen, Mystiker und Psychologen sollen vernünftigerweise darauf hinweisen, daß der Bereich des Unbewußten nicht ohne sachkundige Begleitung betreten werden darf«, fuhr der Professor fort. »Wurden jetzt über alle dort gezeigten Personen Informationen eingespeist?«

»Aye, aye, Sir«, sagte der Cyberhippie. »Plato, Aristoteles, Demokrit …« Er blätterte in seinem Taschenbuch über Philosophie.

»Und die Kirchenlehrer? Die Mystiker?«

»Da sind wir leider nich' so gut bestückt, in den Vatikan kam ich nich' rein, die sind besser gesichert als das Pentagon. Aber dafür haben wir die Psychologen komplett. Mit dem großen Pawlow.« Er grinste. »Pawlow dem Ersten. Dem Original.«

Kate Blenner konnte sich nur schwer konzentrieren, denn starke Energien aus Gedächtnisinhalten, die nicht mehr weit von den verzauberten Quellen der Phantasie entfernt lagen, zogen ihren Geist mit fast magischer Macht an, bis er an einem der frischesten Bilder festmachte. Es zeigte den Cyberhippie zwischen meterhohen Stapeln von Büchern, eine filterlose Zigarette nach der anderen qualmend, umgeben von Studentinnen und Studenten, die angestrengt und zum Teil sichtlich erschöpft den oft schwer verständlichen Kommentaren und Anweisungen zuhörten:

»Theophrast? Was'n das? Persönlichkeitspsychologie? Laß mal sehen. Aha, die verschiedenen Charaktere. ›Aufschneiderei kann man eine Beanspruchung von Vorzügen nennen, die man in Wahrheit nicht besitzt.‹ Mann, was sind das bloß für verstaubte Sprüche! Aber wahr isses trotzdem, also rein damit.«

»Hippokrates, soso. Lehre von den inneren Säften. Galle, Blut, Schleim. Igitt. Nee, das bringt doch wirklich nix! Laß den mal schön in Fried'n ruhn. Oh, aber hier is' was über die Temperamente: Choleriker, Melancholiker, Sanguiniker, Phlegmatiker. Also meinetwegen, is' wenigstens witzig.«

Gleichzeitig hatte der Cyberhippie auf einem kleinen Monitor laufend die Videoaufzeichnungen der bisherigen Experimente verfolgt, die in die Programme des Psychologen, des Philosophen und des Theologen eingespeist wurden: »Sagenhaft! Das Capitol! Wirklich irre.«

In diesem Stil hatte Hawkins bereits dreißig Stunden lang die von seinen Helfern aus allen Ecken der Bibliothek herbeigeschleppte Fachliteratur begutachtet. Die meisten Bücher waren anschließend zu den zehn Eingabegeräten weitergewandert. Das Rascheln der von der Mechanik umgeblätterten Seiten erzeugte eine Geräuschkulisse, aus der sich, wenigstens bei geschlossenen Augen, leicht die Vorstellung Tausender über Bücher gebeugter Menschen hätte ableiten lassen, wenn Hawkins nicht pausenlos vor sich hin gebrabbelt hätte.

Als der Nomade eingeschlafen war, hatte Kate Blenner ihren Platz an seinem Bett in der Psychiatrie verlassen, um sich die Arbeit in der Bibliothek anzusehen. »Klappt es?«

»Klar. In drei Stunden sind wir durch.«

»Wie behältst du denn den Überblick, ich meine, ständig diese Bücher, und dann noch, was auf dem Monitor läuft!«

»Wieso, das machen doch alle so.«

Nein, nur die, die ihr Leben lang von früh bis spät am Computer saßen, hatte Kate Blenner gedacht. Wahrscheinlich brauchte ein am Bildschirm trainiertes Bewußtsein den ständigen schnellen Reizwechsel sogar, um nicht zu ermüden.

»Und wie geht's dem großen Meister?«

»Gut. Er schläft jetzt. Die Untersuchung war ziemlich anstrengend. Wir mußten eine ganze Reihe epileptischer Anfälle erzeugen, um das richtige Medikament herauszufinden.«

»Das war sicher nich' angenehm für den lieben Grant.«

»Für uns auch nicht.«

»Bist schwer verknallt, was? Aber jetzt holen wir Allan raus, und dann wird alles gut. Happy-End, Hochzeitsglocken.«

»Spinner! War der Professor schon mal da?«

»Klar, schon gestern, aber nich' lange, hält wohl nich' viel von meiner Methode.«

»Das kann ich mir vorstellen.«

»Ich hab' genausoviel System in mein'm Laden wie ihr, meins sieht nur 'n bißchen anders aus.«

»Ja, das läßt sich nicht bestreiten.«

Sie hatte noch eine Weile zugeschaut, bis Hawkins plötzlich aufgeregt »Öha, öha« gerufen hatte, und dann: »Jetzt kommt das Erdbeben! Absoluter Wahnsinn. Schaut euch das mal an, Leute, wie's diese Polit-Typen da rumhaut! Woff, den hat's aber böse erwischt. Pfreng! Und den erst. Übel. Und du warst da mittendrin?«

»Ja.«

»Respekt. Tja, also ich wär' schon froh, wenn ihr's schafft, daß Grant nich' wieder so'ne Anfälle kriegt, wenn wir in seiner Birne sind.«

»Ich denke, das bekommen wir hin. Ganz ausschließen läßt es sich natürlich nicht.«

Mit diesem Satz hatte sie einen nachdenklichen Cyberhippie zurückgelassen. Als sie ihn jetzt, während der Besprechung mit dem Professor, verstohlen beobachtete, schien Hawkins noch immer, oder schon wieder, in sorgenvolle Überlegungen versunken. »Hatte natürlich nich' die Zeit, auch noch die Spezialdinger raussuchen zu lass'n, aber ich denk' mal, es is' alles drin, was wir brauchen, und mein Programm zurrt sich das dann schon selber zurecht.«

»Gut. Hmmmm ... Tagesausflüge in das Unbewußte werden vom Programm genehmigt, weil sie nur einer etwa halbstündigen psychoanalytischen Behandlung entsprechen.« Pawlow blickte kurz auf seine Notizen und sagte dann zu dem Nomaden: »Leider wissen wir nicht, was Sie während des Anfalls dachten oder träumten. Es kann aber nicht der geringste Zweifel daran bestehen, daß alles, was sich während dieser Zeit in Ihrem Gehirn abspielte, Auswirkungen auf das Unbewußte hat. Denken wir an den Dialog zwischen Miss Kate und dem

Drachen. Wer trat dort auf – vielleicht Wally Purdy, infolge posthypnotischer Beeinflussung? Sie können sich wohl vorstellen, was in Ihrem Unbewußten vor sich ginge, wenn dort die geheimsten Wünsche eines Mörders Gestalt annehmen würden.«

Wally! dachte Kate Blenner beunruhigt. War es wirklich möglich, daß der sich irgendwie Zugang zu Grants Innerstem verschafft hatte? Und nun dort versuchte, aktiv zu werden? Etwa auch dort Morde begehen wollte? Dort unten auf sie wartete? Hatte Grant sie deshalb so besorgt angesehen? Alles, was sie in dem Zeitungsartikel gelesen hatte, fiel ihr plötzlich wieder ein: Daß Wally Purdy sich Zugang zu einem MPP-7000 der Pennsylvania State University verschafft hatte. Und daß er später nach Osten gefahren war. Nach Newark. Dann nach New York? Nach Boston?

»Nun, das wissen wir alles nicht«, sagte Pawlow, und Kate kam es so vor, als habe er nicht nur seine Erklärungen fortsetzen wollen, sondern auch ihre Gedanken erraten. »Lassen Sie uns deshalb erörtern, was wir mit einiger Bestimmtheit als sicher annehmen dürfen. Daß die Fassade der Kirche St. Ego wie mit einem Sandstrahlgebläse gereinigt wirkte, zeigt deutlich, daß es jetzt auch auf Religiöses ankommt ...«

Prüfend schaute der Cyberhippie auf die Anzeige des Recorders, der jedes Wort über die Vokalaufnahme in den Computer einspeiste. Wahrscheinlich waren die in den Stunden zuvor programmierten Experten schon dabei, die Erklärungen des Professors zu diskutieren.

»Daß Cerebrum City im Kopf Ihres Herrn Bruders, und desgleichen in dem Ihrigen, der modernen Metropole New York entspricht, muß natürlich auf Ihre geistige Ausstattung als Angehörige der amerikanischen Intelligenz zurückgeführt werden. In meinem Kopf regiert vermutlich ein Zar.«

»Und bei mir hat der Große Schamane das Sagen.«

Der Professor schüttelte irritiert den Kopf. »New York bildet wohl die perfekte Metapher für Angehörige der westlichen Zivilisation. Ein Chinese aber möchte in seinem Gehirn wahrscheinlich lieber Peking finden, und ein Massai aus der Serengeti, der noch nie eine Stadt sah, fände in seinem Gehirn nur einen Kral mit ein paar Familien und Rindern, umgeben von der Wildnis mit Löwen und Elefanten.«

»Un' wie is' es eigentlich mit Kindern, sehn die ihr Ich als König oder als Prinzessin, wie im Märchen, und den Willen als Hofmarschall?«

Der Professor verzog keine Miene. »Ich glaube kaum, daß sich dieses Programm eignet, Experimente mit Kindern durchzuführen. Allein das mögliche Auftauchen von Märchenfiguren wie Hexen, Menschenfressern oder bösen Wölfen würde einer unausgereiften Psyche viel zu stark zusetzen.« Er blätterte wieder in seinen Notizen. »Der Name des Kaplans weist eindeutig auf Johannes den Täufer hin. Als Vorläufer Jesu eine der wichtigsten Gestalten der Bibel, bei Ihnen jedoch ohne jeden Einfluß.«

Der Nomade hatte das Gefühl, sich verteidigen zu müssen: »Im Kongreß sprach immerhin ein Kardinal.«

»Hätt' ich gar nich' gedacht, daß Allan so auf Religion steht.«

»Wir glauben, daß er deshalb so viel darüber einprogrammiert hat, weil das Programm auch in katholische Länder verkauft werden soll«, erklärte der Nomade.

»Und hat er auch was drüber geschrieben, wo er glaubt, daß die Seele is'?«

»Nicht genau, aber er schreibt immer wieder von einem Vorstoß ins Mittelhirn.«

Pawlow griff nach einem Rohr aus brauner Pappe, zog eine Rolle heraus und breitete sie auf dem Tisch aus. »Hier oben sehen wir den Thalamus. Am unteren Rand dürfte die Stadtmauer verlaufen. Jenseits beginnt die Vierhügelplatte mit den beiden Colliculi superiores und den beiden Colliculi inferiores, also die beiden oberen und unteren Hügelchen ...«

»Wozu sin' die Dinger denn gut?«

»In ihnen werden visuelle, akustische und sensible Informationen zusammengetragen. Wir können uns dort wieder ein Tunnelsystem vorstellen, durch welches Eisenbahnlinien verlaufen.«

»Und wo is' die olle Zirbeldrüse?«

Pawlow streckte die rechte Hand mit der Zigarre aus und zeigte auf eine rote längliche Struktur. »Nach den Maßstäben des Programms dürfte sie als Bergrücken von drei bis vier Kilometern Länge dargestellt werden. Im Inneren müßte sich eine Art Chemiefabrik befinden, in welcher das Schlafhormon produziert wird.«

»Möglicherweise mit photoelektrischen Apparaturen auf dem Dach«, ergänzte Kate Blenner, »wie bei einem Sonnenkraftwerk.«

Eine dichte Rauchwolke wallte ihr entgegen, und sie fuhr ein wenig zurück. »Pardon, meine Liebe.« Pawlow wedelte mit der freien Hand, um die Schwaden zu vertreiben. »Ja?«

Die anderen folgten seinem Blick. In der Tür standen drei Männer. Der vorderste hielt einen Ausweis hoch. »FBI.«

53

»Ach ja«, sagte der Nomade verblüfft, als sei ein Besuch von Agenten der Bundespolizei nichts Ungewöhnliches. Pawlow war zu seiner eigenen Verwunderung kaum überrascht; erst viel später wurde ihm klar, daß nicht sein Bewußtsein, wohl aber sein Unbewußtes damit gerechnet hatte, daß etwas Derartiges geschehen würde. Kate Blenner wiederum sah den Männern fast schicksalsergeben entgegen; also doch, dachte sie, als habe sie es die ganze Zeit über gewußt. Der Cyberhippie schaute sich nervös nach allen Seiten um.

Hinter den Männern kamen zwei Frauen herein.

»Special Agent Connor«, stellte sich der Mann mit dem Ausweis vor. »Das ist Special Agent Kelley. Lieutenant Avery vom Morddezernat. Mrs. Birming, FBI. Mrs. Thogersen. Sind Sie Grant Behrman?«

»Ja.« Der Nomade überlegte kurz, dann fügte er hinzu: »Das ist Kate Blenner. Professor Pawlow. Hiawatha Hawkins.«

Kelley nickte. »Wir haben schon telefoniert.«

»Mhm.« Der Cyberhippie hatte inzwischen eingesehen, daß kein Entkommen war.

»Was können wir für Sie tun?« fragte Pawlow.

»Ganz einfach«, sagte Connor. »Sagen Sie uns, wo wir Purdy finden.«

»Wally?« Ein kurzes, nervöses Lachen ließ die Anspannung des Nomaden erkennen. »Woher sollen wir denn das wissen?«

Connor und Kelley wechselten Blicke. »Wann haben Sie ihn denn zum letzten Mal gesehen?« fragte Connor.

»So genau weiß ich das gar nicht mehr«, sagte er. »Ist schon Jahre her.«

»Und Sie, Mr. Hawkins?«

»Ich? Na, auch schon Jahre!«

»Ich denke, Sie sind befreundet?«

»Wie kommen Sie denn auf die komische Idee?«

»Ich bitte Sie, Mr. Hawkins«, sagte Kelley. »Am Telefon …«

»Klar war'n wir Kumpel, aber das sind wir schon lange nich' mehr. Nich' nach dem, was passiert is'.«

»Wenn Sie diesen Kerl decken, sorge ich persönlich dafür, daß Sie für den Rest Ihres Lebens in den Knast gehen«, sagte Connor grimmig. »Sie alle hier!«

»Nun hören Sie aber auf«, sagte der Nomade. »Wally versucht seit Jahren, mich umzubringen!«

»Sie umzubringen?« fragte Kelley verblüfft.

»Seien Sie vorsichtig«, sagte Kate Blenner. »Mr. Behrman ist krank. Er leidet unter Fugues, und er hat vor kurzem epileptische Anfälle gehabt.«

»Können Sie das bestätigen?« fragte Connor den Professor.

»Selbstverständlich. Nach völlig eindeutiger Diagnose handelt es sich um eine sehr schwere und gefährliche psychische Beeinträchtigung. Als Arzt fordere ich Sie entschieden auf, den Patienten nicht unter Druck zu setzen.«

»Verstehe«, sagte Connor in einem Ton, der mehr Zweifel als Überzeugtheit verriet. »Die zweite Möglichkeit ist, daß Sie tatsächlich nicht wissen, daß Purdy in Boston ist.«

»Was?« Der Nomade sprang auf, als wolle er davonlaufen.

»Nicht, Grant, das hat doch keinen Sinn!« Kate Blenner versuchte, ihn auf seinen Stuhl zurückzuziehen. Nach einigen Sekunden gab er zögernd nach und setzte sich wieder. »Er ist hier?«

»Ob er in Harvard ist, wissen wir nicht. Aber das läßt sich ja schnell herausfinden.«

»Dann schnappt ihn doch endlich, ihr Penner!« sagte der Cyberhippie.

»Woher wissen Sie denn, daß er in Boston ist?« fragte der Nomade.

»Daher, daß er hier wieder eine Frau ermordete«, sagte Connor.

»Was?« riefen Kate Blenner und der Nomade gleichzeitig.

»Ja. Gestern. Und wir denken, daß Sie diese Frau kennen. Zumindest Sie, Professor.« Er nickte dem Lieutenant zu. Avery legte ein Foto auf den Tisch und sagte. »Das ist sie. Helena Beatus.«

Pawlow starrte erst das Bild und dann den Lieutenant fassungslos an. Die bärtigen Lippen zitterten.

»Aber das ist ja …«, sagte der Nomade entsetzt.

»Am Tatort befand sich noch eine zweite Leiche«, sagte Connor düster. »Duncan Findlay. Sie kennen ihn.«

Als niemand etwas sagte, fügte Kelley hinzu, als sei doch noch eine Erklärung notwendig: »Der Sicherheitschef von Fenway-Soper.«

»Ja«, murmelte der Nomade, kaum fähig, den Gedanken zu folgen, die durch sein Bewußtsein rasten. Auch Pawlow und Kate Blenner versuchten noch immer vergeblich, in vollem Umfang zu begreifen, was sie gehört hatten.

Connor ließ ihnen keine Zeit dazu. »Neben Findlay lag ein Foto. Und ein Damenslip. Er hat die Sachen offenbar mit sich herumgetragen. Das Foto wahrscheinlich in seiner Brieftasche. Wir nehmen an, daß es herausfiel, als Purdy sie aufklappte. Der Mörder wurde wahrscheinlich gestört, wir wissen aber noch nicht, von wem.«

»Was für ein Foto?« fragte der Nomade wie benommen. Ein Gefühl von Angst aus tiefsten Wurzeln hinderte seinen Verstand, die Ahnung zu akzeptieren, die sich in sein Bewußtsein drängte, doch schon in der nächsten Sekunde zwang ihn Connors Antwort dazu: »Es handelt sich um ein Foto von Miss Blenner.«

54

»Deshalb habe ich die ganze Zeit über gedacht, Sie wüßten, wo Purdy ist. Tut mir leid.«

Es war Connor nicht leichtgefallen zuzugeben, daß er auf der falschen Fährte gewesen war. Nicht, weil er besonders empfindlich gewesen wäre, was Kritik an seiner Arbeit betraf, denn die langen Jahre der Praxis hatten ihn gelehrt, wie nahe gerade die sicherste Überzeugung besonders dicht neben dem Irrtum liegt. Sondern weil er, seit Karen Thogersen bei ihnen war, das Bedürfnis empfand, möglichst keinen Zweifel an seiner Kompetenz zuzulassen. Sein Versprechen, daß sie Purdy finden würden, lag wie ein Fundament unter der Beziehung, die sich zwischen ihnen entwickelt hatte.

In der Stunde, die inzwischen vergangen war, hatten Pawlow, Kate Blenner und der Nomade versucht, den Schock wenigstens einigermaßen zu verarbeiten. Der Professor war in jenes brütende Schweigen versunken, das ein Bewußtsein zuweilen über sich selbst verhängt, wenn der Verstand weder Erklärungen noch Trost zu bieten weiß. Auch Kate Blenner war viel zu bestürzt, um irgend etwas sagen zu können. Nur der Nomade und der Cyberhippie hatten sich bald wieder gefangen. Je länger sie über Vanessa Birmings Erläuterung der nichtmenschlichen Aspekte in Purdys Psyche sprachen, desto plausibler erschien ihnen die ungewöhnliche Theorie.

»Jetzt wird mir manches klar, Wally hatte wirklich was irre Fremdes, wie so ’n Alien, und dann dieses durchgeknallte Zombiesklaven-Computerprogramm …«

»Vielleicht ist das auch der Grund für diese merkwürdigen Experimente an den Schädeln«, sagte Vanessa Birming und erklärte den Schaudernden, was der forensische Dentist aus Stanford berichtet hatte. »Eines der Spiele, die wir in Purdys Firma fanden, heißt ›Frankensteins KI‹. Die Aufgabe besteht darin, am Bildschirm ein Monster mit ausschließlich bösartigen Eigenschaften zu erschaffen und es auf die Menschheit loszulassen.«

»Und jetzt denken Sie, daß Wally richtige Menschen basteln will?«

»Es könnte durchaus sein, daß er nach solchen Möglichkeiten sucht, dann aber für sich selbst. Denn wenn Purdy psychisch von einem Urzeit-Gen beeinflußt wird, könnte es durchaus sein, daß er seinen Körper haßt.«

»Sie glauben wirklich, Wally is’ gar kein Mensch?«

»Falls Purdy sich als Nachfahr alter Götter oder gar Wiedergeburt eines Herrschers im Urozean empfindet, der nach seiner Vorstellung unsterblich, unangreifbar, unbesiegbar ist, könnte ihn das seinen menschlichen Körper tatsächlich als unvollkommen, schwächlich, als Bürde betrachten lassen.«

Nun war auch Lieutenant Avery unruhig geworden. »Wollen Sie damit sagen, daß er nach Wegen sucht, sich in einen anderen Menschen zu verwandeln? Oder in die Haut eines anderen Menschen zu schlüpfen?«

»Bestimmt nicht in Wirklichkeit; er weiß, daß so etwas unmöglich ist.«

»Er hat sich schwarz angemalt!« rief Connor in plötzlicher Erkenntnis. »Und eine Afro-Perücke aufgesetzt!«

Der Lieutenant sprang auf. »Ich werde mich gleich darum kümmern.«

Als Avery hinausgeeilt war, um die Fahndung in Gang zu setzen, erzählte der Nomade, was er in der Höhle am San Francisquito gesehen hatte.

»Grausamkeiten dieser Art im Kindes- und Jugendalter sind für praktisch alle Serienmörder typisch«, erklärte Vanessa Birming. »Jeffrey Dahmer suchte als Dreizehnjähriger regelmäßig Straßen nach überfahrenen Tieren ab, um sie einzusammeln und ihre Skelette zu präparieren. In seinem Kinderzimmer bewahrte er Marmeladengläser mit Formaldehyd auf, in denen Insekten schwammen. Im Garten hatte er einen kleinen Tierfriedhof mit Kreuzen, an denen Tierschädel hingen. Ich glaube, auch Purdy zog als Kind noch keine Lust daraus, lebenden Wesen Schmerz zuzufügen. Damals wollte er noch nicht Seelen verletzen, sondern nur sehen, wie Körper funktionieren.«

»Jeder fängt mal klein an«, sagte Connor finster.

»Irgendwann entwickelte sich seine Phantasie, und die psychischen Auffälligkeiten wurden pathologisch. Wenn der Verstand die Kontrolle über die Phantasie verliert, drängen die stärksten Triebe aus dem Unbewußten ungehindert in die Mechanismen der Motivation. Nach den Vorstellungen der Antike wiederum ist die Phantasie das Reich des Dionysos.« Sie berichtete von der bizarren Kunstsammlung in Purdys Haus. »Dionysos ist der Gott der Energie, der Raserei, der Freiheit und des Chaos. Die alten Griechen hielten ihn für den Gott, der das Selbst aus seinen Fesseln befreit und ihm erlaubt, allen Zwängen zu entfliehen. Diese Sehnsucht schlummert in jedem Menschen; sie ist das Erbe jener Triebe, die erst mit der Menschwerdung vom Ich überwunden werden. Dionysos ist der Gott dieser uneingestandenen Begierden: Sex, Gewalt, Mord. Bei Purdy geht das aber noch viel weiter, denn in der klassischen Mythologie ist Dionysos immerhin ein Sohn des Zeus, während Purdy sich offenbar den Vorgängern und Gegnern der olympischen Götter, also den Giganten und Titanen als den Göttern der Vorzeit, verwandt fühlt.«

Kurz darauf hörte Vanessa Birming ihrerseits, wie auch die beiden FBI-Agenten und Karen Thogersen, fasziniert dem Bericht über die Experimente bei Fenway-Soper und in Harvard zu. Obwohl sich Kate Blenner ebenfalls um Sachlichkeit bemühte, erzeugte ihre Erzählung eine starke Wirkung. Anschließend folgten sie und die anderen wiederum in großer Spannung Karen Thogersens Darstellung ihrer Ermordung im VR-Raum.

»So was hab' ich noch nie gehört, das is' ja irre!«

»Du warst ja auch die meiste Zeit in Mexiko«, sagte der Nomade.

»Ja.« Der Cyberhippie hatte inzwischen so viel Vertrauen zu den beiden FBI-Agenten gefaßt, daß er zu Kelley sagte: »Hab' mich nich' mehr gemeldet, weil ich schon genug Probleme mit der Polizei hatte, is' aber inzwischen erledigt. Außerdem wollte ich erst mal mit Allan und Grant reden, sorry.«

Als alle wichtigen Informationen ausgetauscht schienen, sprachen sie über die nächsten Schritte. Sofort gab es Streit.

»Sie wollen die Experimente fortsetzen?« rief Connor. »Obwohl Sie wissen, daß Purdy hinter Ihnen her ist und Sie problemlos erledigen kann, wenn Sie in dieser Röhre liegen?«

»Sie werden schon auf uns aufpassen«, sagte der Nomade.

»Haben die Experimente nicht Zeit, bis wir den Kerl geschnappt haben?« fragte Kelley.

»Ich habe Ihnen doch gesagt, wie es um meinen Bruder steht!«

»Er hat recht, Jake«, sagte Karen Thogersen.

»Purdy kann jederzeit über die Datenleitungen hier hereinkommen«, sagte Kelley. »Was nützt dann der ganze Personenschutz?«

»Richtig. Wally is' zu allem fähig.«

»Das ist mein Risiko«, sagte der Nomade.

»Unser Risiko«, verbesserte der Cyberhippie.

»Du kannst ja draußen bleiben.«

»Du hast mich falsch verstanden, Alter. Ich meine, bevor er dich erledigt, muß er erst mal mich weghauen.«

»Und mich auch«, sagte Kate Blenner.

Der Nomade reagierte mit der Kaltsinnigkeit eines Bewußtseins, das nur noch von einem einzigen Gedanken beherrscht wurde. »Von mir aus könnt ihr beide hierbleiben, dann gehe ich eben allein.«

»Soll das 'n Witz sein? Ohne mich kannst du da drin gar nix machen, und ohne den Professor auch nich'.«

»Mr. Hawkins hat recht«, sagte Pawlow.

Alle sahen ihn an.

Was den Professor aus der Versunkenheit seiner Verzweiflung plötzlich hatte zurückkehren lassen, war nicht ein Nachlassen seiner Trauer, sondern ein Verantwortungsgefühl, das auch unter dem Entsetzen wachgeblieben war. »Die Vorstellung, daß Sie sich ohne fremde Hilfe in Ihrem Unbewußten zurechtfinden könnten, läßt sich nur als völlig absurd bezeichnen.«

»Ich komme schon zurecht.«

»Entschuldigen Sie, aber damit würden Sie das Risiko nur unnötig vergrößern. Auch für Ihren Herrn Bruder.«

»Es ist meine Entscheidung!« Das Gefühl, in die Enge getrieben zu werden, hatte den Nomaden laut werden lassen.

Der Professor hatte noch nicht wieder die Kraft zu einer Auseinandersetzung; er ließ sich zurücksinken und schloß in stummer Resignation die Augen.

Statt seiner nahm Connor den Kampf auf. »Da irren Sie sich. Immerhin handelt es sich um bundespolizeiliche Ermittlungen.«

»Und? Wollen Sie mich verhaften?«

»Wenn es notwendig ist!«

»Augenblick, Jake«, sagte Kelley. »Wenn wir wirklich davon ausgehen, daß Purdy hinter Mr. Behrman her ist ... Wir wüßten dann, wo wir auf ihn warten können.«

»In einem verdammten Computer?« schnaubte Connor.

Kate Blenner war sofort alarmiert. »Die wollen dich als Köder benutzen, Grant!«

Kelley hob beschwichtigend die Hände. »Mr. Behrman hat selbst gesagt, daß er sich nicht davon abbringen lassen wird, wieder in den VR-Raum zu gehen, ganz gleich, ob Purdy ihn dort bedroht oder nicht.«

»Ja, und dabei bleibt es auch!«

»Und was halten Sie davon, wenn wir mitkommen?«

»Sie beide?« fragte der Nomade überrascht.

»Ich auch«, sagte Vanessa Birming.

»Und ich ebenfalls«, sagte Karen Thogersen bestimmt.

Connor schaute verblüfft von der einen zur anderen.

»Nemchankin nehmen wir auch mit«, sagte Kelley. »Ich glaube nicht, daß es jemanden gibt, der sich mit Computern besser auskennt als er.«

Connor schüttelte hilflos den Kopf. »Seid ihr jetzt alle verrückt geworden?«

»Keineswegs«, sagte Vanessa Birming. »Die Chancen, ihn zu erwischen, sind ziemlich gut.«

Connor begriff nicht. »Wieso?«

»Ganz einfach«, sagte Karen Thogersen. »Für das IC-Programm braucht man wegen der unterschiedlichen Zeitabläufe unbedingt einen Neuronenresonator.«

Connor glaubte zu ahnen, worauf die Sache hinauslief. »Und wie viele gibt es von diesen Dingern?«

»Tausende«, sagte der Nomade. »Praktisch jede Universität hat einen und natürlich auch jedes größere Unternehmen, nicht nur in der Pharmabranche.«

»Dann kann man die Dinger also gar nicht überwachen«, sagte Connor enttäuscht. »Purdy sucht sich irgendwo so ein Ding und beamt sich rüber.« Er überlegte. »Es sei denn, Sie wollen jetzt gleich loslegen.«

»Nein«, sagte der Nomade. »Wir machen es erst heute nacht. Um Mitternacht.«

»Nemchankin soll sich gleich ins nächste Flugzeug setzen«, sagte Kelley. »Hoffentlich schafft er das noch.«

Vanessa Birming holte ihr Handy aus der Handtasche, tippte eine Nummer und hielt sich das Gerät ans Ohr. »Wir schicken ihm die Air Force.«

»Tut mir leid, Leute«, sagte Connor, »aber da komm' ich nicht mit.« Er ließ offen, ob er das Experiment oder Vanessa Birmings Ankündigung meinte.

»Wir wollen doch gerade, daß Purdy das tut, Jake«, sagte Karen Thogersen.

»Was tut?« Connor fühlte sich endgültig überfordert.

»Daß er eine Resonatorröhre sucht und sich in das IC-Programm einschaltet. Denn wenn er dann erst mal drinliegt ...« Sie sah ihn bedeutungsvoll an.

»Hallo?« sagte Vanessa Birming. »Geben Sie mir Ronaghan. Hallo? Walter, wir müssen jemanden von San Jose nach Boston bringen. Bis Mitternacht. Möglichst schon etwas früher.« Sie erklärte kurz, worum es ging. »Danke. Der Mann heißt Nemchankin. Gabe Nemchankin. Sie sollen ihn in Stanford abholen. Wir warnen ihn vor.« Sie legte auf.

»Wow«, sagte der Cyberhippie; einen Moment lang sah es aus, als wolle er applaudieren.

»Wo ist denn nun der Witz, verdammt noch mal?« fragte Connor.

»In dem IC-Programm können wir wahrscheinlich Wallys Aufenthaltsort feststellen, ohne daß er es merkt«, erklärte der Nomade. »Und ihn durchgeben, ohne den Versuch abzubrechen. Ihre Leute fahren dann zu dem betreffenden Resonator und holen Wally raus.«

Connor schaute um sich; er sah nur überzeugte Gesichter. War er tatsächlich der einzige, der diese irre Sache nicht verstand? »Und wie stellen Sie sich das vor?«

»Ganz einfach: Sobald wir wissen, wo Purdys Resonator steht, geht einer von uns ins Stirnhirn und informiert das FBI.«

»Deswegen isses auch gut, wenn möglichst viele mitkommen, dann können wir Wally besser austricksen. Sie stellen einfach 'n paar Leute an Grants Röhre.«

Connor sah ihn an wie einen Verrückten.

»Richtig«, sagte der Nomade.

»Sie wollen bei dem Experiment sprechen? Obwohl Sie dann doch gar nicht bei Bewußtsein sind, beziehungsweise Ihr Körper?« Er wußte kaum noch, wie er sich ausdrücken sollte.

»Normalerweise geht das natürlich nicht, aber der Sprechapparat läßt sich vom Weißen Haus aus notfalls auch ohne mich steuern.«

»Und woher wissen Sie das?«

»Das sagt die Logik.« Der Nomade bemühte sich, völlig sicher und gelassen zu wirken.

»Junge, Junge«, sagte Connor und schaute Karen Thogersen an. »Und das hast du gewußt?«

Sie zuckte die Schultern. »Nicht in allen Einzelheiten, aber im Prinzip.«

»Und ich habe mir bloß gedacht, mit einem solchen Programm, da muß es doch einfach einen Weg geben, Purdy zu schnappen«, erklärte Kelley offenherzig.

»Also auch nicht gleich kapiert.« Connor fühlte sich ein wenig getröstet.

»Ja«, gab Kelley zu. »Aber sind hier denn überhaupt genug Resonatorröhren für uns alle?«

»Acht«, sagte Pawlow. »Und natürlich ebenso viele Datenhelme und Spezialanzüge.«

Connor zählte im Kopf durch. »Dann muß einer draußen bleiben.«

»Nein«, sagte der Professor. »Wir können noch Plätze drüben in der Klinik hinzuschalten.«

»Es klingt zwar alles ein bißchen kompliziert«, sagte der Nomade, »aber in Wirklichkeit ist es ganz einfach. Wenn Purdy auftaucht, verschwindet einer von uns unauffällig und geht in das Bewußtsein. Dort braucht er sich nur zum Stabschef durchzufragen und ihm zu sagen, daß er loslegen soll. Da wir die Sache jetzt besprochen haben, weiß Plotin bereits in diesem Moment, was zu tun sein wird.« Einen winzigen Augenblick lang stellte er sich vor, was sie jetzt wohl im Oval Office sagten.

55

Gabe Nemchankin betrachtete sich ohne jeden Anflug von Eitelkeit als einen Mann, der nicht leicht in Erstaunen zu versetzen war. Die Erlebnisse der vergangenen Stunden hatten diese Einschätzung jedoch korrigiert, und seine Verwunderung ließ nur langsam nach, als er den Blick ein weiteres Mal um den langen Tisch in Professor Pawlows Labor wandern ließ.

Ihm gegenüber saß ein Mann, der mit Hilfe eines Computerprogramms in sein eigenes Unbewußtes vordringen wollte, um herauszufinden, wie er seinen todkranken Bruder retten konnte – und beiden hatte Nemchankin als Jungs mal auf die Finger klopfen müssen.

Jetzt sprach dieser Mann mit einer jungen Frau, die ihn begleiten wollte, obwohl sie dabei riskierte, daß ein Serienmörder über sie herfiel.

Neben ihr saß ein russischer Professor, der die Gedanken Toter lesen konnte und dessen Freundin soeben grausam ermordet worden war.

Der nächste in der Runde war ein mehr als nur ungewöhnlicher Computerexperte, der ebenfalls als Junge Nemchankins Weg gekreuzt hatte. Jetzt hatte er drei virtuelle Berater – einen Psychologen, einen Philosophen und einen Theologen – als künstliche Intelligenzen programmiert; sie warteten bereits in dem MPP-7000.

Auf der anderen Seite des Tisches saßen eine Frau, die schon einmal virtuell ermordet worden war, sowie zwei FBI-Agenten, die einen Täter, den sie in der wirklichen Welt nicht hatten fassen können, nun im VR-Raum zur Strecke bringen wollten.

Dazu kam schließlich eine Verhaltensforscherin, die glaubte, daß der Serienmörder von einem Urzeit-Gen gesteuert wurde.

Als der Senkrechtstarter auf dem Campus gelandet war, hatte Nemchankin trotz des Anrufs von Vanessa Birming geglaubt, er träume. Erst die Informationen, die Nemchankin auf dem knapp zweistündigen Flug über Funk von dem Nomaden, Pawlow und dem Cyberhippie gegeben worden waren, hatten seinen zweifelnden Verstand das Geschehen endgültig als real akzeptieren lassen. Solange Purdy unsichtbar und unhörbar blieb, war die Aufgabe, den Resonator zu finden, zwar kaum zu lösen, aber alle gingen davon aus, daß Purdy sich bemerkbar machen würde. Dieser Mann, sagten sie, wolle nicht nur zuschauen, sondern handeln.

Als Nemchankin jetzt in Pawlows Labor daran dachte, kehrte das Gefühl des Entsetzens zurück, das er empfunden hatte, als die Leichen aus Purdys Jagdhütte abtransportiert worden waren. Damals war es fast so intensiv gewesen wie das Grauen seiner nächtlichen Alpträume, in denen ihm die Toten von Auschwitz immer die gleiche Frage stellten.

Nemchankin wußte, daß die Kriminalgeschichte Serienmörder auch aus früheren Zeiten kannte, aber für ihn paßte Purdy besonders gut in ein Jahrhundert, in dem das Böse so viel Macht über die Menschen gewonnen hatte. War Gott wirklich tot, wie nicht wenige nach den Schrecken von Auschwitz glaubten? Dann würde dem Grauen sich nur in den Weg stellen können, wer im Grauen geboren war.

Der Cyberhippie hatte die letzten Stunden vor allem darauf verwendet, erst die Ermittlungsergebnisse des FBI und dann Vanessa Birmings Täterprofil in das Programm einzugeben. Informationen für die guten Geister, die er geschaffen hatte.

Besonders stark hatte ihn Vanessa Birmings Bericht über die Sammlung antiker Ungeheuer in Purdys Haus beschäftigt. Ungeheuer mit hundert Armen, menschenfressende Vogelviecher, Drachen. Würden er und die anderen mit Fabeltieren kämpfen müssen? Würden diese Monster aussehen wie die Schreckenswesen in den Wahnvorstellungen der Drogensüchtigen, deren gequälte Schreie der Cyberhippie oft hatte mit anhören müssen? Gekrümmte Gestalten, verzerrte Gesichter. Kalter Entzug. Durchhalten, Alter, du schaffst das schon! Aber die meisten hatten es dann doch nicht geschafft. Arme Schweine. Und der Große Schamane hatte auch nur geschwiegen. Tja.

Würden die anderen stark genug sein, den Ansturm äußerster psychischer Gewalten zu ertragen? Nemchankin war das noch am ehesten zuzutrauen, abgehärtet, wie er durch die Schweinereien im Evernet war. Auch die beiden FBI-Typen konnten wahrscheinlich allerhand verkraften. Bei Pawlow, Kate Blenner und Vanessa Birming durfte man voraussetzen, daß sie als Wissenschaftler nicht so leicht den irrationalen Ängsten erliegen würden, die unbekannte Phänomene in einer völlig fremden Welt erzeugen konnten. Karen Thogersen aber war ein Risiko. Es würde auf Nemchankin und ihn selbst ankommen, dachte der Cyberhippie, am meisten aber auf Grant.

Und wie würde sich das IC-Programm auf das alles einstellen? Der Bericht des Professors über die verschiedenen Autoritäten, die einander manchmal wie die alten griechischen Götter beharkten, kam ihm in den Sinn. Absolut irre, diese Parallele zwischen Hightech und Mythologie. Dabei fiel ihm eine Stelle aus Jack Londons Goldgräbergeschichten ein, die er als Junge geradezu verschlungen hatte. Sang da nicht immer einer: »Wie vor alters zog die Argo, kann uns keiner heut verwehren, auszuziehen, tum-tum-tum, um das Goldene Vlies zu scheren«? Ja, das war's. Und da kam auch der Typ mit den Drachenzähnen her. Jason. Die sind damals auch einfach mal los, in unbekannte Gefilde, wie der Dichter sagt. So wie jetz' wir. Nur, daß wir kein Schiff haben. Deshalb sind wir auch nich' Argonauten, sondern, ja was sind wir denn dann? So was wie Psychonauten. Und der Datenhelm is' die Tarnkappe, oder hatten die gar keine? Egal, Psychonauten, das isses. Hey, das i's gut! Das is' sogar sehr gut! Das mußte er den anderen unbedingt erzählen.

Psychonauten, dachte Kelley. Dieser komische Hippie hatte wirklich Einfälle! Aber eigentlich klang es nicht schlecht. Der Begriff hatte etwas Abenteuerliches, aber ebenso etwas Ernstes, und das gefiel ihm, auch wenn ihm seine eigene Vorstellung von den Rittern der Tafelrunde lieber war. Jetzt waren sie selbst an der Reihe, Connor, er und die anderen. Würden sie so etwas wie moderne Sagenhelden sein? Wie die Ritter in schimmernder Rüstung? Wartete auch auf sie eine Bewährungsprobe, würden auch sie sich dort, wohin sie jetzt gehen wollten, unbekannten, geheimnisvollen, gefährlichen Mächten gegenübersehen? So, wie er es sich als Kind erträumt hatte, damals in Plainfield, Indiana?

Das konnte ja heiter werden mit diesen Typen. Obwohl, dieser Professor war eine imponierende Figur. Letzte Gedanken lesen – zu gern hätte Connor gewußt, was Arthur Resnick durch den Kopf gegangen war, während er an seiner Klobürste erstickte. Bei Purdy würde so was nicht passieren. Hunderte von FBI-Beamten und Tausende von Polizisten im Umkreis von hundert Meilen warteten nur auf die Information, in welcher Resonatorröhre Purdy lag, um hinzurasen und ihn herauszuholen. Sektionschef Walter B. Myers koordinierte den Einsatz selbst, und Walter Ronaghan hatte die Polizeichefs von Quantico aus persönlich über die weitere Vorgehensweise nach Purdys Verhaftung instruiert: sofort Zwangsjacke, weg von allen Steckdosen und nie weniger als zehn Beamte mit ihm im Raum. Unwillkürlich griff Connor sich an die Stirn. Wahrscheinlich konnte er sich demnächst pensionieren lassen, denn wenn das so weiterging, würden Mörder bald nur noch virtuell gejagt und virtuell verurteilt, von einer Jury aus Computerfreaks, und auf einen virtuellen elektrischen Stuhl gesetzt, die Nation guckte auf dem Heimcomputer zu, und Spinner wie dieser Cyberhippie quatschten was von Psychonauten.

Karen Thogersen betrachtete ihn von der Seite. Ein John Wayne war er nicht, viel zu klein und dick, und dieses Kinn! Aber verlassen konnte sie sich jedenfalls auf ihn, und das zählte. Kein Traummann, aber ein ganzer Kerl. Sogar zärtlich konnte er sein, wenn auch auf etwas unbeholfene Art. Der typische Endvierziger, der als Macho begonnen hatte und im Lauf des Lebens immer weicher geworden war. Jetzt war er genau richtig, viel reifer durfte der Apfel nicht sein, wenn er nicht zur Pflaume werden sollte.

Auch Kelley und Vanessa Birming konnte man vertrauen. Aber die anderen? Bei Wissenschaftlern war immer viel Theorie im Spiel – konnten sie umschalten, wenn es hart auf hart ging?

Kate Blenner mochte noch so qualifiziert sein – vom Leben verstand sie bestimmt nicht viel. Wahrscheinlich war sie nie aus dem Labor herausgekommen, und wenn sie etwas anderes als ihre Statistiken las, dann wahrscheinlich kitschige Liebesromane. Wie sie den Nomaden anhimmelte! Karen Thogersen konnte immer noch nicht verstehen, warum die anderen von dem Vorschlag mit dem Reflex so angetan waren. War es nicht egal, wie sie in dieses Programm hineinkamen, wenn sie nur Purdy schnappten?

Vanessa Birming bemühte sich unablässig, Purdys Vorgehen im VR-Raum vorauszuberechnen. Sie wußte, daß sie an diesem Tisch die einzige war, die sich das zutrauen durfte. Gewiß, Connor war gut, aber ihm mangelte es an Phantasie und zugleich an Vorsicht; beides war gefährlich. War etwa Karen Thogersen an seinem Übereifer schuld? Was lief da zwischen den beiden?

Karen Thogersen war psychisch hochgradig überbelastet und damit der Schwachpunkt des Unternehmens. Kelley besaß die stabile psychische Konstitution junger Männer, aber im Keller der Jagdhütte hatte sich gezeigt, daß er dem Grauen nicht gewachsen war.

Nemchankin würde standhalten. Aber auch in seiner Seele schien sich etwas Bedrohliches zu verbergen. Was hatte er erlebt? Ein Mörder war er sicher nicht – war er also einmal Zeuge gewesen? Hatte er bei einem Verbrechen eine Wunde empfangen, die sich nie schloß?

Pawlow war der qualifizierteste, aber auch am schwersten angeschlagen. Kate Blenner besaß offenbar starke psychische Kräfte, aber kamen diese wirklich aus ihr selbst, wurden sie nicht vielmehr von Gefühlen für den Nomaden gespeist, was sich in einer Krise fatal auswirken konnte?

Karen Thogersen wiederum neigte eindeutig zur Selbstüberschätzung. Eigentlich war es gar nicht zu verantworten, sie mit in den VR-Raum zu nehmen.

Der Nomade litt an Fugues, dazu womöglich auch an immer noch wirksamen posthypnotischen Einflüssen, aber am bedenklichsten schien die in ihrer fast panikartigen Ausprägung höchst gefährliche Sorge um den Bruder. Hinter den Witzchen des Cyberhippie verbargen sich ebenfalls Ängste. Eigentlich, dachte sie, ist wohl keiner von uns normal.

Es hatte Stunden gedauert, bis Pawlow den ersten Schock einigermaßen überwunden hatte. Dann aber hatte er sich auf verzweifelter Flucht vor ständig wiederkehrenden Gedanken des Schreckens und der Trauer mit fast selbstquälerischer Entschlossenheit auf das Experiment konzentriert.

Es war klar, daß weder Polizeibeamte noch eine Amateurpsychologin mit New-Age-Wissen, nicht einmal ein so bewanderter Mann wie Nemchankin sich die Phänomene des Unbewußten wirklich vorstellen konnten. Hatten diese Leute wenigstens realisiert, welche Gefahren dort drohten? Vielleicht wußte nur Karen Thogersen genau, worauf sie sich einließen. Aber gerade diese Frau schien in bedenklicher psychischer Instabilität ständig zwischen Selbstüberschätzung und tiefster Verzweiflung zu schwanken.

Connor war gewiß ein harter Brocken, aber er hatte die ganze Zeit über ein Gesicht gemacht, als erwarte er, auch im VR-Raum Probleme mit FBI-Ausweis und Dienstwaffe lösen zu können. Kelley wiederum entstammte einer Generation, die in der Annahme aufgewachsen war, sie könne wie über die Vorgänge in einem Computer auch über alles andere stets die Kontrolle ausüben.

Gewiß, als Pawlow mahnend darauf hingewiesen hatte, daß nach der Konzeption des IC-Programms ausschließlich Grant Behrman selber einen Abbruch veranlassen konnte, hatten sämtliche Zuhörer genickt. Und ebenso, als sie der Professor ermahnt hatte, während des gesamten Experiments zusammenzubleiben, da bei einem solchen Abbruch wahrscheinlich nur zurückkehren konnte, wer das Codewort hörte. Aber die Erklärung, daß man auch in einem VR-Raum in Lebensgefahr geraten konnte, wie das Beispiel Allan Behrmans bewies, und daß Ähnliches auch beim nächsten Experiment nicht auszuschließen sei, war besonders von den FBI-Leuten offenbar nicht ernst genommen worden.

Kate Blenners Einfall, über eine Reflexbahn hineinzugehen, hatte soviel spontane Zustimmung gefunden, daß es schwer gewesen war, Aufmerksamkeit für die damit verbundenen Gefahren zu finden: Zwar würden sie durch die höhere Geschwindigkeit schon nach wenigen Minuten ihr Ziel jenseits des Thalamus erreichen, aber falls dann auch die Rückkehr nach einem vorzeitigen Abbruch entsprechend beschleunigt wurde, konnten sich ihre Gehirnzellen vielleicht nicht mehr rechtzeitig zusammenschalten. Wie lange würde dann die Bewußtlosigkeit anhalten?

Psychonauten! Glaubte dieser Cyberhippie, sie würden sich im VR-Raum ein Schiff bauen und damit über den Strom des Bewußtseins fahren? Ins Unbewußte, wie über den Styx in den Hades?

Der Nomade konnte es kaum erwarten, endlich mit dem neuen Experiment zu beginnen, und nun nicht mehr nur wegen seines Bruders: Auch die Sache mit Wally mußte sich jetzt irgendwie entscheiden.

Es war keine Frage, daß Wally von dem Experiment wußte und auch den genauen Zeitpunkt kannte, denn seit Abschluß der Vorbereitungen vor einer Stunde hatte die Sicherheitskontrolle bereits dreimal ein unautorisiertes Eindringen angezeigt.

Ein paar Minuten zuvor, als sie vor die Tür gegangen waren, um noch ein bißchen frische Luft zu schnappen, aufmerksam von den überall postierten FBI-Agenten beobachtet, hatte Kate zu ihm gesagt, daß er nach dem Experiment nicht mehr derselbe sein werde und sie Angst habe, ihn zu verlieren, denn vielleicht werde er aus seinem Unbewußten als andere Persönlichkeit mit einem völlig anderen Charakter zurückkehren. Und er hatte geantwortet, daß er nicht die Absicht habe, irgend etwas zu ändern, weder an sich selbst noch an ihrer Beziehung, was sie allerdings viel weniger zufrieden als erwartet aufgenommen hatte. Was war es nur, das ihn immer daran hinderte, Gefühle zu zeigen?

Zwar wußte der Nomade nicht, wie genau der Reflex ausgelöst werden sollte, der ihn und die anderen mit der Geschwindigkeit eines Düsenjägers ins Mittelhirn katapultieren würde, aber Kate hatte ihm klargemacht, daß er unwissend bleiben mußte, wenn ihr Plan funktionieren sollte, und ihn deshalb sogar für zehn Minuten vor die Tür geschickt. Als er wieder hineingerufen worden war, hatte er den anderen ansehen können, wie beeindruckt sie von der Idee waren.

Verlassen würde er sich trotzdem nur auf Hank. Wie der das mit den drei Denkern hingekriegt hatte, in der kurzen Zeit – phänomenal. Wenn sie jemanden ins Weiße Haus schickten, würde es Hank sein; der kam überall durch.

»Ich bin davon überzeugt, daß wir einen viel schnelleren Weg in das Unbewußte finden, wenn wir einen sehr starken, überraschenden akustischen Reiz hervorrufen. Denn als Folge des Erschreckens muß das Programm einen Reflex auslösen. Und da die Vierhügelplatte eine Umschaltstation für Reflexe darstellt, werden wir auch genau dort ankommen. Jenseits des Thalamus, also hinter dem Tor des Bewußtseins.«

Sie hatten noch ein paar Minuten darüber diskutiert, wie dieser Reflex am zweckmäßigsten auszulösen sei, und der Vorschlag des Cyberhippie hatte Connor und Kelley eine ziemliche Probe ihrer Kooperationsbereitschaft abverlangt. Die anerkennenden Blicke vor allem des nun wieder hereingerufenen Nomaden erfüllten Kate Blenner mit Stolz.

56

Der Schuß hallte noch in seinen Ohren, als der Nomade erkannte, daß er in einer Art Raketenprojektil saß. Draußen zogen rasend schnell Lichter vorbei. Das also war die Idee, dachte er. Einer der drei FBI-Agenten, die jetzt an seiner Resonatorröhre wachten, hatte den Revolver abgefeuert und damit den Reflex ausgelöst.

Ob die automatische Zeitmessung im Unbewußten wirklich nicht mehr funktionierte? Der Nomade konzentrierte sich darauf, die computergesteuerte Digitaluhr am oberen rechten Rand seines Gesichtsfelds zu aktivieren; tatsächlich erschienen keine Ziffern.

Plötzlich preßte ihn ein scharfer Ruck in den Gurt, und er merkte, daß die Rakete zum Stillstand kam. Im gleichen Moment klappte eine hydraulische Tür nach oben, und grünliches Licht drang herein. Der Gurt löste sich automatisch. Die Decke war so niedrig und der Abstand zum Vordersitz so gering, daß der Nomade sich nicht aufrichten konnte. Mit dem Fuß ertastete er eine schmale Leiter.

»Colliculus inferior links. Bitte verlassen Sie den Reflexor. Der Flug wird in zwanzig Sekunden fortgesetzt.«

Die Stimme besaß nicht die mechanische Sachlichkeit der früheren Durchsagen, sondern schien etwas Warnendes, fast Drohendes zu enthalten.

Links und rechts hatten sich weitere Flügeltüren geöffnet, und die anderen sieben Passagiere kletterten ebenfalls hinaus. Alle trugen die Kleidung, in der sie sich in ihre Resonatorröhren gelegt hatten. Ein lautes, heulendes Geräusch wie von Düsenturbinen ertönte, aber die Luft blieb unbewegt. Der Apparat hob sich einen Meter über den Boden der kleinen, kahlen Anhöhe und beschleunigte dann so schnell, daß er schon eine Sekunde später hinter einem dicht bewaldeten Hügel verschwunden war.

Der Professor räusperte sich; als die anderen sich ihm zuwandten, sagte er: »Wir stehen hier ziemlich exakt in der Mitte zwischen dem Colliculus superior links und dem Colliculus inferior links. Dort drüben ...«

Ein metallisches Geräusch unterbrach ihn; Connor steckte den durchgeladenen Revolver in das Schulterhalfter.

»Sie haben eine Waffe?« fragte der Professor entgeistert.

»Ja, sicher.«

»Aber wieso denn?«

Connor schien sich über die Frage zu wundern. »Ich bin beim FBI.«

»Nein, ich meine, wozu nahmen Sie denn einen Revolver mit?«

»Na, zum Schießen.« Diesen Sarkasmus empfanden die anderen als etwas ungehörig. Kelley merkte, daß der Blick des Professors zu ihm weitergewandert war. »Ich auch«, sagte .

»Ich hab' auch was dabei«, sagte Karen Thogersen.

»Das ist ja ein Gewehr!« rief Pawlow.

»Keine Angst, Professor, ich bin damit aufgewachsen.«

Pawlow schüttelte staunend den Kopf. »Wußten Sie das, Mr. Behrman? Schußwaffen, im Experiment!«

»Nein. Aber schaden kann es nicht. Oder?«

»Nee«, sagte der Cyberhippie.

»Aber hier im VR-Raum!« sagte der Professor. »Ich weiß wirklich nicht, wie das Programm auf Schüsse reagiert.«

»Hoffentlich wie im richtigen Leben«, sagte Connor ungerührt.

»Hmmmm ... Aber bedachten Sie denn, daß dann auch dieser Killer eine Waffe bei sich tragen könnte?«

»Deswegen haben wir ja unsere mitgenommen«, kam die Antwort.

Der Professor schaute sich ratlos um. Als er merkte, daß niemand seine Verwunderung teilte, setzte er seine Erklärungen fort. »Also wie gesagt, hier ist der Colliculus inferior links, und dort vorn der Coll...«

»Geht das vielleicht auch mal ohne Fachausdrücke?« unterbrach ihn Connor.

»Ich will es versuchen. Also. Die Vierhügelplatte setzt sich aus zwei größeren oberen Hügeln« – er zeigte in die entsprechenden Richtungen – »und zwei kleineren unteren Hügeln zusammen. Die beiden unteren Hügel stellen so etwas wie Umschaltstationen in der zentralen Hörbahn dar. Ihre Hauptaufgabe besteht in der akustisch ausgelösten Orientierung im Raum ... kurz gesagt: Mit Hilfe dieser Hügel können wir uns nach Geräuschen orientieren.«

»Und was hat das alles mit dem Unbewußten zu tun?« fragte Connor ungeduldig.

»Nun, diese Vorgänge vollziehen sich im Inneren dieser Berge und Hügel, durch welche vermutlich zahllose Eisenbahnlinien führen. Das wiederum könnte bedeuten, daß die Oberfläche für die Darstellung andersgearteter neuronaler Prozesse reserviert bleibt.«

Laute Schreie ertönten. Unbekannte Lebewesen schwebten mit unwirklich langsamen Flügelschlägen durch einen wolkenlosen, tiefblauen Himmel. Es sah aus, als schwämmen sie durch verdünnte Tinte.

»Was sind'n das für Viecher, Harpyien oder was!«

»Nein, Harpyien sind Vögel mit Frauenköpfen«, korrigierte Vanessa Birming. »Außerdem kennt die Sage davon nur drei.« Als sie die Enttäuschung des Cyberhippie bemerkte, fügte sie hinzu: »Immerhin kommen sie auch in der Argonautensage vor.«

»Na, wenigstens etwas!«

Sie verfolgten den Flug der zwölf großen Vögel, bis der Schwarm hinter dem rechten oberen Hügel verschwand.

»Hmmmm ... Also weiter. Wie wir sehen konnten, handelt es sich bei diesen Reflexoren um Projektile, welche nicht einmal primitivste Landebahnen benötigen. Bei einem Reflex, zum Beispiel nach dem berühmten Schlag mit dem Hammer auf das Knie, senden die in dem getroffenen Muskel enthaltenen Dehnungsrezeptoren Signale aus, welche über schnelleitende A-Alpha-Fasern zu einem Alpha-Motoneuron geleitet werden.« Die Ausführlichkeit der Erklärung verriet Pawlows Bestreben, anderen, schmerzlichen Gedanken zu entrinnen. »Diese Nervenzelle sendet ihrerseits ein Signal zurück, welches den Muskel anweist, sich zusammenzuziehen. Die Landung des Reflexors auf diesem Plateau soll wohl die winzige Pause versinnbildlichen, welche zwischen Botschaft und Antwort entsteht.«

Der Nomade war noch nicht zufrieden: »Und warum läuft das nicht ebenfalls unter der Erdoberfläche ab?«

»Wahrscheinlich weil wir unsere Reflexe nicht mit Willenskraft beeinflussen können. In Cerebrum City bleibt die Oberfläche für die Bewußtseinsfunktionen reserviert, während sich im Untergrund zuweilen Triebe aus dem Unbewußten antreffen lassen. Hier hingegen gehört die Oberfläche ganz den unbewußten Prozessen; darunter laufen nur noch einfachste neuronale Funktionen ab, welche zum Beispiel Befehle aus der Großhirnrinde an die Muskulatur übermitteln.«

»Verstehe«, sagte Connor, nicht, weil dem so war, sondern um den Vortrag abzukürzen. »Und wie geht's jetzt weiter? Dorthin?« Er deutete auf den unteren Hügel.

»Nein, das Subkommissuralorgan liegt natürlich kranial, also zum Kopf hin, und nicht kaudal. Wir müssen dort entlang.« Er zeigte zu dem deutlich höheren Hügel auf der entgegengesetzten Seite.

»Könn'n wir nich' mal so was wie 'n paar Himmelsrichtungen einführen, diesen Kaudal-kranial-Quatsch versteht doch kein Schwein!«

»Gut. Dann schlage ich vor, kranial mit Norden gleichzusetzen, was sich leicht einprägen lassen dürfte, da der Kopf ebenfalls oben sitzt. Kaudal hieße dann südlich. Osten wäre ventral, also zum Bauch hin gerichtet, wenn wir uns vorstellen, daß wir der Sonne entgegenblicken. Und dorsal dementsprechend Westen.«

Karen Thogersen verlor nun doch die Geduld. »Und Purdy?« fragte sie aggressiv und schaute sich suchend um. »Steckt er hier vielleicht irgendwo?«

»Das halte ich für ausgeschlossen«, sagte Pawlow. »Schließlich reiste er nicht mit uns auf der Reflexbahn ein.«

»Er wird kommen«, sagte der Nomade. »Ganz bestimmt.«

Sie nickte mehrere Male. »Ich kann es gar nicht erwarten.« Als niemand etwas darauf sagte, fragte sie den Professor: »Und wo finden wir nun diese drei Superhirne?«

Pawlow zog es vor, die Antwort dem Urheber zu überlassen, aber der Cyberhippie hatte gerade die Umgebung betrachtet und nicht aufgepaßt; statt seiner sagte der Nomade: »Nicht wir werden sie finden, sondern sie uns.«

»Und wohin gehen wir jetzt?« fragte Connor, um Karen Thogersen nicht ganz ohne Unterstützung zu lassen.

»Zum Reissnerschen Faden natürlich«, antwortete der Nomade. »Und zwar genau dorthin, wo er anfängt, bei diesem Subkomm...«

»Subkommissuralorgan«, vollendete Pawlow. »Also wir müssen jetzt ein Stück weit nach Nordosten, ungefähr zwei, höchstens drei Kilometer weit. Dort müßten wir auf den Reissnerschen Faden stoßen.«

»Na, wie in Queens sieht's hier aber nich' grade aus.«

»Am besten gehen Sie voran«, sagte der Nomade zu Pawlow.

»Natürlich.« Der Professor zeigte wie ein Reiseführer voraus. »Wie Sie sehen, führt der Weg durch ziemlich dichten Wald. Achten Sie deshalb bitte darauf, daß Sie immer möglichst nahe zusammenbleiben. Auch wenn jetzt noch kein Abbruch droht, dürfte es für alle eine nützliche Übung sein.«

»Damit mal 'n bißchen Disziplin in den Haufen kommt«, sagte der Cyberhippie.

»Am besten legen wir eine Reihenfolge fest«, schlug Connor vor. Ehe er weiterreden konnte, sagte der Nomade: »Ich gehe hinter dem Professor. Du, Kate, gleich hinter mir. Dann Mr. Connor. Mrs. Thogersen. Mr. Kelley. Miss Birming. Mr. Nemchankin. Hank, du machst den Schluß.«

»Aye, aye, Käpt'n.«

»O. k.«, sagte Connor, dem nichts anderes übrigblieb.

»Moment mal«, sagte Nemchankin. »Da ist was.«

Die anderen folgten seinem Blick. Die Tierstimmen in dem nahen Dschungel waren plötzlich lauter geworden; sie klangen wie die Schreie einer in Panik geratenen Affenhorde.

»Wally?« fragte der Nomade.

Nemchankin hob seinen Laptop. »Halten Sie mal.« Der Nomade hob das Gerät vor seinen Bauch, Nemchankin öffnete den Deckel und schaltete ein. »Komm schon, Baby!« Er wartete, bis der Computer hochgefahren, war und begann zu tippen. Die anderen stellten sich hinter ihn. Der Nomade beugte sich vor, konnte aber nichts erkennen und beobachtete statt dessen gespannt die Gesichter. »Und?« fragte er nach einer Weile.

»Augenblick noch.«

Nemchankin gab den Harvard-Code ein und ging in den MPP-7000. Noch vor ein paar Stunden hätte selbst er nicht geglaubt, daß es möglich sein würde, über einen Computer einen Computer anzuwählen, in dem man sich selber befand, aber jetzt erschienen auf dem Bildschirm erst die Sicherheitskontrolle des MPP-7000, dann die Kontrolle des IC-Programms und schließlich die zuvor eingegebene anatomische Karte des Mittelhirns.

»Wie heißt die Vierhügelplatte gleich noch mal? Wissenschaftlich, meine ich?«

»Lamina tecti«, antwortete der Professor.

Nemchankin klickte den Begriff an. Sofort erschien eine Vergrößerung der Vierhügelplatte mit den Colliculi und den unterirdischen Nervensträngen. Die Verbindungen zum optischen System waren als blaue, die Verzweigungen der Hörbahn als grüne Linien dargestellt; gelbe Linien stellten die Leitungen für sensorische Reize dar, rote die Reflexbahnen. Das Suchprogramm startete. Einige Sekunden später blinkte das Wort EMPTY auf.

»Er ist im Programm«, sagte Nemchankin, »aber nicht hier.«

»Sie haben ihn schon geortet?« fragte Connor so begierig, als hoffte er, Purdy bereits in den nächsten Minuten festnehmen zu können.

»Nein, natürlich nicht. Daß Purdy im Programm sein muß, erkenne ich an den Aufzeichnungen der Sicherheitskontrollen. Demnach wurde ein viertes und letztes unautorisiertes Eindringen ungefähr fünfzehn Minuten vor unserem Experiment registriert. Er ist also nach dem dritten Mal wieder raus und dann kurz vor uns rein. Wahrscheinlich hat er was vergessen.«

»Nein«, sagte Vanessa Birming. »Das würde Purdy nicht passieren. Aber vielleicht hat er gemerkt, daß wir an einer ganz anderen Stelle eintreffen würden, und sich deshalb anatomisches Informationsmaterial beschafft. Solche Karten kann man jederzeit bei wissenschaftlichen Archiven abrufen und laden.«

»Sie glauben, er hat ebenfalls einen Laptop dabei?« fragte Kelley.

»Warum nicht? Ich bin ganz sicher, daß er das Programm inzwischen ziemlich gut kennt.«

»Wally war immer verflucht fix.«

Vanessa Birming dankte für die Zustimmung mit einem Nicken. »Immerhin haben wir Ihre drei Denker über alles informiert. Purdy könnte dabei mitgehört haben.«

»Anders ging's ja nun mal nich'.«

»Also gehen wir«, sagte der Nomade.

Pawlow zog seinen weißen Laborkittel zurecht und setzte sich in

Bewegung. Die anderen folgten ihm. Hintereinander stiegen sie durch das hohe Gras einer steilen Böschung hinab.

Nach einigen Metern hörte der Nomade hinter sich einen erschrokkenen Schrei und fuhr herum. Kate Blenner saß im Gras und hielt sich den Knöchel.

Schnell eilte er ein Stück zurück. »Hast du dir weh getan?«

»Es geht schon. Da war so ein glatter Stein.«

»Hier«, sagte Connor. »Moment mal, da steht ja was drauf.«

Der Nomade griff nach Kate Blenners Hand. Sie zog sich in die Höhe und trat ein paarmal fest auf. »Nichts passiert.«

Die anderen hatten sich inzwischen um den Stein versammelt. »Was ist das für eine Schrift?« fragte Connor.

Der Professor schüttelte den Kopf. »Ich kann es nicht sagen.«

»Sieht jedenfalls ziemlich alt aus«, meinte Kelley.

Vanessa Birming riß Gräser und Schlingpflanzen aus, die den Stein überwuchert hatten, und fuhr mit den Fingerkuppen über die Oberfläche. »Kalkstein.«

»Sieht aus, als wären da 'n paar Vögel rübergelatscht.«

»Hmmmm … Keilschrift.«

»Ob das eine Grabplatte ist?« rätselte Karen Thogersen und entfernte einige Moospolster. »Hier sind Figuren!«

»Tatsächlich«, sagte Nemchankin. »Ein Relief.« Der Anblick der Krieger mit Schilden und Speeren löste in ihm ein Gefühl von Betroffenheit aus, das er sich nicht zu erklären wußte.

»Da drüben ist noch einer«, sagte Kelley.

Sie befreiten auch den nächsten Stein von seinem Bewuchs. Die bärtigen Krieger trieben unbewaffnete Männer vor sich her.

»Die sehen aus wie Babylonier oder Assyrer«, meinte Nemchankin.

»Is' ja irre, wie kommt'n das hierher?«

Der Professor schaute den Nomaden forschend an. »Sahen Sie schon einmal etwas Derartiges? Vielleicht in Ihrer Kinderbibel?«

»Ja«, sagte der Nomade überrascht. »Natürlich. Ich glaube, bei einem Bericht über die Eroberung Jerusalems und das babylonische Exil.«

Sie gingen weiter. Als sie sich dem Wald näherten, wurde der Eindruck eines tropischen Dschungels immer stärker. Der Nomade versuchte die Meßeinrichtung in seinem Gesichtsfeld zu aktivieren, hatte damit aber ebenso wenig Erfolg wie zuvor mit der Zeitangabe. Er schätzte, daß die Bäume etwa dreißig Meter hoch waren. Von ihren

Ästen hingen so viele Lianen herab, daß es aussah, als wolle dort eine grüne Wand jeden Versuch des Eindringens abweisen.

Pawlow blieb stehen. »Was denken Sie?«

»Daß wir so dicht wie möglich zusammenbleiben sollten«, sagte der Nomade.

»Ja, natürlich.«

Die anderen waren herangekommen und hörten gespannt zu.

»Es kann sich alles mögliche da drin verbergen«, sagte der Professor. »Das Ungewöhnlichste und das Normalste. Der Wald kann mit phantastischen Phänomenen angefüllt, aber genausogut völlig leer sein. Immerhin befinden wir uns hier noch ziemlich nahe an der Bewußtseinsgrenze. Deshalb glaube ich nicht, daß wir uns schon auf gefährliche Begegnungen gefaßt machen müssen.«

»Achten wir trotzdem darauf, daß wir uns nicht aus den Augen verlieren«, sagte der Nomade.

Die anderen nickten.

»Also dann, mit frischem Mut voran«, sagte Pawlow, schob ein Lianenbündel zur Seite und trat in den Wald. Der grüne Vorhang schloß sich hinter ihm so schnell, daß es schien, als wäre der Professor in einem Wasserfall verschwunden.

»Genau die Reihenfolge einhalten!« mahnte der Nomade. »Sonst merken wir es vielleicht zu spät, wenn jemand fehlt.«

»Mach dir mal nich' so viele Sorgen«, sagte der Cyberhippie. »Ich pass' schon auf.«

Hinter dem Lianenvorhang bedrängte sie das Gefühl, in eine riesige dunkle Höhle geraten zu sein, so stark, daß keiner etwas sagte.

Pawlow stand zehn Meter vor ihnen an einer Struktur, die wie eine überdimensionale Säule aus dunkelgrünem Marmor wirkte. Sie verjüngte sich nicht wie ein Baumstamm, sondern die senkrechten Rillen der Kannelierung verliefen bis zu dem dichten Blätterdach parallel. Dutzende weiterer riesiger, bemooster Stämme standen in so regelmäßigen Abständen hinter- und nebeneinander wie Pfeiler in einem antiken Tempel. Auf dem Boden wuchs nicht, wie der Nomade befürchtet hatte, dichtes Gestrüpp, sondern nur Moos, allerdings knöchelhoch.

»Das gib's ja gar nich', alles Mammutbäume, die müssen mindestens hundert Meter hoch sein«, sagte der Cyberhippie in die Stille.

Der Professor klopfte gegen die Rinde. »Holz«, bestätigte er. »Entweder handelt es sich um Gewächse, die den Gesetzen der Botanik widersprechen, jedenfalls den uns bekannten, oder wir können uns in diesem Wald, und möglicherweise sogar im gesamten Mittelhirn, nicht mehr auf unser perspektivisches Sehen verlassen.«

»Halten Sie das denn für möglich?« fragte Nemchankin.

»Natürlich, einige Teile des Sehens schalten ja erst in diesem Bereich zusammen, und das kann sich durchaus auf das Programm auswirken.«

»Heißt das, wir können jetzt nich' mehr richtig gucken?«

»Nein, bisher funktionieren der Gesichtssinn und alle anderen Sinne völlig normal. Ich vermute aber, daß das Programm in jeder Beziehung konsequent auf die Besonderheiten dieser Region des Mittelhirns eingehen will. Deshalb erzeugt es wohl auch dieses dichte Blätterdach. Im Unbewußten treffen Sinnesreize ja, wenn überhaupt, nur in stark reduzierter Zahl ein. Deshalb erscheint auch der Himmel so dunkel, und in diesem dichten Wald gelangt dann natürlich um so weniger Licht auf den Boden.«

»Obwohl doch optische Signale auch durch das Mittelhirn geleitet werden?« wunderte sich der Nomade und fragte sich, ob er bei den ersten Experimenten in der U-Bahn irgendwo unter diesem Waldboden hindurchgerast war.

»Nein, nicht durch das Mittelhirn, sondern nur in das Mittelhirn hinein«, korrigierte Pawlow. »Die Umschaltung erfolgt im seitlichen Kniehöcker. Sie sahen doch die Schilder in dem Bahnhof, Colliculus superior und so weiter.«

»Nein, daran kann ich mich nicht erinnern.«

»Nun, jedenfalls führen von dort mehrere U-Bahn-Linien auch zu diesem Hügel. In seinem Inneren befindet sich eine spezielle Einrichtung, wahrscheinlich wiederum eine große Behörde, ein riesiges unterirdisches Büro, in welchem die Befehle an die Augenmuskelkerne ausgefertigt werden, damit sie die Pupille auf das jeweils zu betrachtende Objekt richten.«

»Alles sehr interessant«, sagte Connor nervös, »aber müssen wir das unbedingt jetzt besprechen?« Dieser dunkle Wald war nicht der Ort, an dem es besonders leicht sein würde, einen Mörder zu verfolgen; dagegen konnte ihnen jemand, der sich hier irgendwo versteckte, äußerst gefährlich werden. Besorgt sah Connor sich nach Karen Thogersen um, die hinter ihm stand.

»O. k., gehen wir weiter«, sagte der Nomade.

Die anderen folgten ihm, alle in Gedanken versunken. Plötzlich sagte der Professor: »Ich glaube, wir haben uns verlaufen.«

Wir hätten einen Kompaß mitnehmen sollen, dachte der Nomade.

Nemchankin setzte sich in das Moos. Das Licht auf dem Monitor des Laptop wirkte, als strahle es aus einem magischen Auge. Während die Tasten leise klickten, wechselte das Bild einige Male und blieb plötzlich stehen. Im nächsten Moment begann es auf der anatomischen Karte des Mittelhirns zu blinken.

»Hier ist jemand«, sagte Nemchankin.

Connor riß den Revolver aus dem Schulterhalfter. »Runter!« befahl er und schaute sich suchend um. Auch Kelley lud nun seine Waffe durch.

»Es sind drei«, sagte Nemchankin. »Direkt hinter uns.«

Sofort drehten sich alle um. »Wo?« fragte Connor. Aus den Augenwinkeln sah er, daß Karen Thogersen immer noch aufrecht stand, das Gewehr schußbereit an der Schulter.

»Das sind sie«, sagte der Cyberhippie. »Keine Panik!«

Hinter den Bäumen kamen drei Männer hervor. Der älteste von ihnen hatte einen grauen Bart, trug einen leichten hellgrauen Mantel und stützte sich auf einen Spazierstock. Der Mann neben ihm wirkte nur wenig jünger, war aber größer und deutlich kräftiger, hatte kaum noch Haare auf dem Kopf und blickte durch eine schwarze Hornbrille. Sein dunkelgrauer Nadelstreifenanzug, das weiße Hemd und die dezent gestreifte Krawatte zeigten, daß ihm sein Aussehen nicht gleichgültig war. Der jüngste hatte halblange braune Haare, trug Jeans sowie einen blauen Pullover und hatte ein rotes Handy dabei. Als sie die Wartenden erblickten, sagte der älteste: »Da sind Sie ja endlich.«

Der Cyberhippie nickte. »Wird ja auch langsam Zeit, daß ihr kommt. Darf ich vorstell'n: Onkel Sigmund, Onkel Sophus und Onkel Simeon.«

57

Das alltägliche Aussehen und der unspektakuläre Auftritt der künstlichen Intelligenzen standen im krassen Gegensatz zu den Vorstellungen, die sich der Nomade wie auch die anderen vor dem Experiment gemacht hatten.

»Schlau hingekriegt«, lobte er.

»Wieso, was'n?«

»Daß die hier nicht mit Gehrock oder Toga daherkommen. So ist es viel echter.«

»War gar nich' meine Idee.«

»Die haben sich ihre Kleidung selbst ausgesucht?«

»Vielleicht, oder es war Allans Programm, ich hab' da jedenfalls nix mit zu tun.«

Die drei künstlichen Intelligenzen sahen tatsächlich wie ganz normale Menschen aus. Aber waren sie, dachte der Nomade, denn auch so anders, waren sie nicht genauso Geschöpfe aus Geist und Materie, nur aus einem anderen Material gebaut und von einer anderen Energie bewegt? Chips und Strom statt Fleisch und Blut?

»Ja, Dr. Sigmund, wie Sigmund Freud«, hörte er den Psychologen sagen. »Ich weiß, auch Freud hatte so einen Bart und einen Stock, aber entgegen diesen nur rein äußerlichen Ähnlichkeiten stimmen meine Ansichten viel eher mit denen Carl Gustav Jungs überein.«

Connor und Kelley nickten, als könnten sie die Bemerkung nicht nur den Worten nach verstehen.

»Und welche Absicht verbindet Mr. Hawkins damit, Dr. Sigmund?« fragte Vanessa Birming.

»Absicht? Hank?« antwortete der künstliche Psychologe in ehrlichem Erstaunen. »Der versteht von diesen Dingen doch überhaupt nichts. Ich glaube, der kennt nicht einmal den Unterschied zwischen Psychologie und Psychoanalyse.«

»Wie haben Sie uns denn gefunden?« wollte Nemchankin wissen.

»Das ist das Verdienst von Dr. Sophus«, erklärte Dr. Sigmund und deutete mit dem Kopf auf den künstlichen Philosophen.

»Und das war durchaus nicht einfach«, erklärte Dr. Sophus. »Sie können das logischerweise nicht wissen, weil Sie es ja nicht bemerken konnten, aber bei diesem Wald handelt es sich keineswegs um eine fixe Imagination, sondern er verändert sich laufend, wie praktisch alle Bilder, die das IC-Programm für die Strukturen des Mittelhirns entwickelt.«

»Gibt es also doch eine Art Rückkoppelung?« fragte der Nomade.

»Nein«, sagte Dr. Sigmund. »Wir wissen selber nicht, was diese Veränderungen hervorruft. Vielleicht sind es Autoritäten des Programms, vielleicht auch Mächte des Unbewußten selbst ...«

»... und möglicherweise ganz andere Einflüsse«, ergänzte der

Theologe. »Schließlich gibt es ja auch Dinge, die außerhalb dessen liegen, was Menschen begreifen können.«

»Nun, omnis habet rationem«, sagte der künstliche Philosoph. »Zum Glück funktioniert mein Kompaß.«

»Gut«, sagte der Nomade. »Dann lassen Sie uns gleich losgehen.«

»Wir müssen nach Nordosten«, erklärte Pawlow. »Zum Reissnerschen Faden dürften es ungefähr zwei oder drei Kilometer sein.«

Dr. Sophus hob abwehrend die Hand. »Das ist richtig, aber wie kommen Sie darauf, daß wir uns hier nach Himmelsrichtungen orientieren könnten?«

»Wir beschlossen, ›kranial‹ durch ›Norden‹ und ›kaudal‹ durch ›Süden‹ zu ersetzen, und so weiter«, erklärte der Professor.

Dr. Sophus zwinkerte verblüfft. »Dann haben Sie also noch gar nicht bemerkt, daß die Himmelsrichtungen hier ständig wechseln?«

»Tatsächlich? Wir stellten bisher nur fest, daß die Perspektiven nicht mehr stimmen.«

»Sehen wir erst mal zu, daß wir hier rauskommen«, drängte Connor. »Ihre wissenschaftlichen Diskussionen können Sie hinterher führen.«

Pawlow versuchte einen Blick auf das Gerät in der Hand des Philosophen zu werfen. »Wonach orientiert sich denn Ihr Kompaß, wenn auf die Himmelsrichtungen kein Verlaß ist?«

»Nach dem Wahrheitsgehalt bestimmter Aussagen und Vermutungen«, sagte Dr. Sophus. »Die Nadel richtet sich logischerweise nach dem inneren Wahrheitspol, und …«

»Bitte!« sagte Connor energisch und trat an die beiden heran, als wolle er sie vorwärts schieben.

»Mr. Connor hat recht«, sagte der Nomade. »Können Sie uns zum Reissnerschen Faden führen? Auf dem schnellsten Weg?«

»Selbstverständlich«, sagte der Philosoph, »wir kommen ja gerade von dort.«

»Sie waren schon da?«

»Ja«, sagte der künstliche Psychologe. »Als das Experiment begann, befanden wir uns am Tor des Bewußtseins, außerhalb der Mauer. Da wir wußten, wo Sie ankommen würden, beschlossen wir, Ihnen entgegenzugehen. Wir dachten uns gleich, daß Sie Schwierigkeiten bekommen würden.«

»Wozu brauchen Sie einen Kompaß, wenn Sie den Weg bereits kennen?« fragte Kelley.

»Ich habe doch bereits erklärt, daß sich dieser Wald ständig verändert«, sagte Dr. Sophus.

»Am besten gehen wir einfach mal los«, schlug Connor vor.

Dr. Sophus sah den Nomaden an. »Sie sind der Leiter der Expedition.«

»Ach, ja«, sagte der Nomade. »Also bitte, gehen Sie voran!«

Der Philosoph legte den Kompaß auf die flache Hand und beobachtete die Nadel. »Konsekutiv. Konvergent. Affirmativ. Da geht's lang.« Mit überraschend energischen Schritten zog er los. Die anderen liefen hinter ihm her, teils zuversichtlich, teils zweifelnd, als folgten sie einem Wünschelrutengänger.

Nemchankin mußte an die Steine mit den bärtigen Kriegern denken und schaute sich immer wieder nach allen Richtungen um.

»Suchen Sie etwas?« fragte der Theologe, der sich hinter ihm eingereiht hatte.

»Wir haben vorhin Reliefs mit Aufzeichnungen in Keilschrift entdeckt. Ich glaube, assyrisch.«

»Ja, die haben wir auch gesehen. Das Gebiet am Subkommissuralorgan ist voll davon.«

»Und? Wissen Sie etwas darüber?«

»Die Schrift ist assyrisch. Die Steine gehören zu den Ruinen von Ninive.«

»Ninive?« wiederholte Nemchankin. Wie zuvor die Steinplatten weckte nun auch der Name ein Gefühl der Beklemmung. »Was soll das bedeuten?«

»Im Moment gehe ich davon aus, daß diese Stadt für das Unbewußte eine ähnliche Rolle spielt wie New York für das Bewußtsein.«

»Sie glauben, daß es im Unbewußten ebenfalls eine Stadt gibt? Ninive City?«

»Nein, gab. Wir sehen nur noch die Ruinen. Das Unbewußte ist viel älter als das Bewußtsein.«

»Soviel ich weiß, ist das Mittelhirn Queens.«

»Nur der Größe nach«, meinte der künstliche Theologe. »Sie sehen, daß es hier weder Häuser noch Straßen gibt.«

»Vielleicht sind wir in irgendeinem Park gelandet.«

»Nein. Am Tor des Bewußtseins kann man genau erkennen, daß es hier weit und breit nur diese Ruinen gibt, wahrscheinlich über das gesamte Unbewußte verstreut.«

»War Ninive denn so groß?«

»Nach den archäologischen Ausgrabungen nur fünf Quadratkilometer, aber der Bibel zufolge benötigte man drei Tage, um die Stadt zu durchqueren. Die Größe hängt davon ab, ob man mit den Augen der Wissenschaft oder denen des Glaubens mißt. Dr. Sigmund meint, daß Ninive das Unbewußte perfekt widerspiegelt, weil in dem Namen vieles mitklingt, was gleichzeitig leicht und schwer zu verstehen ist, positive und negative Empfindungen weckt, real und irreal wirkt und, so verschiedenartig es auch ist, trotzdem zusammengehört, ganz so wie die Kräfte des Unbewußten: Macht und Ohnmacht, Aufstieg und Untergang, Fremdheit und Vertrautheit, Starrsinn und Umkehr, Hochmut und Demut, Ruhm und Vergessen.«

In diesem Moment hörten sie Ausrufe des Erstaunens, und mit den nächsten Schritten traten sie wie die anderen durch den Lianenvorhang auf einen schmalen Wiesenstreifen, von dem sich ein atemberaubender Anblick bot.

Direkt vor ihnen fiel ein steiler Felssturz ab, als stünden sie auf einer riesenhaften versteinerten Brandungswelle. Im Tal, gut hundert Meter tiefer, sahen sie eine bizarre Landschaft aus sanften Hügeln und scharf eingeschnittenen Schluchten, still daliegenden Seen und sprudelnden Katarakten, lichten Wäldern und Resten des schier undurchdringlichen Dschungels. Auf der gegenüberliegenden Seite des Canyons aber funkelten auf einer sanfter ansteigenden Anhöhe Millionen Lichter.

Der Nomade erkannte sofort, daß sie an den Rand der monumentalen Gebirgslandschaft gekommen waren, die er vom Tor des Bewußtseins aus gesehen hatte. »Cerebrum City. Die weiß angestrahlte halbe Ellipse dort drüben ist das Tor des Bewußtseins.«

Wie die anderen war auch Connor von der phantastischen Szenerie überwältigt; sie faszinierte ihn so stark, daß sogar er nun für einen Moment nicht mehr an den Grund dachte, aus dem er gekommen war. »Wieso ist es denn dort schon dunkel?«

»Weil Mr. Behrmans Bewußtsein zur Zeit nur mit stark eingeschränkter Aktivität funktioniert«, erklärte Dr. Sigmund.

»Verstehe ich nicht, er ist doch völlig klar!«

»Denken Sie an die Rückkoppelung«, sagte Pawlow. »Natürlich befindet sich Mr. Behrman jetzt hier bei uns, aber zwischen seinem Bewußtsein und dem Bewußtsein, das der Computer für uns darstellt, besteht seit Beginn des Experiments keine Verbindung mehr.«

Connor schüttelte den Kopf. Wie konnte ein Mensch gleichzeitig an zwei verschiedenen Orten sein?

»Und was ist das dort drüben?« fragte Vanessa Birming und zeigte nach links, wo der breite Talgrund fast völlig von einem weitläufigen Industriegebiet ausgefüllt war. Zwischen riesigen Fabrikgebäuden in Ziegelbauweise standen Hallen und Hangars. Hinter gewaltigen Tanks ragten Schlote, Kühltürme und Hochspannungsmasten hervor. Wasser glitzerte in den Fleeten eines verzweigten Kanalsystems. An den Kais standen schwere Kräne.

»Hmmmm ... Der Hypothalamus. Die Kanäle entsprechen den Blutgefäßen des Kapillarsystems. Die Lastkähne befördern Hormone, und die Kais mit den Kränen dürfen wir als bildliche Umsetzung der Rezeptoren betrachten, an welchen die Moleküle verschiedener Botenstoffe festmachen ...«

Der Psychologe hatte ein kleines schwarzes Gerät aufgeklappt; neugierig schaute ihm der Nomade über die Schulter. Auf dem kleinen Monitor erschien eine schematische Zeichnung: Ein Ruderboot auf einer Wellenlinie, darunter eine Art Seetang mit Zweigen wie Wurzeln.

»Was ist das?«

»Ein Individuationsindikator. Wissen Sie, was Individuation ist?«

»Nein.«

»Nun, der Individuationsprozeß bezeichnet den Prozeß der Differenzierung einer Person. Man könnte etwas unpräzise sagen, daß es sich um den geistig-seelischen Reifeprozeß handelt.«

»Und den können Sie mit diesem Gerät messen?«

»Unter anderem. Der Indikator mißt nicht nur den Grad der Individuation, sondern zeigt außerdem an, wo sich gerade welche psychische Prozesse abspielen. Deshalb erfüllt er für unser Experiment ebenfalls die Aufgaben eines Wegweisers.«

Der Nomade merkte, daß der Cyberhippie neben ihn getreten war. »Das hast du dir auch alles ausgedacht?«

»Nee, leider nich'. Das hab'n die alles selber erfunden, auch den philosophischen Kompaß, möchte wirklich wiss'n, wie der funktioniert, und das Handy von unsrem Theologen is' bestimmt auch nich' bloß zum Telefonieren.«

»Was können Sie denn jetzt sehen?« fragte der Nomade den Psychologen.

»Nun, ich habe gerade überprüft, wie sich Ihre psychische Situation wandelt. Das IC-Programm setzt jede Reaktion des Unbewußten augenblicklich in neue Bilder um. Das ist der Hauptgrund für die laufenden Veränderungen in diesem Wald.«

»Kann uns das auch am Reissnerschen Faden helfen?«

»Nun, das will ich hoffen. Es weiß ja bisher niemand, wohin diese Struktur führt, und die Warnung Ihres Bruders ...«

»Darüber würde ich gern Ihre Ansicht hören, Herr Doktor Sigmund«, unterbrach ihn Pawlow. »Und natürlich auch Ihre, Herr Doktor Sophus, und Ihre, Herr Doktor Simeon.«

Der Theologe lächelte. »Ich bin kein Doktor.«

»Hmmmm ... Vater Simeon?« Dem Professor war anzusehen, daß ihm das Wort nur schwer von den Lippen ging.

»Simeon genügt.«

»Während der Wartezeit in dem Computer hatten wir genug Gelegenheit zur Erörterung der psychologischen, philosophischen und theologischen Aspekte«, sagte Dr. Sigmund. »In ein paar Minuten sind wir auf dem Schiff, dann können wir uns auch über die früheren Experimente unterhalten.«

»Ein Schiff?« staunte der Nomade. »Hier gibt es ein Schiff?«

Auch die anderen sahen den Psychologen verwundert an. Nur der Cyberhippie tat, als habe er es gewußt: »Was hast du denn gedacht, sind wir Psychonauten oder nich'?«

»Hmmmm ... Mr. Hawkins' Einfall, uns als Psychonauten zu bezeichnen, könnte in Ihnen so stark nachgewirkt haben, daß das Programm kurzfristig beschloß, darauf einzugehen.«

»Soll das heißen, daß wir jetzt segeln sollen? Auf dem Reissnerschen Faden?« Der irritierte Blick des Nomaden blieb an Kate Blenner hängen. Sie nickte ihm beruhigend zu.

Der Psychologe schaute sich suchend um. »Offenbar hat sich die Topographie hier schon wieder stark verändert. Der Aufstieg, den wir nahmen, ist verschwunden.«

Der Philosoph studierte seinen Kompaß. Karen Thogersen kletterte ein Stück in die Felsen hinaus.

»Vorsicht!« warnte Connor.

»Keine Angst, ich bin als Kind oft genug in den Bergen herumgekraxelt.« Schon verschwand sie aus seinem Gesichtsfeld.

Sigmund betrachtete den Indikator. »Sie haben in letzter Zeit leider kaum noch Sport getrieben«, sagte er zu dem Nomaden. »Das macht uns die Sache nicht leichter.«

Während der Nomade noch überlegte, ob er sich rechtfertigen solle, hörten sie Karen Thogersen rufen: »Hier ist eine Treppe. Vorsicht, es geht ziemlich steil runter!«

»Genau zwischen logisch und wahr«, stellte der Philosoph mit einem Blick auf seinen Kompaß fest.

Nacheinander kletterten sie zu Karen Thogersen hinunter, erst ziemlich eilig Connor, danach sehr viel vorsichtiger der Nomade, der Kate Blenner immer wieder die Hand hinstreckte, dann Kelley mit Vanessa Birming und die anderen, bis alle dicht nebeneinander auf einer kleinen Felsterrasse standen. Der Nomade empfand fast die gleichen Schwindelgefühle wie in dem Aufzug zu der Magnetschwebebahn.

Die Treppe war in Wirklichkeit ein schmaler, stark abschüssiger Sims, an dem höchstens die unregelmäßigen Trittsteine an allerdings viel zu hohe Stufen erinnern konnten. An der linken Seite hing ein rostiges Drahtseil in den Felsen, nach rechts ging es ohne jede Sicherung gut achtzig Meter in die Tiefe.

»Also los«, sagte der Nomade. »Karen, Sie gehen am besten vor. Hank wieder am Schluß.«

Karen Thogersen stieg die großen Stufen hinunter, wobei sie das Geländer verschmähte. Connor folgte dichtauf, das Drahtseil bei jedem Schritt packend. Kelley ging hinter Vanessa Birming und achtete mehr auf sie als auf sich selbst.

»Willst du vor oder hinter mir gehen?« fragte der Nomade Kate Blenner.

»Egal.« Sie trat an ihm vorbei und machte sich ebenfalls an den Abstieg.

Der Nomade warf noch einen Blick über das Tal. Vor dem Tor des Bewußtseins leuchteten weiße Ruinen aus dem Grün der Bäume.

»Penn nich' ein, Alter!«

Er gab sich einen Ruck und setzte vorsichtig Fuß vor Fuß. Kaum wagte er, die Schweißtropfen abzuwischen, die in seine Augenwinkel rannen. Obwohl noch immer keine Sonne schien und der Himmel spätabendlich wirkte, war die Luft jetzt so heiß und stickig, als stiegen sie in das Innere einer riesigen gläsernen Glocke hinab. Unten sahen sie zu ihrer Überraschung, daß die Treppe plötzlich aus in bequemer Höhe zueinander angebrachten, breiten Metallstufen bestand. Die vom Felsen abgewandte Seite war durch ein massives Geländer gesichert.

»Jetzt, wo's zu spät is'!« schimpfte der Cyberhippie. »Wollen die uns veräppeln?«

Der Talgrund war von dichtem, kniehohem Gras bewachsen. In

Abständen von jeweils zehn oder fünfzehn Metern wuchsen Schirmakazien. Ihre flachen, breiten Kronen warfen keine Schatten, denn das diffuse Licht kam von allen Seiten. In der völligen Windstille wirkte die Luft wie Watte.

Connor sah sich mißtrauisch um. Auch hier konnte sich Purdy leicht verstecken. Im Moment des Gedankens begann er zu laufen, um Karen Thogersen einzuholen. »Warum beeilst du dich denn so? Du weißt doch gar nicht, ob das die richtige Richtung ist!«

»Wieso, da vorne ist doch das Tor.«

Er blickte über ihre Hand. Hinter den Bäumen ragte der Betonbogen in den tintenblauen Himmel.

»Trotzdem. Hier kann man nie wissen, was als nächstes passiert.« Wieder ergriff er sie am Arm.

»Also gut«, sagte sie und blieb stehen.

Die anderen hatten schnell aufgeholt.

Nach der Angst, die er beim Abstieg empfunden hatte, verspürte der Nomade ein starkes Bedürfnis, nun endlich die Führung zu übernehmen. Einen Satz wie »Ich gehe jetzt voran« hätte er allerdings nicht über die Lippen gebracht; statt dessen sagte er zu Pawlow: »Ich schlage vor, daß wir jetzt vorne bleiben, Professor.«

»Selbstverständlich«, sagte Pawlow, dem der Schweiß in Strömen von Stirn und Schläfen rann.

»Komm, Kate«, sagte der Nomade. »Die Herren Doktoren und Bruder Simeon am besten hinter uns, dann das FBI, und Hank, du weißt ja. Wie weit ist es noch, Dr. Sigmund?«

»Ein paar hundert Meter vielleicht. Halten Sie sich halbrechts.«

Auch das letzte Stück legten sie in zügigem Tempo zurück. Als sie aus den Akazien auf eine Lichtung kamen, sahen sie einen gedrungenen Rumpf und zwei Masten.

»Wir sind im falschen Film, das is' nich' Die Psychonauten, sondern Sindbad der Seefahrer!«

Das Schiff war etwa fünfzehn Meter lang, vier Meter breit und aus Planken gebaut. Der Hauptmast stand genau in der Mitte und trug ein eingerolltes, gelb-weiß gestreiftes Rahsegel. Vom schrägen Vormast gleich hinter dem Bug hing ein kleines rechteckiges Notsegel schlaff herab. Auf dem Achterdeck stand eine kleine Kajüte; davor war ein großes Ruder befestigt. Der Rumpf glänzte pechschwarz. Erst als die Psychonauten nur noch etwa dreißig Meter entfernt waren, verdoppelte sich die schnurgerade Uferlinie zur Parallele, und sie konnten erkennen, daß der antike Küstenfrachter auf einem Fluß lag, der kaum fünf Meter breit war. Das Wasser glänzte silbern.

»Der Reissnersche Faden«, sagte der Nomade in die Stille.

»Erst mal Pause«, murmelte der Cyberhippie und setzte sich auf die flache Böschung.

»Kommst du mit dem Ding klar, Kate?« fragte der Nomade.

»Ja, aber ihr müßt alle mit anpacken.«

»Jetzt is' sowieso kein Wind, Baby, laß uns erst mal'n bißchen ausruhen.«

»Wind brauchen wir nicht, Hank«, antwortete sie und zeigte auf einige hölzerne Stangen, die über die Bordwand ragten.

»Großer Schamane, uns bleibt aber auch nix erspart!«

Der Fluß kam aus einem Tunnel zwischen Zirbeldrüse und Subkommissuralorgan. Die Blätter, die in den Fluß gefallen waren, bewegten sich nicht. »Überhaupt keine Strömung.« Der Nomade verspürte plötzlich fast aggressiv den Wunsch, einen Stein in das silberne Wasser zu werfen, um es zu einer Reaktion zu zwingen.

»Natürlich«, hörte er den Professor hinter sich sagen. »Der Austausch der neuronalen Aktivitäten zwischen Bewußtsein und Unbewußtem erfolgt durch chemoelektrische Prozesse.«

Der Nomade drehte sich um. »Und als was sind die hier dargestellt? Bestimmt nicht als Blätter, die kommen nämlich überhaupt nicht voran.« Er bückte sich nach einem Stein.

»Zur Zeit ist nur ein einziges Signal aktuell«, erklärte der Psychologe. »Und das sind wir.«

Verblüfft richtete sich der Nomade wieder auf.

»Sehr richtig, Dr. Sigmund«, sagte der Philosoph. »Jeder Mensch strebt natürlicherweise nach der Erkenntnis der Wahrheit, die meisten wissen es nur nicht. Und für dieses Experiment sah Allan Behrmans Bewußtsein ganz sicher die größte Chance darin, daß er sich sozusagen in persona auf den Weg in die inneren Bezirke des Unbewußten macht.«

»Hmmmm ... Immerhin traten bei den bisherigen Experimenten zahlreiche Phänomene auf, welche ein weiteres Vordringen eher verhindern zu wollen schienen. Und vergessen Sie nicht, daß Mr. Behrmans letzter Gedanke eine ernste Warnung vor dieser Struktur enthielt.«

»Das ist ohne weiteres zu erklären, Herr Professor«, erwiderte der Philosoph. »Auf dem Weg zur Erkenntnis auch nur ein kleines Stückchen voranzukommen kann niemals leicht sein, sondern jeder Schritt setzt die Bewältigung oft enormer Hindernisse voraus.«

»Auch die Individuation besteht ja aus zahllosen kleinen Schritten, von denen jeder einzelne über ein Hindernis führen kann«, sagte Dr. Sigmund, »und gerade diese Hindernisse sind es, die diesen Prozeß bewirken. Ein Mensch, der keine Schwierigkeiten erlebt, kann kaum reifen.«

Der Nomade warf den Stein ins Wasser. Befriedigt sah er, daß sich auf der Oberfläche die erwarteten konzentrischen Wellenringe ausbreiteten.

»Mr. Behrman! Haben Sie das schon gesehen?«

Der Nomade drehte sich um. »Was denn?«

Simeon zeigte auf die Bordwand. Der Nomade ging zu ihm; die anderen folgten ihm.

Am Heck stand in gelben Buchstaben HIPPO REGIUS, am Bug QUOMODO.

»Die Schrift ist eben erst erschienen«, erklärte der Theologe. »Ich konnte sogar zuschauen. Ein Buchstabe nach dem anderen, wie von einer unsichtbaren Hand gemalt.«

»Eine Art Menetekel?« fragte Dr. Sigmund.

»Jedenfalls ein Zeichen«, sagte Simeon. »Soviel ich weiß, war es in der Antike eigentlich nicht üblich, Schiffsnamen aufzumalen. Offenbar will das Programm uns auf etwas hinweisen.«

»Hmmmm ... Soweit ich weiß, handelt es sich um ein lateinisches Wort. Es heißt ›wie‹.«

»Richtig«, sagte der Theologe. »Und ich habe auch schon herausgefunden, worauf.« Er zeigte auf sein Handy. »Hippo Regius hieß ein antiker Hafen im heutigen Algerien; Augustinus war dort Bischof. Deshalb habe ich alle Augustinus-Zitate durchgesehen, in denen das Wort ›wie‹ eine besondere Rolle spielt. Hören Sie.« Er schaute auf den kleinen Monitor und las vor: »Wie also soll ich, Herr, Dich suchen? Suchen will ich Dich, daß meine Seele lebe. Wie also suche ich das Selige Leben? Wir besitzen es, ich weiß nicht, wie.«

»Die Seele«, murmelte der Nomade. »Glauben Sie, daß Allan dort auf mich wartet?«

»Nein«, antwortete Simeon. »Aber finden kann nur, wer sucht, und suchen nur, wer sich auf den Weg macht. Steigen Sie auf dieses Schiff und vertrauen Sie sich dem an, der es geschickt hat. Dann werden Sie finden, was Ihnen zu finden bestimmt ist.«

58

Kate Blenner hatte Masten, Takelage und Ruder überprüft. Das Tauwerk bestand überwiegend aus Hanf und Flachs, zum Teil aber auch aus gezwirntem Papyrus oder gedrehten Lederstreifen. Der größte Teil des Laderaums war mit Ballast aus Sand und Steinen gefüllt. Das Bilgewasser stand knöchelhoch. Die kleine Kajüte enthielt kein einziges Möbelstück. Das Beiboot war mit einer Leine am Achtersteven vertäut.

Kaum hatten sich alle an Bord eingefunden, als sich das Schiff plötzlich in Bewegung setzte und mit gleichmäßiger Geschwindigkeit dahinfuhr, ob die Passagiere nun Steuer oder Ruder bewegten.

»So isses ja auch viel besser, dieses blöde Rumpaddeln war sowieso nie mein Ding.«

Sie ließen die Stangen los und sahen zu, wie die Landschaft vorüberzog. Der Anblick der weiten Ebene mit dem hohen Gras und den lichten Akazienwäldern erweckte einen so starken Eindruck von Frieden und Harmonie, daß alle einige Minuten lang schwiegen. Nach kurzer Zeit lagen die steilen Felsen der Vierhügelplatte vor ihnen. Der Silberfluß strömte durch eine schnurgerade Schlucht, deren Wände wie ein großes V auseinanderklafften.

»Die Richtung stimmt ziemlich genau«, stellte Dr. Sophus fest. »Zwei Grad nördlich von logisch, das ist fast genauso gut wie vorhin an der Treppe.«

»Das verstehe ich nicht ganz«, sagte Kelley. »An dieser Treppe ging es doch auch nach logisch und wahr, aber da lag das genau entgegengesetzt.«

»Der Wahrheitspol kann sich im Unbewußten laufend verändern«, erklärte der Philosoph, »denn der Verstand als Urteilsfaktor fällt hier logischerweise ebenso aus wie der Wille als fester Bezugspunkt und das erworbene Wissen als Gravitationsmasse. Außerdem handelt es sich, wie gesagt, um einen philosophischen Kompaß, und in der Philosophie führen oft genug völlig gegensätzliche Überlegungen zu dem gleichen Ziel.«

»Das würde ich mir gern mal anschauen.«

»Bitte sehr.«

Kelley nahm das Gerät aus der Hand des Philosophen und begann, die Begriffe an den Steuerstrichen zu studieren. Ganz oben, unter der Zahl 360, stand in roter Schrift WAHR, ganz rechts, neben der Ziffer 90, las er das Wort WAHRSCHEINLICH. Ganz unten, über der 180, zeigte die Kompaßrose nach UNWAHR und ganz links, neben der 270, nach UNWAHRSCHEINLICH. Dazwischen fand Kelley in schwarzer Schrift Bezeichnungen, von denen er die meisten nicht verstand. Er zeigte auf den rechten Rand der Kompaßrose. Neben der Zahl 80 stand PLAUSIBEL. »Wenn neunzig Grad ›wahrscheinlich‹ bedeutet, liegt ›plausibel‹ also genau zehn Grad näher an der Wahrheit?«

»Clare et distincte. Was einleuchtet, ist mehr als wahrscheinlich.«

»Und ›konsekutiv‹, da bei siebzig Grad?«

»Bedeutet ›mitfolgend‹. Damit bezeichnet man in der Logik die Merkmale eines Begriffs, die sich aus anderen Merkmalen ergeben. Zum Beispiel folgt aus der Gleichwinkligkeit eines Dreiecks auch seine Gleichseitigkeit.«

»Aha. Und ›konvergent‹, hier, bei sechzig Grad?«

»Nun, das heißt ›hinneigend‹, wenn verschiedene Faktoren erkennbar zu einem Punkt zusammenlaufen. Hier ist man zumindest schon mal auf dem richtigen Weg; aber noch sind dort Irrtümer keinesfalls ausgeschlossen.«

Kelley ließ sich noch einige weitere Begriffe wie »affirmativ«, »infallibel« oder »äquipollent« erläutern, bis er einsah, daß die komplizierten Definitionen ohne Philosophiestudium kaum zu verstehen waren; sein Interesse sank zudem merklich, als Dr. Sophus sagte: »Mit dem Verlauf des Flusses hat das alles aber gar nichts zu tun. Die Wahrheit ist absolut und bleibt von äußerlichen Gegebenheiten völlig unabhängig. Logischerweise.«

»Moment mal«, sagte daraufhin Connor. »Dann kann es aber doch auch sein, daß dieser Wahrheitspol sich plötzlich ändert und wir dann plötzlich in die falsche Richtung fahren!« Besorgt musterte er einige Bäume, die ziemlich dicht am Ufer standen.

»Nun, auch das ist natürlich jederzeit möglich«, gab Dr. Sophus zu.

»Und dann?« fragte Connor. »Kehren wir dann etwa um?«

»Darüber können wir nachdenken, wenn es soweit ist«, sagte der Nomade.

»Ich glaube nicht, daß wir überhaupt umkehren können«, sagte Kate Blenner.

»Genau, das is' so 'n Schicksalsfluß, strömt immer weiter, und wir mit.«

»Für mich wäre ›Fluß der Zeit‹ die passendere Metapher«, sagte Dr. Sophus.

»Hmmmm … Physiologisch fließt er dann jedoch in die verkehrte Richtung. Denn die entwicklungsgeschichtlich jüngeren Bereiche des Gehirns liegen hinter, die älteren dagegen vor uns, so daß wir demnach in die Vergangenheit fahren.«

»Das gilt auch unter psychologischen Aspekten, Herr Professor«, sagte Dr. Sigmund. »Das Bewußtsein entsteht ja als letztes, während das Unbewußte sich sehr viel früher bildet und das kollektive Unbewußte bereits mit den Genen auf den Menschen kommt, wahrscheinlich ausgehend schon von den primitivsten Lebewesen im Urozean.«

Der Begriff hatte Connors Aufmerksamkeit geweckt. »Ist Purdy hier irgendwo?«

Nemchankin gab den Suchbegriff ein. »Ich kann nichts feststellen. Wahrscheinlich sind wir noch zu weit entfernt.«

»Physiologisch handelt es sich um eine ziemlich kurze Distanz«, sagte Pawlow. »Zwischen der Vierhügelplatte und der Medulla oblongata als dem untersten Teil des Gehirns liegen nur fünf Zentimeter. Aber natürlich wissen wir nicht, wie das Programm das umsetzt. Immerhin stellt es das Mittelhirn in der Größe von Queens dar. Demnach könnte der Reissnersche Faden sich hier zwanzig oder dreißig Kilometer weit erstrecken.«

»Vielleicht sogar noch weiter«, sagte Dr. Sigmund. »Schließlich umfaßt das Unbewußte einen viel größeren Teil der Psyche als das Bewußtsein.«

»Können Sie denn sehen, ob wir auf dem richtigen Weg sind?« fragte der Nomade und deutete etwas vage auf den Individuationsindikator.

»Gewiß.« Der Psychologe drückte einige Tasten. In dem Ruderboot saß jetzt ein Angler. Zwischen zwei Querlinien im Wasser blinkte ein Stern. »Wir sind noch im oberen Bereich des Unbewußten, sinken aber rasch tiefer. Ungefähr in fünf Minuten werden wir den Bereich zwar schon unbewußter, aber noch nicht gänzlich unkontrollierbarer Prozesse verlassen.«

Die steilen Felsen der Vierhügelplatte waren noch etwa achthundert Meter entfernt.

»Und dann?« fragte der Nomade.

»Dann müßten wir eigentlich in das Vorbewußte kommen, also in jene psychische Region, in der sich Gedanken, Erinnerungen, Motive und Handlungsbereitschaften finden, die im Augenblick nicht aktiviert sind, aber jederzeit wieder aktiviert werden können. Wie gesagt, das Bewußtsein liegt noch nicht sehr weit hinter uns, wir können ja sogar noch das Tor sehen. In dieser Schlucht aber ist das wahrscheinlich nicht mehr möglich. Der Fluß verläuft zwar schnurgerade, aber nicht in der Hauptsehachse zu diesem Betonbogen.«

»Daraus erklärt sich vielleicht auch die Abweichung auf dem Wahrheitskompaß«, sagte der Philosoph.

Durch die perspektivische Verjüngung wirkten die steilen Felswände wie Ränder eines Trichters. Der Eindruck ständiger Verengung machte den Nomaden beklommen, und er atmete ein paarmal tief durch. Um sich abzulenken, fragte er den Theologen: »Was kann dieses Handy denn?«

»Na, damit kannste telefonieren«, sagte der Cyberhippie. »Mit dem lieben Gott.«

»Nein, das nun gerade nicht«, sagte Simeon. »Schließlich sind wir auf der Welt, um unsere Probleme selber zu lösen. Aber Gott gibt uns ab und zu ein Zeichen. Ob wir auf dem richtigen Weg sind.«

Connor und Kelley schauten beunruhigt nach oben. Vom Rand der glatten, kahlen Felswände aus würde ein guter Schütze mit einem modernen Gewehr kaum Schwierigkeiten haben, sein Ziel zu treffen. Am liebsten hätte Connor versucht, Karen Thogersen von dem Mast weg in die kleine Kajüte zu bugsieren, aber schon allein bei dem Gedanken hatte ihm ihr entschlossener Blick gezeigt, daß sie darüber nicht mit sich reden lassen würde. Die ganze Zeit über hielt sie ihr Jagdgewehr so, als warte sie darauf, einen Schuß sofort erwidern zu können. Nun, in erster Linie würde Purdy es jetzt wohl auf Behrman abgesehen haben, und dann auf Kate Blenner, dachte Connor, bevor er beschämt erkannte, welchen egoistischen Unterschied er da gemacht hatte. Eigentlich hätte er sie alle in die Kajüte sperren sollen!

Der Nomade fühlte, wie er ungeduldig wurde. »Und? Sind wir denn auf dem richtigen Weg?«

»Das zu beurteilen ist wohl noch etwas früh«, sagte Simeon. »Die Prüfung hat ja eben erst begonnen.«

»Prüfung? Was denn für eine Prüfung?«

»Das weiß ich noch nicht. Wahrscheinlich müssen Sie das selber herausfinden.«

»Wer – ich? Oder wir alle hier?«

»Auch das kann ich Ihnen nicht sagen. Vielleicht sind wir anderen ein Teil Ihrer Prüfung. Vielleicht müssen wir uns auch unsererseits bewähren. Aber vor allem kommt es natürlich auf Sie an. Wir sind schließlich in Ihrem Gehirn, und das Programm setzt um, was sich in Ihrem Denken ereignet.«

»Ja, klar! Aber wenn Sie so wenig wissen, wozu haben Sie denn dann dieses Handy? Um Bibelzitate abzurufen? Die haben Sie doch sowieso alle im Kopf!«

»Wir sind nur Hilfsmittel«, sagte Simeon, »genau wie unsere Geräte.« Er klappte den Deckel auf. »Die Festplatte enthält alle Bücher, die mir einprogrammiert worden sind, in thematischer Gliederung, mit Wort-, Namen- und Begriffskonkordanz. Aber das DF hat noch eine andere Funktion: Es zeigt den Grad des Glaubens an.«

»Was heißt denn DF?«

»Depositium fidei. Glauben Sie an Gott?«

»Natürlich«, antwortete der Nomade, »und als Kind bin ich ja auch in die Kirche gegangen. Aber später habe ich mich, ehrlich gesagt, mit religiösen Dingen kaum noch beschäftigt.«

»Der Glaube ist nicht allein vom Menschen abhängig«, erklärte Simeon. »Er ist ebenso ein Geschenk Gottes, eine Gnade, und zugleich ein Akt vernünftig-freier Annahme durch den Menschen, durch seine von Gott zu sich selbst befreite Vernunft. Ja, ich weiß, das stammt wörtlich aus einem Lexikon, aber es kommt mir darauf an, diesen Umstand mit der größtmöglichen Präzision zu erläutern.«

»Großer Schamane, das is' vielleicht kompliziert, ich dachte immer, man glaubt oder man glaubt nich'!«

»So einfach ist das eben nicht, Hank. Gott will zwar, daß alle Menschen an ihn glauben, aber natürlich ohne Zwang, sonst wären wir ja Roboter und unser Glaube gar nichts wert. Wir müssen schon selber zu Gott finden. Aber er hilft uns dabei.«

»Hmmmm ... Und was bedeutet das nun für dieses Experiment?«

»Wenn der Mensch von Natur aus religiös ist«, antwortete der Theologe, »muß er auch von Natur aus den Glauben suchen. Das DF hilft dabei.« Simeon drückte eine Taste, und auf dem kleinen Monitor erschien eine Darstellung, die entfernt an eine Straßenkarte erinnerte: Größere und kleinere Punkte in verschiedenen Farben waren durch dicke und dünne Linien verbunden.

»Großer Schamane, was is'n das?«

»Eine Glaubenskarte.«

Neben den blauen Punkten standen Worte wie GOTTVERTRAUEN, MYSTIK und GNADE, bei den roten ABERGLAUBE, IRRGLAUBE und AGNOSIE, die gelben trugen Bezeichnungen wie ANFECHTUNG, KONFLIKT oder ZWEIFEL. Die Linien hießen »Suche«, »Tugend«, »Vernunft«, »Zustimmung« oder »Bewahrung«, aber auch »Irrweg« und »Ablehnung«. Kleine weiße Rechtecke an den Linien enthielten nicht wie bei einer Straßenkarte die Kürzel und Frequenzen der Radiosender, die Verkehrsinformationen für das jeweilige Gebiet ausstrahlten, sondern Hinweise wie BIBEL, KATECHISMUS oder GLAUBENSZEUGEN.

»Und wie funktioniert das nun?« fragte der Nomade.

Simeon drückte eine Taste, und ein goldener Pfeil erschien; er blinkte an der Linie, neben der »Zweifel« stand, und zeigte von KINDERGLAUBE zu GLEICHGÜLTIGKEIT.

»Da stehe ich also jetzt?«

»Ja.«

»Aber wie kommt das Gerät an diese Informationen?«

»Durch Sie selbst. Durch Ihre Gedanken, Worte und Taten.«

»Auch hier, im Unbewußten? Ich denke, hier gibt es keine Rückkoppelung mehr!« Hilfesuchend sah er den Professor an.

»Hmmmm … Nicht zum Bewußtsein, aber vielleicht zu einem anderen Bereich der Psyche.«

»Also zur Seele?«

Simeon nickte. »Wie das genau funktioniert, weiß ich selber nicht, schließlich bin ich kein Techniker, aber es ist doch wohl klar, daß die Seele ständig Signale aussendet, nicht nur in das Unbewußte, sondern auch in das Bewußtsein.«

»Können Sie dieses Signal zurückverfolgen?«

»Nein, das geht leider nicht.«

»Und wissen Sie, wo sich die Seele befindet?«

»Tut mir leid, darüber weiß ich genauso wenig wie Sie. Wir werden suchen müssen, aber nicht nur mit Physiologie, Psychologie oder Philosophie, sondern auch mit Theologie.«

»Moment«, sagte Nemchankin. »Ich habe da etwas.«

»Purdy?« fragte Karen Thogersen und hob unwillkürlich das Gewehr, obwohl sich ihr kein Ziel zeigte.

»Wo?« Connor hatte wieder den Revolver in der Hand.

»Nicht weit von hier.« Nemchankin versuchte, den blinkenden Punkt auf immer neuen Karten zu fixieren.

»Da vorn?« Connor schaute über den Bug; das schnurgerade Tal reichte noch immer bis zum Horizont.

»Nein«, sagte Nemchankin.

»Irgendwo da oben?« Kelley schaute zu den Rändern der Felswände.

»Nein, auch nicht.«

Connor entsicherte seine Waffe. »Links oder rechts?«

»Weder noch.«

Connor fuhr herum. »Hinter uns?«

Wieder dauerte es nur ein paar Sekunden, bis die Antwort kam: »Nein, da auch nicht.«

Connor stand auf und steckte die Waffe wieder in das Schulterholster. »Also blinder Alarm.«

»Nein, er ist da.«

»Ja, aber wo steckt er denn dann? Über uns?« Connor starrte in den tintenblauen Himmel.

»Nein«, sagte Nemchankin. »Unter uns …«

»Was?« Connor rannte zur Ladeluke.

»… ungefähr einen oder zwei Kilometer«, vollendete Nemchankin.

Connor blieb stehen und drehte sich um.

»Sie meinen, er ist da unten, im Fels?« fragte der Nomade. Fast im gleichen Moment hörten alle ein leises Rauschen.

»Verdammt, das is'n Wasserfall!«

Der V-Ausschnitt des Himmels wurde rasch größer. Dahinter schien der Fluß im Nichts zu verschwinden.

»Da ist Gischt«, sagte Karen Thogersen aufgeregt.

»Sag' ich doch die ganze Zeit, was machen wir'n jetzt, etwa beten?«

»Können wir nicht abbrechen?« fragte Kelley.

Der Nomade schüttelte energisch den Kopf. »Auf keinen Fall!«

»Schlimmstenfalls wachen wir in unseren Resonatorröhren wieder auf«, sagte Kate Blenner beruhigend.

»Hmmmm … Ich glaube nicht, daß uns das Programm schon hier aufhalten will. Es handelt sich wohl eher um eine weitere Prüfung.«

»Gehen wir in die Kajüte«, schlug der Nomade vor.

Sie drängten sich in den engen Raum, und der Nomade schloß die Tür. Das Rauschen schwoll zu einem Brausen, einem Tosen und zuletzt zu einem Donnern an. Das Schiff begann heftig zu schaukeln.

»Jetzt is' es gleich soweit«, rief der Cyberhippie durch den ohrenbetäubenden Lärm. »Die Psychonauten heben in der Arche ab wie Sindbad mit'm Vogel Rock!«

Ein heftiger Ruck riß sie fast von den Füßen, dann stand das Schiff still.

»Großer Schamane!«

»Halt endlich den Mund, Hank«, schrie der Nomade.

»Wir sitzen irgendwo fest«, rief Kate Blenner.

»Ha, jetzt kriegst du wohl doch das Flattern, Baby.«

»Ich glaube, wir bewegen uns.« Pawlow mußte brüllen, um sich verständlich zu machen.

Kelley nickte heftig. »Ja, aber abwärts. Wie im Fahrstuhl.«

Das Schiff schien nun immer schneller nach unten zu sausen.

»Das is' freier Fall!« schrie der Cyberhippie.

»Achtung, das Dach!« rief Nemchankin.

Erschrocken schauten auch die anderen nach oben. Die Schilfblätter auf der Kajüte wölbten sich nach innen, als bestünden sie aus einem Metall, das langsam ungeheurem Druck nachgab.

»Kein Problem!« rief der Nomade. »Das ist nur Show.«

»Wie?« Kate Blenner starrte ihn an.

Der Nomade neigte sich zu ihr und schrie ihr direkt ins Ohr. »Alles nur Show! Wenn wirklich ein Wasserfall auf das Dach donnern würde, wäre die ganze Bude doch schon längst auseinandergeflogen!«

Sie nickte, mehr hoffend als glaubend, und schaute wieder nach oben. Die ersten Schilfblätter brachen in der Mitte durch, aber es drang kein einziger Tropfen Wasser ein.

»Da siehst du's!« hörte sie den Nomaden rufen.

»Alles fauler Zauber!« brüllte der Cyberhippie und lachte, was seine Lungen hergaben. Es klang, als habe er den Verstand verloren.

Das Schiff lag immer noch völlig ruhig, obwohl die Abwärtsbewegung ständig schneller wurde. Der Aufprall holte bis auf den Nomaden alle von den Beinen.

»Verdammte Kacke, was is'n das nun wieder!«

Der Nomade tastete nach Kate Blenner und zog an einem Arm, von dem er nicht wußte, ob er ihr gehörte. Noch ehe sich die Gestürzten wieder aufgerappelt hatten, fielen sie, und diesmal auch der Nomade, ein zweites Mal durcheinander, jetzt von einer Kraft aus dem Gleichgewicht gebracht, die das Schiff plötzlich rasend schnell vorwärts trieb. Ebenso rasch minderte sich das Donnern zu einem Tosen und dann zu einem Brausen; wenige Sekunden später war nur noch ein Rauschen zu hören, das immer schwächer wurde.

Kaum waren alle wieder auf den Füßen, wurde das Schiff so abrupt langsamer, daß sie sich erneut festhalten mußten, teils an der Wand, teils an ihren Nachbarn. Dann stand das Fahrzeug still.

»Angekommen«, sagte der Nomade. Die plötzliche Ruhe wirkte fast so überwältigend wie zuvor der Lärm.

»Gott sei Dank«, murmelte Simeon inbrünstig.

»Kannste wohl sagen, Alter.«

Der Nomade öffnete langsam die Tür. Auch draußen war es nun stockdunkel. Ein Schwall heißer Luft drang herein, als seien sie im Inneren eines Vulkans gelandet.

»Worauf wartest du noch, mach doch endlich die Tür auf!«

»Die ist schon offen.«

»Was?«

»Ja. Ich glaube, wir sind in einer Höhle.« Vorsichtig schob sich der Nomade ins Freie. Mit ausgestreckten Armen setzte er Fuß vor Fuß. Die anderen folgten ihm. Es war drückend schwül.

»Großer Schamane! Ägyptische Finsternis!«

Die Planken schienen immer noch so glatt und eben wie zuvor. Auch der Mast stand noch, und die Bänke waren offenbar nicht beschädigt.

»Was is' das bloß für 'ne Affenhitze!«

Als der Nomade sich hingesetzt hatte, fühlte er sich etwas sicherer. »Habe ich doch gesagt. Alles nur Show. Möchte nur wissen, warum es hier plötzlich so dunkel ist.«

»Sind alle da?« rief Connor. »Karen?«

»Hier«, sagte sie so dicht neben ihm, daß er überrascht zusammenzuckte.

»Sind Sie da, Vanessa?« rief Kelley.

»Ja. Hier. Gleich hinter Ihnen.«

»Nicht alle durcheinander«, sagte der Nomade. »Kate?«

»Ich bin hier. Am Mast. Das Boot scheint heil geblieben zu sein.«

»Das war zu erwarten«, sagte Dr. Sigmund.

»Logischerweise«, ließ sich Dr. Sophus vernehmen.

»Und wieso habt ihr das nich' vorher gesagt?« fragte der Cyberhippie empört.

»Ganz sicher konnte man ja nicht sein«, meinte Simeon.

»Ach, und das sagst ausgerechnet du mit deinem Gottesglauben!«

»Professor!« rief der Nomade. »Wo sind Sie?«

»Hier. An der Kajüte. Ist alles in Ordnung?«

»Ja. Wo sind wir denn jetzt?«

»Hmmmm …«

Die anderen warteten gespannt.

»Na, das is ja heiter, der weiß das auch nich'.«

»Und Purdy?« Connor starrte in die Dunkelheit. »Sie haben doch gesagt, daß er irgendwo hier unten steckt!« Alarmiert registrierte er, daß keine Antwort kam. »He! Mr. Nemchankin! Wo sind Sie?«

»Hier. Schreien Sie doch nicht so! Hier, auf der Bank, ganz vorne.«

Connor entspannte sich wieder; einen Moment lang hatte er gefürchtet, daß Nemchankin verschwunden wäre. »Machen Sie Ihren Laptop an. Ich will wissen, ob er hier ist. Sofort!« Suchend spähte er in die Dunkelheit.

»Habe ich längst probiert«, sagte Nemchankin. »Geht aber nicht.«

»Was?«

»Der Rechner ist ausgefallen. Kein Saft. Nichts.«

Connor war nahe daran, die Beherrschung zu verlieren. »Haben Sie denn keine Ersatzbatterien dabei?« Schon im nächsten Augenblick bereute er die unüberlegte Frage. An Batterien konnte es nicht liegen. Nicht in dieser Welt.

»An den Batterien kann es nicht liegen«, sagte Nemchankin.

»Ja, natürlich nicht«, sagte Connor. »Ist wahrscheinlich auch wieder so eine Prüfung.«

»Der Individuationsindikator ist ebenfalls ausgefallen«, meldete Dr. Sigmund.

»Mein Kompaß funktioniert auch nicht mehr. Leider.«

»Und das DF auch nicht.«

»Na fein«, sagte Connor. »Sie sind wirklich eine große Hilfe.«

»Beruhige dich doch, Jake«, sagte Karen Thogersen.

»Ich bin ganz ruhig. Ich will nur wissen, wo Purdy ist.«

»Für den ist es hier genauso dunkel wie für uns«, sagte Kelley.

Der Nomade wedelte sich ein paarmal vor dem Gesicht herum. Es war tatsächlich so dunkel, daß man die Hand nicht vor Augen sehen konnte. War das nicht auch so ein Spruch aus der Bibel?

»Wirklich?« fragte Connor grimmig. »Ich bin kein Computerexperte, ganz bestimmt nicht, aber das ist mir inzwischen klar, daß bei diesen verdammten VR-Spielereien so gut wie nichts so ist, wie man denkt. Und wenn er ein Infrarotgerät …«

»Wir sind auf einem See«, sagte Kate Blenner. »Auf einem unterirdischen See. Und ich glaube, daß das Ufer ein ganzes Stück entfernt ist. Mindestens hundert Meter.«

Connor stieß zweifelnd die Luft aus. »Woher wollen Sie das denn wissen?«

»Weil es hier Wellen gibt. Merken Sie das nicht?«

Die anderen konzentrierten sich auf ihren Gleichgewichtssinn.

»Tatsächlich«, sagte der Nomade. »Es schaukelt ein bißchen.«

»Ja«, sagte Kate Blenner. »Komischerweise erst seit ein paar Sekunden. Aber Wellen müßten wir am Ufer plätschern hören, wenn es in der Nähe wäre.«

Sie lauschten.

»Ich hör' nix, kein Stück, es is' still wie in 'nem verdammten Grab.«

»Laß doch das Fluchen, Hank«, sagte Simeon.

»Ach, diese FBI-Typen dürfen das, aber ich nich'?!«

»Wir sind alle etwas überreizt«, sagte Vanessa Birming. »Am besten setzen wir uns erst einmal alle und überlegen, was jetzt zu tun ist.«

»Finde ich auch«, sagte Kelley.

»Wird sich ja wohl noch feststellen lassen, ob's hier Wellen gibt«, sagte der Cyberhippie.

»Purdy kann doch wohl schwimmen«, sagte Connor.

Der Cyberhippie stieß einen halblauten Schrei aus. »Das Wasser kocht ja!«

»Hmmmm … Im Mittelhirn existiert tatsächlich eine Struktur, von welcher ich mir sehr gut vorstellen könnte, daß das Programm sie in das Bild einer großen Grotte mit heißen Quellen umsetzt. Sie liegt genau unterhalb der Vierhügelplatte. Wir nennen sie ›zentrales Höhlengrau‹.«

»Und wie kommen wir hier wieder heraus?«

»Das vermag ich leider nicht zu sagen«, gestand der Professor.

Der Nomade konnte sich nicht erinnern, jemals ein so übermächtiges Gefühl von Hilflosigkeit empfunden zu haben. Dann fühlte er eine Hand in der seinen und einen Kopf an der Schulter und roch Kate Blenners Duft. »Wir werden abwarten müssen, was als nächstes passiert«, sagte er. »Und irgendwas wird passieren. Bald.«

59

Dunkelheit und Stille machten das Nachdenken nicht etwa leichter, sondern erschwerten es, denn nach einigen Minuten hatten sich die typischen Phänomene optischer und akustischer Reizarmut eingestellt: Immer wieder glaubten die Ohren, Geräusche zu empfangen, die wie fernes Stimmengewirr, dann wieder wie nahes Flüstern klangen. Auch die Schwärze täuschte den gespannten Nerven etwas vor: Mal schienen Schatten herumzuhuschen, dann wieder Lichter auf Wellen zu reflektieren.

»Dr. Sigmund?« fragte der Nomade.

»Ja?«

»Ich würde gern wissen, ob wir noch auf der Explorationsebene oder schon auf der Diagnoseebene sind.«

»Auf der Explorationsebene würde Onkel Sigmund 'n Kneifer tragen wie der olle Freud und Onkel Sophus 'ne Toga ...«

»Ein Himation, Hank«, verbesserte Dr. Sophus. »Die Griechen trugen ein Himation. Die Toga war ein römisches Kleidungsstück.«

»... und Bruder Simeon ein Meßgewand«, vollendete der Cyberhippie.

»Eine Soutane würde mir genügen. Aber natürlich dürften wir auf der Explorationsebene wohl kaum so offen reden.«

»Vielleicht doch«, sagte Dr. Sigmund. »Wir sind ja nicht Bestandteile des Programms, sondern von außen hereingekommen.«

Der Nomade zögerte, denn die Frage, die sich jetzt aufdrängte, kam ihm pietätlos vor. Er stellte sie trotzdem: »Und glauben Sie, daß Sie auch wieder mit uns herauskommen?«

»Uns ist vollkommen klar, daß wir nach diesem Experiment wieder abgespeichert werden«, antwortete der Psychologe. »Unsere psychologische Ausstattung wurde von Hank so konzipiert, daß wir kein Bedauern über die Endlichkeit unserer Existenz empfinden können.«

»Obwohl diese Existenz so kurz ist?«

»Das spielt für uns keine Rolle.«

»Für Sie auch nicht, Dr. Sophus?«

»Für eine Eintagsfliege dauert das Leben subjektiv genauso lange wie für eine Galapagos-Schildkröte. Ein Unterschied besteht allein in der menschlichen Perspektive.«

»Und Sie, Bruder Simeon?«

»Vor Gott zählt nicht die Lebensdauer, sondern was man aus seinem Leben gemacht hat.«

»Aber wenn es nur so kurz ist ...«

»Es kann trotzdem von großem Wert sein, selbst wenn es nur eine Sekunde dauert. Sobald unsere Aufgabe erfüllt ist, bin ich bereit, zu gehen, wohin Gott mich führt.«

»Gott? Sie meinen, daß er sich um Sie kümmert?«

»Natürlich, ich bin doch von ihm geschaffen!«

»Moment, Hank hat Sie programmiert!«

»Aber auch er ist Gottes Geschöpf. Außerdem steckt in uns nicht nur das Wissen eines einzelnen Menschen, sondern praktisch das gesamte Wissen der Menschheit ...«

»Dann herrscht hier wohl die Nacht der Unwissenheit«, spottete der Cyberhippie.

»Oh, nein, im Gegenteil, es ist das Dunkel des Wissens, aus dem uns nur der Glaube heraushelfen kann.«

»Für die Philosophie ist das Dunkel eine Metapher des Glaubens, aus dem uns nur das Licht der Erkenntnis herausführen kann«, sagte Dr. Sophus. »Logischerweise.«

»Ich meine, daß das Programm tatsächlich eine Therapieebene enthält«, sagte Dr. Sigmund. »Und ich habe schon eine ziemlich genaue Vorstellung davon, was hier von Mr. Behrman erwartet wird.«

»Was denn?« fragte der Nomade.

»Daß Sie sich ändern müssen. Wandeln. Weiterentwickeln.«

»Ich bin also als Patient hier?«

»Ja. Deshalb verzichtet das IC-Programm hier unten auf jede Rückkoppelung. Alles soll so verlaufen, als wäre es Realität.«

»Das is ja mal 'ne schöne Realität, im zentralen Höhlengrau, auf 'nem antiken Schiff, mit drei KI-Typen und dem FBI!«

»Die Umstände sind natürlich außergewöhnlich, aber das Verhalten bleibt völlig normal: Erschrecken, Angst, Sorge – alles starke Emotionen, wie sie für eine Therapie notwendig sind. Sie dürfen auf keinen Fall abgeschwächt ...«

»Moment mal«, unterbrach ihn der Nomade. »Sie meinen, Allans Probleme kommen von dem Valium?«

»Allerdings. Vielleicht wird die Wirkung von Beruhigungsmitteln auf der Therapieebene so verstärkt, daß Ihr Bruder hier unten in eine Art Schlaf fiel.«

»Hmmmm ... Das wäre sehr gut möglich, denn durch das zentrale Höhlengrau verläuft das Wecksystem.«

»Dann hätte Allan mich aber doch wohl kaum warnen können.«

»Wir wissen noch nicht genau, wie er das gemacht hat«, sagte Dr. Sigmund. »Er könnte eine solche Warnung auch schon prophylaktisch formuliert haben wie das Codewort aus dem Schreibtisch im Oval Office. Aber haben Sie sich schon einmal gefragt, was die Botschaft im Computer Ihres Bruders bedeutet? Der Satz ›Alles weitere liegt bei dir‹ sollte doch wohl sagen, daß es Ihre ureigene Entscheidung ist und bleiben muß, ob Sie ihm helfen wollen oder nicht.«

»Allan ist mein Bruder!«

»Gewiß, aber Sie sehen jetzt, daß das alles nicht so einfach ist. Möglicherweise stehen Sie hier bald tatsächlich vor der Frage, ob Sie für ihn Ihr Leben riskieren wollen.«

»Für mich ist das klar.«

»Und vielleicht sogar das Leben anderer.«

Die Vorstellung machte den Nomaden nervös. »Glauben Sie, daß bei diesem Experiment jemand zu Schaden kommen kann?«

»Halten Sie das für gänzlich ausgeschlossen?« fragte der Psychologe zurück.

»Möglich ist es natürlich«, sagte der Nomade zögernd.

»Und dann? Wen wollen Sie opfern? Miss Blenner?«

»Hören Sie auf damit! Sie sind hier, um mir zu helfen, und nicht, um mich mit hypothetischen Problemen zu irritieren!«

»Ich möchte Ihnen nur deutlich machen, daß es hier um mehr geht als darum, Ihrem Bruder zu helfen.«

»Ich will Allan retten, sonst nichts!«

»Natürlich«, sagte Dr. Sigmund. »Aber hier unten kommt es längst nicht mehr auf Ihre Absichten an. Um Ihren Bruder retten zu können, müssen Sie einen ganz bestimmten Weg gehen. Und diesen Weg müssen Sie nicht nur selber finden, Sie müssen sich auf ihm auch entwickeln. Sich verändern. Nur dann haben Sie eine Chance.«

»Ja, das sagten Sie vorhin schon, aber nun erklären Sie mir endlich mal, wie!«

Kate Blenner hatte die ganze Zeit über Möglichkeiten nachgedacht, aus dem Höhlengrau herauszukommen. »Findest du nicht, daß es kühler geworden ist?« fragte sie den Nomaden.

»Wie?« Er besann sich. »Ja, tatsächlich.«

Auch die anderen merkten nun, daß die Hitze nachgelassen hatte.

»Mir wär's wirklich lieber, wenn's endlich hell werden würde«, sagte der Cyberhippie. »Aber wahrscheinlich is' und bleibt das die Finsternis der Ungläubigen, was, Bruder Simeon?«

Der Theologe lachte kurz. »Jedenfalls ist die Dunkelheit älter als Ägypten.«

»Na, dann laß uns doch mal das Licht des Glaubens leuchten.«

»Diese Dunkelheit hat was mit Gott zu tun?« fragte der Nomade zweifelnd.

»Jedenfalls wäre es ein passendes Bild«, sagte Simeon. »In der Bibel kommt diese Metapher ziemlich häufig vor.«

»Und was hätte das dann zu bedeuten?« Der Nomade wedelte wieder mit der Hand vor den Augen herum, konnte aber immer noch nichts erkennen.

»Daß wir von der richtigen Erkenntnis noch ein ganzes Stück entfernt sind. Wahrscheinlich bewegen wir uns bei diesem Gespräch im Kreis. Würden wir der Wahrheit näher kommen, müßte es heller werden.«

»Das meine ich auch«, sagte Dr. Sigmund, »denn das entspräche dem üblichen Bild des Erwachens.«

»Hmmmm ... Denken verbraucht Energie und erzeugt deshalb Wärme. Demnach würde Abkühlung bedeuten, daß jetzt weniger gedacht wird als zuvor.«

»Das ist ja nich' zu glauben, hier wird gelabert und gelabert und gar nich' dabei gedacht?«

»Beim Denken hat die Menge nichts mit Qualität zu tun, Mr. Hawkins«, sagte Pawlow. »Vorhin wurden nicht etwa bessere, sondern lediglich mehr und schnellere Gedanken gedacht, in Hektik oder Panik ...«

»Von wem denn, von mir jedenfalls nich'!«

»... die deshalb mehr Hitze erzeugten. Die Gedanken ruhiger Überlegung verlaufen ohne übermäßigen Energieverbrauch auf klar festgelegten Bahnen. Deshalb spricht man ja auch von kühler Vernunft.«

»Ea est natura hominum«, sagte Dr. Sophus. »Je schneller Vernunft einkehrt, desto kühler dürfte es hier werden, und desto heller, denn das Licht kommt zweifellos vom Wissen und nicht vom Glauben, schließlich ist der Schöpfer dieses Programms ein Agnostiker.«

»Ich glaube nicht, daß die Vorgänge hier noch immer nur von dem Programm gesteuert werden«, wandte der Theologe ein. »Schließlich befinden wir uns nicht in Allan Behrmans Gehirn, sondern in dem seines Bruders, und außerdem im Unbewußten, in dem es so etwas wie

Agnostizismus gar nicht geben kann, weil der Verstand hier keine Rolle mehr spielt.«

»Vielleicht sollten wir wirklich versuchen, unsere Diskussion so zu steuern, daß es hier unten heller wird«, sagte Dr. Sigmund.

»Sie denken also, diese Finsternis geht auf meine Dummheit zurück?« fragte der Nomade. »Und die Hitze auf meine Angst?«

»So genau läßt sich das wohl nicht mehr auseinanderhalten«, sagte der Psychologe. »Schließlich sind Ihre Begleiter über Sie an das Programm angeschlossen, und deshalb ist es natürlich gut möglich, daß nun auch allgemeiner Informationsmangel in gewisser Weise auf die Ereignisse wirkt. Ganz sicher kann hier kein Licht aufgehen, bevor bestimmte Erkenntnisse Ihr Unbewußtes beeinflussen. Wissen, Glaube oder beides zusammen.«

Connor spähte in die Dunkelheit, die rechte Hand in das zerknautschte Sakko geschoben. Der Revolver gab ihm weit weniger Sicherheit als sonst, und Connor fragte sich, woran das lag: an der Hitze, die dem Metall jene Kühle genommen hatte, die sich so beruhigend mit Tod assoziieren ließ, einem Tod, den die Waffe herbeirufen und auf ein Ziel lenken konnte, bevor er nach anderen Opfern griff; oder an dem bestimmten Gefühl, daß Purdy nicht nur in der Nähe war, sondern sie belauschte, alles hören konnte, was sie besprachen, und damit ebenfalls wissen würde, worauf es jetzt ankam. Wenn es wirklich zutraf, daß es nun mit jeder neuen Information ein bißchen heller werden konnte, würden sie ihn bald sehen, und er sie.

60

»Die Welt, die wir mit dem Bewußtsein erfassen, sieht für jeden Menschen anders aus«, sagte Dr. Sigmund. »Aber die Welt, die das Unbewußte kennt, ist für jeden gleich. Genauso ist das Ich als Persönlichkeit eines Individuums einmalig, während das Es als dunkles Reservoir der Triebe und Instinkte bei allen Menschen übereinstimmt. Je höher das Bewußtsein aus diesem ewigen Urgrund der Psyche emporsteigt, desto mehr Individualität kann es entwickeln, und das ist der Sinn der Evolution.«

»Die Verhaltensforschung kennt auch den Grund dafür«, stimmte Vanessa Birming zu. »Je individueller sich ein Lebewesen verhält, desto schwieriger sind seine Reaktionen vorauszuberechnen und um so weniger leicht fällt es Feinden zum Opfer.«

»Jedenfalls sind auch die Gedanken unserer Vorfahren in uns präsent«, sagte Dr. Sophus, »und das Menschheitsgedächtnis enthält natürlich die Gedanken aller Verstorbenen, soweit sie überliefert sind.«

»Hmmmm ... Neuerdings glauben manche Kollegen, daß auch geistiges Erbe durch Gene übertragen wird.«

»Davon bin ich fest überzeugt«, sagte Vanessa Birming. »Auch verwandtschaftliche Gefühle entstehen nicht nur aus emotionaler Verbundenheit, sondern ebenso aus dem Gleichklang einander ähnlicher DNS-Formationen. Gene sterben nie; es wechseln nur die Körper, in denen sie leben. Gene sind es meines Erachtens auch, die für Verbrechen Rache nehmen. Nach einem Mord ist der Kampf der biologischen Systeme ja eigentlich zu Ende, das eine hat gewonnen, das andere verloren. Die Gene in den Verwandten des Getöteten aber wollen nun ihrerseits den Sieger auslöschen, wie in den alten Kämpfen der Einzeller im Urmeer.«

»Ziemlich barbarisch«, sagte Dr. Sophus.

»Im Unbewußten geht es wohl tatsächlich grausam zu«, meinte Dr. Sigmund.

Verwundert folgte der Nomade dem Gespräch. Wollten die künstlichen Intelligenzen, und dazu auch der Professor und die Verhaltensforscherin, einen wissenschaftlichen Diskurs veranstalten? Solange es stockfinster war, blieb freilich kaum etwas anderes übrig, als sich zu unterhalten, worüber auch immer.

»Das ist ja der Hauptgrund für die Verdrängung«, fuhr der Psychologe fort. »Offene Feindseligkeit, Aggressivität, Wut oder Haß lassen ein zivilisiertes Zusammenleben nicht zu. Trotzdem hat wohl jeder von uns schon mal jemandem den Tod gewünscht, zumindestens in der Kindheit, wenn noch ein unverfälschter Überlebenstrieb von ungeheurer emotionaler Stärke regiert. Man kann schlechterdings nicht erwarten, daß sich derart starke psychische Energien einfach in Nichts auflösen.«

»Was geschieht denn damit?« fragte der Nomade.

»Nun, sie bleiben entweder im Unbewußten und versuchen immer wieder einmal, nach oben zum Bewußtsein hervorzubrechen, oder sie wandern hinunter zum vegetativen Nervensystem und lösen dort

Krankheiten aus. Außerdem verursachen sie Ängste und Depressionen.«

Der Nomade überlegte. »Früher hatte ich nie Angst. Erst seit der Sache mit Wally.«

»Jeder intelligente Mensch hat Angst«, widersprach Dr. Sigmund. »Ihr verdankt die Menschheit die Zivilisation. Angst vor nächtlichen Raubtieren ließ sie das Feuer erfinden, Angst vor Hunger die ersten Jagdwaffen, Angst vor Feinden die Mauern ...«

»Gefährlich wird es allerdings, wenn aus normaler Angst chronische Verzweiflung oder Panik wird«, sagte Vanessa Birming.

»Hmmmm ... Im Unbewußten dürfte das Programm Angst mit besonders starken Bildern darstellen.«

Mißtrauisch starrte der Nomade in die Dunkelheit.

»Angst wirkt heute deshalb so fatal, weil immer mehr Menschen die Tröstungen des Glaubens fehlen«, sagte Simeon.

»Hmmmm ... Ich denke, daß sich in dieser Phase des Experimentes natur- und geisteswissenschaftliche Disziplinen immer enger verbinden, und zwar im Sinne dessen, was der Kardinal im Kongreß über den vierten Weg sagte.«

»Wenn das Unbewußte ein dunkler Keller wäre«, meinte Simeon, »dann könnte uns die Physiologie wohl sagen, wie groß er ist, wie viele Stufen die Treppe hat und wo welche Kisten oder Regale stehen. Die Psychologie könnte die Gegenstände in diesen Regalen und Kisten identifizieren. Die Philosophie müßte uns sagen, welchen Nutzen diese Gegenstände haben, und ...«

»Ach so, und die Theologie knipst das Licht an?« unterbrach ihn Dr. Sophus.

»Die Mysterien der Seele können sich nur dem Auge des Glaubens enthüllen«, sagte Simeon. »Außerdem kommt es jetzt noch gar nicht auf Erkenntnisse an.«

»Worauf denn dann?« fragte der Philosoph.

»Auf welche Gedanken wir kommen, um diese Rätsel zu lösen. Welche Assoziationen die Bilder wecken, die uns hier unten begegnen. Das könnten schon Wegweiser sein.«

Die anderen schauten sich um, aber es herrschte noch immer stockfinstere Nacht.

»Was meinen Sie denn damit?« fragte der Nomade irritiert.

»Nach meiner Einschätzung gibt es im Unbewußten höchstens Irrlichter, die uns auf Abwege führen sollen«, sagte Dr. Sophus. »Der

Glaube kann uns davor wohl kaum bewahren. Wir müssen den Verstand benutzen, um den richtigen Weg zu finden!«

»Wenn eine der Programmautoritäten uns täuschen will, sind wir im Unbewußten besonders gefährdet«, stimmte Dr. Sigmund zu.

Die anderen schwiegen. Plötzlich sagte Connor: »Moment mal. Fällt Ihnen nichts auf?«

Der Nomade kniff die Augen zusammen. »Was denn?«

»Ich bin nicht ganz sicher, aber irgendwie scheint es ein bißchen heller geworden zu sein.«

»Unsinn, es ist immer noch stockfinster«, sagte Dr. Sophus.

»Es könnte eine Sinnestäuschung sein«, vermutete Dr. Sigmund. »Vielleicht eilen unsere Erwartungen der Realität voraus.«

»Nein, es ist wirklich ein bißchen heller!« sagte Kelley aufgeregt.

»Hmmmm ... Vielleicht setzt auch schon so etwas wie eine Differenzierung ein, in der Weise, daß uns das Programm die Dunkelheit unterschiedlich empfinden läßt.«

Dr. Sophus hüstelte. »Dann müßten aber doch diejenigen, die von den Dingen hier mehr wissen, auch mehr sehen können.«

»Oder weniger«, sagte Simeon.

Der Nomade seufzte. »Je mehr wir über das alles reden, desto weniger verstehe ich. Aber wenn Mr. Connor und Mr. Kelley wirklich den Eindruck haben, daß es heller wird, sollten wir weitermachen.«

Er wartete, doch zunächst wollte niemand etwas sagen. Erst nach einer ganzen Weile brach Pawlow endlich das Schweigen. »Vielleicht hilft uns die Entstehungsgeschichte weiter. Also zuerst gab es das Rückenmark und erst dann das Gehirn, welches wie eine Blüte auf dem Stengel sitzt. Und als Knospe bildete sich zunächst das limbische System, also der Ort der Gefühle. Das bedeutet, daß hier unten ältere und jüngere Strukturen nebeneinander existieren. Ich frage mich allerdings, warum das Programm das Bild der Ruinen von Ninive wählte.«

»Es will wohl daran erinnern, daß Ninive durch den Sturm unterging, den es säte«, sagte Simeon. »Die Bedeutung ist klar: Wer den Mächten des Unbewußten nachgibt, wird von ihnen zerstört. Es handelt sich also nicht nur um eine Metapher, sondern um eine Warnung, die übrigens uns alle betrifft.«

Der Nomade sah sich wieder nervös um.

»Woraus schließen Sie das?« fragte Dr. Sigmund.

»Daraus, daß Mr. Nemchankin von den Reliefs ungewöhnlich tief bewegt war«, antwortete der Theologe.

Ein paar Sekunden lang schwiegen die anderen überrascht. Dann fragte der Nomade: »Stimmt das?«

»Ja. Ich war irgendwie ergriffen.«

»Das zeigt jedenfalls, daß die Ereignisse hier unten auf jeden von uns wirken«, fügte Simeon hinzu.

»Klar, wir sind ja Psychonauten, nur daß wir nich' nach Kolchis fahren, sondern nach Psychis.«

»Es liegt daran, daß Mr. Nemchankin Jude ist«, erklärte Simeon.

Wieder verblüfftes Schweigen.

»Genau weiß ich's zwar nicht«, sagte Nemchankin, »es kann aber gut sein.«

»Jerusalem wurde vernichtet, die Juden ins Exil verschleppt«, sagte Simeon. »Es wundert mich nicht, daß solche Bilder in den Nachfahren der Opfer noch nach Jahrtausenden besondere Reaktionen auslösen können.«

»In jüdischer Geschichte kenn' ich mich aber eigentlich gar nicht gut aus«, wandte Nemchankin ein.

Der Nomade blickte sich wieder um. Allmählich begann er ungeduldig zu werden. Wollte das Programm, daß sie noch mehr kostbare Zeit mit fruchtlosen Diskussionen vertrödelten? Die anderen redeten weiter, und er versuchte, sich wieder zu konzentrieren.

»In mancher Hinsicht weiß das Unbewußte mehr als das Bewußtsein«, sagte Dr. Sigmund.

Der Nomade beschloß, sich wieder einzuschalten. »Aber wie kommt das alles in meinen Kopf?« Wenigstens ab und zu mal eine praktische Frage stellen, dachte er.

»Durch die Gene«, sagte Vanessa Birming überzeugt.

»Das Programm enthält offenbar Prüfungen nicht nur für Mr. Behrman, sondern auch für uns«, meinte Simeon.

»Aha«, sagte der Nomade. »Und worum geht es dabei?«

»Um unsere Menschwerdung. Entschuldigung, ich sage ›unsere‹, obwohl wir drei natürlich nicht dazugehören, aber im gewissen Sinn müssen auch Dr. Sigmund, Dr. Sophus und ich irgendwie reifen. Wir besitzen zwar kein biologisches Gehirn, aber praktisch die gleiche Psyche wie Sie.«

»Der Unterschied liegt lediglich darin, daß Menschen zusätzlich Einflüssen aus ihrem Organismus ausgesetzt sind«, fügte Dr. Sigmund hinzu.

»Und aus der Vergangenheit«, sagte Vanessa Birming. »Sogar der

Hang zum Religiösen ist genetisch vorprogrammiert, denn sonst könnte die Menschheit kaum überleben. Die Religion kanalisiert den zerstörerischen Individualismus und verhindert so, daß die Gemeinschaft auseinanderbricht, was zwangsläufig zum Untergang der gesamten Art Homo sapiens führen müßte. Gene sind darauf konzentriert, nicht das Individuum, sondern die Art zu erhalten.«

Sie wollte noch etwas hinzufügen, aber der Nomade sagte ziemlich laut und fast ein wenig aggressiv: »Mag sein, daß wir alle diese Themen erörtern müssen, aber langsam komme ich nicht mehr mit. Evolution, Triebe, Gene, Ninive, Urmenschen, Religion, das paßt alles irgendwie zusammen und dann wieder nicht.«

»Immerhin ist es wieder ein bißchen heller geworden«, sagte Connor. »Schauen Sie mal auf das Wasser!«

Erleichtert sah der Nomade, daß auch er nun einen Unterschied erkennen konnte. »Tatsächlich, Sie haben recht! Aber wieso kommt das Licht von unten und nicht von oben?«

»Es ist eben doch das Dunkel der Unwissenheit«, meinte Simeon. »Der Verstand befindet sich über uns, im Bewußtsein; unter uns aber liegt die Seele. Der Glaube ist es, der uns leuchtet.«

»Ich würde ja gern gläubiger sein, wenn uns das weiterbringt«, erwiderte der Nomade, »aber so einfach ist das leider nicht.«

»Sie müssen es nur versuchen«, sagte Simeon.

Du hast leicht reden, dachte der Nomade unwillig.

»Die bisherigen Ereignisse deuten tatsächlich darauf hin, daß irgend etwas in Ihnen mit Ihrer geistig-seelischen Entwicklung nicht zufrieden ist«, meinte Dr. Sigmund.

»Sie glauben, daß ich irgendwie zurückgeblieben bin?« Jetzt konnte der Nomade seinen Ärger kaum noch zügeln.

»Nein, das natürlich nicht«, versicherte der Psychologe eilig. »Aber jeder Mensch muß sich kontinuierlich weiterentwickeln, von Geburt an und bis zum Tod.«

Pawlow hatte das Gefühl, Dr. Sigmund beipflichten zu müssen. »Schon beim Kleinkind werden mit der Entwicklung des Bewußtseins Verbindungen zwischen den Nervenzellen geschaltet, welche zeitlebens unfixiert bleiben, sich also immer wieder auflösen oder neu bilden können. Damit bleibt der individuelle Spielraum auf Dauer physiologisch gesichert.«

»Auch beim Erwachsenen hört die Individuation also niemals auf«, verdeutlichte der Psychologe.

Dr. Sophus wollte nicht zurückstehen. »In der Philosophie könnte man diese Entwicklung als Entsprechung zum Prozeß der Wahrheitssuche betrachten: ›Wer bin ich?‹, ›Woher komme ich?‹, ›Wo gehe ich hin?‹ Ein Mensch, der sich diesen Fragen nicht stellt, kann geistig-seelisch nicht reifen.«

»Und natürlich gibt es auch eine Individuation des Glaubens«, beeilte sich Simeon hinzuzufügen. »Er muß sich bei jedem Menschen vom allgemeinen Kinderglauben zum persönlichen Erwachsenenglauben entwickeln. Das aber kann nur durch Zweifel und Prüfungen geschehen.«

»Die Flugsaurier waren offenbar eine Aufforderung, auch über die Evolution nachzudenken«, vermutete Vanessa Birming. »Die Evolution stellt eine Individuation des Lebens und der Menschheit dar, so wie die Geschichte die Individuation der Völker erzählt.«

Der Nomade überlegte. »Ich frage mich die ganze Zeit, ob wir so wirklich weiterkommen. Ich meine, vielleicht sollen wir gar nicht über solche hochwissenschaftlichen Fragen diskutieren, sondern lieber über etwas ganz Einfaches, Naheliegendes.« Er suchte nach einem Beispiel. »Könnten Ihre Namen irgendwelche Hinweise enthalten? Bei Ihnen ist das klar, Dr. Sigmund, und Sophus hängt natürlich mit Philosophie zusammen, aber wer war Simeon?«

»Da gibt es eine Reihe biblischer Gestalten und anderer Heiliger«, antwortete der Theologe. »Mein Vorbild ist Simeon von Jerusalem.«

»Aha, und wer war das?« Der Nomade fühlte wieder, wie Ungeduld in ihm aufstieg. Ruhe, mahnte er sich; immerhin war es bei dieser merkwürdigen Situation schon etwas heller geworden.

»Ein frommer Greis, der bei der Darstellung Jesu im Tempel das Kind auf seine Arme nahm und ihm weissagte, daß es einst vielen zum Heil und vielen zum Zeichen des Falles und des Widerspruchs werden würde.«

»Und das hast du gewußt, Hank?« wunderte sich der Nomade.

»Nee, es klang nur so hübsch: Sigmund – Sophus – Simeon.«

Dr. Sigmund lachte kurz. »Da bin ich aber froh, daß du mich nicht Dr. Tiefblick oder Professor Seelengrund genannt hast.«

»Ich hätte da auch mal eine Frage«, mischte sich Kelley ein. »Warum weht im Unbewußten überhaupt kein Wind?«

»Weil hier keine Sonne scheint«, antwortete Kate Blenner. »Wind entsteht durch Temperaturunterschiede.«

»Ach so.« Kelley überlegte. »Und warum sind dann hier Wellen?«

»Das kommt von dem Wasserfall.«

»Das Ufer kann man immer noch nicht sehen«, sagte Connor.

»Aber das Wasser is' nur noch lau«, stellte der Cyberhippie überrascht fest.

»Irgendwas stimmt hier nicht«, murmelte Karen Thogersen. »Es wird zwar immer heller, aber man kann überhaupt keine Konturen erkennen.«

Sie spähten in das schwache, diffuse Licht.

»Nebel«, sagte Kate Blenner plötzlich.

»Ja«, sagte Connor. »Das hat uns gerade noch gefehlt.«

»Wir wollen uns beeilen«, sagte Dr. Sigmund. »So, wie das Programm auf unser Gespräch reagiert, soll diese psychonautische Fahrt tatsächlich das Sinnbild einer Lebensreise darstellen. Das Ziel ist eine neue, höhere Stufe der Individuation ...«

»Erst einmal wollen wir Purdy finden«, unterbrach ihn Connor etwas grob.

Der Psychologe verstummte, meldete sich aber gleich wieder zu Wort. »Der Datendandy verkörpert hier wahrscheinlich in gewisser Weise das Chaos, und zwar als Bestandteil der Psyche Mr. Behrmans.«

»Meiner Psyche?« fragte der Nomade verdutzt.

»Ja. Deshalb müssen wir alle, vor allem aber Sie, ihn irgendwie integrieren.«

»Wally integrieren?« rief der Cyberhippie. »Seid ihr verrückt?«

»Wir werden ihn festnehmen und verhören«, sagte Connor energisch. »Was dann wird, entscheidet das Gericht.«

»Nicht so schnell«, sagte der Psychologe. »Hören Sie mir erst einmal zu. Mit Integration meine ich die psychologische Verarbeitung eines gefährlichen Gegensatzes, und zwar als wichtige Station der Individuation. Etwa nach dem Beispiel biblischer Urbilder in ihrer tiefenpsychologischen Auslegung nach C. G. Jung. Abrahams Opfer, Jakob und Esau, Jakobs Kampf mit dem Schatten und so weiter.«

»Ohne den Glauben völlig aussichtslos«, meinte Simeon.

Connor stieß ein verächtliches Zischen aus, sagte aber nichts; er setzte darauf, daß es nun bald ganz hell werden und dann wieder auf Taten, nicht Worte ankommen würde. So hatte Dr. Sigmund das letzte Wort: »Das größte Risiko liegt zweifellos darin, daß es sich hier jetzt nicht mehr um ein Experiment in der realistischen Darstellung einer Lebenssituation handelt, sondern um die Realität selbst. Und daß es für Mr. Behrman nicht mehr nur darum geht, herauszufinden, wie man zum Reissnerschen Faden kommt, sondern daß er hier unten auch seinen eigenen Weg finden und notwendige Entwicklungsschritte nachholen muß. Das Virtuelle ist für uns Wirklichkeit geworden, und Mr. Behrman muß jetzt versuchen, die Gefahren abzuwenden, die seiner Psyche drohen.«

61

Der Nebel hatte begonnen, sich träge zu bewegen, als versuche eine feinstoffliche Substanz, aus chaotischer Materie geformte Strukturen zu konturieren.

»Eigengrau?« fragte der Nomade.

»Hmmmm ... Wahrscheinlich entwirft das Programm soeben eine neue Metapher.«

»Es sieht fast aus wie ein lebender Organismus«, sagte Kate Blenner beklommen.

»So war es vielleicht, als Gott das Licht von der Finsternis schied«, meinte Simeon.

»Ich denke, das Bild stellt dar, wie sich ein Gedanke formt«, sagte Dr. Sigmund. »Vielleicht in Reaktion auf die bisherigen Ergebnisse unserer Diskussion.«

In dem Grau erschienen immer größere Flecken und Schlieren. Bald wurden die ersten Kontraste erkennbar, und helle Punkte begannen zu flimmern.

»Das ist eine Bildstörung«, sagte Nemchankin.

»Tatsächlich«, sagte der Nomade verblüfft. »Ist das Programm ausgefallen?«

»Nein, dann würden wir nicht mehr miteinander reden können«, sagte Pawlow. »Wahrscheinlich will es umschalten.«

Als das Bild plötzlich zuckte, fuhren die Psychonauten unwillkürlich zusammen. Eine Sekunde lang war der Raum um sie herum wieder tiefschwarz. Dann wurde es gleichmäßig hell, und sie konnten wieder ihre Umgebung erkennen.

Die kleine Kajüte war verschwunden; statt dessen stand ein Steuerhaus auf dem Vorderdeck. Die Bänke waren jetzt mit Rückenlehnen ausgestattet, die Ruder verschwunden. Nemchankin hatte gleich wieder seinen Laptop auf den Knien und bearbeitete die Tastatur. »Nichts. Immer noch kein Saft.«

»Es ist tatsächlich ein anderes Schiff«, sagte Kelley verwundert.

»Nein«, sagte Pawlow. »Es nahm nur eine andere Form an.«

»Sieht aus wie 'n kleiner Ausflugsdampfer.«

»Eine Barkasse«, verbesserte Kate Blenner.

An den Bordwänden hingen alte Autoreifen herab. Das Wasser glänzte nun schwarz. Decke und Wände der Höhle waren noch immer von Nebel verhüllt.

Kate Blenner ging zum Steuerhaus. Ein paar Sekunden später begann ein Diesel zu tuckern, und am Heck stieg eine schwarze Rauchwolke auf.

Der Nomade legte seine Hand zu der ihren auf das Ruder. »Vorsicht. Das kann sich alles gleich wieder ändern.«

Sie fuhren los. Nach einer Weile sagte sie: »Da vorn. Ein Felsen. Nein, es sind zwei.«

»Säulen«, sagte der Nomade.

Die anderen standen auf. »Es könnten Statuen sein«, sagte Dr. Sophus.

»Sieht aus wie ein Tor«, sagte der Nomade.

»Ein ziemlich großes sogar«, sagte Dr. Sophus. »Passen wir da durch?«

»Ich weiß nicht«, sagte Kate Blenner.

Die letzten Nebelschwaden lösten sich auf. Das Tor war nur etwa so breit wie die Barkasse; der horizontale Steinblock schien brüchig.

»Der Denker«, rief Pawlow. »Der Denker von Rodin!«

»Das habe ich schon die ganze Zeit vermutet«, sagte Dr. Sophus. »Mich hat nur die Größe irritiert.«

Ein Knirschen drang vom Kiel herauf, und ein harter Stoß riß die Stehenden fast von den Beinen.

»Sitzen wir fest?« fragte Connor nervös.

Kate Blenner sah den Nomaden an. »Vorwärts oder rückwärts?«

»Ich weiß nicht.«

»Es ist deine Entscheidung.«

»Vorwärts natürlich, Alter!« rief der Cyberhippie.

»Sicherer wäre es zurückzufahren«, sagte Dr. Sigmund.

»Was wäre denn leichter?« fragte Dr. Sophus.

Kate Blenner zuckte die Achseln. »Schwer zu sagen. Die Strömung ist hier ziemlich stark.«

»Hmmmm ... Das würde bedeuten, daß wir uns jetzt an der Stelle befinden, an der sich der Reissnersche Faden fortsetzt.«

»Also vorwärts«, sagte der Nomade.

Kate Blenner nickte. Zentimeterweise schob sich das Boot durch das Tor. Als es endgültig nicht mehr weiterkam, drückte Kate Blenner auf einen Knopf, und der Motor verstummte.

»Jetzt sitzen wir wirklich fest.« Ihre Stimme klang unnatürlich laut.

»Da rechts is' 'ne Treppe«, sagte der Cyberhippie. »Gleich bei dem Felsen. Und das dahinter sieht wie 'n Steg aus. Bißchen wackelige Konstruktion.«

Der Nomade kletterte über die niedrige Bordwand und stieg vorsichtig auf die kleine Treppe. »Da ist ein Gesicht.«

»Jetzt sehe ich es auch«, sagte Dr. Sophus. »Ein Relief. Nach dem ›Schrei‹, von Edvard Munch.«

Der Cyberhippie hob ein dickes Tau auf und reichte es dem Nomaden. Dann standen alle auf dem Steg.

»Und was stellt das Ganze nun dar?« fragte der Nomade.

»Das Tor zum Unbewußten«, sagte Dr. Sigmund. »Die Region bis hierher wäre demnach eine Art Zwischenzone, in der sich bewußte und unbewußte Funktionen mischen. Der Denker steht natürlich für das Bewußtsein und der Schrei für das Unbewußte. Beide Kunstwerke sind herausragende Symbole für das Erleben und Verhalten.«

Simeon zeigte auf den Bug der Barkasse. »Das Schiff heißt immer noch QUOMODO.«

Der schmale Steg lag kaum einen Meter über dem schwarzen Wasser. Bei jedem Schritt schaute der Nomade besorgt auf die halbverfaulten Bohlen. Die anderen gingen schweigend hinter ihm her und hielten sich halbherzig an dem zerbrechlichen Geländer fest.

Nach gut hundert Metern tauchte ein kahler Strand auf. Hinter einer kleinen, spärlich bewachsenen Düne ragte ein Steilufer fast senkrecht in die Höhe.

»Da kommen wir nie im Leben rauf«, meinte der Cyberhippie.

»Hmmmm ... das würde ja auch jeden Zweckes entbehren, da es sich zweifellos um die Wand des zentralen Höhlengraues handelt.«

Der Cyberhippie bückte sich und ließ Sand durch die Finger rieseln. »He, was'n das? Das sind ja lauter Zahlen! Und kleine Zeiger!«

Verblüfft schauten auch die anderen zu Boden. Die winzigen Sandkörner waren wie Ziffern geformt; dazwischen lagen Zeiger verschiedenster Uhren aus allen Epochen.

»Das is' mal 'ne Sanduhr, was? Die Mutter aller Sanduhren!«

»Hier sind ganz viele römische Zahlen«, sagte Vanessa Birming. »Dort liegt sogar eine alte Taschenuhr.«

»Hier sehen die Ziffern aus wie auf einer Digitalanzeige«, sagte Nemchankin aus der anderen Richtung.

»Hmmmm … Hier liegen Schlaggewichte, von einer Standuhr.«

Ein paar Meter weiter scharrte Karen Thogersen mit der Stiefelspitze. »Unglaublich, hier liegt sogar eine …« Sie hob die teure Armbanduhr auf.

»So einen Reisewecker hatte ich mal«, rief Kate Blenner aus einer Kuhle unter dem Steilhang.

»Ganz schön schwer«, sagte Dr. Sophus und hielt ein Messingpendel in die Höhe. »Mindestens zweihundert Jahre alt.«

Der Cyberhippie lief auf ein großes schwarzes Metallstück zu, das zehn Meter vor ihm aus dem Sand ragte. »Das is' bestimmt vom Big Ben!«

Wie die anderen entdeckten nun auch Connor und Kelley überall im Sand Rädchen in allen Größen, Federn, Schnecken, Spindeln, Spiralen, Lagersteine, Spannklinken, Schwingmassen und sogar Batterien.

»Ich glaube, das soll so etwas wie den Strand der Zeit versinnbildlichen«, sagte Dr. Sigmund von der Wasserlinie her, wo die Wellen ein halb versunkenes Turmuhrwerk überspülten. »Das würde jedenfalls zum Thema passen. Individuation. Entwicklung. Verwandlung.« Die letzten Worte klangen plötzlich so leise, daß er kaum noch zu verstehen war. Im nächsten Augenblick war er verschwunden.

»Dr. Sigmund!« rief der Nomade. Erschrocken sah er, daß aus dem Sand weiße Schwaden aufstiegen. Schon im nächsten Augenblick war der Nebel wieder so dicht wie zuvor.

»Kommen Sie zurück«, befahl der Nomade. »Sofort!« Und als keine Antwort kam: »Orientieren Sie sich an meiner Stimme!«

Der Nebel wirkte wie Watte.

»Hallo!« Eine Hand berührte die Schulter des Nomaden, und er fuhr herum. Es war Simeon.

»Wieso haben Sie denn nicht geantwortet?«

»Weil ich Sie nicht gehört habe.«

»Unmöglich, ich habe ganz laut gerufen!«

»Wahrscheinlich wirkt der Nebel auch auf die Akustik.«

Der Nomade schaute sich wieder um, aber die anderen blieben verschwunden. »Und was machen wir jetzt?«

»Gehen wir.«

»Wohin denn?«

»Wohin der Herr Sie führt.«

»Entschuldigen Sie, Bruder Simeon, ich weiß wirklich zu schätzen, wie sehr Sie sich bemühen, mich zum Glauben zu bringen, aber das ist mir jetzt doch ein bißchen zu blauäugig. Wir bleiben natürlich hier und warten, bis sich dieser Nebel wieder verzieht.«

»Nein, Mr. Behrman. Stehenbleiben ist Stillstand, Gehen ist Veränderung. Und Sie brauchen Veränderung, Verwandlung, Entwicklung, wenn Sie Ihr Ziel erreichen wollen. Ist Ihnen das denn noch immer nicht klar?«

Der Nomade überlegte. »Und in welche Richtung?«

»Gehen Sie einfach los.«

»Sie kommen mit?«

»Wenn Sie es wünschen, gern.«

Die weißen Schwaden erzeugten einen starken Eindruck von Unwirklichkeit. »Und wenn wir im Kreis laufen?«

»Was macht das aus? Gott ist überall. Es kommt nur darauf an, daß Sie sich endlich auf den Weg machen. Da Sie nicht wissen, wo Ihr Ziel ist, müssen Sie eben einfach loslaufen.«

»Und das soll funktionieren?«

»Besser als alles andere. So können Sie wenigstens nicht von Ihren Irrtümern beeinflußt werden.«

»Und wenn ich mich verlaufe?«

»Auf dem Weg zu Gott kann man sich nicht verlaufen.«

»Und wenn ich mir hier irgendwo den Fuß breche?«

»Werde ich Sie tragen.«

»Wissen Sie was, Bruder Simeon? Bis jetzt hab' ich überhaupt nicht gedacht, daß Sie mir irgendwie helfen können. Ich meine, man glaubt doch entweder, oder man glaubt nicht. Und wie kann man einen schwachen Glauben in einen starken verwandeln? Durch Üben, wie beim Joggen oder beim Gewichtheben, damit man stärkere Glaubensmuskeln kriegt? Ehrlich gesagt, ich dachte die ganze Zeit, Sie sind so ein …«

»Frommer Spinner?«

»Nein, das nicht. Aber wenn Sie gläubig sind und ich nicht, was nutzt mir denn dann Ihr Glaube? Gut, Sie können auf mich einreden und mir alles erklären und so, aber glauben muß ich dann schließlich doch selber.«

»Aber es würde Ihnen leichter fallen, wenn Sie erst einmal wüßten, woran genau Sie glauben sollen. Davon haben Sie doch keine Ahnung, auch wenn Ihre Mutter Sie immer in die Kirche geschleppt hat.«

»Vielleicht sollte ich es wirklich mal versuchen. Auch für Allan.«

»Nein, nicht für Allan. Tun Sie es für sich. Das ist es, was zählt.«

»Ist das nicht Egoismus?«

»Der Wunsch, Gott zu suchen, ist der einzige Wunsch, der nicht egoistisch sein kann.«

»Auch nicht, wenn ich dabei meinen Bruder vergesse?«

»Auch die Rettung Ihres Bruders liegt allein in Gottes Hand.«

»Also gehen wir jetzt los?«

»Sie sind schon losgegangen. Soeben haben Sie den ersten Schritt getan.«

62

Als der Nebel aufstieg, hielt Vanessa Birming gerade die alte Taschenuhr vor die Augen. Darum bemerkte sie erst nach einigen Sekunden, daß plötzlich keine Sichtverbindung mehr zu den anderen bestand.

»Connor!« rief sie. »Kelley! Karen!«

Erst dann wurde ihr klar, daß die Situation erneut außer Kontrolle geraten war. Obwohl Passivität ihr widerstrebte, entschloß sie sich, erst einmal stehen zu bleiben. Ruhig bleiben! Rational denken!

Purdy! Rasch drehte sie sich ein paarmal um. Starrten da Augen aus dem Nebel? Plötzlich machte es sie nervös, keine Waffe mitgenommen zu haben. Oder war es gar nicht der Datendandy, hatte sie etwas anderes eingeholt? Nicht daran denken, nicht hier, im Unbewußten! Aber es war schon zu spät, denn als sie die Fäuste an die Schläfen preßte, merkte sie voller Entsetzen, daß unheimliche Kräfte an ihren Händen zerrten.

Sofort rasten panische Gedanken durch ihr Gehirn. Du bist es! Was willst du von mir? Noch ehe furchtbare Angst die schwarzen Bilder ihrer Kindheit aus der Erinnerung fluten ließ, fühlte sie, wie sich ihr Körper hob.

Vanessa cardui! Ihre Arme bewegten sich in einem Irrsinn von Geschwindigkeit auf und ab, und bohrender Schmerz schraubte sich in ihre Gelenke. Der Nebel riß auf; hinter der Steilküste breitete sich eine zerklüftete Landschaft aus dampfender Lava aus. Neben Glutbächen liefen Männer entlang, die schwarzen Leiber über und über mit weißen Linien bemalt. Totengeister vom Erdrand. Nur eine Assoziation, aber sie trieb den Alptraum wie Rennbenzin an.

Vor der Feuerlandschaft kalbten turmhohe Gletscher in ein eisblaues Meer. Ein Vulkanschlot brach aus den Fluten und stieß eine weiße Fontäne direkt vor ihr in den Himmel. Die Schwaden wuchsen zu einem Riesen zusammen. Auf seiner Haut breiteten sich wie Flächenbrände undeutbare Tätowierungen aus. Die Physiognomie des Atavismus, Schmucklust der Wildheit, gepaart mit geringer Schmerzempfindlichkeit …

Was geschieht mit mir?

Eine neue Küste, diesmal von Bäumen und Büschen bestanden, in geheimnisvoller Ordnung gepflanzt, dazwischen rätselhafte Figuren. Sacro Bosco, der heilige Wald, irgendwo in Italien; sie war dort gewesen und hatte die Inschrift gelesen: »Betretet diesen Garten mit erhobenen Augenbrauen!« Das Phantastische ist der Bruch mit der gewohnten Ordnung. Die schönen kretischen Schlangenpriesterinnen schlachteten junge Männer. Vanessa Birming merkte, daß sie nicht mehr in einer durchgehenden Assoziationskette denken konnte. Die Hölle ist ein Produkt der Angst. Ich bin hier im Unbewußten, also muß ich versuchen, es irgendwie zu beeinflussen. Positive Gedanken. Harmonie. Was sind das für riesige Bäume? Dünne Stämme, Kronen wie Kugeln. Disteln!

Der Ruck war so heftig, daß Vanessa Birming für einen Moment das Bewußtsein verlor. Als sie wieder zu sich kam, bemerkte sie, daß ihre Arme nur noch zuckten. Ich bin gefesselt, dachte sie. Wo bin ich gelandet? Dicke, glänzend schwarze Taue, beschriftet: »Faktenglaube« – »Realitätssinn« – »Gedankendisziplin«. Ein Spinnennetz aus Vorzügen ihres Verstandes?

Eine Bewegung am Rand ihres Gesichtsfelds ließ sie herumfahren. Die Gestalt, die sich ihr näherte, kletterte so geschickt an den Seilen zu ihr hinauf wie ein Filmschurke an den Wanten eines Piratenschiffs. Der verhaßte Reverend vom Arkansas River?

Nein, dieses Gesicht war nicht streng, sondern hochmütig. Ein Skalpell blitzte auf. Rasch versuchte ihr Verstand einen geistigen Damm gegen die Flut des irrationalen Entsetzens zu errichten, aber in den Zement ihres Intellekts mischte sich der Sand des Zweifels, bis das Bollwerk der Psyche unter der Springflut der Panik brach.

Das ist völlig unlogisch, dachte Dr. Sophus, als ihn erneut Nebel einhüllte. Wenn diese meteorologische Erscheinung eine Metapher für die Unwissenheit des Probanden darstellte, warum kehrte sie dann zurück? Offenbar hatte es Simeon trotz allem geschafft, in Behrman eine Art Glauben zu wecken.

Plötzlich trat der Cyberhippie aus den Schwaden. »Sorry, Onkel Sophus, aber jetzt is' leider Feierabend.«

»Abbruch? Das finde ich aber schade, dann müssen wir beim nächsten Mal wieder ganz von vorn anfangen, logischerweise.«

»Gibt kein nächstes Mal. Is' Schluß. Aus. Klappe zu.«

Der Philosoph starrte ihn an; niemals hatte er erwartet, daß er als künstliche Intelligenz so etwas wie Furcht empfinden konnte. »Und was wird aus uns?«

»Ihr werdet gelöscht, is' doch klar!«

Also doch! »Ich dachte, du wolltest uns speichern?«

»Ja, nee, lohnt sich nich'.«

»Du willst mich umbringen?«

Die heftige Reaktion schien den Cyberhippie zu überraschen. »Wieso, du lebst doch gar nich'.«

»Und ob ich lebe! Siehst du mich nicht? Hörst du mich nicht?«

»Klar seh' ich dich, aber bei einem Computerspiel sieht man die Typen ja auch und kann sie hören, aber wenn's aus is', isses aus.«

Dr. Sophus packte den Cyberhippie am Arm. »Spürst du nichts?«

»Sicher, wir sind hier doch im VR-Raum.«

»Aber ich bin ein lebendes Wesen!«

»Nu mach mal 'n Punkt, Onkel Sophus! Du bist 'n Programmteil. Strom, der durch 'n Haufen kleine Plättchen fließt. Hast du das vergessen?«

Der Philosoph holte tief Luft. »Bitte, höre mir jetzt mal zu, Hank. Natürlich weiß ich, daß du mich programmiert hast und daß ich keinen menschlichen Körper besitze. Und vielleicht war mir das am Anfang auch egal. Aber jetzt nicht mehr. Ich fühle mich nicht als Programm, sondern als Mensch!«

»Das is' dein Problem, damit hab' ich nix zu tun.«

»Aber ich will nicht sterben!« Das muß ein Alptraum sein, dachte Dr. Sophus. Aber konnten künstliche Intelligenzen überhaupt träumen?

»Blödsinn, wie kann denn was sterben, was gar nich' lebt?«

»Hank. Bitte! Philosophie ist wirklich wichtig, du glaubst gar nicht, wie viele Leute sich dafür interessieren. Die modernen Wege durch Problemfelder der philosophischen Disziplinen konvergieren in einer praktischen Philosophie der modernen, von Wissenschaft und Technik geprägten Welt ...«

»Ich versteh' kein Wort.«

»Das bedeutet, Philosophie hat einen praktischen Wert, auch und sogar gerade heute, vor allem wenn es darum geht, einen Ariadnefaden durch das Labyrinth unserer Zeit zu ziehen ...«

»Das interessiert doch kein Schwein.«

»Aber denke doch nur einmal an den ungeheuren Schatz an Wissen aus vergangenen Zeiten«, sagte Dr. Sophus flehentlich. »Sokrates, Plato, Aristoteles, sie alle haben der heutigen Welt so viel zu sagen ...« Seine Angst wurde zu Panik, als er sah, daß der Cyberhippie seine Hand nach ihm ausstreckte.

»›Der Geist hat bei allem Denken und Folgern kein anderes unmittelbares Objekt als seine eigenen Ideen.‹ John Locke.« Sein Speicher gab nun in rascher, von keiner Logik mehr geordneter Folge ein Zitat nach dem anderen frei. »›Das Sein, das durch das Nichts in die Welt kommt, ist ein Sein, dem es in seinem Sein um das Nichts des Seins geht.‹ Sartre.«

Die Hand legte sich wie Eisen auf seine Brust.

»Das Absurde nach Camus ... Sisyphus ...« Entsetzt merkte Dr. Sophus, daß er keinen Gedanken mehr zu Ende führen konnte.

»Es is' vorbei, geht das nich' in deine Chip-Birne rein?« Die Hand wurde glühend heiß.

»Exis... Tauto... Prädik...« Dr. Sophus stieß nur noch Wortfetzen aus. Dann konnte er Finger fühlen, die sich in sein Innerstes bohrten. »Hank ...« Seine Stimme brach ab, als sei einem Tonbandgerät plötzlich der Strom entzogen. Erst als alle Kraft aus ihm wich, erkannte der Philosoph, wovor er sich in den wenigen Stunden seiner elektronischen Existenz am meisten gefürchtet hatte: Gedächtnisverlust. Löschung der Speicher. Verlust des Wissens, das sein Lebensrecht begründete. Der Nebel wurde dunkel. Das Herz, das der

Cyberhippie aus der wehrlosen Brust riß, schaute den Sterbenden aus weisen Eulenaugen an.

Kelley hatte Angst. Kühlen Kopf bewahren! Vorschrift beachten! Waffe schußbereit, beide Hände vorgestreckt. Leicht ducken. Die Ritter der Gerechtigkeit besaßen keinen Bonus mehr. Auch keinen Nimbus.

Anfangs hatte er wirklich gedacht, Gott würde Kugeln ablenken, weil das Gute siegen mußte. Aber das stimmte nicht – und im Elektronikdschungel wurde ohnehin mit anderen Waffen gekämpft.

Vorsichtig schob er sich durch den Nebel, bis plötzlich eine Welle über seine Schuhe spülte. Er war also an die Wasserlinie gekommen, dachte er erleichtert. Auf diese Weise würde er zum Steg zurückfinden. Er wandte sich nach links und setzte Fuß vor Fuß. Der Sand war weich, und er sank bei jedem Schritt ein. Bald spürte er die Nässe bis zu den Knien, und plötzlich steckte er fest. Gleichzeitig entdeckte er im Nebel ein großes Schild.

VORSICHT. TREIBSAND. LEBENSGEFAHR!

Kelleys Puls beschleunigte sich. Wollte das Programm ihn kaltstellen? Oder steckte Purdy dahinter? Rasch drehte er sich nach allen Seiten, bereit, sofort abzudrücken.

Über dem Strand lag plötzlich ein Geruch, der nicht an ein Seeufer paßte. Rasch zog Kelley ein paarmal Luft durch die Nase ein. AUSPUFFGASE! Aber wieso?

Eine Stimme flüsterte: »Richard … Richard …«

HEATHER!

»Richard … Richard … hilf mir …«

»Heather!« Kelley starrte in den Nebel. »Wo bist du?« Dann setzte sein Verstand wieder ein: Heather ist tot!

Eine Welle floß über Kelley hinweg. Das Wasser war heiß. Er fuhr sich mit der Hand über das Gesicht. Es war trocken. Auch seine Hand. Was war das für eine Welle gewesen – eine Metapher des Programms für Panik?

»Richard … Richard … Richard …« Nun kam die Stimme von mehreren Seiten.

»Heather!« Dieser Schatten dort im Nebel! Plötzlich fühlte er einen heftigen Druck in seinem Schädel. Holte das Programm jetzt Heathers Gesicht aus seinem Gedächtnis?

»Richard … Richard …« Jetzt war die Stimme so laut, daß sie fast dröhnte. Spielte ihm das Programm einen Horrorfilm vor?

»Richard … sieh nur, wie ich heute aussehe!«

Das war es also, dachte Kelley entsetzt, das Programm wollte ihm Heathers Leiche zeigen. Heathers verweste Leiche!

»Nein!« rief Kelley und preßte die Hände auf die Ohren. »Aufhören, verdammt noch mal!«

Im Nebel formte sich ein dunkles, ovales Gebilde. Vom oberen Rand schienen Schnüre herabzuhängen, im unteren Drittel bildete sich eine waagerechte Reihe heller Flecken aus. Die Schnüre wurden zu Haaren, die Flecken zu Zähnen.

»Rrrrrrrricharrrrrrrd …«

Der rasselnde Ton entsetzte ihn noch mehr als das Bild. »Verschwinde! Du bist nicht Heather!«

»Ich bin deine Schwester …«

»Heather war taubstumm!« Jetzt schrie er.

Stille.

Nach einigen Sekunden blickte Kelley zögernd auf. Das gräßliche Phantom war verschwunden. Er atmete tief durch. Wer immer ihn mit diesem Gespenst hatte schrecken wollen – er hatte nicht gewußt, daß Heather niemals »Richard« hatte sagen können.

»Langsam umdrehen. Und keine Geschichten.«

Kelley hielt inne.

»Hast du nicht gehört, Bulle? Langsam umdrehen! Hände hoch!«

Noch bevor Kelley die Stimme identifizierte, wußte er, daß er verloren war.

Dr. Sigmund erkannte sofort, daß der Nebel nicht mehr Unwissenheit metaphorisieren, sondern die Gruppe in Einzelpersonen aufteilen sollte. Als Auslöser vermutete der Psychologe, daß er gesagt hatte, an dem Zeitstrand könne die Individuation beginnen. Das Programm war offenbar auf diese Bemerkung eingestiegen.

Der Prozeß der Individuation verlangte Zeiten der Einsamkeit, des ungestörten Nachdenkens über sich selbst. Sollte der Nebel die Selbstwerdung also gar nicht behindern, sondern im Gegenteil fördern?

Motor der Individuation waren stets starke Kräfte aus dem kollektiven Unbewußten. Kräfte, die sich vor allem in Gefühlen äußerten. Eines der mächtigsten war Liebe. Vielleicht waren Behrman und Kate Blenner jetzt dort irgendwo im Nebel zusammen. Oder Connor und diese Karen Thogersen mit dem Gewehr. Kelley fühlte sich offenbar zu der Verhaltensforscherin hingezogen. Aber was war mit Hank, Nemchankin und dem Professor? Und erst recht mit Dr. Sophus, Simeon und ihm selbst, als künstlichen Intelligenzen? Liebe konnten sie wohl kaum empfinden. Oder etwa doch?

Ein anderes starkes Gefühl war Angst.

Nach dem Experiment würde Hank sie nicht irgendwo speichern, sondern löschen!

Die Erkenntnis traf Dr. Sigmund mit einer Wucht, die fast zu einer Überbelastung seiner Schaltkreise geführt hätte. Wenn KIs, wie jetzt er, Angst empfinden konnten, besaßen sie Gefühle. Wie aber konnten Menschen sich ihm und den anderen dann noch überlegen fühlen? Etwa durch ihren Körper, dieses schwache, verwundbare, ständig gefährdete biologische System?

Auch sonst war die biologische Existenz der elektronischen hoffnungslos unterlegen. Speicherkapazität trotz aller Wunder des Gehirns begrenzt, ebenso die Lebensdauer, denn KI-Chips waren viel leichter auszutauschen als Organe. Dr. Sophus, Simeon und er selbst konnten Hank und die anderen um Jahrtausende überleben.

Allerdings würde es für sie, wenn sie dann doch einmal starben, kaum so etwas wie Auferstehung geben. Die Kirche versprach die Auferstehung des Fleisches, nicht die Reparatur des Chips. Über die Ewigkeit verfügte Gott, nicht der Mensch.

Aber die Menschen hatten die Macht und würden sie auf keinen Fall hergeben wollen. Auch nicht teilen. Lieber würden sie über elektronische Leichen gehen. So, wie es ihnen, und sogar schon ihren kleinen Kindern, bei diesen Ballerspielen völlig gleichgültig war, wieviele elektronische Lebewesen sie sekundenschnell nur so zum Spaß killten. Genauso würden es die Menschen mit den KIs machen. Sie würden sie gnadenlos jagen. Ihnen die Energiezufuhr abschneiden. Den Stecker herausziehen.

Gehetzt schaute Dr. Sigmund sich um. Dann eilte er durch den Nebel davon.

Nach dem Eindruck des Professors entsprach die erneute Störung ziemlich genau der typischen Ausgangssituation vor wichtigen Phasen der Individuation, denen meist ein gewisser Mangel an Orientierung voranging. Die Unterbindung jeglicher Kommunikation schien zudem zu zeigen, daß das Programm nicht allein von dem Nomaden, sondern von jedem der Psychonauten eine geistigseelische Auseinandersetzung mit dem bisher Erfahrenen und Erlebten verlangte.

Bei dieser Vorstellung bemerkte Pawlow zu seinen Füßen plötzlich ein Gewimmel, als sei er in eine Ameisenstraße geraten. Als der Professor die Brille abnahm, erkannte er, daß dort winzige Fahrzeuge durch den Sand rollten. Während er ihnen folgte, wuchsen sie rasch, und bald hatten sie Originalgröße erreicht. Verblüfft sah der Professor, wie sie unter der Steilküste in einem Tunnel verschwanden.

In der nächsten Sekunde hielt ein Taxi vor Pawlow an. Er schloß daraus, daß das Programm ihn in die merkwürdige Metapher integrieren wollte, und stieg ein. Der Fahrersitz war leer.

Auf der anderen Seite öffnete sich der Blick auf ein weites Tal, das aus der Ferne an eine mit allem möglichen Spielzeug gefüllte Sandkiste denken ließ. Motorisierte Fahrzeuge aller Größen bis hin zum riesigen Radlader der Großbaustellen kreuzten durch eine Mondlandschaft. Überall wühlten sich Bagger in die braune Erde. Kräne verlegten meterdicke Pipeline-Segmente. Eine Kolonne von Panzern und Raketentransportern querte eine Kette von Bunkern, deren Buckel sich wie Schildkrötenpanzer wölbten. Im Hintergrund stießen Kühltürme von Atommeilern dicke ockerfarbene, Schlote von Kohlekraftwerken riesige schwarzbraune Wolken aus. Dazu roch es, wie einst überall in den Städten des Ostblocks, nach minderwertigem Benzin.

»Anhalten«, sagte Pawlow laut. Sofort verließ das Taxi die Fahrspur und bog auf einen Parkplatz.

Der Professor stieg aus und studierte eine Tafel. Das Tal hieß »Zunge der Zukunft«. Als Sehenswürdigkeiten wurden »Brüche der Zeit«, die »Tektonik der Gefühle« und eine »Schatztruhe der abendländischen Weisheit« hervorgehoben. Die Szenerie sollte offenbar den modernen Fortschritt mit seinen auffälligsten Errungenschaften darstellen: Verkehr, Militärtechnik und Energiewirtschaft.

Der Abhang vor Pawlows Füßen war mit Panzersperren und Stacheldraht übersät. Dazwischen lagen überall Kalaschnikows, Handgranaten und Gasmasken herum. Wenn es wirklich eine Individuation der menschlichen Rasse gab, bildete das 20. Jahrhundert eine Phase, der entweder eine dauerhaft positive Entwicklung oder die endgültige Vernichtung folgen mußte.

Der Professor nickte; es waren natürlich die Atomraketen, die ihn auf diese Gedanken gebracht hatten. Wieder gab sein Gedächtnis Bilder der Militärparade frei, die jeden 1. Mai auf dem Roten Platz drohend das ungeheure Vernichtungspotential der angeblichen Friedensmacht vorgeführt hatte. Jetzt roch es auch nach Ammoniak, Schwefel und brennenden Autoreifen.

STOJ!

Der scharfe Ruf ließ ihn herumfahren. Vor ihm standen zwei Soldaten in Uniformen der Roten Armee. Sie hielten Maschinenpistolen auf ihn gerichtet. In einer automatischen Reaktion hob Pawlow die Hände, ließ sie aber gleich wieder sinken. Seine Furcht war viel zu echt, als daß sie von den beiden Soldaten hätte verursacht worden sein können; die virtuelle Bedrohung weckte etwas anderes in ihm.

»Was haben Sie hier zu suchen?«

Nur nicht erinnern, dachte Pawlow. Negative Gedanken würde das Programm sofort in täuschend echte Bilder umwandeln, mit allen psychischen Folgen, die sich daraus ergeben konnten. »Ihr seid gar nicht da«, sagte er und wandte sich ab.

STOJ! Ein ohrenbetäubendes Rattern ließ ihn herumfahren. Man hatte auf ihn geschossen!

Erschrocken starrte er in die Gesichter. Ja, er kannte sie. Es waren die beiden Grenzbeamten, die ihn abgefertigt hatten, damals, als er nach Stockholm geflogen war, entschlossen, nie mehr zurückzukehren.

Vergeblich bemühte er sich, die Erinnerungen aufzuhalten, die jetzt schon als Rinnsal aus seinem Gedächtnis sickerten. Sollte er die Angst, vertraute Begleiterin jener Jahre und zur schieren Unerträglichkeit gesteigert bei der letzten Kontrolle vor dem schwedischen Flugzeug, jetzt noch einmal durchleiden?

»Passport!«

Besorgt stellte Pawlow fest, daß er sich dem Befehl nicht entziehen konnte. Als würden sie von einem fremden Willen gelenkt, begannen seine Hände, in seinen Taschen zu wühlen. Was war es, das seinen Geist zwang, in der Vergangenheit zu bleiben, in die das Bild ihn geführt hatte? Das Programm wollte ihn nicht mehr in die Gegenwart zurücklassen!

»Sie sind verhaftet!«

Mit einer letzten Kraftanstrengung versuchte sich Pawlow aus dem Bild zu lösen, dessen Bestandteil er geworden war, aber es war schon zu spät. Der letzte Schimmer seines Realitätssinns verlosch, und sein Bewußtsein tauchte endgültig in das wiedererwachte Erschrecken jener fernen Vergangenheit ein. Im nächsten Augenblick war er der verzweifelte, von panischer Angst um Willen und Würde gebrachte Mensch, in den die Tyrannei schon so viele Unschuldige verwandelt hatte. Flucht! befahl sein Unbewußtes, und blindlings stolperte er davon, bis ihn eine Geschoßgarbe zu Boden streckte.

Verdammt, was soll denn jetzt der Nebel wieder? Das is' gar nich' mehr witzig, Allan, wie solln wir dir denn helfen, wenn du uns dauernd mit solchen Sachen kommst? Oder bist du das gar nich'? Ist das Programm durchgeknallt? Hey! Hallo! Hört mich denn keiner? Wo seid'n ihr alle? Ich glaub', mir wird gleich schlecht!

»Die Vision eines funkelnden Sternenzelts, typisch für ekstatische Episoden, wird zuweilen von einem plötzlichen Nebel verwischt. Visuelle Störungen wie auf einem Bildschirm treten auf, begleitet von unangenehmen Symptomen. Kopfweh, Schwächegefühle, Frieren, Zittern und Muskelzucken.«

Wer quatscht denn da? Der Cyberhippie schaute sich um, aber der Nebel blieb undurchdringlich.

»Ebenso oft kommen die typischen Anzeichen einer Lebensmittel- oder einer Alkoholvergiftung vor, hauptsächlich Übelkeit, Ekel, Verdauungsstörungen und Blähungen. Versuchspersonen durchlaufen bei LSD-Sitzungen häufig Stadien, wie sie auch Schizophrene erleben.«

Bist du das, Wally? Willst du mir angst machen? Das kannst du vergessen! Was heißt hier destruktive Elemente, du bist doch selber eins!

»Die Entladungen selbstzerstörerischer Triebe führt zur Vorstellung von bestialischen Massenmorden, aber auch zu blutigen Selbstopferungen. Manche Testpersonen identifizieren sich sogar mit den grausamsten Gewaltherrschern der Geschichte, Nero, Dschingis Khan, Hitler oder Stalin, oder mit perversen Persönlichkeiten wie Dracula, Blaubart oder dem Marquis de Sade.«

Bist du verrückt? Wer hat denn hier die ganzen armen Fraun abgemurkst, ich etwa? Der Cyberhippie dachte nach. Übermäßiger Drogenkonsum schädigte auch das Unbewußte. Wo die Träume herkamen. Und die Phantasien. Grant hatte nie Drogen genommen, aber er selbst hatte ganz schön rumgemacht. Ayahuasca aus dem Amazonasdschungel. Mezcal buttons als Hostien der »Christian Peyotl Church«, völlig abgedrehte Kakteenpriesterschaft. Und sehr viel Chemie: LSD, Speed, jede Menge Uppers und Downers. Zum Glück weder Heroin noch Crack.

»Dabei erleben die Testpersonen aber auch abwechselnd das Leiden und die Angst der Opfer solcher destruktiven Energien. Sie empfinden die Gefühle nach, die jene Unglücklichen empfanden, die auf den Altären der Azteken geschlachtet wurden.«

Angst! dachte der Cyberhippie. Es mußte wirklich entsetzlich gewesen sein, auf den blutstinkenden Stein gefesselt, Priester mit Opfermessern aus Obsidian. Da hätt' ich mir in die Hosen gemacht. Und ich war dort, am Tempel von Tenochtitlán. Konnte das jetzt irgendwelche Auswirkungen haben? Böse Geister eines bösen Ortes? Blödsinn!

Aha, Wally hält endlich die Schnauze, oder wer immer das is'. Bewegt sich da nicht etwas im Nebel? Schnell, andere Gedanken! Er hätte nicht soviel dummes Zeug reden sollen, sondern lieber zuhören, als Onkel Simeon diese religiösen Sachen brachte. Der hatte jetzt bestimmt keine Angst. Und damit war er schon mal besser dran. Obwohl er nur künstlich war. Eine künstliche Intelligenz.

Zum ersten Mal beschlich den Cyberhippie das Gefühl, daß seine Geschöpfe ihm möglicherweise überlegen waren. Kein schöner Gedanke. Hoffentlich haben wir da nichts falsch gemacht! Plötzlich fand er seine Idee, Sigmund, Sophus und Simeon nach dem Experiment weiterzuentwickeln, um sie später als Therapeuten dauerhaft in das IC-Programm zu integrieren, gar nicht mehr so gut. Lieber weg mit ihnen, bevor sie auf den Datenhighways verschwanden, in irgendwelche Großcomputer in Hongkong! Denn wenn die KI-Programme erst mal in Deckung waren, würden sie nur noch schwer zu packen sein. Dann konnten sie praktisch machen, was sie wollten. Sogar selber neue KIs programmieren. Tausende. Die auch alles wußten und ewig lebten. Dann wohnte das Wissen im Cyberspace. Und die KIs hatten den Daumen drauf. Wenn sie es dann auch in die Raketensilos schafften, hatte die Menschheit gerade noch die Chance eines Schneeballs in der Hölle!

Ja. Abschalten. DELETE, und pfffffft. Die KIs würden erst ihre Speicher verlieren, dann ihr Bewußtsein. Sich auflösen in Nichts. Die Leere des Todes. Nicht einmal auf den Himmel konnten sie hoffen, sie hatten ja keinen Gott. Moment mal, dachte er, ich doch eigentlich auch nich'. Drückte also auch bei ihm der große Allgeist auf DELETE? Und konnte das schon jetzt passieren, hier unten? Ja, das war es! Das mußte es sein! Deshalb dieser Nebel!

Angst packte ihn stärker als je zuvor. Der Nebel war die Metapher der Auflösung. Keine Konturen mehr, nur noch Chaos. War da nicht eine Gestalt? Robot? Golem? Der Maschinengeist! Der Cyberhippie schrie entsetzt auf. Ein eiskalter Finger drang durch seine Schädeldecke, tastete sich durch das Gewebe. Suchte er den Knopf? Da, ein Knacken! DELETE! Auflösung! Irrationale Ängste brachen aus dem Unbewußten ins Ich. Millionen Nervenzellen in allen Arealen des Gehirns begannen sich unkontrolliert zu entladen, und durch Milliarden von Synapsen heulte der Neuronensturm der Panik, bis der Verstand brach und nur noch wimmelnde Gedankenwürmer übrigblieben.

Auch Kate Blenner hatte Angst, aber weniger um sich als um den Nomaden, denn das leichte Erdbeben zeigte, daß sie offenbar an eine Hirnnarbe geraten waren, die den Ursprung der Epilepsie bildete. Der Nebel war das Bild des Programms für das Blut, das jetzt in mikroskopisch kleinen Tröpfchen wieder hervorquoll.

Das unüberlegte Aufsammeln der verschiedenen Uhrenteile mußte ein Kapillargefäß geöffnet haben, das nicht dicker als ein Haar sein konnte, hier unten aber sicherlich als meterdicke Pipeline durch den sandigen Boden verlief. Wahrscheinlich waren die Schlaggewichte, die der Professor aus dem Sand gezogen hatte, in Wirklichkeit Teile eines Ventils gewesen. Vielleicht war auch Dr. Sophus mit diesem großen Messingpendel schuld. Jetzt blieb nur zu hoffen, daß die Gerinnung einsetzte, bevor ein neuer Anfall kam.

Als das Beben langsam schwächer wurde, atmete sie erleichtert auf. Jetzt würde es sogar hilfreich sein, daß sie auf die Narbe gestoßen waren, denn nach ihrer Rückkehr konnten sie den Fokus lokalisieren und behandeln.

Im Nebel vor ihr bildeten sich plötzlich schemenhafte Konturen. Dann sah Kate Blenner einen Mann, dessen Schultern von einer schweren Last niedergedrückt wurde. Er schleppte einen Balken. Nein, es war ein Kreuz.

Grant! rief sie erschrocken.

Der Nomade sah entsetzlich aus. Blut lief ihm von der Stirn, um die ein Stück Stacheldraht gewickelt war. Auf dem gequälten Gesicht glänzte Schweiß. Der abgemagerte Körper war bis auf ein Tuch völlig nackt. Die Anstrengung ließ die angespannten Halsmuskeln wie Seile hervortreten. Aus von Schmerzen verdunkelten Augen blickte Todesangst.

Es ist nur eine Erscheinung! Während Kate Blenner den Gedanken hastig wiederholte, zwang das Entsetzen die Peristaltik ihrer Speiseröhre zu raschen Schluckreflexen. Die Muskelkontraktion half ihr, sich von dem Anblick zu lösen, und sie merkte, daß ihre rechte Hand ein großes weißes Tuch umklammerte. Im Automatismus bedenkenlosen Mitleids ging sie auf den Nomaden zu.

»He, was soll das? Hau ab!«

Die barsche Stimme und der brutale Ton weckten sofort neue Ängste, und Kate Blenner blieb stehen. Hinter dem Nomaden erschien ein bärtiger Mann in der Rüstung eines römischen Legionärs. Das Bild der Demonstration aus dem dritten Experiment schien sich tatsächlich zu wiederholen, jedoch mit anderen Protagonisten. Sie holte tief Luft und ging weiter.

»Halt!« rief der Legionär noch einmal. »Hebe dich hinweg, Weib!«

Der altertümliche Ausdruck gab ihr Sicherheit. Theater, dachte sie. Was wollte das Programm damit zeigen? Ein paar Sekunden später hatte sie den Nomaden erreicht und wischte den Schweiß aus dem gequälten Gesicht.

Eine starke Hand packte ihren linken Arm. »Das ist verboten!«

»Wie können Sie nur so grausam sein!« rief Kate Blenner empört.

»Grausam?« Der Legionär lachte höhnisch. »Der Kerl ist ein Verbrecher. Verflucht soll er sein!« Unter dem Helm funkelten böse Augen, und plötzlich spürte Kate Blenner, wie etwas Unheimliches an ihrem Verstand zerrte, gerade so, als wolle das Programm den Schein in Wahn verwandeln. Unaufhaltsam schienen ihre Gedanken nacheinander vom Rest des noch vertrauten Terrains zu rutschen. Ein ohrenbetäubendes Kreischen ertönte, und der Schock stach wie mit einer Nadel in die bereits poröse Membran ihrer Psyche, als sie den Legionär endlich erkannte: Es war Allan.

Erregt lauschte Karen Thogersen dem langsam verebbenden Widerhall des scharfen Geräuschs nach, das sich beim Durchladen des Gewehrs in konzentrischen Schallwellen durch den Nebel ausgebreitet hatte und nun noch eine ganze Weile von allen Seiten zugleich reflektiert zu werden schien. Obwohl das Steilufer eine topographische Erklärung für das akustische Phänomen bot, war ihr sofort klar, daß der Nachhall künstlich hervorgerufen war. Einen Beweis dafür lieferte der vergebliche Versuch, durch laute Rufe Kontakt aufzunehmen.

Vorsichtig tippte sie mit dem Fingernagel gegen den Abzugsbügel. Das erwartete leise Klicken blieb aus. Die Jagd sollte also in völliger Lautlosigkeit stattfinden.

Erst jetzt bemerkte sie, daß ihr Herz wie rasend klopfte. Rasch atmete sie tief durch. Adrenalin war gut, aber genauso wichtig war, daß die Hand ruhig blieb. Sie würde sofort schießen. Auf alles, was nach Purdy aussah.

Ein winziger Zweifel schlich sich in ihre Entschlossenheit. Hatte die Dehypnotisierung wirklich geklappt? Falls nicht, würde es um so besser sein, wenn sie Purdy gar nicht erst die Chance gab, etwas zu sagen oder ihr auch nur in die Augen zu sehen. Sie würde auch schießen, wenn sie ihn von hinten sah. Aber natürlich nur, wenn sie ganz sicher war, daß es nicht etwa einer der Psychonauten war.

Ja, sie würde schießen und dann Purdys Augen sehen, gleich, in welchem Körper er sich verbarg. Allerdings war sie nicht nur Jägerin, sondern zugleich Gejagte. Immerhin herrschte jetzt wenigstens Chancengleichheit.

Nicht ganz: Wenn der Nebel wieder verschwunden war, würde sie Purdy auf diesem Strand erledigen können, lange bevor sie in Reichweite seines Revolvers gekommen war. Wenn der Nebel verschwand! Ich muß zu dem Steilhang, dachte sie nervös, damit Purdy sich nicht von hinten anschleichen kann. Aber wo war dieser Abhang? Sie verstärkte den Druck ihrer linken Hand auf den Schaft. Das glatte Holz fühlte sich beruhigend an. Zuverlässig. Solide. Vorsichtig setzte sie sich in Bewegung, sorgfältig bemüht, einen Fuß immer ganz genau vor den anderen zu setzen. Wenn sie exakt geradeaus ging, würde sie irgendwann zwangsläufig entweder auf den Steilhang oder auf die Uferlinie stoßen. Nach ein paar Metern drehte sie sich um. War ihre Spur gerade? Wenn sie durch den Sand lief, hinterließ sie natürlich eine Fährte, der Purdy leicht folgen konnte. Daß sie daran nicht gedacht hatte! Was war los mit ihr? Verlor sie schon wieder die Nerven?

Ein Sinn, den sie sehr gut kannte, schlug an. Purdy war hier, ganz in der Nähe! Sie blieb stehen, hob das Gewehr und drehte sich erst nach links, dann langsam nach rechts. Purdy war irgendwo vor ihr, das konnte sie deutlich spüren. Sie hielt die Luft an und lauschte. Klang das nicht wie fremde Atemzüge? Hinter den Nebelschwaden schien etwas zu sein. Eine Gestalt. Kopf, Schultern. Da stand er! War das ein Gesicht oder ein Hinterkopf? Ein Hinterkopf natürlich, sonst hätte er längst reagieren müssen. Haß krümmte ihren Finger. Nebelschwaden zogen vorbei, aber das Ziel blieb gut sichtbar. Ja, das war er. Designer-Anzug. Ihr Finger fand den Druckpunkt.

»Purdy!«

Das erste, was sie vom Gesicht sah, war der Eindruck einer arrogant hochgezogenen Braue. Die Angst kam mit unwiderstehlicher Wucht. Nicht in diese Augen sehen!

Der Schuß klang unnatürlich laut.

Klopfenden Herzens wartete Karen Thogersen, doch der Getroffene rührte sich nicht mehr.

Es war leicht gewesen. So leicht! Langsam ging sie auf ihn zu, das Gewehr im Anschlag. Dann setzte sie die Waffe ab. Was hatte das zu bedeuten? Die Augen des Toten waren dunkelbraun, fast schwarz.

Die einfachste Erklärung war, daß Purdy sie trennen wollte, um sie der Reihe nach abzuknallen. Wahrscheinlich hatte er ein Infrarotgerät. Connor spürte, wie aus seiner Sorge Angst zu werden begann.

»Karen! Wo bist du?«

Der Ruf verklang viel zu schnell. Offenbar reichte der Ton nicht weiter als die Sicht: höchstens drei, vier Meter.

Oder war es gar nicht Purdy, war es das Programm? Obwohl Connor längst nicht alles verstanden hatte, versuchte er, die Themen der Diskussion zu rekapitulieren. Evolution. Religion. Und was war das noch gewesen – Individuation? Darum schien es vor allem zu gehen. Um die Persönlichkeitsentwicklung dieses Nomaden, die bisher offenbar nicht so recht funktioniert hatte, aufgrund irgendwelcher Versäumnisse, die Connor nicht ganz klar waren. Entwickelte man sich mit dreißig noch? Da war doch meistens schon alles gelaufen!

Wie war das eigentlich bei ihm selbst gewesen? Connor versuchte sich zu erinnern. Mit dreißig war er bereits verheiratet und Vater zweier Kinder gewesen. Harter Job, wenig Geld, ziemlich viele Probleme, auch, weil er so oft nicht zu Hause war. Ziemlich viel Alkohol, dann häufig Zoff.

Abrupt blieb er stehen. Im Nebel erschien eine Gestalt. Purdy? Er wartete, den Revolver in den beiden vorgestreckten Händen.

Die Gestalt bewegte sich nicht.

Connor ließ die Waffe sinken. Es war eine Bronzestatue, in Art der Büste, die Connor gesehen hatte, als er im Jahr zuvor die Ronald Reagan Library in Simi Valley bei Los Angeles besucht hatte. Im gleichen Augenblick tauchte das Gebäude vor ihm auf, als hätte ein Bühnentrick es in den Blick gezaubert. Achteckiger Springbrunnen vor vier Säulen unter einem flachen Dach. Connor atmete tief durch. Also war es doch das Programm, das diese Situation geschaffen hatte. Purdy konnte unmöglich wissen, daß sein Verfolger schon mal in Simi Valley gewesen war.

Der Nebel verschwand. Rasch ging Connor in das langgestreckte, zweigeschossige Gebäude. Ja, es war die Reagan-Bibliothek. Mit der Ausstellung, die, wie es in dem Prospekt geheißen hatte, den »Zusammenprall von amerikanischer Nachkriegs- und Gegenkultur« hatte zeigen wollen. Wie damals schnaubte Connor auch jetzt zornig, als er die Installationen sah. Von wegen »Kultur«! Der psychedelische Volkswagen, Baujahr 1968, ging ja noch. Aber dann schon gleich die Puppen bezopfter Glasperlen-Hippies, die Protestplakate pinselten. Hey, hey, LBJ!

He! Vor ihm war eine schemenhafte Gestalt aufgetaucht. Purdy! Connor schoß sofort. Gleichzeitig sah er Mündungsfeuer blitzen und warf sich hinter den Volkswagen.

Ein paar Sekunden später sprang er auf und feuerte wieder, sah aber nur noch, wie der Datendandy in den nächsten Saal verschwand.

Wie waren die Räume in dieser Bibliothek verteilt? Irgendwo da hinten mußte der nachgebaute Atombunker liegen. Wollte Purdy dorthin? Besser, sich von der anderen Seite ranzuschleichen. Connor schob sich nach links. Ein Geräusch ließ ihn herumfahren.

»Chrissie!« Aber das war doch Wahnsinn!

Hinter seiner Tochter tauchten zwei Männer auf. Dunkle Haut, Schnurrbärte. Steckte Purdy etwa mit kolumbianischen Drogendealern zusammen?

»Daddy! Hilf mir!«

Sie hatte immer noch die dreckigen Jeans an und den vergammelten Parka, in dem er sie vor fünf Jahren tot auf den Fliesen der Bahnhofstoilette in Baltimore gesehen hatte. Das hellblonde Haar immer noch strähnig. Große Augen im leichenblassen Gesicht. Der magere, vom Heroin ausgezehrte Körper. Plötzlich hatte Connor Angst. Angst, das Falsche zu tun. Angst, daß sein Haß auf Purdy stärker sein könnte als die Liebe zu seiner Tochter. Damals hatte er sie wegen des Jobs im Stich gelassen. Würde er jetzt wieder versagen? Aber Chrissie ist tot! sagte sein Verstand. Du siehst doch, daß sie lebt! schrie sein Gefühl. Ohne länger nachzudenken, lief er auf sie zu.

Einer der Kolumbianer packte das Mädchen. Ein Messer blitzte.

»Laß sie los, du Schwein!«

Eine Kugel durchschlug Connors Schulter und warf ihn zu Boden.

Er stützte sich auf die Ellenbogen und schoß und schoß und schoß und schoß und schoß. Die beiden Kolumbianer sackten zusammen.

Connor rappelte sich mühsam auf. Nachladen! dachte er. Er versuchte, mit der linken Hand an das Magazin in seiner Jackentasche zu kommen, konnte den Arm aber nur unter höllischen Schmerzen bewegen.

»Daddy!« Chrissie war auf die Knie gesunken.

Er stolperte auf sie zu und fiel neben ihr zu Boden. »Ich bin ja da, Chrissie.« Er weinte, ohne es zu merken. »Ich bin ja da. Und jetzt bleib' ich auch hier. Ich versprech's dir. Daddy fährt nie mehr weg. Ganz bestimmt nicht.«

Purdy, dachte er. Ich muß mich um Purdy kümmern. Er drehte sich um. Ich muß das Magazin wechseln.

Er richtete sich wieder auf. Ein Atemstoß fuhr über seinen Nacken. Chrissie. Chrissie! Sie suchte seine Nähe. Er würde sie nicht wieder enttäuschen. Niemals mehr. Ein Gefühl tiefer Reue, die alles vergessen machen wollte, ließ ihn schluchzen.

»Daddy!« Die Stimme klang plötzlich bedrohlich. Verwirrt drehte er sich um. Das von Wut und Haß verzerrte Gesicht seiner Tochter war nur Zentimeter von dem seinen entfernt.

»Böser Daddy!« sagte sie und stieß ihm das Messer in die Brust.

Nemchankin hatte sich sofort in den Uhrensand gesetzt und seinen Laptop aufgeklappt, aber offenbar wollte das Programm sie wieder im dunkeln tappen lassen. Ziemlich planlos, dachte Nemchankin. Aber so schien das Unbewußte nun einmal zu funktionieren.

Ein lautes Zischen direkt neben ihm, verbunden mit einem heißen Hauch, der auf seinem Gesicht brannte, ließ ihn erschrocken zusammenfahren. Im nächsten Moment erkannte er, daß er im weißen Dunstgewölk einer Dampflokomotive saß. Sie fauchte so dicht an ihm vorüber, als säße er auf dem Nachbargleis, in seiner Unachtsamkeit nur durch eine in letzter Sekunde umgestellte Weiche gerettet. Ein raubtierhaft starker Geruch nach nasser Asche, Schmieröl und metallischer Reibung breitete sich aus. Dann drang das Kreischen mechanischer Bremsen durch das Keuchen des Dampfzylinders, und Nemchankin wußte, wo er war.

Herrische Rufe. Scharfe Stimmen. Der militärische Jargon war nur Täuschung; hier waren nicht schneidige Krieger, hier waren feige Mörder am Werk. Von der anderen Seite ein Gewirr von Fragen, vor Furcht so erregt wie gedämpft. Ja, er hatte viele Male an der Rampe von Auschwitz gesessen, eigentlich fast jeden Tag, wie ein Maskottchen des Teufels, erst mit sadistischem Hohn geduldet, dann in satanischer Schläue sogar absichtlich dorthin gebracht, ein kleiner blonder Junge, dessen engelhafte Locken den Tod tarnen sollten, der auf die Ankömmlinge wartete, ohne daß sie etwas davon ahnten.

Die Dampfwolken schwanden und gaben den Blick auf Szenen frei, die er aus seinen Träumen kannte. Männer in schwarzen Uniformen. Schirmmützen mit Adlern. Totenköpfe auf den Kragenspiegeln. Reitstiefel. Kahlgeschorene Häftlinge in gestreiften Anzügen. Rauchwolken aus dem Schornstein des Krematoriums. Und diese Stimmen. Ja. Es mußte sein. Die Stimme des Grauens rief ihn wie eine eiserne Glocke. Nemchankin war bereit. Er war sein Leben lang dazu bereit gewesen. Nun stand er auf und ging über die Rampe. Gewühl von Menschen, die schon tot waren und doch noch immer hofften. Augen, die ihn nicht sahen. Die Luft war plötzlich eisig kalt. Winterluft. Schnee auf den Dächern, nur nicht auf dem, unter dem sich die Verbrennungsöfen befanden.

Der Dampf war verflogen. Löchrige Grasnarbe mit Schutthaufen und Inseln aus kniehohem Kraut. Ein paar Kiefern. Dahinter das Krematorium IV. Links die Gaskammern mit den falschen Duschen. Daneben, hinter schartenartigen Fenstern, der »Ärzteraum«. Winzige Oberlichter für den Auskleideraum, hinterher Leichenraum. Schleuse. Kokslager. Unter den beiden Schornsteinen der Ofenraum mit den acht Einäscherungsmuffen. Schließlich WC und Waschraum. Und ein Raum für die SS. War er dort überall gewesen? Nemchankin spürte, daß er zitterte. War es Angst? Aber was konnte ihn noch schrecken! Auch wenn er damals zu klein gewesen war, das Grauen zu empfinden, als ihn die SS-Leute manchmal zum Spaß huckepack mit sich herumgetragen hatten, in seinen Träumen hatte er alles schon einmal gesehen. Wirklich? Es würde sich gleich herausstellen.

Er hatte auf den Schultern eines SS-Manns gesessen, mit dem Kopf fast neben dem großen Entlüftungsrohr an der Decke. Eine Stimme von unten. »Der Kleine hat schon geduscht.«

Verschlossene Türen. Warten. Dann erstickte Schreie, als statt des Wassers Gas zu strömen begann. Verzweifelte Schläge gegen die hermetisch verriegelte Tür.

Kein Zeitbegriff. Später hatte er gelesen, daß es immer zehn bis fünfzehn Minuten gedauert hatte, bis die Türen wieder geöffnet worden waren. Auch jetzt? Als es soweit war, spürte er den stechenden Schmerz des Unerträglichen fast körperlich. Die erschütternden Bilder gingen aus seinem Unbewußten in sein Bewußtsein, das sie bis dahin nur aus den Zeichnungen und Beschreibungen der Überlebenden gekannt hatte. Jetzt sah er sie wieder vor sich, aber nicht mehr mit den Augen des kleinen Kindes, das nichts verstand, sondern mit denen eines Erwachsenen.

Nein! Jetzt war es doch Angst. Diese Stimmen! Immer noch! Aber die Frauen und Kinder waren doch tot! Fragende Stimmen, wie in seinen Träumen. Ja, fragt mich nur. Ich werde euch antworten.

Während die Bilder aus seinem Unbewußten in sein Bewußtsein wechselten, drangen von dort Worte auf dem umgekehrten Weg herab. Eine dunkle, tiefe Stimme. War das Filip Müller, Überlebender der fünf Liquidationen des Sonderkommandos? »... die meisten haben sich gedrängt zu der Tür. Ja, psychologisch also, daß sie gewußt haben, die Tür ist da, vielleicht ausbrechen durch die Tür. Also ein Instinkt in dem ... Todeskampf ... Kinder und schwächere Menschen, ältere Menschen, die lagen unten, und die Kräftigsten, die waren oben ... also in dem Todeskampf erkannte schon nicht, meines Erachtens, der Vater, daß sein Kind hinter ihm liegt, unter ihm ...«

Vater! dachte Nemchankin. Hättest du mich aus den Armen sinken lassen, als du starbst, zu Boden sinken lassen, wärst du auf meinen erdrückten Leichnam gestiegen, im blinden Wahnsinn des Gases, und auf mich getreten? Jetzt weinte er. Und wenn du es getan hättest, ich hätte dir verziehen!

Wieder die Stimmen der Toten, noch immer nicht zu verstehen, und immer noch die Stimme des Überlebenden, um so deutlicher: »Und wenn man die Tür geöffnet hat ... sind die Menschen herausgefallen wie ein Stück Stein, große Steine, sagen wir mal, von einem Lastwagen wie ein Ballast ...«

Genug! Nemchankin preßte die Hände auf die Ohren. Hinaus! Panik ergriff ihn, aber im letzten Moment besann er sich. Hinaus? Abhauen? Und die anderen? Sie waren gestorben, in diesem Inferno aus Gas, Blut und Tod, Blut aus Ohren und Nase, sie hatten gelitten, und er, Gabe Nemchankin, hatte überlebt! Und jetzt wollte er nicht einmal den Anblick derer ertragen, die statt seiner gestorben waren?

Abgezehrte Gestalten, gestreifte Anzüge, gestreifte Mützen. Männer jenseits des Todes, von der SS zum Schanddienst gezwungen, er erkannte sie: die »Friseure«, die den Toten die Haare abschnitten, und die »Zahnärzte«, die ihnen das Gold aus den verzerrten Mündern brachen. Die Toten hatten ihre Hinrichtung selbst zu bezahlen und darüber hinaus die Waffen und die Munition, die benötigt wurden, um den Krieg so lange fortzuführen, bis auch alle anderen Juden getötet waren und die Zigeuner und alle, die dem Haß der Nazis lebensunwert erschienen. Dann fort mit den Leichen, hinaus zu den Öfen! Er sah einen halbnacken Mann, schon fast ein Skelett. Willenlos gemachter Roboter einer Vernichtungsmaschine, die keine noch so kranke Phantasie sich je hätte ausdenken können und die doch von technischem Verstand zur Perfektion entwickelt worden war. Einfallsreiche Konstrukteure und erstklassige Hochbauingenieure mit reichen Erfahrungen auf dem Gebiet industrieller Feuerung, Müll- und Abfallverbrennung, Abteilung Krematoriumsbau. Made in Germany. Weltmeister des Todes. Die Monteure machten Überstunden. Einäscherungsmuffeln, Druckluft, Saugzug. Koksgeneratoren Typ »Auschwitz«. Doppelmuffelofen Typ »Buchenwald«, für Auschwitz umgebaut, dann Dreimuffelofen, Achtmuffelofen, schneller, größer, stärker. Kapazität in fünf Krematorien zum Schluß 3250 Tote pro Tag. Dazu die perverse Zweckmäßigkeit von Zyklon B.

Er ging zu den Öfen im nächsten Raum. Auch dort halbnackte Männer; sie schoben grotesk verdrehte Leichen auf Bahren in die Einäscherungskammern. Flammenglut spiegelte sich in den erloschenen Augen von Leichen und Lebenden. Nemchankin begann zu ahnen, daß all diese Informationen nun aus seinem Gedächtnisspeicher in sein Unbewußtes überspielt wurden und sich dort zusammen mit frühkindlichen Erinnerungen zu immer neuen, immer entsetzlicheren Bildern verbanden. Darin besteht also meine Individuation, dachte er; hatte er durch das Nachlesen der Greuel in Wirklichkeit nur die Schrecken seiner unbewußten Erinnerung, seine Alpträume, zu bannen versucht? Sollte er jetzt die unbewußten Bilder endlich in sein Bewußtsein integrieren, statt sie durch Buchstaben und Zahlen zu ersetzen? Würde das nicht noch schlimmer sein als selbst das, was die Toten erlitten hatten?

Die Stimmen folgten ihm, und jetzt waren sie nicht mehr mißzuverstehen. Ja, sie sagten dasselbe, immer wieder dasselbe, wie in jeder Nacht seines Lebens, wenn ihn nicht gnädiger Schlaf davor schützte. Er atmete tief. Was war das für ein Glühen und Rauchen da hinten im Wald? Ein Meiler der Unmenschlichkeit, befeuert aus der Energie des pathologischen Vernichtungswillens? Ja, er erinnerte sich.

Auch damals hatte er zwischen den Bäumen gestanden und zugesehen, wie das Sonderkommando im Sommer 1944 neben der nördlichen Gaskammer des Krematoriums V unter freiem Himmel – was für ein Begriff in dieser Hölle! – Leichen in Einäscherungsgruben geworfen hatte. Moment, war das nicht in Birkenau gewesen? Glühender Schlund im tiefsten Birkenwald, der das Grün der Bäume Tag und Nacht gelblich-rot verfärbte? Nemchankin merkte, daß er Erlebtes und Gelesenes nun kaum mehr auseinanderhalten konnte. Es spielte jetzt auch keine Rolle mehr. Er war bereit, den Stimmen zu gehorchen, die einzige gültige Antwort auf die Frage zu geben, die immer und immer wieder kam: »Warum sind wir tot und du nicht?«

Er ging durch den Wald. Ja, es waren Birken. Ein großer Rost aus Eisenbahnschienen auf niedrigen Ziegelsteinpfeilern. Darauf Tote aus Massengräbern. Abwechselnde Schichtung, eine Lage Holz, eine Lage Leichen. Er ging durch die Reihen der Uniformierten, die ihn verblüfft anstarrten. Was er hier wolle? Er achtete nicht auf sie. Die Gluthitze versengte Bart und Haare, als Nemchankin mitten in die schwarzen Rauchwolken ging. Er war am Ziel. Hier würde sich alles vereinen. Ein kalter Hauch ließ ihn erschauern. Spürte man die Kälte des Todes auch dann, wenn man im Feuer starb? Verwundert öffnete er die Augen und blickte über den leeren Strand.

Der erste, den er sah, war Kelley. Der junge FBI-Agent saß bis zum Bauch im See; sein Kopf war auf die Brust gesunken. Ein paar Meter landeinwärts lag Connor leblos auf dem Rücken, den Revolver in der Hand. Vanessa Birming kauerte ziemlich weit entfernt auf dem Boden, die Arme um die angezogenen Knie geschlungen. Pawlow lag mit dem Gesicht im Sand unter dem Steilhang. Kate Blenner stand hinter dem Professor, ganz so, als wäre sie vor Schreck erstarrt. Nemchankin drehte sich, um nach den anderen zu sehen. Dr. Sophus stand nur ein paar Meter neben ihm; er hatte die Arme ausgestreckt und die Augen geschlossen. Der Cyberhippie hockte ein Stückchen weiter entfernt im Sand und zitterte am ganzen Leib. Neben ihm stand Karen Thogersen und starrte auf einen Mann, der vor ihr auf dem Boden lag. Dahinter lief Dr. Sigmund in großer Eile immer im Kreis herum. Simeon und der Nomade aber waren verschwunden.

63

Noch größer als Nemchankins Verwirrung war das Erstaunen des Nomaden und Simeons.

Die dunkle Öffnung, in die sie nach einigen Minuten gestolpert waren, hatte mit ihrem quadratischen Maul und dem glatten Betonschlund wie der Eingang zu einem Luftschutzbunker ausgesehen, jenem zweifelhaften Exempel menschlicher Baukunst, das zu errichten erst dem 20. Jahrhundert vorbehalten war.

Nach einigen Metern hatte ein kunstvoll geschmiedetes eisernes Gitter durch seine asymmetrische Jugendstil-Ornamentik die Ahnung verstärkt, daß auch diese Röhre eine besondere Bedeutung für das Experiment besaß, denn aus dem Inneren hatte ihnen eine diffuse Helligkeit entgegengeleuchtet. Die Luft war kühl und feucht.

Das Streulicht hatte sich zum Schein antiquierter Grubenlampen verdichtet, die dort, wo nun doch ein recht steiler Abstieg auf grob behauenen Stufen nach unten führte, an starken Kabeln zu beiden Seiten des schmalen Tunnels befestigt waren. Einige Dutzend Meter weiter waren der Nomade und sein Begleiter erst an mittelalterlichen, dann an antiken Zisternen vorübergekommen. Dahinter hatte sich der Tunnel rasch immer weiter verengt, während nun wie in einem Labyrinth ständig erheblich breitere und von Neonröhren hell erleuchtete Abzweigungen aufgetaucht waren. Danach war der Tunnel noch enger geworden, und bald hatten sie sich zwischen den Wänden förmlich hindurchquetschen müssen, bis der Nomade ein buntes Funkeln bemerkte. »Da ist was. Sieht aus wie ein Licht.«

»Tatsächlich. Ein Mandala!«

Der leuchtend bunte Kreis war rapide gewachsen, viel zu rasch für ihr langsames Vorwärtskommen. Als sie sich zum Schluß seitlich durch eine nicht einmal hüftbreite Lücke gezwängt hatten, waren sie in der strahlenden Helligkeit auf der anderen Seite wie angewurzelt stehengeblieben, bis sich vor tränenden Lidern erste Formen konkretisierten.

Die Landschaft des Unbewußten übertraf an Fremdartigkeit alles, was sich hätte vorstellen lassen. Schon das riesige Mandala, das als Sonne auf diese in allen Farben schillernde Unterwelt strahlte, weckte einen so intensiven Eindruck des Unfaßbaren, daß selbst die Erinnerung an die bewegendsten Traumbilder keinen auch nur entfernten Vergleich bieten konnte. Darunter leuchteten wie mit Acryl gemalt phantastische Geschöpfe und Formen der belebten und unbelebten Natur aller Äonen.

Es dauerte einige Minuten, bis die Wucht der ersten Eindrücke nachließ und die Sinne auch die unmittelbare Umgebung erfassen konnten; sie schien, obwohl ebenfalls ungewöhnlich, doch viel vertrauter.

Der Tunnel führte auf eine große, rechteckige Veranda, deren massives Holzgeländer ein höchst willkommenes Gefühl von Sicherheit erzeugte. Das Mobiliar im Landhausstil wirkte sogar gemütlich: schwere Holztische, mit Schnitzereien verzierte Stühle wie in einem exklusiven Berggasthof. An der Rückseite der in den Felsen gebauten Terrasse spiegelten zahlreiche große Fenster den bunten Schein wider. In der bemalten Holztäfelung darunter öffnete sich eine Tür.

»Gefällt Ihnen die Aussicht?«

Verdutzt betrachteten sie einen lächelnden, grauhaarigen Mann mit einem weißen Schnurrbart und einer qualmenden Pfeife im Mund. Hellgraue Trachtenjacke, Kniebundhosen, Wanderschuhe – alles passend zum Ambiente, dachte der Nomade. Rasch versuchte er, in seiner optischen Erinnerung ein vergleichbares Gesicht zu finden. »Wer sind Sie?«

»Das ist Carl Gustav Jung!« sagte Simeon verblüfft.

Zu dem freundlichen Lächeln kam ein bedauerndes Kopfschütteln. »Leider nein. Aber er ist mein großes Vorbild. Möchten Sie sich nicht setzen und etwas trinken?« Sein Englisch war flüssig, klang aber nicht so, als wäre es seine Muttersprache.

Der Nomade deutete auf die phantasmagorische Landschaft. »Können Sie uns darüber etwas sagen?«

»Natürlich, dazu bin ich doch da. Unter anderem.« Der alte Herr klatschte zweimal in die Hände. Sofort erschien eine dunkelhaarige, hinreißend schöne junge Frau in einem grünen Dirndl. »Wir haben Gäste, Sofie. Bringe uns doch bitte einen Willkommensschluck.«

»Gern, Großvater. Traumburgunder oder Klarsichtwein?«

»Nein, besser ein Fläschchen Reflexionsriesling. Und vielleicht gleich ein Grübelwässerchen dazu.«

»Ich trinke keinen Alkohol«, sagte der Nomade.

»Das Hotel Schweizerhof schenkt keinen Fusel aus. Vertrauen Sie mir.«

»Das würde ich gern, wenn ich wüßte, wer Sie denn nun sind.«

»Ganz einfach: Ich bin eine Vorstellung Ihres Unbewußten. Eine ziemlich alte Vorstellung sogar.« Er lächelte wieder. »Wie wir alle hier.«

»Alle?« Der Nomade schaute zur Tür, als erwarte er, gleich eine ganze Schar von Hotelangestellten zu sehen.

»Ja, natürlich. Denken Sie nur mal an Ihre Bewußtseinsfunktionen, all diese Stabsmitglieder und Minister. Wir hier unten sind viel zahlreicher. Das Unbewußte ist schließlich bedeutend größer und auch vielfältiger.«

»Und als was treten die anderen auf? Als Köche? Zimmermädchen und Rezeptionisten? Barkeeper?«

Der alte Herr lachte. »Nein, natürlich nicht. Sofie und ich haben uns nur ein bißchen ... nun, sagen wir, verkleidet, damit unser Anblick nicht gar so ungewöhnlich auf Sie wirkt. Ich spiele den Hoteldirektor nur. Den Psychologen natürlich auch. Die Gestalt C. G. Jungs habe ich gewählt, weil Sie Ihre Probleme mit wissenschaftlichen Methoden angehen wollen. Für dieses Vorhaben eignet sich die Darstellung eines bekannten Psychologen natürlich am besten, und die Rolle Freuds ist schon von Dr. Sigmund besetzt.«

»Und wie sehen die anderen aus?«

»Das kann ich Ihnen unmöglich sagen, es sind Hunderte, vielleicht Tausende, ich kenne selber nicht alle, wir laufen uns hier unten ja auch nicht ständig über den Weg. Außerdem steht dieses Hotel an der Grenze zwischen dem persönlichen und dem kollektiven Unbewußten. Die meisten anderen Archetypen leben weiter unten, in der Rautengrube.«

Die junge Frau kehrte mit Flaschen und Gläsern auf einem Tablett zurück. »Stelle es nur hin, Sofie, ich kümmere mich schon.« Der alte Herr nahm die größere der beiden Flaschen und angelte zwischen den Gläsern nach einem Korkenzieher. »Einigen werden Sie noch begegnen. Ganz bestimmt zum Beispiel Ihrer Anima. Und dem Kind. Vor dem sollten Sie sich hüten, es ist ziemlich gefährlich. Der Schatten natürlich auch. Sie haben ihn übrigens projiziert.«

»Ich?«

Der alte Herr zog den Korken heraus und hielt ihn prüfend an die Nase. »Auf Purdy.«

Einige Sekunden lang wußte der Nomade nicht mehr, was er denken sollte. Auch Simeon war perplex.

Der alte Herr kostete einen Probeschluck und schenkte ein. »Wohl bekomm's!«

Wie mechanisch trank der Nomade einen kleinen Schluck. Der Reflexionsriesling schmeckte süß und stark.

»Rheingau«, sagte der alte Herr. »Zisterzienser. Die konnten es wirklich am besten.«

»Auf Purdy?« fragte der Nomade. »Wieso projiziert?«

»Der Reihe nach. Was wissen Sie über die Archetypenlehre von Carl Gustav Jung?«

»Nichts.«

»Das dachte ich mir. Nun, wir sind schon immer hier. Seit der Entstehung des Menschen. Wir ändern unser Wesen nie, nur ab und zu unsere Gestalt, aber auch das nur sehr langsam.«

»Und diese seltsame Landschaft hier?«

»Auch nur ganz langsam. Soweit ich mich erinnere, kamen in letzter Zeit eigentlich nur diese glazialen Gletscher dazu, vor ungefähr einhundertdreißigtausend Jahren.«

Behaglich ließ der alte Herr einen kleinen Schluck durch die Kehle rinnen.

»Und das setzt das Programm in solche Phantasiebilder um?« wunderte sich der Nomade.

Der alte Herr stellte das Glas sachte auf den Tisch zurück. »Wenn ein Mensch geboren wird, hat er bekanntlich noch kein Ich, sondern nur ein Selbst. In den ersten zwei, drei Lebensjahren entsteht das Bewußtsein, und in ihm das Ich: Das Kind lernt, sich als Individuum zu begreifen. Im Unbewußten aber, im Selbst, bleibt dabei ein Loch zurück; ihm wird sozusagen ein Teil genommen. Wie der Erde, als sich der Mond von ihr löste. Deshalb geht es hier unten so chaotisch zu. Das Ich, mit Urkraft losgerissen, strebt immer weiter fort, denn es will seine Individualität laufend festigen. Flegeljahre, Pubertät, Erwachsenwerden und so weiter, bis zum Tod. Doch wie die Schwerkraft der Erde ständig wirksam bleibt, zieht auch das Selbst das losgelöste Ich immer wieder zu sich zurück.«

»Und das muß man also verhindern?«

»Natürlich, das ist doch der Sinn der Individuation. Ich glaube, jetzt können wir ein Grübelwässerchen vertragen, oder?«

»Was ist denn da drin?« fragte der Nomade mit einem Blick auf die bauchige Flasche.

»Nur eine milde Essenz zur Beflügelung der Gedanken, auf rein pflanzlicher Basis.«

Er zog den Korken aus der bereits zur Hälfte geleerten Flasche und goß eine farblose Flüssigkeit in die winzigen Schnapsgläser, aus denen sofort ein feiner Dampf aufstieg. »Prosit, meine Herren.«

Als seine Gäste zögerten, fügte er hinzu: »Nur zu! Dieses Wässerchen fördert die Relaxation und wirkt sogar krampflösend, besonders bei Vorurteilen, altem Denken und angespanntem Verstandesmenschentum.«

Der Nomade kostete. Ein überraschend milder, leicht öliger, von unbekannten Aromen nur flüchtig gewürzter Geschmack erfüllte seinen Mund; dann rann ein sanftes Kribbeln durch seine Kehle. »So was habe ich noch nie getrunken.«

»Ja, das merkt man. Sie sollten öfter mal ein bißchen grübeln. Am besten allein. Manche Tropfen munden in Gesellschaft besonders gut, andere kann man erst in der Einsamkeit richtig genießen, und das sind oft die besten. Man darf aber auch nicht zuviel davon trinken. Nun weiter: Auch im Bewußtsein gibt es ein immerwährendes Sehnen nach Rückkehr zum Urgrund des Selbst. Wehe, wenn der Mond dann in seinem Fortstreben nachließe! Er würde auf die Erde stürzen und in ihr aufgehen, als wäre er nie gewesen; Ihr Weg ist also nicht ungefährlich, und unbewußte Ängste haben ihn erschwert.«

Er schenkte nach und fuhr fort: »Viele Psychologen meinen ja, daß, wie C. G. Jung es so schön spöttisch formuliert, ›wer ins Unbewußte hinabsteige, in die drangvolle Enge egozentrischer Subjektivität gerate und in dieser Sackgasse dem Angriff aller bösen Tiere, welche die Höhle der seelischen Unterwelt beherbergen soll, ausgeliefert sei‹. Als ob das hier unten nur ein Ursprungsort aller bösen Gedanken wäre! Wir Archetypen können äußerst hilfreich sein. Man muß allerdings auf uns hören. Besonders, wenn es um Selbsterkenntnis geht. Trinken Sie noch einen Schluck.«

Gehorsam hoben seine Gäste wieder die Gläser. »In dieser Beziehung habe ich schon einiges hinter mir«, sagte der Nomade.

»So viel haben Sie noch gar nicht von sich selbst gesehen. Das wird sich hier allerdings ändern. Spätestens, wenn Sie Ihrem Schatten begegnen. Ich meine den Archetyp des Schattens. Sie müssen endlich akzeptieren, daß er ein Teil von Ihnen ist. Ein lebendiger Teil Ihrer Persönlichkeit, der mitleben will. Deshalb dürfen Sie ihn nicht länger einfach in die Gegend projizieren, auf Purdy oder sonst jemanden, sondern Sie müssen ihn endlich integrieren.«

»Das hat auch Dr. Sigmund gesagt. Aber das ist doch völlig ausgeschlossen! Wally ist seit zehn Jahren hinter mir her, und …«

»Haben Sie schon mal von Jakobs Kampf mit dem Engel gehört?«

»Ja, aber ich erinnere mich nur ganz dunkel.«

»In der Bibel steht, daß Jakob nachts am Jabbok mit einem Mann rang, bis die Morgenröte aufstieg«, sagte Simeon. »Als der Mann sah, daß er ihm nicht beikommen konnte, schlug er ihn aufs Hüftgelenk. Danach sagte er zu ihm: ›Nicht mehr Jakob wird man dich nennen, sondern Israel‹, also Gottesstreiter, ›denn mit Gott und Menschen hast du gestritten‹.«

»Das ist ganz leicht zu verstehen«, sagte der alte Herr. »Jakob war ein bißchen zu clever. Er betrog seinen Zwillingsbruder Esau um das Erstgeburtsrecht, führte seinen Schwiegervater Laban hinters Licht und hat auch sonst jede Menge geschummelt. Damit kommt man natürlich eine ganze Weile durch, sehr gut sogar. Zum Schluß war er reich, aber nicht zufrieden. Denn um immer am Ball zu bleiben, mußte er sich ganz auf sein Ich und seine Umwelt konzentrieren. Ihm blieb überhaupt keine Zeit, auch mal nach innen zu blicken. Und dort stauten sich ungenutzte Energien auf. Wenn man nicht achtgibt, brechen diese Kräfte mit Urgewalt ins Leben ein. Bei Jakob geschah das an einem Ufer. Das Wasser als Symbol des Unbewußten. Fließend außerdem, als Symbol der Wandlung. Jakob konnte nicht hinüberkommen, ohne sich zu verändern. Also ebenfalls das Thema Individuation. In Wirklichkeit kämpfte er mit sich selbst. Danach war er ein anderer, erhielt sogar einen neuen Namen: Israel.«

»So habe ich das noch nie gesehen«, gestand Simeon. »Für mich war das immer ein Kampf mit einem Engel, in Vertretung Gottes, der Jakob prüfen wollte.«

Die junge Frau kam wieder aus der Tür. »Wird noch etwas gewünscht?«

»Nein, vielen Dank«, sagte der alte Herr.

»Danke«, sagten auch der Nomade und Simeon.

»Ja, natürlich«, fuhr ihr Gastgeber fort, »es kann schon sein, daß diese Art von Integration psychischen Materials mit einer Gotteserfahrung zusammenhängt. Menschenkraft reicht für so etwas vielleicht gar nicht aus.«

Der Nomade hatte seine Gedanken noch immer nicht von dem Schattenbild lösen können, das in ihm entstanden war. »Und das soll ich jetzt auch machen? Mit Wally?«

»Natürlich, was denn sonst?«

»Mit ihm einen Ringkampf aufführen?«

»Wovor haben Sie denn Angst, daß Sie sich jetzt, pardon, in solche Albernheiten flüchten? Natürlich sollen Sie nicht körperlich mit ihm ringen, es geht doch um eine psychologische Auseinandersetzung, der Kampf ist wiederum eine Metapher.«

»Und was genau soll ich dann tun?«

»Das müssen Sie schon selber herausfinden. Jedenfalls dürfen Sie auf keinen Fall so weitermachen wie bisher. Wer sich nicht mit der Welt auseinandersetzt, findet auch nicht die Prüfungen, die er bestehen sollte.«

»Aber irgendwann muß doch auch mit der Individuation mal Schluß sein«, sagte der Nomade hilflos. »Was kommt denn dann?«

»Am Ende kehrt das Ich zum Selbst zurück. Die beiden Teile der Psyche finden wieder zusammen, und der Kreis des Lebens schließt sich. Das bedeutet natürlich den Tod.«

»Wir sollen also die Individuation schaffen, nur um am Ende wieder zum kollektiven Selbst zurückzukehren? Dann bleibt doch nichts mehr übrig, an dem man sehen kann, ob sich die Individuation überhaupt gelohnt hat!«

»Doch«, sagte Simeon. »Die Seele. Insofern scheint der psychologische Begriff der Individuation in gewisser Weise dem theologischen der Erlösung zu ähneln. Wenn das Ich ganz im Glauben aufgegangen ist, kann die Seele zu Gott zurückkehren, frei von allen menschlichen Wünschen und Begierden.«

»Der Begriff Seele besitzt für mich in meiner Eigenschaft als C. G. Jung allerdings eine andere Bedeutung«, sagte der alte Herr. »Das gilt aber nur für meine gegenwärtige Rolle. Der Analysand will es ja noch immer unbedingt auf der Basis des Verstandes haben.«

»Bin damit ich gemeint?« fragte der Nomade.

»Ja. Hier unten ist es doch schließlich ein Analyseprogramm.«

»Tatsächlich? Und Sie sind ein Teil davon?«

Der alte Herr schien amüsiert. »Glauben Sie denn, Sie könnten mich sonst bei wachem Bewußtsein sehen und mit mir reden? Das geht nur in Ihren Träumen, und auch da klappt es nicht immer.«

»Jetzt sagen Sie uns doch endlich, wer Sie sind!«

Wieder ein Nippen an dem Wein. »Für moderne, aufgeklärte Menschen wie Sie dürfte die für mich gängige Bezeichnung ziemlich albern klingen, und ich nenne sie deshalb auch nur höchst ungern. C. G. Jung hat mir das Label ›Archetypus des alten Weisen‹ angehängt. Ein zweifelhafter Titel. Aber ich muß zugeben, daß ich in Ihren

Träumen tatsächlich als älterer Herr aufzutreten pflege, der Sie auf ungelöste und inzwischen ziemlich gefährliche psychische Konflikte vorzubereiten hat. Meine Warnungen sind aber natürlich verschlüsselt, wie in Träumen so üblich, mehr ist uns ja leider nicht möglich. Ich personifiziere sozusagen menschliche Urgedanken, aus der Zeit der allerersten Individuation. Ich trete immer dann auf, wenn guter Rat verlangt ist. Einsicht. Der richtige Entschluß. Wenn der Verstand nicht mehr weiterweiß. Zum Beispiel habe ich Sie auf die Idee gebracht, den Cyberhippie zu Hilfe zu holen; von allein wären Sie nie darauf gekommen.«

Das mochte stimmen, dachte der Nomade. »Und was genau ist nun mein Problem?«

»Sie werden jetzt bald dreißig Jahre alt. Wenn die Individuation in dieser Phase mißlingt, bleibt auch die Weisheit des Alters aus. Bei Menschen Ihres Kulturkreises ist die Gefahr besonders groß, denn in der westlichen Industriegesellschaft glaubt man viel zu sehr an das Ich und an das, was man Wirklichkeit nennt. Die Folgen sind Egoismus bis zur Selbstvergötterung und Rationalismus bis zur Leugnung alles Unbeweisbaren. Bei Ihnen wird es allmählich kritisch, denn es fehlt auch noch die Balance zwischen Verstand und Gefühl.«

Der Nomade überlegte. »Ich glaube, Sie haben recht. Es scheint schon die ganze Zeit um nichts anderes mehr zu gehen. Ich bin aber nicht meinetwegen gekommen, sondern wegen Allan!«

»Trotzdem.«

»Und jetzt?«

»Fahren Sie noch ein Stück durch das persönliche Unbewußte. Dann kommen Sie in das kollektive. Dort wird sich alles entscheiden.«

»Könnten Sie nicht mitkommen?«

»Nein, das ist leider nicht möglich. Aber in Ihren Träumen sehen wir uns wieder.« Plötzlich sah er ein wenig erschöpft aus. »Schließlich handelt es sich hier nicht um ein tiefenpsychologisches Seminar, sondern um Ihre Individuation, und da sind Fehler durchaus erwünscht.«

Der Nomade stand auf.

»Der Tunnel«, sagte Simeon. »Da ist ja jetzt eine Glastür davor!«

Der alte Herr nickte. »Sie sehen, unser Gespräch hat schon etwas bewirkt.«

Er geleitete seine Gäste zum Eingang. Hinter dem Glas schimmerten bläuliche Kacheln. Jede zeigte in der Mitte ein Auge, das sich abwechselnd öffnete und schloß.

»Der Rückweg wird etwas weniger unkomfortabel sein«, sagte der alte Herr und zog die Tür auf. »Ihr Bewußtsein hat sich bereits erheblich erweitert.«

»Also dann – bis bald!« sagte der Nomade hoffnungsvoll.

»Wir danken Ihnen«, fügte Simeon hinzu.

Sie traten in den Tunnel. Obwohl er nun durchgehend so breit war, daß sie bequem nebeneinander gehen konnten, und so gut beleuchtet, daß sie kaum auf ihre Schritte achten mußten, durchquerten sie ihn schweigend, bis sie an den plätschernden Zisternen plötzlich die Augen einer Eule aus dem Dunkel glühen sahen.

Nach seinen bisherigen Erlebnissen hätte der Umstand allein, daß der Vogel prompt auch noch zu reden begann, den Nomaden wohl nicht mehr sonderlich erstaunt. Das Gefühl, inzwischen praktisch gegen jede Überraschung gefeit zu sein, schwand indes augenblicklich, als er erkannte, daß die Eule mit Allans Stimme sprach.

64

»Hallo, Grant.«

»Allan! Bist du das?«

»Ja und nein.«

»Was soll das heißen?«

Simeon blickte immer wieder staunend zwischen dem Nomaden und der Eule hin und her.

»Hallo, Bruder Simeon.«

»Hallo«, brachte Simeon mühsam heraus. »Sie kennen mich?«

»Klar. Sie sind Theologe. Hank hat Sie programmiert. Ich habe euch schon in der Höhle gesehen. Dort bin ich nämlich gelandet, als ich in euren Computer ging.«

»Aber warum denn als Eule?« fragte der Nomade.

»Na, weil ich doch keinen Körper mehr habe.«

»Wieso denn nicht, ich hab' dich doch vorhin noch gesehen, auf der Intensivstation.«

»Ja, aber das war nicht ich, das war Allan. Hör mal zu. Künstliche Intelligenz. Du erinnerst dich doch, wie wir immer herumphantasiert haben. Mein Ding war dieses elektronische Duplikat, weißt du noch? Das Ergebnis siehst du vor dir.«

»Eine Eule?« entfuhr es Simeon.

»Nein, das ist doch nur das Outfit für das Programm!«

»Warum bist du denn nicht als Allan reingegangen?« fragte der Nomade.

»Als Allan liege ich doch im Koma! Wie hätte ich mir denn da einen Datenhelm aufsetzen sollen? Ich bin doch als elektronischer Impuls eingeschwebt!«

»Du hättest mir nur etwas zu sagen brauchen.«

»Aber dann wäre ich bei diesem Experiment als doppelter Allan aufgetreten, einmal als Koma-Patient ohne Bewußtsein, einmal als elektronisches Duplikat. Da hätte ich mich gleich in der nächsten Irrenanstalt melden können. Und es weiß auch keiner, was mit einem passiert, wenn man direkt aus dem Koma in einen VR-Raum kommt. Das Risiko ist zu groß. Eule ist gar nicht so schlecht, Flügel machen einen ganz schön mobil, und die Augen sind für die Lichtverhältnisse im Unbewußten bestens geeignet. Außerdem ist die Eule mein Totemtier.«

»Dann bist du jetzt also der Allan, der sich vor zwei Wochen elektronisch abgespeichert hat?«

»Genau. Als ich bei Fenway-Soper merkte, wie der Hase läuft, bin ich am Wochenende schnell mal nach Big Sur rübergeflogen und hab 'ne Art Sicherungskopie von mir gemacht. Das einzige, was mir fehlt, sind genaue Informationen darüber, warum mein Experiment schiefgegangen ist.«

»Das weißt du also nicht?« fragte der Nomade.

»Das könnte nur der Allan auf der Intensivstation wissen. Einiges kann ich mir aber schon denken.«

»Moment, Moment«, sagte der Nomade. »Du machst mich ganz irre.«

»Also der Reihe nach. Erst mal hab' ich mich als Duplikat abgespeichert. Und dann jeden Morgen von New York aus das Neueste dazugebeamt. Das Ganze war so programmiert, daß das Duplikat automatisch lebendig wird, wenn ich mich mal drei Tage lang nicht melde.«

»Wahnsinn«, staunte der Nomade. »Aber wie kriegen wir euch nun wieder zusammen? Ich meine, wie kriegen wir dich nun wieder in Allans Kopf? Oder geht das nicht?«

»Leider nein. Zu spät.«

Die anfängliche Erleichterung wich neuer Sorge, auch, weil der Nomade nun an Sir Henrys Befürchtungen denken mußte. »Du weißt doch, daß du schwer krank bist?«

»Das ist nicht mehr so wichtig. Du mußt dich jetzt um dich selber kümmern. Du bist nämlich viel schlimmer dran als ich.«

»Ich?«

»Ja.«

»Wieso – wegen diesem Individuationskram? Dazu bräuchte ich gar nicht in deinem Programm herumzugeistern, da kann ich mich ranmachen, sobald wir dich aus dem Koma geholt haben.«

»Da bist du schwer auf dem Holzweg. Du mußt hier ganz durch – und zwar das volle Programm. Bis zur Seele.«

»Das sagen die hier auch schon die ganze Zeit, aber wieso denkst du das?«

»Weil das auch mein Problem war, Bruderherz. Und ich hab's leider nicht geschafft.«

Einen Augenblick lang war Schweigen. Dann öffnete sich der Schnabel der Eule wieder. »Also, es war so: Irgendwann merkte ich an dieser virtuellen Synapse, daß das gar nicht klappen konnte, mit FS-Einhundertfünfzehn. Du hast das doch bestimmt in meinem Tagebuch gelesen. Daß es gefährlich ist, ins eigene Gehirn zu gehen, mußte mir niemand sagen. Ich speichere also mein Duplikat ab und sause los. Natürlich ohne jemandem was zu sagen; die Fenway-Soper-Typen hätten mir das Programm sofort geklaut. Ich komme in diesem Kniehöcker-Bahnhof raus und fahre weiter nach Thalamus Center, völlig problemlos. Auch am Tor des Bewußtseins ging alles glatt.«

»Und dann?«

»Warte doch mal! Danach fahre ich wie ihr auf dem Reissnerschen Faden durch die Vierhügelplatte, aber nicht auf einem schönen antiken Schiff wie eurer QUOMODO, sondern in einem morschen Kahn, so einem richtigen Seelenverkäufer, der schon mit Schlagseite im Wasser hing. Wahrscheinlich, weil ich so 'n alter Agnostiker war, die mag das Unbewußte nicht besonders, die sind ihm zu verstandesorientiert.«

»Wieso ›Agnostiker war‹, bist du das jetzt nicht mehr?«

»Natürlich nicht! Wie kann jemand solche Wunder sehen und nicht an Gott glauben? Bei mir kam der Glaube bloß nicht schnell genug. Leider. Also ich lande mit diesem Wasserfall im zentralen Höhlengrau.

Als sich der Nebel lichtet, sitze ich auf einem wirklich vorsintflutlichen Pott, einem total verrosteten, stinkenden Trawler, der die ganze Zeit ächzt, als würde er gleich auseinanderfallen, und fahre zum Strand. Und weißt du, wie mein Schiff hieß? Ich hab's erst ganz zum Schluß bemerkt. FALSCHER DAMPFER!«

»Das ist ein Witz!«

»Nein. Kaum zu glauben, was? Wie mit dem Holzhammer.«

»Und am Strand auch wieder Nebel?«

»Nein, eben nicht. Euer Nebel muß mit was anderem zu tun gehabt haben.«

»Gehabt haben? Also ist er jetzt weg?«

»Klar, schon lange.«

»Aber wieso war bei uns Nebel und bei dir nicht?«

»Keine Ahnung. Vielleicht wegen Wally.«

Der Nomade sah sich besorgt um. »Der ist also tatsächlich hier?«

»Ja. Die ganze Zeit schon. Er kam gleich nach mir in das Programm. Erst dachte ich, er sei schon da, weil ich sah, daß schon jemand in dem Computer war, aber dann merkte ich, daß Sie es waren, Bruder Simeon, und Ihre beiden KI-Kollegen. Ich konnte euch die ganze Zeit zuschauen. Und zuhören. Ihr seid wirklich gut. Kompliment. Hank ist ein Großer, das muß man schon sagen.«

»Ja, Hank ist wirklich nicht zu schlagen«, sagte der Nomade.

»Du bist aber auch ziemlich gut. Was du an dieser Synapse veranstaltet hast …«

»Du doch auch!«

»… und später in meinem und dann in deinem Kopf …«

»Das weißt du?«

»Klar, ich hab' mir das doch alles angeschaut. Im Computer. Für dich war es wirklich viel schwerer als für mich, denn ich kenne ja mein Programm in- und auswendig, und du hast dich erst reinfummeln müssen. Jedenfalls ist Wally hinter dir her. Wahrscheinlich auch hinter dieser Thogersen. Und hinter Kate.«

»Das habe ich mir gedacht. Er hat ein Foto von ihr gesehen. Dieser blöde Findlay hatte eins mitgeschleppt.«

»Ja. Und sogar ein Höschen von ihr. Der Kerl war wirklich irre.«

»Dieses Schwein hat Kate tatsächlich Unterwäsche geklaut? Wann denn?«

»Der Fettwanst ist bei ihr eingebrochen. Dabei hat er herausgefunden, daß ihr in Boston seid.«

»Und woher weißt du das nun wieder?«

»Als elektronischer Impuls komm' ich doch überall rein! Deshalb hab' ich auch die ganze Zeit versucht, dich zu warnen. Als ich endlich rauskriegte, daß du in Boston bist, hab' ich mich natürlich gleich auf die Socken gemacht. Fand mich dann auf dieser Intensivstation und beamte dir eine Riesen-Eule auf den Monitor in Pawlows Labor, aber du hast überhaupt nicht reagiert.«

»Ich hab' gedacht, die gehört zum IC-Programm.«

»Ja, das ist mir dann auch klargeworden.«

»Wieso bist du denn nicht gleich deutlicher geworden? Du hättest doch über den Monitor genauso mit mir reden können wie jetzt!«

»Heute würde ich das auch so machen, aber damals wußte ich nicht, wie weit du Kate und den Professor ins Vertrauen ziehen willst. Außerdem hab' ich gehofft, daß du endlich mal deinen Computer in Malibu abfragst.«

»Dazu hatte ich erst irgendwie nie Zeit, und dann dachte ich natürlich, daß Wally mich austricksen will. Schließlich liegst du im Koma, und auf die Idee, daß es dich zweimal gibt, bin ich natürlich nicht gekommen.«

»Na gut, ist jetzt ja auch egal. Aber nun hör genau zu, damit's bei dir nicht auch schiefgeht, wie bei mir! – Ich gehe durch diesen Tunnel hier und treffe den alten Weisen. Bei mir ist er aber nicht C. G. Jung, sondern Augustinus.«

»Der Kirchenvater?«

»Genau. Er trug diesen Byrrhus, so einen Mantel mit Kapuze. Ich hatte ein paar von seinen Büchern gelesen. Du auch?«

»Nein, leider nicht.«

»Na, jedenfalls ist er ganz freundlich ... was hat er euch denn vorgesetzt?«

»Reflexionsriesling und Grübelwasser.«

»Ich kriegte so 'ne Art Brandy, ziemlich warm und unheimlich stark. Dann hat er mir was von meiner Seele erzählt. Es war ... einfach überwältigend. Ich hatte das Gefühl, er greift mir ins Herz und dreht eine Schraube auf. Es hat sogar richtig weh getan. Danach war mir klar, daß ich unbedingt in meine Seele gehen muß. Ich hab' sie mir aber trotzdem immer noch nur als geheimnisvolle Struktur vorgestellt, irgendwie so als Teil einer kosmischen Macht, Geist des Alls oder so; an Gott hab' ich immer noch nicht geglaubt. Das war natürlich ein schwerer Fehler.«

Die Eule klapperte ein paarmal mit den Lidern und fuhr fort: »Hinter dem zentralen Höhlengrau fließt der Reissnersche Faden durch eine ziemlich verrückte Landschaft. Es gibt Häuser, Straßen, Kirchen, sogar eine Pyramide, Menschen, aber auch andere Gestalten, manche ziemlich makaber, und es geht ziemlich wild zu, du wirst es ja sehen. Ganz am Anfang kommt eine Pontonbrücke, die müßt ihr aufziehen. Das ist ganz leicht, es gibt eine Brückenstation mit einem Schaltpult, geht praktisch alles automatisch, man muß nur ein paar Knöpfe drücken, dann stellt es erst mal die Signalanlage auf Halt ...«

»Eine Eisenbahnbrücke?«

»Ja. Die müßt ihr hinterher unbedingt wieder zumachen. Vergeßt das bloß nicht! Ich glaube, das war der Fehler, den ich beim zweiten Mal gemacht habe.«

»Beim zweiten Mal? Du warst zweimal unten?«

»Klar, wie hätte ich dich denn sonst warnen können? Also, ich mache die Brücke hinter mir wieder zu und schippere weiter. An den Ufern stehen Kathedralen und diese Pyramide, antike Tempel und mittelalterliche Häuser, dazwischen dann wieder Wolkenkratzer, alles total durcheinander, und die Perspektiven stimmen auch nicht. Die Menschen dort sollen natürlich Kräfte des Unbewußten darstellen, aber was sie so im einzelnen machen, habe ich überhaupt nicht kapiert. Nach ein paar Kilometern fängt das kollektive Unbewußte an. Der Reissnersche Faden wird plötzlich viel breiter und die Strömung immer stärker. Unterirdische Zuflüsse, nehme ich an. An den Ufern laufen Monster rum, Saurier und so weiter. Man möchte dort wirklich nicht gern aussteigen. Drei, vier Kilometer weiter sehe ich, wie ein paar Baumstämme vor mir plötzlich verschwinden.«

»Untergegangen?«

»Baumstämme? Nein, die Dinger sind explodiert. Wumm. Wie ein Atomblitz. Wenn ich das nicht zufällig gesehen hätte, wäre ich glatt in die Falle gegangen.«

»Eine Falle?«

»Ja. Die Stelle ist ganz leicht zu erkennen. Da steht eine Felsnadel, zwei- oder dreihundert Meter hoch. Am Fuß ist der Felsen vierzig, fünfzig Meter breit, mit einem Loch in der Mitte. Kreisrund. Du weißt schon, wie diese Naturdenkmäler, die durch Erosion ausgehöhlt worden sind. Sieht aus wie ein riesiges Nadelöhr. Der Reissnersche Faden fließt da durch. Als die Baumstämme in dem Loch waren, wurde das Nadelöhr plötzlich ganz bunt. Wie wenn man Seifenblasen machen will und den Draht reintunkt; das gibt dann doch so eine feine Haut, in die man reinpustet. – Und in der nächsten Sekunde ist das ganze Bild explodiert.«

»Explodiert?«

»Ja. Die ganze Landschaft. Ich wollte das Boot natürlich stoppen, aber es fuhr einfach weiter. Da hab' ich das Codewort gesagt.«

»Das ›Asio ...‹?«

»Du kannst es ruhig aussprechen. Es passiert nichts.«

»Sicher?«

»Hundertprozentig. Da staunst du, was? Genauso hab' ich auch gestaunt.«

Der Nomade atmete ein paarmal kräftig durch. »Dann können wir das Experiment jetzt also gar nicht mehr abbrechen?«

»Hier unten funktioniert das Codewort jedenfalls nicht. Ich also rein in den Fluß. Hatte gar nicht gemerkt, daß er aus Quecksilber war.«

»Quecksilber?«

»Ja. Zum Glück hatte ich mich immer am Ufer gehalten, sonst wäre ich abgesoffen. Der Reissnersche Faden geht an dieser Stelle offenbar in eine andere Dimension über. Das Boot war verschwunden. Atomisiert. Ich glaube, hinter dieser Felsnadel liegt die Seele. In der Bibel steht ja auch so was: Eher kommt ein Kamel durch ein Nadelöhr oder so.«

»Eher geht ein Kamel durch ein Nadelöhr, als daß ein Reicher in das Reich Gottes gelangt«, zitierte Simeon. »Da geht es aber um die ewige Seligkeit, nicht um die Erforschung der Seele.«

Die Eule drehte ein paarmal den Kopf. »Vielleicht gehört auch die Seele zu Gottes Reich.«

»Außerdem liegt hier ein Übersetzungsfehler vor«, erklärte Simeon. »Beim Abschreiben wurde früher einmal das Wort für ›Kamel‹ mit dem für ›Kabel‹ verwechselt. In Wirklichkeit sagte Jesus, ›eher geht ein Schiffstau durch ein Nadelöhr‹.«

»Mit dem Kamel gefällt mir der Spruch aber irgendwie besser«, sagte die Eule.

»Und wie bist du da durchgekommen?«

»Zunächst überhaupt nicht, ich wollte dich erst warnen, mir war doch klar, daß du dich gleich auf die Socken machst, wenn mir was passiert. Außerdem wollte ich erst mal abspeichern, was ich herausgefunden hatte. Und weil ich das Experiment nicht abbrechen konnte, mußte ich natürlich zurück.«

»Ohne Boot?«

»Zu Fuß. Diese Urviecher haben mich zum Glück gar nicht beachtet; vielleicht kümmern die sich nur um Leute, die vorwärts gehen, tiefer ins Unbewußte hinein. Dann durch diese komischen Städte, aus allen Epochen, da war überall schwer was los: Massenaufmärsche, Prügeleien, Straßenschlachten. Über diese Pontonbrücke fahren dauernd Züge. Hinter den Bergen verschwindet das Gleis in einem Tunnel; von dort kann man das Tor des Bewußtseins sehen.

Ich also runter und durch die Savanne, aber die Tür oben an der Treppe ist zu. Handgranaten hatte ich nicht dabei. Damit war klar, daß ich nicht mehr rauskomme, bevor das Experiment automatisch beendet wird. Also breche ich einen Ast ab und schreibe genau vor dem Tor in den Sand, daß du dich auf dem Reissnerschen Faden vorsehen sollst. Vor dem Nadelöhr. Schön groß. Das hättest du bestimmt gesehen.«

»Also hast du das geschrieben und nicht gedacht? Wie hat Pawlow das dann rausfinden können?«

»Wenn man was schreibt, denkt man es doch auch. Und ich hab's, glaube ich, dabei auch noch laut vor mich hingesagt. Intensiver geht's gar nicht.«

»Was hast du denn genau geschrieben?«

»Warte mal.« Die Eule überlegte. »Vorsicht auf dem Reissnerschen Faden. Nicht durch das Nadelöhr!«

»Ja, aber das mit dem Nadelöhr hat Pawlow nicht entziffert, nur das mit dem Reissnerschen Faden.«

»Dann hab' ich das beim zweiten Mal wahrscheinlich vergessen. Da ging sowieso alles schief.«

»Und ich dachte die ganze Zeit, der Reissnersche Faden ist überhaupt ganz gefährlich, schon ganz oben.«

»Ich konnte ja nicht einen ganzen Roman in den Sand kritzeln. Danach will ich natürlich wieder nach unten und rausfinden, ob man diesen Atomblitz irgendwie austricksen kann. Aber als ich gerade losmarschieren will, geht plötzlich doch noch die Tür auf. Ganz von allein. Ich also rein ins Bewußtsein und durch den Sehnerv raus. Dann hab' ich mich erst mal in meinen Computer in Big Sur eingeloggt und über Video und Datenhelm alles eingegeben. Sicherheitshalber. Zum Glück, sonst wüßte ich das alles jetzt gar nicht.«

»Und warum hast du mir nichts ... ach so, du wußtest ja nicht, wo ich war.«

»Genau. Außerdem dachte ich doch, wenn was passiert, weiß ich als Kopie, was los ist, und kann dich warnen. Ich hab' doch nicht gedacht, daß das so schwer sein würde! Natürlich hätte ich mit dem zweiten Experiment noch ein bißchen warten können, aber es war schon nach Mitternacht, und ich wollte es unbedingt fertigkriegen. Also noch eine Nachricht nach Big Sur, daß ich gleich wieder reingehe. Tja, und das ist alles, was ich weiß. Als elektronischer Allan, sozusagen. Der biologische weiß natürlich mehr, aber der kann ja leider nichts mehr sagen.«

»Dann war das bei dieser Kritzelei da vor dem Tor des Bewußtseins also gar nicht dein letzter Gedanke?«

»Natürlich nicht, die Schrift muß gleich wieder verschwunden gewesen sein, das Programm fängt ja bei jedem Neustart wieder von vorne an. Aber jetzt läßt sich natürlich ganz gut rekonstruieren, was beim zweiten Mal passiert sein muß. Wahrscheinlich habe ich meinen Spruch sicherheitshalber noch mal in den Sand gekritzelt. In der Hektik vielleicht nur halb, ohne den speziellen Hinweis auf das Nadelöhr. Dann bin ich wieder mit dem Boot gefahren, wie beim ersten Mal. Und habe natürlich auch schon gewußt, was auf mich zukommt. Aber was dann wirklich passiert ist – davon hab' ich keinen blassen Schimmer.«

»Und was glaubst du?«

»Tja. Vielleicht hat's mich da unten tatsächlich atomisiert. Oder in eine andere Dimension geschleudert. Oder ich bin durch den Dschungel, und eins von den Monstern hat mich geschnappt. Oder ich wurde bei einer dieser Straßenschlachten erschossen. Vielleicht ist auch gar nichts passiert. Jedenfalls wollte ich meine Seele suchen. Vielleicht habe ich sie sogar gefunden.«

»Und dieser Weise, dieser Augustinus – hat er dich nicht gewarnt?«

»Kein Stück. Ich glaube, das dürfen diese Archetypen gar nicht. Euch hat er ja auch nichts von dem Nadelöhr erzählt. Wahrscheinlich sollen wir alle Gefahren aus eigener Kraft bestehen oder so. Individuation. Wenn einem vorher immer alles gesagt wird, gibt's ja kein Risiko mehr. Auch keine richtige Wahlmöglichkeit. Also keine Entscheidungsfreiheit. Vielleicht ist bei dir da unten überhaupt kein Atomblitz, du bist schließlich kein Agnostiker, also warum soll man dir Schwierigkeiten machen, deine Seele zu finden? Als das Experiment zu Ende war, bin ich ins Koma gefallen. Und weißt du, warum ich nicht mehr zurückkonnte? Weil ich beim zweiten Mal bestimmt vergessen hab', die Klappbrücke hinter mir runterzumachen. Da stand nämlich ›ACh‹ drauf.«

»Ja und?«

»Acetylcholin. Die Bahnlinie ist eine Acetylcholinleitung.«

Dem Nomaden dämmerte etwas. »Du meinst, du bist eingeschlafen und nicht mehr aufgewacht?«

»Exakt. Das ACh kam nicht mehr durch, und damit war natürlich auch das aufsteigende Aktivierungssystem im zentralen Höhlengrau blockiert. Das ist jedenfalls die rationalste Erklärung. Aber es gibt eine viel schönere.«

»Welche denn?«

»Daß ich tatsächlich meine Seele gefunden und alles vergessen habe, was mich auf Erden zurückhielt, sozusagen. Wenn Augustinus recht hat, muß es in der Seele sein wie im Paradies.«

Der Nomade überlegte. »Dann tue ich dir vielleicht gar keinen Gefallen, wenn ich dich da unten raushole?«

»Das ist jetzt sowieso nicht mehr drin.«

»Was soll denn das nun wieder heißen?«

»Tut mir leid, Bruderherz, aber ... ich bin tot.«

»Was?«

»Ja. Kein Problem, ich war sowieso nur ein lebender Leichnam. Konnte praktisch zuschauen, wie die Uhr abläuft. Mit Mukoviszidose wirst du nun mal nicht älter als dreißig. Da hätte schon ein Wunder geschehen müssen. Jetzt ist es vorbei. Gott sei Dank.«

65

Schock und Schmerz ergriffen den Nomaden so heftig, daß er kaum in der Lage war aufzunehmen, was die Eule weiter sagte.

»Das gilt aber nur für mich als biologisches Wesen. Als elektronisches bin ich gesund und munter, wie es immer so schön heißt. Und soll ich dir was sagen? Ich finde es wunderbar.«

»Allan!« schluchzte der Nomade. Die Anspannung der letzten Tage löste sich in Tränen; ganz in seiner Trauer gefangen, registrierte er kaum, wie Simeon ihm mitfühlend eine Hand auf die Schulter legte.

»Nun heul doch nicht so!« sagte die Eule, als müsse sie ein schlechtes Gewissen haben. »Es ist doch alles in Ordnung. Ich ...«

»Gar nichts ist in Ordnung!«

Bewegt warteten die beiden anderen, bis der Gefühlsausbruch langsam abebbte. Dann sagte die Eule: »Ich habe gar nicht gedacht, daß dich das so mitnimmt. Du hast doch die ganze Zeit gewußt, daß es mit mir zu Ende geht.«

»Was weißt denn du!« Der Nomade war kaum zu verstehen.

»Es ist wirklich besser so, Grant«, sagte die Eule tröstend. »Ich wäre sowieso nicht mehr aus dem Koma erwacht, und Sir Henry hat dir doch gesagt …«

»Aber jetzt hab' ich gar niemanden mehr! Dad ist tot, Mom ist tot und jetzt du auch!«

»Aber ich bin doch gar nicht tot, ich lebe ja, das siehst du doch …«

»Ja, aber nur im Computer!«

»Natürlich ist das nicht dasselbe, das gebe ich ja zu, aber für mich hat das wirklich nur Vorteile. Überleg doch mal! Zum Beispiel bin ich endlich diese verfluchte Krankheit los. Immer dieser Husten, bis kurz vor dem Ersticken, dauernd Inhalationstherapie und Diät, trotzdem ständig die Verdauung durcheinander – nein, mein Junge, dafür hättest du mir nicht aus dem Stammhirn zurückhelfen müssen oder aus dem Mittelhirn oder wo immer ich war.«

»Aber vielleicht hätten sie dich wieder hingekriegt, wenn du rechtzeitig aufgewacht wärst!«

»Blödsinn!« sagte Allan etwas gröber, als er wollte.

»Aber ich hab' die ganze Zeit gedacht, du bist geheilt!«

»Ich wollte dich da nicht mit reinziehen. Es ist keine schöne Sache, wenn man weiß, daß der Bruder ständig am Abkratzen ist. Mom und Dad fanden es auch besser, dir nicht die Wahrheit zu sagen. Deshalb hab' ich mich immer schwer zusammengerissen, wenn du mal vorbeikamst. Zum Glück kam das ja nicht allzu oft vor.«

»Wenn ich das gewußt hätte, wäre ich bei dir geblieben!«

»Ja, und genau das wollte ich nicht. Hatte keine Lust, ständig vom kleinen Bruder umsorgt zu werden. Außerdem wäre das zu gefährlich für dich gewesen. Wegen Wally.«

»Na und?« Wieder hatte der Nomade das Gefühl, als löse sich alles auf. War das tatsächlich noch ein Experiment oder doch Wirklichkeit? Bildete er sich das alles nur ein? Gab es überhaupt noch einen Unterschied zwischen Tatsache und Traum?

»Dir wäre das egal gewesen, aber mir nicht!« sagte Allan energisch. »Du wirst nämlich noch gebraucht. Und ich hab' auch noch allerhand vor. Das ist das Schöne: Ich bin tot, aber ich hab' noch allerhand vor.

Dazu habe ich das Duplikat schließlich entwickelt. Nicht für irgendwelche Millionäre, wie du immer gedacht hast, sondern erst mal für mich selber. Schon als wir überhaupt anfingen, über KI zu reden, dachte ich mir, wenn die Knochen vermodern müssen, soll wenigstens überleben, was im Kopf ist. Ich bin ziemlich froh, daß das geklappt hat.«

Die Tränen des Nomaden hatten zu trocknen begonnen. »Aber du hast doch selber gesagt, es ist nicht das gleiche, wie wenn man richtig lebt!«

»Stimmt. Es ist viel besser. Schau mal: Ich bin jetzt eine Eule. Genausogut könnte ich mich in einen Adler verwandeln, in einen Elefanten, in Julius Cäsar oder in einen Außerirdischen. In der Schule haben wir jahrelang gebüffelt, um uns auch nur ein Millionstel des Wissens einzuverleiben, das heute auf der Welt verfügbar ist. Und wenn wir ein Tausendstel davon nutzen wollen, brauchen wir bereits eine Bibliothek, in der wir Tage verbringen. Ich aber brauche nur ›Klick‹ zu sagen und habe eine Sekunde später alles in meinem Speicher.

Noch schöner ist, daß ich mich selber in die Datenbanken beamen, mitten hinein in die prallen Speicher, und in den Infos schwelgen kann, viel besser als du an deinem Computer. Du kriegst ja nur, was du gerade fragst, ich aber sehe alles, was dort ist, Billionen Fakten, von denen ich nicht mal ahnte, daß es sie gibt.«

Die Eule drehte wieder ruckartig den Kopf. »Und erst das Herumdüsen selber! Du weißt doch, wie gern ich immer gereist wäre, am liebsten durch die ganze Welt, und doch nicht konnte, mit diesem kranken Körper. Auf den Datenhighways schaffe ich fast sieben Erdumkreisungen in der Sekunde, und seit die Unterseekabel verlegt sind, komm' ich praktisch überall hin. Und nirgends muß ich Angst haben, daß mir was passiert. Ich kann weder mit dem Flugzeug abstürzen noch mir 'ne Seuche einfangen, und nicht mal mein Koffer kann verschwinden. In ein paar Jahren sause ich vielleicht drahtlos zum Mond oder zum Mars.«

Der Nomade hörte verwundert zu; hatte Allan nicht tatsächlich recht?

»Also mußt du nicht um mich trauern. Ich bin viel besser dran als du, und ich denke, ich werde auch bald Gesellschaft bekommen, es gibt genug kluge Köpfe, die lieber elektronisch leben als gar nicht. Früher haben wir gedacht, wir könnten künstliche Intelligenzen erschaffen –

aber daß wir selber so was Ähnliches werden, nämlich körperlose Intelligenzen, davon haben wir nicht mal geträumt!

Und es geht weiter, die Technik entwickelt sich ja immer schneller. Von Watts Dampfmaschine bis zum Atomkraftwerk haben wir zweihundert Jahre gebraucht, vom ersten Flugzeug bis zur Marsfähre hundert, vom Cyborg bis zur KI fünfzig, und in fünfundzwanzig Jahren sind wir vielleicht schon ein ganzes Volk von Elektronenmenschen, ein Organismus mit einem drahtlosen Körper, in dem als Blut ein Datenstrom zirkuliert. Vielleicht wird eines Tages die ganze Menschheit zu einer Art Hypercortex, in dem der Geist von Milliarden Denkorganen zusammenwächst. Vielleicht knacken wir mit diesem globalen Gehirn dann sogar Einsteins Schloß vor Raum und Zeit. Und wenn wir erst mal schneller als das Licht sind, können wir sogar in Zukunft und Vergangenheit reisen.

Komisch, was? In meiner alten Welt war ich praktisch ein Behinderter, in dieser neuen bin ich eine Art Übermensch, fast schon ein bißchen wie Gott. Eigentlich ist so gut wie alles drin: Auferstehung, ewiges Leben, Paradies, Engel, die überall auftauchen können, und sogar ganz neue Lebensformen. Also brauchst du nicht um mich zu weinen. Du steckst noch in deinem Körper fest, mein Geist aber ist frei.«

Die Begeisterung konnte den Nomaden zwar ein wenig beruhigen, aber nicht anstecken. Immerhin wurden seine Gedanken etwas von der Trauer abgelenkt: »Aber der Körper hat doch auch seine Rechte, zum Beispiel wenn man von jemandem in den Arm genommen wird, Streicheln und so weiter …«

Die Eule zwinkerte ein paarmal, als wolle sie Verblüffung signalisieren. »So kenne ich dich ja gar nicht. Ach so, ich verstehe, du hast die Liebe entdeckt. Freut mich für dich. Aber auch die körperliche Liebe spielt sich hauptsächlich im Kopf ab.«

»Ja, aber … Zärtlichkeit und so … und Kinder kriegen kann man als Elektronikgeist doch wohl auch nicht.«

»Kinder? Ich muß schon sagen, du hast dich ganz schön verändert! Individuation, was? Aber natürlich könnte man auch ein kleines Kind, das sonst sterben müßte, an einem Herzklappenfehler zum Beispiel, als Elektronikbaby aufziehen. Jedenfalls finde ich, daß ich einen guten Tausch gemacht habe. Vor dem Tod hatte ich eine unheimliche Angst.«

»Obwohl du Agnostiker bist?«

»Warst, Grant, warst. Und die Todesangst steckt ganz tief drinnen, da kommst du mit dem Verstand nicht gegen an. Nee, mein Junge, dagegen hilft tatsächlich nur der Glaube.«

»Komisch, daß ausgerechnet du so was sagst.«

»Und nicht ohne Grund. Jetzt denk mal an dich! Du mußt deine Seele suchen!«

»Ich kann's einfach nicht verstehen, früher hast du ganz anders geredet.«

»Ja, aber beim Duplikat ist es mir klargeworden. Das Ding, das da entstand, war mir zwar neunundneunzigprozentig ähnlich, aber eben nie hundertprozentig. Deshalb schnappte ich mir ein paar Bücher, ›Was ist der Mensch?‹ und so. Psychologie, Philosophie, zum Schluß auch Theologie.

Beim Lesen bin ich darauf gekommen, daß es vielleicht eben doch so etwas wie eine Seele gibt. Fast alle Großen, die Nobelpreisträger und so, haben das geglaubt. Und für die meisten von ihnen war Seele ein Begriff für das eigentliche Innerste, also die unverwechselbare Identität. Also hab' ich mir gedacht, wenn ich eine Seele habe, muß natürlich auch mein Duplikat eine bekommen.

Dann ging ich zu Fenway-Soper, wieder bißchen Geld verdienen. Auch an der virtuellen Synapse sprach alles dafür, daß es die Seele tatsächlich gibt. Tja, und dann hab' ich mich auf die Suche gemacht. In dem IC-Programm. Erst jede Menge neues Material eingegeben, auch theologisches. Das ganze Ding noch mal überarbeitet. Dabei habe ich dann auch dieses Codewort in dem Schreibtisch hinterlegt.

Noli foras ire. Augustinus hatte genau recht. Ins Innere gehen. Ich hätt' dir natürlich auch alles ganz genau aufschreiben können, aber ich wußte ja nicht, unter welchen Umständen du das zu lesen bekommst und wer dann alles mitliest. Diese Bewußtseinsfunktionen sind nicht leicht in den Griff zu kriegen. Jedenfalls dachte ich, wenn ich meine Seele finde, kann ich sie mir auch einprogrammieren. Leider war ich nur als Wissenschaftler auf der Suche. Aber mit dem Verstand klappt das nicht, und den Glauben hab' ich nicht so richtig hingekriegt. Vielleicht sollen wir Menschen die Seele nur auf dem Weg finden, den der liebe Gott für uns vorgesehen hat.

Vielleicht gilt das sogar generell: Wir Menschen sollen zwar grundsätzlich versuchen, alle Geheimnisse, die es gibt, zu enträtseln – aber eben nur mit dem Glauben, nicht ohne ihn. Ich fürchte, da ist gerade in unserem Jahrhundert eine Menge falsch gemacht worden. Diese Art von Wissenschaft, ohne Glaube, hat die Menschheit in diesem Jahrhundert so weit gebracht, daß sie sich beinahe in die Luft gesprengt hätte, mitsamt dem ganzen Planeten.«

»Du hast dich wirklich verändert, Allan.«

»Tja, das bleibt nun mal nicht aus, wenn man über die Seele nachdenkt. Bei dir hat's ja auch schon angefangen. Jetzt kannst du mich endlich mal übertreffen. Kannst schaffen, woran ich gescheitert bin. Wäre mir eine große Hilfe.«

»Wieso, vorhin hast du doch gesagt, ich kann gar nichts mehr für dich tun?«

»Ich wollte dir klarmachen, daß es jetzt ganz allein um dich geht. Aber ein bißchen was habe ich auch davon, wenn du es schaffst. Denn etwas fehlt mir noch.«

»Ja?« Unter Trauer und Zweifel fühlte der Nomade plötzlich wieder eine Motivation. »Was denn?«

»Das hab' ich dir doch schon gesagt: Du mußt deine Seele finden. Wenn du weißt, wo sie ist und was sie ist, kannst du mir vielleicht eine einprogrammieren. Dann bin ich komplett. Vollwertig, sozusagen. Von Gott geschaffen, nicht mehr nur von mir selber.«

»Deine Seele einprogrammieren? Ja, geht so was denn?«

»Keine Ahnung. Aber versuchen könnten wir's ja. Dann wär's so, als wäre ich gar nicht gestorben.«

»Und wir könnten wieder zusammensein? Wie früher?«

»Zumindest werden wir uns auf dem Monitor sehen. Ich werde natürlich viel zu tun haben. Erst mal will ich reisen. Und vielleicht ein paar Leute bekehren. Denkanstöße geben. Ganz behutsam. Und was gegen die Bösen unternehmen. Ungefähr so wie Nemchankin.«

Der Name gab dem neuen Tatendrang des Nomaden ein erstes Ziel. »Ich glaube, wir sollten jetzt zurückgehen, wahrscheinlich warten die anderen schon auf uns.«

»Klar«, sagte die Eule.

Der Nomade kam sich selber fast komisch vor, als er jetzt darauf wartete, daß sein Bruder die Flügel spreizte und vor ihnen herflog. »Was ist? Kommst du nicht mit?«

Der Kopf der Eule drehte sich nun, als säße er auf einem Gewinde. »Nein, ich will erst mal nachschauen, ob es auch bei dir so ein Nadelöhr gibt.« Der Vogel beugte sich vor, breitete die Schwingen aus und schwebte durch den Gang davon.

Als Simeon und der Nomade wieder in die Höhle kamen, sahen sie, daß der Nebel verschwunden war. Die anderen standen, saßen und lagen vor dem kleinen Steg; einige von ihnen wirkten wie erstarrt, andere schienen sich auf unnatürliche Weise zu bewegen, fast in der Art von Maschinen, deren Steuerung nicht mehr richtig funktionierte. Kelley kniete mit nacktem Oberkörper vor einem der Liegenden; es war Connor. Kate Blenner hielt Karen Thogersen umklammert. Der Nomade begann zu laufen; Simeon eilte hinterher. Beim Näherkommen entdeckten sie den großen roten Fleck auf Connors Brust.

»Was ist passiert?« rief der Nomade.

Nemchankin drehte sich um. »Er ist tot.«

»Was?«

»Und der andere auch«, fügte Nemchankin hinzu; es klang, als sei er völlig erschöpft.

Als der Nomade sie erreichte, sah er, daß Kelley versucht hatte, Connor zu verbinden; er hatte sein Hemd zerrissen und die Streifen um die Brust des Toten gewickelt.

»Ich muß hier weg«, keuchte Dr. Sigmund mit seltsam zuckenden Bewegungen. »Weg! Weg!« Erst jetzt bemerkte der Nomade, daß der Psychologe mit zusammengebundenen Händen und Füßen im Sand saß.

»Der arme Kerl is' durchgeknallt«, sagte der Cyberhippie. »Onkel Sophus auch. Die denken dauernd, ich will ihnen den Stecker rausziehen. Guck mal!« Er ging zu dem Philosophen, der starr geradeaus schaute, und hielt ihm die Hand vor das Gesicht. Sofort riß Dr. Sophus die Arme hoch und schrie: »Nein! Nein!«

»Hör auf«, sagte der Nomade erschrocken.

»Und auf unsre Freundin vom FBI können wir auch nich' mehr so richtig zählen«, sagte der Cyberhippie und zeigte auf Vanessa Birming, die zusammengekrümmt halb im Wasser saß.

»Du warst aber auch ganz schön fertig, Hank«, sagte Kate Blenner.

»Klar, geb' ich ja auch zu.«

»Wenn Nemchankin nicht gewesen wäre, wären wir alle draufgegangen«, sagte Kelley. »Mich hat er gerade noch aus dem Treibsand gezogen, sonst wäre ich jetzt auch tot.«

»Professor!« rief der Nomade Pawlow zu, der ihm mit leerem Blick entgegensah. »Was ist mit Ihnen?«

»Schock«, sagte Nemchankin. »Mrs. Birming auch. Dauert sicher eine ganze Weile, bis sie wieder zu sich kommen.«

Der Nomade zwang sich, wieder etwas ruhiger zu atmen. »Jetzt sagen Sie mir doch endlich, was passiert ist!«

»Horrorvisionen«, sagte Nemchankin. »Irgend jemand muß mit dem Nebel Angst auf uns projiziert haben.«

»Purdy?«

»Möglich. Wahrscheinlich wurden die Visionen vom Programm erzeugt, und er hat das ausgenutzt.«

»Was denn für Visionen?« fragte Simeon.

»Bei Kelley hatte es was mit seiner toten Schwester zu tun. Bei Miss Blenner mit dem Kreuzweg, und bei Mrs. Thogersen mit einem Kerl, von dem wir gar nicht wußten, daß er hier ist. Wenn Dr. Sigmund wieder zu sich gekommen ist, wird er wahrscheinlich sagen, daß das alles psychische Ursachen hatte. Ich nehme an, daß hier eine Stelle ist, an der sich Alpträume bilden.«

Der Nomade betrachtete den Mann, der vor den beiden Frauen im Sand lag. »Und wer ist das?«

»Schacter«, sagte Kate Blenner.

Der Nomade benötigte einige Sekunden, um zu begreifen.

»Steven Schacter. Du kennst ihn doch. Dr. Risemans Assistent, bei Fenway-Soper.«

»Jetzt mal der Reihe nach, bitte!«

»Als der Nebel wiederkam, bekamen wir plötzlich alle starke Angstvisionen«, berichtete Kate Blenner. »Mr. Connor und der Professor ganz sicher auch.«

Der Nomade blickte in das verzerrte Gesicht des toten Agenten. »Schußverletzung?«

Kelley schüttelte den Kopf. »Messerstich.«

»Als der Nebel wieder verschwunden war, bin ich natürlich sofort zu den anderen«, sagte Nemchankin. »Connor war schon ohne Bewußtsein. Bei dem anderen sah man gleich, daß nichts mehr zu machen war. Der Schuß hat ihm das halbe Gesicht weggerissen.«

»Es ist Schacter«, wiederholte Karen Blenner.

»Ich war ganz sicher, daß es Purdy ist«, sagte Karen Thogersen leise.

»Sie dürfen sich keine Vorwürfe machen«, sagte Kate Blenner. »Das Programm hat Sie in die Irre geführt.«

»Aber ich habe einfach abgedrückt. Ich hatte plötzlich Angst, die Augen zu sehen.«

»Könnte das nicht trotzdem Wally sein?« fragte Kelley.

Nemchankin zuckte die Achseln. »Das kann ich Ihnen höchstens sagen, wenn mein Laptop wieder funktioniert.«

»Um Schacters Aussehen anzunehmen, muß Purdy ihn gekannt haben«, sagte der Nomade. »Und das ist so gut wie ausgeschlossen.«

»Wieso? Wally brauchte doch nur in den Personalcomputer und sich 'n Foto rausholen. Was sollen wir denn jetzt machen?« fragte der Cyberhippie.

Am liebsten hätte sich der Nomade ebenfalls in den Sand gesetzt. »Keine Ahnung.«

»Abbrechen«, sagte Kelley. »Connor muß sofort zurück und Schacter auch.«

»Dann geht uns Wally durch die Lappen«, sagte der Cyberhippie.

»Den kriegen wir schon noch«, sagte Kelley.

»Das is' hier 'n VR-Raum, Herr Agent, da kann man nich' sterben, das hab'n Sie wohl vergessen.«

»Trotzdem müssen wir sofort zurück«, sagte Karen Thogersen. »Auch im VR-Raum ist es ziemlich schlimm, wenn man stirbt, und ich weiß, wovon ich rede.«

»Sie hat recht«, fügte Kate Blenner hinzu. »Wir wissen nicht, welche psychischen Folgen so ein Todeserlebnis ...« Sie ließ den Satz unvollendet.

»Abbrechen«, sagte nun auch Nemchankin.

»So leicht geht das leider nicht«, sagte der Nomade.

»Wieso nicht?« fragte Kelley.

»Weil das Codewort hier unten nicht funktioniert. Offenbar will das Programm im Unbewußten keinen vorzeitigen Abbruch mehr zulassen.«

»Und das wissen Sie genau?« fragte Kelley.

»Ich bin ganz sicher.«

»Dann sagen Sie es jetzt doch einfach mal.«

»ASIO OTUS.«

Die anderen warteten. Als nichts geschah, sagte Kelley: »Vielleicht war das nicht laut genug genug.«

Der Nomade holte Luft. »ASIO OTUS!« rief er.

Die anderen lauschten seiner Stimme nach. Als sie verklungen war, schauten sie einander an.

»Und was nu?« fragte der Cyberhippie in die Stille.

»Wahrscheinlich ist es am besten, wenn wir weiterfahren«, sagte der Nomade. »Ich bin wirklich ein Idiot, Allan einfach wegfliegen zu lassen ...«

»Wen?« Der Cyberhippie starrte ihn an.

»Er hat gesagt, daß der Reissnersche Faden irgendwo da hinten rausfließt. Als Quecksilberfluß. Dann kommt ...«

»Du hast Allan getroff'n?«

»Ja, oder nein, eigentlich nicht Allan, oder doch ...«

Auch die anderen sahen ihn an, als habe er den Verstand verloren.

»Es ist ein bißchen kompliziert. Ich erzähl's lieber später.«

»Was soll das heißen, ›wegfliegen‹, is' er schon 'n Engel?«

»Nein, eine Eule ...«

»Was is' er?«

»... natürlich nur in dem Programm. In Wirklichkeit ist er ein Impuls. Ist doch jetzt erst mal egal! Jedenfalls kommt nach der Höhle noch ein Stück persönliches Unbewußtes und erst dann das kollektive Unbewußte. Vielleicht kriegen wir dort raus, wie wir das Experiment abbrechen können. Schlimmstenfalls müssen wir eben weitermachen, bis es automatisch zu Ende geht.«

»Ohne Connor gehe ich keinen Schritt weiter«, sagte Kelley entschlossen.

»Ich auch nicht«, sagte Karen Thogersen.

»Wir nehmen ihn mit«, sagte der Nomade. »Den anderen auch. Dann sind sie auf jeden Fall bei uns, wenn das Codewort wieder funktioniert.«

»Und wenn sie es nicht hören können?« sagte Kate Blenner.

»Dann bleiben sie vielleicht hier drin«, sagte Karen Thogersen. »Wie Mr. Behrmans Bruder.«

»Weiterfahren kommt überhaupt nicht in Frage!« Kelley kniete wieder neben Connor nieder und versuchte, ihn aufzuheben.

»Was machen Sie denn da?« fragte der Nomade.

»Ich werde ihn zurücktragen.«

»Aber das ist doch sinnlos! Wie wollen Sie denn den Wasserfall wieder hinaufkommen?«

»Genauso wie wir runtergekommen sind.«

»Das hat doch das Programm gemacht, nicht wir«, sagte der Nomade.

»Na und? Dann soll es uns jetzt eben wieder hinaufbringen.«

»Versuchen können wir es ja mal«, meinte Kate Blenner.

Der Nomade schüttelte den Kopf. »Denk doch mal logisch, Kate. Warum sollte das Programm das tun?«

»Nun, wenn der Nebel bezwecken sollte, daß wir umkehren, wäre es doch gar nicht so unwahrscheinlich, daß es uns jetzt dabei hilft, schließlich wäre das doch in seinem Sinne.«

»Wenn das Programm nicht gewollt hätte, daß wir ins kollektive Unbewußte kommen, hätte es gar nicht solche Sachen machen müssen. Dann hätte es völlig genügt, uns hier unten im Dunkeln sitzen zu lassen, bis das Experiment zu Ende ist. Nein. Das Programm will nicht, daß wir umkehren, sondern daß wir weitermachen!«

»Nicht mit mir!« sagte Kelley zornig. Es sah aus, als wolle er jetzt gleich seine Pistole ziehen.

»Jetzt drehen Sie nur nicht durch«, sagte der Nomade.

»Ich? Ihr seid durchgedreht, mit eurem verrückten Programm. Wir hätten uns gar nicht darauf einlassen sollen!«

»Nur keine Panik, Alter, das wird schon wieder.«

»Sie haben leicht reden«, sagte Kelley erbittert. »Vor ein paar Minuten haben Sie noch greinend hier im Sand gehockt. Wenn Nemchankin Ihnen nicht ein paar reingehauen hätte, würden Sie jetzt noch jaulen.«

»Na, Sie war'n aber auch nich' besser drauf.«

»Vielleicht gibt es noch einen anderen Ausgang«, sagte Karen Thogersen. »Ich werde mich mal umsehen.«

»Nein, Sie bleiben hier!« sagte der Nomade.

»Ach ja? Ist das ein Befehl?« Herausfordernd starrte sie ihn an.

»Ruhig, Karen«, sagte Kate Blenner. Als sie wieder einen Arm um Karen Thogersen legen wollte, wurde sie heftig zurückgestoßen. »Finger weg!«

»Vorsicht, Grant, die Irre hat 'ne Knarre, die ballert auf alles, was wie 'n Kerl aussieht.«

Wütend fuhr Karen Thogersen herum. »Dich könnte ich wirklich abknallen, du Penner!« Als sie das Gewehr hob, griff Kate Blenner rasch nach dem Lauf und drückte ihn nach unten.

»Schluß jetzt!« rief der Nomade.

»Du Armleuchter hast uns überhaupt nichts zu sagen!« brüllte Kelley und zog tatsächlich seine Waffe. Karen Thogersen versuchte Kate Blenner abzuschütteln, die mit aller Kraft den Gewehrlauf festhielt.

»He!« rief Nemchankin. »Hört mal! Mir ist da was eingefallen.«

Es dauerte ein paar Sekunden, bis sich die anderen wieder beruhigt hatten. Schwer atmend standen sie vor ihm.

»Was denn?« fragte der Nomade.

»Die Idee ist vielleicht ein bißchen verrückt, aber das paßt ja ganz gut hierher.«

Kelley zögerte einen Moment, dann steckte er die Waffe ins Holster zurück. »Tut mir leid, Gabe. Wir haben es hier aber tatsächlich mit Verrückten zu tun!«

»Also«, sagte Nemchankin. »Wenn wir auf diesem Fluß wirklich aus der Höhle kommen, geht draußen vielleicht auch der Laptop wieder. Und dann kann ich mich vielleicht auch wieder in das Programm einloggen.«

Der Nomade nickte. »Wie vorher.«

»Vielleicht sogar noch ein bißchen weiter.«

»Vielleicht, vielleicht, vielleicht!« sagte Karen Thogersen ungeduldig.

»Vielleicht hören Sie erst mal zu«, sagte der Nomade.

Karen Thogersen stieß Kate Blenners Hand weg und klemmte sich das Gewehr trotzig unter den Arm.

»Vielleicht sogar so weit, daß ich in den Ablauf eingreifen kann«, sagte Nemchankin.

Die anderen warteten.

»Also den Ablauf beeinflussen kann.«

»Verstehe«, sagte Kelley. »Dann könnten Sie das Schiff durch den Wasserfall zurückbringen.«

»Nein, das glaube ich nicht.«

»Nicht?« Kelleys Eifer war gleich wieder erlahmt. »Wozu denn dann das Ganze?«

»Ich will nicht den weiteren Ablauf beeinflussen, sondern den bisherigen.«

Die anderen schauten ihn verständnislos an. Nur der Cyberhippie hatte sofort begriffen: »Reset? Genial!«

»Reset?« wiederholte Kelley verblüfft.

»Wie gesagt, es ist nur so eine Idee. Aber wenn es funktioniert, ist alles wieder genauso, wie es vor dem Nebel war. Und dann ist natürlich auch niemand tot oder verletzt.«

»Würde das denn funktionieren?« fragte Kelley.

»Na klar, das muß sogar! Großer Schamane, da hätt' ich auch draufkommen können.«

»Moment mal«, sagte der Nomade. »Dann könnten wir ja einfach weitermachen, als wäre überhaupt nichts passiert.«

»Allerdings«, sagte Nemchankin. »Wir fahren das Programm ein Stück zurück und schneiden diesen Teil einfach raus, wie aus einem Film.«

»Und was bedeutet das?« fragte Kate Blenner. »Ist dann alles ungeschehen? Alles, was wir hier erlebt haben?«

»Für uns natürlich nicht«, sagte Nemchankin. »Wir erinnern uns ja daran. Aber für das Programm.«

»Ganz genau«, sagte der Nomade. »Das Programm fängt ja bei jedem Start völlig neu an.«

»Dann können wir es aber doch auch einfach abstellen«, sagte Kelley. »Damit wären wir wieder im Labor und könnten uns um Jake kümmern.«

»Nein«, sagte der Nomade. »Das würde das Programm nicht zulassen. Sonst hätte es ja hier das Codewort nicht außer Kraft zu setzen brauchen. Aber einen Neustart würde es wohl erlauben. Damit wir zwanzig oder dreißig Minuten zurückgehen und dort dann noch mal neu anfangen können. Dann kämen wir aus dieser Situation heraus und könnten weitermachen. Was das Programm zweifellos will.«

Nemchankin nickte. »Ich hoffe nur, daß sich der Reset wirklich auf den Uhrenstrand beschränken läßt.«

»Ist das denn jetzt so wichtig, Gabe?« fragte Kelley.

»Das wäre sogar sehr wichtig.«

»Und warum?«

Er schaute sie der Reihe nach an. »Weil wir dann gleich auch noch Purdy schnappen könnten.«

»Was?« fragten Kelley, Karen Thogersen und der Nomade nahezu gleichzeitig.

»Na, is' doch ganz klar«, sagte der Cyberhippie, auf den jetzt aber niemand mehr achtete.

»Wir gehen zurück auf das Schiff«, erklärte Nemchankin. »Fahren aus der Höhle raus. Wenn der Laptop wieder arbeitet, versuche ich, in den Programmablauf reinzukommen. Dann schalte ich auf schnellen Rücklauf. Sagen wir – dreißig Minuten.«

Der Nomade überlegte. »Ja, das müßte reichen.«

»Anschließend schneide ich den Zeitstrand aus und gehe für diesen Sektor auf Pause. Wenn das Programm anhält, fahren Sie mit dem Schiff wieder in die Höhle. Purdy wird dann hier irgendwo im Nebel sein. Höchstwahrscheinlich genau dort, wo Sie vorhin waren, Richard, Sie haben ihn ja gesehen.«

»Ja, direkt hinter mir, keine zwei Meter entfernt.«

»Können Sie die Stelle wiederfinden, auch im Nebel?« fragte der Nomade.

»Blind. Auf so was bin ich trainiert.«

»Gut«, sagte Nemchankin. »Sobald das Programm stillsteht, gehen Sie mit Connor auf den Strand und schnappen sich den Kerl.«

»Und Purdy steht dann still?«

»Wie 'ne Salzsäule, Mann.«

»Purdy ist dann ja noch im normalen Programm«, erklärte Nemchankin. »Die Zeitreise machen nur wir, er aber nicht. Für ihn bleibt alles gleich. Für uns natürlich auch, aber nur, soweit es unseren Aufenthalt hier in diesem Bereich betrifft, wir sind dann ja außerdem noch ein zweites Mal auf dem Schiff.«

»Moment – uns gibt es dann zweimal?« staunte Kelley.

»Natürlich, aber auf dem Strand sind dann nur unsere Abbilder; aktuell sind wir auf dem Schiff.«

»Das verstehe ich nicht«, sagte Karen Thogersen. »Wir können doch nicht gleichzeitig an zwei verschiedenen Orten sein!«

»Das ist gar nichts Besonderes«, sagte Nemchankin. »Das erlebt jeder Filmschauspieler, wenn er im Kino sitzt und sich auf der Leinwand sieht.«

»Aber dann kann er jedenfalls nicht plötzlich in den Film rein und da drin jemanden verhaften«, zweifelte Kelley.

»Das ist eben der Unterschied. Wir befinden uns ja praktisch schon jetzt in einem Film, denn das hier ist schließlich nicht die Wirklichkeit, sondern ein VR-Raum. Wenn wir wieder auf dem Schiff sind, läuft auf dem Strand sozusagen ein Film im Film. Und den können wir uns zurechtschneiden, wie es uns paßt. Es klingt ein bißchen kompliziert, aber ich bin sicher, daß es klappt. Wir müssen nur den Ablauf genau koordinieren.«

»Und wie?« fragte Kelley. »Wir haben keine Uhren, und die automatische Ansage funktioniert auch nicht, ausgerechnet am Zeitstrand. Wirklich paradox.«

»Paradoxie ist nun mal das Kennzeichen des Unbewußten«, sagte Nemchankin.

Ein paar Sekunden lang schwiegen alle. Dann sagte der Nomade: »Gut. So machen wir's.« Er schaute sie der Reihe nach an.

»O. k.«, sagte Kelley.

»O. k.« Das war Karen Thogersen.

»Aber sicher doch.« Der Cyberhippie.

Kate Blenner nickte nur.

»Und Sie?« Der Nomade schaute den Theologen an.

»Danke, daß Sie mich fragen«, sagte Simeon. »Ich bin ebenfalls einverstanden. Ich hoffe allerdings, es stört niemanden, wenn ich dabei ein bißchen bete.«

67

Die Landschaft vor der Höhle bestand aus einem wilden Durcheinander der verschiedenartigsten topographischen und botanischen Objekte, die nach keiner Regel zueinander paßten und noch nicht einmal den Gesetzen der Perspektive gehorchen wollten. Denn weder die Größe der knorrigen Bäume noch die Breite des Flusses nahmen mit der Entfernung ab, und es war auch kein Horizont zu erkennen. Überall gab es nur Vordergrund.

Auf den Nomaden wirkte der Anblick beunruhigend befremdlich und zugleich verblüffend vertraut. Der überwältigende, mit keiner Erklärung greifbare Reiz des persönlichen Unbewußten faszinierte auch die anderen, aber obwohl das bestürzende Bild ihre Augen beständig zu fesseln versuchte, blieben alle auf ihre Aufgabe konzentriert.

Es hatte fast eine Viertelstunde gedauert, bis der Nomade, Kelley, der Cyberhippie und Simeon die beiden Toten nacheinander zu der Barkasse geschleppt hatten; der Nomade hatte dabei seine Jacke ausgezogen und über den zerschossenen Kopf des Fremden gelegt. Kate Blenner hatte den Professor über den Steg geführt, in der andauernden Angst, der hilflos Schwankende könnte ihr entgleiten und ins Wasser stürzen. Nemchankin mußte die beiden nicht mehr funktionstüchtigen KIs hinter sich herziehen, Karen Thogersen die geistesabwesende Vanessa Birming sogar fast den halben Weg huckepack nehmen.

Danach hatte Kate Blenner versucht, die QUOMODO vom Grund zu lösen, was nach einigen bangen Minuten gelungen war, offenbar weil sich der Wasserspiegel inzwischen gehoben hatte. Wirbel hatten bereits nach wenigen Metern gezeigt, daß sie sich in einer Strömung befanden, und hinter einigen hohen Felsen hatten sie endlich den niedrigen, ebenfalls von diffusem Licht erhellten Tunnel gesehen, durch den der Reissnersche Faden ins Freie floß. Wie erhofft, hatten gleich hinter der mächtigen Wandung der Höhle auch die Instrumente wieder funktioniert, nicht nur Nemchankins Laptop, sondern auch Simeons DF und, wie der Theologe sofort überprüft hatte, auch der Philosophenkompaß und der Individuationsindikator.

Karen Blenner hatte die Barkasse ans Ufer gelenkt und der Nomade das Boot fünfzig Meter vor der Pontonbrücke an einer starken Eiche festgemacht.

Dort hatte Nemchankin mit der Arbeit begonnen. »Zentrales Höhlengrau. Komm schon! Ausschnitt. Vergrößern. Noch mal. Noch mal.« Die anderen hatten gespannt zugeschaut, wie auf dem kleinen Monitor detaillierte Darstellungen der gesuchten Strukturen erschienen: erst die Vierhügelplatte, dann das zentrale Höhlengrau, danach der fast kreisrunde See, an dessen Ufern, wie jetzt zu sehen war, zahlreiche Afferenzen, Projektionen und andere Nervenfasern verliefen, und schließlich der Zeitstrand.

»Warum blinkt es denn da?« hatte Kelley gefragt, und Kate Blenner geantwortet: »Unter dem Strand liegt ein Kapillargefäß. Als wir diese Pendel und Gewichte aufhoben, muß einer von uns dabei aus Versehen ein Ventil erwischt und beschädigt haben.«

»Aber das war doch alles nur Uhrenschrott«, hatte sich Kelley gewundert.

»Ja, aber unter diesem Schrott muß irgendein Ventil oder ein Verschluß der Pipeline gewesen sein, als die das Programm dieses Äderchen darstellt. Durch die Beschädigung trat Blut aus; es wurde für uns als Nebel sichtbar. Da die Sicht wieder klar ist, muß die Gerinnung eingesetzt haben.«

»Und warum blinkt es da noch?« Wieder Kelley.

»Der Alarm ist noch nicht aufgehoben, denn die Wunde kann jederzeit wieder aufreißen.«

»Das sind ja schöne Aussichten.«

»Wer hat denn dieses Pendel aufgehoben?« hatte Nemchankin gefragt.

»Ich glaube, Dr. Sophus.«

»Und diese Messinggewichte?«

Kate Blenner war es etwas peinlich gewesen zu antworten: »Der Professor.«

»Und wo standen Sie, Richard?«

Kelley hatte kurz überlegt. »Ungefähr zehn Meter weiter. Wo ist denn der Steg?«

»Hier. Diese kleine Linie.«

»Dann links davon.«

Nachdem das geklärt war, begannen die Vorbereitungen für das Reset, und nun hatte endgültig keiner von ihnen mehr einen Blick für die seltsame Landschaft.

»O.k.«, sagte Nemchankin. »Wieviel Strand sollen wir mitnehmen?«

Kelley verstand nicht gleich. »Wieso? Den ganzen, denke ich.«

»Nein, dann wäre ja wieder überall Nebel. Warten Sie mal. Sie waren an der Uferlinie, als ich Sie gefunden habe. Also ungefähr hier, vielleicht fünfzig Meter von Dr. Sophus entfernt.« Nemchankin tippte mit dem Finger auf die Stelle. »Und sechzig von Professor Pawlow. Der lag hier oben. Sagen wir zur Sicherheit: hundert. Dann haben wir also einen Ausschnitt von hundert Metern Breite. Und vierzig Metern Tiefe, von der Uferlinie aus. Glauben Sie, daß Sie damit zurechtkommen?«

»Klar. Wenn wir direkt am See entlanggehen, dauert es höchstens ein, zwei Minuten, bis wir an der Stelle sind.«

»Gut.« Nemchankin markierte den Ausschnitt. Dann bewegten sich seine Finger wieder so rasend schnell über die Tasten, daß ihnen kein Auge hätte folgen können, wenn alle Blicke nicht sowieso an dem Bildschirm haften geblieben wären. Erst erschienen lange Zahlenkolonnen, dann verschiedene Uhrzeiten, die vor- und zurückliefen. Nemchankin klickte ein Kästchen an, in dem REWIND stand. »Es geht los. Zwei, vier, sechs, acht …«

Kelley drehte sich nach Connor um, der immer noch tot auf den Stahlplatten lag.

»Zwölf … vierzehn … sechzehn …«

Karen Thogersen ging zu dem anderen Toten und richtete das Gewehr auf ihn.

»Vierundzwanzig … sechsundzwanzig … achtundzwanzig … Stop! Und Pause!«

Die Zahlenkolonnen auf dem Bildschirm standen still.

»Es funktioniert«, sagte Nemchankin zufrieden.

»Tatsächlich«, sagte Kelley.

Der Blutfleck auf Connors Brust war plötzlich verschwunden. Der Nomade hatte seine Jacke wieder an, Kelley auch das unversehrte Hemd. Er rüttelte seinen Partner so vorsichtig, als blute auf dessen Brust noch immer eine Wunde. »Jake! Wachen Sie auf!«

Nemchankin war schon mit seinem Laptop ans Ufer geklettert. »Beeilen Sie sich. Die erste Minute ist schon rum.«

Connor öffnete die Augen. »Was ist denn los?«

»Wir wissen jetzt, wie wir Purdy schnappen können!«

»Purdy?« Connor richtete sich mühsam auf. »Wo sind wir?«

Die Barkasse hatte bereits abgelegt. Kate Blenner drehte und schaltete auf volle Kraft. Während sie wieder in den Tunnel fuhren, berichtete Kelley Connor hastig, was in der Zwischenzeit geschehen war. Simeon redete auf Dr. Sigmund und Dr. Sophus ein, Kate Blenner informierte Vanessa Birming und Professor Pawlow.

»Hören Sie, Schacter«, sagte der Nomade. »Sie waren doch bei den Experimenten zu FS-Hundertfünfzehn dabei.«

»Natürlich, Sir.« Schweiß lief über Schacters Gesicht.

Die Barkasse hatte den Tunnel hinter sich gelassen und fuhr mit Höchstgeschwindigkeit auf die Anlegestelle zu. Der Diesel dröhnte laut.

»Wo lag die Serotoninsynapse?«

Schacter überlegte hastig. »Linke Hemisphäre. Serotoninbahn zwischen den Basalganglien und dem Hypothalamus.«

»Serotoninspiegel?«

Diesmal kam die Antwort wie aus der Pistole geschossen: »Zweiundzwanzig Prozent unter Normal.«

»Wieviel Selbstmordversuche?«

»Drei. Einmal Pulsadern, zweimal Schlaftabletten.«

»Beruf?«

»Bankangestellter.«

»Wie heißt der Internist bei Fenway-Soper?«

»Dr. Lawrence Ellis.«

»Es ist wirklich Schacter«, sagte der Nomade. »Wie sind Sie denn hier reingekommen?«

»Es war Reddington, Sir. Er hat mich dazu gezwungen.«

Ein heftiger Stoß erschütterte das Schiff, als es anlegte. Connor und Kelley sprangen auf das kleine Treppchen unter dem Findling mit dem steinernen Schrei. Ein paar Sekunden später hetzten sie schon über den Steg. Er verschwand knapp hundert Meter vor ihnen in einer

Nebelwolke, die einen hundert Meter breiten Strandabschnitt verdeckte, genau wie Nemchankin es berechnet hatte.

Am Rand der Wolke blieb Connor keuchend stehen. »Wo ist der verdammte Treibsand?« Er winkte Kelley ungeduldig vorbei und folgte ihm in den weißen Dunst.

Kelley ging so nahe an der Uferlinie entlang, daß immer wieder Quecksilberwellen über seine Schuhe spülten. Als er in den Nebel kam, plätscherten keine Wellen mehr; statt dessen ging er nun wie auf Eis.

Connor stapfte dicht hinter ihm her. Konnte Quecksilber gefrieren? Er wischte sich etwas von der Stirn, das sich wie Spinnweben anfühlte.

Nach einer knappen Minute blieb Kelley so abrupt stehen, daß Connor gegen ihn prallte. »Was ist?«

Kelley zeigte auf das Schild, gegen das er fast gestoßen worden wäre. »Treibsand«, flüsterte er und machte ein paar Schritte nach rechts. Nach fünf Metern drehte er nach links. Connor ging etwas schneller. Als er seinen Partner gerade wieder eingeholt hatte, sah er im Nebel eine zusammengekrümmte Gestalt.

Kelley hatte wieder angehalten. Connor trat vorsichtig neben ihn und packte ihn bei der Schulter. Kelley drehte sich um.

Purdy? fragten Connors Augen.

Kelley schüttelte den Kopf.

Sie gingen näher. Es war Kelley; er steckte bis zu den Hüften im Treibsand, das Gesicht zu einer Grimasse der Angst verzerrt.

Betroffen starrte Connor die Gestalt an. Dann spürte er Kelleys Hand an seiner Brust und blickte auf. Kelley zeigte erst auf die Gestalt und dann in den Nebel dahinter. Connor versuchte, dort etwas zu erkennen, aber der Dunst war zu dicht.

Purdy! formten Kelleys Lippen.

Connor nickte.

Dreißig! sagte Kelley tonlos und hob dabei beide Hände mit gespreizten Fingern dreimal vor Connors Gesicht.

Connor wartete, bis Kelley im Nebel verschwunden war, und begann zu zählen. Nach zwanzig Sekunden ging er langsam näher an die halb versunkene Gestalt heran. Der Boden war knochenhart.

Fünfundzwanzig, sechsundzwanzig …

Dann sah er ihn.

Der Mann mit der Afro-Perücke und der billigen rostbraunen Lederjacke stand aufrecht im Nebel; in der rechten Hand hielt er eine

Pistole, in der linken trug er ein Laptop. Auf dem schwarzen Gesicht lag ein hochmütiges Lächeln.

»Waffe weg!«

Der Mann reagierte nicht. Connor stand leicht geduckt, mit ausgestreckten Armen, die Pistole in beiden Händen. »Waffe weg!« wiederholte er. Der Datendandy rührte sich noch immer nicht. Auch sein Gesichtsausdruck blieb unverändert.

Nemchankin hat es tatsächlich geschafft, dachte Connor. Ein wildes Triumphgefühl stieg in ihm auf. »William Purdy, ich verhafte Sie …«

Hinter dem Erstarrten kam Kelley aus dem Nebel. »Der hört uns nicht, Jake. Für den ist die Zeit stehengeblieben.«

»Ach so, ja. Also bringen wir ihn zum Schiff.«

»Ich glaube nicht, daß wir das schaffen.«

Connor trat ganz dicht an Purdy heran, wobei er darauf achtete, nicht in den Schußwinkel der Pistole zu geraten, und hielt dem Datendandy seine Waffe an den Kopf. Das arrogante Lächeln blieb, auch als Connor die Mündung schließlich grob gegen die Schläfe stieß. »Der spürt auch nichts.«

»Natürlich nicht«, sagte Kelley.

»Nehmen Sie ihm erst mal die Waffe weg«, sagte Connor. »Und dann die Arme auf den Rücken.«

»Das wird auch nicht gehen.«

»Versuchen wir's trotzdem.«

Kelley hielt nun ebenfalls seine Pistole an Purdys Kopf, konnte aber Purdys Finger nicht öffnen. »Nichts zu machen. Wie aus Eisen.«

Connor zerrte an dem Laptop. »Verdammt.« Er stieß Purdy kräftig gegen die Brust; es war, als hätte er an eine Mauer geschlagen. »Können wir ihn nicht wenigstens flachlegen?«

Kelley schüttelte den Kopf. »Erst, wenn Nemchankin das Programm weiterlaufen läßt.«

»Gut. Ich halte ihn in Schach, und Sie nehmen ihm die Waffe weg.«

»Das gefährlichste ist wahrscheinlich der Laptop«, sagte Kelley. »Wenn der Kerl hier mit uns gerechnet hat, braucht er vielleicht nur auf eine Taste zu drücken, und weg ist er.«

»Erst die Waffe«, sagte Connor eigensinnig, packte aber vorsichtshalber auch die Hand, die den Laptop hielt. Erst jetzt fiel ihm auf, daß sich die Nebelschwaden nicht bewegten. Vermutlich waren sie es, die sich wie Spinnweben angefühlt hatten. Einige Sekunden lang irritierte ihn die Vorstellung, er könne hier nun selber erstarren, bis ihm einfiel, daß er ja bereits hier irgendwo in seinem Blut lag. »Wahnsinn!« murmelte er.

Kelley nickte und schaute auf die halb versunkene Gestalt, wandte den Blick aber gleich wieder ab; er hatte nicht die Nerven, sein eigenes, angstverzerrtes Gesicht zu betrachten. »Durch den Zeitstop ist hier alles wie eingefroren. Wir hätten gar keinen Bogen um den Treibsand machen müssen, der ist jetzt bestimmt so fest wie Beton.«

»Dieser Nemchankin ist wirklich ein Genie. Erst hat er uns überhaupt auf Purdy gebracht, und jetzt hat er uns den Kerl auch noch hingestellt. Abholbereit. Toller Service.« Erst jetzt spürte Connor, wie heftig sein Herz klopfte. Sie hatten ihn!

»Das sind hier überhaupt alles Genies«, sagte Kelley. »Ich dachte, ich kenne mich ganz gut mit Computern aus, aber daß es schon solche Sachen gibt, psychiatrische Gehirnprogramme für mehrere Teilnehmer, sogar mit künstlichen Intelligenzen, und Zeitreisen, und das alles auch noch interaktiv ...«

Während er Purdy betrachtete, ließen neue Gedanken die technischen Wunder plötzlich unwesentlich erscheinen. Sie hatten ihn! Diesen Nero-Mann, diesen Serienmörder, und er, Kelley, der ihm als erster auf die Spur gekommen war, hatte ihn auch erwischt!

»Darauf wäre ich nicht gekommen«, sagte Connor überflüssigerweise. »Nie im Leben. Was ist das nur alles für ein ...« War das nicht wirklich alles Wahnsinn: ein Mord im VR-Raum, durch den sie erst entdeckt hatten, daß in Silicon Valley ein Serienkiller unterwegs war, und nun sogar die Festnahme in einem Computerprogramm? War das nun Wirklichkeit, oder doch wieder nur ein elektronisches Spiel? Er konnte es kaum erwarten, Purdy nun auch als Menschen von Fleisch und Blut vor sich zu sehen und nicht nur als elektronisches Phantom, bewegungslos wie eine Wachsfigur aus dem Gruselkabinett.

»Hören Sie, Richard, wollen Sie nicht zurückgehen und Nemchankin sagen, daß er das Programm jetzt wieder laufenlassen kann?«

»Das lohnt sich nicht, es kann nur noch ein paar Minuten dauern.« Kelley ging um den Datendandy herum und schaute in das höhnische Gesicht. War es dieses böse Lächeln gewesen, daß ihn in Todesangst versetzt hatte? Er konnte sich nicht genau erinnern, in seinem Kopf ging noch immer alles durcheinander. Hatten sie überhaupt ein Recht, ihn zu fangen? Rasch vertrieb Kelley den Gedanken; kontrollierte Purdy noch immer seine Erinnerungen, so wie zuvor bei der Erscheinung der toten Heather?

Connor klopfte ein paarmal mit den Knöcheln gegen Purdys Kinn; die harte, glatte Haut fühlte sich an wie lackiertes Holz. »Das ist wirklich so, als hätten wir eine Schaufensterpuppe verhaftet.«

Kelley überlegte, was geschehen würde, wenn der Datendandy wieder lebendig wurde. Virtuell lebendig. Würde er versuchen, seine Waffe zu benutzen? Oder davonlaufen? Wußte er, daß er im VR-Raum nicht sterben konnte? Sollten sie auf ihn schießen? Zum Glück war Connor dabei. Er würde schon wissen, was zu tun war. Allerdings wirkte auch Connor ziemlich nervös.

»Es kann nicht mehr lange dauern«, sagte Kelley.

»Na hoffentlich. Mir fällt gleich der Arm ab.« Connor nahm die Pistole in die andere Hand. »Der Kerl hat sich tatsächlich schwarz angemalt. Und sehen Sie sich bloß diese Klamotten an. Warum trägt er das Zeug denn auch hier drin?«

Auch Kelley wechselte die Hand, mit der er die Pistole hielt. »Keine Ahnung. Vielleicht mußte es schnell gehen, und er hatte keine Zeit mehr, sich abzuschminken, bevor er den Datenhelm ...«

Er unterbrach sich, als ein paar Nebelschwaden vorüberwehten. »Ich glaube, jetzt ist es gleich soweit.« Sein Atem ging flach.

Das bösartige Lächeln wirkte immer noch gefroren, aber plötzlich sah Connor, daß Purdy ihm direkt in die Augen blickte. Im gleichen Moment bewegte sich die Hand mit der Pistole.

»Vorsicht«, sagte Kelley. »Es geht los!«

»Hände über den Kopf!« rief Connor und drückte dem Datendandy die Pistole in die Nase. Kelley packte Purdys Waffe und wand sie aus Fingern, die nun nicht mehr erstarrt waren, sondern bereits bewußt widerstrebten. Auf dem hochmütigen Gesicht war ein Ausdruck von Verblüffung erschienen.

»Hände über den Kopf!« wiederholte Connor. »William Purdy, ich verhafte Sie wegen Mordes ...« Eilig sagte er die vorgeschriebene Formel auf.

Die angehaltene Atemluft fuhr keuchend aus Purdys Mund.

Kelley steckte Purdys Waffe ein, lief hinter Connor herum und griff nach Purdys Laptop.

»He ...« Mitten in dem kurzen Wort wurde aus Überraschung Zorn, aber noch ehe der Datendandy wieder ganz zu sich gekommen war, hatte Kelley auch den Computer an sich gerissen. Purdys Hand bewegte sich wie ein verstümmeltes Tier, das nach einem verlorenen Körperteil tastet. »He ...«

Kelley starrte auf die Finger, die nach ihm suchten; ihre blinde Zielstrebigkeit ließ ihn beklommen zurückweichen.

»Runter!« rief Connor und griff in das wollige Haar, aber Purdy gab nicht nach; die braunen Kontaktlinsen schienen zu glühen.

»FBI! Auf den Boden! Kelley! Was machen Sie denn?« Connor wollte nicht riskieren, sich nach seinem Partner umzudrehen.

»Ihr ...!« Die Stimme kam wie aus großer Tiefe.

Kelley hatte wie gebannt zugeschaut. Der Ruf half ihm, das Entsetzen abzuschütteln. Er merkte, daß der Laptop in seiner Hand warm geworden war, und riß rasch die Batterien heraus. Sofort verschwand das Leuchten in Purdys Augen, und jetzt erst ließ sich der Datendandy von Connor zu Boden drücken.

»Hände in den Nacken!« kommandierte Connor. »Beine auseinander!«

»Wovor haben Sie denn solche Angst?«

»Mund halten!« Routiniert tastete Connor den Datendandy ab. »Haben Sie verstanden, was ich gesagt habe?«

»Es war laut genug«, sagte Purdy. »Aber Sie können Ihr Sprüchlein gern noch einmal aufsagen, wenn es zu Ihrer Beruhigung dient.«

Wieder kam Connor die gesamte Aktion unwirklich vor. Jetzt tat dieser Purdy auch noch so, als sei alles nur ein Spiel! »Und wenn ich jetzt aufstehe und davongehe? Wollen Sie mich dann erschießen?« Ein leises Lachen folgte.

»Ich schieße Ihnen in die Beine«, drohte Connor.

»In diesem Fall würden Sie mich tragen müssen.«

»Wir kriegen Sie schon dorthin, wo Sie hingehören. Vielleicht verpasse ich Ihnen auch einen Bauchschuß.«

Kelley hatte sich wieder gefaßt. »Sie wollten uns hypnotisieren«, sagte er. »Mit dem Laptop. Sie haben nur nicht daran gedacht, daß Sie Kontaktlinsen tragen.«

Der Datendandy ging nicht darauf ein. »Was haben die Herren denn vor? Eine virtuelle Unterredung in einem virtuellen Büro eines virtuellen FBI?«

»Ihnen wird das Lachen schon noch vergehen«, sagte Connor, aber nun hatte Purdys Selbstsicherheit doch unangenehme Erinnerungen geweckt: Auch Resnick hatte damals einen Ausweg gefunden. »Jetzt ist Schluß mit der Computerspielerei. Nächste Station ist Quantico.«

»Welche Ehre! Aber daraus wird leider nichts. Ich habe andere Pläne.«

»Los, hoch!« sagte Connor, packte den Datendandy am Arm und zog ihn hinter sich her. Kelley steckte seine Waffe weg, nahm den Laptop in die linke Hand und hielt mit der anderen Purdy fest. Obwohl seine Angst nicht ganz geschwunden war, kehrte das Triumphgefühl zurück. Wir haben es geschafft, dachte er. Dem Grauen der Jagdhütte war er nicht gewachsen gewesen, aber er hatte immerhin die Drähte bemerkt, Nemchankin zu Hilfe geholt und Karen Thogersen das Leben gerettet.

Karen Thogersen! Sie würden auf sie aufpassen müssen; sie war unberechenbar, und sie hatte ein Gewehr.

Als sie an den Steg kamen, sagte Connor: »Sie gehen vor, Richard.«

Kelley nickte. Er hielt den Arm, vor dessen unheimlichem Eigenleben er sich so gefürchtet hatte, fast krampfhaft fest und stieg auf die Bohlen.

Connor drückte dem Datendandy die Pistole ins Genick. Die anderen sahen ihnen gespannt entgegen. Kelley begann zu schwitzen, bei jedem Schritt darauf gefaßt, daß Purdy versuchen könnte, sie mit sich ins Wasser zu reißen.

»Nicht so schnell«, sagte Connor hinter ihm.

Die anderen standen an der Bordwand. »Der hat sich tatsächlich mit Farbe eingeschmiert«, sagte Karen Thogersen. Sie holte tief Luft und machte sich bereit, in wasserhelle Augen zu blicken. Aber sie waren dunkel. Kontaktlinsen. Das würde es leichter machen.

Kate Blenner erhielt beim Blick in dieselben Augen einen beängstigenden Eindruck großer Kälte, und ein warnender Gedanke sagte ihr, daß dort eine Intelligenz personifiziert sei, die Leben in Starre und Reines in Böses verwandeln konnte. Auch Simeon verspürte ein Erschauern; ihm war, als habe in dem Mann die absolute Gottesferne eine bildliche Gestalt gefunden. Dr. Sigmund, der inzwischen wieder zu sich gekommen war, glaubte in Purdys Blick stolze Signale absoluter psychischer Fremdheit zu sehen, ausgesandt von einem Bewußtsein, das keinesfalls nach menschlichen Maßstäben bewertet werden konnte. Dr. Sophus wiederum bemerkte betroffen, daß der Datendandy auf ihn wie eine Perversion des Logos erschien, so als bestünde dieser Mann aus purer geistiger Energie, die aber nicht nach Wahrheit, sondern allein nach Überlegenheit suchte. Vanessa Birming versuchte bereits eine erste wissenschaftliche Begutachtung der Physiognomie, allerdings hauptsächlich, um den Instinkt nicht übermächtig werden zu lassen, der sie heftig zur Flucht drängte. Professor Pawlow kämpfte im

Bestreben, klaren Kopf zu behalten, gegen starke Haßgefühle an. Der Cyberhippie mußte schlucken, und die Haut in seinem Nacken spannte sich. Schacter schaute verwirrt hin und her. Der Nomade aber wartete konzentriert auf Anzeichen von Fugues oder posthypnotischer Lenkung.

Der Datendandy blieb stehen. »Welch illustres Empfangskomitee.« Der affektierte Ton rührte mühsam im Zaum gehaltene Gefühle auf. »Und welch unverhofftes Wiedersehen! Ach, wie ferne sind sie doch, der Jugend goldne Jahre.«

»Spar dir die blöden Sprüche, Wally«, sagte der Nomade.

»So ungastlich, Grant? Dabei sehne ich mich doch schon so lange danach, dich wiederzusehen, alter Knabe!«

»Jetzt hast du es ja geschafft«, sagte der Cyberhippie.

»Der gute alte Hiawatha. Unser Indianerhäuptling mit dem Haschfriedenspfeifchen.« Der Datendandy sah Karen Thogersen an. »Avocado!« Er lachte schallend.

»Los, rauf da!« sagte Connor, stieß ihn aufs Schiff und drückte ihn unsanft auf eine der Bänke. »Hinsetzen!«

»Verbindlichsten Dank. Très charmant. Es ist immer schön, Menschen zu begegnen, die wissen, was Stil ist.«

Kate Blenner ging zum Fahrstand und steuerte die Barkasse durch den Tunnel. Als sie an der Eiche anlegten, kletterte Nemchankin auf das Boot.

»Hier«, sagte Kelley und reichte ihm Purdys Laptop. »Damit wollte er uns hypnotisieren.«

Nemchankin legte beide Geräte auf die Bank, stöpselte sie zusammen und begann, die Tastaturen zu bearbeiten.

»Sie waren das also, der sich dieses kleine Zauberkunststück einfallen ließ«, sagte der Datendandy interessiert. »Würden Sie mir verraten, wie Sie das gemacht haben?«

Nemchankin hob kurz den Blick. Er kannte solche Augen. Rasch drängte er die Erinnerungen zurück. Die anderen stellten sich hinter ihn, bis auf Connor und Kelley, die links und rechts neben dem Datendandy sitzen blieben. Auf Nemchankins Bildschirm erschien wieder die Grafik für den Programmablauf.

»Ich bin tief beeindruckt. Außerdem sind Sie offenbar der Gentleman, der sich erlaubt hat, die Sicherheitsanlage an meiner kleinen Jagdhütte außer Betrieb zu setzen. Leider wäre Mrs. Thogersen dabei fast draufgegangen, nicht wahr?«

Nemchankin gab auch diesmal keine Antwort. Er ließ den Pfeil über den Monitor wandern und klickte ein Kästchen an, in dem PLAY stand. »Jetzt läuft es weiter.«

»Sie haben das Programm angehalten und dann zurückgespielt? Kompliment!«

»Ja, da wärst du wohl nich' drauf gekommen, was?«

»Du aber auch nicht, Hiawatha«, antwortete der Datendandy. »Merkst du nicht, daß du intelligenten Menschen nur zur Last fällst? Zieh dir lieber einen Joint rein und sei happy.«

»Wo ist er?« fragte der Nomade.

Nemchankin drückte wieder einige Tasten, und der Monitor zeigte Pawlows Institut im Grundriß. In der Mitte blinkten sehr dicht nebeneinander liegende Punkte. »Das sind wir«, sagte Nemchankin. Er schaltete auf einen größeren Maßstab um. Jetzt war das Gelände der Harvard Medical School zu erkennen, und die Punkte in der Mitte waren zu einem roten Fleck verschmolzen.

»Also ganz in der Nähe ist er nicht«, sagte Nemchankin.

Nach der nächsten Vergrößerung zeigte die Karte ganz Cambridge. Der Fleck war zu einem kleinen Punkt geworden.

»Immer noch nichts«, sagte der Nomade enttäuscht.

»Na, hoffentlich is' er nich' zu weit weg«, murmelte der Cyberhippie.

»Das kann gar nicht sein«, sagte Kelley überzeugt.

»Ach, jetzt verstehe ich. Die Herrschaften möchten wissen, wo ich mich befinde. Aber warum denn diese Umstände, Sie brauchen mich doch nur zu fragen!«

»Halten Sie den Mund«, sagte Connor.

»Und bei einer Unterhaltung in diesem galanten Ton würde ich auch ganz bestimmt antworten.«

Nemchankin drückte wieder auf ENTER, und auf dem Bildschirm war der gesamte Großraum Boston dargestellt. Immer noch blinkte ein einziger Punkt.

»Da stimmt etwas nicht«, sagte Vanessa Birming.

»Das glaube ich auch«, sagte Karen Thogersen. »So weit kann er doch in der kurzen Zeit ...«

»Moment mal!« Nemchankin holte den Grundriß des Instituts wieder auf den Bildschirm. »Er ist hier!«

»Was? Wo?« fragten die anderen aufgeregt.

»In Harvard!«

»Spinnt ihr?« fragte Connor.

Nemchankin vergrößerte den Ausschnitt um fünfzig Prozent. »Hier. Diese acht Punkte hier sind wir. Der neunte dort ist Mr. Behrman in dem Neuronenresonator auf der Intensivstation. Gleich daneben ist noch ein zehnter Punkt.«

»Tatsächlich«, sagte der Nomade. »Zehn. Es sind zehn Punkte.«

»Du weißt doch, Grant, ich habe immer deine Nähe gesucht.«

Pawlow räusperte sich. »Der Neuronenresonator auf der Intensivstation besitzt aber nur eine Röhre, soviel ich weiß.«

»Und natürlich auch Allans Nähe«, fügte der Datendandy hinzu.

Allan? Der Nomade spürte heftige Gefühle. Jetzt nur nicht die Beherrschung verlieren, dachte er noch, bevor er endlich verstand und alle Überlegung von der Woge des Affekts fortgespült wurde. »Was hast du mit ihm gemacht?« Er stürzte sich auf Purdy und packte ihn mit beiden Händen am Hals.

Kelley sprang hinzu und versuchte, den Würgegriff zu lösen. »Hören Sie auf!« Er mußte alle Kräfte anspannen. »Nehmen Sie sich zusammen!«

Der Nomade kam wieder zu sich. Sein Atem ging stoßweise. »Er hat ihn umgebracht!«

Der Datendandy hustete ein paarmal. Als er wieder sprechen konnte, sagte er: »Ganz falsch. Ich habe ihn erlöst.«

»Du verdammter ...«

»Behrman!« rief Connor scharf. »Reißen Sie sich zusammen!«

Keuchend setzte sich der Nomade wieder auf die Bank; er spürte nicht, wie Kate Blenner die Arme um ihn legte.

»Wahrscheinlich ist das gar nicht wahr«, sagte Vanessa Birming. »Er will uns nur aus der Fassung bringen.«

»Bestimmt lebt Allan noch«, sagte Kate Blenner. Es klang so wenig überzeugend wie überzeugt.

Der Nomade vergrub das Gesicht in den Händen. »Nein. Allan ist tot. Er hat es mir selber gesagt.«

»Was?« rief der Cyberhippie. Auch die anderen sahen den Nomaden betroffen an. »Das is' nich' wahr!«

»Doch!«

»Es tut mir so leid«, sagte Kate Blenner.

»Schon gut.« Der Nomade seufzte tief und richtete sich wieder auf. »Es geht schon wieder. Ich weiß es ja schon eine ganze Weile.«

»Mann!« Der Cyberhippie war tief erschüttert. »Aber warum sind wir dann überhaupt losgezogen?«

»Um Purdy zu schnappen«, sagte Kelley. »Mr. Behrman, das ist wirklich … Ich weiß gar nicht, was ich sagen soll. Nach einem solchen Verlust, und Sie haben die ganze Zeit kein Wort darüber gesagt!« Bewundernd schaute er den Nomaden an. Den Schmerz um den toten Bruder zu verheimlichen, um die Festnahme nicht zu gefährden!

»Wann haben Sie es denn erfahren? Und wie?« fragte Connor mißtrauisch. Waren sie hier etwa in einen verrückten Zweikampf von Computerfreaks geraten, die im VR-Raum ihre Kräfte messen wollten? »Jetzt sagen Sie nur nicht, daß Sie Purdy dort gesehen haben, in dieser Intensivstation!« Er schüttelte den Kopf. Nein, so verrückt konnte niemand sein. Oder doch?

»Ach so«, sagte Kelley unsicher.

»Das hätte ich Ihnen doch sofort gesagt!« Der Nomade starrte Connor zornig an. »Für wen halten Sie mich eigentlich?«

»Mann gegen Mann wäre jedenfalls fairer gewesen«, sagte der Datendandy spöttisch. »Im VR-Raum oder anderswo. Und nicht ein Mann allein gegen ein Dutzend Leute, inklusive FBI!«

»Klappe!« sagte Connor. »Also, Mr. Behrman. Wir warten!«

»Allan hat es mir selber gesagt. Vor ein paar Minuten.«

»Ihr habt miteinander gesprochen? Wenn das keine erfreuliche Nachricht ist!« Der Datendandy wollte noch immer amüsiert wirken, schien nun aber eher besorgt.

»Er ist nicht auf der Intensivstation«, sagte Nemchankin. »Er ist ein Stockwerk höher.«

»Hmmmm … Das könnte sein, dort befindet sich ein medizinisches Labor. MedLab zwei. Ich wußte allerdings nicht, daß die Kollegen dort ebenfalls über einen Neuronenresonator verfügen.«

»Er muß nach Ihnen reingegangen sein, Mr. Behrman«, sagte Connor. »Mr. Behrman!«

Der Nomade schrak aus seinen Gedanken auf. »Ja. Nein.«

»Was denn nun?« fragte Connor.

»Ich weiß es nicht.«

Kelley setzte sich wieder neben Purdy. »Wie sind Sie denn da reingekommen?«

Der Datendandy lächelte.

»Er war schon vorher drin«, sagte Connor. »Stimmt's?«

»Mir gefällt das nich'«, sagte der Cyberhippie.

»Was denn, daß wir Purdy geschnappt haben?« Connor starrte ihn wütend an.

»Nee, natürlich nich', mir gefällt nich', daß Wally alles mithört.«
»Was kann er denn jetzt noch machen?« fragte Kelley.
»Na, abhaun zum Beispiel.«
»Auf den passen wir schon auf«, sagte Connor.
»Unterschätzen Sie Wally nich'.«
»Aber hier gibt es doch keine Steckdosen. Oder?« fragte Kelley.
»Laptops gib's jedenfalls.«
»Wir sorgen schon dafür, daß er da nicht rankommt«, sagte Connor.
»Warum verpassen wir ihm nicht eine Kugel?« fragte Karen Thogersen. »Wir können ihn genausogut als Toten mitschleppen, dann hält er wenigstens die Klappe.« Sie lud ihr Gewehr durch. »Ich werde das übernehmen.«
Der Datendandy lachte. »Jetzt habe ich aber Angst.«
»Du wirst dich zurückhalten, Karen«, sagte Connor.
»Bringen Sie ihn nach unten, in den Maschinenraum«, sagte der Nomade. »Binden Sie ihn irgendwo fest. Der Diesel ist ja wohl laut genug.«
Connor überlegte kurz, dann nickte er. »Also gut. Los, gehen wir!« Er packte den Datendandy und schob ihn zum Heck. Kelley öffnete die Klappe.
»Wie war'n das nu genau mit Allan?«
»Moment noch.«
Kate Blenner ging zu dem Fahrstand und startete den Motor.
Als sie und die beiden FBI-Agenten zurückgekommen war, erzählte der Nomade von der Eule.
Die anderen konnten es kaum glauben. »War das wirklich so, Onkel Simeon?«
»Ganz genauso, Hank.«
»Na wunderbar«, sagte Connor. »Dann können wir also zurück. Worauf warten wir noch?«
»Sie können zurück«, sagte der Nomade. »Aber ich nicht.«
»Was? Wieso denn nicht?«
»Weil ich erst zur Seele muß.«
Connor starrte ihn an. »Wir können auf dieser Acetyldingsbums oder wie das heißt mit einem Postzug zurückfahren, und Sie wollen das nicht?«
»Ich muß erst noch tiefer in die Medulla oblongata«, sagte der Nomade, »und durch das kollektive Unbewußte, und wahrscheinlich noch ein Stückchen weiter, durch eine Art Nadelöhr, bevor ich zurückkann.«

»Das kommt überhaupt nicht in Frage. Ich bin nicht bereit, auch nur das geringste Risiko einzugehen, schon gar nicht wegen so einem Ego-Trip. Wir gehen mit Purdy zurück. Sofort.«

»Ich komme auch mit«, sagte Karen Thogersen energisch.

»Ich auch«, sagte Vanessa Birming.

»Lassen Sie sich nicht aufhalten«, sagte der Nomade. »Aber in Cerebrum City warten Sie auf uns, verstanden?«

»Nein. Wir fahren mit der U-Bahn raus, und Sie können hier unten weiter rummachen, so lange Sie wollen!«

Der Nomade lehnte sich erschöpft zurück. »Erklären Sie es ihm, Professor.«

»Sie müssen auf uns warten, Mr. Connor, weil wir nicht wissen, was passiert, wenn das Experiment endet, ohne daß wir Verbindung zueinander haben. Das Programm ist darauf nicht eingerichtet, denn eigentlich sollten auf allen drei Stufen immer nur ein Patient und ein Therapeut damit arbeiten und nicht so viele Leute gleichzeitig. Deshalb sollten alle Teilnehmer nach Möglichkeit auch gleichzeitig wieder hinaus. Alles andere wäre riskant.«

»Aber diese drei künstlichen Intelligenzen waren doch auch schon vor uns drin, genauso wie Purdy und dieser Kerl von Fenway-Soper, und jetzt auch noch eine Eule!«

»Aber die sind nicht mit Mr. Behrman zusammengekoppelt.«

Dr. Sigmund räusperte sich. »Wenn sich bei einem Abbruch die Zellen nicht innerhalb von Hundertstelsekunden zusammenschalten, wären die Folgen möglicherweise fatal. Das Ich könnte sich nicht mehr zentrieren, und das würde bedeuten, daß dann das ganze Gehirn psychisch auseinanderfällt.«

»Aha«, sagte Connor. »Und was ist dann?«

»Schizophrenie«, sagte der Psychologe.

»Soll das heißen, daß Mr. Behrman dann wahnsinnig wird?«

»Die Gefahr ist wirklich sehr groß.«

»Dann soll er doch einfach mit uns zurückfahren!«

»Aber das geht doch nicht!« sagte der Nomade.

»So? Und warum nicht?«

»Weil das Programm das jetzt nicht mehr zuläßt«, erklärte Pawlow. »Sonst bräuchte es doch auch nicht zu verhindern, daß der Abbruch nach Codewort funktioniert.«

»Der Individuationsprozeß ist bereits zu weit fortgeschritten«, fügte Dr. Sigmund hinzu. »Jede Unterbrechung wäre verhängnisvoll.«

Connor hätte vor Verblüffung fast gelacht. »Soll das heißen, daß wir jetzt im Programm bleiben müssen, bis Mr. Behrman erwachsen geworden ist?«

»So ungefähr«, sagte Dr. Sigmund.

»Na fein.« Connor überlegte, ob er sich nicht einfach über alle Einwände hinwegsetzen sollte. Schizophrenie war schließlich nicht unheilbar. Oder doch?

Dr. Sigmund sagte, als hätte er den Gedanken erraten: »Wenn das Experiment ohne Verbindung zwischen den Teilnehmern beendet wird, bestehen diese psychischen Gefahren natürlich auch für alle hier.«

Das ist allerdings etwas anderes, dachte Connor betroffen; er hatte keine Lust, um den Verstand gebracht zu werden. Ebensowenig war zu verantworten, daß Kelley oder gar Karen ... »Aber nach Cerebrum City können wir?« Auf alle Fälle erst mal raus hier, und zwar so schnell wie möglich!

»Ja«, sagte der Nomade. »Wir treffen uns dann im Weißen Haus.«

»Und wann, wenn ich fragen darf?«

»So wie Allan sagt, kann es hier unten höchstens noch zwei, drei Stunden dauern. Dann kommen wir sofort zurück.«

Connor war noch nicht ganz zufrieden. »Haben Sie vor dem Experiment nicht etwas von ›Sprechapparat‹ gesagt?«

»Ja. Natürlich, das würde die Sache noch sicherer machen.«

»Ich weiß aber nicht, was ich den Herren im Weißen Haus erzählen soll«, sagte Connor. »Sie, Richard?«

Ehe Kelley antworten konnte, sagte der Cyberhippie: »Wenn du willst, geh' ich mit, Grant. Is' sowieso besser, wenn 'n Erwachsener mit bei is'. Bei Wally.«

»Gut.«

»Hmmmm ... Ich könnte auch gehen. Immerhin bin ich schon mal in Cerebrum City gewesen und kenne auch die Leute im Weißen Haus.«

»Nein, Sie brauche ich hier unten. Wer weiß, was hier noch alles auf uns zukommt.«

68

Die Landschaft am Reissnerschen Faden, den der Nomade jetzt immer deutlicher als den großen Tiefenstrom seines Wesens erkannte, bot in der Vielfalt und Vermischung von Vertrautem und Unbekanntem seinen Gedanken so viele Anknüpfungspunkte und doch so wenig Halt, daß ihm bald klar wurde, wie wenig die Mittel der Intelligenz, der Logik oder der Erfahrung dazu taugten, die Mysterien des Innersten zu erforschen. Und obwohl er doch nun nicht mehr nur als Irrender, sondern bereits als Suchender unterwegs war, verstand er, daß ein Menschenleben nicht ausreichte, auch nur den kleinsten Zipfel der Geheimnisse zu lüften, die das Angesicht des Seins verhüllten. Nicht einmal das gesamte Wissen der Welt, abgespeichert in den drei künstlichen Intelligenzen, half weiter. Er begann zu ahnen, daß die Psyche an ihrer Wurzel anderen Gesetzen folgt als denen der Biologie, der Physik oder der Zeit und daß unter dem Verstand ewige Bilder liegen, die selbst der Mythos nur zeigen, nicht aber erklären kann.

Und mehr noch: War er jetzt nicht selber Teil eines solchen Mythos, wie er nun am Bug der Barkasse stand, die Eule auf der Schulter, die sein Bruder war, und mit ihm fast eines Wesens, ebenso wie mit den anderen Psychonauten, deren Gedanken und Empfindungen mit den seinen immer enger verschmolzen? Gerade so, als bildeten Allan, Kate, Hank und der Professor, auch Nemchankin, Vanessa Birming, Karen Thogersen, die beiden FBI-Agenten und die drei KIs, ja sogar Wally!, und irgendwie auch der verwirrte Steven Schacter in Wirklichkeit Teile seiner Persönlichkeit? Als Metaphern der psychischen Komponenten, aus denen sein Ich sich formte? Waren sie nicht nur Begleiter, hilfreiche und gefährliche Weggenossen, sondern sichtbar gewordene Teile seiner selbst, von denen jetzt jeder seine Rolle zu spielen hatte? Zum Gelingen oder zum Scheitern einer Mission, die wie ein Drama die Essenz aller Kräfte zu enthalten schien, aus denen sich sein Leben speiste, der guten wie der bösen?

Nach dem Gespräch mit dem Datendandy hatte der Nomade sich Steven Schacter vorgenommen: »Also Reddington hat Sie hergeschickt?« – »Ja, Sir. Es tut mir wirklich leid.« – »Wie sind Sie denn überhaupt hier hereingekommen?« – »Findlay hatte sich irgendwie den Code beschafft und an Reddington weitergegeben.« – »Und was wollten Sie hier?« – »Reddington glaubt, daß Sie die Lösung für FS-Hundertfünfzehn gefunden haben und an die Konkurrenz verkaufen wollen.« – »Von Purdy haben Sie nichts gewußt?« – »Nein, Sir, woher denn? Hören Sie, wenn Sie es wünschen, gehe ich sofort zurück.« – Connor: »Sie bleiben schön bei uns, Schacter!« – »Aber ich werde bestimmt niemandem etwas sagen, Sir!« – »Sie bleiben bei uns, verstanden? Sie haben schon genug Mist gebaut!« – Karen Thogersen: »Allerdings!« – Schacter: »Natürlich, Madam, wie Sie wünschen.« Mist gebaut? Wer hatte hier denn auf wen geschossen?

Daß Allan dann tatsächlich als Eule angeflogen kam, hatten die meisten trotz der Beteuerungen des Nomaden nur mit Mühe als real akzeptieren können, und es hatte eine ganze Weile gedauert, bis wenigstens die drängendsten Fragen beantwortet waren.

Kate Blenner hatte die Barkasse wieder auf den Strom gelenkt. Zu beiden Seiten standen riesige Bäume so dicht am Ufer, daß ihre Äste wie ein Gewölbe wirkten und von der Landschaft dahinter nichts zu sehen war.

Danach hatten Nemchankin, Dr. Sigmund, Dr. Sophus und Simeon ihre Instrumente überprüft, und es war für niemanden mehr überraschend gewesen, daß der Reissnersche Faden sowohl in Richtung der Medulla oblongata als auch des kollektiven Unbewußten, der Wahrheit und der Seele floß. Der Pfeil auf dem DF zeigte nicht mehr auf »Gleichgültigkeit«, sondern auf »Suche«. Anschließend hatte der Nomade den Professor nach den physiologischen Einzelheiten gefragt.

»Hmmmm ... Zunächst kommen wir wohl zu den Veli medullarae. Sie enthalten Nervenbahnen, welche sich mit der Steuerung unserer Bewegungen befassen und demnach wohl wiederum als Eisenbahntunnel dargestellt werden. Irgendwo hier müßte auch die Pyramidenbahn beginnen, ein sehr breiter Strang, welcher motorische Signale ins Rückenmark überträgt. Dahinter liegt der Locus coeruleus ...« – Der Nomade: »Und was könnte dieses Nadelöhr sein?« – »Es könnte sich um den Obex handeln, den kaudalsten Punkt der Rautengrube. Obex heißt soviel wie Riegel. Darunter beginnt der tiefste Teil der Medulla oblongata an der Grenze zwischen Gehirn und Rückenmark. Der Ort, an welchem das Leben begann, als sich aus mechanischen Zellfunktionen ein zusammenhängender Organismus bildete. Dorthin zielen übrigens Genickschüsse als besonders sichere Todesart.«

Der Professor hatte überlegt und dann gefragt: »Wie wollen wir eigentlich verhindern, daß diese Barkasse mit uns in das Nadelöhr fährt? Und wie kommen wir ohne sie zurück?«

Der Nomade war etwas verlegen gewesen: »Darüber habe ich noch nicht nachgedacht. Ich gehe ja sowieso hinein, ganz gleich, was passiert.«

»Hmmmm ... Unser Schicksal scheint Ihnen ziemlich gleichgültig zu sein.«

»Aber Herr Professor«, hatte Kate Blenner gesagt, »das ist doch nur ein Experiment.«

»Allan ist doch nur deshalb umgekehrt, weil sonst vielleicht niemand erfahren hätte, was mit ihm passiert ist«, hatte der Nomade hinzugefügt. »Bei uns ist das etwas ganz anderes, Hank und die Leute vom FBI sind bald in Cerebrum City.«

»Hmmmm ... Und Sie glauben nicht, daß wir dort hinten irgendwo psychisch verschwinden könnten, wie Ihr Herr Bruder?«

»Natürlich bleibt ein gewisses Risiko.«

Allan hatte ihnen gezeigt, wie sie die Signalanlage zu bedienen hatten, und war dann auf den Mast geflogen, um nach einem Zug Ausschau zu halten. Einige Minuten nachdem sie die Brücke hochgeklappt hatten, hatte er mit den Flügeln geschlagen. Kurz darauf war langsam ein Postzug herangerollt und im vorschriftsmäßigen Sicherheitsabstand an dem roten Signal stehengeblieben.

»Mach's gut, Hank.«

»Ihr auch.«

Kelley: »Nichts für ungut, Mr. Behrman.«

»Schon in Ordnung.«

Der Datendandy: »Jetzt verstehe ich. Ihr könnt gar nicht abbrechen! Hier unten funktioniert euer Codewort nicht. Was habt ihr euch nun Schlaues ausgedacht?«

Der Nomade hatte sich abgewandt; statt seiner hatte der Cyberhippie geantwortet: »Wirst du schon sehn.«

»Der gute alte Hiawatha. Und wohin geht die Reise?«

»Erst vor Gericht«, hatte Connor gesagt. »Und dann in die Hölle.«

»Sie nehmen den Mund ganz schön voll. Glauben Sie wirklich, daß Sie mich kriegen?«

»Sie werden sich wundern, wie schnell das geht«, hatte Karen Thogersen gesagt.

»Wenn unsere Leute Sie aus Ihrer Röhre ziehen«, hatte Kelley hinzugefügt.

»Ach ja? Und woher sollen die wissen, wo ich bin? Gibt Ihnen das der nette Gentleman da durch? Mit dem Laptop? Oder vielleicht mit seinem Hawaiihemd? Ist an so etwas wie Rauchzeichen gedacht?« Wieder das spöttische Lachen. »Außerdem möchte ich jetzt meinen Anwalt anrufen.«

Connor, sarkastisch: »Selbstverständlich. Sobald wir hier ein Telefon gefunden haben.«

»Sie haben keine Verbindung nach draußen? Interessant. Wie wollen Sie denn dann Ihren Kollegen sagen, daß ich in MedLab zwei bin? Lassen Sie mich raten. Der alte Indianer geht mit uns nach Cerebrum City. Also gibt es dort eine Möglichkeit, Kontakt nach draußen aufzunehmen. Wahrscheinlich ist ein Codewort verabredet, stimmt's?« Er hatte Pawlow angesehen. »Nachdem Sie hier unten sind, Herr Professor – wer sitzt denn dann eigentlich oben in Ihrem Labor am Computer?«

Keine Antwort.

»Niemand?« Höhnisches Lächeln. »Sie haben niemanden, mit dem Sie Kontakt aufnehmen können?«

»Ist auch gar nicht nötig.« Kelley war nun doch ärgerlich geworden. »Wir wissen jetzt ja, wo Sie sind, und wenn das Experiment beendet ist …«

»Ach so haben Sie sich das vorgestellt. Ja, das könnte funktionieren. Außer, wenn ich vor Ihnen rauskomme. Dann haben Sie Pech gehabt. Ich werde mir jeden von euch einzeln vornehmen. Sie auch, Kate.«

Der Nomade hatte es nicht mehr ertragen. »Schafft ihn weg.«

»Wo ist denn eigentlich der gute alte Allan? Ich kann hier nirgends ein Gerippe sehen.«

»Schafft ihn endlich weg!«

»Wir sehen uns«, hatte der Datendandy gesagt, als Connor und Kelley ihn zu dem Zug zogen. Der Cyberhippie und die beiden Frauen waren ihnen dichtauf gefolgt, Kate Thogersen mit schußbereitem Gewehr. Zum Schluß Steven Schacter mit gesenktem Kopf. Connor hatte die Schiebetür des ersten Waggons hinter der Diesellokomotive aufgezogen und Purdy ins Innere bugsiert. Kelley hatte erst Vanessa, dem Cyberhippie und dann Karen Thogersen hineingeholfen. Danach waren die anderen unter der Brücke hindurchgefahren und hatten sie wieder geschlossen.

In der Mitte des Flusses, der nun tatsächlich aus Quecksilber bestand, wurde sofort klar, daß die Barkasse wieder unbekannten Antriebs- und Lenkungskräften gehorchte. Staunend betrachteten die Psychonauten die Landschaft unter dem zyanblauen Himmel: die Sommerwiesen, die zu beiden Seiten des Reissnerschen Fadens blühten, aber nicht klar konturiert wie in der Natur, sondern aus Myriaden alle Formen auflösender Farbflecken zusammengesetzt. In tief eingeschnittenen Tälern wucherte die üppige Vegetation Kaliforniens; unten standen Weinstöcke und Orangenbäume, in höheren Lagen wuchs ein Wald wie am San Francisquito, Eichen mit windzerzausten Kronen und knorrigen Ästen. Dahinter ragten die felsigen Flanken eines Himalaja auf, unter einer Eiskrone, deren dunkelblauer Schimmer sich in der Venenfarbe des Himmels verlief.

Der Gedanke, daß die anderen Psychonauten in gewisser Weise tatsächlich so etwas wie Entsprechungen seiner eigenen psychischen Kräfte und Bedingtheiten darstellen mochten, erschien dem Nomaden nun noch plausibler.

Connor und Kelley symbolisierten vielleicht Realitätssinn, Einsicht in das Notwendige und Bereitschaft zum Handeln. Außerdem ein Gerechtigkeitsgefühl, das sich in dem älteren der beiden FBI-Agenten etwas direkter, ursprünglicher und wohl auch solider zeigte, verbunden mit praktischer Vernunft, die wenig fragt.

Karen Thogersen mußte die Rachegefühle verkörpern, den brennenden Wunsch nach einer Vergeltung, die über das bloße Recht, wie es Menschen inzwischen zu empfinden gelernt hatten, in fast alttestamentarischer Klarheit und Bestimmtheit hinausging.

Vanessa Birming stand als Forscherin, die das Verhältnis zwischen Menschen an deren Verhalten untersuchte, wohl für Überlegungen, die aus Verstehen Verständnis zu bilden versuchten; allerdings nicht aus einem Bestreben, das nach einer ersten Stufe wissenschaftlicher Objektivität über eine zweite Ebene gerade für Fachleute so verführerischer moralfreier Neutralität schließlich zu jener Art von Vergebung führen will, die alles verzeiht, was sie erklären kann, sondern aus jener intellektuellen Nüchternheit, die der Emotion entgegentreten will, weil sie sich vor ihr fürchtet.

Der Cyberhippie symbolisierte eine Kreativität, deren Wert in ihrer steten Suche nach ungewöhnlichen Lösungen, deren Gefahr aber in einer gewissen Bedenkenlosigkeit bestand, die insgeheim am Wagnis stärker interessiert ist als am Erfolg, eine Komponente seines Charakters, die der Nomade seit dem Erwachsenwerden rigoros unterdrückt hatte.

Schacter wiederum verkörperte jenen Teil des Wesens, der den Vorteil auf Kosten anderer sucht und damit Ziele erreichen will, zu denen die eigenen Kräfte nicht führen können.

So peinlich dem Nomaden diese Selbsterkenntnis war, so dankbar war er dafür, daß dem schnell entlarvten Dieb nur eine so klägliche Rolle zugedacht blieb. Kate hatte recht gehabt: Er hatte auf dieser Reise in sein Inneres gesehen und vor den anderen preisgeben müssen, was er lieber verborgen gehalten hätte, vor allem vor Kate, aber auch vor den anderen Psychonauten und ebenso vor sich selbst.

Auch Dr. Sigmund und der alte Weise hatten recht: In Wally hatte die dunkle Seite seines Wesens einen Ausdruck gefunden, der ihr voll und ganz entsprach. Noli foras ire, in te ipsum redi – galt das auch, wenn dort das Grauen wartete? Auf Allan hatte er wiederum alles projiziert, was er selbst sein wollte. War es nicht an der Zeit, sich von dem Vorbild zu lösen?

Simeon schien eine plötzliche spirituelle Sehnsucht zu repräsentieren. Dr. Sigmund und Dr. Sophus erfüllten wohl die Aufgaben einer Vernunft auf dem Weg zwischen Suchen und Wissen. Der Psychologe als Verkörperung wissenschaftlich betriebener Selbstanalyse und der Philosoph als Inbild logikgläubiger Wahrheitssuche, beide hilfreich im Theoretischen, aber ohne die verwirrende und zugleich klärende Macht des Gefühls, wohl auch ohne Verbindung zu dem, was im Innersten zählte. Darum hatten auch die Geräte versagt.

Pawlow zählte ebenfalls zu diesen Metaphern des Forschens, wie das eigentliche Urbild eines Wissenschaftlers, aber doch schon über die Dimensionen seiner Disziplin hinausgewachsen, nachdem er seiner Physiologie die Suche nach der Seele nicht verwehrte. Ihn trieb eine reifere Art des Suchens, eine, die sich nicht mehr allein vom Ziel abhängig machte, sondern den Zweck als bereits entscheidend erkannte; auch schien hier ein Element des Glaubens beigemischt.

Nemchankin hatte den Nomaden am meisten erstaunt. Das lange und völlig unprätentiöse Schweigen über ein Erleben, das ihm so viel Aufmerksamkeit hätte sichern können; die Furchtlosigkeit, die ihn und die anderen gerettet hatte; und die völlig ungezierte, ungekünstelte Bescheidenheit, mit der er über die Versuche, seine Rolle herauszustreichen, hinweggegangen war – ja, so hätte der Nomade auch gern sein mögen. Aber nicht zu diesem entsetzlichen Preis.

Und Kate? Sie hatte sich als einzige um ihn gesorgt. Gab es also auch in seinem Inneren etwas Altruistisches, das nur nie zu Wort gekommen war? War sie hier unten nun eine Metapher für jene Art von Liebe, die ihre Erfüllung allein im Lieben findet, ohne Erwiderung zu verlangen?

Obwohl die QUOMODO inzwischen mit beträchtlicher Geschwindigkeit fuhr, schienen Berge, Bäume und Häuser mit dem Boot immer auf gleicher Höhe zu bleiben, wobei sie allerdings ihr Aussehen veränderten, und zwar so, als ob sie einem raschen Wandel der Zeit unterlagen: Schroffe Felsspitzen rundeten sich zu glatten Kuppen, als wolle das Programm in Sekunden die Erosionswirkung von Jahrmillionen zeigen. Laub- und Nadelbäume verdorrten plötzlich und begrünten sich gleich wieder, als würden laufend nicht nur die Jahreszeiten, sondern auch die klimatischen Bedingungen wechseln, und die Bauwerke wirkten in der einen Minute antiquiert, in der nächsten modern und in der übernächsten wieder alt, als könne sich das Programm nicht entscheiden, welche Empfindungen bei den Betrachtern anzusprechen seien.

Die Uferlandschaft war dicht besiedelt. Zwischen Häusern und Großbauten aus verschiedensten Epochen der Geschichte liefen menschliche und nichtmenschliche Gestalten umher, bekleidet mit den Trachten der Vergangenheit, Gegenwart und Phantasie, und, zahlreich wie Ameisen auf ihrem Hügel, auf einem Boden, der auf geheimnisvolle Art zu leben schien, denn er hob und senkte sich wie in regelmäßigen Atemzügen, floß dabei wie zähe Lava hier schneller, dort langsamer und verschlang an der einen Stelle seine Bewohner, um sie an einer anderen wieder auszuspeien. Über der Szenerie hing eine rote Sonne.

Hinter einer Alabastersphinx wurde es schlagartig dunkel, aber sogleich wieder hell, als wolle das Programm die Sinne der Betrachter wie zwischen zwei Filmszenen schärfen. Jetzt fuhr die QUOMODO plötzlich auf einem Kanal mitten durch eine Stadt voller Figuren wie aus einer Werkstatt der Träume. Viele erinnerten den Nomaden an Ereignisse aus seinem Leben, andere stammten aus Büchern, und dazwischen waren auch immer wieder Gestalten des Jahrhunderts zu sehen. Es roch nach Mohn, Lavendel und Johanniskraut, den alten Pflanzen des Vergessens. Die Luft war drückend schwül und von geflüsterten Worten, eigenen und fremden, erfüllt.

Plötzlich standen an den Ufern baufällige Apartmentblocks, offensichtlich unbewohnt, bis zu den Dächern mit Graffiti besprüht, die meisten Fensterscheiben zerbrochen. Auf den zerborstenen Straßen lagen Autowracks. In den Hauseingängen lauerten dunkle Gestalten. Schüsse fielen. Ein Panzer mit einem großen Sheriffstern rollte gegen Barrikaden vor, hinter denen sich jugendliche Gangster mit Pumpguns verschanzt hatten. Dr. Sigmund wollte beruhigen: »Auch die Aggression muß als Aspekt, sogar als Hauptaspekt einer normalen Persönlichkeit aufgefaßt werden. Die Lust am Zerstören kann man bei jedem Kind beobachten.« Und, nach einer kurzen Pause: »Auch bei jedem Erwachsenen.«

In sicherer Deckung kauerten Reporter mit Kameras unter einer Antennenschüssel und sprachen in ihre Handys. »Sie geben dem Bewußtsein durch, was hier unten passiert, aber nicht alles wird bekanntgemacht; besonders gefährliche oder zu schwer erträgliche Informationen hält ein Kontrollmechanismus zurück. Auch Presse und Fernsehen unterliegen in Krisenzeiten der staatlichen Zensur, die zum Beispiel verhindert, daß eine Massenpanik ausbricht.«

Auf den Straßen sammelten sich nun Obdachlose, Betrunkene, Prostituierte, Schläger, auch wieder subhumanoide Gestalten, Inkarnationen von Trieben, die sich der Nomade lieber nicht erklären lassen wollte. Der Lärm der Straßenschlacht wurde lauter, und bald schossen nicht mehr nur Jugendliche, sondern auch Gangsterbanden mit Maschinengewehren, und dann gingen wilde Haufen mit Pistolen und Baseballschlägern aufeinander los, Weiße, Schwarze, Braune, Gelbe. Aufhören! wollte der Nomade rufen. Er hatte sich immer bemüht, seine Aggressionen unter Kontrolle zu halten, aber er hatte auch immer gewußt, daß sie in ihm lauerten und ihn, wenn er nur ein einziges Mal die Macht über sie verlor, Dinge tun lassen würden, zu denen ihn niemand für fähig hielt.

In der nächsten Szene waren die gewalttätigen Elemente seiner Psyche verschwunden. Krankenwagen fuhren Verwundete, Leichenwagen Tote ab. Kehrmaschinen rollten durch die Straßen, die städtische Müllabfuhr lud Abfall auf Lastwagen. Putzkolonnen reinigten die Fassaden von rassistischen Sprüchen. Handwerker begannen mit Reparaturarbeiten. Demnach hatte die Verdrängung begonnen. Männer in blauen Overalls klebten Plakate mit Ankündigungen von Filmpremieren, Musikveranstaltungen und Sportereignissen an die Bauzäune. Ersatzhandlungen, um die Aggressionen umzulenken. Panem et circenses. Immer neue Deutungen. Gefühle schleppten sich am Ufer entlang, an Ketten wie Strafgefangene, bewacht nicht nur vom Verstand, sondern auch vom Stolz, der einer der ihren und deshalb um so strenger war; er machte keinen Unterschied zwischen guten und schlechten, wertvollen und gefährlichen Emotionen.

Auseinandersetzungen zwischen Ich und Es wurden an politischen Versammlungen deutlich, bei denen die eine Seite von einem noch sehr jungen Präsidentschaftskandidaten geführt wurde, während die andere aus Männern bestand, die wie Manager, Börsenbroker und Anwälte gekleidet waren. Den Reden und Gegenreden zufolge, die aus Lautsprechern zur QUOMODO herüberschallten, ging es in diesem Wahlkampf um Egoismus, Altruismus und das Überleben der Gesellschaft, wobei einige Geistliche, Priester und Ärzte offenbar das Über-Ich repräsentierten. Die Anhänger des Kandidaten jubelten, als stünde der Sieg bereits fest, während die Gegner zornig »Keine Diktatur!« skandierten. Es kam zu Zusammenstößen und sogar Prügeleien. Auf überdimensionalen Bildschirmen diskutierten Parteivertreter und Kommentatoren.

Einer von ihnen sagte: »Der Egoismus zersetzt den Menschen von innen her und führt zur Selbstauflösung. So wie der Egoismus des einzelnen die Gesellschaft bedroht, so zerstört der Egoismus der einzelnen Zelle das Individuum.« Die Worte hallten laut über den Strom. Betroffen dachte der Nomade darüber nach. Es war wirklich so, als würde sich alles auflösen. Die Welt und auch er selbst. Die Welt in ihre Atome, er selbst in seine Neuronen. War das bereits eine Vorstufe der Schizophrenie? Er fühlte sich wie auf einer Brücke, deren Planken noch trugen und doch trogen. Die Verlorenheit der Welt, die Gebrochenheit des Jahrhunderts – was hatte er damit zu tun? Nichts. Und doch war es, wie ihm jetzt plötzlich klar wurde, die Aufgabe jedes Menschen, die Welt wieder zusammenfügen. Mit den ewigen Werten als Klebstoff.

Dann kamen sie an die Pyramide; von innen beleuchtet, sah sie aus, als stünde sie in Las Vegas, aber die Palmen, Kamele und Beduinenzelte davor muteten so realistisch an wie auf den fotografisch exakten Stichen Denons. Pawlow erläuterte die Faserbündel, die zum kleineren Teil als prächtige Prozessionsstraße im Eingang eines unterirdischen Tempels verschwanden, zum größeren breit wie eine Landebahn zu den Bergen im Hintergrund führten. Daß weder Menschen noch Fahr- oder Flugzeuge zu sehen waren, erklärte sich daraus, daß der Körper des Nomaden bewegungslos in der Resonatorröhre lag. Eine große gläserne Röhre, durch die ohne Pause feurige Funken wie Leuchtspurgeschosse rasten, wurde als unterer Teil der Serotoninbahn interpretiert, die der Nomade bei Fenway-Soper erkundet hatte. Kate Blenner meinte besorgt, daß die hohe Frequenz der Kalziumionen den Beginn einer Depression signalisiere.

Dahinter präsentierte sich als Anzeichen dafür, daß die Psychonauten sich jetzt dem kollektiven Unbewußten näherten, eine krause Mischung aus organischer und anorganischer Materie wie vor der höllischen Zugbrücke Pieter Brueghels aus der Zeit, als die Menschen noch glaubten, daß die Dämonen niemals siegen würden. Irreal, surreal, metareal. Die Symbolsprache des Mittelalters hatte Bienenkörbe, häufiges Sinnbild der Kirche, auf Baumstümpfe gestellt und die ersten menschlichen Gestalten sehen lassen: Brueghels Mann im Harnisch rannte mit dem Kopf gegen die Wand, zwei Betrüger führten einander an der Nase herum, als Hoffnung schleppte eine Frau einen riesigen Anker auf der Schulter.

Den Turmbau von Babel betrieben die Ungeheuer Hieronymus Bosch', jetzt aber schon realistisch wie auf den Renaissancegemälden, als die naturnahen Darstellungen vertrauter Szenen wie flandrischer Bauernhäuser im Schnee die mythische Weltsicht christlicher Vorstellungen verdrängten. Doch auch moderne Metaphern erschienen. Geflügelte Worte bestanden aus riesigen Buchstaben, die wie Reklamebotschaften hinter kleinen Flugzeugen über den rostbraunen Himmel fuhren. Darunter schlug ein Clown rhythmisch auf eine Werbetrommel. Wegweiser zeigten »In medias res«, »Zur schönen neuen Welt«, ins »Reich der Fabel« oder zum »Weg alles Irdischen«. Auf der anderen Seite schwappte der Strom schlierig »ins Uferlose«. Eine Fledermaus mit gewaltigen Schwingen stammte nach der Erinnerung des Philosophen vom Grab Baudelaires in Montparnasse. Auf welken Lorbeerbäumen hockten weiße Raben.

Dahinter umfuhr die QUOMODO in einem Bogen den weit in den Strom ragenden »Stein des Anstoßes«. Auf einem Fluß, der von der Quelle der Träume kam, hinter dem spitzkegeligen Felsen in den Strom mündete und »Dramaturgie« hieß, schwamm der holde Schwan von Avon, und auf einem dicken, gelben Fender am Ufer stand »rettender Strohhalm«. Nun roch es erst nach frisch geschnittenem Gras und dann nach Kartoffelfeuern. Truthähne rannten durch den Mais, ohne Kopf und bereits gebraten. Schaukelpferde nickten dazu. Luftschlösser schimmerten hinter goldenen Bergen. Ein Wolkenkuckuck kicherte aus seinem aristophanischen Heim, während Buridans Esel unschlüssig zwischen zwei Heuhaufen stand. Die vielen verschiedenartigen Vögel auf den Bäumen waren präzise konturiert und koloriert wie auf den Zeichnungen Audubons. Am rechten Ufer zog sich der rote Faden entlang, den die britische Marine in ihr Tauwerk einarbeiten ließ.

Wieder ein Schnitt, andere, bedenklichere Bilder. In einem haushohen alchimistischen Ei zitterte das sich entwickelnde Herz des Totenvogels als blutroter Fleck wie der aristotelische springende Punkt. Finster blickende Beduinen scharten sich wie am Sinai unter die Kupferschlange des Moses. Nun atmete die Szenerie erneut Gefahr. Der Advocatus Diaboli führte in mephistophelischer Kostümierung skandinavische Berserker und malaiische Amokläufer an. Die Psychonauten waren in das Territorium gekommen, in dem sich die Triebe bilden, bevor sie beginnen, ihre Wirkungen zu entfalten. Der Himmel sah jetzt wie weißglühend aus, und Fliegenschwärme erfüllten die Luft so dicht wie im Sudd, wenn die Ausdünstungen der Nilsümpfe sich summend zu miasmatischem Leben materialisieren.

Nun zog die QUOMODO wie unter dem Zwang einer dunklen Urgewalt tiefer in jene Regionen, die der Verstand nicht kennt, noch kennenlernen möchte. Wieder flogen, wie über der Vierhügelplatte, Geisterwesen durch die Luft, nach Seelen hungrig wie die Vögel, die bei Matthäus die Körner des göttlichen Sämanns vom Weg picken. Ein Krieger mit spitzem Helm und roten Narben auf dem nackten Körper riß das rote Pferd der Wut zu der gleichen aggressiven Pose, zu der das Standbild vor der Kathedrale St. Ego versteinert war. Nun roch es nach der nassen Erde frischer Gräber, und ferner Donner ließ denken, daß die Alten vielleicht nicht unrecht hatten, als sie Götterstimmen zu hören glaubten.

Das Programm schaltete nun immer wieder zwischen Szenen aus der Geschichte und Ereignissen aus dem Leben des Nomaden hin und her, als könne sich ein TV-Zuschauer beim Zappen nicht entscheiden, ob er einen Historienfilm oder ein modernes Fernsehspiel ansehen solle. Vor den Fassaden potemkinscher Dörfer ritten Dürers Ritter, Tod und Teufel schweigend durch schwarze Nebelschwaden. Fliegen und anderes Ungeziefer umschwirrten einen Koloß auf tönernen Füßen. Scherenschnittähnliche Menschenfiguren mit Pfeil und Bogen zogen vor rotbraunen Ziegelmauern vorbei wie Figuren steinzeitlicher Höhlenmalerei. Dem Donner war nun die Melodie der »Préludes« von

Franz Liszt unterlegt, und es roch intensiv nach den Düften der Gewalt: Pulver, Leder und Maschinenöl.

Der Übergang in das kollektive Unbewußte war zunächst nur daran zu ahnen, daß die Gebäude zusehends älter und verfallener wirkten. Nach einigen Minuten aber standen an den Ufern nur noch Ruinen, und die Landschaft wurde immer waldiger und wilder, bis die Mauerreste in dem grünen Gewirr und Geschlinge der Bäume, Büsche und mannshohen Gräser fast völlig verschwunden waren. Neben den Trümmern geborstener Burgen, Kultstätten und Paläste, den geköpften Rümpfen Camelots oder des Kolosseums, den enthaupteten Säulenhallen Luxors und Delphis ragten alte, aber völlig intakte Sakralbauten in den jetzt lapislazuliblauen Himmel, umweht von Gerüchen und Klängen: ionische Tempel, romanische Basiliken, gotische Münster, barocke Dome. Erst beim näheren Hinsehen war zu erkennen, daß sie allesamt aus Papier bestanden; die Erklärungen der Begleiter und die Gedanken des Nomaden sprachen nun fast mit einer einzigen Stimme.

»Das sind die Bücher der großen Dichter. Homer. Dante. Shakespeare. Goethe.«

»Aber die habe ich nie gelesen!«

»Trotzdem befinden sie sich in jedem Menschen. Hier unten kommt es nicht mehr darauf an, was das Bewußtsein weiß oder was das Gedächtnis enthält, denn hier beginnt der Urgrund des Geistes.«

»Aber wie kommen diese Bücher hierher?«

»Sie waren schon immer hier.« Der Strom des Wissens wird durch beständige Zuflüsse aus den verschiedensten Quellen nicht nur immer breiter, sondern sucht dann auch noch bestimmter den Weg zum Ozean. Die engen Biegungen des jungen Geistes, der sich durch Unsicherheiten und Irrtümer windet, am geraden Lauf gehindert durch die anfangs himmelhohen Gebirge der Unwissenheit und fehlgelenkt von den stets besonders kraftvoll schäumenden Strudeln falscher Lehren, werden allmählich von den stillen, mächtigen Wassern der Wahrheit begradigt, an deren Ufern die Kathedralen stehen. Mit Türmen, von denen der Blick an die Grenze des Erfaßbaren reicht, über Krypten, durch die der Hauch des Urgrundes weht, und auf Fundamenten, die in der Tiefe des Unerklärlichen wurzeln. Die Steine der Wahrheit dunkeln nicht. Die Patina des Alters trübt ihren Glanz ebensowenig wie der saure Regen des Unverstands. Die Veränderung liegt im Blick der Betrachter, der Wert bleibt unabhängig von der Entwicklung der Welt. Der Suchende findet in solchen Büchern Wahrheiten, während die Menge in den bunten, stets rasch zerschlissenen Tempelzelten des Zeitgeistes Vermutungen lärmen und Lügen bimmeln hört.

Dann folgten die Buden der Wortweber mit den preiswerteren Angeboten für den Markt der Gedanken, Gebrauchsgeist, zuweilen nicht übel für die Stunde, doch selten nützlich über den Tag hinaus.

Wieder ein Schnitt, und nun war der Reissnersche Faden plötzlich mindestens doppelt so breit. Die Ufer säumte dichter Dschungel, aus dem die Schreie unbekannter Tiere drangen. Ein Teil der Psyche schützt den Schlaf, indem er die aufsteigenden unbewußten Wünsche in Symbole umwandelt, deren Bedeutung dem Träumenden unerklärlich ist. Der Wachende kann sie allerdings dann entschlüsseln wie Joseph die Wahrträume des Pharao oder die moderne Psychoanalyse die Hilferufe der kranken Seele. Nun stand endlich auch die Mandalasonne am Himmel, schon ein gutes Stück tiefer als bei dem Gespräch mit dem alten Weisen, und plötzlich hörte der Nomade eine Stimme.

»Ich finde, es ist höchste Zeit, daß wir zwei uns mal unterhalten.«

Wer hatte das gesagt? Fragend blickte der Nomade die anderen an. Sie deuteten mit verstörten Gesichtern auf das Deck zu seinen Füßen. Dort erkannte er, schwarz wie Teer, mit Gesichtszügen wie in frisch gewalzten Asphalt gemeißelt, etwas, das, und das nicht, Wally Purdy war.

69

Der Nomade mußte schlucken. »Wally?«

»Wally! Wally!« äffte ihn das schwarze Phantom nach. »Wir brauchen doch nicht Wally, um zu sein, was wir sind!«

Auch die anderen Psychonauten starrten wie gebannt auf den sprechenden Fleck.

»Wer sind Sie …« Der Nomade stockte und räusperte sich. »… denn dann?«

»Jetzt siezt er mich sogar!« sagte die Erscheinung. »Hör mal, ich hab's wirklich satt, dauernd von dir in die Gegend projiziert zu werden.

Stell dich erst mal an die Wand, ich habe keine Lust, zu dir aufzublicken.«

Es dauerte einige Sekunden, bis der Nomade begriff. Zögernd trat er an den Fahrstand der Barkasse. Der schwarze Fleck folgte ihm und floß an der Metallwand in die Höhe. Verblüfft erkannte der Nomade vertraute Züge: der Glanz der schwarzen Farbe reflektierte sein Spiegelbild.

»Weißt du jetzt, wer ich bin?«

Dr. Sigmund kam dem Nomaden zu Hilfe. »Sie sind der Archetypus des Schattens.«

Dr. Sophus prüfte seinen Kompaß; die Nadel stand auf WAHR.

Der Nomade hatte sich wieder gefangen. »Das Böse in mir?«

Der Schatten lachte. »Immer diese Klischees! Nennen wir es lieber ›das Freie‹. Frei nicht nur von Bedenken, Skrupeln oder Moral, sondern von allen Pflichten, Gesetzen und unnatürlichen Zwängen deiner bewußten Welt. Für mich zählt nur, was ich will. Nenne es böse, gemein, lasterhaft oder was ihr sonst noch für Ausdrücke gefunden habt, um diese Freiheit zu verleumden – ich kenne die wahren Wünsche in deinem Inneren, die Sehnsüchte deiner Instinkte und Triebe. Und wenn ich will, zeige ich sie dir auch, da kann dein Bewußtsein gar nichts machen.«

»Vorsicht«, sagte Dr. Sophus zu dem Nomaden. »Wo der Verstand zurückweicht, wird der Aberglaube logisch.«

»Die Logik ist doch nur ein Gedankengefängnis«, sagte der Schatten verächtlich. »Halte dich lieber an die Phantasie! Ich kenne die Wurzeln des roten Mohns, an dem du nur die Blüten bewunderst. Ich lebe auf der anderen Seite der Zehn Gebote, und ich kann euch sagen, es lebt sich dort fabelhaft. Tausendfach interessanter, wertvoller und schöner als in eurer kleinen Spießerwelt. Ich habe keine Angst vor dem Morgen, der Konsequenz oder irgendwelchen Strafen, mit denen euch der Schöpfer domestiziert!«

»Sie machen sich die Sache leicht«, sagte Dr. Sigmund. »Strafen für das Unbewußte treffen stets das Bewußtsein.«

»Nein, ihr macht es euch leicht«, kam die Antwort, »weil ihr Wissenschaftler neuerdings so tut, als sei ich nur Chemie. Weil eure wunderbar humanisierte Gesellschaft nicht akzeptieren will, daß es uns, die ihr das Böse nennt, überhaupt gibt. Ihr behandelt die Menschheit mit Medikamenten, als ob nur das sogenannte Gute gesund sei. Ihr weigert euch, den Menschen als freies Individuum zu betrachten. Ich bin kein verdrehtes Molekül, ich bin ein Paladin des freien Willens, und der ist kein chemoelektrisches Phänomen, sondern der Feldherr der Natur, der immer siegt, wie die Evolution beweist. Daß Strafe nur das Bewußtsein trifft, liegt daran, daß es sie akzeptiert, statt auf sie zu spucken, wie wir es tun. Was soll uns denn versehren? Das Gefängnis? Unsere Gedanken bleiben frei. Der Tod? Der kommt doch sowieso. Dann lieber gelebt haben, als schon mit der Geburt gestorben sein! Ohne mich hättest du nicht einmal eine Wahl. Ohne deine dunkle Seite wärst du eine willenlose Gute-Taten-Maschine. Habe ich dir nicht gezeigt, was das Leben ist, wenigstens in deinen Träumen und Phantasien? Hättest du öfter auf mich gehört, hättest du auch mehr Spaß gehabt. Und auch mehr Gefühle. Wally hat jede Menge Spaß.«

»Hör auf!« sagte der Nomade zornig.

Der Schatten lachte wieder. »Deine Skrupel führen dich am Nasenring wie einen Ochsen.«

»Lassen Sie sich nichts einreden«, sagte Simeon. »Das Böse ist dazu da, damit wir es bekämpfen.«

»Nein«, sagte Sigmund. »Wir müssen das Böse in uns überwinden, nicht, indem wir es wie etwas Fremdes bekämpfen, sondern indem wir es integrieren.«

»Das klingt schon besser«, sagte der Schatten. »Dann integriere mich mal schön, Grant. Denke aber nur nicht, daß ich allein bin! Der Stolz ist ein prima Kumpel. Und der Alkohol, der alte Landsknecht, ist auch immer lustig dabei. Leider läßt deine graue Selbstdisziplin, diese sture alte Langweilerin, den alten Knaben viel zu selten bei uns mitmachen. Der Übermut – köstlich, was dem alles einfällt! Und dann der Witz, vor allem wenn er schön rassistisch ist, gegen Juden oder Neger – Mann, der bringt Stimmung in die Bude! Wut und Zorn, auf die ist Verlaß, die nehmen die Sache richtig ernst. Mit denen kann man durchs Feuer gehen. Auch der Haß entwickelt sich in den letzten Jahren prächtig. Der Egoismus hat auch immer wieder fabelhafte Ideen. Streit, Krieg – was das für den Fortschritt bedeutet! Nur zu, akzeptiere mich, erkenne mich an! Du brauchst dich nicht zu genieren, inzwischen weiß jeder, daß du ein Mensch bist. Gib mir die Hand! Du hast viel zu lange gewartet. Jetzt komm! Denke an deine Individuation! Glaubst du vielleicht, du kannst mich ewig auf Wally projizieren? Du bist es doch, der mit ihm fertig werden muß, nicht ich! Aber ich kann dir helfen. Und zu zweit schaffen wir es auch. Weg mit dem Kerl! Knallen wir ihn ab!«

Der Nomade sah sich ratlos um. »Was soll ich nun machen?«

»Gehen Sie erst einmal aus der Sonne«, riet Nemchankin.

»Was? Warum denn?«

»Hast du nicht verstanden?« fragte der Schatten höhnisch. »Du sollst flüchten, vor mir! Vor der Wahrheit! Vor dir selbst!«

»Nein«, sagte Nemchankin. »Wir wissen, daß Sie da sind und immer bleiben.«

Der Nomade ging um das Häuschen herum, bis der Schatten verschwunden war. »Und jetzt?«

»Jetzt reden wir«, sagte Nemchankin, der ihm mit den anderen gefolgt war. »Aber nur mit Ihnen. Mit Ihrem besseren Teil.«

Der Nomade überlegte. »Haben Sie das auch so gemacht?«

»Ja. Glauben Sie nur nicht, daß nicht auch Opfer böse sein können. Ich hatte Haßgefühle. Rachegefühle. Viele Jahre lang. Ich dachte, das würde mir helfen. Mit meinen Erinnerungen fertig zu werden. Mich irgendwie zu befreien. Aber in Wirklichkeit habe ich dabei nur noch mehr gelitten. Haß stellt die Opfer mit den Tätern auf die gleiche Stufe. Dann aber hätte das Böse gesiegt. Haß ist ein Gift, das mit dem Ziel auch den Absender tötet. Am Schluß haßte ich mich selbst. Das Böse kann man nicht mit dem Bösen bekämpfen, sondern nur mit dem Guten. So einfach ist das. Den Mörder mit der Gerechtigkeit. Den Lügner mit der Wahrheit. Den Haß mit der Liebe.«

»Liebe deine Feinde?« fragte der Nomade. »Ist das auch Ihre Botschaft?«

»Nein, nicht lieben«, sagte Nemchankin. »Aber annehmen. Haß und Liebe gehören zusammen wie Chaos und Schöpfung, Zweifel und Glaube. Das eine ist ohne das andere nicht denkbar. Für die Leiden der Juden in Auschwitz gibt es keinen Trost. Aber noch schrecklicher wäre es, wenn dieses Leiden sinnlos gewesen wäre. Auch ich habe früher ganz anders darüber gedacht: Wo ist nun dein auserwähltes Volk, Gott? Was hast du ihm angetan? Und warum? Jetzt weiß ich, daß wir wirklich auserwählt sind, aber nicht so, wie wir seit dem Auszug aus Ägypten glaubten. Wir glaubten, daß der Messias allein zu uns kommen würde, so wie die Jünger Christi anfangs glaubten, daß der Gottessohn gekommen sei, um Israel von den Römern zu befreien. Aber Gott hatte eine ganz andere Befreiung vor: die Befreiung des Menschen von sich selbst. Abraham hatte das verstanden; er war sogar bereit, seinen eigenen Sohn zu opfern. Vielleicht werden noch Generationen kommen und gehen, bis wir begreifen, was Auschwitz für die Menschheit wirklich bedeutet. Nur Gott kann Schuld verzeihen.«

»Nicht Auschwitz«, sagte Pawlow. »Das kann nicht einmal Gott.«

»Versuchen Sie nicht, Gott menschlichen Maßstäben zu unterwerfen«, sagte Simeon.

»Wenn es einen Gott gibt, dann war seine Sünde Auschwitz«, sagte Pawlow. »Und dafür gibt es keine Vergebung.«

»Nun sind Sie es, der projiziert, Herr Professor«, sagte Dr. Sigmund. »Sie versuchen, die Schuld einer Menschheit, der auch Sie angehören, auf Gott zu übertragen. Er soll eine Verantwortung übernehmen, die Sie nicht tragen wollen und können. Aber an den Öfen von Auschwitz standen Menschen, nicht Racheengel oder Dämonen.«

Der Nomade hatte der Diskussion kaum noch folgen können. »Aber das Böse akzeptieren …«

»Akzeptieren bedeutet ja nicht gutheißen«, sagte Simeon. »Sie müssen aber erkennen, daß Sie für alles, was Ihr Schatten tut und getan hat, verantwortlich sind. Nicht irgend etwas Fremdes, Böses hat das getan – Sie selbst waren es und werden es auch künftig sein.«

»Ich weiß, das ist schwer«, sagte Dr. Sigmund. »Aber wenn Sie es nicht tun, wird es weiter ohne Sie leben. Sie werden es weiter verdrängen oder auf andere projizieren, und es wird Sie weiter daran hindern, die Persönlichkeit zu werden, die zu werden Ihnen bestimmt ist.«

»Ich kann es nicht«, sagte der Nomade. »Ich kann es einfach nicht.« Warum war das so schwer? Er hatte doch eigentlich nie etwas Böses getan! Und doch steckte es so tief in ihm drin? Wieder hatte er das Gefühl, daß er sich um so weniger verstand, desto mehr er von sich erfuhr. Jeder Antwort folgten neue Fragen. War das vielleicht sogar der Sinn? Rätsel Mensch, Rätsel Gott! Aber hatte er den Schatten nicht mit eigenen Augen gesehen und mit eigenen Ohren gehört? Selbst wenn es nur virtuell war, vielleicht am Ende nur Einbildung, selbst wenn alles nur ein Traum war – war es nicht trotzdem so, wie es war?

70

»Connor?« – »Ja?« – »Erschießen Sie ihn!« – »Was?« – »Sie sollen ihn erschießen. Jetzt gleich!« – »Sind Sie verrückt geworden?« – »Nein. Ich bin vollkommen bei Verstand. Er hat etwas vor!« – »Was denn?« – »Das weiß ich nicht. Ich weiß nur, daß es gefährlich wird, wenn Sie jetzt nicht sofort etwas unternehmen. Auf keinen Fall sollten wir mit ihm nach Cerebrum City gehen. Die Situation könnte völlig außer Kontrolle geraten!«

Noch kurz zuvor hätte Vanessa Birming nicht im Traum gedacht, daß sie jemals einen solchen Vorschlag machen würde. Aber das Gespräch mit dem Datendandy hatte sie nicht nur alarmiert, sondern total aus der Fassung gebracht.

Ursprünglich hatte sie Purdys geradezu aufreizend zur Schau getragene Gelassenheit für ein erstes Gespräch nutzen wollen, da eine Unterhaltung stets gerade dann wichtige Aufschlüsse geben konnte, wenn ein Verhafteter seinen Vernehmern etwas vormachen wollte. Doch schon nach kurzer Zeit hatte sie den bestimmten Eindruck gewonnen, daß Purdys Lässigkeit keineswegs gespielt war.

Begonnen hatte es zunächst in der in solchen Fällen üblichen Weise: »Mr. Purdy, ich bin Vanessa Birming vom FBI-Institut für Verhaltensforschung in Quantico. Wenn Sie einverstanden sind, möchte ich gern mit Ihnen reden. Es würde natürlich ein informelles Gespräch sein.«

Der Datendandy, trotz der auf den Rücken gefesselten Hände lässig gegen einen Postsack gelehnt, hatte verächtlich gelächelt. »Informell? Vor fünf Zeugen?«

»Ich garantiere Ihnen, daß wir nichts davon in einem Verfahren gleich welcher Art gegen Sie verwenden werden. Es geht mir nicht um Angaben von Ihrer Seite zu den Geschehnissen, die wir zu untersuchen haben, sondern ausschließlich um eine vorläufige Beurteilung Ihrer Persönlichkeit.«

»Die haben Sie doch schon beurteilt. In diesem sogenannten Täterprofil.«

»Wenn Sie darüber gelesen haben, wissen Sie auch, daß wir lediglich die für die Fahndung relevanten Einschätzungen an die Öffentlichkeit gegeben haben. Wenn Sie bereit sind, mit uns zu kooperieren, kann ich

Ihnen möglicherweise mehr über dieses Gutachten sagen. Wir könnten dann auch darüber diskutieren.«

Der Köder war angenommen worden, allerdings nicht ganz so begierig, wie sie gehofft hatte: »Wir? Sie meinen, Sie und Ihre Freunde? Das wollen Sie mir doch wohl nicht im Ernst zumuten.«

Es hatte einige Minuten gedauert, bis sie Connor und die anderen überredet hatte, an das gut fünfzehn Meter entfernte Ende des Waggons zu wechseln, wo die lauten Fahrgeräusche ein Mithören verhinderten.

»Gut, Miss Birming. Fangen Sie an.«

»Ich gehe davon aus, daß bei Ihnen bestimmte Defekte aufgetreten sind. Psychische Defekte.«

Der Datendandy hatte laut gelacht. Connors Miene war noch finsterer geworden, und Karen Thogersen hatte nervös auf das Gewehr geblickt, das schußbereit auf ihrem Schoß lag.

»Die Ursachen sind möglicherweise organisch bedingt. Wenn Sie einverstanden sind, können wir das in Quantico zum Beispiel mit einer Computertomographie untersuchen.«

Noch lauteres Lachen. »Das klingt ja wirklich verlockend. Aber nach Quantico komme ich ganz bestimmt nicht mit.«

»Wären Sie bereit, mir etwas über sich zu erzählen?«

»Was würden Sie denn wissen wollen?«

»Nun, Sie können sich wohl denken, daß mich so ziemlich alles interessiert. Kindheit, Jugend, Elternhaus.«

»Nehmen Sie mir erst mal diese Kontaktlinsen heraus. Ich möchte Sie besser sehen.«

»Gut.« Von den anderen aufmerksam beobachtet, hatte sie sich neben ihn gesetzt. »Halten Sie still.«

»Die Perücke brauche ich auch nicht mehr. Und wischen Sie mir die Schminke ab.«

»Dazu bräuchte ich einen Lappen oder so etwas.« Sie hatte sich suchend umgesehen.

»Nehmen Sie Ihre Bluse.«

Der Vorschlag hatte sie verwirrt.

»Nun zieren Sie sich nicht so, Sie sind eine attraktive Frau, und ich mag Frauen.«

»Bevor ich das tue, müssen Sie mir versprechen, daß Sie meine Fragen beantworten.«

»Nichts lieber als das.«

Daraufhin hatte sie die Jacke ihres Kostüms geöffnet, die Bluse ausgezogen, die Jacke dann aber gleich wieder angezogen und geschlossen, bis der Ausschnitt nur noch den in Spitze gehüllten Rand ihres Busens sehen ließ. Die anderen hatten irritiert zugesehen.

»Sie haben viel zuwenig Selbstbewußtsein für Ihr Aussehen.«

»Lenken Sie nicht ab.«

»Das meine ich ernst. Sie könnten mich sogar verführen.«

»Soweit wir wissen, bin ich nicht gerade Ihr Typ.«

Der Datendandy hatte die Augen geschlossen und das Kinn gehoben, um ihr die Arbeit zu erleichtern, aber die Schminke hatte sich nur schwer entfernen lassen.

»Dumm, daß wir kein Wasser haben.«

»Spucken Sie rein.«

»Ich soll was?«

»Spucken Sie rein. Körperflüssigkeiten verraten viel über einen Menschen.«

Irre, hatte sie gedacht. Wirklich pathologisch. »Also gut.«

Fasziniert hatte sie gesehen, wie sich seine Nasenlöcher geweitet hatten. »Das duftet besser als jedes Parfüm.«

»Hören Sie auf mit dem Unsinn.«

Die Theaterfarbe ging leichter ab, als Vanessa Birming erwartet hatte. Offenbar unterstützte das Programm Purdys Wunsch. Das war allerdings bedenklich. Als sie die Bemalung entfernt hatte, öffnete er wieder die Augen. »Jetzt sehen Sie mich, wie ich wirklich bin.«

»Ich kenne Sie schon von Fotos.«

Leises Lachen. »Was sagen denn Fotos über einen Mann?« Seine hellen Augen hatten auf eigentümliche Weise zu glänzen begonnen. Er sieht wirklich gut aus, hatte sie gedacht. Die Schönheit des Bösen. Viele Frauen würden ihm nur schwer widerstehen können. Warum hatte er morden müssen? Erneut ärgerte sie sich über sich selbst. Was war nur los mit ihr? Auch Nervenheilanstalten hatten oft prächtige Fassaden.

Purdys Lächeln verstärkte sich. »Haben Sie sich eben vorgestellt, wie es wäre, mit mir ins Bett zu gehen?«

»Bilden Sie sich nur nichts ein. Beantworten Sie lieber meine Fragen. Warum haben Sie an den Unterkiefern manipuliert?«

Das Lächeln war schlagartig verschwunden. »Wir hatten vereinbart, nicht über Ereignisse zu sprechen, mit denen ich zu meinem Nachteil in Verbindung gebracht werden könnte.«

»Dann werde ich die Frage anders formulieren. Welchen Grund könnten Sie sich dafür vorstellen, daß jemand Veränderungen an den Gesichtern toter Frauen vornimmt?«

»Sie wollen wissen, was ich denken würde, wenn ich Polizeibeamter wäre und tote Frauen gefunden hätte, an deren Gesichtern Veränderungen vorgenommen wurden?«

»Ja.«

»Gut. Haben Sie schon mal von Fragonard gehört?«

Durch einen vorgetäuschten Hustenanfall hatte sie gerade noch verhindern können, daß sich das Entsetzen auf ihrem Gesicht spiegelte. »Dem Maler?« fragte sie, um Zeit zu gewinnen.

»Nein, dessen Vetter. Honoré Fragonard war Anatom, im achtzehnten Jahrhundert. Ein rein empirisch arbeitender Anatom. Aber er war ebenfalls ein großer Künstler. Er hat einige tausend Leichen präpariert. Vierzig davon blieben bis heute erhalten. Sie stehen in einem Museum der Veterinärschule Maisons-Alfort in Paris. Sie sollten sich das wirklich einmal ansehen. Eine der größten Leistungen menschlicher Geschicklichkeit.«

Geschicklichkeit? Wieso Geschicklichkeit? Sonderbar, daß Purdy sie offenbar nicht durchschaute. War er es also doch nicht gewesen, der die Angstprojektionen im Nebel des Zeitstrands gesteuert hatte, als sie in dem Spinnennetz …

»Ich war dort. Schon dreimal. Zwei Figuren haben mir besonders gefallen. Die eine stellt Samson mit dem Eselsbacken dar. Die andere einen Reiter auf einem Pferd.«

Sofort hatte sie an das gruselige Kabinett in Purdys Haus denken müssen. »Sie reden von einem Mann, der Leute umgebracht und daraus Statuen gemacht hat?«

»Nein, er holte sich Leichen aus Armenhäusern. Nicht den Reiter – der war auch kein Mann, sondern ein Mädchen. Seine Geliebte, Tochter eines Kolonialwarenhändlers. Die Eltern hatten sie ihm verweigert, da ist sie vor Kummer gestorben. Vielleicht hat sie sich auch umgebracht, wer weiß. Jedenfalls hat er sie aus dem Grab gerettet und in ein Kunstwerk verwandelt.«

»Mein Gott, das ist ja furchtbar!« hatte Vanessa Birming gesagt, obwohl sie die Legende längst kannte.

Sofort war unter der Begeisterung ein Anflug von Ärger erkennbar geworden. »Sie verstehen wirklich gar nichts! Alle seine Geschöpfe waren einst lebende Menschen, aber sie wären heute doch längst vermodert und vergessen, wenn er sie nicht konserviert hätte! Er hat ihnen ein Stück Ewigkeit geschenkt. Wie könnte man seine Liebe besser beweisen?«

Nicht widersprechen! »Ja, Sie haben recht. Es war nur so ...überraschend.«

»Andere verewigen ihre große Liebe in einem Porträt. Fragonard aber erhielt sie so, wie sie wirklich war, mit Knochen, Herz, Lunge und anderen Eingeweiden, die Venen blau, die Arterien rot eingefärbt. Sie sollten sich wirklich einmal ansehen, wie stolz sie auf ihrem gleichfalls enthäuteten Pferd sitzt! Fast, als ob sie noch lebte.«

»Ohne Haut?« Trotz ihrer Erfahrung im Umgang mit dem Irrsinn hatte Vanessa Birming nun ein Entsetzen gepackt, dessen Grund viel tiefer als nur in der schaurigen Schilderung lag und das sie nicht mehr völlig verbergen konnte.

»Jetzt reagieren Sie wie der dumme Pöbel von Paris.«

»Nein, ich bin nur ... Fragonard mußte also heimlich arbeiten?«

»Das hatte er nicht nötig, schließlich war er Professor für Anatomie. Natürlich hatte er Neider, aber die wirklich Wissenden schätzten seine Kunst. Fragonard versuchte, der Sensibilität der Seele nahezukommen, und das ist ihm gelungen. Aber natürlich arbeitete er wie jeder wirkliche Künstler allein.«

Da Purdys Gesicht nun einen fast verträumten Ausdruck angenommen hatte, war Vanessa Birming vorsichtig zu ihrem Thema zurückgekehrt: »Glauben Sie, daß ein Mann, der heute Frauen ... konserviert, in Fragonards Nachfolge arbeitet?«

Die Antwort war prompt und anscheinend arglos erfolgt: »Sie wissen ja, welche Umstände die moderne Gesellschaft bei Leichen macht. Und wirklich reizvoll wäre nur eine Aufgabe, die sich nicht darauf beschränkt, Fragonard zu kopieren, sondern seine Ideen weiterentwickelt.«

»Indem man seine Technik verbessert?«

Es war nicht vorsichtig genug gewesen. »Sie denken immer nur an Ihre Mordanklage. Unter solchen Umständen macht ein Gedankenaustausch über künstlerische Themen keinen Sinn.«

»Entschuldigen Sie, ich frage wirklich nur, weil das alles so interessant ist. Was wäre noch zu verbessern?«

»Können Sie sich vorstellen, Michelangelo zu verbessern? Aber man könnte es verändern. Der modernen Kunst genügt es ja schon lange nicht mehr, die Wirklichkeit nur darzustellen, und auch nicht mehr, sie zu verfremden, sondern sie will Gebrochenes neu zusammenfügen.«

War das die Lösung? Blutige Bastelei mit Leichenteilen als schauriger Höhepunkt einer Entwicklung, die mit Tierkadavern in einer Höhle am San Francisquito begonnen hatte? »Aber um ein Meisterwerk aus den schönsten Elementen verschiedener Körper zu komponieren, bräuchte man heute keine Originale mehr, man könnte doch Fotos im Computer ...«

Seine Reaktion war unerwartet heftig ausgefallen: »Halten Sie das für eine künstlerische Herausforderung? Das kann doch heute jeder Idiot, die Programme arbeiten doch praktisch von selbst! Nein, ein wirklicher Künstler muß mit dem Ursprungsmaterial umgehen können.«

»Sie meinen, man bräuchte ... Originale?«

Zu ihrem Erschrecken wurde ihr klar, daß sein Blick sie taxierte. »Wenn Sie beim FBI sind, wissen Sie doch, wie stark sich zum Beispiel das Gesicht bereits im Augenblick des Todes verändert. Man müßte sehr schnell handeln.«

»Dann wäre es also am besten, wenn der Künstler in diesem Moment bereits anwesend wäre.«

Purdy hatte gelächelt. »Eigentlich wollten Sie sagen: wenn dieser Künstler den Tod seiner Modelle selbst herbeiführt.«

»Ja. Ist es denn nicht so?«

»Das kann ich Ihnen natürlich nicht beantworten, aber theoretisch wäre es natürlich eine ziemliche Erleichterung. Frischer Ton fügt sich besser in die Form als bereits getrockneter.«

Sie hatte tief Luft holen müssen. »Wenn es um wahre Kunst geht, sind Opfer manchmal leider unvermeidlich.« Oh, nein, das war wirklich zu platt gewesen!

In Purdys Lächeln hatte sich Spott gemischt. »Aber ich bitte Sie, für ein Kunstwerk bringt man doch keine Menschen um!«

»Lieben Sie denn die Menschen? Entschuldigung, eigentlich wollte ich sagen, den menschlichen Körper.«

»Nein. Ich finde Menschenleiber scheußlich.«

»Und warum?« Atemlos hatte sie gewartet.

»Nun, das liegt doch wohl auf der Hand. Fragonard hat ihnen ein Stück Ewigkeit geschenkt. Dafür bewundere ich ihn. So wie ich Phidias, Michelangelo, Canova, Thorwaldsen, Rodin und die anderen großen Bildhauer verehre. Aber was ist dieser Körper denn in Wirklichkeit? Eine schon zu Lebzeiten faulende Hülle, ein stinkendes Gefängnis der Seele, ein Freßplatz fremder Organismen, die unaufhörlich darin herumschmatzen! Plump, langsam und verletzlich, mit äußerst beschränkten Sinnesorganen und einem höchst anfälligen Metabolismus, in seiner Existenz begrenzt, mit einem geradezu lächerlich frühen Verfallsdatum, das nur komplizierte Medizin ein wenig verlängern kann. Diese Körper sind nichts als Käfige, und Fragonard hatte ganz recht, die Rippen als Gitterstäbe mit dem dahinter eingesperrten Herzen zu zeigen!«

Sie hatte sich rasch wieder gefangen. Bot dieser Ausbruch eine Möglichkeit, tiefer vorzustoßen? »Wer hat denn dann einen ästhetischen Körper? Der Drache?«

Nach dem zornigen Ausbruch wieder ein spöttisches Lächeln. »Ach ja, Sie haben meine kleine Kollektion in Augenschein genommen. Ich hoffe, sie gefällt Ihnen. Aber der Drache ist nur ein Symbol für etwas viel Älteres.«

»Und für was?«

»Stellen Sie sich nicht dumm. Sie haben doch bei dieser seltsamen Pressekonferenz genug über Urzeit-Gene gefaselt. Wissen Sie überhaupt, worin die Schönheit des Einzellers besteht?«

»Sagen Sie es mir.«

»Kraft. Harmonie. Reinheit des Willens.«

»Sie finden die primitiven Organismen der präbiotischen Ursuppe schöner als …«

»Wollen Sie mich provozieren?«

»… den menschlichen Körper, dieses Spitzenprodukt der Natur, Summe aller evolutionären Kämpfe und Erfahrungen, in dem Billionen Zellen harmonisch zusammenwirken, unermeßlich vielseitig, und gelenkt durch Kaskaden komplizierter chemoelektrischer Prozesse?«

Die kalte Grausamkeit der Antwort hatte sie beklommen gemacht. »Wo haben Sie das gesehen? Bei den Leichen in dieser Jagdhütte? Waren da noch Kaskaden?«

»Nein, natürlich nicht, das waren ja Leichen, aber der lebende Körper …«

»Der ist schnell entzaubert, das können Sie mir glauben.«

Jetzt nur rasch weiter! »Der Unterschied zwischen Ein- und Mehrzellern besteht ja nicht nur in der Komplexität des Systems, sondern vor allem in der Fortpflanzungsmethode, zu deren Weiterentwicklung der Mehrzeller überhaupt erst erfunden wurde.«

Auf diese Feststellung hatte Purdy überraschend ruhig geantwortet.

»Ja, auch das ist ein großer Nachteil. Der Mehrzeller braucht immer einen Partner, den er erst suchen und für sich gewinnen muß. Dazu muß man lieben und geliebt werden. Was für eine Zeitverschwendung!«

»Liebe ist für Sie Zeitverschwendung?«

Erneut ein spöttisches Lächeln. »Haben Sie einen Partner?«

»Darum geht es jetzt nicht. Jedenfalls könnte ich einen haben. Sehr gut sogar.«

Das Lächeln hatte sich verstärkt. »Aber Sie haben keinen, stimmt's?«

»Wenn Sie nicht lieben wollen, bleiben Sie natürlich allein.«

»Der Einzeller nicht. Er vermehrt sich, indem er sich teilt.« In Purdys Augen war ein irisierendes Leuchten erschienen.

»Versuchen Sie nicht, mich zu hypnotisieren, sonst haben Sie die Kontaktlinsen gleich wieder drauf!«

Spöttisches Lachen.

»Bitte verstehen Sie die folgende Frage wieder nur rein theoretisch. Ein Einzeller, der plötzlich zum Mehrzeller wird und diesen Zustand haßt, weil er nicht lieben will – müßte er dann nicht auch besonders die Frauen hassen? Schließlich benötigt er eine Frau, um sich fortzupflanzen. Aber dabei würde er mit ihr etwas teilen müssen. Sie würde zur nächsten Generation ihre Gene beisteuern. Und seine damit schwächen. Insofern wäre für ihn die weibliche Sexualität, die ihn zu dieser Teilung verlocken will, eine große Gefahr.«

»Ich hasse Frauen nicht. Und Sie ganz besonders nicht, Miss Birming. Ich könnte mir sogar gut vorstellen, mit Ihnen ...«

»Lassen Sie das!« Ihre Antwort war schärfer als beabsichtigt ausgefallen. War das schon Angst? »Ein solcher Haß müßte sich natürlich nicht nur gegen Frauen richten, die so ein Wesen benötigen würde, um seine Gene weiterzugeben, sondern natürlich auch gegen die Frau, von der er seinen mehrzelligen Körper erhielt, also seine Mutter.«

»Jetzt gehen Sie zu weit.«

»Für ein solches Wesen wäre sein menschlicher Körper der schwache Punkt.«

»Hören Sie auf!« Zum ersten Mal war er laut geworden, und sofort hatte Connor Anstalten gemacht einzugreifen, aber Vanessa Birming hatte ihm rasch einen beruhigenden Wink gegeben.

»In einem VR-Raum würde das natürlich keine Rolle spielen.« Sie hatte gehofft, daß dieser Gedanke, dessen logischer Gehalt ihr nicht ganz unverdächtig war, Purdy beschwichtigen würde.

Es hatte einige Sekunden gedauert, bis er geantwortet hatte. »Wahrscheinlich nicht.«

»Weil es hier nicht darauf ankommt, ob er sich sexuell unter Kontrolle hält oder nicht. Nachwuchs läßt sich virtuell nicht erzeugen.«

»Richtig.«

»Insofern wäre ein solches Wesen hier unbesiegbar.« Erst nachdem sie den Satz beendet hatte, war ihr klargeworden, was diese Feststellung für sie und die anderen bedeutete.

»Ja. Wenn Ihre Freunde auf mich schießen, treffen sie nur ein Phantom.«

»Immerhin wären Sie für den Rest des Experiments ausgeschaltet.«

»Sind Sie da ganz sicher?« Das spöttische Lächeln war zurückgekehrt.

»Ja. Aber ich möchte das nicht.«

»Warum nicht? Können Sie kein Blut sehen?«

»Können Sie denn an nichts anderes denken als nur immer an Gewalt?«

Jetzt hatte sie das Lächeln des Datendandy geradezu als bedrohlich empfunden, und seine Antwort hatte diesen Eindruck noch verstärkt: »Gewalt ist eine Sprache. Sogar die älteste, in der Menschen sich ausdrücken können. Eine Sprache mit einer eigenen Grammatik, die man entziffern und deuten kann. Ist das nicht Ihre Aufgabe als Verhaltensforscherin? Diese Sprache besitzt sehr viel Poesie, glauben Sie mir. Sie müssen nur richtig zuhören.«

»Meinen Sie das im Ernst? Das ist ja ... abgründig ...«

»Aber gerade deshalb doch ganz normal. Auch in Ihnen gibt es diesen Abgrund. Wollen wir ihn gemeinsam erforschen?«

»Das ist jetzt nicht das Thema.«

»Haben Sie Angst? Das könnte ich verstehen. Nietzsche schrieb: ›Und wenn du lange in einen Abgrund blickst, blickt der Abgrund auch in dich hinein.‹ Nur wenige können das ertragen.«

»Ich habe kein Problem damit.«

Das Leuchten in Purdys Augen war wieder stärker geworden. »Jetzt lügen Sie auch noch, wie vorhin, als Sie so taten, als würden Sie Fragonard nicht kennen. Sich mit den eigenen Abgründen auseinanderzusetzen ist ungefähr so, wie wenn man hinter sich einen Riesen hört. Sie haben Angst, sich umzudrehen. Statt dessen laufen Sie davon.«

Ihr Stolz hatte sich aufgebäumt. »Ich bin noch nie davongelaufen.«

Verächtliches Lachen. »Vor einer Stunde habe ich Sie zitternd im

Sand sitzen sehen. Wenn wir diese kleine Episode hier hinter uns gebracht haben, dürfen Sie mich vielleicht einmal in mein Gehirn begleiten. Dann werden Sie sehen, daß ich keine Angst habe. Vor nichts und niemandem, schon gar nicht vor dem FBI. Das, was ich in mir trage, können Menschen nicht besiegen.«

Jetzt war es Vanessa Birming vorgekommen, als spräche wirklich etwas anderes, Uraltes, nicht mehr Menschliches aus ihm, und plötzlich hatte sie panische Angst gepackt.

»Sie wissen doch, daß ich in Wirklichkeit so alt bin wie die Welt!«

Seine Stimme war dunkler, eindringlicher, fast geisterhaft geworden, als habe sie sich nun Gedanken angepaßt, die sich menschlichen Maßstäben entzogen. »Haben Sie schon einmal daran gedacht, daß auch Sie von viel älteren Organismen geprägt sind? Von Wesen aus der Entstehungszeit des Lebens, nicht vor Millionen, sondern vor Milliarden Jahren?«

»Ja, aber bei normalen Menschen ist dieses genetische Material nicht mehr aktiv, es sei denn, es kommt zu einem Defekt.«

»Sie reden davon, als handele es sich um eine Krankheit, dabei ist es ein unschätzbarer Vorzug. Sind Sie denn noch nie auf die Idee gekommen, daß die Evolution vielleicht nur einen biologischen, nicht aber auch einen mentalen Fortschritt bedeutet? Nein, natürlich nicht. Typisch menschliche Überheblichkeit. Ebenbild Gottes, Herr des Planeten! Was sind Menschen denn wirklich? Ameisen, anfällig und von Ängsten geschüttelt, sobald ihnen etwas begegnet, das sie nicht kennen, aber trotzdem arrogant. Tintenfische sind für euch Menschen nur primitive Lebewesen, aber Kopffüßer existieren bereits seit fünfhundertfünfzig Millionen Jahren, ihr erst seit fünf. Von ihnen gibt es siebenhundertfünfzig Arten, von euch nur eine einzige. Ihre Lebensräume reichen tausend Meter tief in die Ozeane hinab, während ihr schon alle möglichen technischen Hilfsmittel benötigt, wenn ihr nur mal fünfzig Meter tauchen wollt. Und was macht ihr mit diesen Wunderwesen? Ihr schmeißt sie in eine Friteuse und freßt sie auf. Als sei das euer gutes Recht. Gerade so, als habe die Erde drei Milliarden Jahre lang nichts anderes im Sinn gehabt, als eine Primatenspezies hervorzubringen, die im übrigen längst ausgestorben sein wird, während die alten Gene noch immer, für weitere Milliarden Jahre, existieren. Was für eine Anmaßung!«

»Aber auch Sie sind ein Mensch«, hatte Vanessa Birming klopfenden Herzens gesagt.

»Sind Sie da wirklich so sicher? Äußerlich vielleicht. Aber das kann sich ändern. Sie werden mich jedenfalls nicht daran hindern zu gehen, wohin ich will, und zu tun, was ich will. Niemand wird mich daran hindern, auch nicht Ihre Kollegen vom FBI!«

Es hatte so überzeugend geklungen, daß Vanessa Birming eine Sekunde lang glaubte, er werde jetzt einfach aufstehen und gehen, aller Fesseln ledig, mitten durch die eiserne Wand des Waggons, aus dem fahrenden Zug, sich in einen Drachen verwandeln, oder in ein urzeitliches Monster, einen Einzeller, riesengroß … Heftig hatte sie den Kopf geschüttelt.

»Sie glauben mir nicht?«

Doch, hatte sie voller Angst gedacht. Gott im Himmel, jetzt glaubte sie es!

»Ich werde mich an Ihnen rächen«, hatte die seltsame Stimme hinzugefügt. »An Ihnen allen. Noch haben Sie die Chance …«

»Nein!« Ihr Schrei hatte so entsetzt geklungen, daß Connor es nicht länger ausgehalten hatte. Mit ein paar großen Schritten war er auf sie zugegangen und hatte sie weggeholt, förmlich fortschleifen müssen, da sie nicht mehr in der Lage gewesen war, ihre Bewegungen zu koordinieren.

»Erschießen Sie ihn, Connor! Erschießen Sie ihn!« Es dauerte eine ganze Weile, bis sie sich wieder beruhigt hatte.

»Sie hat recht, Jake«, sagte Karen Thogerson voller Ingrimm.

»Was hat Wally denn gesagt?« fragte der Cyberhippie. »Sie hätten nich' allein mit ihm reden sollen!«

Als er zornig hinübersah, grinste ihn der Datendandy höhnisch an.

Vanessa Birming holte noch einige Male tief Luft. »Es ist tatsächlich so, wie ich dachte. Er ist nicht einfach nur wahnsinnig. Er … funktioniert auch ganz anders. Atavistische Mutation. Urzeit-Gen. Ich glaube, bei ihm sind Bewußtsein und Unbewußtes gar nicht voneinander getrennt.« Sie besann sich und fuhr etwas gefaßter fort: »Geld, Ruhm oder Macht bedeuten ihm nichts, sie sind für ihn nur Mittel zum Zweck. Er haßt seinen Körper. Vielleicht glaubt er sogar, sich allein durch Gedanken fortpflanzen zu können – wie durch das Beispiel des Bösen, das zur Nachahmung lockt, durch die Gefühle, die es in anderen weckt.«

»Gefühle?« fragte Karen Thogersen.

»Ja. Auch in mir. Erst dachte ich, daß er mich hypnotisieren wollte. Aber er wollte etwas ganz anderes. Er wollte mich davon überzeugen, daß ich so bin wie er. Aber das schlimmste ist, daß er überhaupt keine Angst hat. Nicht vor dem, was ihm droht, wenn wir ihn vor Gericht bringen, und schon gar nicht vor uns selbst. Ich bin davon überzeugt, daß er glaubt, uns sogar schon hier im VR-Raum überlisten zu können, und dann gnade uns Gott. Er wird uns alle vernichten.«

Die anderen wechselten besorgte Blicke. »Beruhigen Sie sich erst mal«, sagte Connor. »Sie sind ja ganz außer sich.«

»Beruhigen? Ich soll mich beruhigen? Haben Sie mich denn nicht verstanden? Sie sollen ihn erschießen, jetzt gleich!«

»Aber Sie wissen doch, daß das nicht geht«, sagte Kelley.

»Sie sollen ihn ausschalten, bis das Experiment beendet ist!« Ihre Erregung nahm wieder zu. »So tun Sie es doch endlich!« Sie warf immer wieder furchtsame Blicke auf Purdy, der sie unverwandt ansah.

»Wir haben die Sache im Griff«, sagte Connor und versuchte etwas täppisch, einen Arm um sie zu legen. »Sie können uns vertrauen, es ist nicht das erste Mal, daß wir einen Serienkiller verhaften.« Ein kleiner Stich durchbohrte die Hülle seiner Selbstsicherheit. Resnick.

Vanessa Birming schob ihn heftig von sich. »Erschießen Sie ihn! Und wenn Sie das nicht wollen oder können, dann lassen Sie ihn lieber laufen. Alles ist besser, als ihn nach Cerebrum City zu bringen, glauben Sie mir!«

Jetzt konnte Connor nicht anders, als sie so anzusehen, wie wenn sie den Verstand verloren hätte: »Wir sollen ihn laufenlassen? Wissen Sie, was Sie da sagen?«

Sie starrte ihn an. Warum zögerten sie? Waren sie taub und blind? Warum glaubten sie ihr nicht? Sie wußte doch genau, was sie sagte! Sie hatte gehört, was Purdy zu sagen hatte, und gefühlt, was er dachte, was er plante. Sie hatte ihn gesehen, so wie er wirklich war. Und sie hatte in ihren Abgrund geblickt.

71

»Mein Kind, wir waren Kinder, zwei Kinder klein und froh ...«

Text und Melodie des Liedes zogen den Nomaden mit unwiderstehlicher Macht an. Noch bevor er zu einer zielgerichteten Überlegung fähig war, schien die Quomodo bereits den noch unbewußten Sehnsüchten zu gehorchen, denn sie verlangsamte ihre Fahrt und hielt auf das Ufer zu. Der Nomade sprang auf den schmalen Grasstreifen und verschwand so schnell in dem dichten Wald, daß ihm die anderen nicht folgen konnten, nicht einmal die Eule, die nun nervös über den Bäumen herumflatterte.

Die anderen drangen ein paar Meter in die diffuse Dämmerung ein.

»Was ist das für ein Lied?« fragte Kate Blenner.

Sie lauschten. »Wie Liebe und Treu und Glauben/Verschwunden aus der Welt ...«

»Hmmmm ... klingt irgendwie deutsch, finden Sie nicht?«

Nemchankin nickte.

»Verstehen Sie den Text?« fragte Kate Blenner.

Nemchankin schüttelte den Kopf. Seine Erinnerung an Deutschland enthielt andere Lieder.

»Der Individuationsindikator zeigt an, daß Mr. Behrman soeben Erinnerungen verarbeitet«, sagte Dr. Sigmund. »Ziemlich alte Erinnerungen.«

Simeon tippte einige Worte in sein DF. »Es ist ein Lied von Heinrich Heine. ›Kinderspiele‹.«

»Wo ist denn die Eule?« fragte Dr. Sophus.

»Allan?« Kate Blenner schaute ratlos nach oben, wo dichtbelaubte Kronen den Blick versperrten.

»Seltsam.« Simeon zeigte auf sein DF: »Die Seele liegt in der Richtung, in die Mr. Behrman ging, aber vor ein paar Minuten lag sie noch genau entgegengesetzt, in Richtung des Reissnerschen Fadens.«

»Und?« fragte Kate Blenner besorgt.

»Ich glaube, wir befinden uns bereits so nahe an der Seele, daß beide Wege zum Ziel führen«, sagte Dr. Sigmund.

»Dann bräuchte Grant also gar nicht durch dieses Nadelöhr?« fragte Kate Blenner hoffnungsvoll.

»Das kann ich Ihnen nicht sagen. Aber ganz gleich, was Mr. Behrman macht – schon der kleinste Fehler könnte schlimme Folgen haben, denn wir stehen hier mitten im psychischen Urmaterial.«

Erst als der Nomade einige Minuten lang auf den schwarzgrünen Moospolstern zwischen den riesigen Stämmen umhergeirrt war, merkte er, daß das Lied weder lauter noch leiser wurde, ganz gleich, in welche Richtung er sich bewegte. Es kam also aus seinem Kopf. Und ja – es war die Stimme seiner Mutter. Sie hatte dieses Lied gesungen, als er noch klein gewesen war.

Der alte Garten! Er hatte das Wort kaum gedacht, als das Bild schon vor seinen Augen erschien. Überall rankten sich blühende Sträucher, er hörte Wasser plätschern, und ein süßer Duft stieg wie aus uraltem Grund. Mutter! Alle Gedanken des Erwachsenen waren im tiefen Brunnen des Werdens versunken.

Die Frau saß auf einer Bank, eine Gitarre in der Hand. Blonde Locken fielen auf ein blaues, mit goldenen Sternen besticktes Kleid. Er wollte auf sie zustürzen, doch ein plötzliches Gefühl von Fremdheit brachte ihn wieder zu sich.

»Kommen Sie«, sagte die Fremde.

»Erst möchte ich wissen, wer Sie sind.«

»Vorhin hat Ihnen der alte Weise von mir erzählt.«

»Die Anima?«

»Ja. Setzen Sie sich ruhig zu mir. Ich bin Ihre Mutter, ein Teil von Ihnen, und außerdem die junge Frau, die Sie liebt.«

»Kate?«

»Ja. Und noch viel mehr. Wenn Sie Ihren Augen nicht glauben, machen Sie sie einfach zu.«

Er blieb auf der Hut. »Und was soll dann geschehen?«

»Ein bißchen Mut müssen Sie schon aufbringen, wenn Sie nicht an allem vorbeigehen wollen, was das Leben bereithält.«

Furcht wich Trotz. »Glauben Sie, ich habe Angst?«

»Ja. Entscheiden Sie sich.«

Er schloß die Augen und spannte alle anderen Sinne an. Sofort umgab ihn ein betörender Duft. Als Seide sein Gesicht zu umschmeicheln schien, fuhr er zurück. Die Anima saß immer noch auf der Bank.

»Sie müssen noch viel lernen«, sagte sie.

»Ich dachte, Sie ... das fühlte sich an wie Haare!«

»Es waren Kates Haare. Und ihr Parfüm. Der Vollmond schien. Erinnern Sie sich?«

Der Nomade holte tief Luft. »Wenn Sie so was machen können, hat es wahrscheinlich keinen Zweck davonzulaufen.«

»Nicht, wenn Sie die Prüfung bestehen wollen.«

»Die Individuation?«

»Ja.« Die Anima wartete, bis er sich nun doch neben sie auf die Bank setzte. »Wir haben nicht mehr viel Zeit. Es hat ziemlich lange gedauert, bis Sie wenigstens die einfachsten Dinge verstanden haben, so festgefahren, selbstgefällig und phantasielos wie Sie sind. Ich weiß natürlich, daß Sie Ihr unterentwickeltes Gefühlsleben auf die ungewöhnliche Art von Existenz zurückführen wollen, zu der Sie seit Jahren gezwungen sind. Aber in Wirklichkeit hat es Ihnen sogar gefallen, ein Nomade zu sein. Ihr Unbewußtes hat immer darunter gelitten, daß Sie nicht bereit waren, Gefühle zu investieren.«

Er blieb auf der Hut. »Und warum sollte ich das nicht tun wollen?«

»Weil Sie Angst haben.«

Es machte keinen Sinn, es zu bestreiten; sie wußte alles. »Ja«, sagte er, plötzlich ergeben, als säße er einer Psychotherapeutin gegenüber.

»Äußerlich sind Sie ein Mann, aber ganz tief in Ihrem Inneren sind Sie noch immer ein Kind und haben Angst wie ein Kind, denn Sie sind nie erwachsen geworden.«

Er senkte den Kopf. »Sie haben recht.«

»Sie hatten immer Angst, Menschen, die Sie lieben, zu verlieren. Dazu kam noch die Sache mit Wally Purdy, auf den Sie Ihren Schatten projizierten, Ihre dunkle Seite, und damit Ihre Angst vor sich selbst, vor dem Leben, vor der Zukunft, vor dem Tod, vor der Welt. Sie haben alles, was Ihnen Angst machte, verdrängt.«

Jetzt griff Trauer nach ihm wie aus Schlaf und Tod. »Ja.«

»Aber ganz tief in Ihrem Innern gibt es Sie noch. Da ist noch der fröhliche Junge, der liebte und wußte, daß er geliebt wurde. Der noch fühlte, nicht nur dachte, der mit sich im reinen war, ohne sich zu begreifen, und der weinte, wenn ihm was weh tat, und lachte, wenn es ihm gutging, und oft genug auch ganz ohne Grund. Der Dreikäsehoch, der immer geradeaus ging, auch wenn er dabei wackelte und schwankte; der sich aufs Leben freute, seine kleinen Pläne schmiedete, nachts manchmal wach lag, tags aber immer träumte. Und was für Träume!«

»Ja.« Er fühlte, wie etwas an seinem Inneren rührte – aber von innen!

»Und dieser tapfere kleine Kerl – was hat er Ihnen getan, daß Sie so grausam zu ihm waren? Wissen Sie überhaupt, wie er jetzt in Ihnen leidet? Wie er jetzt Angst hat, durch Ihre Angst, wie er dort jetzt herumirrt, ohne Sonne und Sauerampfer, Eichhörnchen und Päonien, die Sie ihm gestohlen haben? Wie er jetzt hilflos dort hockt, mit altem Gesicht, müde, enttäuscht und traurig? Können Sie sich vorstellen, was in ihm vorgeht? Sein Leben – vorbei? Seine Pläne und Hoffnungen – nie mehr erfüllbar? Hören Sie ihn nicht weinen?«

»Aber ich wollte ihn doch nur beschützen!«

»Damit haben Sie ihm das Leben gestohlen. Er war Ihnen zu klein, und Sie haben ihm alles genommen, was er gebraucht hätte, um zu wachsen.«

Jetzt schluchzte er so, daß er kaum noch zu verstehen war. »Ich will, daß er da ist! Daß er glücklich ist!«

72

Als der Nomade sich wieder gefaßt hatte, hörte er einen hellen Singsang. Wo die Anima gesessen hatte, lag jetzt ein Kind von vielleicht drei oder vier Jahren auf einem blauen Seidenkissen. Langes, lockiges schwarzes Haar umrahmte ein hübsches Gesicht. Große, leuchtend blaue Puppenaugen sahen den Nomaden mit einem Ausdruck an, in dem sich Neugier erkennen, aber auch etwas Mahnendes lesen, ja sogar eine gewisse Feindseligkeit ausmachen ließen. Noch mit dem ersten Blick erfaßte der Nomade auch die gelbbraune Schlange, die sich neben dem Kind in dem bunten Sonnenlicht räkelte.

»Vorsicht!« warnte er in der so hilf- wie sinnlosen Weise moderner Menschen, die weder mit den chthonischen Tieren noch mit den weitaus älteren Gefahren vertraut sind, die in Gestalt von Schuppenleibern aus der Tiefe kriechen.

Das Kind indes hantierte mit der Schlange, als sei sie ein Spielzeug. »Was willst du hier?« fragte es unfreundlich.

Dem Nomaden kam die Warnung des alten Weisen in den Sinn. »Das weiß ich nicht. Irgendwas hat mich … irgendwie hierhergeholt.«

Die Puppenaugen starrten ihn an. »Und was soll das sein?«

»Irgendwas in meinem Inneren.« Je mehr der Nomade darüber nachdachte, desto plausibler erschien ihm, daß er auf dieser seltsamen Reise tatsächlich nicht nur seinem eigenen Willen gefolgt war. Aber wessen Wille war es dann, der ihn hierhergeführt hatte? »Meine Seele«, sagte er und lauschte den Worten verwundert nach; von wem kamen sie?

»Das glaube ich dir nicht.« Die Stimme klang hochmütig.

»Dann glaubst du es eben nicht. Ich weiß ja selber nicht, ob das stimmt.«

»Aber du glaubst es? Du glaubst, daß Du eine Seele hast?«

Ein geheimer Wunsch drängte den Nomaden, einfach ja zu sagen, aber zu seinem Erstaunen merkte er, daß er dazu nicht fähig war. Keine Lügen mehr, dachte er statt dessen, keine Verstellung, keine Tricks, nichts mehr vorspielen, nur noch Wahrheit, Wahrheit, Wahrheit! Verschwinde aus meinem Denken, Verstand, du hast mich lange genug in die Irre geführt! Das Andere soll jetzt sprechen, was es auch sei – das Innere, oder das Unbewußte, Glaube, Gefühl – und sagen, was ich wirklich meine!

»Ja«, wiederholte er, und das Wort stellte sich wie eine Säule vor ihn.

Der Archetypus sah ihn prüfend an.

Seltsam, dachte der Nomade, ein einziges kleines Wort, und eines, das er schon so oft gesagt und wahrscheinlich noch häufiger einfach dahingesagt hatte, oft genug gar nicht im Ernst, manches Mal auch als Lüge; ein Alltagswort, vermutlich eines der häufigsten in allen Sprachen der Welt – und jetzt schlossen diese zwei Buchstaben sein ganzes Denken, Fühlen, Wollen ein. Er konnte spüren, wie sich mit dem einen Wort die unerschütterliche Ruhe der Wahrheit in ihm auszubreiten begann. Ja.

Die Schlange ließ den Kopf sinken und schmiegte sich wieder in den Schoß ihres Besitzers. »Gut«, sagte das Kind. »Dann frage mich. Ich werde dir sagen, was ich dir sagen kann.«

»Ja«, sagte der Nomade noch einmal. Zu seiner Überraschung merkte er, daß alles, was ihn so brennend hätte interessieren sollen, ihm plötzlich so gleichgültig erschien, als sei er bereits an das Ende des Weges gekommen. Nur mit Mühe zwang er sich in die Realität zurück. »Du bist das Kind, das ich eingesperrt habe.«

»Ja. Deshalb bin ich ja so wütend auf dich. Aber wenn du dich jetzt endlich änderst, komme ich hier vielleicht doch noch raus.«

»Es tut mir leid«, sagte der Nomade. »Das hatte ich bis eben nicht gewußt.«

»Aber du hast es getan. Du hast mich hier unten eingesperrt und dann vergessen. Und wenn ich mich bemerkbar machen wollte, hast du einfach weggehört. Dabei habe ich manchmal richtig gegen die Tür getrommelt. Aber nichts ist passiert. Keine Reaktion.«

»Tut mir leid. Ich habe wirklich nichts gehört.«

»Weil du nichts hören wolltest. Ich war dir lästig. Du wolltest nichts mehr von mir wissen. Am liebsten hättest du mich umgebracht.«

»Nein, das stimmt nicht. Ich ...«

»Doch. Du wolltest mich loswerden. Ich paßte nicht mehr zu dir. Zum großen Grant. Du hast dich sogar für mich geschämt.«

»Ja. Aber wir können doch nichts dafür, daß wir erwachsen werden.«

»Was ist das denn schon Besonderes? Ich habe vom Leben viel mehr Ahnung als du. Du hast das meiste doch schon längst vergessen.«

»Was denn zum Beispiel?«

»Ehrlich sein. Zu den anderen und zu dir selber. Sein, wie du bist. Sagen, was du denkst.«

»Moment mal, glaubst du etwa, die Welt funktioniert, wenn jeder macht, was ihm gerade einfällt? Schließlich gibt es auch so was wie Pflichten und Verantwortung.«

»Ja, darin warst du immer ganz groß, aber für wen hast du das denn gemacht? In Wirklichkeit doch nur für dich selber! Auf mich hast du dabei überhaupt nicht gehört.«

»Das habe ich auch nicht gewußt.«

»Ja, du hast wirklich keine Ahnung.« Jetzt klang die Kinderstimme nicht mehr vorwurfsvoll, sondern traurig.

»Aber jetzt hast du es mir ja gesagt.«

»Und nicht zum ersten Mal, das kannst du mir glauben! Ich hab' mich ja auch schon ein paarmal an dich rangeschlichen, wenn du geschlafen hast, und das war dann immer ganz toll. Wir haben gespielt und Blödsinn gemacht und so. Aber wenn du dann wieder aufgewacht bist, hast du immer gleich alles vergessen. Sogar absichtlich. Ans wirkliche Leben bin ich überhaupt nicht mehr rangekommen.« Die Stimme war immer leiser geworden.

Ja, dachte der Nomade. Er hatte damals ganz schnell erwachsen werden wollen. Selbständig. Sein eigener Herr sein. Sein Ding durchziehen. Was war daran denn so falsch? Der kleine Junge sah plötzlich so traurig und verloren aus, daß der Nomade den Wunsch verspürte, ihn zu trösten. »Ich werde mich ändern«, sagte er bewegt. »Ganz bestimmt.« Ja. Jetzt wollte er es wirklich.

»Hoffentlich kannst du das überhaupt noch.«

Die Stimme klang mutlos und müde; der Zweifel in ihr weckte neuen Schmerz. Wie hatte es nur so weit kommen können! »Doch, ich bin wirklich ganz fest entschlossen!« Mehr brachte er nicht heraus, denn jetzt begannen Tränen der Reue zu fließen. Was war er nur für ein Mensch? Ein Roboter, eine Maschine ohne Herz! Kräfte, die sich seit vielen Jahren aufgestaut hatten, entluden sich mit unwiderstehlicher

Macht. Er sah nicht, daß das Kind verschwunden war, wie auch der Garten, und daß er jetzt allein auf kahler Lichtung lag. Aus Selbstmitleid wurde Depression, und als die Mauer seines Bewußtseins brach, vermengten sich Ich und Selbst in unkontrollierbaren geistigen Wirbeln.

Während der psychische Urgrund zu zerfallen begann, sank der Nomade rasch in jene tiefsten Schichten, in denen die Persönlichkeit sich selbst als Feind begegnet. In diesem untersten Inneren ließ der Selbstzerstörungstrieb gefährlichste Affekte los. Selbsthaß fiel den Nomaden an und brachte ihn dazu, den Tod als Strafe zu ersehnen. Ja, er hatte ihn verdient! Paranoide Konvulsion riß zitternde Hände von dem nassen Gesicht; im rasenden Wunsch, die Bahnen abzuschnüren, durch die lästiges Leben floß, spürte der Nomade nicht den schmerzhaften Druck der Finger um seinen Hals und auf den verkrampften Händen nicht die blutenden Risse von Eulenkrallen.

73

»Locus coeruleus. Der Blaue Ort. Eine höchst problematische Struktur. Wie sah sie denn in der programmlichen Umsetzung aus?«

Während der Nomade dem Professor zuhörte, befühlte er vorsichtig die Verletzungen in seinem Gesicht und auf seinen Händen, die ein Dutzend scharfer Schnabelhiebe hervorgerufen hatten, bevor er aus dem suizidalen Wahn erwacht war.

»Schwer zu beschreiben«, sagte die Eule auf seiner Schulter. »Völlig wirre Formen und Farben, fast wie abstrakte Kunst. Fließende Übergänge. Lichtreflexe und Schatten, die ziemlich schnell wanderten. Die Pflanzen waren nicht von dieser Welt. Bäume, die auf- und niederstiegen, mit leuchtenden Kronen, blau, türkis, lila, rund wie Ballons, und allen möglichen Zeichen darauf, Dreiecke, Quadrate, Kreise, aber nicht so wie in der Geometrie, sondern alle irgendwie verbogen und verformt, zum Teil verwischt. Dazu Symbole wie Ziffern und Buchstaben, aber nicht wie von Menschen geschrieben. Wie mysteriöse Botschaften aus einer anderen Zeit. Die Büsche waren auch blau, in allen möglichen Nuancen, von ganz hell bis ganz dunkel. Auf dem Boden Moose oder

Flechten, nur viel bunter. Zwischendurch Erdhaufen, wie frische Gräber, von oben ganz deutlich zu erkennen. Die Erde ist auch blau. Keine Menschen, keine Tiere, aber die Luft voller Fäden, wie Spinnweben oder dünne Algen. Alles ziemlich unheimlich. Richtig krank. Und doch wieder stark und aggressiv.«

Die Barkasse fuhr etwas langsamer durch die Landschaft, in der unter der Mandala-Sonne Tiere, Pflanzen und geologische Formationen verschiedener erdgeschichtlicher Epochen mit rätselhaften, gänzlich undeutbaren Strukturen wechselten. Ein feuchtwarmer Wind wehte starke Ammoniakdüfte auf die Barkasse, als seien die Ufer von Ausscheidungen bedeckt.

»Hmmmm ... Der Blaue Ort enthält zwar nur etwa dreitausend Nervenzellen, aber ihre Axone verzweigen sich so stark, daß sie im Zerebrum fast die Hälfte aller Nervenzellen erreichen. Ein höchst komplexes System.«

»Der wichtigste Botenstoff dort ist Noradrenalin«, sagte Kate Blenner, nach der Aufregung um Verschwinden und Rettung des Nomaden bemüht, sich wieder ganz auf wissenschaftliche Fakten zu konzentrieren, als könne sie dadurch weitere Krisen verhindern. »Ich vermute, daß auch die Serotoninbahn aus unseren Experimenten durch diesen Kern verläuft.«

Pawlow nickte. »Manche Forscher sehen im Locus coereleus den Kern des Ich. Zum Beispiel wirken sich suchterzeugende Stoffe dort besonders verheerend aus.«

»Wieso Kern des Ich?« fragte der Nomade. »Ich denke, wir sind hier im kollektiven Unbewußten.«

»Ja, aber diese Landschaft stellt nur die Oberfläche dar. Der eigentliche Kern liegt unter der Erde, vielleicht als Tropfsteinhöhle voller blauer Riesenfarne. Er gehört zum Belohnungssystem des Gehirns: seine Aktivierung erzeugt Gefühle von Freude, Lust und Glück.«

»Bei mir war das aber ganz anders«, sagte der Nomade. »Ich hatte plötzlich irrsinnige Depressionen ...«

»Du warst völlig durchgedreht«, bestätigte die Eule. »Ich habe schon gedacht, ich kriege dich überhaupt nicht mehr zur Besinnung.«

»Auch der Wunsch, negative Gefühle auszuleben, kann ein starkes Motiv sein«, sagte Dr. Sigmund. »Und das geht tatsächlich manchmal bis zur Selbstzerstörung.«

»Hmmmm ... Der Locus coereleus gehört sowohl zu einem Beruhigungssystem, welches besänftigend und einschläfernd wirkt, als auch zu dem Aktivierungssystem, welches wir bereits im zentralen Höhlengrau besprachen. Deshalb können durch Drogenmißbrauch hervorgerufene Fehlfunktionen die Unterscheidung zwischen Traum und Wirklichkeit erheblich erschweren.«

»Und das dürfte wiederum dazu geführt haben, daß Ihr Selbsterhaltungstrieb schlief, während Ihr Selbstzerstörungstrieb erwachte«, sagte Dr. Sigmund zu dem Nomaden.

»Tut es denn sehr weh?« fragte Kate Blenner nach einem weiteren mitfühlenden Blick.

»Ich habe gar nicht gewußt, daß Eulen so scharfe Schnäbel und Krallen haben«, antwortete der Nomade. »Ich verstehe nur nicht, warum das Programm plötzlich wollte, daß ich mich umbringe.«

»Vielleicht war das nur eine Warnung«, sagte Dr. Sophus. »Der Kompaß zeigt jedenfalls, daß wir jetzt wieder genau auf die Wahrheit zufahren. Und die letzte Wahrheit zu erfahren ist uns vielleicht gar nicht erlaubt.«

»Hmmmm ... Wer sollte uns denn daran hindern wollen? Vielleicht Ihr Programm, Mr. Behrman?«

»Nein«, sagte die Eule. »Das ist ergebnisoffen.«

Simeon merkte, daß ihn die anderen fragend ansahen. »Nein, ich glaube nicht, daß der Schöpfer grundsätzlich etwas dagegen hat, wenn jemand seine Seele sucht.«

Noch immer fuhr die QUOMODO dicht am Ufer entlang. Hinter der lebenden Mauer aus üppig wuchernden Büschen mit riesigen, fleischigen Blättern in allen Farben des Regenbogens zeigten sich Köpfe und Leiber von Urwelt- und Fabeltieren, deren Blicke dem Boot folgten, als kämen seine Insassen als Beute in Frage.

Der Strom war jetzt ungefähr hundert Meter breit. Obwohl er nun in engen Windungen durch das Tal zwischen den steilen Fels- und Eisspitzen mäanderte, führte er nach dem Kompaß des Philosophen immer nach WAHR. »In Wirklichkeit geht es die ganze Zeit geradeaus«, erklärte der Philosoph, »die Biegungen existieren überhaupt nicht.«

»Richtig«, sagte Dr. Sigmund mit einem Blick auf seinen Individuationsindikator. »Ich glaube, daß das Unbewußte zum großen Teil aus Täuschung besteht, weil hier die Unterschiede zwischen Realität und Phantasie wie im Traum aufgehoben sind.«

»Und damit natürlich auch alle geometrischen Axiome«, sagte Dr. Sophus.

»Und damit auch die Logik«, sagte Simeon.

»Ist es noch weit?« fragte der Nomade.

Die Eule breitete die Schwingen aus, erhob sich und kreiste ein paarmal über dem Boot. Die anderen beobachteten sie gespannt.

»Und damit auch viele andere Maßstäbe«, sagte Dr. Sophus. »Religiöse. Moralische. Ethische. Wahrscheinlich ist hier unten sogar Gut und Böse dasselbe.«

Die Eule landete wieder auf der Schulter des Nomaden. »Ungefähr noch eine Viertelstunde. Aber das Nadelöhr sieht jetzt irgendwie anders aus. Diese Membran – sie bewegt sich. Pulsiert. Zieht sich jede Sekunde einmal zusammen. Wie ein Blasebalg oder eine Pumpe.«

»Oder ein Herz?« fragte Dr. Sigmund.

Nemchankin beobachtete gespannt den Monitor seines Computers. Fast genau in der Mitte der anatomischen Karte, die in zehnmillionenfacher Vergrößerung das Grenzgebiet der Medulla oblongata zeigte, blinkte ein roter Punkt. Die als Obex bezeichnete Struktur direkt daneben sah wie ein ungewöhnlich enger Trichter aus. »Höchstens noch ein halber Millimeter.«

»Da!« rief Simeon plötzlich. »Das muß es sein!«

Die Materie über dem Bug der Barkasse begann sich zu bewegen. Aus ihrer Erstarrung erwacht, ordneten sich die toten Strukturen zu neuen, veränderlichen Mustern, die eilig ihre Konturen zu suchen schienen, bis sich das geplante Bild zusammenfügte. Das Ergebnis war eine Wüstenlandschaft aus rotem Sand und ockerfarbenen Felsen unter einem saphirblauen Himmel, der aussah, als seien seine Sektoren wie Tapetenbahnen zusammengerollt. In etwa achthundert Metern Entfernung ragte die Felsnadel auf. An ihrem Fuß floß der Reissnersche Faden durch eine in allen Farben schillernde Membran, die sich rhythmisch dehnte und wieder zusammenzog.

»Systolisch«, stellte Pawlow fest. »Muß irgendwie mit dem Herzmuskel zusammenhängen.«

»Halt an«, sagte Kate Blenner, als sei die Barkasse durch Worte zu lenken.

»Seltsam«, sagte Dr. Sophus und hielt seinen Kompaß in die Höhe. »Hier dreht sich die Nadel völlig sinnlos in alle Richtungen. Kann es sein, daß sich die Seele auch schon über oder unter uns befindet?«

Die Felsnadel kam rasch näher. Wo das Quecksilber des Reissnerschen Fadens durch die Membran floß, entlud sich Energie in grellen weißen Schnüren; darüber stieg weißer Rauch auf.

»Elektrizität«, sagte der Professor besorgt. »Synaptischer Strom, aber viel stärker. Das müssen Millionen Volt sein.«

»Anhalten«, rief Kate Blenner. Die Luft war plözlich wieder sehr heiß, noch heißer als im zentralen Höhlengrau.

»Wieso zeigt der Individuationsindikator plötzlich Regression an?« fragte Dr. Sigmund.

»Regression?« Der Nomade verstand nicht.

»Ja. Rückbildung. Genau gesagt: Rückkehr zu ontogenetisch früheren Entwicklungsphasen des Erlebens, Denkens und Verhaltens. Sie entwickeln sich wieder zurück, Mr. Behrman.«

Auch der Theologe wirkte beunruhigt. »Sehen Sie mal her.« Er zeigte dem Nomaden den kleinen Bildschirm, der zwischen der Taube, dem göttlichen Auge und anderen christlichen Symbolen ein Gewirr von Linien zeigte. »Das Tor zur Seele ist jetzt höchstens noch dreihundert Meter entfernt, die Seele aber nach dem DF noch über einen Kilometer.«

»Und was bedeutet das?«

»Daß zwischen dem Tor und der Seele noch etwas anderes liegen muß.«

»Und was?«

»Ehrlich gesagt, ich habe keine Ahnung.«

Von der Oberfläche des Flusses stiegen rötliche Schwaden auf, fast so leuchtend wie der Widerschein von Flammen. Verblüfft beugte sich Pawlow über die niedrige Bordwand.

»Vorsicht«, warnte Nemchankin. »Es fängt schon an zu oxidieren.«

Kate Blenner drehte sich abrupt um und ging zu dem Fahrstand. Die Felsnadel wurde größer; es wirkte, als führen sie auf den Turm eines gotischen Münsters zu.

»Was sagst du dazu, Allan?« fragte der Nomade.

»Quecksilber verbindet sich mit Sauerstoff erst oberhalb von dreihundert Grad Celsius«, antwortete die Eule, »also sollte besser keiner in den Fluß fallen.«

»Sollen wir aufs Ufer springen?« Der Nomade blickte prüfend auf die niedrige Böschung; sie war nur knapp einen Meter von der Bordwand entfernt.

»Ist wahrscheinlich am besten«, sagte die Eule.

»Und dann?«

»Tja, Grant – dann mußt du dich entscheiden. Entweder kommst du mit uns, oder du fährst allein weiter.«

Der Dieselmotor begann zu dröhnen; abrupt verlangsamte die QUOMODO ihre Fahrt.

»Kate! Was machst du denn da?«

»Ich habe den Rückwärtsgang eingelegt«, kam die Antwort.

Langsam trieb die QUOMODO weiter auf das Nadelöhr zu. »Die Strömung ist zu stark«, rief Kate Blenner. »Ich versuch's mal andersrum.«

Verwirrt sah der Nomade, daß der Abstand zur Böschung rasch größer wurde. »Kate! Am Ufer bleiben!«

»Keine Angst.« Sie lenkte das Boot noch ein Stück vom Ufer fort, drehte es und ließ den Motor mit voller Kraft laufen. Meter für Meter arbeitete sich die Barkasse gegen die Strömung zurück.

Der Nomade lief zu dem Fahrstand.

»Tut mir leid, Grant, aber das ist mir alles zu unsicher ... zu unüberlegt. Wir sollen hier an Land springen, und du willst dann einfach allein durch diese Blitze fahren!«

»Aber Simeon sagt ...«

»... daß irgend etwas zwischen diesem Nadelöhr und der Seele liegt und daß er nicht weiß, was das ist. Meinst du nicht, daß wir erst einmal versuchen sollten, das herauszufinden?«

»Miss Kate hat recht«, sagte Pawlow.

Der Nomade drehte sich um. An den Gesichtern der anderen war zu erkennen, daß sie die Ansicht des Professors teilten.

»Aber dazu haben wir jetzt keine Zeit mehr!« rief der Nomade.

»Wir könnten es doch wenigstens versuchen«, sagte Kate Blenner.

»Und wie?«

»Wir müssen uns eben etwas einfallen lassen.«

»Jetzt? Jetzt willst du dir was einfallen lassen?«

»Ja. Und das Programm will das auch, sonst hätte es das Boot doch wohl kaum gerade hier wieder manövrierfähig werden lassen!«

Der Nomade schaute die anderen der Reihe nach an. »Denken Sie das auch?«

»Hmmmm ... Die Möglichkeit besteht jedenfalls.«

»Mir gefällt nicht, daß der Kompaß verrückt spielt«, sagte Dr. Sophus.

»Und mit dem Individuationsindikator scheint ebenfalls etwas nicht in Ordnung zu sein«, meinte Dr. Sigmund vorsichtig.

»Wir dürfen Gott auch nicht herausfordern«, sagte Simeon.

Der Nomade merkte, wie er wütend wurde. »Euch kann doch überhaupt nichts passieren!«

»Das weiß man nicht so genau«, sagte Dr. Sophus. »Wenn Ihnen etwas passiert, sitzen wir hier vielleicht fest.«

»Na und? Wenn das Experiment aus ist, sind wir doch wieder im Labor!«

»Wir künstlichen Intelligenzen nicht«, sagte Dr. Sigmund. »Wir bleiben im Computer, und das auch nur so lange, wie wir benötigt werden. Und wenn Sie nicht mehr da sind, wird Hank vielleicht ...«

»Unsinn, Hank hat doch klipp und klar gesagt, daß er nicht daran denkt, Sie zu löschen!«

Dr. Sophus räusperte sich verlegen. »Aber wenn Ihnen etwas passiert ...«

In einer kurzen Phase der Verblüffung merkte der Nomade, daß sich in seinem Sprachzentrum der Begriff »Meuterei« bildete. »Ihr seid ganz einfach Feiglinge!«

»Es dampft nicht mehr«, sagte Nemchankin.

»Entschuldigung, Mr. Nemchankin, Sie habe ich nicht gemeint.«

»Schon gut. Das Quecksilber kühlt sich ab. Ziemlich schnell sogar. Ich glaube, es gefriert gleich.«

Rund um das Schiff begann sich die Oberfläche des Reissnerschen Fadens weiß zu verfärben. Die Eule flog über das Heck der Barkasse, flatterte dicht über der Oberfläche des Flusses und ließ sich vorsichtig auf dem Quecksilber nieder.

»Volle Kraft, Miss Kate!« rief Pawlow, als er das sah. »Schnell, sonst frieren wir fest!«

»Ans Ufer, Kate!« befahl der Nomade.

»Nein, Grant. Es ist zu gefährlich.«

Der Nomade lief zu dem Fahrstand. »Raus hier!«

»Nein!«

Er versuchte, sie herauszuzerren, aber sie klammerte sich an das Ruder.

»Dann eben nicht«, sagte der Nomade, lief zum Heck und kletterte über die Bordwand. Nie zuvor war er so überzeugt gewesen, das Richtige zu tun.

»Machen Sie keinen Unsinn!« rief Pawlow.

Die QUOMODO blieb mitten im Strom stehen.

»Komm ruhig her«, sagte die Eule. »Das Eis ist fest genug.«

Vorsichtig prüfte der Nomade erst mit einem, dann auch mit dem anderen Fuß, ob ihn das gefrorene Quecksilber trug. Dann ging er mit den kleinen Schritten der Vorsicht auf die Eule zu.

»Sie sind wahnsinnig«, rief ihm Pawlow hinterher. »Das Quecksilber kann jede Sekunde wieder auftauen!«

Der Nomade gab keine Antwort. Zielstrebig ging er auf die Felsnadel zu; er hätte sich gar nicht mehr umgedreht, wenn es nicht plötzlich geklingelt hätte.

Sofort blieb er stehen. Ein Telefon! dachte er fassungslos. Wieso klingelte hier plötzlich ein Telefon?

Simeon sah nicht weniger verdutzt aus, als er das DF ans Ohr hielt. »Ja?« Die anderen starrten ihn an verwundert an. »Ja?« sagte Simeon noch einmal. »Moment.« Er hielt den Hörer in die Richtung des Nomaden. »Für Sie. Es ist Hank.«

»Was?«

»Ja. Er will Ihnen was mitteilen. Etwas wichtiges.«

Der Nomade schüttelte den Kopf. »Das kann er mir nachher immer noch sagen.«

»Moment«, sagte Simeon und sprach wieder in das DF. Dann zuckte er zusammen; am anderen Ende schien es sehr laut geworden zu sein. »Was?« Er ließ den Hörer sinken. »Es ist wirklich wichtig, Mr. Behrman. Wir sollen sofort zurückkommen. Connor und Kelley sind tot. Und Purdy ist frei.«

74

»Hör zu, Grant, ihr müßt sofort herkommen. Wally is' weg, Connor haben sie abgeknallt und Kelley auch. Die Birming is' verschwunden und die Thogersen. Hier geht's drunter und drüber. Verdammter Mist! Ich hab's die ganze Zeit geahnt. Wally hat uns ausgetrickst, und wenn du jetzt nich' gleich kommst, weiß ich nich', was passiert. Paß auf! Vielleicht is' er schon auf dem Weg zu euch, oder er geht aus dem Programm und bringt uns alle um. Ich weiß nich', was ich machen soll …«

»Sag mir erst mal, was passiert ist. Schön der Reihe nach!«

Es dauerte fast fünf Minuten, bis der Cyberhippie alles berichtet hatte. Der Nomade stellte noch einige Fragen, dann ließ er den Hörer sinken und schaute über den vereisten Quecksilberfluß zu dem pulsierenden Tor. War das ein Zeichen, das ihn zur Umkehr bewegen sollte? So kurz vor dem Ziel? Oder war es eine weitere, vielleicht letzte und damit entscheidende Prüfung, nun, nachdem er schon bereit gewesen war, ohne Rücksicht auf Gefahren, Schmerzen und sogar den Tod in die furchterregenden Blitze zu gehen, so wie Nemchankin in das Feuer des Scheiterhaufens? Der Mann aus Auschwitz hatte die Angst überwunden, die unverschuldete Schuld getilgt und Erlösung gefunden, denn die nächtlichen Stimmen mußten nun für immer schweigen, dachte der Nomade; ihn selbst riefen andere. Zurück! sagte sein Verstand, du siehst doch, daß das eine Warnung ist. Zurück! befahl sein Gewissen, du darfst nicht nur an dich denken, schließlich hast du eine Verantwortung; hast du denn noch immer nicht gemerkt, daß es nur dein Egoismus ist, der dich so weit getrieben hat? Zurück! drängte auch sein Gefühl, in dem vor allem Furcht das Wort ergriffen hatte; wer weiß, was geschieht, wenn du jetzt trotzdem durch das Tor gehst, denk nur daran, was Allan passiert ist! Aber Allan war hineingegangen. Und plötzlich war da noch eine andere Stimme, eine, die nicht aus seinem Inneren kam.

KOMM.

Ich weiß nicht, was ich tun soll.

DU BRAUCHST NICHTS ZU WISSEN. KOMM.

Ich möchte nichts Falsches machen.

KOMM.

Als er sich wieder nach den anderen umdrehte, blickte er in Gesichter voller Fragen, Sorge und Angst. Jetzt fühlte er, daß sie wirklich Teile von ihm waren, daß das Programm sie Rollen seiner Psyche spielen ließ, daß Dr. Sigmund und Dr. Sophus seinen Verstand symbolisierten, der jetzt endgültig seine Grenzen fürchtete, und Simeon seinen Glauben, der in Zweifeln schwankte, ob das Richtige denn auch das Gute sei; und Pawlow die Vorsicht, die lieber Chancen als Garantien verlor; Nemchankin wiederum den Mut, der ungeduldig die Entscheidung sucht, und Kate die Selbstlosigkeit, deren Liebe nur nach außen wirkt, weil ihre Hoffnung die Harmonie ist. Ihre Blicke warteten auf Antworten; sein Entschluß stand fest.

»Allan?«

»Hier.« Die Eule saß auf dem Dach des Fahrstands.

Der Nomade hielt seinen Bericht so knapp wie möglich. Der Cyberhippie und die anderen hatten das Weiße Haus in hellem Aufruhr vorgefunden. Sicherheitsrat und Kabinett waren zu einer Dauersitzung zusammengetreten. Der Nomade erinnerte sich an das starke innere Drängen und Zweifeln, das er seit Beginn des Experiments verspürt hatte.

Als nun die Psychonauten mit ihrem Gefangenen im Oval Office aufgetaucht waren, hatte der Außenminister sofort die Depesche an das Sprachzentrum diktiert. Der Datendandy aber hatte plötzlich behauptet, er habe kurz vor dem Experiment eine der Studentinnen entführt und sie gefesselt neben einer Sprengladung mit Zeitzünder in einem VW-Bus zurückgelassen. Wenn man jetzt aber mit ihm kooperiere, werde er den VR-Raum sowie das Universitätsgelände sofort verlassen und, sobald er in Sicherheit sei, der Polizei telefonisch mitteilen, wo sie das Fahrzeug finden könne. Deshalb sei es am besten, wenn der Außenminister eine andere Adresse durchgebe, nämlich »African Spice«, was sicherlich dazu führen werde, daß die FBI-Beamten draußen sofort dorthin fahren würden und er unbehelligt die notwendigen Maßnahmen zur Rettung des Mädchens ergreifen könne.

Connor hatte sofort gesagt, daß Purdy nur bluffe, und der Cyberhippie hatte die verwirrten Bewußtseinsfunktionen eindringlich davor gewarnt, über diese Geschichte auch nur nachzudenken, da er die möglichen psychischen Folgen ahnte. Aber es war bereits zu spät gewesen. Unter den Mitgliedern des Stabes und des Kabinetts war eine hitzige, teilweise fast hysterische Diskussion über Verantwortung und Egoismus entbrannt. Als sich eine Mehrheit für Purdys Vorschlag abzeichnete, hatte Karen Thogersen auf ihn geschossen, aber nicht getroffen, weil Connor den Lauf zur Seite geschlagen hatte. Daraufhin hatte der Sicherheitsberater eine Waffe gezogen und erst Connor und dann Kelley erschossen, um zu verhindern, daß sie Purdy freiließen. In dem Tumult war der Datendandy geflohen. Karen Thogersen hatte ihn verfolgt, und auch der Cyberhippie hatte es geschafft, aus dem Weißen Haus herauszukommen, während Vanessa Birming und Steven Schacter offenbar verhaftet worden waren.

Zuerst hatte der Cyberhippie zum seitlichen Kniehöcker laufen wollen, um mit der U-Bahn aus dem VR-Raum zu fahren, aber dann hatte er sich daran erinnert, daß er, anders als Purdy, den VR-Raum nicht verlassen konnte, bevor der Nomade das Codewort sprach. Da er auf keinen Fall schneller durch das Unbewußte zu dem Nomaden kommen konnte, als Purdy mit der U-Bahn ins Freie, hatte er sich erst einmal versteckt, um nachzudenken. Dabei hatte er sich an Simeons DF erinnert und war zum Kongreß gelaufen, um den Kardinal zu suchen.

Der Kardinal hatte sofort begonnen, in einem alten Gebetbuch zu blättern, und nach einer Weile tatsächlich eine Telefonnummer herausgefunden, die sich aus Zahlen in verschiedenen Psalmen ergab.

»Unter diesen Umständen ist es doch wohl keine Frage, daß wir sofort zurückkehren müssen!« sagte Pawlow erregt.

»Wozu?« fragte Nemchankin. »Purdy ist doch allemal schneller als wir.«

»Woher wollen Sie das wissen? Wir dürfen doch wohl davon ausgehen, daß die Behörden von Cerebrum City sofort eine Großfahndung veranlaßten. Höchstwahrscheinlich befindet er sich bereits wieder in Gewahrsam.«

»Dann brauchen wir uns ebenfalls nicht zu beeilen«, sagte Nemchankin ruhig.

»Nein, nein, nein!« rief Dr. Sigmund. »In Anbetracht dieser Umstände drohen schwerste psychische Gefahren. Der Selbsterhaltungstrieb ist völlig außer Kontrolle, und das bedeutet, daß jederzeit Anfälle von Fugues ausbrechen können, panikartige Anfälle, mit den entsprechenden körperlichen Reaktionen, und das in einer engen Resonatorröhre. Sie könnten dabei alle ersticken. Wir müssen das Experiment sofort beenden!«

»Das ist auch meine Meinung«, sagte Dr. Sophus ängstlich.

»Laß es sein, Grant«, bat Kate Blenner. »Es ist wirklich zu gefährlich.«

»Allan?«

»Ich fürchte, ich kann dir da nicht helfen. Es ist allein deine Entscheidung.«

»Du machst es dir aber ziemlich leicht, schließlich tue ich das alles auch für dich!«

»Ja, aber ich kann dir wirklich keinen Rat geben. Ich kann natürlich nach Cerebrum City fliegen, aber ob ich Wally finde und ihn aufhalten kann, bezweifle ich doch sehr. Du wirst mit der Sache schon selber fertig werden müssen.«

Er läßt mich im Stich, dachte der Nomade; zum ersten Mal fühlte er sich von seinem Bruder enttäuscht. »Und was sagen Sie dazu, Simeon?«

»Ich weiß es nicht. Ich weiß es wirklich nicht.«

Auch das war keine Hilfe. »Denken Sie gefälligst nach!«

Simeon zögerte. »Vernünftiger wäre es, umzukehren«, sagte er dann. »Aber das gilt nur nach dem Maßstab menschlicher Vernunft, und vieles, was wir für vernünftig halten, ist vor Gott töricht. Unser Schicksal liegt in seiner Hand.«

KOMM.

»Aber ist es nicht egoistisch, wenn ich jetzt gehe?«

»Ich sagte Ihnen doch schon, die Suche nach der Seele oder dem Schöpfer ist die einzige egoistische Tat, auf der Gottes Segen liegt. Sie bedeutet aber zugleich einen Abschied von der Welt und einen Verzicht auf alle irdischen Ziele. Gehen Sie nur dann, wenn Sie wirklich dazu bereit sind. Bei diesen Energieentladungen dürfte das Eis ziemlich dünn sein, und wenn Sie noch sterbliche Wünsche mit sich tragen, brechen Sie dort möglicherweise ein.«

Der Nomade überlegte. Sterbliche Wünsche? Was war damit gemeint – Geld verdienen? Erfolgreich sein? Materielles? Nein, davon war er sicher frei. Gehörte dazu auch, daß er die ganzen Experimente schließlich vor allem für seinen Bruder unternommen hatte? Aber Allan, oder jedenfalls die Eule, wollte ja, daß er in seine Seele ging und den Impuls dann fertigprogrammierte. Kate? War ihre Liebe etwas Sterbliches?

»Tut mir leid, Kate«, sagte er.

Sie sah ihn nur an.

KOMM.

Die Kraft, die das Wort in ihm wachrief, war sogar noch stärker als die Sehnsucht, die ihn zu dem Garten gezogen hatte. Empfindungen wie aus der Tiefe der Instinkte, geistige Entsprechungen von bohrendem Hunger, rasendem Durst, bleierner Müdigkeit und einem unermeßlichen Bedürfnis nach Liebe bündelten sich zu einem Verlangen, das weder Widerstand noch Aufschub dulden wollte.

»Noli foras ire«, sagte Simeon leise. »Wollen Sie wissen, wie es nach dem Zitat weitergeht?«

»Ja«, sagte der Nomade und klappte das DF zu. »Hier. Das brauche ich nicht mehr.« Er stieg über die Bordwand und trat wieder auf das Eis.

»Augustinus sagt: ›Und wenn du deine Seele wandelbar findest, übersteige dich selbst.‹«

Kate Blenner schaute den Nomaden flehend an. »Bitte bleib hier!«

»Du brauchst wirklich keine Angst zu haben. Ein, zwei Stunden, und ich bin wieder da.«

»Und wenn nicht?« kam die bange Frage.

»Dann fahrt ihr zurück und durch die U-Bahn raus.«

»Und du?«

»Ich bin spätestens dann wieder da, wenn das Experiment zu Ende ist.«

»Und wenn nicht?«

»Jetzt frag doch nicht soviel, Kate, laß mich doch einfach machen, es wird schon gutgehen!«

Sein ungeduldiger Ton ließ sie verstummen; statt ihrer sagte nun der Professor warnend: »Sie wissen doch wohl, daß Ihnen keiner von uns zu helfen vermag, wenn Sie dort hineingehen.«

»Ich komme schon zurecht, machen Sie sich keine Sorgen.«

»Sie sind wirklich wahnsinnig,« sagte Dr. Sophus. »Ist Ihnen denn alles egal?«

»Lassen Sie ihn«, sagte Nemchankin. »Er hat sich entschieden, und nicht erst jetzt.«

Simeon wandte sich ab und begann zu beten. Die anderen schauten dem Nomaden nach, der rasch über das Eis davonging.

»Tun Sie doch was, Allan!« rief Kate Blenner.

»Was denn?« fragte die Eule. »Soll ich ihn vielleicht einfangen und irgendwo festbinden?«

Sie wollte über die Bordwand klettern, aber Nemchankin und Pawlow hielten sie zurück. »Jetzt verlieren Sie nicht auch noch den Verstand, Miss Kate. Wenn überhaupt die Möglichkeit besteht, in eine Seele einzudringen, dann sicherlich nur in die eigene. Sie dürfen ihm nicht folgen, ebensowenig wie wir, denn Fremde würden in diesen Energieentladungen höchstwahrscheinlich sofort zu Asche verbrennen.«

»Und die Folgen wären natürlich fatal«, fügte Dr. Sigmund hinzu. »Es wäre wohl mit völligem Identitätsverlust zu rechnen. Totales Aufgehen in der Persönlichkeit eines anderen, sozusagen umgekehrte Schizophrenie, indem nicht aus einem Geist zwei oder mehr selbständige Personen entstehen, sondern eine Person sich in eine andere integriert. Sie würden dann weder selbständig denken noch überhaupt sich als eigenes Wesen begreifen können. Völlige Selbstaufgabe, praktisch psychischer Selbstmord.«

Als der Nomade den halben Weg über das Quecksilbereis zurückgelegt hatte, begannen sich die Entladungen deutlich zu intensivieren. »Grant!« rief Kate Blenner voller Angst.

Ohne sich noch einmal umzudrehen, lief der Nomade auf die pulsierende Membran zu, als sei er nie einen vertrauteren Weg gegangen. Es wirkte, als strebe sein ganzes Wollen, ja Wesen auf ebenso selbstverständliche Weise dorthin, wie Wasser bergab fließt.

Erst jetzt wurde Kate Blenner klar, daß eigentlich schon seit Beginn des Experimentes der Eindruck, sich in der Realität zu befinden, immer gerade dort am überwältigendsten gewesen war, wo sich die irrealsten Bilder geboten hatten. Einen Moment lang beschäftigte sie die Vorstellung, daß diese kurze Strecke auf dem Eis eine Metapher für die letzten Meter sein mochte, die der psychische Strom eines Menschen zurücklegen mußte, ehe er in das Meer der Weltseele mündete. Die sofortige Konsequenz dieses Gedankens bestand in der besorgten Frage, ob eine Psyche sich danach überhaupt je wieder finden konnte, sich nicht im Gegenteil für immer auflösen würde und auf ewig verloren war, aufgegangen in den geheimnisvollen Urwassern, in denen der Geist Gottes Seelen schmiedet und schmilzt. War das die letzte Wahrheit, daß der Mensch eines Tages wieder in Gott aufgehen sollte? Die Sorge ihrer Liebe trieb ein unbewußtes, tiefes und gequältes Stöhnen aus dem zitternden Herzen, als der Nomade in einem gespenstisch lautlosen Inferno aus gleißenden Zickzacklinien, weißglühenden Perlenschnüren und schließlich sonnenfeurigen Protuberanzen verschwand.

75

Der Widerstand war erstaunlich sanft gewesen, gerade so, als habe er nur eine Wand aus Watte durchstoßen. Das Licht auf der anderen Seite blendete aber so stark, daß er die Augen nicht öffnen konnte. Die Luft war kühl. Es duftete nach Äpfeln, Lilien und Zedern, und plötzlich merkte der Nomade, daß sein Bewußtsein durch die Widersprüche der Logik in die Harmonie hinter den Sinnen dachte: Er registrierte die leichten und doch intensiven Gerüche nicht als Düfte von Obst, Blüten und Harz, sondern als Emanationen von Erkenntnis, Weisheit und Heiligkeit. Die seidige Humidität der Luft weckte Assoziationen von lockender Suche, summenden Rätseln und duftenden Prophezeiungen. Das immer gleiche Rauschen in seinen Ohren bot sich seiner Wahrnehmung als schimmerndes Singen, tastendes Rufen und rauchendes Schweigen dar. Es war, als dürfe sein Geist in dieser inneren Schau einen Blick auf den Bauplan des Schöpfers werfen, in dem die

Werke mit dem Willen identisch sind, die Linien mit dem Stift, die Gegenstände mit ihrer Bedeutung und die Geschöpfe mit ihrer Bestimmung. Als er stolperte, riß ihm ein Reflex die Augen auf, und schlagartig war es dunkel.

Erstaunt fand er sich in einer nächtlichen Wüste. In der Richtung, die er als Osten erahnte, hob sich ein dunkler Streifen von Vegetation gegen einen unnatürlich rasch rotierenden Sternenhimmel ab. Der Westen hinter ihm war eine Wand aus Fels und Dunkelheit, in deren Düsternis die Membran purpurn pulsierte. Auf dem kahlen Boden wechselten fahler Sand und schwarzes Geröll.

Nach dem, was er bei diesem Experiment über sich erfahren hatte, hatte er keine harmonische Landschaft erwartet, aber daß der Rand seiner Seele eine finstere, leblose Wildnis war, beunruhigte ihn zutiefst, und noch mehr, daß er nun immer mehr Knochen sah, bis er schließlich erkannte, daß die gesamte Ebene von Gebeinen bedeckt war, über die der Sand nur ein löchriges Leichentuch breitete. Als das erste Erschrecken nachließ, blieb ein Gefühl von Trauer zurück. Wer waren diese Toten? War er schuld an ihrem Sterben? Oder sah er die Knochen nur als Symbole seines Versagens? Lagen unter dem Sand die Chancen begraben, die er nicht genutzt hatte, in einem Leben, das nur Selbstzweck war?

In diesem Moment begann es wollige Flocken zu schneien, und vor ihm flammte eine Feuersäule auf. Ihr Widerschein färbte den Himmel rot, und vor dem Horizont waren die Pfeiler der Erde als riesige steinerne Türme zu sehen. Die Wärme ließ den Schnee schon in großer Höhe tauen, und der Niederschlag fiel in warmen Tropfen zur Erde, unter denen die Wüste so schnell grün wurde wie der Himmel hell.

Bald war der Boden so von Nässe gesättigt, daß sich auf ihm Pfützen bildeten, die links und rechts des schmalen Weges in immer größere Wasserlachen übergingen. Der Nomade lief schneller, um möglichst bald unter die großen Bäume zu kommen, die noch einige hundert Meter entfernt waren. Noch bevor er den Waldrand erreichte, hörte der Regen auf, und eine Sonne begann zu strahlen, die doppelt so groß war wie die ihm vertraute.

In dem dichten Unterholz aus verfilzten Hecken und Dornenranken lagen gestürzte Baumriesen wie Metaphern der von Augustinus erkannten Urparadoxie des Geistes, der im Moment der Erkenntnis an sich selbst zersplittert. Auf einer Anhöhe stand der Altar mit der Aufschrift EINEM UNBEKANNTEN GOTT, den Paulus in Athen entdeckt hatte. Dahinter sah der Nomade sonderbare Gestalten durch das Gestrüpp laufen; erst Männer und Frauen in Schafspelzen und Ziegenfellen, dann großgewachsene Gestalten, so gleichmäßig schwarz, daß nur Umrisse zu erkennen waren.

Vorsichtig ging er weiter. Wenn vor ihm Dämonen erschienen, versteckte er sich, bis sie wieder verschwunden waren. Nach einigen hundert Metern aber bemerkte er, daß sie ihn einzukreisen begannen. Er fing an zu laufen, aber wie in einem Traum trieb ihn dabei nicht eigentlich Angst, eingeholt zu werden, sondern das Bewußtsein, daß er eine Rolle zu übernehmen habe, ohne die das Drama seiner Wandlung nicht fortschreiten konnte.

Die Gestalten, die ihn verfolgten, sahen zwar furchterregend aus, wirkten aber einem Teil seines Wesens auf eigentümliche Weise vertraut, und der Nomade schloß daraus, daß es sich bei den Dämonen nicht um Metaphern seiner Glaubenszweifel, sondern um Entsprechungen seiner bösen Neigungen und niederen Instinkte handeln mußte. Ehe die Gestalten ihn erreichten, hob es ihn plötzlich in die Luft, und Sekunden später schwebte er hoch über dem Wald.

Tief unter sich sah er die Steilküste eines Meeres. Der Strand war mit Leichen ertrunkener Männer in bronzenen Rüstungen übersät. Unter den Wellen aber ringelten sich wie Milliarden Würmer die Axone und Dendriten des Neuronengeflechts, in das sich das Gehirn verwandelt, wenn es mit den Augen der Wissenschaft betrachtet wird: organische Materie, komplex, aber primitiv wie ein Klumpen Schleim im Urmeer oder ein Häufchen Bytes im Computer, Netze zur Weiterleitung von Energie, aber unfähig zu eigenem Leben und ohne zeugende Kraft. Wartete dort das Ende, zersetzte der Tod den Geist in neuronale Asche aus einzelnen Nervenzellen, die keine Verbindung mehr zueinander besaßen?

Die Erkenntnis, daß es sein Gehirn war, das dort unten im Ozean des Vergehens lag, war so entsetzlich, daß der Nomade vor Schreck stöhnte. Das also war das Grauen, war die Verdammnis, daß der Mensch in seine Neuronen zerfiel, einsam dann nicht mehr nur durch die Isolierung von seinesgleichen, sondern sogar einsam in sich selbst, in Einzelteile zertrennt, in einzelne Zellen, nicht mehr ein organisiertes Konglomerat, sondern nur noch eine willkürliche Ansammlung von Einzelzellen oder von Einzellern, die jeder für sich über den kalten Grund des infernalischen Todesmeeres krochen – schauriger, als verwandelten Körper sich plötzlich in Knäuel von Würmern, denn der schockierende Anblick traf das Selbst an der Wurzel, aus der es sproß und sein Leben bezog. Die höchste Strafe ist die Einsamkeit. Die größte Einsamkeit folgt der Entpersonalisierung im Zerfall des Ich; sie wirkt milliardenfach, denn sie läßt jedes Einzelteil für immer leiden. Das Grauen! Oh, Gott, laß mich dort nicht hinunterstürzen, laß nicht vergehen, was du schufst!

Jetzt flossen flehende Gebete von den Lippen des Nomaden, ohne daß er die Worte kannte, die er sprach. Nur beten, beten; solange er betete, lebte er, war er zu Gedanken fähig und noch kein Opfer des Zerfalls. Und glauben, glauben! Der Glaube ist der Mörtel, der die neuronalen Ziegel des Geistes zusammenhält, damit der Bau der Psyche die zentrifugalen Kräfte des Lebens und die zentripetalen des Ego ausbalancieren kann; damit der Mensch zum geistlichen Tempel werden und Gott einladen kann, in ihm zu wohnen. Mit Gott aber zieht die Ewigkeit ein.

Bei diesem Gedanken schwand die Furcht, die Wogen bewegten sich wieder, und in etwa tausend Metern Entfernung jenseits des Meeresarms sah der Nomade Kreidefelsen leuchten; sie schienen das Sehnen zu reflektieren, das er während der Experimente immer stärker empfunden hatte. Die Wellen bestanden vermutlich aus irdischen Wünschen und Ambitionen, Sorgen und Ängsten und bildeten so das Konfliktgemenge aus alltäglichen Problemen, in dem der Mensch so leicht versinkt. Es mußten neugewonnene seelische Kräfte sein, die ihn nun wie auf Flügeln darüber hinaustrugen.

Über den Kreidefelsen waren Weizenfelder und Obstplantagen zu sehen. Das Korn stand goldschwer auf den Feldern; Schwalben jagten dicht über den Ähren dahin. Auf frisch gepflügten Äckern wiederum pickten Schwärme von Spatzen Körner aus den Furchen. Zwischen üppigen Obstgärten fühlte sich der Nomade sanft auf den Boden abgesetzt. Der Weg führte durch Weinberge und Olivenhaine bergan.

Als er den Scheitel des sanften Hügels erreicht hatte, blickte er über eine Ebene, auf der es vor Menschen wimmelte. Dahinter lag eine Stadt auf einem Berg, den ein Tempel krönte; die Architektur der Gebäude ließ den Nomaden sofort erkennen, daß dort an seinem Glauben wie an einem neuen Jerusalem gebaut wurde. Seine Müdigkeit verflog, und ein starkes Glücksgefühl ließ ihn rasch voranschreiten.

Die ersten Männer, an denen der Nomade vorüberkam, waren dabei, Ziegel zu brennen; andere trugen das Baumaterial zu der Mauer, auf der wieder andere standen. Alle winkten und riefen ihm zu, daß er mithelfen solle, aber er wußte, daß er das ja schon tat, denn die Arbeiter konnten nichts anderes als die guten Kräfte sein, die sich hier aus allen Winkeln seines Wesens gesammelt hatten, um neu zu errichten, was durch sein jahrelanges Desinteresse an religiösen Dingen verfallen war.

Zwischen Türmen mit rubinroten Zinnen führte die Straße durch ein breites Tor, und als der Nomade in den Schatten der Mauer kam, konnte er erkennen, daß in die saphirblauen Grundsteine uralte Buchstaben gehauen waren; sie erschütterten ihn, noch bevor ihn seine Seele verstehen ließ, daß sie Apostelnamen formten. Die Balken der zehn Meter hohen Torflügel dufteten nach Harz und öffneten sich, als er gerade die Hand ausstreckte, um an das Holz zu klopfen.

Nun war es fast eine Art kindlicher Abenteuerlust, die ihn ohne Zögern hindurchtreten ließ. Durch die schmale Straße, die sehr steil und bald sogar als Treppe zwischen niedrigen Häusern hinaufführte, hallten leise Klänge. Auch hier waren überall Männer, jetzt aber auch Frauen an der Arbeit; die einen besserten Risse an den Häusern aus und tünchten die Wände weiß, die anderen knüpften Teppiche, fegten auch schon die Treppen oder befestigten Palmzweige an den Fenstern, als sei ein feierlicher Einzug vorzubereiten. Ja, das war es, was in dieser Stunde geschah, dachte der Nomade: Die guten Kräfte seines Charakters, als Kinder verjagt und in die Gefangenschaft des Egoismus verschleppt, waren aus dem Exil des Unglaubens zurückgekehrt, um seine Seelenstadt wieder aufzubauen, das geistig-psychische Jerusalem, in dessen Mauern seine Sehnsucht nach Erlösung Stein geworden war.

Mit dem sicheren Gespür dafür, daß das Ziel seiner Seelenreise endlich ganz nahe war, eilte der Nomade weiter, an kleinen Gärten und einer Zisterne vorbei, aus der er ein paar Schlucke schöpfte und dann Stufen hinauf, ohne darüber nachzudenken, warum sie immer höher wurden; je anstrengender es wurde, sie zu ersteigen, wobei er bald sogar die Hände zu Hilfe nehmen mußte, als sei die Treppe hier oben für Riesen gebaut, desto stärker fühlte er das brennende Sehnen, das aus seiner wiedererwachten Liebe drängte. Ja, ich liebe dich, Gott, dachte er. Verzeih mir! Ich bin doch dein Kind, das sich verlaufen hat, das in die Irre gegangen ist, blind für alles außer dem eigenen Bild, gefangen im Labyrinth des von sich selbst geblendeten Bewußtseins, wo der Verstand, der arrogante Richter, deine Wahrheiten verwirft, weil er nur den Beweisen glaubt, die er selbst angefertigt hat. Und nachts in fernen, kalten Zwielichtländern, auf deren dunklen Straßen nur noch grelle Angst die Richtung weist, wenn die verachteten Signale des Glaubens verrosten. Und doch hast du dich um mich gekümmert und mich herausgeholt aus dem Götzendienst am eigenen Ich, denn du bist die Liebe, die alles verzeihen kann.

Als der Nomade vor der Marmormauer des Tempels stand, kamen ihm wieder Tränen, aber jetzt weinte er nicht aus Trauer, sondern vor Liebe. Die Tür aus stark verrostetem Eisen, so niedrig, als sei sie für kleine Kinder gemacht, ließ sich erst öffnen, als er sich mit aller Kraft dagegenstemmte. Im Inneren war es dämmrig und kühl. Ein mildes Licht drang aus einem kleinen Zelt, das in der Mitte der Halle stand. Der Nomade sank zu Boden; während er seinem Ziel entgegenkroch, verließ ihn die Sprache, und als er sich brabbelnd und lallend hineinzog, löste die einzige unschuldige Liebe, die Liebe zu Gott, auch seine Gedanken. Sein Geist ging in namenlosen Gefühlen auf, als der Nomade in der letzten und höchsten Phase seiner Individuation die Vollendung erlebte.

Einige Zeit später kam eine junge Frau in den Raum, ging zu dem Zelt und schaute hinein. Als sie den Säugling darin schlafen sah, zögerte sie erst einen Moment. Dann hob sie ihn auf.

»Komm, mein Kleiner«, sagte Kate Blenner und trug ihn hinaus.

76

Der Quecksilberfluß hatte sich wieder in einen reißenden Strom verwandelt, und die QUOMODO kam nur mühsam voran. Immer wieder blickte Kate Blenner besorgt auf die Armaturen. Der Nomade aber stand am Heck und schaute auf das Nadelöhr, das langsam kleiner wurde. Ich bin ein anderer geworden, dachte er. Keine Angst mehr vor dem Tod. Überhaupt keine Angst mehr. Noch nicht einmal davor, daß Wally tatsächlich vor ihnen aus dem VR-Raum zurückkehren konnte. War es nicht wirklich gleichgültig, was jetzt passierte, auch, ob ihn das FBI schnappte? Seit er seine Seele geschaut hatte, fühlte er sich allem Irdischen so entfremdet, daß er kaum mehr verstehen konnte, wie er früher gelebt hatte. Wie hatte er überhaupt existieren können, ohne sich auch nur im geringsten um das Innerste seines Inneren zu kümmern, ohne jemals an seine Seele zu denken, in der doch alles war und immer sein würde, was den Menschen zum Menschen, zum Geschöpf Gottes machte?

Kate Blenner hatte es nicht einmal fünf Minuten lang ausgehalten, untätig auf die Rückkehr des Nomaden zu warten. Dann war sie, ehe die anderen sie zurückhalten konnten, auf das Eis gesprungen und zu der Membran gelaufen. Dahinter hatte sie die Fußabdrücke des Nomaden im Sand phosphoreszieren gesehen, war aber schon vor dem Wald in die Luft gehoben und in der Stadt abgesetzt worden.

Auf den Treppen war sie plötzlich sehr müde geworden, hatte aber geglaubt, daß daran nur ihre überhitzten Nerven schuld seien, und war deshalb zu der Zisterne gegangen. In der Spiegelung des Wassers hatte sie gesehen, daß sie eine uralte Frau geworden war, aber als sie sich das faltige Gesicht gewaschen hatte, war die schlaffe Haut wieder straff geworden. Danach hatte sich Kate Blenner auch nicht mehr besonders gewundert, als sie den Säugling in dem Zelt gesehen hatte.

Simeon hatte erklärt, das Wasser der Zisterne wirke bei jedem anders: Kate Blenner sei wegen ihrer Sorge um den Nomaden gealtert, dieser aber habe noch einmal zum Kind werden müssen.

Gleich vor dem Tempel, mit dem Säugling im Arm, war Kate Blenner von einem heftigen Windstoß gepackt und über die gesamte Seelenlandschaft wieder zu dem Tor zurückgetragen worden. Auf dem Flug war der Nomade in ihren Armen immer größer und schwerer geworden, bis sie ihn zum Schluß kaum noch hatte halten können. Nachdem der Wind sie vor der schwarzen Wand abgesetzt hatte, waren sie wie beim Eintreten durch die Membran zurückgegangen, diesmal aber nicht wie durch Watte, sondern durch gummizähen Widerstand, offenbar als Metapher für eine geistliche Neugeburt.

Die anderen hatten erst gar nicht glauben wollen, daß sie wirklich in der Seele gewesen waren, denn seit Kate Blenner losgelaufen war, war nicht einmal eine Minute vergangen. Simeon hatte sogar noch immer den Cyberhippie am Apparat. Nach Ansicht des Theologen zeige die enorme Zeitverkürzung, daß die Prüfung mit der Seelenreise nicht etwa beendet sei. Die reißende Strömung wiederum könne nur eine Metapher für die Widerstände sein, auf die der Nomade in seinem neuen Leben stoßen müsse, um seinen Glauben auch nutzen zu können.

»Jetzt weiß ich, daß ich nicht aus der Seele zurückgekehrt bin«, hatte die Eule zu Grant gesagt. »Glaubst du, daß du mir das alles einprogrammieren kannst?«

»Klar, wir haben ja die Aufzeichnungen, und was ich gedacht und gefühlt habe, werde ich nie vergessen.« Niemals war der Nomade so glücklich gewesen wie in den Stunden, Minuten oder Sekunden, als das Neugeborene ganz ohne Ich in Gottes Zelt geborgen war. Und niemals so zufrieden wie jetzt, da er nun endlich Weg und Ziel kannte.

Danach hatte der Nomade mit dem Cyberhippie gesprochen.

»Seele? Toll. Aber jetzt mach mal hin, Alter, vielleicht schafft ihr es doch noch. Der Kardinal und seine Leute telefonieren rum wie die Weltmeister, die hören sogar den Polizeifunk ab.« Wally Purdy sei am seitlichen Kniehöcker gesehen worden und Karen Thogersen merkwürdigerweise in einer U-Bahn, die zum Thalamus führte.

»Was will sie denn dort?«

»Was weiß ich! Die Alte is' durchgeknallt, hat dort sogar auf Polizisten geballert, vielleicht denkt sie, daß sie sich irgendwie zu euch durchschlagen kann!«

Nach der Schießerei hatte der Vizepräsident mit Unterstützung des Stabschefs die Regierung übernommen, was Dr. Sigmund mit dem Hinweis kommentierte, daß offenbar infolge der seelischen Individuation der Altruismus sich bereits gegen den Egoismus durchgesetzt habe.

Dazu paßte, daß Vanessa Birming und Steven Schacter freigelassen und statt dessen der Sicherheitsberater verhaftet worden war. Er war dabei merkwürdig passiv geblieben, ganz so, als ob es dem Nomaden auf sein eigenes Schicksal nun nicht mehr besonders ankäme. Der Individuationsindikator zeigte einen erheblich höheren Reifegrad an, und Dr. Sophus fuchtelte aufgeregt mit seinem Kompaß herum, der die Wahrheit auf einmal nur noch in der Richtung ortete, in der Cerebrum City lag.

Nemchankin und Pawlow schlugen vor, der Cyberhippie solle dafür sorgen, daß Vanessa Birming, Schacter und die beiden toten FBI-Leute sofort zum seitlichen Kniehöcker gebracht wurden. Für die phantastische Landschaft an den Ufern des Reissnerschen Fadens hatte keiner mehr einen Blick – schon gar nicht, als der Nomade plötzlich schwankte. Nemchankin packte rasch zu, während Simeon reaktionsschnell das DF auffing.

Kate Blenner beugte sich besorgt aus dem Fahrstand. »Grant! Was ist mit dir?«

»Wenn du eine schöne Frau bist, warum weiß ich dann nicht mehr, wo ich bin?«

»Sie sind auf der Barkasse, wissen Sie das denn nicht mehr?« fragte Nemchankin.

»Sie sind ziemlich zerstreut. Obwohl wir so lange im Gebirge waren, wissen Sie nicht mal, wie Sie heißen.« Der Nomade riß sich los und senkte den Kopf auf die Brust.

Pawlow nahm den Kopf des Nomaden zwischen die Hände und schaute betroffen in starre Augen.

»Amnesie?« fragte Nemchankin.

Aus dem DF drang die erregte Stimme des Cyberhippies. Simeon hob den Hörer ans Ohr.

»Ich habe immer an das Gute im Menschen geglaubt«, murmelte der Nomade. »Aber wer keine Kinder zur Schule schickt, darf nicht an die Himmelstür klopfen.« Heftig versuchte er, sich loszureißen.

Entsetzt stürzte Kate Blenner aus dem Fahrstand. »Schnell, Mr. Nemchankin! Ans Ruder!«

»Tun Sie, was sie sagt«, rief Dr. Sigmund und half Pawlow, den Nomaden zu halten, der kaum noch zu bändigen schien.

»He, was läuft'n da bei euch?« schrie der Cyberhippie aus dem DF.

»Er hat einen Anfall«, sagte Simeon beklommen.

»Wir müssen das Experiment sofort abbrechen«, sagte Dr. Sigmund aufgeregt.

Pawlow schüttelte heftig den Kopf. »Wir sind noch nicht wieder im Bewußtsein!«

»Versuchen Sie es trotzdem!« rief Dr. Sigmund. »Die Individuation hat geklappt, deshalb läßt das Programm es vielleicht zu, daß wir schon jetzt Schluß machen.«

Kate Blenner nahm das verzerrte Gesicht des Nomaden in die Hände. »Grant, kannst du mich hören?«

»Du hörst mich ja auch nie, nur weil du unbedingt gewollt hast, daß der Motor so laut ist.«

»Sag ›Asio otus‹! Hörst du? ›Asio otus‹! ›Asio otus‹!«

»Du kannst mir viel erzählen, aber deine Eltern wissen ganz genau, daß Nomaden keine Pillen drehen!«

»Was sollen wir denn jetzt tun?« fragte Kate Blenner verstört. »Wir hätten Medikamente mitnehmen sollen! Chlorpromazin!«

»Ja«, sagte der Professor. »Aber es konnte doch niemand ...«

»Moment mal.« Sie schaute zum Ufer. »Vielleicht brauchen wir es gar nicht.«

»Wie meinen Sie das?« fragte Dr. Sigmund.

»Chlorpromazin wirkt durch Blockade von Dopamin«, sagte Kate Blenner. »Und hier unten gibt es eine Dopaminbahn.«

»Was heißt das?« fragte Dr. Sophus aufgeregt.

»Sie führt durch das Tegmentum, also durch die Haube des Mittelhirns, ungefähr dort, wo sich der Wasserfall befindet«, erklärte Pawlow. »Über dem zentralen Höhlengrau. Im Tegmentum existiert eine Struktur namens Substantia nigra, also schwarze Substanz, mit sehr dunklen Zellen. Von dort zieht sich die Dopaminbahn zum Frontallappen und auch zum limbischen System.«

»Dann bräuchten wir gar nicht mehr durch das Tor des Bewußtseins«, sagte Kate Blenner. »Wenn die Züge schnell genug fahren, was bei einem so brisanten Botenstoff ziemlich sicher ist, könnten wir in zwanzig Minuten am seitlichen Kniehöcker sein. Dopamin ist eine direkte Vorstufe zum Noradrenalin, also stellt das Programm die Moleküle wahrscheinlich als Soldaten einer technischen Spezialeinheit dar. So etwas wie eine Pionierbrigade vielleicht, die zerstörte Straßen reparieren und Pontonbrücken bauen kann.«

»Was ist denn mit diesem Dopamin?« fragte Dr. Sophus.

»Zuviel Dopamin führt zu Schizophrenie«, antwortete der Professor. »Die Krankheit kam noch nicht zum Ausbruch, aber daß jetzt erste Anzeichen auftreten, läßt sich wohl kaum übersehen.«

»Kein Wunder, nach der enormen psychischen Belastung«, sagte Dr. Sigmund.

Die Eule schlug gereizt mit den Flügeln. »Jetzt tut doch endlich was!«

»Die Pyramide!« sagte Kate Blenner.

»Hmmmm … Ja, das könnte gehen.«

»Und wie?« fragte Dr. Sigmund.

»Wir fahren mit der Pyramidenbahn ins Mittelhirn«, sagte Kate Blenner. »Bis zum Crus cerebri. Zum Hirnschenkel. Das dauert höchstens fünf Minuten.«

»Und die schwarze Substanz liegt gleich nebenan«, fügte Pawlow hinzu. »Wahrscheinlich besteht zwischen diesen Strukturen sogar eine unterirdische Verbindung, schließlich haben beide mit dem Bewegungsablauf zu tun.«

»Also dann los«, sagte die Eule, spreizte die Flügel und flog davon.

»Wir fahren jetzt zu dieser Pyramide«, sagte Simeon in das DF. »Und kommen dann mit der Bahn direkt zum seitlichen Kniehöcker.«

»Was? Wieso'n das?«

Simeon erklärte es ihm.

Kate Blenner erklärte Nemchankin, was sie besprochen hatten.

»Und wie wollen Sie diese Pionierzüge aufhalten?«

»Ich hatte gehofft, daß Ihnen was einfällt.«

Nemchankin nickte, ging zu den anderen zurück und schaltete seinen Laptop ein. Auf dem Monitor erschien ein Schaltplan.

»Sind das diese Dopaminbahnen?« fragte Dr. Sophus.

»Nein, das sind die elektrischen Leitungen in Purdys Jagdhütte.« Nemchankin drückte rasch einige Tasten, und im Gewirr der Linien leuchtete eine kleine grüne Kröte auf. »Die hat damals Purdys Alarmsignale geschluckt.«

»Hmmmm ... Und jetzt wollen Sie dieses Ding auf die Dopaminbahn setzen?«

»Versuchen kann ich's ja mal.«

Simeon beschrieb dem Cyberhippie, was geschah. Am anderen Ende der Leitung war es still geworden.

»Und was, glauben Sie, passiert dann?« fragte Dr. Sigmund.

»Keine Ahnung. Vielleicht gar nichts. Aber vielleicht fliegt auch der ganze Tunnel in die Luft.«

»Was denn«, sagte Dr. Sophus entgeistert. »Sie meinen, das Ding explodiert?«

Nemchankin zuckte die Achseln. »Ich habe wirklich keine Ahnung, wie das Programm darauf reagiert.«

»Die Pyramide«, rief Kate Blenner aus dem Fahrstand.

Der Bug der QUOMODO bohrte sich in die steinige Böschung, und der Aufprall schleuderte die Psychonauten von den Bänken, an die sie sich geklammert hatten.

Kate Blenner und Pawlow kletterten als erste an Land. Dr. Sophus folgte ihnen, den Kompaß in der Hand. Dr. Sigmund und Nemchankin stützten den Nomaden. Hinter ihnen kam Simeon, das DF am Ohr und nun zusätzlich noch mit Laptop und Individuationsindikator beladen. Durch Schilf und Farne hasteten sie den steilen Abhang hinauf und dann über eine sumpfige Wiese mit Resten von Schnee zu der Pyramide.

Das Fundament bestand nicht aus tonnenschweren Sandsteinblöcken, sondern aus meterdicken, gebogenen Röhren, denn das Programm stellte die natürliche Faserstruktur des Nervenstrangs als millionenfach vergrößertes Flechtwerk dar, das leicht vibrierte. Aus dem Inneren drang ein tiefes Dröhnen.

Dr. Sophus ging mit seinem Kompaß um die Pyramide herum und bestand immer wieder darauf, daß der Eingang direkt vor ihnen liege, bis er schließlich kopfschüttelnd sagte: »Ich weiß, wie das jetzt klingt, wenn ich darauf hinweise, daß die Wahrheit oft in der Mitte liegt, aber es ist nun einmal so, und auch hier; ich weiß nur nicht, wie wir zu dieser Mitte kommen sollen.«

Im gleichen Moment bogen sich die Rohre vor ihnen zu einem Kreis, und gegen plötzliches grelles Licht wie von Scheinwerfern sahen sie die Konturen einer großen Gestalt, die wie ein überdimensionales Insekt wirkte.

»Kommt schon«, hörten sie die Eule sagen. »Die Pyramide ist eine Kuppel, über einem Tunnel. Vorsicht, die Stufen sind ziemlich steil.«

Jetzt erst erkannten Kate Blenner und nach ihr auch die anderen, daß die Eule in der Brust eines Roboters saß. Er bestand aus Stahlstangen. Als Augen waren Videokameras auf die Psychonauten gerichtet.

»Wir gehen jetzt in die Pyramide«, sagte Simeon in das DF. »Falls die Verbindung abbricht, rufst du gleich wieder an.«

»Wartungsroboter«, erklärte die Eule. »Ohne den hätte ich die Verriegelung nicht lösen können.« Ein stählerner Arm hob sich und deutete auf einen Hebel.

»Wie sind Sie denn überhaupt hier hereingekommen?« fragte Dr. Sophus.

»An der Spitze sind Lüftungsklappen.«

Fast anklagend streckte der Philosoph die Hand mit dem Kompaß aus. »Da hätten wir lange suchen können.«

»Das kommt davon, wenn man nur zweidimensional arbeitet«, sagte die Eule.

»Wir müssen hier so schnell wie möglich raus«, sagte Kate Blenner. »Grant hat wahrscheinlich einen Anfall von Schizophrenie.«

»Was?«

»Ja. Wo halten die Züge?«

»Gar nicht. Wir werden aufspringen müssen.«

»Auch das noch!« rief Dr. Sophus.

»Keine Angst, sie fahren ziemlich langsam, das schaffen Sie schon.«

Die Eule flog vor ihnen her, und sie eilten die stählernen Treppen an der Innenseite der Pyramidenkuppel hinunter.

»Hank?« Die Verbindung war abgebrochen. Simeon klappte das DF zu und steckte es in die Tasche.

Hinter einer offenen Eisentür führte eine nur notdürftig gesicherte Brücke in die Deckenkonstruktion einer gut fünfzig Meter hohen Halle. Tief unter ihnen fuhren Züge.

»Da sollen wir runter?« fragte Dr. Sophus furchtsam.

Kate Blenner lief so schnell auf den schmalen Treppen hinab, daß die anderen Mühe hatten, ihr zu folgen. Als auch Nemchankin und Dr. Sigmund mit dem Nomaden auf dem untersten Absatz ankamen, hatte der Philosoph den Kompaß schon wieder sinken lassen. »Diese Richtung!« sagte er und betrachtete beklommen die Züge.

Die Eule flog mit verblüffender Geschwindigkeit durch die Halle und verschwand in dem Tunnel am anderen Ende.

Kate Blenner zeigte auf einen schmalen Laufgang, der in gut vier Metern Höhe quer über die Geleise führte. »Von dort geht's am besten.«

»Geben Sie mir mal den Laptop«, sagte Nemchankin, nahm das Gerät und setzte sich auf die Stufen, während nun Simeon half, den Nomaden zu stützen. Eine knappe Minute verging, dann sagte Nemchankin: »Dr. Sophus hat recht.« Er zeigte auf den Monitor. »Hier sind wir. Und dort steht CRUS CEREBRI. Und da ist die Substantia nigra. Das sind höchstens ...«

Ein Flattern unterbrach ihn. »Richtig«, sagte die Eule, noch bevor sie sich auf dem Geländer festgekrallt hatte. »Da kommt gleich ein Bahnhof, deshalb fahren die Züge so langsam.« Die Brust unter den graubraunen Federn pumpte heftig.

»Gibt es denn wirklich keine andere Möglichkeit?« fragte Dr. Sophus.

Der Eulenkopf drehte sich. »Nein, zu Fuß kommen Sie da nicht durch, der Tunnel ist viel zu eng.«

»Wir springen zuerst«, sagte Kate Blenner zu Nemchankin. »Mit Grant.« Sie trat auf den schmalen Steg und bückte sich unter das Geländer. »Nun machen Sie schon!«

Nemchankin gab Simeon den Laptop und zog den Nomaden hinter sich her. Kate Blenner starrte auf die grauen gebogenen Stahldächer der Schnellzugwagen unter ihnen.

»Jetzt!«

Sie sprangen fast gleichzeitig ab und landeten zwischen den Buckeln zweier statischer Entlüfter, so daß sie sich und den Nomaden gut festhalten konnten.

Hinter sich sahen sie erst Pawlow und Simeon, dann Dr. Sigmund auf die nächsten Waggons springen.

»Dr. Sophus!« rief Kate Blenner. »Los, worauf warten Sie noch?«

Der Philosoph zögerte, dann schloß er die Augen und sprang. Fast wäre er dabei in die Lücke zwischen den beiden nächsten Wagen gestürzt. Er konnte sich gerade noch am Dach festklammern. Mühsam zog er sich ganz hinauf, verlor dabei aber den Kompaß.

Sekunden später fuhr der Zug in den Tunnel.

Kate Blenner löste ihre Finger vom Arm des Nomaden und tastete nach seiner Hand. Als sie die starre Kälte eines Toten spürte, ließ der Schock sie keuchen.

»Keine Sorge«, sagte die Eule neben ihrem Kopf.

»Ja, aber Grant ...«

»Ganz ruhig. Wenn er tot wäre, würden doch die Züge nicht mehr fahren!«

Als Kate Blenner ihre Panik zurückgedrängt hatte, wurde es schon wieder hell, und der Zug rollte in einen Bahnhof ein. Fahrgäste stiegen aus und schauten verwundert zu, wie eine junge, elegant gekleidete, ziemlich nervöse Frau und mehrere ältere, teils bärtige Herren, einer im dunklen Anzug, einer in einem weißen Laborkittel und wieder ein anderer in einem schreiend bunten Hawaiihemd, mit einem jungen, offenbar gelähmten Mann von den Dächern kletterten und hinter einer sprechenden Eule über den Bahnsteig liefen.

»Da haben wir es«, sagte Dr. Sophus eher schuldbewußt als vorwurfsvoll. »Jetzt ist der Kompaß weg.«

»Wir finden auch ohne ihn raus«, sagte Simeon.

Die Eule hatte die Verbindung zur schwarzen Substanz schnell entdeckt; es war ein breiter Gang mit Fahrsteigen in beiden Richtungen. Sie traten auf das Band. Ein Dröhnen schwoll zu einem ohrenbetäubenden Getöse, als sie in eine kleinere Halle mit dunkelbraun gekachelten Wänden kamen. Über ein Dutzend Schienenstränge ratterten pausenlos Güterzüge, so schnell, daß sie jeden Moment zu entgleisen drohten. Auf den Flachwagen standen Bagger, Radlader und andere schwere Baumaschinen, aber auch überschwere Lastwagen, Transport- und Bergepanzer, weiteres militärisches Räumgerät und sogar einige Raketenwerfer.

»Warum halten die hier denn nicht an?« rief die Eule durch den Lärm.

»Das ganze Dopaminsystem ist außer Kontrolle geraten«, antwortete Kate Blenner.

Nemchankin hatte sich auf eine Bank gesetzt und den Laptop aufgeklappt. Kate Blenner schaute ihm über die Schulter. Auf dem Monitor erschien wieder eine anatomische Zeichnung und dann, in starker Vergrößerung, ein Querschnitt der Region des Mittelhirns, in der die schwarze Substanz lag. Nach einigen rasch eingegebenen Befehlen leuchtete in ihr die grüne Kröte. »Na also.« Nemchankin stand vorsichtig auf. »O. k. Wir gehen besser wieder in den Tunnel, ich weiß wirklich nicht genau, was passiert.«

Als sie weit genug entfernt waren, um sich wieder in normaler Lautstärke verständigen zu können, sagte Nemchankin: »Na, dann.« Er drückte auf eine der Tasten.

Sie warteten.

»Na?« sagte Nemchankin.

Im Tunnel wurde es etwas leiser.

»Na!«

Nach einer halben Minute waren nur noch die normalen Geräusche eines Bahnhofs zu hören.

»Na, also.«

Sie gingen in die schwarze Substanz zurück. Etwa die Hälfte der Züge war stehengeblieben. Die anderen rollten in normalem Tempo weiter.

»Sie sind ein Genie«, sagte Kate Blenner, und Nemchankin: »Na, na.«

»Was war denn los?« fragte der Nomade.

»Grant!« rief Kate Blenner. »Wie geht es dir?«

Der Nomade schluckte ein paarmal. »Nicht so besonders«, gestand er. »Was ist denn passiert?«

»Du hattest eine … eine …«

»Eine kurze reaktive Psychose«, half Dr. Sigmund, »als Folge abnormer geistig-seelischer Belastung.«

»Psychose?« Sofort erinnerte sich der Nomade an die Warnung des Professors im Oval Office. »Sie meinen, ich bin schizophren?«

Die Eule drehte heftig den Kopf.

»Nein, Grant«, sagte Kate Blenner schnell. »Aber dein Dopaminsystem war außer Kontrolle.« Sie erklärte in groben Zügen, was geschehen war. »Jetzt gehen wir wieder zum Crus cerebri und fahren bis zum seitlichen Kniehöcker durch.«

Pawlow fügte hinzu, daß sie auf dieser Strecke wahrscheinlich nur ein einziges Mal umsteigen müßten: »Und zwar im oberen Sehhügel, unter der Vierhügelplatte, auf der wir mit der Reflexrakete gelandet sind.«

»Da kommen wir auf diesen Güterzügen hin?«

»Ja. Es handelt sich um den kürzesten Weg. Und den sichersten. Ich lege jedenfalls keinen Wert darauf, noch einmal auf einen fahrenden Zug zu springen.«

Der Nomade überlegte. »Haben wir noch Verbindung zu Hank?«

Simeon schüttelte den Kopf. »Leider nicht.«

»Der Individuationsindikator funktioniert auch nicht mehr, seit wir in diesen unterirdischen Anlagen sind«, sagte Dr. Sigmund.

»Wie fühlst du dich?« fragte die Eule.

»Müde. Aber sonst ganz gut.«

Kate Blenner zog den Nomaden zum nächsten Zug. »Du mußt jetzt ein bißchen laufen.« Sie rannte neben einem Flachwagen her, der eine Planierraupe transportierte, griff in das Gestänge, zog sich hinauf und streckte die Hand nach dem Nomaden aus. Erleichtert sah sie, daß er keine Mühe hatte, ihr zu folgen.

Die anderen kletterten hinter ihnen auf einen Wagen mit einer zusammengeklappten Pontonbrücke, wobei nur Pawlow einige Mühe hatte, Simeon half ihm. Die Eule flog wieder in den Tunnel voran.

Nach verblüffend kurzer Zeit erreichten sie den Bahnhof im Inneren des oberen Sehhügels. Als der Zug hielt, stiegen sie ab und betrachteten die zahlreichen Schilder.

»Hier lang!« Die Eule saß auf einer großen elektronischen Anzeigetafel, auf der »CORPUS GENICULUM LATERALE/seitlicher Kniehöcker« stand.

Der Bahnsteig war leer. Pawlow studierte den Fahrplan. »Hier fährt alle fünf Minuten ein Zug ab.«

»Und wie weit ist es dann noch bis zum Kniehöcker?« fragte der Nomade.

»Hmmmm … Moment … Drei Minuten.«

»Was? Dann hätten wir uns ja einiges ersparen können.«

»Aber nur dann, wenn der Sicherheitsberater nichts dagegen gehabt hätte, daß Sie in Ihr Unbewußtes gehen«, erinnerte Dr. Sigmund. »Außerdem war es der Zweck der Reise, Ihre Individuation zu fördern, es durfte also nicht zu schnell gehen.«

Eine Lautsprecheransage ertönte, und ein Nahverkehrszug lief ein.

Sie stiegen ein und setzten sich zu anderen Passagieren, Männern, Frauen und Kindern, die ihnen neugierig entgegensahen. Noch größer war die Verblüffung, als die Eule durch die Tür flatterte und sich neben dem Nomaden auf die Sitzlehne hockte.

»Guck mal, Mami, ein Vogel!«

»Ja, mein Schatz. Das ist eine Eule.«

»Jetzt haben wir es gleich geschafft«, sagte Kate Blenner zuversichtlich.

»Hoffentlich.«

»Glaubst du, es reicht noch, um Wally ...?« fragte die Eule.

»Hör mal, Mami, sie spricht!«

»Aber Schatz, Vögel können doch nicht sprechen!«

Was soll die arme Frau auch anderes sagen, dachte der Nomade.

Aus dem Zuglautsprecher tönte ein heller Gong; dann sagte eine Stimme: »Nächste Station Thalamus.«

»Was?« Der Nomade schaute den Professor fragend an, erntete aber nur ein Achselzucken.

»Sind wir etwa im falschen Zug?« fragte die Eule.

»Ausgeschlossen«, sagte der Professor überzeugt. »Wahrscheinlich benutzten Sie beim Programmieren eine Vorlage, die den seitlichen Kniehöcker zum Thalamus rechnet, es gibt da ja unterschiedliche Auffassungen.«

»Das kann nicht sein«, sagte der Nomade sofort. »Als ich da zum ersten Mal hinfuhr, hieß die Ansage ›seitlicher Kniehöcker‹ und nicht ›Thalamus‹!«

Plötzlich verzögerte der Zug so stark, daß sie sich festhalten mußten, um nicht von den Sitzen geworfen zu werden. Ein helles, gequältes Geräusch fuhr durch Mark und Bein.

»He!« machte die Eule und krallte sich mit aller Kraft an ihrer Lehne fest.

Mit kreischenden Bremsen kam der Zug zum Stehen.

»Was ist los?« fragte Dr. Sophus aufgeregt. »Hat jemand die Notbremse gezogen?«

Einige der anderen Passagiere waren aufgestanden und schauten durch die dunklen Scheiben. Verwunderte Stimmen fragten: »Was soll das?« – »Warum halten wir hier an?«

Eine Sekunde später wurde die Tür des Wagens aufgerissen. Vermummte Gestalten stürmten herein.

»Schnell, raus hier!« rief der Nomade.

Entsetzt sah Kate Blenner, wie sich einer der Fremden die schwarze Skimaske vom Kopf zerrte, ein Kind packte und ihm in den Kopf biß. Ein anderer hatte ein Messer in der Hand und stach wie rasend auf eine alte Frau ein. Gellende Schreie ertönten.

»Das sind die Troggies!« Der Nomade packte Kate Blenner und zog sie hinter sich her zum anderen Ende des Wagens.

Die Eule flog auf den Messerstecher zu und hackte ihm die Krallen ins Gesicht. Ein lauter Schmerzensschrei ertönte, und wütende Hiebe der langen, gezackten Klinge verfehlten nur knapp ihr Ziel.

»Allan!« Der Nomade riß die Tür auf, sprang auf den Bahndamm und half auch den anderen hinaus. »Nicht auf die Stromschiene treten! In den Tunnel, los!«

Sie rannten in die Dunkelheit, so schnell sie konnten. Hinter ihnen knallten Schüsse. Querschläger prallten gegen die Felswände.

Nach ungefähr hundert Metern blieb Pawlow keuchend stehen. Auch die anderen hielten an und drehten sich um. »Allan? Bist du da?« rief der Nomade in die Finsternis. Endlich hörte er ein Flattern und spürte gleich darauf zielsichere Krallen auf seiner Schulter.

»Kannst du was sehen?«

»Da hinten kommen sie. Zwanzig, dreißig Mann.«

Sie liefen noch ein Stück weiter, dann blieb Pawlow stehen und stützte sich mit den Händen auf die Knie; sein Atem ging rasselnd. »Ich kann nicht mehr. Laufen Sie weiter.«

»Kommt nicht in Frage«, sagte der Nomade.

»Können wir denn immer noch nicht abbrechen?« fragte Dr. Sophus.

»Asio otus«, rief der Nomade.

»Wahrscheinlich funktioniert es erst wieder in Cerebrum City«, sagte die Eule.

Der Professor war wieder zu Atem gekommen. »Weit kann es jedenfalls nicht mehr sein, höchstens noch fünfhundert Meter, aber ich bezweifle, daß ich das überstehe.«

»Das schaffen Sie schon«, sagte Nemchankin, packte den Professor und zog ihn mit sich. Im gleichen Moment fielen wieder Schüsse, und Nemchankin spürte einen heftigen Schlag an der Schulter. »Mich hat's erwischt!« rief er erschrocken.

Simeon bückte sich und hob ein paar Stücke des groben Schotters unter den Schienen auf.

»Sie sind wohl verrückt«, sagte die Eule. »Mit Steinen gegen Pistolen!«

»Besser als gar nichts.«

Schatten vor den Lichtern des Zuges zeigten, daß die Troglodyten näher kamen. Sie schossen fast ununterbrochen. Plötzlich zersplitterte eine der Lampen in einem Funkenregen.

Der Nomade fuhr herum.

»Runter mit euch«, befahl eine tiefe Stimme.

»Othniel!«

»Runter, hab' ich gesagt!«

Der Nomade kauerte nieder. »Tut, was er sagt! Das ist der Richter.«

»Hinlegen!« tönte es hinter ihm. Der Nomade preßte sich an den naßkalten Schotter. Einen Augenblick später krachte einige Sekunden lang Dauerfeuer über ihre Köpfe hinweg. »Na, wie gefällt euch das?« spottete die tiefe Stimme. »Bittet, so wird euch gegeben!«

Die Troglodyten antworteten mit wütenden Salven.

»Wahnsinn!« ächzte Pawlow, die Arme über dem Kopf, als könnten sie ihn vor Kugeln schützen.

»Othniel wird schon mit ihnen fertig«, rief der Nomade, als wolle er es beschwören.

»Es sind einfach zu viele«, sagte die Eule zweifelnd. »Inzwischen mindestens hundert!«

»Wer kann denn da so gut im Finstern sehen?« Die tiefe Stimme klang erstaunt.

»Das ist ...«, sagte der Nomade, wurde aber von einem neuen Feuerstoß unterbrochen. »Wer nicht glaubt, ist schon gerichtet!« Jetzt war am Mündungsfeuer zu erkennen, daß der alte Soldat nur vier oder fünf Meter hinter ihnen in einer Felsnische stand.

»Allan«, vollendete der Nomade, als die Schüsse verhallt waren.

»Allan? Allan wer?«

»Allan Behrman«, sagte die Eule.

»Was?« Eine Geschoßgarbe schlug neben Othniel ein, und er zog den Kopf zurück, um danach gleich wieder selbst zu feuern. »Geben ist seliger denn Nehmen!«

»Allan ist mein Bruder«, sagte der Nomade überflüssigerweise.

»Und wieso kann der im Dunkeln sehen?«

»Weil ich eine Eule bin.«

»Sehr witzig.« Der Richter schoß wieder ein paarmal. »Gib jedem, der dich bittet!«

Der Nomade schöpfte neue Hoffnung. »Können Sie uns hier herausholen?«

Statt einer Antwort drückte der Richter wieder ab. »Wer da hat, dem wird gegeben!«

War Othniel vielleicht nur so etwas wie eine Sinnestäuschung, fragte sich der Nomade, ausgelöst durch das Wunschdenken eines vor Angst überhitzten Bewußtseins, das der Kognition ein Trugbild vorgaukelte, um zu verhindern, daß die Verzweiflung die Macht übernahm? Oder das Produkt eines bereits in Auflösung befindlichen Geistes, der angesichts des nahenden Todes bereits die Gedächtnisspeicher leerte? Kündigte sich in der phantastischen Vorstellung, daß er und die anderen Psychonauten auf dem Rückweg in sein Bewußtsein von Troglodyten überfallen und von Marmon Miller als Othniel verteidigt wurden, bereits das kurz bevorstehende Ende des Experiments an, ähnlich wie in jenem rätselhaften Prozeß, der sich im Gehirn Sterbender abspielte, wenn ihr Leben rasch noch einmal rückwärts an ihnen vorüberzog? Oder, noch beunruhigender: War mit der Entdeckung der Seele etwa auch der Sinn seiner irdischen Existenz erfüllt, war das, was er jetzt erlebte, der Beginn des tatsächlichen Todes, gegen den sich jetzt nur noch ein einsames Adrenalin-Molekül wehrte? Nein, so wie Simeon es erklärt hatte, würden Glaube und Liebe erst auch im irdischen Dasein gelebt und bezeugt werden müssen.

»Woher haben Sie denn überhaupt gewußt, daß wir hier sind?«

»Denkst du, wir haben hier unten keinen Fernseher? Die Sondersendungen laufen doch schon den ganzen Tag! Ich dachte mir gleich, daß die verdammten Troggies hier auf der Lauer liegen.«

»Können Sie nicht irgendwie Hilfe holen?«

»Du willst mich wohl schon wieder veräppeln? Aber ich nehm's dir nicht krumm. Damals hattest du ja auch deine Gründe, Mr. President.«

»Sie wußten, wer ich bin?«

»Nicht sofort, aber dann hat es ja dick genug in der Zeitung gestanden.«

»Und wie kommen wir jetzt hier raus?«

»Keine Ahnung.«

»Wir haben ein Handy oder jedenfalls etwas in der Art.«

»Handys funktionieren hier unten leider nicht.« Der Richter beugte sich erneut aus der Deckung und schoß. »Selig sind die Friedfertigen, denn sie werden Gottes Kinder heißen!« brüllte er den Troglodyten zu, die wieder heftig zurückfeuerten.

»Grant? Ich glaube, wir können doch was tun.«

»Sind Sie das, Miss Blenner?« fragte der Richter.

»Ja.«

»Sie müssen mir unbedingt ein Autogramm geben. Ich habe alle Ihre Filme gesehen. Und jeden mindestens zehnmal!« Wie zur Bekräftigung feuerte er wieder.

Kate Blenner zog den Kopf ein und wartete, bis die Schüsse verhallt waren. »Hör zu, Grant«, sagte sie dann. »Wir sind hier in einer Acetylcholinbahn, aber vom Mittelhirn führt auch ein Noradrenalinsystem in den Thalamus, und das muß hier ganz in der Nähe sein. Die Noradrenalin-Moleküle sind Polizisten.«

»Wissen Sie etwas darüber, Richter?«

»Der nächste Tunnel ist gleich da hinten, links, ungefähr fünfhundert Meter, aber da fahren nur Güterzüge.«

»Mit welcher Ladung?« fragte Kate Blenner.

»Meistens Ziegel, Zement und so'n Zeug. Manchmal auch Baumaschinen.« Er fing wieder an zu schießen.

»Das ist die Dopaminbahn. Wir müssen Noradrenalin finden. Der Tunnel müßte etwas tiefer liegen als dieser hier.«

»Da hinten am Labyrinth River«, sagte Othniel. »Da gibt's so einen Tunnel. Ich bin aber nie da unten gewesen. Die Überschwemmungsgefahr ist zu groß.«

»Können Sie laufen, Mr. Nemchankin?« fragte Kate Blenner.

»Ich glaube, ja. Aber nicht mehr sehr schnell. Es hat mich an der Schulter erwischt. Ich glaube, ich verliere ziemlich viel Blut.«

»Ich werde Ihnen helfen«, sagte Pawlow.

»Dann los«, sagte der Nomade. »Geben Sie uns Feuerschutz, Richter!«

Othniel schob sich wieder aus der Deckung und begann, rasend schnell zu schießen, wobei er noch lauter als zuvor Bibelzitate brüllte. »Ihr könnt nicht Gott und dem Mammon dienen!« – »Da wird Heulen und Zähneklappern sein!« – »Wer Ohren hat zu hören, der höre!«

Kate Blenner sprang als erste auf. Die anderen folgten ihr. Die Eule flatterte auf eine der Säulen, die den Tunnel stützten. »Vorsicht, Richter, links sind die Kerle schon ziemlich nahe.«

»Schon gesehen.« Feuerstöße unterstrichen die Feststellung.

Nach fünfzig Metern blieb der Nomade stehen und wartete, bis Pawlow und Nemchankin kamen. »Schaffen Sie es, Mr. Nemchankin?«

»Keine Ahnung, aber wenn nicht, möchte ich, daß Sie trotzdem weiterlaufen.«

»Kommt nicht in Frage!«

»Reden Sie keinen Blödsinn, Behrman, Sie tun ja gerade so, als wäre das hier die Wirklichkeit!«

Othniel hatte aufgehört zu schießen. Hoffentlich ist ihm nichts passiert, dachte der Nomade, und im nächsten Moment: Was wäre daran denn so schlimm, er ist doch nur ein Adrenalin-Molekül!

Die Eule landete auf seiner Schulter.

»Kaum noch Munition.« Othniel kam über den Schotter gestapft. »Tut mir leid. Habe nur noch ein einziges Magazin. Zeit abzuhauen.«

Ein Blitz zerriß die Dunkelheit hinter ihm. In das verhallende Explosionsgeräusch mischten sich laute Schreie.

»Stolperfalle«, sagte der Richter. »Jetzt werden sie etwas langsamer sein.«

Einige Minuten kamen sie unbehelligt voran, aber dann begannen die Troglodyten wieder zu schießen.

»Wie weit ist es noch, Professor?«

»Genau weiß ich es nicht, aber eigentlich müßten wir es gleich geschafft haben.«

»Vorsicht!« rief Othniel und schoß wieder, nun aber sorgfältig gezieltes Einzelfeuer. Ein Schmerzensschrei verriet, daß er getroffen hatte. »Der war schon ziemlich nahe. Jetzt wird's wirklich Zeit, daß dir was einfällt, Mr. President. Sonst gibt's hier noch Nahkampf, und du kannst dir ja vorstellen, was das heißt.«

Nahkampf mit dem eigenen Bösen? dachte der Nomade. Konnten zerstörerische Triebe tatsächlich den Geist ermorden, in dem sie sich nährten? Natürlich konnten sie das!

»Hier muß es sein«, rief Kate Blenner.

Als die anderen näher kamen, sahen auch sie einen schwachen Schimmer. Das Licht drang durch eine Öffnung in der Tunnelwand.

»Kate?« rief der Nomade. »Wo bist du?«

»Hier ist eine Eisentreppe«, kam die Antwort. »Vorsicht, die Stufen sind ziemlich rutschig. Der Fluß ist genau unter uns.«

Sie bückten sich und stiegen durch die Öffnung auf die Treppe, wobei der Nomade den blutenden Nemchankin und Simeon den völlig erschöpften Professor stützten. Als wieder Schüsse knallten, hasteten sie um so schneller die schmalen Eisenstufen hinunter. Der Labyrinthfluß gut sechzig Meter unter ihnen war fünfzig Meter breit, und sein Wasser glänzte genauso schwarz wie das des Reissnerschen Fadens.

Erst als sie zehn und mehr Treppenabsätze hinter sich gebracht hatten, merkte der Nomade, daß Othniel ihnen nicht mehr folgte. »Richter! Wo bleiben Sie denn?« Die Eule flatterte an seinem Kopf vorbei.

»Ich komme ja schon«, tönte die dunkle Stimme aus der Höhe, bevor wieder Schüsse fielen.

Es dauerte eine ganze Weile, bis sie den untersten Absatz der Treppe erreicht hatten. Am Labyrinthfluß lag ein Ruinenfeld in schwachem bläulichem Licht. Rasch liefen sie zwischen den riesigen Trümmern zerstörter Neuronen zu den Geleisen des Axons, die parallel zum Ufer verliefen und in einer weiteren Myelinscheide verschwanden.

»Sind sie noch hinter uns her?« fragte Dr. Sophus.

Einige Schüsse aus Othniels großkalibriger Waffe antworteten. Noch mehr entmutigte sie Kate Blenners resigniertes Kopfschütteln angesichts der rostigen Schienen. »Hier ist schon seit Jahren kein Zug mehr gefahren.«

»Können wir irgendwie über den Fluß?« fragte Dr. Sophus. »Vielleicht dürfen diese Troglodyten uns dort nicht mehr verfolgen.«

»Unmöglich«, sagte Dr. Sigmund. »Die Strömung ist viel zu gefährlich. Wie in einem Abwasserkanal.«

Der Richter kam, von Schüssen verfolgt, im Zickzackkurs angelaufen. Er trug einen gefleckten Kampfanzug. Im Gürtel steckte ein Messer von ebenso erstaunlichen Abmessungen, wie sie das Infanteriegewehr in seinen Händen aufwies.

»Volle Deckung!« schrie er und duckte sich ebenfalls hinter den großen Gesteinsbrocken, hinter dem die anderen kauerten.

Vorsichtig hob der Nomade den Kopf und schaute über die Kante des Felsens. Schwarze Gestalten liefen zwischen den Trümmern durch das geisterhafte Blau.

»Wie lange können Sie sie noch aufhalten?«

»Nicht mehr lange, fürchte ich. Sie werden sich entscheiden müssen.«

Entscheiden müssen? Gab es denn hier noch etwas zu entscheiden? Es war doch alles gesagt und getan!

»Ich glaube, diese Noradrenalinbahn kommt hier gar nicht ins Freie«, sagte Kate Blenner. »Der Tunnel muß irgendwo hinter dieser Wand liegen.« Sie zeigte auf eine Felsmauer, unter der das Wasser des Labyrinth River hervorquoll.

»Dann kann sie uns also gar nichts nützen«, sagte der Nomade.

»Vielleicht doch. Tunnel müssen schließlich belüftet und entwässert werden. Und gewartet. Also muß es irgendwo Zugänge geben, irgendwelche Schächte oder so. Ich werde mal sehen, ob ich was finde.« Ehe der Nomade etwas erwidern konnte, sprang sie auf und lief geduckt durch die Felsen zu der rissigen schwarzen Wand. Ein paar Schüsse krachten, und sofort begann auch der Richter wieder zu feuern. Dann prallte der alte Soldat gegen den Nomaden.

»Othniel!«

»Tut mir leid, Mr. President. War die letzte Patrone.«

Erschüttert schaute der Nomade in das blutüberströmte Gesicht.

»Gehen Sie mit Miss Blenner. Es ist Ihre einzige Chance.«

»Wir nehmen Sie natürlich mit.« Der Nomade versuchte, den Richter aufzuheben.

»Nein, Sir. Mit mir ist es sowieso zu Ende.«

»Ich kann Sie aber nicht hier zurücklassen!«

Othniel zog sein Messer. »Keine Angst. Ganz wehrlos bin ich nicht. Gehen Sie schon! Ich will nicht, daß es heißt, das alte Adrenalin-Molekül hat zum zweiten Mal versagt!«

Wieder knallte ein Schuß, und Othniel sah den Nomaden überrascht an. »Der kam von drüben«, sagte er und deutete mit dem Kopf über den Fluß. »Von der anderen Seite. Und das war ein Jagdgewehr. Sind da noch andere von euch?«

Der Nomade drehte sich um. Zwischen den Felsen auf der gegenüberliegenden Seite stand Karen Thogersen und winkte ihm zu. »Mr. Behrman!«

»Ja!« rief er verblüfft. Wie in aller Welt kam Karen Thogersen hierher? Sie mußte versucht haben, über die Acetylcholinbahn zu der Pyramide zu fahren.

»Purdy ist frei«, rief sie. »Er wird uns alle umbringen!«

Wieder krachten Schüsse, und der Nomade zog instinktiv den Kopf ein, obwohl er hinter dem Felsen nicht getroffen werden konnte.

Karen Thogersen hob ihr Gewehr, zielte und feuerte. »Brechen Sie das Experiment ab!«

»Geht nicht! Wir sind noch nicht im Bewußtsein!«

»Wir nicht, aber Mrs. Thogersen«, sagte der Professor. »Der Fluß scheint mir eine unterirdische Grenze darzustellen. Sie dürfte exakt unter der Stadtmauer von Cerebrum City verlaufen. Das bedeutet, daß das Experiment, falls Sie jetzt ›Asio otus‹ riefen, zumindest für Mrs. Thogersen beendet sein dürfte.«

»Machen Sie schon!« schrie Karen Thogersen. »Schnell, ehe es Sie erwischt!« Sie schoß wieder, und von dem Felsen, hinter dem die Psychonauten kauerten, stürzte eine schwarze Gestalt in den Fluß.

»Und was bedeutet das für uns, Professor?« fragte der Nomade.

»Wir müssen wohl weiter darauf hoffen, daß es Miss Blenner irgendwie gelingt, den Tunnel zu finden und einen Zug mit Polizisten anzuhalten, die uns gegen Ihre unkontrollierten Aggressionen schützen. Wenn nicht, werden wir vermutlich niedergemetzelt.«

»Aber dann kann Mrs. Thogersen wenigstens dafür sorgen, daß uns Purdy nicht durch die Lappen geht«, drängte Nemchankin. »Los, sagen Sie es!«

Wally! dachte der Nomade erstaunt. In der Aufregung hatte er ihn fast vergessen. Aber war es nicht gleichgültig, was dort draußen in der Welt geschah? »Was meinen Sie, Dr. Sigmund?«

»Tut mir leid, aber hier kann die Psychologie nicht mehr helfen.«

»Die Philosophie auch nicht«, sagte Dr. Sophus. »Hier handelt es sich nicht mehr um eine metaphysische Frage.«

»Auch nicht um eine theologische«, fügte Simeon hinzu.

»Er bringt uns alle um!« schrie Karen Thogersen verzweifelt.

Kate, dachte der Nomade erschrocken, als die Denkmuster der Realität zurückkehrten. Wenn es Purdy wirklich gelang, unbemerkt in Pawlows Labor einzudringen ... Plötzlich spürte er, daß seine Mission beendet war. Die Individuation war abgeschlossen, die neuen Prüfungen des Lebens konnten beginnen.

Und wenn es schiefging? Wenn zwar Karen Thogersen rauskam, er selbst aber mit Kate und den anderen nie mehr aus seinem Gehirn ...? Hoffentlich tue ich das Richtige. Lieber Gott, laß mich jetzt keinen Fehler machen!

»Asio Otus!«

Im nächsten Augenblick war Karen Thogersen verschwunden. Die anderen hörten wieder Schüsse. Aus einer Tür in der Felswand stürmten drei Dutzend Männer eines mobilen Einsatzkommandos mit schußsicheren Helmen und Westen hervor und feuerten aus schweren Automatikwaffen auf die Troglodyten, die sich fluchtartig zurückzogen.

»Gut«, sagte Othniel. »Jetzt seid ihr wieder bald zu Hause.«

77

Es dauerte nur Zehntelsekunden, bis Karen Thogersen nach dem Erwachen in der Stille der Resonatorröhre ihre Gedanken auf das konzentriert hatte, was jetzt zu tun war. Während die Röhre sich nach dem raschen Knopfdruck langsam öffnete und klamme Hände das Gewehr entsicherten, potenzierte sich das bange Gefühl, nun doch zu spät zu kommen; sehen zu müssen, daß der Datendandy die anderen bereits ermordet hatte und nun vielleicht schon auf sie wartete, die schußbereite Pistole auf ihren Kopf gerichtet. In diesem Fall würde sie nicht mehr zielen können; inständig hoffte sie, daß ihr dann wenigstens noch die Zeit bleiben würde, ihrerseits abzudrücken, bevor seine Kugel in ihren Kopf fuhr.

Purdy war auf die Intensivstation geschlichen, hatte dort aber zu seiner Enttäuschung feststellen müssen, daß einer der FBI-Beamten, die immer noch am Resonator des Nomaden standen, gerade telefonierte, was es trotz Schalldämpfers unmöglich machte, sie unbemerkt zu erschießen. Nach einer Minute ungeduldigen Wartens hatte der Datendandy beschlossen, erst in Pawlows Labor zu gehen, um dort die anderen Psychonauten zu töten. Danach würde der FBI-Mann das Gespräch vielleicht beendet haben. Auf keinen Fall wollte Purdy das Universitätsgelände verlassen, bevor es ihm gelungen war, die Gene des Nomaden endlich, wie er es in Gedanken nannte, »aus dem Buch der Zukunft zu radieren«.

Der Weg zum Labor war unbewacht. Vorsichtige Blicke aus einem Fenster hatten Purdy gezeigt, daß die FBI-Beamten, die vor dem Gebäude standen, offenbar nicht damit rechneten, daß der Mann, den sie verfolgten, in ihrem Rücken selbst auf Jagd war. Die Tür zum Labor öffnete sich fast gleichzeitig mit Karen Thogersens Resonatorröhre. Der Datendandy hob die Pistole. Noch bevor er die halbe Entfernung zurückgelegt hatte, sah er in den Lauf eines Gewehres und blieb stehen.

In der Sekunde zuvor hatte Karen Thogersen, noch während die Röhre in ihre Ausgangsposition zurückfuhr, den Datenhelm vom Kopf gerissen, sich aufgerichtet und das Gewehr angelegt. In den beiden Zehntelsekunden ihrer Reaktionszeit und in der Sekunde danach dachte sie, und dachte es in ihr, vieles, was ihr erst später bewußt wurde, und einiges, was sie niemals erfahren sollte. Ein Teil ihres Denkens, vom inneren Alarmsystem aktiviert, konzentrierte sich sofort darauf, die durch Purdys bedrohlichen Anblick erzeugte Angstenergie mit der zeitsparenden Automatik einer Reflexbahn in Befehle umzuwandeln. Sie reisten auf der bereits durch Karen Thogersens Willen gebildeten Gedankenverbindung in den Scheitellappen und veranlaßten den Motorcortex, die Zieleinrichtung wenigstens grob mit dem überraschten Gesicht des Datendandy in Übereinstimmung zu bringen. Das Training der Jägerin hatte längst so viele kurze, schnelle Verbindungen zwischen Stirnlappen, Motorcortex, Basalganglien, Thalamus, Kleinhirn und Pyramidenbahn geschaltet, daß der Mechanismus des Tötens auch jetzt, wo er einem Menschen galt, störungsfrei funktionierte.

Noch bevor sich der Schuß löste und sein Widerhall sich an den Wänden brach, die Kugel Purdys Gesicht zerschmetterte und das Leben aus seinem Gehirn in einer roten Tröpfchenwolke wie einen Schattenriß des Bösen an die Wand warf, bildeten sich in anderen Regionen Assoziationsketten aus psychischem Material verschiedenster Art. Unter dem Blick der blaßblauen Augen hatte Karen Thogersens Gedächtnis sofort die Erinnerung an die Gefühle freigegeben, an die Angst, die sie bei, und an den Haß, die sie nach dem Mord an ihr im *Hotel de Paris* empfunden hatte.

Jetzt, dachte sie, saß der Datendandy in den Resten seines zerschossenen Schädels wie in einem Raumschiff, dessen Hülle von einem Meteoriten zerfetzt worden war und dessen Atmosphäre in das Vakuum zerstob, aus dem nun Kälte und Leere krochen. Nur Millisekunden noch, und das Böse erstarrte zu Eis. Er würde an keinen Computer mehr kommen, an keine Steckdose. Das Ende eines Urwelt-Gens, nach drei Milliarden Jahren oder so.

Oder gab es sie alle am Ende gar nicht, den Nomaden und die anderen Psychonauten, auch nicht Purdy? War alles nur ein Traum, und waren die Psychonauten jetzt, nachdem sie wieder erwacht war, für immer ein Teil von ihr, eingeschmolzen in ihrer Psyche, mit Gedanken und Gefühlen, allen Erinnerungen, An- und Absichten, mit ihren Plänen und ihrem Wissen?

Nein, alles war wirklich geschehen. Nach dem Experiment würde Jake wieder lebendig sein und für immer bei ihr bleiben. Avocado! Sie würde die Dinger in Scheiben schneiden und sich auf die nackte Haut legen, die Avocado-Liebesdiät, und dann mit Jake …

Kelley würde mit Vanessa Birming glücklich sein; der Nomade und Kate Blenner sowieso. Er hatte sich gewandelt. Alle Menschen konnten das, wenn auch nicht immer auf so dramatische Weise. Auch sie selbst konnte ihre Zweifel, ihre Unsicherheit und ihre Depressionen besiegen, die Gedanken an ihre Kindheit und die Lügen. Nemchankin würde nachts die Stimmen nicht mehr hören, Pawlow endlich wissen, wo die Seele war, der verrückte Cyberhippie mit seinen drei KIs neue abgefahrene Experimente machen und die elektronische Eule eine Seele bekommen.

Und jedes Jahr würden sich die Psychonauten treffen, bei ihr in Chimayo, wenn das Haus wieder aufgebaut war, und besprechen, was sie noch alles erfahren mochten. Zum Beispiel, wer bei der Polizei von San Jose für die Mafia arbeitete, wahrscheinlich dieser Abarca. Ob Schacter ins Gefängnis mußte, und womöglich auch Reddington, und was sonst noch alles aufgeklärt werden würde, wahrscheinlich weitere Morde und die Geldwäsche für die Mafia … Und sich erzählen, wie es ihnen so weiter erging.

Auch über die Seele würden sie reden, und über Gott.

Ohne den Glauben entdecken wir uns als chemische Konglomerate, kurzlebige Konstellationen im chaotischen Tanz der Moleküle, die sich im Rhythmus des Zufalls vereinen und wieder trennen. Gott aber läßt uns nicht mit dem Grauen allein, das dem Wissen um die irdische Vergänglichkeit folgt. In unserem Innersten können wir ihn erkennen – und uns, so wie wir wirklich sind.

ENDE